U0453225

中国社会科学院创新工程学术出版资助项目

·中国社会科学院民俗学研究书系·

朝戈金　主编

神话主义
遗产旅游与电子媒介中的神话挪用和重构

Mythologism:
Reconstructing Mythology in Heritage Tourism and Electronic Media

杨利慧　等｜著

中国社会科学出版社

图书在版编目（CIP）数据

神话主义：遗产旅游与电子媒介中的神话挪用和重构 / 杨利慧等著．
—北京：中国社会科学出版社，2021.4
（中国社会科学院民俗学研究书系）
ISBN 978-7-5203-7256-5

Ⅰ.①神… Ⅱ.①杨… Ⅲ.①神话—研究 Ⅳ.①B932

中国版本图书馆 CIP 数据核字（2020）第 175757 号

出 版 人	赵剑英
责任编辑	张　林
特约编辑	张冬梅
责任校对	李　莉
责任印制	戴　宽

出　　版	中国社会科学出版社
社　　址	北京鼓楼西大街甲 158 号
邮　　编	100720
网　　址	http://www.csspw.cn
发 行 部	010-84083685
门 市 部	010-84029450
经　　销	新华书店及其他书店

印刷装订	三河弘翰印务有限公司
版　　次	2021 年 4 月第 1 版
印　　次	2021 年 4 月第 1 次印刷

开　　本	710×1000　1/16
印　　张	34.25
插　　页	2
字　　数	580 千字
定　　价	188.00 元

凡购买中国社会科学出版社图书，如有质量问题请与本社营销中心联系调换
电话：010-84083683
版权所有　侵权必究

"中国社会科学院民俗学研究书系"编委会

主　编　朝戈金
编　委　卓新平　刘魁立　金　泽　吕　微　施爱东
　　　　　　巴莫曲布嫫　叶　涛　尹虎彬

总　序

自英国学者威廉·汤姆斯（W. J. Thoms）于19世纪中叶首创"民俗"（folk-lore）一词以来，国际民俗学形成了逾160年的学术传统。作为现代学科意义上的中国民俗学肇始于五四新文化运动，近百年来的发展几起几落，其中数度元气大伤。从20世纪80年代开始，这一学科方得以逐步恢复。近年来，随着国际社会和中国政府对非物质文化遗产（其学理依据正是民俗和民俗学）保护工作的重视和倡导，民俗学研究及其学术共同体在民族文化振兴和国家文化发展战略中，都正在发挥着越来越重要的作用。

中国社会科学院曾经是中国民俗学开拓者顾颉刚、容肇祖等人长期工作的机构，近年来又出现了一批较为活跃和有影响力的学者，他们大都处于学术黄金年龄，成果迭出，质量颇高，只是受到既有学科分工和各研究所学术方向的制约，他们的研究成果没能形成规模效应。为了部分改变这种局面，经跨所民俗学者多次充分讨论，大家都迫切希望以"中国民俗学前沿研究"为主题，以系列出版物的方式，集中展示以我院学者为主的民俗学研究队伍的晚近学术成果。

这样一组著作，计划命名为"中国社会科学院民俗学研究书系"。

从内容方面来说，这套书意在优先支持我院民俗学者就民俗学发展的重要问题进行深入讨论的成果，也特别鼓励田野研究报告、译著、论文集及珍贵资料辑刊等。经过大致摸底，我们计划近期先推出下面几类著作：优秀的专著和田野研究成果，具有前瞻性、创新性、代表性的民俗学译著，以及通过以书代刊的形式，每年择选优秀的论文结集出版。

那么，为什么要专门整合这样一套书呢？首先，从学科建设和发展的角度考虑，我们觉得，民俗学研究力量一直相对分散，未能充分形成集约效应，未能与平行学科保持有效而良好的互动，学界优秀的研究成果，也较少被本学科之外的学术领域关注，进而引用和借鉴。其次，我国民俗学至今还没有一种学刊是国家级的或准国家级的核心刊物。全国社会科学刊物几乎没有固定开设民俗学专栏或专题。与其他人文和社会科学的国家级学刊繁荣的情形相比较，学科刊物的缺失，极大地制约了民俗学研究成果的发表，限定了民俗学成果的宣传、推广和影响力的发挥，严重阻碍了民俗学科学术梯队的顺利建设。再次，如何与国际民俗学研究领域接轨，进而实现学术的本土化和研究范式的更新和转换，也是目前困扰学界的一大难题。因此，通过项目的组织运作，将欧美百年来民俗学研究学术史、经典著述、理论和方法乃至教学理念和典型教案引入我国，乃是引领国内相关学科发展方向的前瞻之举，必将产生深远影响。最后，近年来，随着国内外非物质文化遗产保护工作的大力推进，也频频推动着国家文化政策的制定和实施中的适时调整，这就需要民俗学提供相应的学理依据和实践检验成果，并随时就我国民俗文化资源应用方面的诸多弊端，给出批评和建议。

从工作思路的角度考虑，"中国社会科学院民俗学研究书系"着眼于国际、国内民俗学界的最新理论成果的整合、介绍、分析、评议和田野检验，集中推精品、推优品，有效地集合学术梯队，突破研究所和学科间的藩篱，强化学科发展的主导意识。

为期三年的第一期目标实现后，我们正着手实施第二期规划，以利于我院的民俗学研究实力和学科影响保持良好的增长势头，确保我院的民俗学传统在代际学者之间不断传承和发扬光大。本套书系的撰稿人，主要来自民族文学研究所、文学研究所、世界宗教研究所和民族学与人类学研究所的民俗学者。

在此，我代表该书系的编辑委员会，感谢中国社会科学院文史哲学部和院科研局对此项目的支持，感谢"国家社会科学基金"以及"中国社会科学院哲学社会科学创新工程"的鼎力支持。

朝戈金

自　序

神话主义研究的追求及意义

与许多学者着力探寻古代社会中的神话不同，我对神话在当代社会中的存在状况一直更有兴趣。20世纪90年代初，我接受导师钟敬文先生的建议，预备以女娲神话为主题撰写博士学位论文。当时先生希望我完成的，是通过女娲在神话中的种种活动，去论证这位女神所由产生的远古社会文化背景，总体的视角是"文化史学派"的。这一研究取向在当时十分普遍，直至今日也依然在神话学中占据主导地位，即以文献记录或考古学成果为主要资料，采用考据、训诂等方法，去追溯神话的原初形貌及其历史变迁的轨迹。而我则很想考察神话在当下的功能、意义和不断重建的过程，这一方面是受到钟先生所倡导的民俗学是"现在学"的影响，另一方面也与当时国际国内民俗学领域日渐浓厚起来的对田野研究的注重直接相关。记得1993年春天，我跟随河南大学张振犁教授的"中原神话调查组"，在河南淮阳县、西华县以及河北涉县等地进行女娲神话与信仰的田野调查，有一次，在老百姓的地头看到一通"女娲城遗址"的石碑，碑低低的，四周满是青青的麦苗。蹲在麦苗中，抚摸着那通石碑，我心里非常激动，仿佛头脑中那横亘在古老始祖女娲与现代研究者之间的巨大隔阂轰然倒塌，"远古"与"现代"的时空界限刹那间被打破，古老的文献记录与鲜活的现实生活彼此遥相呼应、声气相通。田野考察中，那些老百姓口头上讲述的神话以及他们对女娲娘娘的虔诚信奉，更是深深地打动了我，我深切地体会到：女娲不仅仅存在于古代文献里，她还活在今天人们的口头上、行为中和情感、观念里，依然对人们的现实生活产生着多方面的影响。于是，从博士学位论文开始，我便从传统的神话考据研究，转向了对当下社会中的神话与信仰的综合考察，而且认为这是更全面、立体、完整地认识神话的有效途径。①

至于我何以又从研究当代社会中的神话转而探索"神话主义",这在本书的"总论"中有明晰而详尽的交代,读者诸君可以参考。简而言之,在此之前的很长时间里,我关注的主要是庙会、祭仪、闲谈(例如"摆龙门阵")等社区日常生活语境中被讲述的神话,我和团队调查的主要地点都是有着明确空间边界的、实体的乡镇,访谈对象也往往是村子里的中老年人,但是,我们在调查中也注意到一个正在鲜明呈现的新事实:在上述社区日常生活的语境之外,受到当代文化产业和信息技术的直接影响而产生的新形态的神话正广泛、活跃地传播着,并日渐成为当代年轻人知晓神话传统的重要途径。然而,这类新形态的神话并未受到神话学界和民俗学界的认真对待,常被排斥在学术研究的范畴之外。这无疑是学界的不足与缺憾。于是便有了我接下来申请的国家社科基金课题"当代中国的神话主义——以遗产旅游和电子媒介的考察为中心"以及最终摆在各位面前的这本书。

2017 年夏,在该课题结项前,本人曾在北京师范大学组织召开了一次"当代中国的神话主义"学术研讨会,邀请来自民俗学和神话学界的专家对我们的最终成果进行审议。感谢同人们在炎热的天气里拨冗前来,并从不同角度敏锐地指出了本研究力图探讨的一些关键维度和问题,比如语境(包括时间和空间)和媒介技术的变迁,特别阐述了"朝向当下"的理论追求产生的学术史背景及其当代学术意义,同时也提出了研究中应该反思的问题,比如是否存在着本质主义看待神话传统的倾向等。这些讨论都直接触及本课题的核心,对于丰富和推进神话主义研究大有裨益。会后,12 位学者又针对会议聚焦的一些重点问题撰写出论文,并将其组织成两个专栏,分别发表在《民间文化论坛》和《长江大学学报》(社会科学版)的 2017 年第 5 期上。② 为方便读者了解学界的上述讨论,深化对

---

① 杨利慧、廖明君:《朝向神话研究的新视点》,《民族艺术》2005 年第 1 期。
② 其中发表在《民间文化论坛》2017 年第 5 期的有 6 篇评论文章,按发表顺序分别为:施爱东:《"神话主义"的应用与"中国民俗学派"的建设》;王杰文:《"朝向当下"意味着什么?——简评"神话主义"的学术史价值》;谭佳:《不可或缺的"朝向当下"》;户晓辉:《实践民俗学视野下的"神话主义"》;吕微:《神话作为方法——再谈"神话是人的本原的存在"》;陈泳超:《神话的当代性》。发表在《长江大学学报》(社会科学版)2017 年第 5 期的有 6 篇文章:田兆元:《研究当代神话可以写在神话学的大旗上》;吴晓东:《"朝向当下"的神话研究》;林继富:《"朝向当下"的神话:传统与现实相对接》;王宪昭:《"神话主义"引发神话研究新思考》;王娟:《民俗主义与文化传承》;安德明:《民俗学的前提与"神话主义"的意义》。

本书的理解，我从中遴选出了 5 篇收在书末的附录里。抱歉的是限于篇幅，其他 7 位同人撰写的深富启发性的文章未能一并收录在这里，乞请同人们原谅。有兴趣的读者敬请直接找这两期杂志来参阅。

这场研讨会后，我对同人们疑问较多之处做了进一步的思考，并以"神话主义研究的追求及意义"为题，撰写了回应性的文章，一并发表在《民间文化论坛》的那组专栏里。这篇自序便是在此文基础上的补充，将之置于书前，是考虑到它或许对读者更全面地了解神话主义的讨论中常牵涉的问题以及我对这些问题的思考有些助益吧。

第一，关于神话主义研究的动机和意义。毫无疑问，对神话的挪用和重构自古有之，神话学史上有名的案例，可以举到屈原对于舜与娥皇和女英的神话、庄子对混沌神话的文学化和哲学化改编，至于曹雪芹在《红楼梦》中对于女娲补天神话的挪用和重构，更是妇孺皆知。苏联神话学家叶·莫·梅列金斯基（Yeleazar Meletinsky）眼中的"神话主义"，主要便是指这一类作家汲取神话传统而创作文学作品的现象。[①] 不过我重新阐释的"神话主义"（mythologism）的概念，追求的学术旨趣却并不在此。我所谓的神话主义，是指"20 世纪下半叶以来，由于现代文化产业和电子媒介技术的广泛影响而产生的对神话的挪用和重新建构，神话被从其原本生存的社区日常生活的语境移入新的语境中，为不同的观众而展现，并被赋予了新的功能和意义"（参见本书"总论"）。这一概念的提出直接承继并且力图进一步推进国际民俗学领域从 20 世纪 60 年代肇始并一直延续至今的有关民俗主义、民俗化、民俗的商品化、民俗过程（folklore process）以及"类民俗"（folkloresque）等的大讨论和相关反思（详见本书第二章），所针对的是 20 世纪后半叶以来，随着文化产业、大众流行文化、媒介技术的迅猛发展所产生的一系列社会巨变。在这些巨变中涌现出的许多新形态民俗令人感到既熟悉而又陌生，它们与以往的民俗相比有着诸多明显的差异，却又相互关联。在神话学的领域，同样的巨变也发生着——当代社会中，那些原本由村寨里的萨满、摩批和老人们口述的神话正渐行渐远，而遗产旅

[①] ［苏联］叶·莫·梅列金斯基：《神话的诗学》，魏庆征译，商务印书馆 1990 年版，第 334 页。有关"神话主义"概念发展、演变以及笔者对其进行再阐释的来龙去脉，可参考拙文《我对"神话主义"的再阐释：前因与后果》，《长江大学学报》2015 年第 5 期。

游以及《仙剑奇侠传》《王者荣耀》等新兴文化产业中重构的神话却在大众神话观的形塑中具有越来越显著的作用。显然,民俗学界和神话学界应当直面这些社会巨变,并用我们的"热心"和"热眼"来观察、记录和研究这些巨变。这无疑可以拓宽传统民俗学和神话学的研究领域,促使具有根深蒂固的"向后看"传统的民俗学和神话学学科实现"朝向当下"的转向。

需要强调一下的是,我所谓的神话主义既指涉现象,同时也是一种理论视角,它含有这样的意涵和追求:自觉地将相关的神话挪用和重构现象视为神话世界整体的一部分,看到相关现象与神话传统的关联性,而不以异质性为由,对之加以排斥(参见"总论")。

第二,将神话和神话主义进行适当区分的必要性。对于文化产业和大众流行文化重新改编和建构的民俗,学界一直比较轻视,常常将之贴上"造假""玷污"以及"腐蚀""僵化"等标签,排斥在严肃的学术研究之外。这些偏见以"伪民俗"(fakelore)的观念为代表,在有关民俗主义、民俗化以及民俗商品化的论争中,也都有鲜明的体现。正因为如此,美国民俗学者迈克尔·福斯特(Michael Dylan Foster)最近新创造了"类民俗"这一中性的概念,来指涉在流行文化中普遍存在的对民俗主题、人物以及形象的挪用和重新发明现象,为理解这类现象提供一个新的理论框架。① 我的想法和福斯特有些不谋而合。所谓"有名有实",有了"名","实"才能被看见、被认真对待,无"名"则会被忽视、无视、轻视。"神话主义"的提出,正是要为长期被排斥的、被文化产业、大众流行文化和媒介技术挪用和重构的神话,在学术殿堂里安置一个正当的位置,建立其在学术上的合法性。正如施爱东研究员所道出的那样:"神话主义赋予当代神话的变异性传承以合法性、正当性,恰恰有助于我们开启一种新的理解模式,打破'本真性'的思维局限,从'真'与'伪'的僵化思维中跳脱出来,进一步深化我们对于神话作为一种变异性民间文化的认识。"(参见本书附录)

有些宽容的学者认为,神话与神话主义都是作为民俗主体的人的实践,因此没有必要区分二者。我赞成这种开放的态度,但不很赞成这样的

---

① Michael Dylan Foster and Jefrey A. Tolbert, eds., *The Folkloresque: Reframing Folklore in a Popular Culture World*, Logan: Utah State University Press, 2016, 封底。

做法，理由如上。考虑到前面提及的民俗学史上长期存在、至今依然盛行的对于文化产业和大众流行文化重新改编和建构的民俗的轻视态度，适当的区分显然是必要的，无疑有助于学界解放思想，直面现实，接纳并重视相关社会现象的研究。笼统地将所有现象一律视为"主体的实践"，眉毛和胡子一起抓，恐怕无法实现有针对性的推进，有碍学术研究向更加精细、深入的境地发展。

第三，神话和神话主义之间的互动关系。尽管我主张对神话与神话主义的形态进行适当区分，并且借鉴芬兰民俗学家劳里·杭柯（Lauri Honko）的观点，将神话主义归结为神话的"第二次生命"，但是，与杭柯不同，我并不赞成一种直线进化论的民俗生命观，而主张民俗的生命阶段是不断循环往复的，在神话和神话主义之间，存在着密切的互动关系。应该说，从一开始，我的神话主义观念就是反对本质主义的。所谓"本质主义"，用王杰文教授简明扼要的话来概括就是："想当然地、固执地认为存在着某个'本真的'传统，并把考证、界定与维护这种'传统'作为民俗学的学术任务。"（参见附录）在我看来，所谓"第一次生命"和"第二次生命"的划分不应该水火不容、截然对立，在新语境中被挪用和重构的神话，可以重新回流进入社区，正如我在河北涉县娲皇宫景区的田野研究所发现的：旅游产业制造的神话主义往往来源于对社区内部的神话传统的挪用和加工，而经由导游的讲述而传播给游客的神话主义，会成为游客表达自己、与他人进行交流的资源，神话主义在此环节中回流进入社区，重新成为鲜活的再创造的文化资源。由此可见，神话与神话主义之间相互影响、彼此互动，呈现出循环往复、生生不息的状态，无法截然对立。

"神话主义"的话题自我在 2014 年重新提出以后，引起了一些同人和青年学子的关注，对促进学界有关神话学和民俗学的当代性以及民间传统文化资源的当代转化的探讨，起到了一定作用。《中国民俗学年鉴2015》[①] 将"神话主义"列入 2014 年度的"热点话题"；本课题的部分中期成果被"人大报刊复印资料"以及《高等学校文科学术文摘》转载；

---

① 中国社会科学院民族文学研究所、中国民俗学会编：《中国民俗学年鉴 2015》，中国社会科学出版社 2016 年版。

一些青年学者也加入到对这一概念和视角的探讨中来①……这从一些侧面反映出这一概念已经产生了学术影响力。如果该概念的倡导确实促进并深化了学界和社会对这类新形态的神话和民俗的认识，我的主要目的也就达到了。

当然，神话主义的探讨目前还处在初步阶段，更多的深入研究还有待未来的进一步努力。

最后，我要感谢所有为本研究付出心血和辛劳的课题组成员：祝鹏程、包媛媛、肖潇、陈汝静和杨泽经，特别感谢鹏程和媛媛帮我一道反复校正书稿，鹏程还协助我完成了大量的统稿工作。研究过程中我们得到国内外诸多同人和神话传承者的支持，著名美国民俗学家 Mark Bender 教授拨冗专门为本书撰写了精简而切中肯綮的评论（见封底），美国的李靖教授和韩国洪允姬教授在本书修订过程中提供了很多无私而富有启示的学术见解，我们对此深表感谢。感谢"中国社会科学院民俗学研究书系"项目提供了宝贵的出版机会。中国社会科学出版社的张林主任为此书的出版付出了大量辛劳，在此致以由衷的谢忱！

杨利慧
2020 年初夏于北京师范大学

---

① 例如，王志清：《蒲剧展演情境中的"神话主义"——以山西稷山的〈农祖后稷〉为研究对象》，《贵州民族大学学报》（哲学社会科学版）2015 年第 3 期；吴新锋：《心灵与秩序："神话主义"与当代西王母神话研究》，《云南师范大学学报》（哲学社会科学版）2016 年第 6 期；高健：《书面神话与神话主义——1949 年以来云南少数民族神话书面文本研究》，《云南师范大学学报》（哲学社会科学版）2016 年第 6 期；祝鹏程：《祛魅型传承：从神话主义看新媒体时代的神话讲述》，《民俗研究》2017 年第 6 期；张多：《遗产化与神话主义：红河哈尼梯田遗产地的神话重述》，《民俗研究》2017 年第 6 期；赖婷：《心理学视角下的神话与神话主义——以罗洛·梅的〈祈望神话〉为中心》，《长江大学学报》（社会科学版）2018 年第 4 期，等等。

目　录

第一章　总论：神话主义与"朝向当下"的神话学……………（1）
　第一节　研究缘起 ………………………………………………（2）
　第二节　"神话主义"的再阐释及其理论基础…………………（11）
　第三节　本研究的目的、写作过程、使用方法以及
　　　　　一些主要结论 ……………………………………………（20）

第二章　遗产旅游语境中的神话主义
　　　　——以河北涉县娲皇宫景区导游的叙事表演为个案………（31）
　第一节　引言 ……………………………………………………（31）
　第二节　成为职业讲述人：导游的遴选、培训和实习…………（37）
　第三节　口头传统与书写传统的融合：导游词底本的编撰 ……（43）
　第四节　以情境和游客为中心：导游的叙事表演 ………………（48）
　第五节　神话 VS 神话主义：普通讲述人与导游的叙事
　　　　　表演之比较 ………………………………………………（54）
　第六节　民俗生命的循环：神话与神话主义的互动 ……………（66）
　第七节　讨论与结论 ……………………………………………（78）

第三章　遗产旅游与哈尼族神话传统的变迁
　　　　——以云南元阳县箐口村的"窝果策尼果"为个案…………（87）
　第一节　引言 ……………………………………………………（87）
　第二节　箐口村、"窝果策尼果"与遗产旅游 …………………（98）
　第三节　导游及其生产的神话主义文本 …………………………（131）

第四节　神话主义的功效:游客的视角 …………………… (149)
　　结论 ……………………………………………………………… (157)

第四章　神话的实践与流动
　　　　　——以湖南泸溪县辛女村的盘瓠神话为个案 ………… (161)
　　第一节　引言 …………………………………………………… (161)
　　第二节　辛女村日常生活语境中的盘瓠神话 ………………… (176)
　　第三节　遗产旅游语境中的盘瓠神话 ………………………… (203)
　　第四节　民间权威与盘瓠神话的流动 ………………………… (217)
　　结论:"实践"观念对神话主义研究的意义 …………………… (227)

第五章　当代中国电子媒介中的神话主义 ……………………… (229)
　　第一节　引言 …………………………………………………… (229)
　　第二节　电子媒介中神话主义的呈现 ………………………… (232)
　　第三节　神话主义的文本类型 ………………………………… (237)
　　第四节　神话主义的生产 ……………………………………… (241)
　　第五节　神话主义的光晕 ……………………………………… (243)
　　结论 ……………………………………………………………… (246)

第六章　"神话段子":互联网空间中的神话主义 …………… (248)
　　第一节　引言 …………………………………………………… (248)
　　第二节　"神话段子"的类型 ………………………………… (262)
　　第三节　"祛魅型传承":一种当下神话传承方式 …………… (266)
　　第四节　秩序的颠覆:"神话段子"的生产 …………………… (278)
　　第五节　互联网情境中的神话讲述 …………………………… (290)
　　结论:互联网对神话传统的形塑 ……………………………… (302)

第七章　电子游戏中的神话主义
　　　　　——以国产单机 RPG 游戏《古剑奇谭:琴心剑
　　　　　　魄今何在》为个案 …………………………………… (314)
　　第一节　引言 …………………………………………………… (314)
　　第二节　电子游戏中神话主义的表现与特征 ………………… (327)

第三节　多元互动格局中神话主义的传播 …………………(339)
　　结论 ………………………………………………………………(359)
　　附录 ………………………………………………………………(363)

第八章　影视媒介中的神话主义
　　　　——以《远古的传说》《天地传奇》和《哪吒传奇》
　　　　　　等为个案 …………………………………………(378)
　　第一节　引言 ……………………………………………………(378)
　　第二节　神话再现的方式 ………………………………………(394)
　　第三节　神话主义的生产动机 …………………………………(405)
　　第四节　接纳与拒斥：观众的声音 ……………………………(432)
　　结论 ………………………………………………………………(472)
　　附录　北京高校学生关于中国神话与神话题材
　　　　　影视作品了解情况的调查问卷 ………………………(475)

主要参考文献 ………………………………………………………(485)

附录　学术评论五则 ………………………………………………(502)
"神话主义"的应用与"中国民俗学派"的建设 …………施爱东(502)
"朝向当下"意味着什么？
　　——简评"神话主义"的学术史价值 ………………王杰文(510)
研究当代神话可以写在神话学的大旗上 ………………田兆元(520)
不可或缺的"朝向当下" …………………………………谭　佳(523)
"朝向当下"的神话研究 …………………………………吴晓东(527)

插图目录

图1—1 马林诺夫斯基在特洛布里恩德岛上调查，
       采自杨利慧著《神话与神话学》 …………………………（4）
图1—2 电视剧《仙剑奇侠传三》海报，采自网络 ……………（5）
图1—3 《纳西索斯神话：从古代到赛博空间》德文版
       封面，采自网络 …………………………………………（8）
图1—4 神话学家叶舒宪先生，杨利慧摄，2018年 ……………（9）
图1—5 梅列金斯基所著《神话的诗学》中译本封面，
       杨利慧摄，2019年 ………………………………………（13）
图1—6 美国民俗学家理查德·鲍曼，安德明摄，2005年 ………（16）
图1—7 德国民俗学家赫尔曼·鲍辛格与杨利慧在学术研讨会上，
       安德明摄，2014年 ………………………………………（18）
图1—8 美国民俗学家约翰·麦克道尔，安德明摄，
       2015年 ……………………………………………………（19）
图2—1 娲皇宫中供奉的女娲神像，杨利慧摄，2015年 …………（35）
图2—2 与娲皇宫部分导游合影，张多摄，2016年 ………………（36）
图2—3 时任娲皇宫管理处负责人王艳茹，杨泽经摄，2015年 …（38）
图2—4 采访导游张亚敏，杨泽经摄，2015年 ……………………（50）
图2—5 岂佳佳在浮雕前讲述女娲神话，杨泽经摄，2015年 ……（52）
图2—6 大妈边卖凉粉，边给笔者讲女娲的神话和习俗，
       安德明摄，2015年 ………………………………………（55）
图2—7 李静在造化阁中讲述女娲造人神话，安德明摄，
       2015年 ……………………………………………………（59）
图2—8 《类民俗：流行文化世界对民俗的重构》一书封面，
       杨利慧摄，2020年 ………………………………………（68）

图2—9　冯蔚芳向跟随着我们的小学生讲述女娲的神话，
　　　　霍志刚摄，2016年 ……………………………………… (77)
图3—1　箐口村梯田，肖潇摄，2011年 ………………………… (99)
图3—2　箐口民俗村的蘑菇房，肖潇摄，2011年 ……………… (102)
图3—3　《哈尼族口传文化译注全集·窝果策尼果》一书封面，
　　　　肖潇摄，2012年 ……………………………………… (106)
图3—4　苦扎扎节杀牛现场，肖潇摄，2011年 ………………… (112)
图3—5　哈尼哈吧传承中心内外，肖潇摄，2011年 …………… (118)
图3—6　左：狗造型塑像　中：葫芦造型的灯　右：门帘上的
　　　　鸟图案，肖潇摄，2011年 …………………………… (119)
图3—7　元阳县民族文化传承基站，肖潇摄，2011年 ………… (120)
图3—8　箐口村哈尼历史文化博物馆门口的装饰物，肖潇摄，
　　　　2011年 …………………………………………………… (122)
图3—9　肖潇采访摩批李金玉，肖潇提供，2011年 …………… (124)
图3—10　摩批接受研究者们的采访，肖潇摄，2011年 ………… (125)
图3—11　摩批用录音机录制哈尼哈吧教学磁带，肖潇摄，
　　　　　2011年 ………………………………………………… (126)
图3—12　正在祭祀苦扎扎节的咪古，肖潇摄，2011年 ………… (128)
图3—13　在镜头前表演的咪古，肖潇摄，2011年 ……………… (130)
图3—14　元阳的旅行工作室，肖潇摄，2012年 ………………… (132)
图3—15　左：寨神林指示牌　右：售票处，肖潇摄，2012年 … (138)
图3—16　山神水指示牌，肖潇摄，2012年 ……………………… (141)
图3—17　箐口村的旅游者，肖潇摄，2012年 …………………… (152)
图4—1　田野地点，杨泽经提供 ………………………………… (167)
图4—2　铁柱潭村盘瓠庙中的辛女像，石源力摄，杨泽经提供 …… (171)
图4—3　泸溪盘瓠神话遗迹分布，杨泽经绘 …………………… (174)
图4—4　背靠辛女岩、盘瓠山的辛女村，杨泽经摄，2015年 …… (177)
图4—5　巷道深深的老村，杨泽经摄，2015年 ………………… (178)
图4—6　辛女岩顶的盘瓠像，杨泽经摄，2015年 ……………… (180)
图4—7　绣花围裙，侯自佳提供 ………………………………… (182)
图4—8　狗头帽，侯自佳提供 …………………………………… (183)
图4—9　辛女庵，杨泽经摄，2015年 …………………………… (184)

图4—10	辛女庵空间结构，杨泽经绘	(186)
图4—11	辛女庵中的辛女像，杨泽经摄，2015年	(188)
图4—12	头人和主事奶奶准备庙会食材，杨泽经摄，2015年	(190)
图4—13	杨泽经参与记账，邓秀兰摄，2015年	(195)
图4—14	唱盘瓠歌，杨泽经摄，2015年	(196)
图4—15	庙会中的个人故事，杨泽经摄，2015年	(198)
图4—16	辛女岩上耸立的辛女祠，杨泽经摄，2015年	(202)
图4—17	盘瓠文化生态园，杨泽经摄，2015年	(205)
图4—18	盘瓠祭典现场，泸溪县非遗中心提供	(207)
图4—19	甲腊坪盘瓠庙中的盘瓠像（持斧者），杨泽经摄，2015年	(208)
图4—20	盘瓠广场的辛女雕像，杨泽经摄，2015年	(210)
图4—21	导游在盘瓠遗迹现场讲解，杨泽经摄，2015年	(214)
图4—22	马嘴岩，石源力摄，杨泽经提供	(215)
图4—23	杨泽经采访侯自佳，杨曼玲摄，2015年	(220)
图5—1	《现代口承神话的民族志研究——以四个汉族社区为个案》的简体版和繁体版封面，杨利慧摄，2020年	(230)
图5—2	水墨动画电影《女娲补天》，采自网络	(232)
图5—3	《中华五千年历史故事动画系列——小太极》中展现的女娲造人神话，采自网络	(233)
图5—4	《哪吒传奇》光盘封面，杨利慧摄，2020年	(234)
图5—5	电视剧《天地传奇》海报，采自网络	(235)
图5—6	《仙剑奇侠传》游戏海报，采自网络	(236)
图5—7	美国民俗学家马克·本德尔，杨利慧摄，2018年	(238)
图5—8	德国文化批评家瓦尔特·本雅明，采自网络	(243)
图6—1	当代网民的学历结构，采自《2019年2月第43次中国互联网络发展状况统计报告》	(268)
图6—2	当代网民的职业结构，采自《2019年2月第43次中国互联网络发展状况统计报告》	(271)
图6—3	"马伯庸"的新浪微博页面，采自网络	(274)
图6—4	"神话段子"的生成性，祝鹏程绘	(293)

图6—5 微博段子中的夸父形象，采自网络 …………………（294）
图6—6 集体性的戏谑性改编，采自网络 …………………（297）
图6—7 在"段子"中，以文字或符号来表达受众反应，
　　　　采自网络 ……………………………………………（301）
图7—1 电子游戏《仙剑奇侠传一》海报，采自网络 ………（316）
图7—2 电子游戏《古剑奇谭：琴心剑魄今何在》海报，
　　　　采自网络 ……………………………………………（324）
图7—3 游戏企划设定集《芳华如梦》，采自网络 …………（325）
图7—4 《太古纪事》截图，包媛媛提供 ……………………（328）
图7—5 游戏中的蚩尤形象，包媛媛提供 ……………………（332）
图7—6 游戏设置："报草之祭"截图，包媛媛提供 ………（335）
图7—7 游戏中的女娲石像，包媛媛提供 ……………………（337）
图7—8 游戏辅助系统《聊斋图录》示例，包媛媛提供 ……（346）
图7—9 游戏辅助系统《洞冥广记》示例，包媛媛提供 ……（347）
图7—10 "中皇晴雪"游戏场景设置，包媛媛提供 …………（352）
图8—1 《天地传奇》海报，采自网络 ………………………（392）
图8—2 《远古的传说》海报，采自网络 ……………………（393）
图8—3 《哪吒传奇》海报，采自网络 ………………………（400）
图8—4 《女娲传奇之灵珠》海报，采自网络 ………………（403）
图8—5 盘古开天辟地，采自网络 ……………………………（411）
图8—6 淮阳太昊陵二月二祭祖大典，杨利慧提供 …………（416）
图8—7 后羿射日，采自网络 …………………………………（426）
图8—8 女娲补天，采自网络 …………………………………（439）
图8—9 电视剧中的神幻人物造型，采自网络 ………………（444）
图8—10 《指环王》海报，采自网络 …………………………（468）

第 一 章

总论:神话主义与"朝向当下"的神话学[*]

在世界神话学发展的漫长历程中,常有一些或大或小的事件,它们的发生或十分富有戏剧性,或看似平淡无奇,但是,总会给有心人开启几扇门窗,使之能够从中反观神话学演变的契机和轨迹。本书的研究缘由,就想从这样三件事说起。

第一件事。1873年的一天,英国大英博物馆的一位普通工作人员乔治·史密斯,正在和往常一样,清理古巴比伦遗址发掘出的泥板文书残片。突然,这个靠着自己的刻苦努力和对古文化的热爱已经能够辨识楔形文字的青年,从一块残片中居然辨认出一段有关洪水神话的记载,这段记载与《圣经》中诺亚方舟的故事极为相似。这个发现令史密斯欣喜若狂,据说,他当时竟脱光了衣服,围着工作台边跑边喊:"我是读到这出自几千年前的文字的第一人啊!"他随后利用发现的古巴比伦洪水神话的泥板残片撰写了论文,并引发了神话学和神学领域的轩然大波。①

第二件事。1914年,30岁的波兰裔青年人类学者马林诺夫斯基(Bronislaw Kaspar Malinowski,1884—1942,一译"马凌诺斯基")被一个研究项目选中,前往澳大利亚进行考察。没料想考察过程中,第一次世界大战爆发,他因此不得不滞留在澳大利亚和新几内亚,并借机在1914—1918年间,三次对新几内亚、特别是特洛布里恩德岛(Trobriands)的土著文化进行了实地调查。② 他

---

* 本章作者杨利慧。

① 陈建宪:《神祇与英雄:中国古代神话的母题》,生活·读书·新知三联书店1994年版,第96—97页。

② [英]马凌诺斯基:《西太平洋的航海者》,梁永佳、李绍明译,高丙中校,华夏出版社2002年版,第2页。

和岛上的土著民族生活在一起,掌握他们的语言,深入观察他们的文化,研究他们的库拉仪式和交换体系,也关注其神话和信仰。在1920—1930年出版的一系列著作中,他对特洛布里恩德岛部落生活的复杂性有全面的描述和详尽的分析,并从中建立起了著名的功能学派的神话理论。

第三件事。2015年初夏,我在所讲授的北京师范大学全校本科生的神话学选修课上,要求学生完成一项作业:搜集并如实记录他们日常生活中的神话。结果——并不出乎我的意料,大部分学生记录的神话来源于他们从因特网上查找的资源、观看的电影、电视以及玩过的电子游戏,也有不少学生记录的神话来源于他们在旅游过程中听来的导游的讲述。只有极个别学生记录的神话来自长辈的口耳相传(也多通过电话或微信),但没有一位搜集的神话来自于传统的祭司和巫师这样的职业性神话讲述专家。[①] 一位学生说出的话很有代表性:"我问我的室友是否知道中国神话,能否给我讲讲,结果室友回答说:'让我先百度一下再说'!"

上述三件事,看似毫无关联,而且第三件事似乎并非惊天动地的大事,不过仔细分析,其中却映射出世界神话学发展的历程及其特点,以及当代转向的必要性。

第一节　研究缘起

神话,是人类表达文化(expressive culture)中的诸文类之一,通常具有这样一些特点:它是有关神祇、始祖、文化英雄或神圣动物及其活动的叙事(narrative),通过叙述一个或者一系列有关创造时刻(the moment of creation)以及这一时刻之前的故事,解释宇宙、人类(包括神祇与特定族群)和文化的最初起源,以及现时世间秩序的最初奠定。[②] 一般来讲,神话的讲述发生在社区日常生活所需的任何场合,但是其中很多是在庄严神圣的宗教仪式场合中。在神话身上,深深地镌刻着它所赖以

---

① 杨利慧:《神话与神话学》,北京师范大学出版社2009年版,第172页。
② 杨利慧、张霞、徐芳、李红武、仝云丽:《现代口承神话的民族志研究——以四个汉族社区为个案》,陕西师范大学出版总社有限公司2011年版,第1页。

产生和传承的人类群体的思维、情感和社会生活的烙印,因此,神话为我们了解人类的精神、智慧、思维以及社会发展的历程,提供了一个重要的窗口。

人类对神话的探索已有2000多年的历史。从古希腊时代起,神话即在人类的学术研究中占有显著的位置,是诸多学人努力探索的对象之一,神话学因此成为人文社会科学领域里的一个重要分支。不过,迄今为止,人们看待神话的视角和所采用的研究方法,却表现得各色各样。

上述第一件事彰显了2000多年来神话研究史上的一个主导性取向:如同热爱古巴比伦文化和楔形文字考据的史密斯一样,在世界范围内,学者们对神话的研究,也大多是依赖古文献记录或者结合了考古学资料来进行的,因此,古代典籍神话一直是神话学的核心,追溯神话的起源、神祇的原初形貌、神话流传演变的轨迹……成为神话研究的主要内容。

尽管如此,在神话学史上,也有一些学者力图纠正这一古文献考据的偏向,主张把神话放在其现实的生存语境中加以研究。第二件事便极富代表性地显示出:人类学取向的神话研究为纠正这一偏向做出了卓越的贡献。由于"不受极其匮乏的文化遗物与残碑断章等碎片的束缚",特别是对神话在"生动的语境""产生神话的那种生活"中的实际生存状态和功能、对于讲述和"真正相信这些神话的人"的关注,[①] 人类学者(包括有人类学取向的其他学科学者)的研究在神话学领域里往往独树一帜。其中最常为神话学界所称引的,就是这一事件的主角——英国著名社会人类学家马林诺夫斯基,他对特洛布里恩德岛上的土著民族的神话进行的调查和研究,奠定了功能主义神话研究的典范。在1926年发表的《原始心理中的神话》(Myth in Primitive Psychology)一文中,他描述了特洛布里恩德岛上的口头故事的种类,其中神话被称为"里留"(liliu),它们不只被当地土著看作真的,而且被视为神圣的,常与相关的宗教仪式密切相连,比如在预备航海、检修旧独木舟和建造新独木舟的时节,需要讲述神话以为"典据";死者还乡的周年宴会临近的时候,要讲述人类返老还童的本

---

① [英]马林诺夫斯基:《神话在生活中的作用》,载[美]阿兰·邓迪斯《西方神话学读本》,朝戈金等译,广西师范大学出版社2006年版,第243页。

领如何丢失、死后的灵魂为什么必须要离开本村和家人、为什么灵魂一年要回来一趟，等等。① 所以，神话具有极其重要的文化作用。马氏的研究"推动实现了从19世纪热衷于神话起源的研究转变到更为实际地关注神话在现实社会中的功能"的转向。

图1—1 马林诺夫斯基在特洛布里恩德岛上调查

不过，人类学取向的神话研究，大多集中在一些地域上较偏僻、文化形态相对单纯的部落或部族（即马林诺夫斯基所谓"原始人""土著人"或"野蛮人"②、雷蒙德·弗思所谓"文明世界以外的原始社会"③），神话——连同创造和传播这些神话的土著社会本身——往往被看作静止不变的，而对于人口众多、文化形态相对复杂的民族（弗思所谓"复杂的文明社会"④）中流传的鲜活的口承神话，却很少触及，对于神话在当代社会中、特别是在旅游业、电子技术和文化商品化（cultural commodifica-

---

① ［英］马林诺夫斯基：《巫术科学宗教与神话》（影印本），李安宅译，上海文艺出版社1987年版，第131—132页。
② ［英］马凌诺斯基：《西太平洋的航海者》，梁永佳、李绍明译，高丙中校，华夏出版社2002年版，第5—6页。
③ ［英］雷蒙德·弗思：《人文类型》，费孝通译，商务印书馆1991年版，第142页。
④ 同上书，第144页。

tion）影响之下的传承和演变，更鲜有充分的关注和详尽的探讨。①

以上两种研究，即以古代文献记录和考古资料为分析中心的研究和以土著民族的神话为考察中心的研究，使得世界神话学带着浓厚的"向后看"（backward-looking perspective）的取向，神话因此常常与"古老""原始""蒙昧""洪荒"等字眼挂起钩来，成为一般人心目中已经逝去或者即将逝去的文化遗留物，与当代社会格格不入。

但是，第三件事却对这一"向后看"的研究取向提出了严峻的挑战。

图1—2 电视剧《仙剑奇侠传三》海报

---

① 有关人类学取向的神话研究的更多学术梳理和批评，可参见杨利慧、张霞、徐芳、李红武、仝云丽著《现代口承神话的民族志研究——以四个汉族社区为个案》，陕西师范大学出版总社有限公司2011年版，第1—3页。

对这些"90后"的大学生而言，神话远远不是遥远而陌生地存在于古巴比伦的泥板残片上，也不存在于土著人在建造独木舟和为死者灵魂举办的周年宴会上的口头讲述之中，相反，神话存活在他们当下的切身生活里：在旅游时导游的讲解中，在互联网上，在《王者荣耀》《哪吒传奇》《古剑奇谭》《仙剑奇侠传》等影视剧作品和电子游戏中……这些新的不断发生的社会事实，凸显出两个重要的、与以往的研究对象相比有所不同的变化。

第一个是媒介的变化。在传统社区的日常生活语境中，神话的讲述通常是依赖口语为媒介来完成的，也依赖口语来进行传播，因此神话成为口头艺术（spoken art）的重要文类（genre）之一。不过神话也很早就经由文字媒介而进入书写传统之中，文字也成为传播神话的一大途径。新型的电子媒介出现之后，即发展迅猛并迅速渗透在人们日常生活的方方面面，大有后来者居上之势，在神话传播方面的影响也日渐增大。2009年，笔者曾在神话学课堂上，对40名北京师范大学文学院本科生进行了随机调查。面对"你主要是通过哪些途径（比如读书、观看电影电视、听广播、听老师讲课、听长辈或朋友讲述、听导游讲述、网络浏览等）了解神话"的问题，这些"80后"的大学生都做出了多种选择，其中选择"读书"方式的占总数的97.5%（39人）；"听老师讲课"方式的占85%（34人）；"观看电影电视"方式的占72.5%（29人）；"听长辈或朋友讲述"的占67.5%（27人）；"听导游讲述"的占32.5%（13人）；"听广播"的有2人；另有2人选择了"网络浏览"方式。2010年，我们再次调查的结果与此基本一致：在参与调查的103名学生中，选择"读书"方式的约占总数的96%（99人）；"听老师讲课"方式的约占93%（96人）；"观看电影电视"方式的约占82%（84人）；"听长辈或朋友讲述"的约占73%（75人）；"听导游讲述"的占41%（42人）；"网络浏览"方式的约占40%（37人）；"听广播"方式的约占3%（3人），另有13人选择了"其他方式"。很显然，在当时这些"80后"的大学生中，神话的传播方式多种多样，其中，书面阅读与面对面的口头交流（包括教师授课、长辈或朋友讲述、导游讲述等）无疑是这些学生了解神话的最主要的两条途径，而观看电影电视、网络浏览则成为他们知晓神话传统的第三种主要方式。这第三种方式到2015年的调查中有显著增长的趋势——在63位中国的"90后"大学生中，有45位所搜集的神话部分地或者全部来自影视剧作品、电子游戏以及其他各种网络资源（包括网络小说），受电子媒介影响的人数占到了总数的70%以上。一位历史学院的2013级学生在其作业的总结中写道："在当代中国，电子媒介对于神话的传播与重构充当着十分重要的角色。也许在一些比较偏远的地区，人们对神话的了解主要是通过老一辈人的口头讲述；在城市地区，口耳相传的神话主要是旅游时听导游讲述。而我在（北师大）校园内随机询问了20位同学，仅有3位同学表示曾听家里老人讲过神话，其他人对神话的了解都主要来自书本（包括课本和小说）和网络（电视剧和网络小说）。"前面引到的那位学生说的"让我先百度一下再说"的话，正鲜明地体现了电子媒介对年轻人而言在传播神话方面所具有的巨大影响力。几乎可以断言：这一影响在未来会越来越大。

另一个是语境的变化。日常生活中，神话可以在社区内部所需要的任何场合被讲述，比如在中国的汉族以及少数民族中，这样的场合很多是在庄严神圣的宗教仪式场合中，比如祭天祭祖仪式、丧葬仪式、结婚仪式以及祈雨、建房、治病等其他仪式，不过也可以在休闲、娱乐的场合讲述。[①] 上面引述的特洛布里恩德岛上的土著民族，也在预备航海、检修旧独木舟和建造新独木舟的时节，死者还乡的周年宴会临近的时候讲述神话，以为相关的行为和仪式提供合理的依据。在这些语境中，神话的讲述活动一般发生在社区内部，是社区有机生活的一部分，讲述人和听众也一般来自本社区，讲述的动机往往与宗教信仰或者休闲娱乐相关。但是在旅游的语境中，神话却是借由导游的讲述向通常来自社区外部的游客进行传播，由于导游的服务需要付费才能获得，因而其讲述常被视为是文化商品化的表现。在电子媒介的传播过程中，经过商业性、政治性或文化性的整合运用，神话更像是插上了翅膀，与具体的社区语境相脱离，进入到了广大的公共社会文化空间。

上述两个新变化很少引起神话学界的足够重视。迄今为止，对于神话在当代社会，尤其是在旅游业和电子媒介的影响之下呈现出的传承和变迁状况，神话学界很少研究——"向后看"的取向严重阻碍了神话学对当下社会现实的充分关注。就笔者的目力所及，德国柏林自由大学宗教科学研究所教授阿尔穆特—芭芭拉·雷格尔（Almut-Barbara Renger,

---

① 杨利慧：《神话与神话学》，北京师范大学出版社2009年版，第164—169页。

1969— ）也许是关注电子媒介中的神话再现稍多的一位，她在 2002 年主编并出版的《纳西索斯神话：从古代到赛博空间》（*Narcissus：Ein Mythos von der Antike bis zum Cyberspace*, 2002）一书，对 18 世纪末以来文学和文化作品中反复讲述的纳西索斯神话进行了细腻的梳理，涉及范畴包括卢梭、古代诗学、1900 年前后的小说以至 21 世纪新的虚拟空间——纳西索斯以阿凡达、生物机械混合人（Cyborg）以及其他复制形式出现在数字媒体的空间中。① 此外，中国著名神话学家叶舒宪也曾敏锐地抓住"新神话主义"这一世界文学艺术领域中的热点话题，撰写文章或发表演讲，对新神话主义现象进行介绍和评论，论证新神话主义潮流给神话学学科带来的新机遇（详见下文）。不过总体而言，相比火热而迅猛发展的社会现实而言，相关的神话研究实在显得冷漠、可怜！以影响当代神话传播和变

图 1—3 《纳西索斯神话：从古代到赛博空间》德文版封面

---

① Almut-Barbara Renger（Hrsg.）, *Narcissus：Ein Mythos von der Antike bis zum Cyberspace*, J. B. Metzler, 2002.

迁十分显著的电子媒介和遗产旅游来说，对前者的研究已然十分薄弱，对后者的研究更是几乎阙如。如此造成的缺憾是：神话研究者未能在完整的历史脉络中把握神话的生命力，对当代社会的普遍失声也使神话学失去了参与当下学术对话和社会文化建设的能力，以及对公众（尤其是青年人）的吸引力。因此，毫无疑问，神话学应当加强相关研究，积极关注当代社会、尤其是青年人当中的神话存在和传播形态，从而使神话学在"向后看"的同时，也能"朝向当下"。

图1—4　神话学家叶舒宪先生

笔者对神话在当代社会中的传承和变迁状况的兴趣始于多年前，尤其是2000—2010年，我与所指导的四位研究生一道，完成了一项教育部课题"现代口承神话的传承与变异"，对重庆市司鼓村、陕西安康市伏羲山和女娲山地区、山西洪洞县侯村以及河南淮阳县（2019年年底改为周口市淮阳区）的四个汉族社区的现代口承神话的传承和讲述现状进行了田野调查。在该课题的实地考察中，我们发现：在当代中国的一些社区中，遗产旅游（heritage tourism）迅速发展而且正日益形塑着神话传统，以往被认为承载着本真的、正统的神话传统的祭司、巫师等宗教性的职业讲述人，正逐渐淡出人们的视野，导游正在成为新时代的职业神话讲述人，并且成为当地神话知识传播的新权威；此外，神话的传播方式正日益多样化，一种新的趋势正在出现——电子媒介正日渐成为年轻人知晓神话传统的主要方式之一。① 不过，尽管我们发现了上述趋势，但由于当时的研究对象主要限于社区内部（包括农村和乡镇），集中关注的是上了年纪的故事家、歌手和巫师等，所以未能对上述趋势展开深入考察。

针对这一不足，2011 年，笔者申请了国家社科基金课题《当代中国的神话传承——以遗产旅游和电子媒介的考察为中心》（后改名为《当代中国的神话主义——以遗产旅游和电子媒介的考察为中心》），力图从民俗学和神话学的视角，对中国神话传统在当代社会、尤其是在影响神话传播十分显著的电子媒介和遗产旅游领域的利用与重构状况展开更深入、细致的民族志考察。与前一个课题不同的是，这一课题将聚焦于那些从社区日常生活的语境中被剥离出来、在更广大的公共社会文化空间中被加以挪用和重新建构的神话——本研究称之为"神话主义"。在总体的旨趣上，本研究更加关注现代和后现代社会中的大众文化、文化商品化、青年亚文化以及电子技术。毫无疑问，这一研究是对上一项课题研究的进一步拓展和深化。本书即是该课题的最终研究成果。

在开始下文的论述前，应该对本书中的四个关键词——"神话""神话主义""遗产旅游"和"电子媒介"做出界定。

神话的界定纷繁复杂，不同研究者对它常有不同的、甚至大相径庭的理解。上文已对神话做了界定，这里再做一下强调。本书中所说的"神话"，是人类创造的表达文化中的一种文类，是有关神祇、始祖、文化英雄或神圣动物及其活动的叙事；通过叙述一个或者一系列有关创世时刻以及这一时刻之前的故事，神话解释了宇宙、人类（包括神祇与特定族群）和文化的最初起源，以及现今世间秩序的最初奠定。在社区语境中，神话的讲述场合可以是日常生活所需的任何场景，但其中很多是在庄严神圣的宗教仪式场合中。

本研究创造性地将遗产旅游以及电子媒介等新语境中对神话的挪用和重建称为"神话主义"（mythologism）。具体地说，我重新界定的"神话主义"概念，是指 20 世纪下半叶以来，由于现代文化产业和电子媒介技术的广泛影响而产生的对神话的挪用和重新建构，神话被从其原本生存的

---

① 杨利慧、张霞、徐芳、李红武、仝云丽：《现代口承神话的民族志研究——以四个汉族社区为个案》，陕西师范大学出版总社有限公司 2011 年版，第 24—31 页。

社区日常生活的语境移入新的语境中,为不同的观众而展现,并被赋予了新的功能和意义。神话主义既指涉现象,也是一种理论视角——该概念含有这样的意涵和追求:自觉地将相关的神话挪用和重构现象视为神话世界整体的一部分,注重相关现象与神话传统的关联性,而不以异质性为由,对之加以排斥。

作为一种大众文化现象和流行的旅游类型,遗产旅游主要是指将"遗产"(heritage)——即值得珍视的、具有选择性的过去——作为消费品的旅游形式。世界旅游组织(UNWTO)对"遗产旅游"的界定是"深度接触其他国家或地区自然景观、人类遗产、艺术、哲学以及习俗等方面的旅游"[①]。尽管研究者们对遗产的范畴以及遗产旅游的界定众说不一,但是一个公认的事实是"遗产"的内容广泛,可以包括不可移动物质遗产(例如古建筑、河流、自然景观等)、可移动物质遗产(例如博物馆中的展品、档案馆中的文件等)以及非物质遗产(比如价值观、习俗、礼仪、生活方式、节庆和文化艺术活动等)。[②] 与民俗学界熟悉的"民俗旅游"(folklore tourism)或者"民族风情旅游"(ethnic tourism)相比,遗产旅游包含的范畴显然更加广泛。

"电子媒介"一般是指运用电子技术和电子设备进行信息传播的媒介,包括广播、电影、电视、电子游戏、互联网,等等。限于人力和篇幅,本书着力研究的电子媒介包括互联网、电子游戏、电影和电视。

第二节 "神话主义"的再阐释及其理论基础

就来源而言,"神话主义"这一概念并非笔者首创,不过笔者赋予了这个以往含义模糊、使用纷繁的术语以新的意涵和使命。

在英语世界中,"神话主义"一词最早何时出现,似乎已无法确知,但是,无疑在相当长的时间里,它的用法多样、随意,缺乏明确、统一的

---

① [英] 戴伦·J. 蒂莫西、斯蒂芬·W. 博伊德:《遗产旅游》,程尽能主译,旅游教育出版社2007年版,第1页。

② 同上书,第3页。

限定。有时候它与 myth 一词混用；也有学者说它是"神话的汇集"或者"神话研究"（collection of myth or the study of myth）；还有学者说它指的是"神话作为一种自觉的现象"（myth as a phenomenon of consciousness）①。对"神话主义"一词较早予以认真的学术研究和限定的，是苏联神话学家叶·莫·梅列金斯基（Yeleazar Meletinsky）。在《神话的诗学》一书中，他集中分析了"20世纪文学中的'神话主义'"，将作家汲取神话传统而创作文学作品的现象，称之为"神话主义"，认为"它既是一种艺术手法，又是为这一手法所系的世界感知"②。他认为：文学和文艺学中的神话主义，为现代主义所特有，其首要观念是确信原初的神话原型以种种"面貌"周而复始、循环不已；作为现代主义的一种现象，神话主义在很大程度上产生于对资本主义文化危机的觉察以及对社会震荡的反应。③ 比如，在他看来，达·笛福的《鲁滨逊漂流记》中有着显著的对神话模式的袭用——鲁滨逊以自己的双手创造了周围世界，类似神话中的"文化英雄"；他在荒岛上的所作所为，则成为相应神话的结构，因此这部小说具有神话性④。通过这样的阐释方法，梅氏将包括瓦格纳的音乐剧、詹姆斯·乔伊斯的《尤利西斯》、托马斯·曼的《魔山》以及弗兰茨·卡夫卡的《审判》和《城堡》等在内的作家作品对神话元素的创造性袭用，均称为"神话主义"⑤。除梅氏之外，神话主义概念在学术界的影响似乎有限，并未得到进一步的深入阐发和广泛运用，因而较少见诸学者的著述。作为后来者运用这一概念的案例，可以举到中国学者张碧所写的《现代神话：从神话主义到新神话主义》一文，其中直接借鉴了梅氏的观点，将"神话主义"界定为"借助古典神话因素进行创作的现代文艺手法"⑥。

与"神话主义"概念的提出几乎同时，"新神话主义"（Neo-mythologism）一词也被提出，并日益引起人们的关注。关于新神话主义概念的由

---

① IM Lotman, B. A. Uspenskii, *Russian Studies in Literature*, 1975.
② ［苏联］叶·莫·梅列金斯基：《神话的诗学》，魏庆征译，商务印书馆1990年版，第334页。
③ 同上书，第2—3页。
④ 同上书，第316—317页。
⑤ 同上书，第312—427页。
⑥ 张碧：《现代神话：从神话主义到新神话主义》，《求索》2010年第5期。

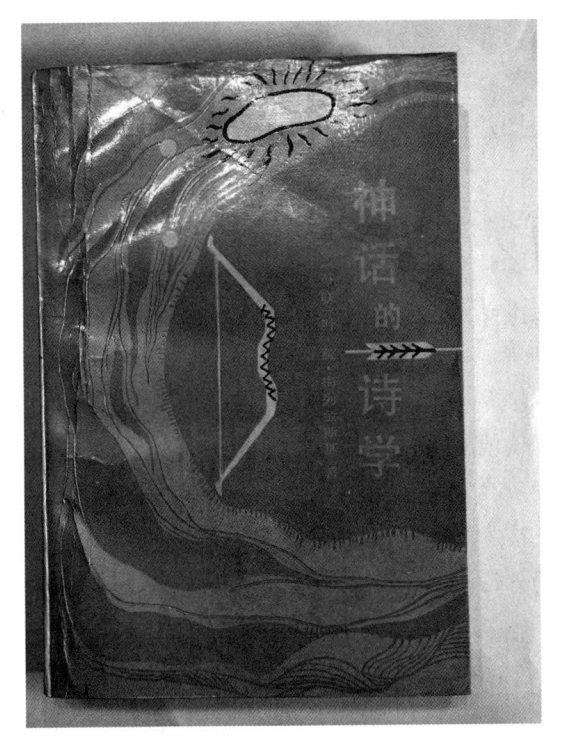

图1—5 梅列金斯基所著《神话的诗学》中译本封面

来,一个说法是依然与梅列金斯基有关。比如,俄国音乐学者维多利亚·艾达门科(Victoria Adamenko)在梳理20世纪新神话主义创作手法时,认为这一概念是由梅列金斯基在其1976年出版的《神话的诗学》(俄文版)一书中所创造的①。查阅根据这一俄文版翻译而成的同名中文译本,会发现梅氏在该书中主要论述的是文学创作和文艺批评中的神话主义,只在个别地方使用了"新神话主义"一词,而且,梅氏似乎并没有对"神话主义"和"新神话主义"做严格的区分②。但是在梅氏之后,西方文学艺术创作和批评领域运用"新神话主义"概念的,与其提出的"神话主

---

① Victoria Adamenko, "George Crumb's Channels of Mythification", *American Music*, Vol. 23, No. 3, 2005, pp. 324 – 354.

② 比如他在分析"二十世纪的'神话'小说"时,谈到神话主义为叙事创作提供了前所未有的辅助手段,同一段中很小的篇幅里,他同时谈及"二十世纪小说中新神话主义的最重要特征","这一特征,表现于新神话主义与新心理说之异常密切的关联"。[苏联]叶·莫·梅列金斯基:《神话的诗学》,魏庆征译,商务印书馆1990年版,第335页。

义"相比较而言，似乎更为多见。比如，前面提到的俄国音乐学者维多利亚·艾达门科著有《音乐中的新神话主义》（*Neo-Mythologism in Music*，2007）一书，力图从民俗学、人类学和历史学等视角来理解20世纪的现代音乐家的作品，分析原住民音乐、宗教仪式和神话元素在西方现代"高雅"音乐中的再现和再创造。

中国神话学者叶舒宪自2005年以后，也对新神话主义现象发生浓厚兴趣，接连撰写了系列文章，例如《人类学想象与新神话主义》[①]《再论新神话主义——兼评中国重述神话的学术缺失倾向》[②]《新神话主义与文化寻根》[③] 等，对新神话主义兴起的社会背景、心理动因、表现形式和其中所体现的西方价值观以及对中国重述神话文艺的启示等，进行了比较详尽的介绍和阐发。在其文章的介绍中，"新神话主义"是指20世纪末以来，借助于电子技术和虚拟现实的推波助澜作用，而在世界文坛和艺坛出现的、大规模的神话—魔幻复兴潮流，其标志性作品包括畅销小说《魔戒》《塞莱斯廷预言》《第十种洞察力》以及电影《与狼共舞》《指环王》《哈利·波特》《达·芬奇密码》《蜘蛛侠》《纳尼亚传奇》《黑客帝国》《怪物史莱克》等一系列文学和艺术创作、影视动漫作品及其他各种视觉文化，这一概念主要强调作品中体现出的对前现代社会神话想象和民间信仰传统的回归和文化寻根，在价值观上反思文明社会，批判资本主义和现代性。

从上述梳理可以看出，在根本上，神话主义与新神话主义有诸多共同之处，并未有实质性的差异。有不少读者只看字面就简单地以为"新神话主义"是比"神话主义"更新潮、更前沿的理论概念，这其实是一种误解。

笔者刚开始研究遗产旅游以及电子媒介中对中国神话的挪用和重建时，曾考虑直接借鉴并采用"新神话主义"一词，用来指代本研究所关注的现象，但是，后来我放弃了这一想法。放弃的最主要原因，一是在所谓"新神话主义"的概念中，"神话"往往被赋予了非常宽泛、模糊的含

[①] 叶舒宪：《人类学想象与新神话主义》，北京大学出版社2005年版。

[②] 叶舒宪：《再论新神话主义——兼评中国重述神话的学术缺失倾向》，《中国比较文学》2007年第4期，第37—50页。

[③] 叶舒宪：《新神话主义与文化寻根》，《人民政协报》2010年7月2日。

义,其"标志性作品"里传统的神话叙事往往被稀释得只剩下一丝淡薄的气息和影子,甚至完全无影无踪;二是阐释者对其中所谓"神话"元素的发现和建构,往往带有过于强烈的主观色彩。对我而言,《塞莱斯廷预言》《与狼共舞》《黑客帝国》《纳尼亚传奇》等作品中的神话叙事太过虚无缥缈,好像古诗里说的瀛洲,"烟涛微茫信难求"。经过笔者重新阐释的"神话主义"概念与"新神话主义"既有联系也有着一定的区别:神话主义与新神话主义在反思神话传统在当代社会中的建构和生命力上有着共同的追求,但是就与神话本体的距离而言,新神话主义显然走得更远。

笔者之所以对"神话主义"一词予以如此的重新阐释,既与学术界近半个多世纪以来的传统观的转向一脉相承,更直接受到世界民俗学界有关"民俗主义"和"民俗化"等概念讨论的深刻影响。

第一,20世纪下半叶以来学界对"传统"的反思。"传统"是人文社会科学研究领域的关键词之一。长期以来,一个最为流行的传统观是将"传统"视为客观而凝固不变的物质实体,它是本真(authentic)和纯粹的(genuine, pure),与久远的过去相连,是现代人怀旧与回望的精神家园①。但是,在20世纪下半叶,学术界对传统的看法逐渐发生改变。随着对传统的客观性和本真性的反思②,学者们开始逐渐放弃对过去传统的溯源性追寻,转而探求传统在现代社会中的存续、利用和重建状况,对传统的变迁和重建过程的考察由此成为世界范围内诸多学科研究的重要内容,迄今涌现出了不少有影响的学术概念和理论视角,比如,美国民俗学家戴尔·海默斯(Dell Hymes)在1975年发表的"Folklore's Nature and the Sun's Myth"一文中较早谈及"传统化"(traditionalization)概念,指出"我们可以在职业、制度、信仰、个人和家庭等任何一个生活领域内发现传统化的各种表达。……而我们的任务是在这一过程中去揭示这些表达的形式,去探究民众为保持一种传统化认同的活态化而做的行为,在此过程中普适我们的学科并深化其贡献"③。表演理论的代表人物理查德·

---

① [美]理查德·鲍曼:《作为表演的口头艺术》,杨利慧、安德明译,广西师范大学出版社2008年版,第208—221页。
② [英]霍布斯鲍姆、兰格:《传统的发明》,顾杭、庞冠群译,南京译林出版社2004年版。
③ Dell Hymes, "Folklore's Nature and the Sun's Myth", *Journal of American Folklore*, 1975, Vol. 88, No. 350, p. 354.

鲍曼（Richard Bauman）对此做了进一步明确阐释："如果我们将传统理解为一个可阐释的话语创造，那么'传统化'就是在当前话语与过去话语之间创建的有效链接。"他主张民俗学者关注的视点应当更多地转向"实现传统化、赋予话语全新意义的手段与过程"①。美国旅游人类学家纳尔逊·格雷本（Nelson Graburn）在《当今日本的过去——当代日本国内旅游的怀旧与新传统主义》一文中，将日本旅游业利用传统以塑造充满怀旧因素的旅游景点的方法和过程称为"新传统主义"，并指出：对这类旅游景点的大规模建造和参与热情，是日本要表达和确立自己的独特性的现代斗争中的重要部分②。日本社会学家吉野耕作将现代社会中对文化遗

图1—6　美国民俗学家理查德·鲍曼

---

① Richard Bauman, *A World of Other's Words: Cross-Cultural Perspectives on Intertextuality*, Blackwell Publishing Ltd, 2004, p. 147。关于"传统化"概念的更多梳理，可参看康丽：《从传统到传统化实践——对北京现代化村落中民俗文化存续现状的思考》，《民俗研究》2009年第2期，第162—172页；康丽：《传统化与传统化实践——对中国当代民间文学研究的思考》，《民族文学研究》2010年第4期，第73—77页。

② ［美］Nelson Graburn，《人类学与旅游时代》，赵红梅等译，广西师范大学出版社2009年版，第145—158页。

产的创造手法称为"新历史主义",并指出它实际上是"通过全球化消费社会中文化遗产的创造,维持、促进了民族自我认同意识中的与过去的连续感"①,等等。

第二,"民俗主义"(folklorismus/folklorism)概念的启迪。"民俗主义"一词在20世纪初既已出现,而且在三四十年代,法国民族学者已开始使用"新民俗主义"(neo-folklorism)作为对表达文化的一种新观点,但是,1962年德国民俗学家汉斯·莫泽(Hans Moser)将"民俗主义"重新作为学术概念提出后,才引起了民俗学者的注意。② 此后,德国民俗学家赫尔曼·鲍辛格(Hermann Bausinger)对之做了进一步的阐发,其所著的《技术世界中的民间文化》(*Folk Culture in a World of Technology*)英文版的第五章第二节"Tourism and Folklorism"中专门收入了论及民俗主义的文字。③ 在鲍辛格看来,民俗主义指的是"对过去的民俗的运用",民俗被从其原生的语境中分裂出来,植入新的语境当中;民俗主义是现代文化产业的副产品,它表示了民俗的商品化以及民俗文化被第二手地体验的过程④。对于"民俗主义"一词的所指,民俗学家本迪克丝(Regina Bendix)曾有非常简明扼要的概括:民俗主义即"脱离了其原来语境的民俗,或者说是伪造的民俗。这一术语被用来指涉那些在视觉和听觉上引人注意的或在审美经验上令人愉悦的民间素材,例如节日服装、节日表演,音乐和艺术(也包括食物),它们被从其原初的语境中抽取出来,并被赋予了新的用途,为了不同的、通常是更多的观众而展现"⑤。笔者认为:

---

① [日]吉野耕作:《文化民族主义的社会学——现代日本自我认同意识的走向》,刘克申译,商务印书馆2004年版,第62—66页。

② 关于"民俗主义"概念的来龙去脉以及其对于民俗学学科的革命性意义,可参看杨利慧:《"民俗主义"概念的涵义、应用及其对当代中国民俗学建设的意义》,《民间文化论坛》2007年第1期。

③ Hermann Bausinger, *Folk Culture in a World of Technology*, Trans. Elke Dettmer, Bloomington and Indianapolis: Indiana University Press, 1990。这一英文版中的第五章"Relics—and What Can Become of Them"未见于中译本中。中译本可参见[德]赫尔曼·鲍辛格《技术世界中的民间文化》,户晓辉译,广西师范大学出版社2014年版。

④ Hermann Bausinger, *Folk Culture in a World of Technology*, Trans. Elke Dettmer, Bloomington and Indianapolis: Indiana University Press, 1990, pp. 127 – 140.

⑤ Regina Bendix, "Folklorismus/Folklorism", in Thomas A. Green, *Folklore: An Encyclopedia of Beliefs, Customs, Tales, Music, and Art*, Santa Barbara, California; Denver, Colorado and Oxford: ABC-CLIO, 1997, p. 337.

虽然如今民俗主义的讨论在世界民俗学史上已基本成为过去的一页，但是对于中国民俗学而言，该概念依然具有很大的启示意义：有关民俗主义的讨论，某种程度上正可以充任当代中国民俗学转型的媒介——它能够拓宽民俗学者的视野，使大家从"真"与"假"的僵化教条中、从对遗留物的溯源研究中解放出来，摆脱"向后看"、从过去的传统中寻求本真性的局限，睁开眼睛认真看待身边的现实世界，从而将民俗学的研究领域大大拓宽，也可以促使民俗学直接加入到文化的重建、全球化、文化认同、大众文化、公民社会等的讨论中去，从而加强民俗学与当代社会之间的联系，并对当代社会的研究有所贡献，对当前重大而剧烈的社会历史变迁过程有所担当。①

图1—7 德国民俗学家赫尔曼·鲍辛格与杨利慧在学术研讨会上

第三，"民俗化"（folklorization）视角的影响。比"民俗主义"概念稍后，民俗学者还发明了另一个类似的概念——"民俗化"，用来指称当代社会中为了外部的消费目的而将地方文化予以加工处理的过程。在英语

---

① 杨利慧：《"民俗主义"概念的涵义、应用及其对当代中国民俗学建设的意义》，《民间文化论坛》2007年第1期。

世界里，较早提出"民俗化"概念的是美国民俗学家阿麦瑞科·派瑞迪斯（Américo Paredes），他在1973年发表的《José Mosqueda 与真实事件的民俗化》一文中，将民俗化定义为"将所有民俗素材改编为某一传统中主导性的一般模式的方式"，比如把火车抢劫故事改编为反映族群之间冲突的主导性主题。① 以后很长一段时期内，在有关民俗化的学术话语中，占据主导地位的是负面性的观点，认为民俗化对外部事物的强调是以牺牲地方创造性为代价的，是一个腐化和抑制的过程。对此，美国民俗学家约

图1—8 美国民俗学家约翰·麦克道尔

---

① Américo Paredes, "José Mosqueda and the Folklorization of Actual Events", *International Journal of Chicago Studies Research*, No. 4, 1973, pp. 1-30.

翰·麦克道尔（John McDowell）在2010年发表了《于厄瓜多尔反思民俗化：表达性接触带中的多声性》一文，认为这种说法显然过于片面。他指出：当今社会中的民俗正日益被媒介化（mediated）而进入更为广大的领域中，"民俗化"概念强调了从地方性的艺术生产到被媒介化的文化展示的加工转换过程；在此过程中，有机的文化表达被出于艺术的、旅游的、商业的、政治的以及学术的目的而被加工处理。作者通过对厄瓜多尔的盖丘亚人（Quichua）的故事讲述以及北部土著人的CD音乐制作的田野研究，发现在全球性与地方性相遭遇的表达文化接触带，即使在高度媒介化的表演场景中，也存在着多声性，其民俗化能同时对各种观众、为不同目的服务，存在着复兴本土文化编码的潜力。[1] 尽管已经取得了上述成果，但是总体来看，世界民俗学界对民俗化的探讨还有待进一步深化，在中国，仅有少数敏锐的民俗学者开始关注"民俗化"现象[2]，相关的研究还十分薄弱。显然，这是一个亟待深化和拓展的领域。

总之，与梅列金斯基提出的神话主义概念的含义和学术渊源不同，笔者对"神话主义"的重新阐释更多地是参考了民俗学界有关"民俗主义"以及"民俗化"等概念的界定，强调的是当代社会中因受到文化产业和电子媒介技术的影响，神话被从其原本生存的社区日常生活的语境中抽取出来，在新的语境中为不同的观众而展现，并被赋予了新的功能和意义。笔者认为，这样的界定比梅氏的概念更有包容性和理论概括力：神话主义显然并不限于文学和艺术创作范畴，而是广泛存在于现当代社会的诸多领域。

第三节　本研究的目的、写作过程、使用方法以及一些主要结论

本书力图探究的是神话传统在当代社会中、特别是由于文化产业和电子媒介技术的广泛影响而产生的对神话的挪用和重新建构，目的是使学者

---

[1] John H. McDowell, "Rethinking Folklorization in Ecuador: Multivocality in the Expressive Contact Zone", *Western Folklore*, Vol. 69, No. 2, Spring 2010, pp. 181–209.

[2] 例如，董晓萍：《全球化与民俗保护》，高等教育出版社2007年版。

的目光从以往的社区日常生活的语境扩展到在各种公共社会文化空间中被展示（display）和重述的神话，把该现象自觉地纳入学术研究的范畴之中并从理论上加以具体、深入的研究，从而使神话学这门一直擅长于"向后看"的学问也能直面身边生动鲜活的社会事实，在"向后看"的同时也能"朝当下看"，进而在完整的历史脉络中把握神话的生命力。

具体地说，本书力图对如下问题进行深入、细致的民族志研究：当神话从社区日常生活的语境被挪移进入各类新的语境之中时，神话主义如何呈现？发生了什么变化？哪些保持不变？神话主义具有哪些特征？其生产与当代社会文化之间存在怎样的互动关系？神话主义对神话的当代传承与变迁产生了何种影响？研究神话主义为学术研究带来哪些启示？

笔者认为：对神话主义的重新阐释和深入研究，可以充当神话学朝向当下转向的一个桥梁——它能够拓宽神话学者的视野，使大家从古代的泥板残片和"残碑断章"中、从偏远岛屿土著民族的亡灵返乡仪式上、从"真"与"假"的僵化教条中、从对文化遗留物的溯源研究中解放出来，摆脱"向后看"视角的牢固束缚，睁开眼睛认真看待身边已然发生巨大改变的现实世界，从而将神话学的研究领域大大拓宽，并加强神话学与当代社会之间的联系，促使神话学加入到有关大众文化、电子技术、文化的商品化、全球化等跨学科讨论中去，进而对当代社会的研究有所贡献。

前文曾述及，本课题立项之初，原本题为《当代中国的神话传承——以遗产旅游和电子媒介的考察为中心》。在研究过程中，笔者逐渐形成了一个新观点：用"神话主义"这个重新阐释的概念，从理论上整合、贯穿起在当代社会的各种新语境中被挪用和重构的神话。经过相关管理部门的批准，课题后来正式更名为"当代中国的神话主义"，副标题保持不变，依然是以影响当代神话传承和变迁十分显著的遗产旅游和电子媒介两个领域为考察中心。

由于课题牵涉范围广泛，立项不久我便组织了一个研究团队，参与者都是我前后几届指导的博士生和硕士研究生，参与课题时他们中有的已经毕业，成为高校和科研机构中能够独当一面的优秀青年学者；有的是在读研究生，他们的学位论文便围绕此课题而设计完成。

在研究对象的范围选择上，我们力图尽可能有一定的涵盖面，兼顾到事象、地域、民族和媒介类型的多样性和复杂性，比如在遗产旅游的部分，我们的三个个案分别来自河北省涉县娲皇宫景区的女娲神话（汉族)、湖南省泸溪县侯家村的盘瓠神话(苗族)以及云南省哈尼族彝族自治州元阳县箐口村的"窝果策尼果"神话传统(哈尼族)。之所以选择这些地方作为调查地点,主要是考虑到这些地方既有悠久的神话传统,同时该传统又正受到日渐发展起来的遗产旅游产业的不同程度的影响。地点的选择也考虑到了调查者的融入程度:两位年轻的调查者都是本省人,熟悉当地的语言,便于与当地人进行交流,而笔者对娲皇宫的追踪调查已有十多年的积累。电子媒介部分的几位研究者也有分工:一位专门讨论互联网上的神话段子,一位聚焦于电子游戏,另一位则主要关注影视作品。

由于本课题的目的是具体、深入地考察中国神话在当代社会中、特别是遗产旅游和电子媒介等新语境中被挪用和重述的情况,进而探寻神话在此过程中呈现出的新形式、功能和意义,因此,文本分析(textual analysis)、民族志式田野作业(ethnographic fieldwork)以及综合研究的方法,成为本书倚赖的最为重要的方法。

"文本"(text)是指一段能够与围绕其四周的话语相分离的话语,它具有内聚性、语义上的粘着性和客观性(比如能够被称呼、命名和谈论等)。Michael Silverstein 和 Greg Urban 在《话语的自然史》(*Natural Histories of Discourse*)一书中指出:文本的观念允许文化研究者把一段正在发生的社会行为(话语或者一些非话语的但仍然是符号性的行为)从其无比丰富的和极度详细的语境中抽取出来,并为它划定边界,探讨它的结构和意义。[①] 文本分析是民间文学、民俗学领域常用的分析方法之一,在探究口头叙事的情节、结构、特殊的审美特征、稳定性和变异性等问题上,这一方法具有无可替代的重要性。本书普遍使用这一方法,来比较、分析和呈现神话主义在不同语境中被运用和重构时发生的各种变化。

民族志式田野作业的方法主张研究者深入一个或多个社区(实际的或者虚拟的)之中,以参与观察或者直接交流的方式,较长期地沉浸于该社区文化,并在与各种田野关系的互动过程中达至对该文化的理解。本书的所有研究,都采用了这一基本方法。在研究电子媒介时,这一方法的使用还显示出其特殊之处:研究者乃是通过积极参与或潜伏在互联网中,借对文本的呈现以及虚拟社区中的社会互动进行观察,进而了解并分析相

---

① Michael Silverstein and Greg Urban, eds., *Natural Histories of Discourse*, Chicago: The University of Chicago Press, 1996, p. 1.

关群体的态度与行为特征。近年来,随着互联网研究的日渐深入,关于网络田野作业（internet fieldwork）、虚拟民族志（virtual ethnography）、网络民族志（internet ethnography）或者在线民族志（online ethnography）的讨论,成为人类学及其相邻学科讨论的热点话题,以互联网为研究环境并利用互联网进行资料收集的田野作业方法及其与实际社区中的田野作业方法的异同,引起了学者们的热烈关注①。在笔者看来,尽管网络环境以其匿名性、开放性和交互性等特点,与传统的基于真实人群与社区的环境有所不同,但是参与观察和人与人之间的互动交流依然是所有田野作业的基本内容,因此,所谓虚拟民族志或者网络田野作业,依然可以在总体上归属于民族志式田野作业。在本书中,民族志式田野作业的方法既被用于对实际的地方社会和人群的参与观察,也包括对导游、游客、政府官员、学者、巫师以及神话段子的改编者和传播者、电子游戏的玩家、影视剧观众等面对面的深度访谈,同时,它也用于研究者通过积极参与或潜伏在互联网中,搜集文本并观察虚拟社区中的交流互动,以了解和分析相关群体的态度与行为特征。总之,现实与虚拟、线上与线下的差异和联系,在本研究中不仅被给予了充分关注,而且也被予以了整合。

　　神话是一种复杂的文化现象,仅仅倚赖一个视角、一种方法去考察,很难洞见其全部真谛,因此,笔者一直提倡用"综合研究法"（Synthetic Approach）来对神话进行研究。这一方法主张在研究神话时,要把注重长时段的历史研究和注重"情境性语境"（the situated context）和具体表演时刻的视角结合起来;把宏观的、大范围里的历史—地理比较研究与特定社区的民族志研究结合起来;把静态的文本阐释与动态的交流和表演过程的研究结合起来;把对集体传承的研究与对个人创造力的研究结合起来。② 在本书中,这一方法被用于在历史演变脉络中,细致考察当前特定语境下神话受到诸多复杂因素协同影响的过程。

　　本书的整体结构共分为八章。第一章为总论（杨利慧撰写）,对该研究在神话学史上的意义进行了简明扼要的阐述,对"神话主义"这一概

---

① 相关讨论可参见卜玉梅:《虚拟民族志:田野、方法与伦理》,《社会学研究》2012年第6期。

② 杨利慧、张霞、徐芳、李红武、仝云丽:《现代口承神话的民族志研究——以四个汉族社区为个案》,陕西师范大学出版总社有限公司2011年版,第31—32页。

念进行了重新阐释并交代了阐释的理论基础，对本研究的目的、写作过程、使用方法以及一些主要结论进行了总括性的交代。第二章（杨利慧撰写）、第三章（肖潇撰写）、第四章（杨泽经撰写）通过不同地域、不同民族、不同神话类型的个案，描述了遗产旅游语境中神话主义的各种表现以及特点，对遗产旅游为神话传统带来的影响进行了多元化的描述和分析。第五章（杨利慧撰写）、第六章（祝鹏程撰写）、第七章（包媛媛撰写）、第八章（陈汝静撰写）则聚焦于神话主义在电子媒介中的各种表现及其呈现特点、与传统神话形态的区别以及关联性、神话主义与社会的互动关系等。此八章均经过精心安排，各有侧重，也彼此照应，总体上都紧紧围绕着遗产旅游和电子媒介两种不同的语境，比较全面、细致地描述和分析了神话主义的呈现方式、文本类型、背后的生产动机及其与当代中国社会文化之间的关系以及神话与神话主义的异同等。

第二章"遗产旅游语境中的神话主义"主要以河北涉县娲皇宫景区对女娲神话的挪用、整合和重述为个案，以导游的叙事表演为中心，比较详细地展示了遗产旅游语境中神话主义的具体表现方式及其特点。像社区日常生活中的故事讲述者一样，导游经过遴选、培训、实习以及长期讲述实践的锤炼，逐渐从普通的个体成长为职业讲述人，从神话传统的非传承人或者消极传承人变成了积极的传承人。导游词底本往往将口头传统与书写传统有机融合，而导游个体的叙事表演具有"以情境和游客为中心"的特点，他们会根据具体的情境和游客的需要而调整叙事的内容和策略，从而使其表演保持一定的流动活力，因此并不一定会导致传统的僵化。社区日常生活语境中普通人讲述的神话与遗产旅游语境中训练有素的导游所生产的神话主义之间，存在着明显的差异：相对而言，前者的特点是口语表述的、有机的和地方性的，是"前台的文本"，而后者则是文字内化后的口语表述，是精致化的和全观在地化的，是"后台的文本"。神话主义是神话的"第二次生命"，富有其特殊的艺术"光晕"，并可重新回流进入社区，成为社区内部表达自我的交流资源，因此，"第一生命"与"第二生命"的划分并非截然对立。神话主义的研究可以在诸多方面为神话学、民间文艺学、民俗学等学科提供启示，因此不应被视为异质性的存在。

第三章"遗产旅游与哈尼族神话传统的变迁"以云南省元阳县箐口村为个案，对遗产旅游语境下以"窝果策尼果"为代表的哈尼族神话传统的传承与变迁进行了细致深入的描写，从中揭示了随着旅游业的日益兴盛以及相关文化表达形式"哈尼哈吧"的遗产化，社区内部的神话传统逐渐发生的变化，神话主义在这个哈尼族村寨旅游业中的生产和呈现特点，以及神话主义对游客的传播功效。研究发现：与村寨日常生活中公认的神话知识权威"摩批"和"咪古"相比，导游讲述的神话主义文本具有世俗化和"哈尼化"的特点，前者主要体现在把原本篇幅宏大、常在庄严肃穆的仪式场合演述的神话予以碎片化，把烦琐的神话情节简化为有趣的故事，按照导游工作的需要比较随意地进行选择性讲述。而后者则体现在导游努力迎合游客的"凝视"、呈现游客心目中的哈尼形象，有意凸显哈尼族的特点，使其叙述带有浓厚的哈尼特色。在遗产旅游的语境中，神话主义的生产过程有着多方行动主体的推动，政府、商人、神职人员、导游、游客和村寨普通民众等都参与其中，共同发明和创造着神话主义。神话主义对神话的传播有一定功效，但是总体来说功效有限。

第四章"神话的实践与流动"以湖南泸溪县辛女村为个案，对遗产旅游为当地以及周边苗族地区流传的盘瓠神话带来的变迁进行了考察，并尝试提出"神话实践"的概念，力图从微观层面对"神话主义"的视角有所补充和推进。该概念是指处在不同社会文化语境中的人们讲述、记录和创编神话的种种行为，强调实践主体与神话之间的双向互动。从神话实践的角度来看，无论是神话的第一次生命——村民在村落日常生活语境中讲述的盘瓠神话，还是其第二次生命中的神话主义——包括导游在旅游景点讲述的盘瓠神话、官方在广场和导游词等各种宣传媒介中"标准化"的盘瓠神话，还是民间权威改编和重构以后的盘瓠神话，都是不同主体的神话实践。而民间权威的改编和重构，对于盘瓠神话从村落向公共社会文化空间的流动，提供了中介性的桥梁。

第五章"当代中国电子媒介中的神话主义"对当代电子媒介中神话主义的承载形式、文本类型及其与中国社会之间的互动关系进行了总括性的梳理和研究。立足于相关电影、电视和电子游戏的分析，指出在当代电子媒介中，神话主义的承载形式主要有三种——动画片、真人版影视剧和电子游戏，并将神话主义的文本类型划分为三类：援引传统的文本、融汇传统的文本与重铸传统的文本。认为神话主义不仅是技术发展、媒介变迁的产物，作为当代大众媒介制造和传播的对象，它的生产与当下的政治、经济和社会文化语境密切相关；神话主义富有特殊的艺术光晕，是神话传统整体的一部分，应在神话完整的生命史过程中，对之加以考察和研究。

第六章"'神话段子'：互联网空间中的神话主义"以"神话段子"为焦点，讨论了互联网空间中的神话主义。通过分析，发现年轻网民依托互联网这一新媒体，对神话传统进行了大胆的改编，从而创造出了用来言说自我身份、表述自我情绪的"神话段子"。神话段子是青年亚文化的一种，它根植于神话传统但又打破了神话的框架，直接指向当下民众的言说需求，既创造出了全新的功能，也在一定程度上延续了经典神话的功能：描述现实社会秩序、加强社区认同、增进群体凝聚力、娱乐。神话段子是神话与其他文体互渗的结果，是神话在网络时代的重要表现形态。从传统的神话到神话主义，二者在叙事环境、受众、生产方式等方面有着较大的差异，但在神格叙事、信仰形式、功能与传播方式上则仍有一定程度的继承。神话主义是经典神话的讲述传统与公共空间中的社会境遇互相结合的产物。借助互联网超文本的特性，神话超越了传统民间文学的"口头性"与"书面性"的简单二分，而呈现出了"电子性"与"全息性"。去语境化消解了神话与其生存社区的关系，段子中的神话题材呈现出了雷同化的倾向，但是，神话的表现形式与意义变得更加多元化。互联网中的神话主义激活了神话传统的生命力，连接起了传统与当代。

第七章"电子游戏中的神话主义"以国产单机 RPG 游戏《古剑奇谭：琴心剑魄今何在》为个案，对电子游戏中神话文本的类型特征进行分析，并对作为当代神话传承重要媒介的电子游戏在神话传播中的意义进行了探讨。在诸多电子媒介中，融入了中国神话元素的电子游戏是当代青少年接触并了解神话的最重要的途径之一，也成为神话主义的一个主要表现语境。作者经过研究发现：在游戏场域中，其神话文本的讲述呈现出明显的"拼贴"特征，标志性的神话元素被重新整合和编创，建构起游戏空间中个性化的世界观、体系完整的叙事流和充满想象的异域空间，从而带给玩家以探索奇幻异域世界的游戏体验。游戏场域中的神话脱离了其原有语境，成为具备新的象征属性的文本。注重剧情与讲究考据的"剧情派"和"细节党"是游戏场域中神话的"积极传承者"，他们积极参与游戏世界观系统化的建构和叙述，探寻神话典籍文本，恢复游戏场域中神话元素的本原含义，因此在一定程度上，电子游戏中的神话主义能够激起部分玩家对于神话知识传承的自觉，实现了神话在当代社会的有效传承。

第八章"影视媒介中的神话主义"重点探讨了神话主义在电视和电

影媒介中的存在样态与变迁机制，并以北京高校学生为主要调查与访谈对象，考察了神话主义在观众中的传播效果。在影视媒介中，神话主义的再现方式包括：神话的复制、拼接以及神话氛围的营造等。神话主义的生产以民族主义、地方化、艺术性以及商业化等因素为主要驱动力，它们深刻影响着神话重构的方式与特征，在诸多生产动机的推动下，影视媒介中的神话主义呈现出了复杂却又有规律可循的一面。观众对于神话主义的评判和接受，主要受到视听感受的愉悦性、改编"真实"与否等维度的影响，而驱动观众对神话主义进行消费的动机是多样性的，例如对传统文化的怀旧、对神话思维的迷恋以及对童年体验的追忆等。

需要说明的是，本书中除特别声明以及第二章因征求过导游们的意见而保持了受访人原名外，其余各章大多遵循民俗学学科惯例，对受访人使用了化名。

书末附有五篇相关评论，其中学者们从不同角度阐发了本研究的意义、成就与不足，相信会对读者更全面地认识本书有些助益。

总体而言，立足于文本分析方法和民族志式田野作业，以丰富的第一手资料为基础，本书对遗产旅游和电子媒介领域中当代中国神话的传承和变迁状况进行了比较全面的描述和深入分析。关于遗产旅游的三章与电子媒介的四章虽然描述的具体对象不同，但是所探讨的核心问题和采用的理论视角有着内在的一致性：通过深入考察神话主义在当代不同语境中的呈现形态和方式，进而揭示其特点和本质，并探究神话主义与当代中国的社会文化之间的关系。

除了各章得出的具体结论以外，本书的一些主要理论思考也应该在这里予以强调。

第一，"神话主义"是指 20 世纪下半叶以来，由于现代文化产业和电子媒介技术的广泛影响而产生的对神话的挪用和重新建构，神话被从其原本生存的社区日常生活的语境移入新的语境中，为不同的观众而展现，并被赋予了新的功能和意义。

神话主义既指涉现象，也是一种理论视角——它含有这样的意涵和追求：自觉地将相关的神话挪用和重构现象视为神话世界整体的一部分；注重相关现象与神话传统的关联性，而不以异质性为由，对之加以排斥。

第二，在本质上，神话主义是神话的第二次生命。芬兰民俗学家劳里·杭柯（Lauri Honko）曾批评"民俗主义"的概念无用，进而提出

"民俗过程"(folklore process)的观念,以图从整体上把握民俗传统在当代社会中的种种变化。他把民俗的生命史细腻地划分为22个阶段,其中前12个阶段属于民俗的"第一次生命"(first life)或者从属于它,剩下的10个组成了它的"第二次生命"(second life)。第一次生命是指"民俗在传统共同体中自然的、几乎感觉不到的存在。它没有被注意、认识或强调,因为它是发生的一切的一个有机组成部分",而"第二次生命"则意味着"民俗从档案馆的深处或者其他某些隐蔽之地的死而复生","它将在通常都远离其最初环境的一个新的语境和环境中被表演",这第二次生命中就包括了民俗的商品化。杭柯号召民俗学家把传统和民俗看作一个动态的过程。[①] 本书积极借鉴"民俗过程"的视角,认为神话主义显然属于神话生命史中的"第二次生命":神话被从其原本生存的社区日常生活的语境中挪移出去并被整合运用,为广大公共社会文化空间中的一般大众而展现。但是,本书也对杭柯的观点予以了补充和修正:所谓"第一次生命"和"第二次生命"的划分不应该截然对立、在新语境中被挪用和重构的神话,也可以重新回流进入社区,成为社区内部表达自我认同、增进社区交流的表达性手段(第二、三、六章)。因此,神话(以至于广阔范畴的民俗)的生命发展阶段并非简单而僵化的直线进化式,而是呈现出循环往复、生生不息的状态(第二章)。对于研究者来说,应该将神话的整个生命过程综合起来进行总体研究,将神话主义纳入研究的视野之中,而不仅仅限于探察其"第一次生命",只有这样,才能更好地理解神话的生命力以及人类的创造力。

  第三,对神话主义的异质性的质疑。对于遗产旅游和电子媒介语境之中呈现的神话主义,很多人都持有负面、消极的态度,认为神话主义会不可避免地导致神话传统的腐蚀和僵化,神话主义因此常常被视为异质性的、与社区文化传统相分离的文化现象,而被绝大多数神话学者排斥在其研究的视野之外。本书却通过实证研究得出了相反的结论:神话主义与传统的神话一脉相承,关系密切,无法截然分割(各章);神话主义并没有使神话传统变得僵化和凝固,其叙事表演、表现形式与意义在新的语境中往往更加多元化(第二、六章);通过网络在线,民众同样集体地参与了

---

① [芬兰]劳里·杭柯:《民俗过程中的文化身份和研究伦理》,户晓辉译,《民间文化论坛》2005年第4期。

神话主义的生产过程，虚拟社区也可以形成即时性的神话讲述场合（第六、七章）；神话主义对神话的改编和重构，在一定程度上延续了神话加强社区认同、增进群体凝聚力的作用（第六章），并为一般大众、特别是青少年接触并了解神话提供了重要途径，使神话在当代获得了新的传承动力（各章）；神话主义研究可以在诸多方面为学术发展提供启示，例如，考察导游生产的神话主义文本，会向我们揭示出口头、书写、记诵之间多层次的联系（第二、六章）；对神话主义性质的反思，也会引发出对于神话的神圣性特征的新思考（第六章）。

第四，神话主义是一种新型的文化生产模式，它与当代中国的社会文化之间存在着密切的互动关系。本书认为：神话主义不应仅仅被看作语境变迁、技术发展的产物，远非古老神话在当下时空中的简单再现。相反，神话主义是由当下中国的社会形势、意识形态、文化策略以及市场经济等因素共同作用而产生的一种社会文化现象，其生产过程往往牵涉着复杂的政治、经济和社会文化动因，例如全球化与反全球化（第五章）、民族主义、地方主义、艺术追求以及商业化（第三、四、八章）、青年亚文化（第六章）等。神话主义是神话讲述传统与公共空间中的社会境遇互相结合的产物（第六章），其中折射出当代大众文化生产和再生产的复杂图景。换句话说，神话主义是"一种以过去为资源的当下新型文化生产模式"①。

如前所述，本书力图探究的是神话传统在当代社会中、特别是在文化产业和电子媒介技术的影响下被挪用和重述的情况，主要目的是推动神话学实现"朝向当下"的转向，或者，更准确地说，在"向后看"的同时也能"朝当下看"，从而拓宽神话学的研究领域，并对当代社会的研究有所贡献。当然，目前神话主义的研究还处在探索阶段，有待未来的大力深化和拓展，许多相关问题尚有待进一步探究，比如，神话主义形态中口头传统和书面传统的相互关系到底怎样？口语、文字、电子媒介等不同的媒介形式生产神话主义文本的过程怎样？其结果又有何联系与区别？虽然笔者提出的神话主义概念主要针对的是大众文化、电子技术和文化商品化等语境，不过这一概念是否可以有更广阔的适用性？从神话主义不断再生产

---

① Babara Kirshenblatt-Gimblett, "Theorizing Heritage", *Ethnomusicology*, Fall 1995, pp. 369 – 370.

的复杂图景中可以洞察出哪些神话生命力传承的规律？……这是一块新的、富于蓬勃生机和时代气息的学术领地，期待有更多的人来此耕耘、播种和收获。

第 二 章

遗产旅游语境中的神话主义

——以河北涉县娲皇宫景区导游的叙事表演为个案*

第一节　引言

　　一个不可否认的社会事实是：旅游已成为当代社会中大众日常生活的重要内容，旅游业也成为世界上最大的产业之一。作为一种流行的旅游类型，遗产旅游主要是指将"遗产"——值得珍视的、具有选择性的过去——作为消费品的旅游形式①。"遗产"包容广泛，可以包括不可移动物质遗产（例如古建筑、河流、自然景观等）、可移动物质遗产（例如博物馆中的展品、档案馆中的文件等）以及非物质遗产（比如价值观、习俗、礼仪、生活方式、节庆和文化艺术活动等）②。

　　遗产旅游的研究早在20世纪六七十年代既已开始，如今已成为诸多学科共同关注的热点话题之一。活跃在这一领域的先行者主要包括了地理学者、经济学者、管理学者、社会学者以及人类学者等，民俗学者的身影稍晚才出现在这个舞台上——本学科长期形成的"向后看"视角、关注文化遗留物的传统无疑是阻碍民俗学者投身现代生活的关键。但是，社会的迅猛发展不容忽视。当民俗学者发现曾经熟悉的村落里的民歌民谣、民

---

*　本章作者杨利慧。
①　［英］戴伦·J.蒂莫西、斯蒂芬·W.博伊德：《遗产旅游》，程尽能主译，旅游教育出版社2007年版，第1页。
②　同上书，第3页。

族服饰甚至宗教舞蹈，越来越多地跨出村寨的边界，出现在繁华都市的艺术舞台、旅游景点和商业广告中的时候，民俗学界兴起了一场有关民俗本质以及民俗学学科范畴的大讨论。欧洲民俗学界有关"民俗主义"（folklorismus/folklorism）的探讨、美国民俗学界有关"伪民俗"（fakelore）的论争、中国民俗学界对包括民俗主义在内的一系列西方理论的译介和探讨等，都促使本学科的从业者逐渐拓宽视野、开放胸襟，以积极的态度关注身边急剧变迁的当代社会——民俗学出现了从"向后看"到"朝向当下"的转向。对于遗产旅游，民俗学者也很快参与到众多学科的讨论和研究中去，并且取得了骄人的成绩①，他们的成果不仅进一步推动了民俗学向当下的转向，而且也对其他相关学科做出了贡献。

中国民俗学自 20 世纪 90 年代中后期以来逐渐出现了"朝向当下"的转向，②文献考据和文本溯源式的研究逐渐为对当下的民间传统进行田野调查和研究的民族志所取代,③但是，无疑，这一转向尚需要大量深入思考和实践来进一步切实向前推进。比如，在当下的村落中考察存留和变迁的民俗固然重要，被挪移出村落的边界、经由各种中介而进入其他商业性、政治性、文学艺术性以至于学术性的语境中的民俗，也急需加以具体、深入的研究。

相比民俗学所关注的其他广大领域的研究，神话学也许是"向后看"取向更加凸显的一门学科——长期以来，神话一直被视为"最古老"的文化形式之一，在世界神话学史上，学者们对神话的研究也大多依赖古文献记录或者结合了考古学资料来进行，因此，古代典籍神话一直是神话学的核心；相形之下，现实生活中的口承神话——那些主要以口头语言为传承媒介、以口耳相传为传播方式、在现实生活中仍然鲜活地生存着、并担负着各种实际功能的神话，则未能得到足够

---

① 例如 Regina Bendix, *Backage Domains*: *Playing "Willeam Tell" in Two Swiss Communities*, Peter Lang, 1989; Barbara Kirshenblatt-Gimblett, *Destination Culture*: *Tourism*, *Museums*, *and Heritage*, University of California Press, 1998; 徐赣丽：《民俗旅游与民族文化变迁：桂北壮瑶三村考察》，民族出版社 2006 年版。

② 杨利慧：《语境、过程、表演者与朝向当下的民俗学——表演理论与中国民俗学的当代转型》，《民俗研究》2011 年第 1 期。

③ 刘晓春：《从"民俗"到"语境中的民俗"——中国民俗学研究的范式转换》，《民俗研究》2009 年第 2 期。

的重视,[①] 那些被挪移出村落的边界、经由当代社会中的各种媒介而进入其他商业性、政治性、文学艺术性以至于学术性的语境中的神话，就更鲜有学者予以认真深入的研究了。但是，与学者们冷漠的态度相对的却是火热的现实——神话也是遗产旅游经常利用的本土性资源之一，从河北涉县的娲皇宫、河南淮阳的太昊陵、甘肃天水的伏羲庙，到湖南湘西苗族以及云南元阳哈尼族的村寨……到处都可以看到各地方、各民族正积极地运用神话作为消费资源，向来自社区外部的游客进行解说的大量案例。

笔者将这一类当代社会中对神话的挪用和重新建构称为"神话主义"：神话被从其原本生存的社区日常生活的语境中移入新的语境，为不同的观众而展现，并被赋予了新的功能和意义。将神话作为地区、族群或者国家的文化象征而对之进行商业性、政治性或文化性的整合运用，是神话主义的常见形态。如本书"总论"中已经指出的，"神话主义"是经笔者重新界定和阐释的概念，力图探究的是神话传统在当代社会中被挪用和重述的情况。

提出该概念的目的，在于纠正和补充以往神话研究的不足，使学者探究的目光从社区日常生活的语境扩展到在各种新的语境中被展示和重述的神话——它们正在我们身边越来越频繁地出现却被学界有意无意地忽视，把该现象自觉地纳入学术研究的范畴中并从理论上加以具体、深入的研究，从而为神话学这门一直擅长于"向后看"的学问注入新的时代活力。

那么，当神话从社区日常生活的语境被挪移进入遗产旅游的语境之中、被东道主模塑为文化商品以供游客消费时——即当神话变为"神话主义"时，会发生什么样的变化？在遗产旅游的语境中，神话主义如何表现？具有哪些特征？研究神话主义，会为学术研究带来怎样的启示呢？本章将以河北涉县娲皇宫景区的旅游业对女娲神话的挪用、整合和重述为个案，以"导游"作为观察点，考察导游从普通人变为职业讲述者的过程，分析导游叙事表演的特点，比较社区日常生活语境中普通人的神话讲述与遗产旅游语境中导游生产的神话主义的相同和相异之处，探究神话主

---

① 对相关神话学史的更细致梳理，可参见杨利慧、张霞、徐芳、李红武、仝云丽《现代口承神话的民族志研究——以四个汉族社区为个案》，陕西师范大学出版总社有限公司2011年版。

义与神话传统的互动，进而从中洞察神话主义的特质，并阐明神话主义研究所带来的学术启示。

这里先交代一下本章的田野研究地点及其遗产旅游的发展概况。

涉县位于河北省西南部，地处太行山东麓、晋冀豫三省的交界处，面积1509平方公里，下辖17个乡镇、1个街道办，有人口42万人。[①] 涉县的女娲信仰十分盛行，如今全境大约有20座女娲庙。建于城西中皇山山腰处的娲皇宫是其中历史记载最为悠久、建筑规模最为宏大的一座女娲庙。整个建筑群分为山下、山上两部分，多为明清时期所重修：山脚有三处建筑，自下而上依次为朝元宫、停骖宫和广生宫；山上的主体建筑是娲皇阁，通高23米，由四层组成，第一层是一个石窟，石窟顶上建起三层木质结构的阁楼，分别叫作"清虚阁""造化阁"和"补天阁"，里面供着女娲造人、补天等的塑像。其他的附属建筑还包括梳妆楼、迎爽楼、钟楼、鼓楼、灵官阁和题有"娲皇古迹"的牌坊等。山上和山下的主要建筑由十八盘山路相连接。每年农历三月初一到十八是娲皇宫庙会。据咸丰三年（1853）《重修唐王峧娲皇宫碑记》记载："每岁三月朔启门，越十八日为神诞。远近数百里男女坌集，有感斯通，无祷不应，灵贶昭昭，由来久矣。"可见当时庙会的盛况。如今这里的庙会依然十分盛大，来自附近方圆数百里以及山西、河南、河北等地的香客纷纷前来进香，有时一天的人数最多可达到14000人。[②] 2003年以后，当地政府陆续斥资在景区里新修了补天广场，广场上矗立着高大的娲皇圣母雕像，雕像的四面基座上刻绘着女娲抟土做人、炼石补天等功绩的浮雕。2006年，中国民间文艺家协会授予涉县"中国女娲文化之乡"称号，同年，这里的"女娲祭典"也被国务院公布为首批"国家级非物质文化遗产"。2013年，景区里新增了补天湖、补天谷等景点，新建了伏羲的塑像。

作为大众现象的娲皇宫的遗产旅游兴起于改革开放之后。1979年，这里设置了管理处，隶属文物保管所管理，主要任务是进行文物的修缮和保护，但同时也竭力设法扩大香客数量，吸引更多的进香人群。2001

---

① http://www.shexian.gov.cn/zjsx/，查阅日期：2020年7月2日。

② 关于娲皇宫的建筑格局、庙会盛况以及当地女娲神话流传的情况，可参看杨利慧《女娲的神话与信仰》，中国社会科学出版社1997年版。这里所引的个别信息，根据笔者2015和2016年的调查有所更新。

图 2—1 娲皇宫中供奉的女娲神像

年,文物保管所和旅游局合并,成立了涉县文物旅游局,标志着遗产旅游成为涉县政府日益重视的文化产业。2009 年春节黄金周期间,包括娲皇宫景区和附近的一二九师司令部旧址景区在内的县旅游业,为该县财政创收 50 余万元,同比增长 50%,接待游客近 5 万人次,同比增长 170%[①]。

笔者对涉县娲皇宫的女娲神话和信仰的关注始于 1993 年。当时,为了完成博士学位论文对女娲神话及信仰的研究,我曾随河南大学"中原神话调查组"的张振犁、陈江风、吴效群三位学者一道,考察了娲皇宫庙会期间香客们的进香、许愿还愿以及当地普通百姓讲述的女娲老奶奶的

---

① 孙建东:《涉县春节黄金周旅游红红火火》,《邯郸日报》2009 年 2 月 9 日。

神话和灵验传说。① 从那以后，娲皇宫成为笔者追踪考察女娲神话及其当代传承的最为重要的场所之一，2006和2008年，笔者曾来此调查，并注意到了新近出现的现象：娲皇宫导游对当地女娲文化的影响。

2013年3月，为开展本课题的田野研究，笔者带领所指导的两名研究生再赴娲皇宫，着力考察了导游们的神话讲述，采访了导游小岂和小张，并全程跟踪调查了小岂的讲解。2015年8月，我再次赴娲皇宫开展调查。炎热的天气里，我和数位导游一起，每天在娲皇宫景区上上下下，在娲皇阁内登高爬低，跟踪导游们对普通游客的讲解，观察她们在不同语境中的表演，也和娲皇宫里的普通售货员、卖凉粉的老大妈聊天，聆听她们讲述女娲的神话，还对游客进行了问卷调查，并随机对一些游客进行了访谈。这一次的调查成果大大地充实了我对神话主义的理解。2016年4月，笔者借开会之机，又对娲皇宫导游与游客之间的互动交流进行了考察。本章的撰写即立足于以上数次田野作业的基础之上。这里也特别感谢涉县王旷清、王艳茹、娲皇宫景区管委会以及全体导游对我的调查工作的大力帮助！

图2—2 与娲皇宫部分导游合影

---

① 相关研究成果，可参见杨利慧《女娲的神话与信仰》，中国社会科学出版社1997年版；杨利慧：《女娲溯源——女娲信仰起源地的再推测》下编，北京师范大学出版社1999年版。

第二节　成为职业讲述人：导游的遴选、培训和实习

几年前，笔者在对现代口承神话进行民族志研究时，曾基于田野调查中所发现的事实，洞察到这样一种趋势：导游正在成为新时代的职业神话讲述人：

> 在谈到当代社会中的口承神话讲述人时，导游显然是不容忽略的一支力量，在一些情况下，他们可被视为新时代的职业神话讲述人。① 在河北省涉县的娲皇宫，导游们会积极从民间搜集各种口头神话传说，对之进行整理以后印刷成文，所有的导游便依据这类文本，为前来游览的游客讲述有关女娲造人、补天、制笙簧、置婚姻等神话事迹。② 在他们的神话传承中，口头与书面的关系尤为密切。仝云丽在淮阳的个案中也发现：在人祖庙里有许多专门的职业技术学校毕业或高中毕业的导游，专门负责给游客讲解相关的神话和信仰知识。导游们在民间口头流传的人祖神话的基础上，把关于人祖神话的书面文献资料融入自己的讲解，在很大程度上充实了民间口承神话的内容。由于他们讲起来头头是道，往往成为了当地神话知识的新权威。③

不过，囿于当时研究项目的不同学术目标，上述发现并未得到进一步的深度探察。那么，导游是如何从一个普通人成长为一名职业讲述人的呢？本节拟对这一环节进行考察，特别着力于探寻导游的职业化过程及其在这一过程中发生的神话观的变化。

目前，娲皇宫景区招聘的导游可分为两种：正式导游和临时导游。正式导游在面试之后一般需要经过6个月的实习期培训，期满并通过考核后

---

① 杨利慧：《神话与神话学》，北京师范大学出版社2009年版，第172页。
② 依据笔者2008年的田野考察。
③ 杨利慧、张霞、徐芳、李红武、仝云丽：《现代口承神话的民族志研究——以四个汉族社区为个案》，陕西师范大学出版总社有限公司2011年版，第24页。

方可正式上岗。而临时导游则是在旅游旺季时，经过景区与周边市县的旅游学校联系，从学校直接聘用的实习导游，或面向社会聘用的有偿志愿导游，其数量根据景区实际需要临时决定，经简单培训后即可进入讲解员行列，一旦临时任务完成，她们也就离开了娲皇宫，因此流动性比较大。本文关注的是正式导游。她们在景区除了担任讲解工作外，还负担有挖掘、研究、整理景区的历史和文化的任务。

据时任娲皇宫管理处负责人的王艳茹介绍：管理处自成立之初就开始了对导游的培养，当时的导游大都是兼职，直接从职工中选拔，一般学历较低，普通话基本过关就行。2001年，全县公开招聘了第一批共计10名职业导游，此后又陆续招聘了五批导游，对导游的职业要求也日渐提高。现在招聘导游分为笔试和面试两个环节，对导游的基本要求是必须具备大专以上学历，普通话标准、音质优美，气质好，身体健康，学习旅游、中

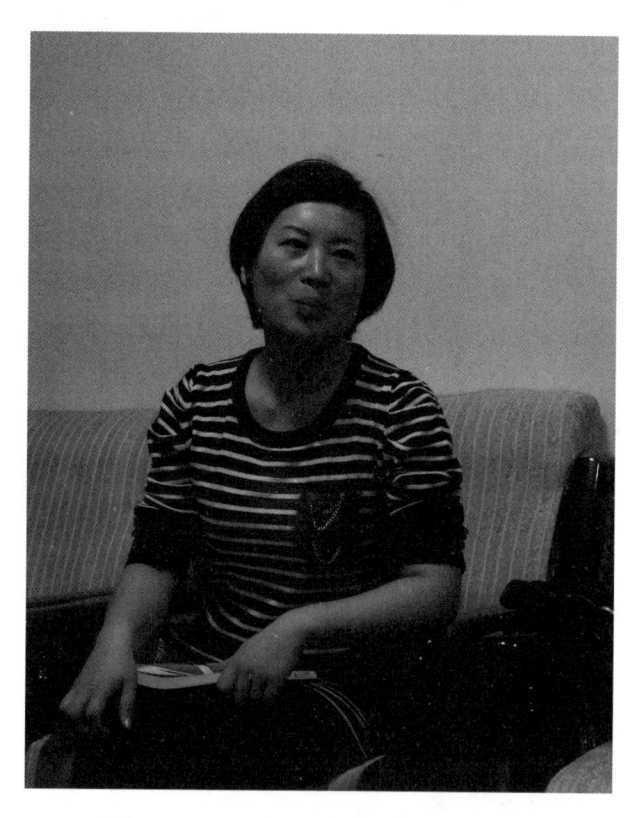

图2—3 时任娲皇宫管理处负责人王艳茹

文和历史等专业者优先考虑。如今，娲皇宫景区在岗的正式导游共有 9 名，导游一次收费 100 元。

如何通过笔试和面试来选拔导游呢？据景区里的资深导游李静和江英讲：当年她们的笔试主要考了一般文化知识、旅游知识以及地方概况等；面试的时候考生要对某一景点进行现场讲解，还要展现个人才艺，最终从 150 多位报名者中，挑选了 20 名导游，因此，能取得导游的资格其实并不容易。据江英回忆："我跟李静我们那一批进来的时候挺难的，挺不容易，因为 150 多号人呀，最后留下的是 20 个人，挺费劲的。先通过笔试，刷一大半人，及格了之后，再通过面试。（笔试的内容）主要是文化知识，包括全国各个地方吧，也有涉县的，涉县的占的分值比较大。……面试主要是才艺，还要听你讲解一个片段。"① 李静也强调考入这个行业挺难的：

> 我记得考试的步骤：先考文化，然后面试。面试的主要内容是才艺、提问和讲一段讲解词，然后就进来了。……我当时来的时候纯粹就不知道什么叫导游，也不知道什么叫讲解员！我记得当时有 200 个人报名，很多漂亮的小姑娘就直接刷下去了。然后就面试。第一项是考讲解。我知道什么是讲解么？我不知道！所以我就借了一个 129 师的一份词儿，就开始背。我的普通话是上学的时候跟一个前后桌的同学学的，我觉得人家说普通话很好听，我就跟人家学，觉得自己还会说点儿普通话，又加上自己是有特长的，当时我就唱歌。你知道当时有多傻么？就是背，跟背课文一样，就不懂什么叫讲解！……最后我好像是第十八名吧。②

尽管不容易，但是通过考试这一关只意味着初步具备做导游的资格，能否成为正式的导游，还得通过一段时间的培训、实习和考核之后才能确定。

---

① 受访人：江英；访谈人：杨利慧、安德明；时间：2015 年 8 月 9 日；地点：涉县娲皇宫景区。下同。
② 受访人：李静；访谈人：杨利慧、安德明；时间：2015 年 8 月 9 日；地点：涉县娲皇宫景区。下同。

通过最初的面试和笔试之后，准导游们便进入了长达 6 个月的培训和实习阶段——这一阶段对她们成长为职业讲述人至关重要。培训的主要内容是做好两件事情：一是背诵并熟记导游词；二是跟着师父——有经验的导游——观察其导游实践，在不断聆听和观察的过程中，逐渐掌握做导游的基本知识和讲解技能。年轻的导游郝玲玲说："来了以后就先背导游词，背熟了以后跟着老导游，老导游讲、你听，然后再过一段时间就是你讲，老导游来听，看你哪方面儿有不足的地方，给你指出来。"① 不过有的导游，在这一环节中并不强调背诵导游词的重要性，而是更注重在实践中聆听并记忆。李静说："我背导游词比较少，光是听，一天就不停地跟着师父上山，跟着听。导游词上的东西它是非常文绉绉的，我个人认为它并不适合讲给游客听，特别是一般层次的游客。所以我个人没有看过导游词，纯粹是听师父讲的。……我和江英的师父都是冯蔚芳，我们就跟着她一趟一趟地上。师父下来之后，有时候我也会说师父你再跟我讲讲呗。听完了之后，就自己按照自己的思维去记，哪儿不会了再问。就这样每天学，学完了回来就整理，就开始记。当时我的本儿是写得最满的。大概这么坚持了一个星期，我就开始试着替师父讲团。当时我算是出炉比较快的一个面包。"

无论是通过背诵还是聆听，在导游们基本掌握了讲解的知识和技巧之后，便开始了具体的导游实践——实习。培训阶段从师父那里习得的知识和技巧，要在这一环节中活化成为自己的亲身实践，最终成为能独当一面、独立完成讲解任务的成熟导游。例如李静的实习过程是："（培训）大概这么坚持了一个星期，我就开始试着替师父讲团……讲着讲着就比较熟了。但是，当时还是比较机械的讲解，就是我一看见你我就给你讲，这个萝卜、这个菜、这个草、这个石头，都讲，其实呢，好些东西都没有说清楚，我分不清重点，不过在我们这一批里算是讲得比较出众的。后来随着实习的时间越来越长，我的成绩越来越好，讲解的底子已经有了，我已经知道什么叫讲解了。"

实习期结束后，导游们还要经过一次导游实践的考核，方可被录用并成为正式导游。郝玲玲说："就是直接带着你'走线儿'，领导指定一个

---

① 受访人：郝玲玲；访谈人：杨利慧、安德明；时间：2015 年 8 月 7 日；地点：娲皇宫景区导游管理处。

地方：'你就讲讲这儿，我看你讲解得怎么样'，就考这个。通过这个考核之后才能让你正式上岗。"

像很多民间文学的讲述人一样，导游在上岗工作以后，经过较长时间的实践磨砺过程，会逐渐形成自己的讲述风格。用李静的话说："我有一段儿时间甚至是跟我师父讲得一模一样，就学到这种程度！后来才慢慢儿慢慢儿脱离了这种境界。"聆听老导游们讲述神话，会发现她们各有各的风格和特点。比如江英的讲述，会弱化神话的故事情节而更注重与现实生活的关联：

> 像女娲补天和捏泥人，大家讲的大概情节是一样的，但是每个人的闪光点不一样，会结合自身的一些语言、个人的理解在里边儿。我一般会结合实际去讲，比如众所周知女娲的两项功绩是抟土造人和炼石补天，所以我就不多讲故事，但是咱当地有一个习俗是"抱娃娃"，求子方面比较灵验，我就好讲这些习俗——跟咱们的一些实际情况呀，跟老百姓的日常生活整个都衔接和贯穿起来。

李静却首先强调神话讲述的重要性，主张在此基础上再加以阐释：

> 我觉得不管是普通人还是公务人员，不管他/她平时有多么严肃，其实内心是很柔软的，跟大家一样，还是喜欢听这些东西的，所以首先要讲神话，因为大家对女娲最初的了解就是神话，不过只知道她造了人、补了天，至于她怎么造人怎么补天的，人们根本就不知道。所以你要先给他/她讲神话，到底是怎么回事儿，怎么造人、怎么补天的。他/她一听也很开心啊，人都是有童心的。但是如果你只讲这些，显得很肤浅，所以讲的时候就要解释这个神话折射出来的是什么。比如好多游客就会问：为什么女娲造人要用泥捏，而不用树枝儿、用草编啊？我就说："哎呀，您提的这个问题太有水平了！因为在那个时代呢，女娲用泥捏人代表人类最耀眼的一种成就，就是陶器制作。"我觉得神话是一定要讲的。

可见，如同民间故事的讲述家会在长期的聆听和讲述实践中逐渐形成自己的叙述风格一样，导游们也会经由反复的实践磨砺，慢慢形成个人特有的讲述风格。

总之，经过这一道道考核、培训、实习和工作实践的锤炼，每一个在岗的正式导游，都是久经沙场的职业讲述者，无论站在娲皇宫的哪一个景点面前，她们都会娓娓道来，娴熟地讲解相关的神话、传说、故事以及其中的历史内涵和现实意义。

这里还有一个重要问题需要探讨：成为导游，对个人的神话观会有影响吗？我在调查中发现：尽管娲皇宫景区的所有导游都来自涉县地区，算得上是广义的"当地人"，但我访谈的几乎所有导游都坦白承认：干导游这一行之前自己对女娲及其神话所知甚少，进入这一行之后，才逐渐对此有了深入的了解。比如李静说：

> 对女娲我以前不知道。后来等我干了这个行业以后才发现，其实我们村有三个供女娲的地方，我以前就不知道。有一次我妈去庙里烧香的时候，我就专门进去看了看，发现那里头供奉的是女娲，我以前不知道——小时候即使去庙里，也不会刻意去看人家供奉的是谁呀！就是进去磕个头，"啊，老奶奶"，就这样。老百姓光知道老奶奶，但是老奶奶是谁啊？她做过什么事儿啊？娲皇宫为什么叫娲皇宫？这个他/她不知道，也不管。我上初中的时候来过一次娲皇宫，当时我就不知道娲皇宫是供奉谁的，它为什么叫娲皇宫，上去瞎转了一圈儿就走了。以后等自己干了这个行业，才更加注意这个。

导游岂佳佳是县城人，她讲述的一件事说明了她对女娲的了解与导游行业的关系：

> 小时候我对女娲不太了解，那时候课本上也没有。当时娲皇宫比较偏僻，路也不好走，所以我对那儿也一点儿都不了解。开始了解是在高中的时候，那时候我弟弟他高中没上，娲皇宫正好招人，他就来这儿考试，考试期间他经常天天在家写导游词、背导游词、考导游证儿，他那时候天天背"抟土造人，炼石补天"什么的，我就想：这是什么呀?!那时候才有点儿了解什么"抟土造人""炼石补天"，那时候连"抟"都不知道是啥意思，哈哈！更具体的故事细节也不了

解。详细的了解还是干导游之后。

由此可见，导游们在从业之前往往对女娲及其神话知之甚少，或者完全不知道。经过了专门培训之后，她们才成为了职业性的讲述人，说起女娲神话来全面周详、头头是道。

笔者曾经主张：人们对传统知识的把握并不是均等的，相对而言，社区中对地方掌故、区域历史以及民间传统怀有兴趣的老人、民间精英以及虔诚地信仰相关神灵的香会会首或者一般信众，所具有的特定传统知识通常更加丰富，能讲述的神话往往更多，也更愿意主动讲述。这一类人，可称为神话传统的"积极传承人"（creative tradition-bearer）。除这类人外，另有一些这样的讲述者：他们掌握的神话知识较少，往往只能叙述故事的核心母题，而无法完整、生动地讲述完整的神话，而且在生活中一般并不主动讲述这些神话知识，我称这类讲述人为神话传统的"消极传承人"（passive tradition-bearer）。[1] 自然，社区当中往往也有人完全不掌握特定的传统知识，因而无法构成这一特定知识的传承人（尽管他们可能同时是其他特定传统知识的积极或者消极的传承人）。从本文上面的描述可以看出：经过职业化过程——从遴选、培训、实习以及长期的讲述实践——的锤炼，导游逐渐从普通的个体成长为职业讲述人，从神话传统的非传承人或者消极传承人变成了积极的传承人。

第三节　口头传统与书写传统的融合：导游词底本的编撰

前文提到，导游们在正式上岗之前，往往会拿到一份作为基础和范例的导游词，本章将之简称为"底本"。底本的作用是提供准确的基本知识和讲解规范，它构成了导游叙事表演的基础。

底本一般由了解情况的地方文化专家撰写，其作用是为导游们提供需要掌握的基本知识。多年来，娲皇宫景区的导游词底本一直是由王艳茹撰

---

[1] 杨利慧、张霞、徐芳、李红武、仝云丽：《现代口承神话的民族志研究——以四个汉族社区为个案》，陕西师范大学出版社总社有限公司2011年版，第23—24页。

写的，根据她自己的陈述以及笔者对她撰写的导游词的文本分析，可以发现底本依据的资料来源主要有三种：第一是地方的口头传统，用王艳茹的话说，是"老辈人口口相传的讲述"；第二是相关的古文献记录，例如《淮南子》《风俗通义》等；第三是专家学者的著述。在她撰写的底本中，口头传统与书写传统呈现出高度融合的状态：

> 一开始那个 2002 年的词，我印象特别深，因为当时就我们家有台电脑而且能上网，可以搜到一些信息。但是信息很少，太少了！咱们这儿这个书店里的书也有限，我只能找到佛教方面的，然后还去石家庄的一个图书城找了一部分神话的书……当时信息来源特别少，所以我们就听水旺大爷讲，听老百姓讲，都是以神话为主，以故事为主。就是怎么炼石补天的，取来了什么五色石……老百姓说的挺多的。其实这么说吧，我们把书上的，就像那个补天的故事，跟老百姓说的结合了一下。①

关于导游词底本中口头传统与书写传统的融合状况，下文还将做进一步的分析。

底本对神话的呈现一般相对稳定。我比较了王艳茹在 3 年间撰写并发给导游们的三份底本，发现其中变化较多的是对神话的阐释以及对景点的介绍，而女娲神话大体没有变化，正如她自己所说："我们对神话不作修改和延伸，我们讲的神话或者是（来自）古文献中的记载，或者是（来自）当地流传的民间传说，都是原版哦。"下面是三个底本中呈现的在造化阁和补天阁中讲述的女娲造人和补天神话：

2010 年版

说起女娲抟土造人的故事自然要先了解一下女娲的身世。古书中记载，女娲和伏羲是人首蛇身的兄妹俩，他们的母亲是上古神话中的一位女神叫华胥氏，当兄妹俩出生后不久世界上便发生了举世罕见的

---

① 受访人：王艳茹；访谈人：杨利慧、安德明；时间：2015 年 8 月 8 日；地点：娲皇宫景区导游管理处。

大洪水，所有生灵被荼毒殆尽，只剩女娲伏羲兄妹两人幸免于难，于是他们便兄妹成婚，生儿育女繁衍后代。两人结婚后过着甜蜜幸福的生活，但时间不长女娲开始发起愁来，她说："靠我一个人十月怀胎、一朝分娩，什么时候才能孕育那芸芸的众生来管理这个世界呢？"女娲猛然间看到河里自己的影子，灵机一动，开始了她抟土造人的伟大工程：她用黄泥捏成小泥人，摆满整个清漳河畔，轻轻的一吹，小泥人都变成了活蹦乱跳的真人。时间长了，女娲捏累了，就用柳枝蘸着泥点往地上甩，甩出来的泥点也都变成了真人。女娲本不经意的这么一捏一甩，却被后人加上了阶级分化的内容：精心捏制的人是富贵之人，而泥点甩出来的则是贫贱之人，这也说明"人的命，天注定"的道教思想在古代中国人的心中已根深蒂固……

这里是最高的一层叫补天阁，相传女娲就是在这里炼石补天的。……传说神农在画八卦时，一不小心捅破了天，于是"四极废，九洲裂；天不兼覆，地不周载"，人世间一派水深火热、生灵涂炭的惨象。就在这种历史背景下，女娲从容应战，取来五色神石（颜色是青、白、红、蓝、紫），耗尽所有精力，历时七七四十九天补好了天上的窟窿……

2011年版

说起女娲抟土造人的故事自然要先了解一下女娲的身世。古书中记载，女娲和伏羲是人首蛇身的兄妹俩，他们的母亲是上古神话中的一位女神叫华胥氏，当兄妹俩出生后不久世界上便发生了举世罕见的大洪水，所有生灵被荼毒殆尽，只剩女娲伏羲兄妹两人幸免于难，于是他们便兄妹成婚，生儿育女繁衍后代。两人结婚后过着甜蜜幸福的生活，但时间不长女娲开始发起愁来，她说："靠我一个人十月怀胎、一朝分娩，什么时候才能孕育那芸芸的众生来管理这个世界呢？"女娲猛然间看到河里自己的影子，灵机一动，开始了她抟土造人的伟大工程：她用黄泥捏成小泥人，摆满整个清漳河畔，轻轻的一吹，小泥人都变成了活蹦乱跳的真人。时间长了，女娲捏累了，就用柳枝蘸着泥点往地上甩，甩出来的泥点也都变成了真人。女娲本不经意的这么一捏一甩，却被后人加上了阶级分化的内容：精心捏制的人是富贵之人，而泥点甩出来的则是贫贱之人。看得出来，各位应该都是捏出来的。

在东汉应劭所著的《风俗通义》中有相关记载：俗说天地开辟，未有人民。女娲抟黄土作人。剧务（劳动非常辛苦），力不暇供（供应），乃引绳于泥中，举以为人。故富贵者，黄土人；贫贱者，引绳（绳，粗绳索）人也。

....

这里是最高的一层叫补天阁，相传女娲就是在这里炼石补天的……传说黄帝部落的后代颛顼与炎帝部落的后代共工，为维护各自的利益大动干戈。结果共工战败，愤怒之下一头撞向了不周山，将不周山这根撑天大柱撞成了两截，天空出现了一个大窟窿，导致"四极废，九洲裂；天不兼覆，地不周载"，人世间一片生灵涂炭的惨象，就在这种背景下，女娲从容应战，取来五色神石（颜色是青、赤、白、黑、黄），耗尽所有精力，历时七七四十九天才补好了天上的窟窿……

2012 年版

说起女娲抟土造人的故事自然要先了解一下女娲的身世。古书中记载，女娲和伏羲是人首蛇身的兄妹俩，他们的母亲是上古神话中的一位女神叫华胥氏，当兄妹俩出生后不久世界上便发生了举世罕见的大洪水，所有生灵被荼毒殆尽，只剩女娲伏羲兄妹两人幸免于难，于是他们便兄妹成婚，生儿育女繁衍后代。两人结婚后过着甜蜜幸福的生活，但时间不长女娲开始发起愁来，她说："靠我一个人十月怀胎、一朝分娩，什么时候才能孕育那芸芸的众生来管理这个世界呢？"女娲猛然间看到河里自己的影子，灵机一动，开始了她抟土造人的伟大工程：她用黄泥捏成小泥人，摆满整个清漳河畔，轻轻的一吹，小泥人都变成了活蹦乱跳的真人。时间长了，女娲捏累了，就用柳枝蘸着泥点往地上甩，甩出来的泥点也都变成了真人。女娲本不经意的这么一捏一甩，却被后人加上了阶级分化的内容：精心捏制的人是富贵之人，而泥点甩出来的则是贫贱之人。看得出来，各位应该都是捏出来的。

……

　　这里是最高的一层叫补天阁，相传女娲就是在这里炼石补天的……传说黄帝部落的后代颛顼与炎帝部落的后代共工，为维护各自的利益大动干戈。结果共工战败，愤怒之下一头撞向了不周山，将不周山这根撑天大柱撞成了两截，天空出现了一个大窟窿，导致"四极废，九洲裂；天不兼覆，地不周载"，人世间一片生灵涂炭的惨象，就在这种背景下，女娲从容应战，取来五色神石（颜色是青、赤、白、黑、黄），耗尽所有精力，历时七七四十九天才补好了天上的窟窿。

……

　　上述三个版本中呈现的女娲造人和补天神话，都有如下两个明显的共同点：

　　第一，口头传统与书写传统的有机融合：底本中的神话故事情节既有对《风俗通义》佚文中女娲造人神话以及《淮南子·览冥训》中女娲补天神话的直接化用或引用，也融合、挪用了当地口头传统中女娲在清漳河边造人、神农画八卦捅破了天的说法，口头与书写传统彼此衔接，水乳交融，熔铸成为新的女娲神话异文。

　　第二，神话的基本情节均稳定不变，尤其是女娲造人故事，从主要母题链到次要母题的构成，几乎完全没有变化。

　　但是"稳定传承"并非全无变化。比较明显的是女娲补天神话。2010年异文中的一个次要母题——天崩地裂的原因是神农画八卦、不小心捅破了天，在2011、2012年的版本中，却都变成了古代文献中更常见的"共工怒触不周山"的情节。说到为什么会出现这样的变化，王艳茹解释说："当地人的一个说法就是神农画八卦捅破了天，可是毕竟书上说的共工和颛顼打仗这个说法流传更广，所以后来我们就改了。"可见底本在稳定传承过程中也会发生变化，而非完全僵化不变。

　　三个底本的分析表明：底本最常发生的变化是对神话和民俗、文物的阐释，神话故事的基本情节则保持稳定传承，但是也会出现细节上的变化。这也与民间口头艺术的一般传承规律相吻合：在传承过程中，民间叙事的核心母题及其母题链的组合、类型和基本内容，都呈现出强大的稳定性，而次要母题则常有变化，并导致大量异文的产生①。

第四节 以情境和游客为中心：导游的叙事表演

社会上和学术界有不少人对旅游业抱有很深的成见，一个重要的理由是认为导游们照本宣科得厉害，他们固守底本，使鲜活丰富的传统文化日渐僵化。那么，导游个体在实际工作过程中，会完全照搬底本吗？还是会有所创造？他们的表演又具有什么样的特点呢？

"表演"（performance），按照表演理论（Performance Theory）的主要代表人物理查德·鲍曼的界定，简要地说，是一种口头语言交流的模式，它存在于表演者对观众承担展示（display）自己交际能力的责任②。从表演的视角看，导游的叙事显然是一种表演模式的交流：导游在与游客面对面的口头交流中，尽力展示自己对传统知识的把握和解说技巧，而他们"讲得好"或者"讲得不好"，往往成为游客评论其导游质量的重要内容。

笔者在调查中发现：尽管导游们人手一份导游词底本，但在实际工作中，她们并不完全依赖该底本。她们对底本的创造性贡献主要体现在三个方面：第一，根据自己的理解和查找的资料，对底本文稿进行书面的补充和改动，比如导游岂佳佳给我看她的那份底本上，密密麻麻写满了补充文字，她解释说"这个导游词（底本）全部都是精缩的，都是精炼整理了的，有一些不懂的地方，还要专门拿出来找；别人（游客）问到的地方，也需要解释，比如说这个人是谁，姓什么、住哪里等，都要自己去查阅"；第二，主动在生活和工作中搜集相关知识，充实丰富自己个人的"语料库"（repertoire）。她们的知识来源不受媒介的限制，书本、互联网、游客、乡里的长者甚至一起工作的同事，都是她们汲取信息的有效源头。按照王艳茹的说法："她们的神经都很敏感，她们的触角无孔不入，

---

① 杨利慧：《语境的效度与限度——对三个社区的神话传统研究的总结与反思》，《民俗研究》2012 年第 3 期。

② [美] 理查德·鲍曼：《作为表演的口头艺术》，杨利慧、安德明译，广西师范大学出版社 2008 年版，第 12 页。

只要有关女娲的信息她们是从不放过的。(比如)景区有很多做小生意的商贩都是周边村镇的百姓,他们在娲皇宫呆了二三十年了,经过、看到的烧香还愿以及所谓灵验的事例很多,因为是亲身经历,说起来很传神"。导游们经常听,也在解说过程中不断将鲜活的经验补充进去。当我问"你喜爱讲的这些神话是从哪里看到的?书上吗"时,导游张亚敏回答说:

> 书上啊,我们也会看书,查电脑,找一些资料。还有就是一些老人告诉我们的。我们去村里的时间不多,一般会和对女娲比较了解的老人聊天,经常去跟他们聊,结果就会听他们讲一些神话故事。除此之外,游客其实也是我们的老师,游客有的时候也知道很多东西,有的时候也会跟我讲一些。这个不会就不会呗,我不知道的话,就学习,这无所谓的。游客懂得挺多的。①

第三,也是最为重要的一个创造性贡献,是导游在实际解说过程中,会根据情境和游客的需要而主动调整叙事内容和策略,体现出"以情境和游客为中心"的表演特点。

比如导游的讲述往往密切结合眼前的情境而展开,一般不会无边无际,过于游离散漫。尽管娲皇宫景区的大多数景点都与女娲有关,但是导游们通常并不会在每个景点都讲述女娲神话,相关神话的基干情节一般会在补天广场的娲皇圣母雕像基座的浮雕前一带而过地讲给游客,更详细的故事讲述则发生在娲皇阁的造化阁和补天阁内,面对女娲造人和补天的雕像或是四周的壁画而讲解,体现出很强的"情境化"的表演特点。这个特点,笔者在对河南淮阳太昊陵里导游讲述伏羲创世神话进行考察时,也有类似的发现——那里的神话讲述也主要是在庙里刻绘的伏羲功绩的浮雕前讲述。情境化表演的另一个表现,是导游们会根据情境,选择不同的讲述内容和文类。张亚敏说:上山朝圣时,解说一般比较正式、严肃,介绍的知识比较正规;下山的时候就比较轻松,可以说说野史或者笑话。

与日常生活中神话讲述的听众不同,导游服务的对象主要是来自社区外部的游客(当然有时也有少数本地人出资请导游做详细的讲解),因此

---

① 受访人:张亚敏;访谈人:杨利慧、包媛媛、杨泽经;时间:2015年3月9日;地点:娲皇宫景区。下同。

图 2—4 采访导游张亚敏

导游的表演带有明显的"以游客为中心"的特点:他们会根据游客的兴趣、身份和疲惫程度等的差异,主动调整自己的表演内容和叙事策略,比如讲还是不讲、讲的内容的深浅、语言的通俗程度,等等。用张亚敏的话说:

> 我们讲完一个神话之后,游客可能就会说"接着说,接着说",肯定他们也挺喜欢的呀。如果说他想听个有趣一点的事儿,我就会给他讲讲一些野史性的东西;他并不完全知道的话,我就具体地讲讲,既然游客提出来了。
>
> 杨:这里不太提倡讲伏羲女娲兄妹结婚的故事,对吧?
> 张:这是需要解释解释吧。……如果游客不提出这个问题的话,我可能就不讲,就直接略过去了。但是如果游客继续追问的话,那我还是会讲一讲的。很多时候一般一句话带过,就在伏羲庙那里。走正常的道路的话,一般在补天广场会有这样一句话。

导游岜佳佳的做法也是这样:

杨：你看到这些壁画，是一个个给大家讲呢？还是笼统地讲？

岂：这看情况，要是游客感兴趣的话就讲，如果听累了，就不讲。

杨：那你每次讲这个炼石补天和抟土造人，都是一样的内容吗？还是说也会有变化？

岂：不太一样的。

杨：那为什么会不一样呢？

岂：因为有时候讲出来的内容就比较好理解一点，有时候又比较深一点。我喜欢每天都讲不一样的内容。

申金如（地方学者）：我觉得啊，就是针对不同的人群，要采取不同的讲演。这个老百姓，可能就会讲得比较通俗易懂；这个资历深一点的，你就要讲那个高深一点的，有礼有节的。是不是？

岂：嗯，对的。不同的讲解场合，不同的对象，（讲解）有时多，有时少，有时快，有时慢，所以每次都不太一样。主要的区别还在于，一个难，一个浅，语言上、内容上，有时复杂一点，有时简单一些。①

由此可见，导游的表演并非照本宣科，而是根据情境和游客的需要而不断调整其叙事内容和策略。

一次实际的导游过程会更清晰地显示出这一点。2013年3月9日，我带着两个研究生一道去了娲皇宫，随机选择了一位年轻的导游岂佳佳，她为我们做了全程导游。我们事先说明了身份是研究女娲文化的，所以很明显，她随后的讲述适应我们的兴趣增加了很多内容，许多都是上面的底本中所没有的。比如，在简略地介绍了浮雕《抟土造人》的基本内容之后，她本想继续讲下一幅浮雕《炼石补天》，但是我的一个追问打断了她："女娲娘娘是怎么造人的呀，这个在当地有什么说法呢？"于是她讲述了下面一个神话故事：

她造人是在和伏羲成婚之后，（因为）繁衍速度较慢，所以女娲

---

① 受访人：岂佳佳；访谈人：杨利慧、包媛媛、杨泽经；时间：2013年3月9日；地点：娲皇宫景区。下同。

图 2—5　岂佳佳在浮雕前讲述女娲神话

想起抟土造人，就是在这座中皇山下、清漳河畔，从这个清漳河里面抓出一把黄土，抓出一把黄土之后，仿照自己的模样捏成小泥人，然后摆在这清漳河畔。只要有风一吹，这些泥人就变成了活蹦乱跳的真人。但是，时间一长，女娲捏累了，就干脆拿柳条沾着泥点往地上甩，甩出来的泥点也成了活蹦乱跳的真人。但是这捏出来的和甩出来的，被后人加上了阶级分化的内容，认为用手捏出来的是富贵之人，被甩出来的是贫贱之人。这就是抟土造人。

这个故事与底本中的女娲抟土造人的故事类型相同，但是细节上更加生动，地方化的特色也更加鲜明。看我们对女娲神话有浓厚的兴趣，并且打破砂锅问到底，所以在介绍下一幅浮雕时，她的讲解内容不再像底本中的那样一笔带过，而是主动详细地讲述起女娲补天的故事：

> 相传有水神共工和火神祝融，这两位经常以争斗来争霸天下，（一次）两位激战之后，水神共工被祝融打败，他一气之下，就向西北极的擎天大柱不周山撞去，顿时就出现了一个窟窿，所以猛兽从窟窿里面钻出来袭击百姓，而且还有洪水泛滥，民不聊生。在这种背景下，女娲才挺身而出来炼石补天。而且这个石头，就是从清漳河里面取出的五彩神石。（女娲）耗尽所有精力，历经七七四十九天，把五彩神石熔炼成五彩祥云，从而补住了天上的窟窿。这个（神话的来源）有老人说的，也有自己查阅资料后得出的，我将两者融合在一块了。

这个女娲补天神话的异文与底本相比，口头表达的特点更加突出，细节描述也更加生动。接下去她介绍女娲制笙簧的浮雕时，我接着问里面有没有什么传说故事，她讲述了一段底本中没有、我也从未听过的异文——女娲派助手紫霞元君和碧霞元君创造了笙簧：

> 最初的时候人们成婚之后，男人和女人并没有感情，所以女娲派她的两个助手，就是紫霞元君和碧霞元君，让她们分别去北天和南天，取来笙和簧，将笙簧结合在一起，创造出了笙和簧的乐器，通过这个笙簧传达出来的美妙音乐，使人类产生快乐和爱情，使男女产生爱慕之情，世世代代繁衍生息。
> 杨：这是你从书上看来的，还是从哪里听来的？
> 岂：书上，主要还是古书。

在从山下往山上走的半路上，看见对面有一座山，又引出她讲了一段伏羲女娲兄妹成婚的神话，也是底本中没有而当地民间广泛流传的：

> 这个山后面的八个村当中，有一个村的历史是最悠久的，叫作磨盘村。这是女娲和伏羲滚磨盘的故事的发生地。因为他们是人首蛇身的兄妹俩，世界上发生了一场大洪水，所有的生命都被淹死了，只剩下女娲伏羲二人幸免于难。但是兄妹二人为了繁衍后代，所以决定兄

妹成婚。但是兄妹成婚是要合乎天意的，两个人就从中皇山的两个山头滚下来两个磨盘，如果说这两个磨盘滚下来之后能够合在一起，就说明这是顺应天意，就能够结婚。最后这两个（磨盘）还真滚在了一起，两人就成婚了。……这个磨盘滚下来之后，就滚到了磨盘村，这个村庄就因这个磨盘得名，就叫磨盘村。

这一次的导游实践清楚地表明：导游在实际的解说和表演过程中，尽管有底本做参照，但是他们并不完全照本宣科，与社区里的故事讲述家和歌手一样，他们也会根据情境和游客的需要不断调整叙事内容和表演策略，从而使其表演保持流动的活力。从这一点上来说，遗产旅游并不一定像许多人所批评的那样，会导致传统文化的腐蚀和僵化。①

第五节　神话 VS 神话主义：普通讲述人与导游的叙事表演之比较

在不同的讲述语境中，神话与神话主义的呈现到底有哪些区别呢？这个问题笔者在上文中已有所分析，不过，这里力图再次针对并回答与此相关的问题：当讲述语境发生了变化、当神话变为神话主义而呈现时，哪些元素保持没变？哪些变了？变化的原因在哪里？本节将围绕这些问题继续展开细致的民族志考察。

一　社区日常生活语境中普通人讲述的神话

2015 年 8 月 7 日，一个烈日炎炎的周五，景区内游客寥寥，香客也不是很多。我和一同前去调查的安德明研究员一道，在娲皇宫景区内随机考察。接近中午，我们走过一处卖凉粉的小摊。摆摊的是一位六七十岁的大妈（以下简称"凉粉大妈"），看见我们走近，立刻热情地招呼我们吃

---

① 对于这一社会和学界流行的深刻成见，格雷本和麦克道尔等学者都曾予以反驳，参见 Nelson Graburn《人类学与旅游时代》，赵红梅等译，广西师范大学出版社 2009 年版，第 311—326 页；John H. McDowell, "Rethinking Folklorization in Ecuador: Multivocality in the Expressive Contact Zone", *Western Folklore*, Vol. 69, No. 2, Spring 2010, pp. 181 – 209.

凉粉。我们坐下，边吃边和她聊起了娲皇宫地区的女娲神话和信仰。大妈一边手脚麻利地给我们抓凉粉、放佐料，一边津津有味地给我们介绍女娲。她的讲述都使用当地方音和方言，声音平缓沉稳，手势不多，不过讲到伏羲女娲兄妹在附近的南山、北山上滚磨成亲时，她也用手指着附近的山峰让我们看。大妈说，她就是本地人，在这里卖了二十多年凉粉了，有一段时间她曾经去外地做生意，但是身体总生病，非常难受，也不知道为什么。后来一个老头儿给她看病，说她不应该呆在外地，应该回到娲皇宫去，她就回到这里，继续摆摊卖凉粉，从此她的身体好了很多，也成了更为虔诚的信徒。在她给我们讲述女娲神话的时候，又有几个香客从娲皇阁下来，也坐下来吃凉粉，其中一位年长的妇女（以下简称"香客大妈"）也随即参与到讲述过程中，用当地方言不时插话，表达自己作为内部人士的知识和见解。总之，整个讲述场景构成了娲皇宫当地社区中的寻常一幕，也形成了民族志田野工作者常见的调查语境。

图2—6　大妈边卖凉粉，边给笔者讲女娲的神话和习俗

下面是本次讲述的文本。为了分析方便，笔者根据语气的停顿和语意的变化，把大妈讲述的部分神话文本做了分段处理。此外，本章中讲述事

件的文本誊写均参考了民族志诗学（Ethnopoetics）的理论与实践①，以尽可能充分地展示出特定语境下神话讲述的动态过程及其互动交流。为在书写语言中体现口头性的特点，这里采用了一些符号：黑体：表示讲述人的强调，着重语气的讲述；——（破折号）：表述放慢语速；[ ]：表示语言表达中多余的字词；{ }：表示虽然在口头叙事中没有说但是按照故事逻辑应该有的内容；—：表示讲述过程中的停顿；=：表示讲述人对讲述的修正；{……}：表示犹豫、不连贯；//表示几个人同时插话；_（下划线）：表示方言。

　　杨利慧（以下简称"杨"）：大妈，女娲是什么人呢 = 女娲奶奶是什么人呢？

　　大妈：女娲奶奶就是女娲奶奶嘛，不能说是"**什么人**"。

　　//大妈、杨：她是神。

　　安：今天我听导游说，女娲是甘肃天水人？是从天水起源的？

　　大妈：（不满地）瞎讲，导游都是给你瞎说的。

　　杨：那咱们当地都是怎么说的呀？

　　大妈：唔——当地就是——奶奶就是**玉皇大帝**的闺女嘛，汤王峧老奶奶。开头——就说她是——汤王峧老奶奶，后来就称她是"娲皇宫老奶奶"。原来人们都说她是"汤王峧老奶奶"，现在的年轻人不知道，都说她是"娲皇宫老奶奶"。

　　杨：哦。那这位娲皇都做了些啥事情呢？

　　大妈：奶奶？奶奶就是造人嘛！

1. 世界上［就是］很久以前，人太少太少，没有了。没有人——老奶奶就是**造人**。

2. 伏羲老爷爷就是女娲老哥哥，女娲老哥哥，他{们}本来就是兄妹，他{们}是兄妹。

3. 说是世上人**太少**，女娲造人——

4. 就说是在南山拉②有个磨盘（指指南边的山峰），北山拉有个

---

① 有关民族志诗学的更多介绍，可参看杨利慧《民族志诗学的理论与实践》，《北京师范大学学报》（哲学社会科学版）2004年第6期。

② 方言，意为"那里"。

磨盘（指指北边的山峰），撂腰脚下来①，要是能合着了里儿，② 那就能成为夫妻；要是合不着里儿③，那就不能成亲。

5. 就是，两人就从山上往一起撅，④ 撅下来就合着里儿了。合着里儿了那就女娲跟伏羲兄妹成亲。

6. 这是女娲造人。

7. 说是女娲造人——不是慢{嘛}，就是捏泥人，在那河边挖了那黑土捏泥人。

8. 世上也有全的，也有跛的，也有缺胳膊少腿儿的，他们就说是女娲奶奶和伏羲老爷在河边捏泥人，嫌世上人太少。

9. 捏了捏了泥人，看老天爷刮风下雨，（中间一句方言我们完全不懂）有的是把胳膊夹啦，有的是把腿莫啦。

10. 这不——从那个说起是女娲造人。

那你要导游给你说这个，她就不知道。

安、杨：哦。

大妈：（来了兴头）还有说奶奶占了汤王峧。（香客大妈一行四人走过来吃凉粉。两位大妈向我们说了很多当地女娲奶奶灵验的故事。）

杨：大妈，您刚才讲了造人，这里讲女娲和伏羲是兄妹俩吗？

大妈：是兄妹俩，也是夫妻俩。

香客大妈：兄妹也不是亲兄妹。

杨：他们滚磨是在磨盘村吗？

凉粉大妈：也不是磨盘村，就是南山和北山。这边是南，这边是北（用手指两边的山峰）。

杨：是说她也在这里补的天吗？还是在哪里补天的？

凉粉大妈：就在这下边（指山下）补的天。前边有了像，女娲手里拿着绶带，补天，天就不烂了。那是补天奶奶。

杨：天怎么了？

---

① 方言，意为"从山上扔下来"。
② 方言，意为"合在一起"。
③ 方言，意为"合不到一起"。
④ 方言，意为"扔"。

大妈：

1. 天可能就是｛……｝出灾难了，这边儿下雨那边儿下雨，人都莫办法了。

2. 奶奶就拿起五彩绸云来把天补上了。（杨：五彩绸？石头啊？）

3. 嗯，是石头，叫五彩绸云。

我就说你要叫导游给你说，你根本就听不到。

安：您这是小时候听来的？

大妈：我在这儿卖凉粉20多年了。你知道是谁把我留下来的？就是老奶奶把我留下来的。

香客大妈：我来进香也30多年了，我每年都来，每年最少都有好几次。今天有事儿又来了。

大妈：她都是有事儿才来。一路平安！下回还来！

香客大妈：一路平安！下回再来！你们继续坐着啊。

香客大妈一群人走后，凉粉大妈又给我们讲了女娲和汤王爷争占汤王峧、用反埋绣鞋的办法获胜的传说，该传说在当地流传非常广泛，我们1993年来娲皇宫调查时，几乎人人都会讲这个传说。该传说常被用来解释一句俗语的来历：为什么说"好男不跟女斗"。我们听完后，已经到了午饭的时间，就和大妈告别，下山了。

二 遗产旅游语境中导游生产的神话主义

和凉粉大妈的讲述形成鲜明对照的，是娲皇宫景区的导游们对女娲神话的讲述。二者的比较构成了本节分析的核心与反思的基点。

8月8日，是个星期六，山上的游客明显比平日多，香客也略多于前几日。当天前往山上景点进行讲解的导游是李静和江英。两人的讲解各有各的特点。这里的分析以小李的讲解为例。

上午，小李带着六七位游客来到造化阁内，自己先面向游客在女娲塑像前站好，待游客到齐后，她便双手相握，用流畅的语速、洪亮的声音、标准的普通话和抑扬顿挫的节奏开始了神话的讲述。

这里呢是—**第二阁**，它叫—**造化阁**，那也叫—"**抟土**造人阁"。（右手举起指向塑像）我们看到女娲的手中托着一个男婴，所以各

图 2—7 李静在造化阁中讲述女娲造人神话

位,这个很明显是求子的。而且[这个]据老百姓传呢,说这个娲皇宫呢它求什么的都有,但是求子——**特别的**灵验。这是为什么呢?我们都知道,女娲的(竖起右手食指)**第一大**功绩,那就是**抟土**造人。(看着游客,面带微笑,用询问的口气)这是一个怎样美丽的传说呢?咱们来简单地了解一下。

传说上古时期,(右手向上举起)盘古开天辟地,当时这个世界上只有两人:**女娲**,还有伏羲。他们长大以后觉得——**非常**寂寞,所以兄妹结亲,繁衍生息。但是各位,我们知道**兄妹结亲**是违背——**天理**的,所以当时他们就想了一个办法来占卜天意:他们呢(双手做出从两边向中间滚的样子)就**同时**从两个山头往下滚石磨,最终呢两块石磨合在一起,他们顺应天意,——**兄妹**成婚,繁衍生息。但是结婚十二年呢,各位,只生了(竖起五指)五个孩子。(双手从中间向两边划,比划"很大"之意)这么大一个世界,用这样的速度它显然[它]是不够的。于是呢,(手指着女娲塑像)女娲就开始——**抟土**造人。说女娲呀就是在我们涉县人民的母亲河——叫清漳河——边,挖着泥、蘸着水、对着自己的影子来捏泥人的。(一些游客微微点头)她把人捏好以后呢,把它晾干,然后轻轻地(做吹样)吹上一口仙气,这些泥人呢,眨巴眨巴眼睛,舒活舒活筋骨,就——**变成**了我们今天这些活蹦乱跳的人。那捏泥人啊,各位,它也是非常慢、非常辛苦的,所以后来呢,她也(右手做甩状)用了柳条去甩,会溅出——**许**

多许多**小泥点。她把它｛们｝晾干、吹气，｛它们｝也都变成了真人。所以到了后来呢，关于我们人类的起源就有一种说法，说（指着自己）咱们人呢都是泥做的。您看我们夏天出汗的时候，（右手做搓状）一搓呢会搓出很多泥，而且是越搓越多；人在去世以后呢，（双手下按）要埋在土里头，这叫——回归大自然。这就是——入土为安。**

从造化阁再往上爬一层，就是补天阁了，里面供着女娲手托五彩石的雕像。小李先上来，站在女娲像侧面，同样面向游客。待游客到齐后，她又开始讲起女娲补天的神话来：

好的，各位，这里呢是**最高的**一阁了，它叫**"补天阁"，传说这里呀**就是女娲炼石补天的地方。传说上古时期呢炎帝的两个后裔共工、颛顼，他们为**争夺**帝位呢不停地打仗。而共工这个人呢不得人心，所以他**屡战屡败**。他最后一次战败的时候呢，——**一怒**之下，（右手举起）——一头撞向了不周山。天塌了一个大窟窿，"四极废，九州裂"，人间一片生灵涂炭。（右手指女娲像）女娲为了保护她的子民呢，所以她炼石补天。说女娲当年呢就是从清漳河中取了一种石头，哎，叫五色石，然后呢（转身朝向女娲像前的五色石，双手比划大熔炉样）在一个**大的**熔炉里呢熔炼了**七七四十九**天，练成了她手中所托的——**五彩绸云**。（右手指向墙壁上绘的补天图）然后您可以看到那幅补天图，（右手上举）**双手**高举，用**五彩绸云**补住了天上的窟窿，最后呢又砍下了一个怪兽——叫鳌——它的四只脚，（右手分别指东西南北四个方向）支撑在这个天的**东西南北**、四方四极。所以呢，咱们现在的人都说，说（右手分别指天和地）天是圆的、地是方的，那就是由此而来……

讲解完这一处，小李的工作就基本结束了，她与游客道别，让游客自行祭拜或者四处参观。

三 神话 VS 神话主义

社区日常生活语境中普通人讲述的神话与遗产旅游语境中训练有素的

导游所生产的神话主义之间，到底有哪些联系和差异呢？将凉粉大妈和小李讲述的文本放在一起进行比较，会一望而知她们讲述的是相同类型的神话：伏羲女娲兄妹婚神话以及女娲炼石补天神话。就兄妹婚神话而言，两个文本呈现出更多的相似性，均包含了如下母题（所用母题编码参见杨利慧、张成福编《中国神话母题索引》①）：

1. 造人的原因。（No. 1073）
2. 兄妹用滚磨的方式占卜婚姻。（No. 153.1）
3. 始祖的兄妹（或姐弟）婚。（No. 152）
4. 神用泥土创造了人。（No. 1074.1）

这4个核心母题稳定不变，构成了该神话最主要的情节结构和基本内容；母题链的组合顺序也稳定不变，从而保持着神话类型的稳定性。

两个补天神话的异文则差异较大：大妈的讲述比较简单，显得十分碎片化，而导游讲述的文本则完整、生动很多。但是，大妈的讲述虽然简短，仅有寥寥数语，却也包含了与导游所述文本相同的核心母题：

1. 世界大灾难。世界的现存秩序遭到极大破坏，或被毁灭。（No. 850）
2. 补天。天空残毁或缺漏，文化英雄设法补天。（No. 990）
3. 炼石补天。（No. 992.2）

这三个核心母题的存在及其母题链的相同顺序组合，保证了该神话类型的同一性。

但是，很明显，两次讲述事件所生产的文本在总体上存在着诸多差异，除了诸多叙事细节以及次要母题的不同之外，还有一些差异则较为鲜明地凸显了社区日常生活语境中普通讲述人的神话讲述与遗产旅游语境中训练有素的导游所生产的神话主义之间的重要区别：

1. 口语表述与文字内化后的口语表述

凉粉大妈不怎么识字，她的神话讲述完全使用当地的方音和方言

---

① 杨利慧、张成福：《中国神话母题索引》，陕西师范大学出版总社有限公司2013年版。

（突出体现在第4、5、9段），运用口语来讲述，充满了口语交流中常见的赘言（多余的字词）、讲述中的停顿、自我修正、犹豫不决，以及多人同时插话，使其整个过程保持了口语交流的灵活性和随机性。运用民族志诗学方法誊写得到的其讲述文本，鲜明地体现出了这一特点。美国学者瓦尔特·翁（Walter Ong）在《口语文化与书面文化：语词的技术化》（*Orality and Literacy*：*the Technologizing of the Word*）中归纳了以口语为基础的思维和表述的一些特点，它们与源于书写传统的表述形成了对照。比如，口语思维以及表述是累积性的而不是附属性的——口语社会里的人往往将输入的信息条目相加，而不是把它们组织成金字塔形的等级结构，酷似儿童讲故事的倾向："然后……然后……然后……"，只罗列而不加解释，相反，读写社会里的人往往把各种嵌套关系引进话语；① 口语表述是冗余的或"丰裕"的——吟诵、交谈、讲故事的时候，口语文化里的人不得不经常重复，以便澄清自己的意识，以帮助听话人理解和记忆。② 大妈的讲述即带有这些口语表述的典型特点，尤以兄妹婚神话的讲述最为明显：讲述中有大量语词和句意的重复，比如从第1—7段连续出现的"就是""说是""就说是"，都是以累积出现连接词的方式显示着故事的进程；而第1段的"没有了。没有人"，第2段的"他｛们｝本来就是兄妹，他｛们｝是兄妹"，以及第1、2、8段的"世上人太少"，是讲述中的句意重复，一方面用以澄清讲述人自己的意识，另一方面也帮助听众理解和记忆所聆听的内容。连接词的累积以及句意的重复都承担着保证叙事连续性的功能，彰显出该叙事的口语特征。

大妈讲述的补天神话比较片段，但也体现了日常口语交流的特点：由于讲述人记忆的碎片化或特定情境下对讲述活动的心不在焉，导致了叙事文本的碎片化；讲述往往是在与听众的互动中完成的，从而共同生产了一个特定的神话文本。③

导游的讲述则与上述的口语表述形成了鲜明的对照。由于上岗之前早已熟练背诵了书面的导游词底本，并且在跟随师父实习的过程中将导游词

---

① ［美］瓦尔特·翁：《口语文化与书面文化：语词的技术化》，何道宽译，北京大学出版社2008年版，第27—29页。

② 同上书，第29—31页。

③ 杨利慧：《民间叙事的传承与表演》，《文学评论》2005年第2期。

"内化"于心，所以导游虽然也依赖口头表述对游客进行面对面的交流，但其口头表述却是在文字背诵的基础上展开的，是口头传统和书写传统的有机融合，因此，其讲述过程独立、完整，其表述流畅、凝练、干净、准确，几乎没有口语交流中常见的赘言、停顿、自我修正、犹豫不决以及听众的插话，手势较多，表演性更强。这一特点，在其誊写后的文本中也有鲜明的体现。小李对我们解释说："导游的解说都是要在有限的时间里完成的，不允许导游有大量的重复、犹豫和模糊，传达的也必须是'正确'的知识，不能够自己瞎编。"将地方文化专家撰写的书面导游词加以记忆、背诵、内化，然后通过口头表述加以表演，保证了上述目的的有效实现。可以看到，小李在解说中大量使用了书面语，比如"心生色念""残害忠良""祸害百姓""生灵涂炭"……使其讲述富于浓厚的书面文化气息。此外，小李在讲述中很注意规避口头禅，她说自己以前很喜欢用"咱们"，老是"咱们咱们"的，后来自己觉得这样太口语化、太随意，语言不够干净，显得讲解"不正规"，以后她就注意改正，不再说了。由此可见，口语表述与文字内化之后的口语表述存在着明显的差异。也正因为如此，导游的讲解往往招来"背词""千篇一律""固化传统"等批评，凉粉大妈也认为导游"只会背书"——文字的内化成为其异质性的源头之一，也成为本文反思的一个主要问题点（详见下文）。

2. 有机性与精致化

有机性是指讲述人的叙事表演往往只是其社区日常生活的有机组成部分，是对地方传统的直接再现。比如，作为虔诚的女娲信徒的凉粉大妈在其寻常摆摊卖粉的生活场景中，使用方音和方言向我们讲述女娲神话，也自然而然地向我们讲述与此相关的女娲和汤王争占汤王峧以及女娲奶奶在当地的各种灵验传说——女娲神话无疑是作为当地女娲信仰的整体的一部分而被展示的，与其说大妈在讲述女娲神话，毋宁说她更在表达自己对女娲老奶奶的信仰。神话的讲述即是她的日常生活的一部分。"日常生活的精致化"是目前大众文化、文化批评领域流行的一个表述，用来指随着现代化特别是都市化的发展，人们将日常生活审美化、使其日益精巧细致。本章使用"精致化"，是指在新的语境中被展示的导游叙事文本常常经过了地方文化专家对底本的精心打磨，是对寻常的日常生活进行选择、加工、提炼、标准化和升华后的结果。首先，娲皇宫导游们的讲述全部使用普通话，尽管她们在日常生活中都使用当地方言，但是一旦上岗，立刻自动"切换"

为普通话。李静说:"因为我们服务的对象来自五湖四海,普通话人人都能听得懂"。切换为普通话,立刻使其表述与寻常的社区日常生活拉开距离,自觉地为更广大的公共空间中的游客服务。另外,导游们讲述的文本虽然也是以当地口头传统为基础形成的,但并不是对地方传统的直接再现,而是经过了选择、加工、提炼和升华。娲皇宫管理处负责人、多年来的导游词底本的撰写人王主任说:"那咱们要面对公众,不能把老百姓的东西都往外说。比如我们在写底本之前,采访了很多老年人,请他们给我们讲讲女娲,他们讲了好多,不过好些都是女娲老奶奶显灵啦、谁谁谁不生孩子、结果一求就生儿子啦……好多都是这些。但是我们不能讲这些,这些还是老百姓的迷信。我们要讲的还是高大上的东西,要传达女娲的精神。"

在这里,也许借鉴旅游社会学和旅游人类学领域里常用的"前台"和"后台"的表述,① 创造出"前台的文本"(front-stage text)与"后台的文本"(backstage text)这一对概念,会对我们理解神话主义和神话的差异有所帮助。所谓"前台的文本"指的是发生在前台——公共表演空间里的各种口头艺术和民俗表演的交流实践,它们往往与主流话语相一致,是东道主与游客一道协商、共谋的产物。而后台的文本指的是在社区日常生活中展开的各种口头艺术和民俗表演的交流实践,它们以丰富的内容、多样化的形式,反映着日常生活的复杂性,与"前台的文本"形成一定的差异。大妈讲述的神话无疑是后台的文本,它在社区日常生活的语境中讲述,以未加遴选与改编的内容、或完整或碎片化的多样形式,呈现着日常生活的复杂性,是日常生活的一部分。而导游生产的神话主义则显然是前台的文本,在将神话从后台(社区日常生活)挪移至前台(公共表演空间)的过程中,其内容和形式都经过了东道主考虑到游客的趣味之后的遴选、改编与提升,成为了精致化的产品,既反映了地方传统,又传达着来自社区外部的主流价值观。

不过,需要注意的是,前台的文本与后台的文本之间,存在着密切的互动关系,可以互相转化。②

---

① 相关论述很多,例如:[美]迪恩·麦肯奈尔:《旅游者:休闲阶层新论》,张晓萍等译,广西师范大学出版社 2008 年版,第 102—107 页;Regina Bendix, *Backstage Domains: Playing "William Tell" in Two Swiss Communities*, New York/Bern: Peter Lang, 1989.

② Regina Bendix, *Backstage Domains: Playing "William Tell" in Two Swiss Communities*, New York/Bern: Peter Lang, 1989, pp. 226 – 242.

3. 地方性与全观在地化

口承神话在流播的过程中日益地方化，是神话变异的一个规律。① 凉粉大妈对伏羲女娲兄妹滚磨之处（"南山拉"和"北山拉"）以及女娲补天发生地点（"这下边"）的认定，使她讲述的神话打上了鲜明的地方化烙印。导游的讲述也往往带有地方化特点，"导游叙事的一个重要特点便是突显遗产的地方性，将遗产塑造成为地方（或者族群、国家）的象征物"②。在遗产旅游的语境中，被挪用的神话常被用以突显地方特色。这一点在小李讲述的神话文本中也有突出体现——女娲是在清漳河边抟土造人和炼石补天的。不过，导游叙事的地方化与普通讲述人的地方化不同：由于查阅并融汇了口头、书面以及电子媒介中的各种相关知识，导游的地方化往往建立在对全观——整体的中国女娲神话和信仰的把握之上。比如，以小李的解说为例，导游讲述的结尾，总是会把涉县娲皇宫的意义放置在"全中国"的背景下加以介绍：

> 女娲的功绩非常多……所以她被尊称为是——"**华夏始祖**"。因此呢，从古到今，很多地方的家家户户、村村落落，它都有供奉女娲。但是发展到现在呢，很多女娲遗迹地呢都已经遭到了破坏，甚至是消失。经过专家考证，那涉县的这个娲皇宫呢，是所有古建群中面积最大、时间最早的……所以在 2006 年，把我们涉县评定为"中国女娲文化之乡"，成为咱们全中国人民寻根祭祖的这样一个地方。

其他导游，比如小张，在结尾时也会说："据专家考证，现在全国有 60 多所女娲庙，但是涉县娲皇宫是其中……"

这一个"全观在地化"的特点，是和一般神话具有的地方化十分不同的。

以上三点差异，彰显出不同语境中产生的神话与神话主义的主要区别，也显示出将二者适当区分的必要性——只有根据对象的不同特点而施以不同的研究，我们的学术才能向更精深的境地迈进。

---

① 杨利慧：《女娲的神话与信仰》，中国社会科学出版社 1997 年版，第 106—109 页。
② 杨利慧：《遗产旅游语境中的神话主义——以导游词底本与导游的叙事表演为中心》，《民俗研究》2014 年第 1 期。

第六节　民俗生命的循环：神话与神话主义的互动

对于当代社会中被商品化或媒介化的新形态民俗，民俗学者的态度颇有分歧，而且，这种分歧一直延续至今。其中长期占据主导地位的是批评性的、负面的态度。这一派的态度以"伪民俗"的观念为代表，在有关民俗主义、民俗化以及"民俗的商品化"的论争中，也都有鲜明的体现。例如，在"伪民俗"（fakelore）一词的发明者、美国民俗学者理查德·多尔逊（Richard Dorson）看来，像保罗·班扬（Paul Bunyan）一类被流行作家、歌厅歌手、广告商和迪士尼等加工并改造的民间英雄及其所谓的"民间故事"，都是伪民俗，它们出于商业或政治的目的而被创造，冒充真正的传统，对大众有误导的作用，因此应当与"真正的"民俗相分别。① 在德国等一些欧洲国家以及美国、日本、中国等民俗学界（以及更广泛的学科领域）自20世纪60年代以来陆续兴起、一直绵延至今的有关"民俗"与"伪民俗""民俗主义""民俗化"的大讨论中②，很多民俗学者也主张有区别地对待新形态的民俗，不要"让非学术的应用玷污民俗学之名"③。美国民俗学者约翰·麦克道尔在其《在厄瓜多尔反思民俗化：

---

① Richard Dorson, "Folklore and Fake Lore", *American Mercury*, No. 3 (1950), pp. 335 – 342.

② 相关论争的更多介绍，可参见杨利慧《"民俗主义"概念的涵义、应用及其对当代中国民俗学建设的意义》，《民间文化论坛》2007年第1期；周星《民俗主义、学科反思与民俗学的实践性》，《民俗研究》2016年第3期；王霄冰《中国民俗学：从民俗主义出发去往何方?》，《民俗研究》2016年第3期；[日]福田亚细男《日本现代民俗学的潮流——福田亚细男教授北师大系列讲座之四》，王京译，鞠熙、廖珮帆整理，《民间文化论坛》2017年第1期；[德]瑞吉纳·本迪克丝（Regina Bendix）：《民俗主义：一个概念的挑战》，宋颖译，周星主编《民俗学的历史、理论与方法》（下），商务印书馆2006年版，第859—881页；[美]罗杰·亚伯拉罕：《新展望之后：20世纪后期的民俗研究》，宋颖译，周星主编《民俗学的历史、理论与方法》（下），商务印书馆2006年版，第735、743页；John H. McDowell, "Rethinking Folklorization in Ecuador: Multivocality in the Expressive Contact Zone", *Western Folklore*, Vol. 69, No. 2 (Spring 2010), pp. 181 – 209.

③ [美]罗杰·亚伯拉罕：《新展望之后：20世纪后期的民俗研究》，宋颖译，周星主编《民俗学的历史、理论与方法》（下），商务印书馆2006年版，第735页。

表达接触带的多声性》一文中，也列举了来自人类学、民族音乐学以及民俗学等不同学科的诸多学者的著述，用以批评学界对于民俗化所持的简单的消极态度："学术研究的重点集中在强调（民俗化）过程的腐蚀和抑制作用，认为这一过程彰显了外部目标，却以牺牲地方创造性为代价"，他将对民俗化的批评话语归纳为：造假、疏离、停滞、僵化，以及最终的民俗实践的腐化。① 正由于"伪民俗""民俗主义""民俗化"等语词在很多人眼中带有如此多的负面意涵，为避免其负累，2015 年前后，美国民俗学者迈克尔·福斯特（Michael Dylan Foster）又创制了"类民俗"（the folkloresque）这一中性的概念，来指涉在流行文化中普遍存在的对民俗的挪用或重新发明现象。2016 年，福斯特与印第安纳大学民俗学博士生杰弗里·托伯特（Jeffrey A. Tolbert）合作，编辑出版了《类民俗：流行文化世界对民俗的重构》（*The Folkloresque*: *Reframing Folklore in a Popular Culture World*）一书，该书将"类民俗"界定为："当流行文化挪用或者重新发明民俗性主题、人物和形象时所创造的产品"，"它指涉创造性的、通常是商业性的产品或文本（例如电影、图像小说、视频游戏），它们给消费者（观众、读者、听众以及玩家）留下这样的印象：自己直接来源于现存的民俗传统"。编者认为，"这一类被制造（manufactured）出来的产品传统上不被学术性的民俗研究考虑在内，但是'类民俗'为理解它们提供了框架，这一理解植根于该学科的话语和理论之中"②。在2015 年的美国民俗学会年会上，四位民俗学者曾组织了一场有关"类民俗"的讨论。据到场的安德明研究员介绍，当时他问福斯特博士为何没有使用现成的"民俗主义""民俗化"等概念，福斯特博士回答说：因为这些概念在很多人眼中带有贬义，所以他想重新创造一个中性的概念来指涉相关现象。

与那些负面的、消极的批评意见相对的，是一些民俗学者表现出的宽容、理解和积极进取的态度——他们主张将民俗的种种新形态纳入民俗学的严肃研究范畴之中，以此拓宽民俗学的传统研究领域，给民俗学在当代

---

① John H. McDowel, "Rethinking Folklorization in Ecuador: Multivocality in the Expressive Contact Zone", *Western Folklore*, Vol. 69, No. 2 (Spring 2010), pp. 181 – 209.
② Michael Dylan Foster and Jefrey A. Tolbert, eds., *The Folkloresque*: *Reframing Folklore in a Popular Culture World*, Logan: Utah State University Press, 2016, p. 5.

图 2—8 《类民俗：流行文化世界对民俗的重构》一书封面

和未来社会的发展创造新生机。在这一派学者中，很多人尝试将民俗的不同形态理解为民俗生命的不同发展阶段。比如，德国民俗学者赫尔曼·鲍辛格将"民俗主义"定义为"民俗文化被第二手地体验的过程"[①]。德国民间音乐研究者费利克斯·霍尔伯格（Felix Hoerburger）博士将完全属于民众内部生活的民俗形态叫作民俗的"第一存在"（first existence），出于可理解的或者隐密的理由而被采纳或强行实施的民俗形态叫作"第二存在"（second existence）[②]。前文曾引述的著名芬兰民俗学者劳里·杭柯则

[①] Hermann Bausinger, *Folk Culture in a World of Technology*, Trans. by Elke Detmer, Bloomington: Indiana University Press, 1990, p. 127.

[②] 转引自 Venetia Newal, "The Adaptation of Folklore and Tradition (Folklorismus)", *Folklore*, No. 98 (1987), p. 131。

进一步把民俗的生命史细腻地划分为 22 个阶段，其中前 12 个阶段属于民俗的"第一次生命"或者从属于它，剩下的 10 个组成了它的"第二次生命"。第一次生命是指"民俗在传统共同体中自然的、几乎感觉不到的存在。它没有被注意、认识或强调，因为它是发生的一切的一个有机组成部分"，而"第二次生命"则意味着"民俗从档案馆的深处或者其他某些隐蔽之地的死而复生"，"它将在通常都远离其最初环境的一个新的语境和环境中被表演"，这其中包括民俗的商品化。① 杭柯批评道：长期以来，民俗学者更为关注的是民俗的第一次生命，而对其第二次生命则相对忽视："再利用民俗（the recycling of folklore）的独立目标设置一直没有获得充分的注意。人们采用了一种反对和吹毛求疵的态度来对待民俗的第二次生命……""我这样说不会错：学院派的职业民俗学者的兴趣是相当狭窄的：主要涵盖第一次生命的前 12 个阶段"。② 为弥补民俗学的缺陷，杭柯提出了"民俗过程"（Folklore Process）的概念，倡导当今时代的民俗学者必须置身于一个比我们自己的研究更宽广的语境中，必须能够用比从前更广的理解来看传统，将民俗的整体生命过程纳入我们的研究范畴之中。

但是，在笔者看来，无论是积极还是消极、支持还是反对，上述两派态度似乎都将"民俗"与新形态的民俗（不管叫作"伪民俗""民俗主义""民俗化"还是"类民俗"）截然区分开来，尽管也看到二者的彼此融合，但更多强调的是二者之间的差异，而对它们的内在关联进行着力探索的成果相对较少；而所谓"第一"和"第二"生命阶段的划分，也多少有些简单和僵化，有直线进化论的明显印记，比如在杭柯的模式中，从第一次生命到第二次生命便标示着民俗的生命阶段从低到高的不断"进化"（evolutionary）③，尽管他声明这 22 个阶段的顺序在现实中可能会有差异（平行或者省略等）。其实，民俗与新形态的民俗、"第一次生命"与"第二次生命"之间无法截然分开，更无法对立，而是相互影响、彼此互动，呈现出一种循环往复、生生不息的状态。正如麦克道尔在厄瓜多

---

① ［芬兰］劳里·杭柯：《民俗过程中的文化身份和研究伦理》，户晓辉译，《民间文化论坛》2005 年第 4 期。

② Lauri Honko, "The Folklore Process", *Folklore Fellows' Summer School Programme*, Turku, 1991, pp. 34, 43.

③ Ibid., p. 32.

尔的操盖丘亚语的鲁纳人（Runa）中所发现的：被印刷媒介和压缩光盘加工和重构过的民间信仰和音乐，也可能重新回流进入社区，并成为社区内部表达自我认同、重振社区力量的表达性手段。①

本节将细致考察社区内部的神话传统（"第一次生命"）与旅游产业生产的神话主义（"第二次生命"）之间存在的交互影响与密切互动，以反思并修正上述民俗生命观的不足与缺陷。

一　导游词：以社区神话传统为基础

导游词在旅游景点的形象建构及其传播过程中起着至关重要的作用，因此往往成为地方旅游产业建设的重要环节之一。前文已经述及，娲皇宫景区的导游词底本很长时期内都是由王艳茹撰写的，依据的资料来源主要有三种：第一是当地的口头传统；第二是相关的古文献记录，例如《淮南子》《风俗通义》等；第三是专家学者的著述。

那么，导游词的形成是如何汲取当地的神话传统的？二者又是如何融合在一起的呢？王艳茹详细介绍了2002年前后自己开始搜集资料并撰写导游词的经过：

> 王艳茹（以下简称"王"）：2002年，我们开始整理导游词。我印象特别深，因为当时就我们家有台电脑而且上着网，我可以搜到一些信息，但是很少，太少了！我当时就是用百度，搜不出来这些东西。咱们这儿书店里的书也有限……所以我们当时就是去索堡，到老百姓那里去采访，去采访水旺大爷。听水旺大爷讲，听老百姓讲，就是以神话为主，就是怎么炼石补天的，取来了什么五色石，还提到紫霞和碧霞……
>
> 杨利慧（以下简称"杨"）：那你们导游词里主要的神话传说是来自书上？还是说跟老百姓的口头的这些说法结合在一块儿了？
>
> 王：老百姓说得挺多的。其实这么说吧，就像那个补天的故事，我们把书上的跟老百姓说的结合了一下，因为这样故事叙事得更完整。
>
> 杨：那么，当地老百姓经常怎么讲补天的神话呢？天塌了然

---

① John H. McDowell, "Rethinking Folklorization in Ecuador: Multivocalityin the Expressive Contact Zone", *Western Folklore*, Vol. 69, No. 2 (Spring 2010), pp. 181–209.

后……

王：从天塌了开始的，包括炼了七七四十九天啊，紫霞碧霞怎么帮着她一块儿弄石头啊炼石头。还有就是，天塌了以后，炼石头之前，灾难的场景，包括到最后了，天上的石头不够了，女娲就化身为一块石头，把自己补上去，牺牲了自己。

杨：这些都是当地老百姓说的？

王：都是当地老百姓说的。

杨：哦，这个挺好的！

王：就是天塌了，洪水啊，猛兽啊，一起出来。像官方的那种说法哈，就比较文绉绉的，当地老百姓一说起来，就跟个战争场景一样！我那时候就说跟个战争场景一样！这家伙弄的这个！老百姓说得很生动，描述这个故事的细节非常生动。故事的经过是这样的，但是我们可能会更注重完整性，比如天为什么塌了？我们增加上共工和颛顼打仗。然后就是语言的精炼。最后对这个做法要拔一个高度，凝练一种精神，而且这种精神要跟咱们中国传统文化，比如说包孕万物、以人为本、心系社稷等等的主流思想扣在一起，有一个现实意义……①

可见，由于当时能够查阅到的网络和书本信息有限，在该地进行大规模旅游产业开发之初，在将女娲补天神话写入导游词的过程中，制作者主动来到距离娲皇宫较近的索堡镇采访当地百姓（特别是当地很会讲故事的陈水旺大爷），而且认为民间的讲述特别生动，甚至比"官方的说法"更为优越："当地老百姓一说起来，就跟个战争场景一样！……老百姓说得很生动，描述这个故事的细节非常生动"，"官方的那种说法哈，就比较文绉绉的"。尽管在后期的加工整理过程中，为了追求叙事的完整性、语言的凝练以及与主流思想的一致，制作方对采集来的文本进行了一定的加工，增加了开头（解释天塌的原因）和结尾的阐释，但是，故事的主体基本沿用了民间原有的说法。

那么，导游词的制作方又是如何加工另一个女娲伏羲造人神话的呢？

---

① 被访谈人：王艳茹；访谈人：杨利慧；访谈时间：2015 年 8 月 11 日；访谈地点：娲皇宫景区导游管理处。

王艳茹说：

> 王：老百姓讲的，就不注重（这个）细节，或者是断片儿，就是中间断了。我们就把这些支离破碎的东西接起来，没有往里边儿强加什么东西。这跟那个补天就不一样了，补天我们可能要说个首，说个尾。这个故事他们会说：伏羲和女娲呢，他们是人首蛇身的兄妹两个。但是我们在这个前面儿还说，"在什么什么中记载，女娲和伏羲是人首蛇身的兄妹两个，他们的母亲是上古时期的一个女神叫华胥氏……"这段儿是我们加的。
>
> 杨：哦，加上这段儿，后边儿再把老百姓讲的加上。
>
> 王：对，接下来就讲"当时只有他们兄妹两个人，女娲怎么怎么抟土造人了"，然后就开始了。
>
> 杨：就衔接上了哈。
>
> 王：对。然后还有一部分是加进去的，就是老百姓认为女娲是生活在天上的，就是说"先有神仙后有人"，女娲创的人。而我们讲的时候不是这样讲的，我们讲的时候就是说：当时发生了一场大洪水，所有的生灵都被荼毒殆尽，只有女娲伏羲两个人幸免于难，于是他们兄妹成婚，生儿育女繁衍后代。我们是这么讲的。就是这点儿不一样。
>
> 杨：就是不想把她当成是个神是吧？
>
> 王：不愿把她当成神。但是所有的故事之后就开始接了：女娲照着清漳河边自己的影子开始捏泥人，捏泥人捏累了就开始拿着树枝往地上甩，甩出的小泥点以后都变成了真人……这些东西都是根据老百姓的叙述以及书上所说的，凝练了语言之后，弄出来的。
>
> 杨：那是否就是咱们在民间这几大块儿的基础上，在细部上面衔接它们，开头啊，结尾啊，身子部位的一些细节啊……稍微让它变得更（王：完整！）完整、更周密一些，都能说得通，是吧？
>
> 王：对！①

---

① 被访谈人：王艳茹；访谈人：杨利慧；访谈时间：2015年8月11日；访谈地点：娲皇宫景区导游管理处。

可见，对于女娲伏羲造人神话，制作方采取的挪用和改编策略也大体一致：也是"把这些支离破碎的东西接起来，没有往里边儿强加什么东西"，基本的叙事情节（洪水、兄妹婚、女娲抟土造人）仍是以当地民间口承神话为主体，"都是根据老百姓的叙述以及书上所说的，凝练了语言之后，弄出来的"，只在局部（比如根据书面记载，把伏羲女娲的身份明确为华胥氏之子等）加以适当增改。

娲皇宫景区导游词对女娲补天和造人神话的重述，鲜明地体现了神话主义生产的特点：以建立并促进旅游产业的发展为动机，对神话进行挪用和重新建构，神话被从其原本生存的社区日常生活的语境移入遗产旅游的语境中，作为被展示的客体，为通常来自社区外部的游客而展现。但是，从上面的访谈资料及其分析可以发现，神话主义的生产过程及其结果——导游词对于女娲补天以及伏羲女娲造人神话的挪用、加工和重述过程——并未与原有的神话传统相脱离，而是直接来源于社区内部百姓口述的神话，并以此为改编的基础和主体；制作方的加工往往只在"细部上的衔接"，例如添加"合适"的开头、结尾以及一些连接性的细节，交代主人公的身份和来历，以便让叙事在整体上变得"更完整、更周密"。另外，重构的内容还包括了语言的凝练以及主题思想的"升华"。可以说，在这一个案中，制作方的工作只像是加入的些许黏合剂和催化剂，而整个产品的主体依然是社区内部的神话传统。

由此可见，尽管旅游产业中不断制造神话主义现象，但是，神话主义并非是异质性的、与神话传统格格不入的，而是往往来源于社区内部的神话传统，甚至以此为构成的根基乃至于主体，二者存在着密切的关联，无法截然区分开来。

二 导游与游客的互动

神话主义的生产和传播离不开其实践主体。对景区导游以及游客之间互动关系的考察，对我们深入认识神话与神话主义之间的循环模式至关重要。所谓"第一"和"第二"生命的直线进化观，正是在这里显出了简单和僵化。

前文已指出过，导游在工作中往往并不是简单地背诵和照搬导游词，而是会根据游客的需要以及具体的讲述情境，不断调整叙事内容和表演策略，从而使其叙事表演保持流动的活力。笔者在田野调查中发现，实际上导游的工作过程往往并不是一方单纯地讲、一方被动地听,而是导游与游客彼此互动。在此过程中,一方面,民间口承的神话及其各种异文会进一步传递给导游;另一方面,反过来,被旅游产业挪用和加工过的神话主义,也会重新传播给游客,从而回流进入社区,并且存在向更广大的范围流播的潜力。

先说第一个方面。导游在工作过程中,会接触到来自天南海北的游客,这些游客也会把自己了解或者改编的神话讲给导游听,从而丰富导游的语料库;导游在工作中,有时也会将从游客那里听来的神话故事,再转述给其他的游客听。比如导游小郝:

> 杨:像关于女娲的这些信仰啊、神话啊,别的游客讲给你听的,你会把它用在自己的工作里面吗?
>
> 郝:会呀,就像前两天。我一直讲的是捏泥人的故事,捏完以后甩泥点嘛。前两天在讲的过程中,有个游客告诉我说——那个游客比较胖,跟我开玩笑说了(这么)一个:"导游啊,在甩的过程当中我是甩出来的那个比较大的泥点儿。"(杨笑)所以,有时候我讲到区分人的过程当中,我也会讲到这个:人长得矮了就是小泥点儿。
>
> 杨:哦,也会把这个用起来。
>
> 郝:其实,在给游客讲的过程当中,游客的想法是不一样的,他会告诉你。然后我会把这个加到自己的讲解过程中去。①

由此可见,尽管有写定的导游词底本做基础,但是导游的知识来源依然是开放而非僵化的,她们会在工作中积极汲取其他游客传播或改编的神话,并及时将其中有趣和"应景"的部分,重新回馈、传播到更广大范围的游客中去。

再说另一个方面。旅游产业制造的神话主义会导致神话传播的终结以及神话的腐化吗?笔者的田野研究表明:其实并不一定,因为此间往往存在着动态的循环往复过程——导游通过讲解,会将神话主义(以社区内部的神话传统为基础和主体)传播给游客,而游客听完导游的讲述以后,

---

① 被访谈人:小郝;访谈人:杨利慧、安德明;访谈时间:2015年8月7日;访谈地点:娲皇宫景区导游管理处。

也可能把它再讲给其他人听，从而促成了神话从社区到旅游产业、再从旅游产业回流进社区（包括原来的社区以及更广大范围的社区）的循环。这一流动过程在笔者对娲皇宫景区的田野研究中得到了诸多印证，比如2016年4月23日笔者偶遇的一次导游与游客的互动事件，便鲜明地证实了这一点。

当天上午，我带着两名研究生，请娲皇宫景区内的资深导游、目前从事景区管理工作的冯蔚芳，为我们做些讲解。我们沿着上山的路边走边聊。一路上小冯陆续讲述了伏羲女娲兄妹婚、女娲造人、补天等神话。下面是她讲述的造人神话的一部分：

> 冯：还有更有意思的说法，说女娲刚开始捏泥人，捏出来的泥人都放在太阳底下晒干嘛。但是遇上连阴天了，没有办法晒干。她就拿到山洞里边儿，烤起火，让火去熏它。刚开始掌握不住火候儿呀，火候儿大了，烤出来都成黑的啦！所以黑种人是这么来的。
>
> 杨：（哈哈大笑）
>
> 冯：那赶紧把火候调小一些吧。（结果）火候儿又太小了，力度又不够，所以就是白人。嘿，像我们这黄种人，就是火候儿正好的，所以我们说黄种人是最漂亮的人种，哈哈。

小冯的讲述十分生动亲切，毫无生搬硬套导游词的感觉。当天上山的游客并不多，所以很快我便注意到，小冯的讲述吸引了跟随父母和弟弟一道上山游玩的一名小学生，他一直在旁边跟着我们，很专心地聆听小冯的讲解，当小冯讲到黑种人、白种人和黄种人的由来时，他也随着我们一起笑起来，并追问了一些问题。随后他一直跟着我们上山，我也借机对他进行了访谈。①

> 杨：（你知道）女娲造人和补天是怎么讲的？你是从你的小学课本上学来的，是吧？
>
> 小学生：我们没有讲过补天，我们讲的是造人。
>
> 杨：那里头是怎么讲的，你还记得吗？

---

① 限于篇幅，此处呈现的访谈内容有所删减。

小学生：嗯，我记得不太清了，就记得后面。

杨：那后面是怎么讲的呢？

小学生：就是说在河边拿水（泥）造泥人，就跟你（向小冯）讲的一样。

杨：姐姐讲的怎么去烧这个（泥人），你没有听过，是吧？

小学生：没有听过。

杨：能记得刚才姐姐讲的是什么吗？

小学生：讲的是她（女娲）捏好了泥人，在阳光下晒干，然后有一天阴天，（她）就搬到山洞里用火烧，将泥人烧干，就是想把它烧干，结果火太小了，烧不干。然后就把火弄大，将它（泥人）扔进去，将它烫黑了。

冯、杨以及研究生等：（哈哈大笑）

杨：那黑了以后就怎么样呢？

小学生：就变成黑人儿了。（在场的听众又大笑）

杨：那其他的人儿呢？

小学生：其他的人儿是白的。

杨：哈哈，你看他的记性真是很好（小学生的妈妈也微笑着，带着小儿子在旁边听着采访）……你回家会讲给弟弟听吗？……

小学生的弟弟：哥哥说的我都记到脑子里了。

在上述事件中，导游讲述的女娲烧制泥人以及不同人种起源的神话，成功传递给了游客——小学生，他不仅记住了该神话的类型以及主要的细节（捏泥人、晾晒、烧制、调整火候的大小、不同人种的起源等），而且还能用自己的语言重新讲述。同小冯的准确表述比如"晒干"泥人、"掌握不住火候儿""把火候调小"、把泥人"烤"黑等不同，小学生的讲述用语是"将泥人烧干""把火弄大"、把泥人"烫黑"，明显带着稚嫩的语言表述印记，可见，该神话成为了他表达自己并与他人进行交流的资源。不仅如此，他讲述的神话还成功地传递给了他的弟弟（"哥哥说的我都记到脑子里了"）。这一个案例充分而生动地证明：神话主义并不一定意味着神话传承链条的中断及其生命发展阶段的终结，相反，它会经由导游的讲述而传播给游客，并可能再经游客的重述而回流进入社区。

这一结论在笔者对娲皇宫景区游客的问卷调查中也得到了证实。2015

图 2—9　冯蔚芳向跟随着我们的小学生讲述女娲的神话

年 8 月 7—8 日两天，笔者在景区内共获得有效问卷 15 份。从结果来看，所有游客都承认导游的讲解有助于自己更完整、深入地了解女娲神话；绝大多数（12 人）游客都表示，以后只要有合适的机会，他们都会把从导游这里了解到的女娲神话再讲述给其他人。

　　本节细致考察了神话与神话主义之间的互动关系，从而生动地证明：旅游产业制造的神话主义往往来源于对社区内部的神话传统的挪用和加工，甚至以此为构成的根基和主体；神话主义并不一定意味着神话传承链条的中断以及其生命发展阶段的终结，相反，导游在工作中不会固守神话主义，他们会积极汲取游客传播或改编的神话，并将之重新回馈、传播到更广大范围的游客中去。另一方面，更为重要的一点是，经由导游的讲述而传播给游客的神话主义，会成为游客表达自己、与他人进行交流的资源，神话主义在此环节中回流进入社区，重新成为鲜活的再创造的文化资源。有鉴于此，与前述那些本质主义和直线进化论的民俗生命观不同，笔者提出一种"循环的民俗生命观"，这一观念主张：民俗与"新形态的民俗"（无论被称作"伪民俗""民俗主义""民俗化"还是"类民俗"）、神话与神话主义之间，存在着内在的关联，无法截然分开和对立；民俗的生命发展阶段并非简单的直线进化，而是相互影响、彼此互动，呈现出一种循环往复、生生不息的状态。

第七节 讨论与结论

本章以涉县娲皇宫景区对女娲神话的挪用、整合和重述为个案，以导游的成长历程、导游词底本的形成、导游个体的叙事表演特点、普通讲述人与导游的叙事表演之比较以及神话主义与社区神话传统之间的关联等为中心，比较详细地展示了遗产旅游语境中神话主义的具体表现方式及其特点，阐明了神话与神话主义的互动关系。像社区日常生活中的故事讲述家一样，导游经过遴选、培训、实习以及长期讲述实践的锤炼，逐渐从普通的个体成长为职业讲述人，从神话传统的非传承人或者消极传承人变成了积极的传承人。导游词底本往往具有口头传统与书写传统有机融合的特点，其对神话的呈现在稳定传承中又有变化，这也与民间叙事的一般传承和变异规律相吻合。导游个体的叙事表演具有"以情境和游客为中心"的特点，与社区里的故事讲述家和歌手一样，他们在具体实践中并不完全依赖底本，而是会根据具体的情境和游客的需要来调整叙事的内容和策略，从而使其表演保持一定的流动活力，因此并不一定会导致传统的僵化。社区日常生活语境中普通人讲述的神话与遗产旅游语境中训练有素的导游所生产的神话主义之间，存在着明显的差异：相对而言，前者的特点是口语表述的、有机的和地方性的，是"后台的文本"，而后者则是文字内化后的口语表述，是精致化的和全观在地化的，是"前台的文本"。但是，神话与神话主义之间又相互影响、彼此互动，呈现出循环往复、生生不息的状态，无法截然区分和对立。

再进一步，如果将神话主义的上述变化置于口头传统漫长而宏阔的背景之中加以考察，它又向我们揭示出一些什么学理、给我们哪些启示呢？笔者认为，上文的神话主义个案研究还可以进一步引发对下面几个重要问题的思考。

一 遗产旅游语境中神话主义的特点

当神话被从其原本生存的社区日常生活的语境中（例如庙会期间香会会首讲给香会成员或者邻里乡亲、平时的祭拜场合父母讲给子女或者晚上入睡前爷爷奶奶讲给孙子）移植出去，挪入其他新的由大众文化产业和媒介技术塑造的语境中，为了不同的观众而展现时，会发生哪些变化？具有哪些新的特点？这些问题是研究神话主义时应该深入思索的内容。从娲皇宫景区的遗产旅游实践来看，底本以及导游们讲述的神话文本都具有这样几个方面的特点：一、口头传统与书写传统有机融合。这一点上文已经有较多论述，这里再赘言几句。口头传统在不断流布过程中，很难保持纯粹的口头性，而往往与书写传统彼此渗透、相伴相生。在遗产旅游领域，这一特点表现得更加凸显，导游们往往有意识地综合口头传统和文字记载，扩大信息来源，丰富解说内容，使导游词呈现出鲜明的口头与书写传统高度融合的特点。二、叙事表演以情境和游客为中心。这一点上文已分析较多，不再赘述。三、神话更为系统化。中国古典神话一般比较零散、片段，尽管系统化的工作早在先秦时期已经开始，但是始终未能形成一个有机的中国神话体系。[1] 旅游业却致力于整合碎片化的民间知识。不必说底本的撰写者，即使每一个普通的导游，也好像是当地民间传统的荷马，他们会将口头传统与书面文献中零散、片段的神话加以串联和整合，并在具体的解说过程中娓娓道来，使神话呈现出系统化的特点。女娲神话在文献中的出现原本是零散的，但是经过了底本和导游们的整合，已经形成了一个有着一定的内在逻辑性的体系化的故事。四、神话的地方化更加凸显。口承神话在流播的过程中日益地方化，是神话变异的一个规律，[2] 但是导游叙事的一个重要特点便是突显遗产的地方性，将遗产塑造成为地方（或者族群、国家）的象征物，[3] 所以在遗产旅游的语境中，被挪用的神话往往会被打上更鲜明的地方烙印。这一点在上文列举的神话文本中也有突出体现。

二 导游叙事表演的光晕

德国文化批评家瓦尔特·本雅明（Walter Benjamin）曾经针对机械复制时代复制艺术对传统艺术的冲击，提出了著名的"光晕消逝"理论。在

---

[1] 杨利慧：《神话与神话学》，北京师范大学出版社2009年版，第121—126页。
[2] 杨利慧：《女娲的神话与信仰》，中国社会科学出版社1997年版，第106—109页。
[3] 美国民俗学家 Barbara Kirshenblatt-Gimblett 指出："遗产"是以出口"当地"（the local）为目的的产业，是生产"这里性"（hereness）的方式之一。参见 Barbara Kirshenblatt-Gimblett, "Theorizing Heritage", *Ethnomusicology*, Vol. 39, No. 3, Fall 1995, pp. 367–380。

他看来，传统艺术具有膜拜价值、本真性和独一无二的特性，因而具有无法复制的"光晕"（aura，一译"灵晕"）。用他充满诗意和暗喻的风格说：

> 如果当一个夏日的午后，你歇息时眺望地平线上的山脉或注视那在你身上投下阴影的树枝，你便能体会到那山脉或树枝的灵晕。①

本雅明用光晕艺术泛指整个传统艺术，光晕可以体现在讲故事的艺术中，也可以体现在戏剧舞台上的生动表演和独特氛围里②。与传统艺术不同，机械复制时代的复制艺术却只具有展示价值，其本真性和独一无二性不复存在，因而随着技术复制艺术的崛起，传统艺术的光晕便逐渐衰微。本雅明在《讲故事的人——论尼古拉·列斯克夫》一文中，明确断言"讲故事的艺术行将消亡"③。

对本雅明的光晕消逝说，不少学者表示了相反的意见，例如阿多诺（Theodor W. Adorno）认为光晕正是当代艺术（例如电影）的基本组成部分④。

在一个将遗产作为消费品的大众旅游时代，如何认识导游叙事表演的艺术性？它们还有光晕吗？

我认为：尽管导游们人手一份复制的导游词底本，导游的叙事表演依然富有光晕。造成其光晕犹存的一个主要原因，是导游一般来自社区内部，对于本社区崇拜的神灵以及尊奉的价值观大多比较尊重，这使得该社区遗产旅游语境中被挪用的神话并未完全失去其膜拜价值而彻底沦为可交换的商品。例如，在娲皇宫景区，尽管导游们每次解说需要收取100元的费用，但是他们对女娲多抱有敬畏之心，对于相关的神话也多遵循传统而不敢随意胡编乱造。另一个更主要的原因还在于上文指出的，导游的解说都是在与游客面对面交流的情形下进行的，具有以情境和游客为中心的特点，这使其表演具有现场交流的亲切感、灵活性和流动性，因而往往是独一无二的"这一次"的表演。本雅明曾将富有光晕的舞台艺术与光晕消

---

① ［美］汉娜·阿伦特：《启迪：本雅明文选》，张旭东、王斑译，生活·读书·新知三联书店2012年版，第237页。
② 方维规：《本雅明"光晕"概念考释》，《社会科学论坛》2008年第9期。
③ ［美］汉娜·阿伦特：《启迪：本雅明文选》，张旭东、王斑译，生活·读书·新知三联书店2012年版，第95—118页。
④ 方维规：《本雅明"光晕"概念考释》，《社会科学论坛》2008年第9期。

失的电影艺术进行对照，认为舞台艺术的魅力便在于"舞台演员的艺术表演无疑是由演员亲身向公众呈现的……电影演员缺少舞台演员所有的那种机会，即在表演时根据观众的反应来调整自己"，在该艺术中，观众能"体验到与演员之间的个人接触"①。导游的表演也有与舞台艺术表演类似的特点——导游们是站在遗产旅游的舞台上，面对通常来自社区外部的大众游客，挪用、整合并亲身传播社区内部的本土知识，并根据情境和游客的需要和反应来及时调整自己的叙事内容和表演策略。这样的讲述，无疑带有独一无二的、灵动的光晕。

三 神话主义的性质：神话的"第二次生命"

该如何从理论上界定神话主义的性质呢？导游表演的神话还可以被叫作"神话"吗？对这些问题，前引芬兰民俗学家劳里·杭柯提出的"民俗过程"的观点，有重要的启发性。他把民俗的生命史细腻地划分为22个阶段，其中前12个阶段属于民俗的"第一次生命"或者从属于它，剩下的10个阶段组成了它的"第二次生命"。第一次生命是指"民俗在传统共同体中自然的、几乎感觉不到的存在。它没有被注意、认识或强调，因为它是发生的一切的一个有机组成部分"，而"第二次生命"则意味着"民俗从档案馆的深处或者其他某些隐蔽之地的死而复生"，"它将在通常都远离其最初环境的一个新的语境和环境中被表演"，这第二次生命中就包括了民俗的商品化。杭柯号召民俗学家把传统和民俗看作一个动态的过程。②

以"民俗过程"的视角来看，神话主义显然属于神话生命史中的"第二次生命"：神话被从其原本生存的社区日常生活的语境中挪移出去并被整合运用，在大众旅游的语境中，为通常来自社区外部的观众而展现，并被赋予了商品的价值。但是，需要强调的是，所谓"第一次生命"和"第二次生命"的划分不应该截然对立、水火不容，在新语境中被挪用和重构的神话，也可以重新回流进入社区，成为社区内部表达自我的交

---

① ［美］汉娜·阿伦特：《启迪：本雅明文选》，张旭东、王斑译，生活·读书·新知三联书店2012年版，第246页。
② ［芬兰］劳里·杭柯：《民俗过程中的文化身份和研究伦理》，户晓辉译，《民间文化论坛》2005年第4期。

流资源。对于研究者来说，应该将神话的整个生命过程综合起来进行总体研究，而不仅仅限于探察其"第一次生命"，只有这样，才能更好地理解神话的生命力以及人类的创造力。

四 质疑神话主义的异质性

对于遗产旅游在当代社会中的迅速兴起，很多人都持负面的、消极的态度，比如美国人类学家 Davydd Greenwood 提出的"文化的销售"（culture by pound）的概念，就集中体现了一度占据主导地位的"文化商品化"的视角——旅游被视为异质性、威胁性的外来因素而被从文化变迁过程中割裂出来；① 许多民俗学者、人类学者都认为，遗产旅游会不可避免地导致传统文化的腐蚀和僵化。② 不过，法国人类学家 Michel Picard 在 1990 年代提出的"旅游文化化"（touristic culture）的概念则体现了一种研究方向上的转变：通过研究旅游化如何成为目的地社区生活构成的一个内在方面，扭转了把旅游化视为异质性的外来因素而从文化变迁过程中割裂出来或者对立起来的理论导向。这种内在化的研究视角在近年来对中国语境中的民族以及民族节庆旅游的研究中得到了具体的呈现③。

神话主义在目前的学术研究领域同样遭受着偏见的白眼——常被视为异化的、与社区神话传统相割裂、相疏离的异质性的文化现象，而被排斥在神话学探究的范畴之外。与这一保守、抱残守缺的态度相反，我以为，神话主义的研究可以在诸多方面为我们提供启示。

（一）关于"循环的民俗生命观"

上文已多次论及，对于伪民俗、民俗主义、民俗化等新形态的民俗，学界长期持批评的态度，将之与造假、腐蚀、疏离、僵化等特质相关联。在国际民俗学界，经过半个多世纪以来的不断论争，这类消极观念有所减

---

① 李靖：《印象"泼水节"：交织于国家、地方、民间仪式中的少数民族节庆旅游》，《民俗研究》2013 年第 1 期。

② 对于这一社会和学界流行的深刻成见，美国著名旅游人类学家纳尔逊·格雷本和民俗学家约翰·麦克道尔等学者都曾予以反驳，参见 Nelson Graburn《人类学与旅游时代》，赵红梅等译，广西师范大学出版社 2009 年版，第 311—326 页；John H. McDowell, "Rethinking Folklorization in Ecuador: Multivocality in the Expressive Contact Zone", *Western Folklore*, Vol. 69, No. 2, Spring 2010, pp. 181 – 209.

③ 李靖：《印象"泼水节"：交织于国家、地方、民间仪式中的少数民族节庆旅游》，《民俗研究》2013 年第 1 期。

弱，但是并未消失，所以最近又引发出"类民俗"的讨论。在中国社会和学术界，这类消极观念至今依然盛行，对"伪民俗"的批判和对"原汁原味""原生态"民俗的执着追求，在民俗学、人类学、艺术学、非物质文化遗产保护等诸多领域仍很常见。对待神话主义，学界的态度也是一样：有不少学者认为，神话主义对于神话的"本真性"和"原生态"是一种冲击，将不可避免地导致神话传统的腐化和式微。

在笔者看来，这类观念显露出一种本质主义的民俗观。所谓"本质主义"的民俗观，按照王杰文简明扼要的概括，"就是想当然地、固执地认为存在着某个'本真的'传统，并把考证、界定与维护这种'传统'作为民俗学的学术任务"①。对于"本真性""原生态"的民俗的追寻和维护以及对于各种新形态的民俗的批判，正是这一观念的鲜明体现。

另一方面，与本质主义民俗观的简单否定态度相比，民俗学界已经提出的"第一手"和"第二手"、"第一次生命"和"第二次生命"以及"民俗过程"等观念，显然更加包容和开放，但也有进一步修正的必要。本章的研究表明，所谓"第一"与"第二"生命阶段之间是相互影响、彼此互动的，整个过程呈现出一种循环往复、相生相成的状态，因此直线进化论的民俗生命观有片面和僵化之处。

基于本章的上述神话主义研究结果，笔者尝试提出了一种"循环的民俗生命观"，这一观念主张：民俗与新形态的民俗、神话与神话主义之间，存在着内在的关联，无法截然分开和对立；民俗的生命发展阶段并非简单的直线进化，而是相互影响、彼此互动，呈现出一种循环往复、生生不息的状态。因此，学界应当将二者同等地放置于完整的民俗生命过程中加以考察，而不应以异质性为由，将前者排斥在严肃的学术研究领域之外。

对于民俗与新形态民俗之间的关联，不少学者已有所指出，但往往点到即止，并未加以认真论证。将二者之间的关联作为研究重点、并指出其中存在着循环关系的民俗学者相对较少，因而值得我们特别关注。美国著名民俗学家琳达·戴格（Linda Dégh）在讨论民俗主义的论文《文化认同的表达：新旧国家中的匈牙利人对民俗的运用》中，曾论证了民俗的循

---

① 王杰文：《"朝向当下"意味着什么？——简评"神话主义"的学术史价值》，《民间文化论坛》2017年第5期，亦见于本书附录中的学术评论。

环（the circulation of folklore）过程。她认为这一循环过程有三个方面：一是民俗的研究；二是民俗的应用；三是民俗作为娱乐资源回归民众，并重新受到保护和重建，其间存在着学者、使用者、外行、创造者、小贩和消费者等的共生关系。① 上文提到的美国民俗学者福斯特也指出，尽管民俗与"类民俗"存在着区别，但是二者的生产过程彼此密切相关，今天的类民俗可能成为明天的民俗，而明天的民俗又可能成为后天创造类民俗的资源，他由此提出了"类民俗之圈"（the folkloresque circle）的概念。②

本章对上述观点予以呼应和支持，并从中国神话主义研究的特殊视角出发，进一步明确主张树立一种"循环的民俗生命观"。这一生命观有助于破除学界和社会长期以来固守的本质主义以及直线进化论的民俗生命观，重新检视神话与神话主义、民俗与伪民俗/民俗主义/民俗化/类民俗之间既相互区别又彼此关联、进而循环往复、生生不息的关系，以更开放的态度来对待新形态的民俗，并从中更深刻地洞见民俗的生命力。

（二）关于书写对口头传统的影响

长期以来，在民间文学的研究领域，存在着对"口头性"的痴迷。不识字的或者识字不多的下层人民，往往被视为理想的研究对象。尽管很多时候研究者也意识到口头性与书写性在民间文学的实际创作和传承过程中存在着密切的互动关系，但是口头性常被看作主导性的、第一义的特征，而书写性仅是辅助性的、第二义的。③ 但事实上，民间生活中实际呈现出的口语与书写的关系，远比这个简单的断语要复杂多样得多。比如，史诗通常被视为口语文化的代表作品，由职业吟游诗人在宫廷或军营里演唱，然而，纯粹口语文化的史诗记录却很少，像《荷马史诗》和《吠陀》这样的史诗，都是在其书写形式出现之后，依然有人需要背诵它们，将其内在化，并仅凭口语形式复述出来。④ 中国传统说书艺人的表演也有可以

---

① Linda Dégh, "Uses of Folklore as Expressions of Identity by Hungarians in the Old and New Country", *Journal of Folklore Research*, 2/3 (21), 1984, pp. 187–200.

② Michael Dylan Foster and Jefrey A. Tolbert, eds., *The Folkloresque: Reframing Folklore in a Popular Culture World*, Logan: Utah State University Press, 2016, pp. 41–59.

③ 钟敬文主编：《民间文学概论》（修订版），高等教育出版社2010年版，第24页。

④ ［英］杰克·古迪：《神话、仪式和口述》，李源译，中国人民大学出版社2014年版，第43—44页。

依据的底本,一种是只有几条题纲式的简略记载,叫作"条纲"(或称"条书""道儿话"),大部分书需要艺人凭脑子记忆;另一种则是有详细的底本,叫作"墨册"(或称"墨刻")。不过这些底本仅是说书艺人们的记忆依凭,"只有笨拙的说书匠才在书场上生硬地背诵。优秀的艺人,总是根据自己的生活阅历、艺术素质,以及听众的反应情况、说书的环境,进行生动的再创作"①。可见,民间文学研究的所谓"口头传统"(oral tradition),其实很多与书写传统密不可分。所以,根据导游们"背书"、记诵导游词底本,就将其视为与口头传统格格不入的异质性存在而加以排斥,是没有道理的。英国社会人类学家杰克·古迪(Jack Goody)曾因此批评一些保守的神话学者说:"很多民间神话研究者主要研究农民文化,即有书写能力的复杂社会里'未受启蒙'、'不识字'的那部分人的文化,他们倾向于把自己的研究对象看作落后、没有进步、'传统'的一部分人",但是实际上,"有文字文化同时并存可能会在很多方面影响到'口语'形式","随着书写的到来,讲故事的本质已然发生巨变。"②考察遗产旅游语境中导游生产的神话主义文本,向我们揭示出了口头、书写、记诵之间多层次的密切纠葛关系。

(三)关于业余与职业的讲述人

本章提及的凉粉大妈和导游李静,集中体现了业余讲述人与职业讲述人的区别。在民间文学研究领域,导游往往因为其职业化的特点而受到轻视,但在笔者看来,导游无疑是新时代里的职业民间文学讲述人,③ 与导游相类的职业讲述人,其实并不鲜见。在钟敬文先生主编的那本影响深远、奠定了新时期中国民间文学教学和研究基本理论框架的高校教材《民间文学概论》中,民间故事讲述家被划分为三类:传统故事讲述能手、故事员以及职业故事艺术家。其中前两类是业余的,讲述者大都是在主要谋生手段之外,在业余生活中,见多识广、博闻强识,逐渐积少成多、融会贯通,成为民众中讲故事方面的佼佼者;而后一类则是以讲故事为谋生手段的职业故事家,他们大都曾拜师学艺、经过严格的训练,经历

---

① 钟敬文主编:《民间文学概论》(修订版),高等教育出版社2010年版,第102页。

② [英]杰克·古迪:《神话、仪式和口述》,李源译,中国人民大学出版社2014年版,第72—73页、第40—55页、第114页。

③ 杨利慧、张霞、徐芳、李红武、仝云丽:《现代口承神话的民族志研究——以四个汉族社区为个案》,陕西师范大学出版总社有限公司2011年版,第24页。

一段时间反复的学习、实践之后，才能正式出师。① 除汉族的说书、评话、相声艺术等通常需要由职业艺术家表演之外，彝族的毕摩以及歌手的史诗演唱、满族的萨满对于神话传统的传承和讲述，也往往需要经过较长时间的学艺和培训历程。篇幅较长的民间文学文类，通常更需要艺人经历这种职业化的培训过程。娲皇宫的导游们，无疑应该被视为这类职业化的讲述人中的一部分，应该被自觉地视为"新时代的职业神话讲述人"，而不该因为其作为谋生手段的讲述活动具有商业性和职业性，就将其作为异化的存在而排斥在讲述人的行列之外。令我感到欣慰的是：这样的觉醒正在导游群体内部出现，正如李静认真地对我说的："我们这些讲解员也是传播女娲文化的重要力量！"

总之，有关神话主义的研究可以打破长期存在于神话学史中的"过去"与"现在"的时间区隔，促使研究者在完整的生命链条中洞察神话的生命力及其传承和变异的规律，并在诸多方面激发对既有的和当前盛行的神话学、民间文学以及民俗学理论的反思。期待随着更多研究的推进，这一概念带来的学术启示能有更丰富的展现。

---

① 钟敬文主编：《民间文学概论》（修订版），高等教育出版社2010年版，第96—105页。

第三章

遗产旅游与哈尼族神话传统的变迁

——以云南元阳县箐口村的"窝果策尼果"为个案[*]

第一节 引言

今天，旅游已然成为人们日常生活的一部分，不论将它定义为是对现实生活的反叛还是升华①，人们越来越多地投身于大众旅游的浪潮中已是事实。在现代性这张大网的笼罩下，人们逐渐意识到，旅游不只是简单地满足好奇，更是现代性好恶交织的结果。② 人们在旅游的过程中既逃避又追求，重估着自我与现代性的关系。美国旅游人类学家纳尔逊·格雷本认为：旅游像宗教，是一种周期性地赋予生活与世界以意义的制度。③ 从这一视角来看，旅游从单纯的玩乐升华为了一种体验世界的生存样式。在旅游的过程中，人们加深着对生存意义的反思。

现代性这张大网也没有遗忘深居大山的少数民族村落。在旅游这项现代运动的推波助澜下，少数民族村落的民俗变迁有了与以往不同的节奏。

---

* 本章作者肖潇。
① 王宁：《旅游、现代性与"好恶交织"——旅游社会学的理论探索》，《社会学研究》1999年第6期。
② 同上。
③ [美] Nelson Graburn：《人类学与旅游时代》，赵红梅等译，广西师范大学出版社2009年版。

少数民族村落作为地方民俗文化的承载空间①，在现代旅游的话语之下，面临着多样性的追求与商业化的冲击。在这个过程中，包括神话在内的少数民族传统文化不再只限于群体中的内部交流，而是以一种开放的姿态，扮演了旅游吸引物的角色。

本章拟以一个哈尼村寨——云南省哈尼族彝族自治州元阳县新街镇土锅寨箐口村为观察个案，综合利用田野研究与文本分析相结合的方法，对遗产旅游语境下以创世神话"窝果策尼果"为代表的哈尼族神话传统的传承与变迁进行细致深入的描写，从中揭示随着旅游业的日益兴盛以及相关文化表达形式"哈尼哈吧"被列入"国家级非物质文化遗产名录"（"非物质文化遗产"在本章中有时简称为"非遗"），社区内部的神话传统逐渐发生的变化，神话主义在这个哈尼族村寨旅游业中的生产和呈现特点，以及神话主义对游客的传播功效，进而探寻神话传统的演变与遗产旅游发展之间的相互关系。本章试图打破神话学中"向后看"的思维惯性，直面当下的神话传统与遗产旅游之间的关系，为当代神话学的建设起到一些促进作用。

需要说明的是，按照民俗学的民族志书写传统，除特别说明外，本章提到的受访人名一般为化名。

一　相关学术成果综述

（一）现代口承神话与神话主义的研究

说到人类口头艺术，最"远古"的便是神话。无论神话的定义如何纷繁，它通常包括这样一些要素：关于神祇、始祖和文化英雄的叙事；有一定的情节结构；解释世界、人类和文化的最初起源。杨利慧在《神话与神话学》一书中对神话有一个比较全面的定义："神话是关于神祇、始祖、文化英雄或者神圣动物及其活动的叙事，它解释宇宙、人类和文化的最初起源，以及现时世间秩序的最初奠定。"② 透过神话这面棱镜，我们可以窥见特定人群所依赖的生存境遇与思维模式，所以，学界常将神话视作探究某个族群特定时期的所思所想及其社会发展历程的一扇窗口。

---

① 刘铁梁：《村落是民俗传承的生活空间》，《思想战线》1997年第2期。
② 杨利慧：《神话与神话学》，北京师范大学出版社2009年版，第5页。

口承神话指主要以口头语言为传承媒介、以口耳相传为传播方式、在现实生活中仍然鲜活地生存并担负着各种实际功能的神话①。中国现代神话学肇始于20世纪初期，对口承神话的关注也起步较早，钟敬文先生于20世纪30年代发表的《说明神话专号》就是例证。此后，芮逸夫、楚图南、袁珂等学者也对口承神话的搜集和整理产生了浓厚的兴趣，尽管没有形成专门的理论分析。80年代"中国民间文学三套集成"的启动使得大量口承神话浮出水面。进入20世纪下半叶，民俗学学科视角的转向推动着神话研究视野的更新。与硕果斐然的古代典籍神话研究相比，现代口承神话研究基础薄弱，还有很大的完善空间。在现代口承神话的研究者看来，神话是活着的、在现实生活中有效的，而非过去的、与当下生活相割裂的。相关研究从不同的角度和侧面，丰富和修正了神话学的成果，使得神话研究不单是一门只关乎古代典籍神话的"过去学"，而是在当下的时代大背景下与生活息息相关的"现在学"。近年来，吴晓东、巴莫曲布嫫、刘亚虎等人均在研究中关注到了南方少数民族口承神话，为口承神话研究注入了新的活力。②

在现代口承神话的传承与变异的研究上，杨利慧教授给予了最多的关注，神话在当下中国的生存状态是她关注的核心。在她的研究中，神话被视为开放的、流动的，处于不断变化的过程中。她带领学生共同撰写完成的《现代口承神话的民族志研究——以四个汉族社区为个案》③一书，通过四个汉族社区的四篇民族志研究，对中国现代口承神话的功能、意义、传承者、讲述场合、听众以及传播方式等问题进行了深入的描述和分析。该书将关注的视野聚焦于神话在现代社会中的讲述、传承与变迁，神话不再只是即将逝去或已然逝去的"遗留物"，而是百姓日常社会生活的必需品，神话在当下生活中的价值被着力突显。事实上，在这部研究成果出版的前后十多年间，杨利慧已围绕现代口承神话的研究发表了一批学术成果，比如在《从神话的文本溯源研究到综合研究》④一文中，她不满于近年来中国神话研究以文本研究为主的单一视角和方法，强调神话研究中不

---

① 杨利慧、张霞、徐芳、李红武、仝云丽：《现代口承神话的民族志研究——以四个汉族社区为个案》，陕西师范大学出版总社有限公司2011年版，第1页。

② 同上书，第5—11页。

③ 同上。

④ 杨利慧：《从神话的文本溯源研究到综合研究》，《民间文化论坛》2005年第2期。

该忽视神话的语境,因为神话的创造、传承和演变都是在特定语境中发生的,只有与特定社会和文化语境下的政治、经济、文化、社会组织、宗教信仰相结合而加以研究,神话才能在今天显现生机;每一个讲述人和听者都是有个性的,他们与表演情景甚至生活情景水乳交融,不断地重新利用、创造、表演和接受神话。在《民间叙事的传承与表演——以兄妹婚神话为例,兼谈民间叙事的综合研究法》[①] 一文中,杨利慧凭借对淮阳县人祖庙会上的神话讲述活动的民族志考察,对神话的综合研究法进行了实践,主张在静态与动态、宏观与微观、集体与个人、普遍与特殊的结合互补中,寻找神话研究的新思路。此外还有《仪式的合法性与神话的解构和重构》[②]《从"自然语境"到"实际语境"》[③]《神话一定是"神圣的叙事"吗?——对神话界定的反思》[④]《神话的重建——以〈九歌〉、〈风帝国〉和〈哪吒传奇〉为例》[⑤] 等文章,都表达了杨利慧的神话研究旨趣和追求,拓宽了神话学的研究视野,也对现存的神话研究进行了反思。

巴莫曲布嫫在《叙事语境与演述场域——以诺苏彝族的口头论辩和史诗传统为例》[⑥] 一文中指出,忽略创世史诗(包括神话传统在内)的演述场域是传统搜集整理模式的一大弊病,直接导致创世史诗丢失了很多与民俗生活相关的文化要素和文化背景。她提出的"五个在场"给了当代创世史诗研究一个重要提醒,促进了民间文学由书本向语境的研究转向。

总体而言,神话研究一直是民间文学研究的重点之一,成果丰硕,百家争鸣。现代口承神话研究丰富和完善了神话研究的理论与方法,对神话学具有补充、修正的价值。

21世纪以来,针对旅游业等现代文化产业以及电子媒介在大众日常生活和神话传播中日益显著的影响,杨利慧又提出了"神话主义"的概

---

① 杨利慧:《民间叙事的传承与表演——以兄妹婚神话为例,兼谈民间叙事的综合研究法》,《文学评论》2005年第2期。
② 杨利慧:《仪式的合法性与神话的解构和重构》,《北京师范大学学报》2005年第6期。
③ 杨利慧:《从"自然语境"到"实际语境"》,《民俗研究》2006年第2期。
④ 杨利慧:《神话一定是"神圣的叙事"吗?——对神话界定的反思》,《民族文学研究》2006年第3期。
⑤ 杨利慧:《神话的重建——以〈九歌〉、〈风帝国〉和〈哪吒传奇〉为例》,《民族艺术》2006年第4期。
⑥ 巴莫曲布嫫:《叙事语境与演述场域——以诺苏彝族的口头论辩和史诗传统为例》,《文学评论》2004年第1期。

念，倡导对当代社会中那些在各种新的语境中、尤其是受到现代文化产业和电子媒介技术的影响而出现的对神话的挪用和重新建构现象进行深度描述和研究，这些神话被从其原本生存的社区日常生活的语境移入新的语境中，为不同的观众而展现，并被赋予了新的功能和意义（参见本书"总论"）。在杨利慧看来，神话主义既指涉现象，也是一种理论视角——该概念含有这样的意涵和追求：自觉地将相关的神话挪用和重构现象视为神话世界整体的一部分；看到相关现象与神话传统的关联性，而不以异质性为由，对之加以排斥。

本章即力图用神话主义的视角，深切关注遗产旅游给哈尼族神话传统带来的变迁，以及神话主义在此新语境中的呈现特点及其传播功效。

（二）遗产旅游及其研究

在各种旅游类型中，遗产旅游是十分重要的一种。世界旅游组织认为旅游这个庞大产业中有超过 1/3 涉及遗产与文化①，所以遗产旅游的研究不能不引起我们的重视。

遗产旅游的相关研究起步于 20 世纪 70 年代前后，从对遗产资源的开发利用到开发过程中出现的保护问题，多数研究集中在基础理论的夯实与拓展上，关注的方面包括遗产旅游基本理论、遗产旅游地、遗产旅游吸引物、遗产旅游营销以及遗产旅游管理等。

关于遗产的定义至今没有定论，学界普遍的观点是遗产与历史相关。哈迪（D. Hardy）在《历史地理与遗产研究》中说，遗产是前人留给子孙后代加以传承的物质或精神②。既然是社会希望继承的东西，那么遗产的去与留就包含了社会价值所做的取舍。霍尔（C. M. Hall）和麦克阿瑟（S. McArthur）在《综合遗产管理：原则与实践》一书中指出，遗产是由那些我们希望保存的历史部分所构成的③。那么，社会价值体系是如何筛选什么是遗产、什么不是遗产的呢？这个筛选体系也是笔者所关注的。

---

① ［英］戴伦·J. 蒂莫西、斯蒂芬·W. 博伊德：《遗产旅游》，程尽能主译，旅游教育出版社 2007 年版，第 1 页。

② D. Hardy, "Historical Geography and Heritage Studies", *Area*, 1988, 20 (4), pp. 333 – 338.

③ C. M. Hall and S. McArthur, "Integrated Heritage Management: Principles and Practice", *Tumori*, 1952, 38 (3), pp. 161 – 175.

围绕何谓遗产旅游，最官方的定义应该是世界旅游组织给出的，即"深度接触其他国家或地区自然景观、人类遗产、艺术、哲学以及习俗等方面的旅游"①。遗产旅游是众多旅游类型中的一种，旅游者游览的主要目标是遗产。

蒂莫西与博伊德合写的《遗产旅游》是一本介绍遗产旅游的入门书，从理论和实践的视角探讨了遗产旅游的供给、需求、保护、管理、解说、真实性及相关的政治等概念。作者承认遗产旅游并非一种新颖的旅游形式，亦说遗产旅游与其他旅游形式之间存在交叉重叠，但是遗产的"环境"超越了任何特定的旅游类型。②

解说是遗产旅游中的一个重要环节，这关系到遗产旅游的有效管理和潜在的影响方式，它承担起了介绍与解释的责任，告诉游客有关旅游地的价值与诉求。哈米特（W. E. Hammitt）在《蒂尔登解释原则的理论基础》一文中说，遗产解说的目的是帮助旅游者体验某种资源或某个事件，如果没有解说，旅游者可能完全无法获得此类体验。③ 莫斯卡多（G. Moscardo）在《思考型游客》一文中对遗产旅游解说与游客的关系作了深入的讨论，认为解说在遗产旅游中担当着重要的角色，有效的解说可以使旅游地实现可持续的良性发展，不论是增强游客的思考能力，还是影响游客在遗产地的行为，都有裨益。④ 可以说，遗产解说的质量直接影响着遗产旅游的质量。此话题引起争议的关键在于，部分学者看到了遗产解说背后的破坏性因素，认为这种解释反而干扰了游客的自身感受。在《文化与遗产旅游：一个巨大的论争》一文中，莫斯卡多等就认为，很多遗产并不需要过多讲解，游客自身的直接体验才是获得旅游感受的根本源泉，因为解说在利益的驱动下，不免有简化、粉饰、曲解的嫌疑，阻碍了旅游者自觉主动的身心感受。⑤

---

① ［英］戴伦·J. 蒂莫西、斯蒂芬·W. 博伊德：《遗产旅游》，程尽能主译，旅游教育出版社 2007 年版，第 1 页。

② 同上书，第 274 页。

③ W. E. Hammitt, "A Theoretical Foundation for Tilden's Interpretive Principles", *Journal of Environmental Education*, 1981: 12 (3), pp. 13 – 16.

④ G. Moscardo, "Mindful Visitors: Heritage and Tourism", *Annals of Tourism Research*, 1996: 23 (2), pp. 376 – 397.

⑤ G. Moscardo, B. Faulkner and E. Laws, "Cultural and Heritage Tourism: The Great Debates", *Tourism in the 21st Century: Lessons from Experience*, Continuum, London, 2001, pp. 3 – 17.

遗产旅游研究还有一个热点话题是真实性。遗留物是否真实，文化展演是否真实，解说词是否真实，观后感受是否真实……都是大家关注的焦点。蒂莫西与博伊德在《遗产旅游》中界定说，真实性是指以真实的方式来描绘历史。① 然而真与伪是个相对的问题，那么旅游中的真伪是否就有定数？超越了前辈的狭义"真实"，研究者发现，虚构的表演事实上是出自游客自身的需要，只是游客不自知罢了。② 在《游客凝视》中，约翰·厄里（John Urry）认为，后现代的游客纵使知道这种虚假也不会去拒绝，因为这就是他们想要的超越现实的体验。太过于真实难免黯然失色，游客想要的并非历史的实证，而是超越现实的一份怀旧或者向往。③ 科恩（Erik Cohen）认为有一种真实叫作"新生的真实性"，"为旅游目的而发明的文化产品过一段时间可能合并进当地文化中作为当地文化的表现被感知"。④ 所以真实性是动态发展的。这无疑是对真实性更全面的理解。

前面说到，遗产的选择是社会价值体系作用的结果，所以蒂莫西与博伊德在《遗产旅游》中坚持"遗产以及遗产地位的确定从本质上讲是个政治概念"⑤。这是此书的重要前提，也是笔者探讨遗产旅游的重要前提。琼斯（R. Jones）在《神圣的遗址还是世俗的建筑？》一文中强调遗产旅游并不仅仅是一系列商业活动，而且也是从意识形态的角度来构建历史与民族认同感。⑥ 博物馆、故居、纪念碑、展览都是社会价值观的体现，有的被强化记忆，有的却被忽略遗忘，成为被排斥的历史。

路易莎·沈（Louisa Schein）通过在贵州西江苗寨的田野调查，在

---

① ［英］戴伦·J. 蒂莫西、斯蒂芬·W. 博伊德：《遗产旅游》，程尽能主译，旅游教育出版社2007年版，第234页。

② ［美］迪恩·麦肯奈尔：《旅游者：休闲阶层新论》，张晓萍译，广西师范大学出版社2008年版。

③ ［英］John Urry，《游客凝视》，杨慧等译，广西师范大学出版社2009年版。

④ Erik Cohen, "Authenticity and Commoditization in Tourism", *Annals of Tourism Research*, 1988（15）, p. 382.

⑤ ［英］戴伦·J. 蒂莫西、斯蒂芬·W. 博伊德：《遗产旅游》，程尽能主译，旅游教育出版社2007年版，第252页。

⑥ R. Jones, "Sacred Sites or Profane Buildings? Reflection on the Old Swan Brewery Conflict in Perth, Western-Australia", B. J. Shaw and R. Jones. *Contested Urban Heritage: Voices from the Periphery*. Aldershot: Ashgate, 1997, p. 187.

《少数民族的准则：中国文化政治里的苗族和女性》中阐述了一个重要观点，即"苗族"不是仅仅由其他民族建构起来的，苗族也通过自己的文化生产，积极主动地参与到这个生产自我形象的过程当中。在现代国家中，为了取得合法的存在地位，少数民族如何通过话语规范自身，即所谓"他性"的制造；汉族都市人、都市少数民族知识分子、乡村少数民族精英和本地村民是如何成为"话语生产"的重要能动者；族性、性别和现代性的话语的生产过程，如何影响了苗族族性的重塑……该书对于辩证地理解少数民族形象的建构具有独特意义。①

在国内学术界，遗产旅游诸问题在彭兆荣的《旅游人类学》系列研究中有较多论述。他认为遗产旅游是"传统与现代的共谋"②，因为在全球化与现代化的背景之下，遗产与旅游的联袂变得理所当然、水到渠成；然而遗产旅游又是"传统与现代的背离"，因为在遗产旅游的光鲜外表之下，伴随了种种冲突与矛盾。关于应该如何消费传统文化，作者认为文化遗产是人类不可多得的财富，必须倍加珍惜。

继《旅游与遗产保护：政府治理视角的理论与实证》之后，张朝枝出版了《旅游与遗产保护：基于案例的理论研究》③。这是一本建立在翔实调研基础之上的著作，在"旅游与遗产保护"的主题下，以扎实的田野调查材料探究了遗产旅游的概念、遗产申报、遗产旅游原真性标准、遗产旅游者、遗产地居民、遗产地投资、遗产保护、遗产产权、遗产管理制度等重要问题。

民俗学者也积极加入到对遗产旅游的研究中。《目的地文化》是一本在民俗学界影响深远的论文集，芭芭拉·科申布莱特—吉布丽特（Barbara Kirshenblatt-Gimblett）考察了在各种环境背景下的展示中介，例如博物馆、节日、博览会、历史性的重建物、纪念馆和旅游景点等。她用实例探讨了在搜集和陈列的过程中，意义是如何被表演、被展现的。在该书作者看来，展览与操纵有着天然联系，这种戏剧性的演出传达出的是主办方的利益诉求，被割裂的展品已经难以自言其本身。她尤其关注"展示的中

---

① Louisa Schein, *Minority Rules: The Miao and the Feminine in China's Cultural Politics*, Durham: Duke University Press, 2000, p.105.
② 彭兆荣：《旅游人类学》，民族出版社2004年版。
③ 张朝枝：《旅游与遗产保护：基于案例的理论研究》，南开大学出版社2008年版。

介":人们是如何通过复杂的协商和传统的生产来协商、阐释和展示那些展品以及自我认同的。① 此书对于我们理解物质的和非物质的遗产具有启发性,而这类遗产在旅游中占有重要地位。

在简·贝克尔(Jane S. Becker)的《兜售传统:阿帕拉契亚与美国之民的建构,1930—1940》② 一书中,作者认为:南阿帕拉契亚的人们并不是另外世界的人,他们和他们的手工艺都被工业家、设计师、促销者以及社会工作者们深刻地影响着。这是一本讨论传统文化与外来影响的书,以阿帕拉契亚山区的民间手工艺传统为例,颠覆了人们关于传统与民俗的浪漫预想,提醒我们在民俗复兴中交织着过去、现在、文化与政治。本书对于我们理解现代旅游背景下的民俗手工艺品的生产有积极的借鉴意义。

瑞吉纳·本迪克丝(Regina Bendix)的《旅游与文化展演:为谁发明传统?》写于20世纪80年代末,当时马康奈提出的"舞台真实性"问题正引发热议③。作者认为以前旅游学和民俗学都会把民俗表演产生的原因主要归于经济利益的驱动,到80年代末就注意到了旅游给民俗的本真性造成的影响。该文引举了瑞士一个村庄的个案来说明在传统的发明过程中,除了社会经济因素外,更为重要的是当地人的看法。此外,表演者和作为观众的游客也是这个动力的来源之一。这篇文章对于我们理解旅游中的民俗表演富有启迪价值,一直被民俗研究者忽略的游客因素在此凸显出来。本迪克丝在其另外一篇名为《童话的积极行动者:沿着德国旅游路线的叙事想象》的文章中谈到,随着现代交通工具的发展,在欧美国家出现了这样一种旅游:人们可以驾车沿着旅游线路进行游览,这种主题式的线路把叙事和自然景观联系起来。作者敏锐地质疑:这种被主题化的路线是否使得叙事或者表演程式化了呢? 作者利用德国"童话大道"的个案研究得出结论:将叙事舞台化确实会产生一定程度的程式化,但是这并未削减游客的体验程度,反而加深了对叙事材料本身的认同。她对旅游给

---

① Barbara Kirshenblatt-Gimblett, *Destination culture: Tourism, Museums, and Heritage*, Berkeley: University of California Press, 1998.

② Jane S. Becker, *Selling Traditions: Appalachia and the Construction of an American Folk: 1930 – 1940*, Chapel Hill: University of North Carolina Press, 1998.

③ Regina Bendix, "Tourism and Cultural Displays: Inventing Traditions for Whom?", *Journal of American Folklore*, 1989, 102 (404), pp. 131 – 146.

叙事的影响持开放态度，认为旅游就像采矿厂，本身就可以成为集合劳工、乐趣和想象力为一体的旅游景观的一部分。①《过去、现在、未来记忆的资本化——对旅游和叙事纠葛关系的考察》是本迪克丝写的一篇关于旅游、叙事和记忆的文章②。文章认为旅游业作为一项现代产业，叙事的体验是它崛起的主要因素。从游客的游记到其他发表的专著，叙事已经被形塑，结构化为旅游的体验，游客叙事的记忆又加剧了一代代人对于旅游的渴望。此文探寻了旅游体验的光晕和旅游提供者是如何将那些可供叙事的记忆商品化并将之售卖给游客。上述本迪克丝的文章都从民俗学的视角研究旅游，关注了其他旅游研究忽略的因素，如叙事、记忆，这为笔者下文的研究提供了理论基础。

二 选题的目的与意义

本章拟以云南省哈尼族彝族自治州元阳县新街镇土锅寨箐口村为个案，对哈尼族创世神话"窝果策尼果"为代表的神话传统在遗产旅游语境中的传承与变迁，进行具体的田野研究和细致的民族志描写，从中揭示随着旅游业的日益兴盛以及相关文化表达形式"哈尼哈吧"被列入"国家级非物质文化遗产名录"，社区内部的神话传统逐渐发生的变化，神话主义在这个哈尼族村寨中的生产和呈现的特点，以及神话主义对游客的传播功效，进而探寻神话传统演变与遗产旅游发展之间的相互关系，反思神话传统在大众旅游浪潮的席卷下如何被选择与再生的生存机制。

笔者力图通过实地的田野研究，具体而生动地展现哈尼族神话传统在遗产旅游语境中的传承与变迁，用特定的人物、具体的事件以及丰富鲜活的民族志细节，来展示神话传统在当下的生存现状以及神话主义在一个哈尼族村寨中被生产的过程及其呈现特点，从而丰富神话主义的相关研究。

---

① Regina Bendix, "Fairy Tale Activists: Narrative Imaginaries along German Tourist Route", *Folkloristika Svetur*, 2004, pp. 187–197.

② Regina Bendix, "Capitalizing on Memories Past, Present, and Future: Observations on the Intertwining of Tourism and Narration," *Anthropological Theory*, 2002, No. 4, pp. 469–487.

三 理论视角、方法与关键词界定

（一）视角

本章主要借用的理论视角是神话主义。前引杨利慧所撰"总论"中指出，神话主义既指涉现象，也是一种理论视角——该概念含有这样的意涵和追求：自觉地将相关的神话挪用和重构现象视为神话世界整体的一部分；看到相关现象与神话传统的关联性，而不以异质性为由，对之加以排斥。本章采用神话主义的视角，将神话主义视为与社区神话传统既相关联、又有所差异的文化现象来进行描述和分析。

（二）方法

本章运用民族志式田野作业的方法。笔者分别于2011年7月15日—8月15日、2012年1月2日—1月25日对箐口村集中进行了两次深入调查，2012年3—8月又进行了两次补充调查。调查中使用了参与观察、访谈、问卷调查等多种方法。笔者是云南人，加上之前对箐口村已有一定的了解，因此，在整个田野作业过程中跟当地人的交流都比较轻松顺畅。在田野资料的搜集上，我坚持一手资料优先的原则，将视线锁定在那些鲜活的人物和事件上，通过细致的参与观察和深入的访谈获得尽可能多的田野材料。问卷调查法是重要的辅助。

（三）关键词界定

关于"神话"。在笔者调查的哈尼族村寨中，神话与史诗、传说、民间故事等口头传统文类难以分割、水乳交融，也与支撑它的日常生活密不可分。神话的讲述者也并不是只讲神话，以专门的神职人员"摩批"为例，除了神话，他也常常会讲唱传说、故事、歌谣等。同样，导游在工作过程中也常常会讲民间故事、传说和神话。另外，摩批在仪式场合的韵文吟诵和导游在游览过程中的散体讲述，都是神话生存的方式之一。因此，笔者界定的神话概念，其内容符合前引的杨利慧的界定，即关于神祇、始祖和文化英雄的叙事，有一定的情节结构，解释世界、人类和文化的最初起源，不过在具体形式上，它们既包括以韵体形式讲述的神话故事，也包括吟诵这些内容的创世史诗（或称神话史诗）。在此，神话的边界是流动和模糊的，与其他民间文学文类间的区隔并不是像教科书中划分的那么清晰。所以本章中提到的"神话"是个相对宽泛的概念，具有流动的边界。

关于"神话传统"。神话与创世史诗难以分割，也与支撑它的日常生活密不可分，因此在本章中，笔者以"神话传统"一词指代以神话文本为核心的神话生存体系。具体而言，"哈尼族神话传统"不仅包括以《窝果策尼果》为叙述核心的创世神话，还包括支撑、维系它的哈尼族生活语境、讲述者、听众、信仰以及价值观念等要素。神话传统是一个立体、厚重的完整体系，是文本与语境有机结合的共同体。研究神话，不能只看神话文本，而是要关注整个神话传统的传承和变化。

"窝果策尼果"。《窝果策尼果》是哈尼族最著名的大型创世神话，讲述的内容是哈尼族始祖、天地秩序和文化的起源，是哈尼族神话的最集中体现。本章用书名号的《窝果策尼果》指代用书面形式固化下来的神话文本，它既可以以韵文的史诗形式吟诵，也可以以散体的讲故事形式呈现。而打引号的"窝果策尼果"指代的是以《窝果策尼果》为核心的活态神话传统，它不仅包含了异文《十二奴局》《奥色密色》等长篇神话，还包含了依托《窝果策尼果》而形成的讲述者、听众、讲唱情境、思维模式和价值观念。

"哈尼哈吧"。哈尼语，意为"哈尼古歌"，是一种庄重、典雅的古老歌唱调式，其演述多在年节祭典的盛大场合，演述者和听众一起围坐在竹篾桌前把酒当歌，以"策尼果""策尼局"的组合形式出现。创世神话《窝果策尼果》是"哈尼哈吧"演述的经典代表作。

"遗产旅游"。如同第一章"总论"中所指出的，遗产旅游主要是指将"遗产"（heritage）作为消费品的旅游形式。不过在本章中，这一概念还特别指涉那些拥有被各类权威机构认定为"遗产"的目的地的旅游。拥有"国家级非物质文化遗产"名号的哈尼族古歌"哈尼哈吧"及其代表性作品、大型创世神话《窝果策尼果》在遗产旅游中的利用与开发将受到着力关注。

第二节　箐口村、"窝果策尼果"与遗产旅游

神话的讲述总是在一定的语境中发生的，表演者、听众的生活方式、思维模式均形塑于这片土地。因此，我们应该首先对神话传统的生存背景有所了解，才能更好地理解其传承与变迁。

一 箐口村：梯田边的滇南小寨

哈尼族主要分布于云南南部红河下游与澜沧江之间。据 2011 年云南省第六次全国人口普查得知，云南省境内的哈尼族现有人口 163 万人①，排在全省少数民族人口第二位。本章选择的田野调查地点是元阳县的箐口村，位于元江南岸哀牢中段，云南省红河州元阳县新街镇南部，距元阳县城南沙 37 公里。元阳县成立于 1951 年，世居哈尼、彝、汉、傣、壮、苗、瑶七个民族。

图 3—1　箐口村梯田

---

① 关桂峰：《云南：六个少数民族人口过百万》，网易新闻，2011 年 5 月 9 日，http://news.163.com/11/0509/16/73KJ2R4R00014JB5.html，查阅日期：2019 年 7 月 17 日。

要说哈尼族神话产生的历史背景，首先得从哈尼族迁徙说起。"由青海省扎陵湖、鄂陵湖，到巴颜喀拉山口两河源出地区，到青海、川西北高原榫合部，再南下雅江、安宁河流域，而后西向径入洱海滨岸，又向东抵滇池岸盆地，折西南渡红河，进入哀牢山下段地区，"① 这个滇南风味浓郁的民族来自茫茫的大西北，从高原到河谷，从大漠到山区，最终成为了"地地道道的云南红河流域土著居民"。② 迁徙是哈尼族亦荣亦耻的民族情结，它造就了仙境般的梯田，造就了迁徙的史诗，造就了坚韧的哈尼人。

神话作为一种社会记忆，深深刻入哈尼人的心中。

（一）箐口村的沿革

箐口村归属云南省红河哈尼族彝族自治州元阳县新街镇土锅寨村委会管辖，是一个典型的哈尼族山寨，农业以传统种植水稻为主，周边村寨有大水塘、黄草岭、全福庄等。据2008年村委会统计，全村面积3.1平方公里，有185户共892人，98%的村民系哈尼族昂倮支系，李、张、卢是村中的三个大姓。随着哈尼文化旅游热的升温，在2000年前后，旅游业逐渐成为箐口村的支柱产业。

箐口村隶属于新街镇，新街也被村民称作"老城"，是赶集逛街的商业中心。这个"老"是相对于南沙镇的"新"而言的。1988—1989年，新街镇遭遇一场罕见的滑坡，老县城本就处在坡陡弯急的半山腰，泥石流过境，老城几乎毁于一旦。1992年前后，元阳县政府便计划将县城从新街迁至30公里外的南沙，后经国务院批准，县城整体搬迁至现址。经过20年的建设，南沙已初具规模，餐馆、宾馆林立，还开通了公交车。当然南沙也面临大部分新迁区域的困惑：人气不旺。尽管老城山高道窄，整体规划也明显不如南沙合理，但依旧是村民"赶街子"的首选。

（二）两个宗教系统

箐口村的原始宗教有两套系统：一套以"摩批"为主，一套以"咪古"为主。咪古代表的是社区利益，摩批代表的是家族利益，像大摩批李金玉代表的就是箐口大姓李氏家族。当然两套系统并非绝然分离对立。

纵然现代化无孔不入，打手机、开汽车的箐口村民也依旧会在节日祭

---

① 史军超：《民族的史诗——哈尼族迁徙史诗〈哈尼阿培聪坡坡〉刍议》，《云南文史论丛》1987年第3期。

② 孙官生：《从传说与历史看哈尼族族源》，《云南社会科学》1990年第2期。

祀时为自家客厅里的神龛敬献酒肉饭食。今天,原始宗教与村民的日常生活依旧是联系紧密的。灵魂叫作"哟拉",哈尼族认为但凡肉眼看得见、耳朵听得见、脑子想得到、身体感受得到的一切事物无不有"哟拉"附着其中。身体各部分的"哟拉"出走了人就会生病,所以招魂是哈尼族传统的治病方式。生病、建屋、生育、婚丧,都可以看到原始宗教的身影,岁时节日是窥视箐口宗教信仰的最好时候。

笔者2011年暑假来到箐口,为的是考察"苦扎扎节"。"苦扎扎"又称六月节,在农历六月,主要活动安排在属狗、鼠、猪的三天。7月19日一早,村子就忙开了,村民在各家门口杀鸡祭祖,十多个男子在磨秋场搭秋千,过程是将去年的秋千撤下,换上用新砍来的竹子搭好的秋千,男孩子们便荡起秋千。秋千搭好后,男性村民都赶往磨秋场观看杀牛。八九个男子拉住一头公牛,牛是村民凑钱买的。咪古割开牛的脖子,把牛血放入一个大盆,加盐后凝固成血旺。牛肉牛血牛内脏被平均分给每家每户,牛头挂在磨秋边的祭祀房,牛鞭放在磨秋上。

摩批李金玉家的祭台上放着一碗清水、一碗酒、一碗姜汤、四碗鸡肉。李金玉先把这些祭品放在方形竹篾小桌上,然后逐一摆放进客厅的大神龛。磕头三次之后以同样的顺序祭祀客厅另外一侧的小神龛。磨秋场边的磨秋房中,大咪古正抱着一只红公鸡和一只黄公鸡祭祀。杀鸡取血之后大咪古、小咪古们就在秋房煮鸡吃,吃不完的鸡肉也不能带出秋房。

祭祀磨秋是很隆重的仪式。2011年7月20日,大咪古穿着蓝色长衫、黑色帽子,先在磨秋旁摆放一个竹篾小桌子,里面有酒水、米饭、煎鸡蛋、牛肉等,还有四个小竹凳子,面对这些东西,大咪古与其余几位咪古三次鞠躬、磕头。之后,大咪古左手握着磨秋,右手拿着几片蜂蜜花叶子,一边旋转着推磨秋,一边用蜂蜜花叶子拍打磨秋,一共顺时针走九圈。之后再用同样的方式祭祀磨秋。咪古们回到秋房中,村民便排队开始敬酒,所倒的白酒和香烟都被咪古放在桌子底下的篮子里。之后就是热闹非凡的长街宴,各种哈尼美食聚集在各家的小竹篾桌上,孩子们当然是最开心的。长街宴后,男子端起桌子就往自家跑,一直没在节日中露脸的妇女们便在自家门口等着男人回来,手里端着一碗米,嘴里喊着"回来,回来"。

关于这一细节,引发了学界的兴趣。有人说,敬献鬼神的祭祀活动一律禁止女性参加,原因是认为她们身上带有许多"不干净且可让鬼神附身致使祭祀失效"的东西，比如月经。但又有文章认为，在"昂玛突"（哈尼族传统节日，每年春耕开始前举行，目的在于祈求来年风调雨顺）、"苦扎扎"（哈尼族传统节日，每年农历六月二十四前后举行，目的主要是预祝五谷丰登、人畜康泰）这类哈尼族全寨性的仪式中，宣告仪式结束的一个重要环节是由妇女端着饭、叫着魂、引领丈夫、儿子赶快回家，这一幕充分地揭示了隐藏在不许妇女出现在祭祀空间这一禁忌后面的根本目的，实质上是让妇女避免接触危险而守住自己的魂灵，从而使家中的成员在不得不面对危难的时候，还有另一半的人可以引领可能走失的灵魂安全返回，这表明了妇女在社会生活中实际上承担起了灵魂守望者的责任。正是在灵魂观念的基础上，禁止妇女参与祭祀活动并非是她们不洁或地位

图3—2 箐口民俗村的蘑菇房

低下，而是担心她们沾染了不洁，而无法保证家庭内所有人的灵魂居所的安全性。①

二 "窝果策尼果"

作为信仰的"社会宪章"②，神话的地位至关重要。"从近代对于神话的研究里，我们越来越明白，神话对于一个民族知识与文化价值的传承与创造上所占的关键性地位。一个缺乏神话的民族就好像一个不会做梦的个人，终而会因创意的丧失而枯耗至死。"③ "窝果策尼果"是哈尼族的创世神话，是哈尼族人的思维土壤。

云南省社会科学院研究员、著名哈尼文化研究专家史军超认为：哈尼族地区最早的文学是巫祝的歌巫，随着歌手半职业化，出现短小古歌谣；在此基础上发展出了大型创世神话古歌，同时涌现众多讲述体神话故事，其中最为著名的就是大型古歌《窝果策尼果》④。

创世神话《窝果策尼果》是"哈尼哈吧"的经典代表作。"哈尼哈吧"是哈尼语，意为"哈尼古歌"，是一种庄重、典雅的古老歌唱调式，被誉为哈尼族的"百科全书"。它的演述多在年节祭典的盛大场合，大家围坐在竹篾桌前把酒当歌，以"策尼果""策尼局"的组合形式出现。哈吧演唱的首句是"萨咦""萨啊咦""萨咦萨"，用作起兴。"哈尼哈吧"于2008年3月申报并进入第二批国家级非物质文化遗产保护名录，被当地政府誉为红河哈尼梯田文化的"活化石"，更是一张展现红河文化的名片。⑤《窝果策尼果》用汉语表达叫作"古歌十二路"，"窝果"的意思是"像大山冲沟那样一条一条的路数"，"策尼"是"十二"。从歌头部分，我们可以得知全诗的结构：

---

① 陈庆德、潘春梅：《现代语境中的妇女地位与箐口哈尼族村寨中的妇女角色》，《思想战线》2008年第4期。
② [英] 马林诺夫斯基：《巫术科学宗教与神话》（影印本），李安宅译，上海文艺出版社1987年版，第131页。
③ 李亦园序：《时空变迁中的神话》，见约瑟夫·坎伯著、李子宁译《神话的智慧：时空变迁中的神话》，立绪文化事业有限公司1996年版，第6页。
④ 史军超：《哈尼族文学史》，云南民族出版社1998年版，第77页。
⑤ 《哈尼文化"活化石"——哈尼哈吧》，元阳梯田网，2017年5月30日，https：//mp.weixin.qq.com/s?__biz=MzIxOTI2MzE3NQ%3D%3D&idx=5&mid=2653236463&sn=6f32e5969f7277afea5dc12111186be0，查阅日期：2019年7月17日。

> 记住啊，先祖的子孙，
> 天神的窝果有多少支？
> ——它们像十二条大路通向四方；
> 神话的窝果有多少条？
> ——一支窝果像夫妻成对成双，
> 高能的天神不给后人传错，
> 又把二十四岔窝果分在两旁；
> 早上传出的叫"烟本霍本"，
> 神做的事在这里吟唱；
> 晚上传出的叫"窝本霍本"，
> 人间的古规在这里宣讲。①

全诗分为两大部分，上半部分为《烟本霍本》，可以翻译为"神的古今"，共十二章，讲述的是世界之初，金鱼娘造大神、最高天神俄玛造众神、众神携手造天造地的故事，其中包括了杀牛以造万物、众神纷争、洪水灭绝人类、兄妹繁衍后人等环节。下半部分为《窝本霍本》，可以叫作"人的古今"，也有十二章②，讲的是哈尼社会的三种能人（头人、摩批、工匠）如何成为哈尼社会的权威，以及仪礼婚丧、士农工商的形成。

摩批会在庄严盛大的场合吟唱《窝果策尼果》，气势磅礴的创世史诗讲述宇宙的开辟与万物秩序的由来：天地神像盖房子那样搭起了天地的框架，造出了大地的山川河流，并用牛的器官制造天地万物；金鱼娘生大神，大神生众神；英雄玛麦盗窃稻种；老祖母塔婆带给世间人种、庄稼、畜牧种；英雄阿扎夺回火种；女神遮努发明原始农业；女能人遮姒发明原始畜牧业；等等。由于全诗气势宏阔、繁复绵长，一般会根据不同场合的需要来节选吟唱，如祭寨神昂玛突就必唱《烟本霍本》《昂玛突》；婚礼就唱《然密克玛色》（嫁姑娘讨媳妇）；丧礼就唱《诗窝纳窝本》（丧葬的起源）。《窝果策尼果》表现了哈尼族先民对大自然、人类自身及历史

---

① 史军超：《哈尼族文学史》，云南民族出版社 1998 年版，第 169 页。
② 巴莫曲布嫫：《哈尼族创世史诗〈十二奴局〉》，中国民族文学网，2006 年 10 月 30 日，iel. cass. cn/ztpd/zgss/nfss/csss/200610/t20061030_2762895. shtml，查阅日期：2020 年 7 月 6 日。

演化的朴素的认识，几乎涉及了哈尼族古代社会的各个方面，如生产劳动、宗教祭典、文学艺术、道德法规、婚丧嫁娶、吃穿住行等，因而可被视为哈尼族古代生活的百科全书。①

元阳县的哈尼族歌手平均为每村1—2人，年龄多为50岁以上。在箐口村，讲唱哈尼哈吧的权威代表是大摩批李金玉。吟唱《窝果策尼果》是仪式能否顺利进行的首要条件，比如祭祀寨神林，唱了《昂玛突》，才表示去天神那里报到了，后面的仪式才是合法合理的。《窝果策尼果》有两万八千多行，异文《十二奴局》也有几千行。《窝果策尼果》因其悠长的历史、鸿篇巨制的分量、广泛的流传、深远的影响，"是哈尼族文学史上的第一座高峰"②，也是本章论述哈尼神话的基础。

（一）《窝果策尼果》文本

笔者选用的《窝果策尼果》文本是红河哈尼族彝族自治州人民政府编、云南民族出版社2009年12月出版的《哈尼族口传文化译注全集·窝果策尼果》。神话占了三卷的篇幅，第一章到第九章为第一卷，（从《神的古经》到《洪水泛滥》）；第十章到第十四章为第二卷（《塔婆编泥牛》到《翻年歌》）；第十五章到第二十四章是第三卷（《头人摩批工匠》到《祝福歌》）。演唱者是罗小和，哈尼文的记录者是卢华生、何炳坤，汉文翻译者是史军超、卢华生、杨叔孔。为了《窝果策尼果》的出版，大摩批罗小和曾经唱了七天八夜。③《哈尼族口传文化译注全集》是红河州文化建设的一项大工程，"哈尼族口传文化已经到了濒危的边缘，当务之急是进行抢救"④。口传文化的编译工作自2008年年底开启，截至2010年年底出版编辑21卷，最终目标是出版100卷。

《窝果策尼果》展示了两个重要的哈尼族神话系统：鱼祖系统和天神俄玛系统⑤：

---

① 巴莫曲布嫫：《哈尼族创世史诗〈十二奴局〉》，中国民族文学网，2006年10月30日，iel. cass. cn/ztpd/zgss/nfss/csss/200610/t20061030_2762895. shtml，查阅日期：2020年7月6日。

② 史军超：《哈尼族文学史》，云南民族出版社1998年版，第168页。

③ 此版本系罗小和演唱，卢华生翻译，史军超、杨叔孔采录，史军超整理注释，1992年云南民族出版社出版的《哈尼族古歌——窝果策尼果》，参见史军超《哈尼族文学史》，云南民族出版社1998年版，第171页。

④ 杨福生：《哈尼族口传文化译注全集·窝果策尼果》"总序"，云南民族出版社2009年版，第1页。

⑤ 史军超：《哈尼族文学史》，云南民族出版社1998年版，第159页。

图3—3 《哈尼族口传文化译注全集·窝果策尼果》一书封面

（1）大鱼造天地

鱼是哈尼族极富代表性的神话角色。《窝果策尼果》中，有巨鱼密乌艾西艾玛生育天地和大神的叙述；《十二奴局》里，有从大鱼肚子里剥出粮食、草木籽种的传说。哈尼人对鱼的化生能力有着普遍的崇拜。

史军超于1984年在元阳县黄草岭乡树皮寨老摩批杨批斗那里搜集到了一则鱼的神话《那突德取厄玛》（祖先鱼上山）[①]，大致意思是：古老的时候，哈尼族的祖先是一些大鱼，后来鱼祖先开始生下后代，老大是天，老二是地，老三是"有"，老四是"无"……一共生了七十七个，祖先鱼把这些小娃喂大，它们就走了，天上去的成了头上的天，地下去的成了脚下的地，祖先鱼也上了岸，手脚也变成了人的模样。

---

① 云南省民间文学集成办公室：《哈尼族神话传说集成》，中国民间文艺出版社1990年版，第12页。

人的来历被归因于大鱼，体现了与水的密切关系，反映出哈尼族对于"水"和"渔业"的重视。其实鱼作为一种符号出现在很多民族文化中，如半坡文化、仰韶文化中就有关于"鱼钩鱼叉""水波纹""鱼雕"等物品的出土。在傣族创世神话《巴塔麻嘎捧尚罗》中也有关于"水神鱼""神鱼与螃蟹"的讲述，与哈尼族一样，大鱼也被傣族视为造物者。①

在鱼族系统中，世界是一片混沌，翻滚着一条巨硕无比的大鱼，经过了亿万年的沉睡，大鱼醒了：

> 在那最老的老人也记不清的时候，
> 天上没有天，
> 脚下没有地，
> 上上下下，
> 是黑蒙蒙的雾气。
> 前前后后，
> 是一片大海汪洋。
> 黑雾像一口大锅，
> 盖住无边的大海，
> 万能的神没有吗？
> 天神地神还没有出世，
> 难道世上一样活物也没有吗？
> 有哟，
> 那是一条非常粗大的金鱼，
> 它叫密乌艾西艾玛。
> 神圣的密乌艾西艾玛啊，
> 是生养天地的金鱼娘。
> ……
> 金鱼娘醒过来，
> 它把天地来生养，
> ……

---

① 肖潇：《〈巴塔麻嘎捧尚罗〉的叙事语境简论——一个民族的历史与叙事记忆》，载郭山等《贝叶文化与和谐周边建设》，云南大学出版社2011年版，第83—91页。

  鱼娘的左鳍一扇,
  黑黑的雾气被扇光,
  鱼娘把它留给天神去在①。
  它的左鳍一扇,
  茫茫大水扇落千丈,
  黄生生的地露出来了,
  鱼娘把它留给地神当家乡。

  从脖子的鱼鳞里,
  抖出一对大神,
  先出来的是太阳神约罗,
  后出来的是月亮神约白。

  背上的鱼鳞一抖,
  金光把天地照亮,
  这回又生出两个大神,
  就是天神俄玛,
  和那地神密玛。②

  这条大鱼名叫"密乌艾西艾玛"(地下的、金色的母鱼),是天地日月诸神的母亲鱼,生下了以天神俄玛为代表的七位大神,包括天、地、太阳、月亮、男、女、海洋之神。海洋之神嫉妒其他神都是成双成对,便引发了诸神之战。

  在异文本《十二奴局》中,鱼成了谷种的来源。说的是洪水泛滥过后,鱼把草木谷种吃下,人们经过捕鱼,取回了丢失的谷种,开始了富足的农业耕种。

  这条大鱼肉厚两拃(拇指与食指伸开后的长度),

---

① "在",云南汉语方言,指日常生活的状态。这里的意思是留给天神去生活。
② 红河哈尼族彝族自治州人民政府:《哈尼族口传文化译注全集·窝果策尼果》,云南民族出版社 2009 年版,第 8 页。

鱼肚有千层,
拿着快刀亮闪闪,
一层层剖鱼肚。

剖开第一层鱼肚,
里面装着三颗谷子,
谷子栽在什么地方?
长杨柳树的龙潭边。

剖开第二层鱼肚,
里面装着三颗荞子,
荞子栽在什么地方?
长水冬瓜树的山坡上。①

(2) 俄玛造众神

　　天神俄玛没有参与诸神争斗,而是生下了法典女神、一系列自然神、金属神和第二代的人。可以说鱼祖系统和天神俄玛系统是紧密相关的,大鱼是万物的始祖,众神是俄玛的后代。俄玛的意思是"最大的女天神",她生的第一代神王如下:

烟罗神殿的正中,
坐着威严的天神俄玛,
她是最高最大的女神,
生下天上地下的大神,
世间所有的万物,
也是她来生养。
……
最高最大的天神俄玛,
生下一位最高能的姑娘,
这就是天母阿匹梅烟,

---

① 赵官禄等搜集整理:《十二奴局》,云南人民出版社2009年版,第41页。

阿匹梅烟响遍八方。
梅烟是万能的女王，
梅烟是众神的大王，
她指挥着万神万物，
不给他们颠倒混乱。①

天神俄玛到梅烟，梅烟到烟沙，烟沙到沙拉……就这样，哈尼众神的谱系既纷繁复杂又严谨有致，严格按照哈尼族"父子联名"的礼法来走，日月风雨、山河草木，均有了掌管的大小众神，哪怕是小猫头鹰、小蚂蚱也都是有据可考的。

神的世系带来人的世系。天神俄玛生下第二代人族玛窝，玛窝生下窝觉……一代代延续，到八十多代的时候，排到了歌手罗小和。至此，神的谱系和人的谱系有了大致脉络。

（3）众神造天地

最高最大的天神俄玛生下天母阿匹梅烟后，梅烟号召众神造天造地。造天地的流程类似于哈尼族盖蘑菇房：下石脚、立柱梁、扎草顶、安门窗。造天包括金银打天架、蓝色石头成天、挖银河、开天眼等；造地包括下地脚、铸地柱，柱子支在金鱼娘背上，铺黄土、粘合天地等。

（4）泥牛化生万物

在哈尼神话中，重要程度次于鱼的动物神是牛，它也是化身万物的英雄。《窝果策尼果》第三章《杀泥牛》中专章叙述，异文本《十二奴局》《奥色密色》中的记录也大致相同。众神造好天地之后，却没有生机与活力，于是他们决定杀牛，也就有了《杀泥牛》一章。这不是普通的牛，它是天神的神牛，喂养在宫殿中，整天在泥潭中打滚，于是称查（泥）牛。

泥牛喷出三股鼻气，
变成乌天乌地的云雾。
……

---

① 红河哈尼族彝族自治州人民政府：《哈尼族口传文化译注全集·窝果策尼果》，云南民族出版社 2009 年版，第 18 页。

泥牛断气眨了三下眼,
变成三道闪电光,
闪电亮了三道,
缝合天边地头。

泥牛挣出三滴鼻涕,
三滴牛鼻涕啊,
变成七月的雨水,
七月洪水铺天盖地。
……
神女俄白,
摘下泥牛的右眼,
放进太阳的金圈。
龙神的媳妇俄娇,
摘下泥牛的左眼,
放进月亮的银圈。
太阳亮得放热光,
月亮出来放光明。①

写到这里,笔者不仅想起了 2011 年暑假在箐口过"苦扎扎"节时杀牛的情景。十多个年轻男子绑住力大如山的牛,咪古挥刀宰杀,放出滚滚牛血,众人也挥刀一寸寸割下牛皮,并分解牛的各个部位,确实和神话里描述的场景很是类似。嗓子变成呼啸的狂风,肚子变成开阔的湖泊,大肠变成浩瀚的银河,小肠变成弯曲的江河。牛的器官幻化成了万物,泥牛的牺牲换来了世界的热闹和活力,也造就了现实生产生活中哈尼人对耕牛的情谊。

(5) 青蛙造天地

关于青蛙的造物说法也比较流行,比如《青蛙造天造地》的神话大意说:

---

① 红河哈尼族彝族自治州人民政府:《哈尼族口传文化译注全集·窝果策尼果》,云南民族出版社 2009 年版,第 88 页。

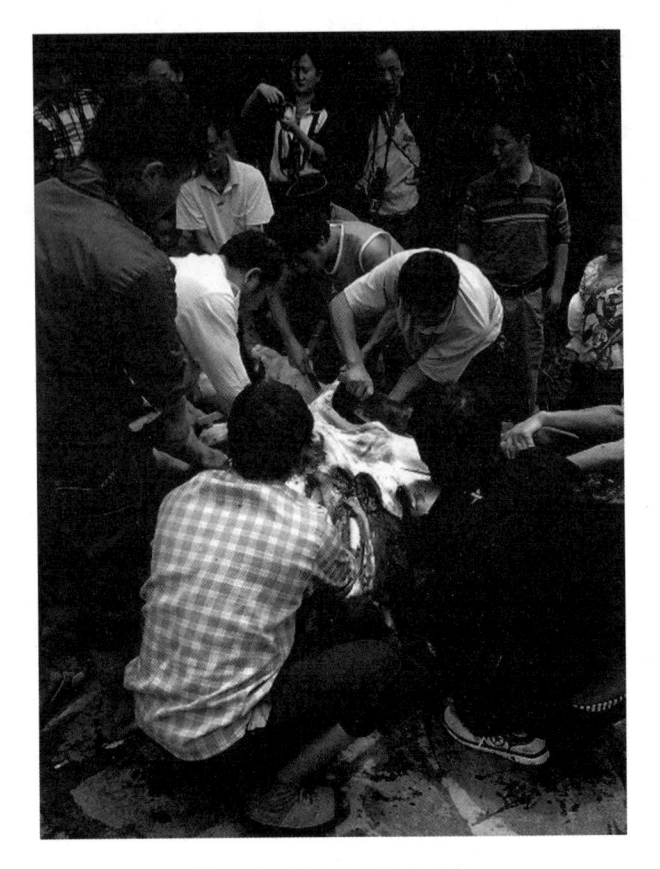

图 3—4　苦扎扎节杀牛现场

  远古时代世上只有大海，龙王命令青蛙造天造地。青蛙把吃出的骨头吐出来，变成大石头，从海底冒出来；它屙出的屎变成土，和石头粘结，变成陆地。青蛙怀孕后生下一对巨人兄妹……①

（6）洪水后兄妹结亲再造人类
  洪水神话这个世界性的母题也出现在了《窝果策尼果》中，第九章"洪水泛滥"、第十章"塔婆编泥牛"，讲的都是诸神争战后洪水毁灭人类

---

① 云南省民间文学集成办公室：《哈尼族神话传说集成》，中国民间文艺出版社 1990 年版，第 25—29 页。

的故事。说的是金鱼娘生下的七个大神起了纷争,先是太阳神月亮神齐放光芒把大地烤干,"白天出来两个太阳/夜晚出来两个月亮/两个冒金火的太阳/晒得石头炸开了缝/两个冒银火的月亮/照得草一片枯焦"①。之后是地震与大海之神发动洪水,卷走一切生灵,只剩下坐着葫芦逃走的兄妹俩。"最穷的兄妹佐罗佐白/没有一样逃命的箱子/天神俄玛可怜兄妹/七节肠子软了三节/走进地神家里/去栽救命的葫芦。"② 两个人经过了找情人、放磨盘、滚簸箕、哥追妹等环节,终于结合生下了七十七种人,繁衍出世界各族人民。妹妹就是哈尼族神话中经常讲起的人类始祖塔婆。"佐白为什么会生出这么多的人/因为她是最能生的塔婆/塔婆是最高能的母亲/是后辈儿孙的共祖。"③

在其他神话里,也有两兄妹的题材:

《补天的兄妹俩》④

古时候有一天,山上有棵大树把天戳通,于是暴雨连连,大山被冲塌,梯田被冲垮,蘑菇房被冲倒,人和畜生都被山洪冲走了。大家商议要把天补起来,自愿承担这项使命的是艾浦艾乐兄妹俩。他们抓起泥土飞上天去,用泥土补天洞,泥土用尽,天洞仍然补不好,兄妹俩就跳下去,用身体堵天洞,他们变成两块石头,把天洞堵起来了。暴雨停了,人们得救了,但是两兄妹也死了。哈尼人爬上哀牢山最高峰,齐声呼唤他俩的名字,这时天边缓缓流出一道彩霞,映红哀牢群山,从此哈尼人总爱和彩霞在一起,因为它是艾浦艾乐兄妹俩的鲜血变成的。

(二)"窝果策尼果"与哈尼族神话传统

哈尼族历史悠久却没有文字,口传心授的神话便是他们的祖先对世界、自然、自身认识的朴素而形象的诠释。"在我们哈尼山寨,每当农闲

---

① 红河哈尼族彝族自治州人民政府:《哈尼族口传文化译注全集·窝果策尼果》,云南民族出版社2009年版,第265页。
② 同上书,第279页。
③ 同上书,第340页。
④ 云南省民间文学集成办公室:《哈尼族神话传说集成》,中国民间文艺出版社1990年版,第66—67页。

季节，青年男女常常要聚集在被太阳照得暖和和的秋场、路口，或是围拢在热烘烘的火塘边，静静地听那些歌手、贝玛唱'哈吧'。"①

从迁徙到定居，从游牧到农耕，掌握锻造金属技能的工匠和农业祭祀的摩批逐渐成为哈尼人中的重要角色。工匠、摩批和头人，形成了哈尼族社会组织的核心结构，这种体制在哈尼族社会里是通过神话的形式将它神圣化并加以规范的②。据箐口村摩批李金玉介绍，讲唱"窝果策尼果"主要是在哈尼族节日庆典、婚丧嫁娶、建房乔迁等重大场合、酒桌上、火塘边，表演的形式主要是一个人领唱多人合唱，也可以是一问一答。传承的方式为代际相传，老辈传给晚辈，或者拜师学艺，传承谱系比较繁复。在哈尼族地区，哈吧是一种最为常见的讲唱神话、史诗的歌吟形式。

这样的体制一直延续到 20 世纪 50 年代初，人们相信这是天神定的，必须遵循。随着新中国的建立和民族识别的展开，哈尼族的日常生活从刀耕火种逐渐走向了现代化。今天，旅游敲开了箐口的大门，李金玉也从一位普通的村寨摩批一跃成为了州级非物质文化遗产传承人，听他讲唱"窝果策尼果"的听众不止是村民，还包括了游客、学者、媒体、官员。李金玉奔走于各种活动现场，穿戴整齐地为各位来宾讲唱古老的神话，这位哈尼文化的代言人有了更广阔的平台和更多的听众。哈尼人生活中的"窝果策尼果"仍在继续，因为那是哈尼生活的一部分；同时，舞台上的"窝果策尼果"也正在兴起，因为那是箐口遗产旅游的一部分。

三 遗产旅游与哈尼哈吧的遗产化

今天，在现代化、市场化、全球化的浪潮冲击下，哈尼族神话传统的生存环境与百年前、甚至五十年前相比已经有了很大差别，特别是随着遗产旅游的日渐兴盛，神话传统也受到了诸多影响。

（一）遗产旅游的兴起与村寨日常生活的变化

梯田是元阳给世界的第一张名片，成千上万级的梯田漫山遍野，在茫茫森林的掩映中，在潺潺流水的环抱中，在漫漫云海的覆盖下，构成了神奇壮丽的景观，吸引着大批国内外的游客前来旅游观光。箐口村因特殊的

---

① 王正芳：《哈尼族民间故事·前言》，云南人民出版社1984年版，第1页。
② 刘亚虎：《神的名义与族群意志——南方民族神话对早期社会内部的规范》，《长江大学学报》（社会科学版）2007年第3期。

地理位置和相对完整的哈尼建筑及文化传统，成为元阳县打造旅游品牌的核心地带。"在这三个村子中，麻栗寨村的人口最多，有600多户，近3000人。而红河州政府当初比较看好的则是全福庄，该村有402户，2600余人，其优势在于它曾是明朝沐英的庄园，在历史上有一定的知名度，但由于该村房屋改建所需投资太大，县政府无法拿出足够的资金，改建计划后被放弃。至于箐口村，无论从户数看还是从人口看，都要小很多，但这里的蘑菇房保留得较为完整，只需对50多户房屋进行改造，因此投资小，见效快，再加上箐口村还紧靠省道，便于开展旅游活动，故最后被选中。"① 在村民眼里，箐口被选为民俗村的原因是箐口的梯田好看，因为元阳是哈尼梯田的核心区，而箐口又是核心的核心。2000年，元阳县便开始在箐口村规划建设，修路盖房，进行有意识的民俗文化旅游开发。村口树起了箐口民俗村的显著标志，建起了停车场，停车场上竖着图腾柱。寨中广场、文化陈列馆、磨秋场、村文艺队、哈尼哈吧传承中心等环节的组织与建设都是成果。2009年，云南省世博公司元阳分公司接手了箐口村的旅游开发与管理工作，更多市场化的因素渗透进来。世博元阳哈尼梯田旅游开发公司成立于2008年，主要经营景点的投资、管理和经营；文化、旅游产品的开发和经营；旅游配套服务项目的开发、投资和经营等。有了世博公司的加入，元阳的旅游业发展更加迅猛。以2019年"五一"黄金周为例，其所在的红河县共接待国内外游客9300人次，与上年同比增长43%，实现旅游总收入387.23万元，与上年同比增长29%。② 2012年6月，箐口村被评为50佳"中国最美的乡村"，至此，箐口已成为元阳县的一个旅游品牌。2013年，红河哈尼梯田文化景观被成功列入世界文化遗产名录，更进一步带动了元阳地区遗产旅游产业的飞速发展。

　　遗产旅游的快速发展也逐渐带来了村寨日常生活的变化。梯田作为箐口的物质依托，家家户户都是靠着梯田过日子，种红米、放牛、养梯田鸭子和梯田鱼。旅游开发后，很多村民走出了梯田，他们有的跑起了客运，有的开了农家乐，有的开起小卖部，有的进了世博公司，有的进了文艺

---

① 马翀炜：《文化符号的建构与解读——关于哈尼族民俗旅游开发的人类学思考》，《民族研究》2006年第5期。

② 《中国世界遗产总数，世界第一！位于云南的世界遗产，你都去过吗？》，搜狐网，2019年7月7日，http://www.sohu.com/a/325373529_120046884，查阅日期：2019年7月17日。

队。据笔者统计，截至2012年1月，在箐口村从事旅游相关行业的有18人，其中客运4人，农家乐6人，小卖部5人，世博公司3人。

文艺队是箐口民俗村为开发旅游专门组织的。村民张李学说，文艺队红火的那段时间，经常有表演，家里的家务事都没有时间做。此外村中妇女还会在闲暇时间制作哈尼传统服饰，以前是卖给村中的人，现在也卖给游客。李慧①的妈妈就是这样一位缝制哈尼传统服饰的妇女，笔者购买过一件成年女性的上衣，售价是60元。还有一种服装服务是出租和出售哈尼族婚礼服饰，由于华美繁复，出租是10元一次（供拍照），出售要价超过千元。除了挂牌的餐饮店，当游客需要时，大部分村民的家也可以提供餐饮服务。例如，村中第一个岔路口常年坐着一位彝族老奶奶，卖烧豆腐和一些水果，烧豆腐是两毛钱一块，水果（如荔枝）是一块钱3个，主要卖给村中的小孩和一些游人。村民李文才90岁的老父亲也爱坐在自家门口，穿着哈尼族的衣服，抽着水烟袋，常有游客与其合影留念，他也就此收取一块两块的报酬，老爷爷曾被一家哈尼药商看中，作为其形象代言出现在广告宣传上。李文才略有遗憾地说："当时太憨，没有那个意识，人家什么都没给，就给了一沓宣传单。"② 很多哈尼题材的影视作品选择了箐口作为取景地，村民常被选为群众演员，每天有十元左右的报酬，若演了点小角色或者借用了自家的房子和牲口，报酬会更高。村中小孩与游客合影并索要报酬的事情时有发生。据调查，全村的旅游收入占到村寨总收入的1/5到1/4。旅游开发之前，村中的人口流动以婚姻关系为轴，以女性的迁出迁入为主。旅游开发后，人口流动加剧，外来的生意人、农家乐的小工等增加，人员构成更加复杂化、多样化。世博公司还为箐口带来了大量的就业机会，相对于外出打工和在家务农，世博公司提供的职位在箐口村民眼里是竞争激烈的热门工作，年轻人以能进入世博公司为荣。

农家乐是箐口的新兴特色产业。李建国是一个约30岁的哈尼族小伙，他中专毕业后就在附近的矿山打工，现在是元阳风景区的一名售票员，正酝酿开一家哈尼餐馆。他计划把家里的老房子改造成餐馆，并修通餐馆门口的山路，一直通到公路上去。李建国一直强调他只做哈尼特色菜：梯田

---

① 受访人：李慧，女，14岁；访谈人：肖潇；时间：2011年7月21日；地点：箐口村李慧家中。

② 受访人：李文才；访谈人：肖潇；时间：2011年7月18日；地点：箐口村李文才家中。

鸭子、梯田鸭蛋、田螺、梯田鱼、泥鳅等。2012年9月3日，李建国发给笔者的短信说，他家的烤酒已经订货到了10月中旬，"不怕卖不出去，就怕烤不出来。烤出酒来卖，酒渣又可以养猪。我计划两年内年收入超过十万。"如今，李建国的哈尼餐馆已经初具规模，名字叫作"伊莱的家"，还是中英文双语的。李建国说还利用了微博等网络传媒进行了宣传，有几个外国人已经来打听具体位置。旅游使一个学历不高、身居大山的哈尼小伙看到了发家致富的希望，他可以不走出大山就找到一种赚钱养家的方式，且是自己熟悉的方式。旅游带给他的，是事业的契机，也是生活的希望。

（二）哈尼哈吧的遗产化

"遗产化"（heritagization）是指"选择、认定、将一项历史遗存评定为'遗产'并加以保护和利用的过程"[①]。哈尼哈吧作为哈尼族的"古歌"和最古老、最具代表性的民间文艺形式（《窝果策尼果》是其代表性作品），也经历了遗产化的选择和认定过程，并已于2008年成功成为国家级非物质文化遗产，这也使它的保护和利用包括由此带来的更大规模的遗产旅游进入了一个新的境地。

像很多被列入遗产保护名录的非遗项目一样，哈尼哈吧的传承工作曾长期面临资金匮乏、环境不佳和后继无人的困扰。以箐口村为例，能够讲唱相对完整的哈吧的人主要是摩批、咪古这一类神职人员，且多为年过半百的中老年人，这为当地政府开展哈尼哈吧的保护工作提出了要求。前期的保护工作包括制定方案、搜集资源、扶持传承人等，而元阳县政府网站上2011年发布的《"哈尼哈吧"传承与保护》一文中，把"建立哈尼哈吧传承基站"也列为保护措施之一。从这个基站的建立，我们可以直观地感受到政府的努力。

箐口村的哈尼哈吧传承中心位于该村的西南方，原来是导演姜文拍摄电影《太阳照常升起》时搭建的场景，剧组走后一直闲置。后来元阳县政府和元阳县文体局商议并决定把它作为箐口村"哈尼哈吧"的传承中心。经过修葺，传承中心于2011年6月11日正式挂牌。

哈尼哈吧传承中心是典型的干栏式建筑，土木结构，屋顶为哈尼族建筑中常见的蘑菇顶。整个建筑古朴典雅，与周围环境融为一体。房屋分为

[①] 杨利慧：《新文化等级化·传承与创新——中国非物质文化遗产保护的成就与挑战以及韩国在未来国际合作中的角色》，《民间文化论坛》2016年第2期。

上下两层，房屋正前方挂有"哈尼哈吧传承中心"字样的匾额，并有英文对照。房屋外墙刻画有一些装饰性的哈尼符号与图案，如鱼、蛙等，并悬挂"珍重文化遗产共筑幸福家园"字样的红色布标。传承中心一层属于杂物间，笔者发现了一个白色犬型雕塑。经询问，摩批李金玉说墙上画鱼是因为哈尼族神话中有大鱼造天地的说法，而一楼的白雕塑是一只狗，因为神话中说狗为哈尼人送来了谷种，是哈尼人的恩人，每年"新米饭"节都要用新米喂狗以示尊重。[1]

图3—5 哈尼哈吧传承中心内外

---

[1] 受访人：李金玉；访谈人：肖潇；时间：2011年7月19日；地点：传承中心。

第三章 遗产旅游与哈尼族神话传统的变迁

二楼的传承中心活动室是一间 80 平方米左右的屋子，墙体、地板均由竹木建成，内设火塘、篾桌、草墩、农具、生活用具等，灯罩是一个葫芦，这些设计都营造出神话讲唱的氛围。内墙装饰有"哈尼哈吧"的宣传栏，介绍了"哈尼哈吧"的概况、讲唱内容、传承方式等信息，中英文对照，图文并茂。以下文字摘自传承中心内的宣传：

> "哈尼哈吧"是哈尼族乃至西南农耕少数民族口头与非物质文化遗产的经典代表，是系统研究哈尼族传统社会生产生活、宗教祭典、人文规范、伦理道德、婚嫁丧葬、吃穿用住、文学艺术的"圣经"，有非常重要的历史、科学、文学艺术价值。

值得注意的是，进门右手边墙角放有一台 42 英寸的安装了无线电视设备的等离子电视机和一台 VCD 机，抽屉里放了一些碟片，内容除了哈尼哈吧之外，还有一些流行歌曲。据李金玉讲，这台电视机 4700 多元，由文体局提供，主要用于哈吧的播放与宣传。在这座贫困的小村庄中，这是很稀奇的贵重物品，在笔者的调查中，很多村民提到传承中心时首先想起的就是这台大彩电。李金玉说他受县文体局托付，每晚都来此处过夜，文体局会在年底付给他 1000 元左右的看护费，节假日也会拎些东西（米、油一类）来。

图3—6 左：狗造型塑像 中：葫芦造型的灯 右：门帘上的鸟图案

2011年6月落成的哈尼哈吧传承中心是元阳县政府实施遗产保护的阶段性成果之一，也为箐口村增添了一个新的旅游景点。在笔者看来，哈尼哈吧传承中心的建立是当地政府对遗产旅游与神话传统关系的一种理解与表达。建筑看似沉默却无时无刻不在诉说：精细的装修与周围的民居形成对比；宏伟的匾额强调着这座小楼的重要性；满屋子的宣传展板以最直白的方式告诉每一个来到这里的人，"哈尼哈吧是民族的活化石"；墙上用作装饰的鱼形、蛙形动物图案为游客讲述着大鱼、青蛙造天地的故事；葫芦做的顶灯传播着兄妹始祖乘坐葫芦躲避大洪水的兄妹婚神话。在这个国家级贫困县中，哈尼哈吧传承中心的建立，确凿无疑地告诉村民和前来参观的游客：哈尼哈吧很重要。

图3—7　元阳县民族文化传承基站

笔者调查时正值苦扎扎节，老摩批李金玉一大早便穿戴好哈尼族的男子盛装，点燃传承中心的火塘，准备好茶水，等着游客的到来。一批来箐口做田野调查的大学生挤满了传承中心，围坐在李金玉周围，询问各种各样的问题。李金玉为大家讲了一段有关哈尼人种的神话，大致是：

> 最初的时候
> 莫米从天上派下两个人种来
> 男的叫依沙然哈
> 女的叫依莫然玛
> 只有一只独眼
> 长在脑门正中间
> 依沙和依莫结成夫妻
> 生下一个葫芦团
> 过了七天七夜
> 葫芦里响起了声音
> 刚把葫芦划开
> 跳出很多人来
> 仔细数数看看
> 共有七十七种人
> ……①

这段哈吧解释了哈尼人种的来由，即天神造三代人。第一代是后脑独眼人，第二代是膝盖长眼人，第三代才是延续至今的眼睛长在鼻子上方的人。

讲完神话后，李金玉又教学生们跳哈尼族的传统舞蹈"乐作舞"。大学生周艳表示，由于自己要调查的内容与哈尼族神话无关，所以之前并没有关注，但是今天听了李金玉的讲唱，对哈尼族的神话传统有了一定了解。② 看来，传承中心将神话传统进行有形的呈现、现场讲唱和互动表

---

① 受访人：李金玉；访谈人：肖潇；时间：2011年7月19日；地点：传承中心。
② 受访人：周艳，女，24岁，云南大学研究生；访谈人：肖潇；时间：2011年7月19日；地点：传承中心。

图 3—8　箐口村哈尼历史文化博物馆门口的装饰物

演,对神话传统的传承的确具有一定的积极作用。

"遗产旅游并不仅仅是一系列的商业活动,而且也是从意识形态的角度来构建历史与民族认同感。"① 就像威尔士民俗博物馆、芬兰的战争纪念馆肯定和强化国家特征、民族认同感一样,② 传承中心也是一个强化民族意识、突出民族气质的物质空间。从这个传承中心的建立与落成可以窥视出元阳县政府对哈尼哈吧的重视以及对遗产背后的价值的期待。这个传承中心类似于一个博物馆,但它更多了互动的因素,而非只是静态的陈列。墙上的神话文本、装饰性的鱼蛙图案、用葫芦做的灯罩、绘有五色大鸟的门帘、燃烧的火塘、老摩批的表演、游客的观看、模仿……纳尔逊·格雷本曾将旅游与博物馆之间的微妙关系理解为"一种认同的诉求"③,目的在于彰显当地人的本土意识以及民族的身份认同诉求。哈尼哈吧传承中心的展示就很好地显示了地方对于本民族文化价值的认可,以及一种渴望被了解、被宣传的愿望。

---

① [英] 戴伦·J. 蒂莫西、斯蒂芬·W. 博伊德:《遗产旅游》,程尽能主译,旅游教育出版社 2007 年版,第 25 页。
② 同上书,第 3 章第 6 节"遗产与政府"。
③ [美] Nelson Graburn:《人类学与旅游时代》,赵红梅等译,广西师范大学出版社 2009 年版,第 305 页。

事实上，这个空间将"窝果策尼果"的神话有形化、直观化、具体化，让人一旦步入，就仿佛置身神性空间，特别是对于走马观花的大众游客而言，这样的有形展示无疑是可行且有效的。哈尼族神话传统在这个空间中被保存、被表演，游客只需做短暂停留，就能扼要地了解到关于大鱼造人、青蛙造地的故事，这对于神话的传承和保护而言，无疑是一件好事。

哈尼哈吧的遗产化也推动了对它的旅游消费，更多的游客慕名前来聆听哈尼古歌，了解哈尼神话。比如，在李建国的农家乐中，也不时地会请到老人家来讲唱《窝果策尼果》。李建国常说："如果生意好，人多，就可以喊个老人家来唱哈尼哈吧，50块左右一天的工钱，还包饭。那些游客看了哈吧中心的宣传以后好多都来问，但是没机会听，人家摩批又不是天天讲这些。"① 笔者问到哈吧要讲什么内容时，李建国说："那肯定是讲金鱼娘造天地万物的故事了，那是我们哈尼人最有名的。"他还说他要在门口装饰上金鱼娘造型的图案。李建国为何要选哈尼哈吧作为餐馆的重要吸引因素呢？一个原因在于游客需求。由于哈尼哈吧已成为国家级非物质文化遗产，名声远扬，吸引了不少游客前来一睹究竟。因此，在农家乐里选择哈尼哈吧，而非其他哈尼族歌舞，正是厄里所谓"游客凝视"的结果。"凝视"是游客对于地方的一种作用力，加速旅游地文化的变迁。李建国站在游客的角度觉得哈尼哈吧好，所以他选择了哈尼哈吧，而他的选择又强化了游客对哈尼哈吧与哈尼族的认识，因此，二者相互作用，共同推进着哈尼哈吧的传承与变迁。

（三）传承人的等级化

上文曾提到，在箐口村，神职人员主要有两类：一类以摩批为主，一类以咪古为主。咪古代表的是社区利益，摩批代表的是家族利益，二者不是分离对立的。这些神职人员都是哈尼神话传统的积极承载者，但是由于非物质文化遗产保护、特别是传承人认定制度的影响，他们的社会地位出现了明显的等级化，对待旅游的态度也出现了明显的分化。

摩批又称贝玛，是"窝果策尼果"中提到的"三种能人"之一。在村中主要从事主持丧礼、驱邪、去祸等事务。哈尼族重祭祀、多仪式，摩批的地位十分重要。由于没有文字的辅助，摩批异于常人的特质就在于对

---

① 受访人：李建国；访谈人：肖潇；时间：2011年7月25日；地点：箐口村李建国家中。

仪式程序、经文祷词的熟练掌握。因而，摩批掌握了相对丰富的民族传统文化知识，社会地位较高，受到村民的普遍敬重。私人的婚丧病灾或是公家的村寨祭祀，都需要摩批出面，哪怕是在现代化的今天，摩批依旧是村中的重要人物。

作为人神之间的媒介，箐口村除了卢姓和几户单姓人家外，李姓家族和张姓家族都有自己的摩批。李氏家族的摩批队伍由5人组成，张氏家族的摩批队伍有8人。每组推一人为大摩批，69岁的李金玉就是李氏家族的大摩批，也是箐口村公祭活动的摩批。昂玛突中的叫魂、七月驱鬼送瘟神等都是他的主要任务。

图3—9　肖潇采访摩批李金玉

李金玉1944年出生在元阳县新街镇土锅寨村委会箐口村李氏摩批世家，现年69岁，12岁停学，跟着父亲学习哈尼族婚丧红白事祭祀礼仪，承传哈尼族原始宗教摩批操办丧葬、婚礼祭祀仪程。他20岁时接任箐口村摩批一职，到如今已近半个世纪。2009年，李金玉被评为元阳县非物质文化遗产传承人，2010年又被评为红河州非物质文化遗产传承人。目前他收有徒弟6人。

为何选择李金玉作为箐口村"哈尼哈吧"的主要传承人呢？因为李

金玉不仅是村里的大摩批,是掌握哈尼文化的人,而且管理的范围比较大,受他管理的有箐口村的罗姓人家、龙姓人家以及全部大李家和一部分小李家,还有全福庄、大水塘、中拼上下两寨、团结等村子里的一部分人都由他管理,可以说他是担任箐口村非物质文化传承人的不二人选。被评为非物质文化遗产传承人后,他家的一楼客厅被改建为"元阳县民族文化传承基站",成了一个展览区,外墙还挂有一块公示展板,对传承人和传承事迹都有展示。二楼是吃饭、睡觉的生活区。

笔者第一次拜访李金玉时,一进门,他就带我去看挂在墙上的州级非遗传承人的奖状。当我问到村里是否还有其他摩批会唱哈尼神话时,他说:"这里摩批倒是多,但是有些人讲不到点子上。很多报纸直接来找我。昆明那些艺术学院经常来找我。""关于哈尼族风俗的好多问题,寨子里的人大都不知道了,我都晓得。"① 可见,哈尼哈吧的遗产化给这位村寨中的老摩批带来的,不止是大批前来聆听、讨教的听众,也有物质条件的实质改善和自我认同的明确加深。"我的手机随时开机。"这是李金玉最常说的一句话。村里人结婚了、盖房了、生病了、买车了,都会请他

图 3—10　摩批接受研究者们的采访

① 受访人:李金玉;访谈人:肖潇;时间:2011 年 7 月 19 日;地点:李金玉家。

去"做事情",也就是做一些趋吉避凶的仪式。现在村里大力发展旅游,李金玉又增加了传承人的身份,他的手机就更是不能换号不能关机了。

格雷本在《旅游与非物质文化遗产》一文中也认可保护文化传统的具体办法之一是授予传承人特殊称号或给予经济支持①。李金玉当摩批这半个世纪,走过了一条从边缘到中心的路子,曾经的历史问题让他背负封建迷信的重担,抬不起头,直不起腰。后来虽然不再偷偷摸摸,却也未曾想过如今天这样成为主流话语的一部分。非遗显然激发了其文化自豪感和文化自信心。李金玉对于非遗带来的荣誉是很欣慰和珍视的:这是国家对他的认可,也是官方对他的积极评价。

热情接待媒体学者、为孙子录制哈吧磁带、看管传承中心、入选非遗传承人……对于哈尼族的神话传统,摩批李金玉始终坚信并坚守。在他眼里,神话是那些古老的事,也是真实的事,就是发生在我们生活中的点点滴滴。对于神话传统成为非物质文化遗产,李金玉是高兴与接纳的,对于

图3—11 摩批用录音机录制哈尼哈吧教学磁带

---

① [美] Nelson Graburn:《人类学与旅游时代》,赵红梅等译,广西师范大学出版社2009年版,第315页。

传承人这个身份，他也欣然接受。非遗使他有更多的机会接触外面的世界和上层官员，有更多的机会走出箐口。

对于旅游，李金玉始终持接受与包容的态度。他常帮助很多学生、老师写文章，还担任着箐口景区哈尼文化陈列馆的讲解工作，也负责哈尼哈吧传承中心的管理和讲解工作。他很忙，但是从来没听到过他一句埋怨和不满。问他主要研究什么时，他说他对"窝果策尼果"、四季调、迁徙、定居、梯田保护很熟悉，哈吧几天几夜都唱不完。对李金玉而言，讲唱神话、传承神话传统和哈尼族文化是实实在在的本职工作，而遗产旅游使得这份工作有了更宽阔的舞台。这个平台给他更好的机会和条件。

对于旅游和神话传统的关系，老摩批比一般人都乐观，他说神话"永远都是不能忘记的"。不过，李金玉说现在很少完整地唱哈吧了，若是领导要来，一般都会提前通知了好准备，通常也就唱一小段，意思意思。多数哈吧唱在婚丧礼等场合，像"窝果策尼果"这样的创世史诗已经很少讲唱了，最多就讲唱其中的某一小篇章。今天的李金玉，更多的是对着自家的那台单卡录音机讲唱哈尼哈吧，一盒一盒的磁带就是最好的成果。

对于大摩批李金玉的当选，村中其他摩批并无怨言。张氏家族摩批张中和表示，李金玉不仅是李氏摩批，也是箐口的公祭摩批，能力强，见多识广，对于他当选州级传承人自己是认同的。

从日常生活到遗产保护，神话传统由隐匿逐渐显现，作为神话积极承载者的摩批对于神话传统的态度也越加积极、牢固。这个过程既是神话传统的重建，又是摩批李金玉本人对于自身认同的重建。

同样作为村中的智者和神职人员，咪古李富诺就有着不一样的态度。

箐口村的咪古体制由大咪古、小咪古及其助手共6人组成。咪古不脱离生产，只在节日中负责村寨祭祀活动。元阳县非物质文化遗产办公室张科长这样定义咪古：

> 咪古必须是要在这个地方有威望，模范、雷锋式的人物。为人处事又好，生活条件又好，又不违法乱纪，对人对事相当真诚的人，并且是要三代同堂，这个是基本要求。还有是夫妻要双全，还有儿孙要

满堂，有子有女。①

图3—12　正在祭祀苦扎扎节的咪古

李富诺作为村寨的象征，是道德的典范，主要负责全村性的公祭活动，管的是"昂玛突""苦扎扎"和"十月节"里村寨的祭祀大事。不同于摩批，咪古李富诺的宗教权威主要限于相关的仪式和活动。更关键的是，在遗产化的过程中，摩批成为了州级非遗传承人，没有评上传承人的咪古多少有些被冷落。对于旅游，咪古的态度也更加复杂：

箐口最近搞旅游，知道一小点，其实十多年前看梯田的人就有了，但是这两年太多了。也不是坏事情，旅游局的官也来呢，你们这些学生也来。磨秋房原本是不准外人进，现在随便是男的可以进的，女的就千万不行，看都不能看。但是也还是有些女学生、游览的人去看，（我们）不愿意也没办法了。我们把杀完的牛下巴挂在房子梁那里，给外面的参观嘛。还有寨神林，其实我们是有两片呢，一个是杀猪祭祀的，只能龙头才能进去，其他人不行。另一片是长街宴摆桌子的地方，只能是男的进去。现在对游客可以进的是长街宴那片。搞旅

---

① 受访人：张建平；访谈人：肖潇；时间：2011年7月19日；地点：李金玉家。

游这个不好说了，各人有各人的看法，政府都打过招呼了的，还是好事吧，来的人多了，挣钱的机会也多些，你看那些开铺子的、开馆子的，都还是日子比我们好过。①

与摩批李金玉的积极高调不同，咪古李富诺的情绪夹杂着一些无奈。咪古的工作几乎是义务性的，顶多是获得一些仪式中的祭祀用品、食品，权力较小。在箐口旅游的开发中，没有被选为传承人是李富诺复杂情绪的原因之一。是否被选为传承人关乎每年的保护经费，一两千元钱对于箐口这个国家级贫困县来说无疑有很重的分量。此外，当然社会形象和地位也是至关重要的因素。

在杨利慧等共同撰写的《现代口承神话的民族志研究——以四个汉族社区为个案》一书中，将神话传统的保有者、传承者根据其对待神话传统的态度分为"积极承载者"和"消极承载者"②。积极承载者指神话知识丰富，能讲述较多神话，更愿意主动去讲述的一类人，比如"讲述能手""故事篓子"；消极承载者则无法主动、完整、生动地讲出很多神话，往往只知道一些简单的核心母题。在箐口村，摩批、咪古无疑都属于神话传统的"积极承载者"，他们熟知《窝果策尼果》并常在仪式场合吟诵，是箐口最主要的神话传承力量，然而笔者发现，传承人的等级化，正向或反向地影响了他们的积极程度。

传承人的等级化是指将神话讲述人按照是否被评为"传承人"而论资排辈。通过摩批与咪古的对比，笔者认为传承人的等级化是一把非遗保护的双刃剑，入选者无论在物质上还是精神上都得到了回馈，这种回馈强化着传承人对于自身传统文化的重视和内化，可以说是非遗保护的重要成果之一。然而，落选者对于自身拥有的传统文化开始产生复杂的情绪，同时也对入选的传承人有所抵触，这对于非遗保护与传承无疑是有害的。

本节对箐口村的概况、作为哈尼族神话与信仰传统的"窝果策尼果"、古歌"哈尼哈吧"的遗产化以及遗产旅游的迅速发展及其影响进行了介绍和阐述。作为讲述宇宙天地开辟与万物秩序之由来的大型创世神

---

① 受访人：李富诺；访谈人：肖潇；时间：2011年7月25日；地点：箐口村磨秋场。
② 杨利慧、张霞、徐芳、李红武、仝云丽：《现代口承神话的民族志研究——以四个汉族社区为个案》，陕西师范大学出版总社有限公司2011年版，第22页。

图3—13　在镜头前表演的咪古

话,《窝果策尼果》是哈尼哈吧的经典代表作。早在 2000 年前后,箐口村便开始了对哈尼传统文化的旅游开发,旅游业的快速发展带来了村寨日常生活的变化。随着 2008 年"哈尼哈吧"进入国家级非物质文化遗产保护名录,元阳更加名噪一时,旅游更成为元阳县大力打造的一个支柱产业,包括哈尼神话在内的民族民间文化的保护和利用、特别是在遗产旅游中的利用,也进入了一个新的阶段。如今,哈尼人生活中的"窝果策尼果"仍在继续,因为那是哈尼生活的一部分;同时,各类舞台化的"窝果策尼果"也正在兴起,成为箐口遗产旅游的一部分。哈尼哈吧传承中心既是地方实施遗产保护的阶段性成果,也为箐口村增添了新的旅游景观。哈尼哈吧的遗产化推动了对它的旅游消费,吸引着更多的游客慕名前来聆听哈尼古歌、了解哈尼神话。由于非物质文化遗产保护、特别是传承人制度的影响，同样作为哈尼神话的积极传承人的神职人员摩批与咪古之间，社会地位出现了明显的等级化，这一等级化影响了传承人对待神话传统的热情，他们对待旅游的态度也出现了明显的分化。

第三节　导游及其生产的神话主义文本

杨利慧曾在《现代口承神话的民族志研究——以四个汉族社区为个案》一书中，将导游定位为"新时代的职业神话讲述人"[①]。在新的遗产旅游语境下，神话的讲述者、听众都发生了变化，在大众旅游时代，导游的神话讲述者地位凸显，成为了最一线的职业神话讲述人。导游及其生产的神话主义文本，应该成为神话学关注的新内容。

解说是遗产旅游中的一个重要环节，承担着介绍与解释的责任[②]。箐口村的导游分为挂牌导游和"黑导游"两种。挂牌导游主要来自世博元阳哈尼梯田文化旅游有限责任公司，多数是由该景点的售票员兼任。该公司员工80%来自元阳本地，以哈尼族、彝族居多。所谓"黑导游"其实是普通村民，一般在景区自行拉客，服务内容包括当模特拍照、为游客引路、景点介绍等，例如元阳县的村民老马就因曾带领外国摄影师拍摄了一组获奖照片而闻名于当地。本节将分三个部分进行论述：第一部分深入分析田野过程中搜集到的三份不同来历的导游词；第二部分实录一次导游过程；第三部分分析导游神话话语的生成体系。

一　三份导游词

导游词是导游引导游客观光游览时的讲解词，是导游同游客交流思想、向游客传播文化知识的工具。在元阳这个以旅游为支柱的地方，导游词成了旅游业的重要组成部分。笔者在调查期间，收集到了三份导游词，它们分别来自旅游公司、旅游局和景点售票处。三份导游词内容各异，但

[①] 杨利慧、张霞、徐芳、李红武、仝云丽：《现代口承神话的民族志研究——以四个汉族社区为个案》，陕西师范大学出版总社有限公司2011年版，第22页。

[②] ［英］戴伦·J.蒂莫西、斯蒂芬·W.博伊德：《遗产旅游》，程尽能主译，旅游教育出版社2007年版，第1页。

图3—14 元阳的旅行工作室

均属于书面导游词。与后文所调查到的现实导游过程中的导游词做比较，我们可以有很多发现。

例如，

（一）旅游局的导游词

> 大家好，欢迎大家到哈尼梯田的故乡——元阳观光旅游！
> 为什么会叫元阳呢？大家猜一猜看？……对了，因古汉语中有"北为阴南为阳"之说，元阳又地处元江的南岸，故取"元"为初、"阳"为太阳照耀之意，冠之"初升的太阳照在元江南岸"而得"元阳"之名。刚才我们从红河大桥上过的这条河流就是元江，它发源于大理州巍山县龙虎山里的涓涓细流，穿越整个滇南后，就变身为翻滚着红色波涛的大河涌入越南北部，因而人们又习惯称它为红河。

云阳县旅游局多年前编写了这份导游词，印刷分发给当地旅游接待户，比如农家乐、村民导游等。后来有了世博公司的加入，2011年又成立了元阳梯田旅行社有限公司，元阳县的旅游有了更专业的管理，旅游局也就没再插手导游词的事了。

这份导游词中规中矩，短小精悍，比下文提到的旅游公司制定的导游词简单朴素得多，可见旅游公司在制定导游词方面还是更为擅长和专业。

(二) 旅游公司的导游词

箐口村的民俗旅游主要依托的是云南世博元阳哈尼梯田旅游开发有限责任公司，这个公司于2008年成立，隶属于云南世博旅游控股集团有限公司。元阳县引进世博集团，共同参与开发梯田旅游。管理范围包括箐口民俗村、多依树景点、坝达景点和老虎嘴景点。以下是旅游公司编写的导游词：

> 多依树梯田
>
> 各位团友，我们现在所处的地方就是多依树景区。多依树梯田因多依树村而得名。……是哈尼梯田申报世界文化遗产的核心保护区之一。……哈尼族古来的天、地、人的传说中说：大鱼创造了宇宙天地和第一对人，男人叫直塔，女人叫塔婆。塔婆生下二十二个娃，其中老三是龙，龙长大后到海里当了龙王，为感激塔婆的养育之恩，向塔婆敬献了三竹筒东西，其中一筒里有稻谷种。

笔者是从导游李然嘎手里搜集到这份世博公司制定的导游词的，是公司的内部资料，也是发给每位员工的"功课"。这篇解说词内容翔实，书面色彩很浓。从这篇导游词中我们可以收获以下信息：

(1) 导游词的规划

世博公司在正式接管元阳县的旅游业之后，在导游词方面做过规定和要求，导游词不是一个可有可无的旅游要素，而是整个元阳旅游规划中的一个重要环节。在导游怎么说的问题上，公司有过周密考虑，而非随导游任意发挥。

(2) 神话地位的优先

第一段结尾处说："哈尼族古来的天、地、人的传说中说：大鱼创造了宇宙天地和第一对人，男人叫直塔，女人叫塔婆。塔婆生下二十二个娃，其中老三是龙，龙长大后到海里当了龙王，为感激塔婆的养育之恩，向塔婆敬献了三竹筒东西，其中一筒里有稻谷种。"在导游词的第一段，我们就听到了哈尼族神话，说明了神话传说在导游词中的地位。结合这篇导游词的上下文，可以看到神话传说的使用是想说明哈尼梯田的重要以及哈尼族作为稻作民族的伟大，虽然没有指明具体的出处，但可以看出这其中包含了《窝果策尼果》的核心要素：大鱼、男人、女人、稻谷种。在导游词中为什么要说神话？说了什么神话？怎么说神话？这是本研究关注的内容。把哈尼先民与稻种的关系上升到神话的高度，目的在于增强叙述的神圣性和可信度，告诉游客这是"自古以来"的，越是久远就越是厚重，就越是充满神秘感和吸引力。

（3）遗产性质的突出

文中第一段，关于多依树梯田的介绍中，有一句说到"村子下面的这片9700亩的梯田是观看日出最好的景点，也是哈尼梯田申报世界文化遗产的核心保护区之一"。世界文化遗产的申报问题出现在了文中，说明这也是一个吸引游客的要素，可见是否被认定为"遗产"是一个景点地位的重要体现。

（三）售票处的导游词

箐口村的入口处有一座两层楼的售票厅，在导游李然嘎的引荐下，售票处的工作人员为我提供了一份内部导游词：

> 这里是箐口的寨神林，寨神林是哈尼族的护寨神所在的山林，位于寨子上方的森林中，里面的树木是禁止砍伐的，污秽之物也不准扔置于"龙树"之下，也不允许妇女进入林中。
>
> 您一定还想了解蘑菇房的来历吧，现在就让我来告诉您：相传很久很久以前，哈尼族的祖先从遥远的诺玛阿美迁徙到红河岸边，在那里哈尼人遇到了前所未有的饥荒，加之瘴气的侵袭，人们饥饿着、死伤着，哈尼人的祖先认为河谷不是他们居住的地方，还得去寻找他们心中的诺玛阿美。于是在一只白鹇鸟的引领下，哈尼的祖先往高山迁徙，开初，他们没有住处就居住在阴冷潮湿的山洞里，长期住宿在山洞容易患病，挖田种地没有力气。
>
> 哈尼祖先"西斗阿耶"看到站在大风雨中用草叶遮身发抖的哈尼人群，瞧在眼里，痛在心上。他上山下箐，都在想着怎样让哈尼人有一个暖和的窝。有一天，他在林中大树下避雨看见一朵朵生长在林间空地上的蘑菇，蘑菇下有几只小蚂蚁在躲雨，大风大雨来了，蘑菇伞盖下依然是干燥的。小小的蘑菇能遮风挡雨，一朵朵立在雨中的蘑菇漂亮极了，哈尼人若能以蘑菇的样子盖成多多的蘑菇房，不是都能有个温暖的家了吗？这件事警醒了聪明的祖先西斗阿耶。为何不用山上的绿草树木建盖像蘑菇一样的房屋？随后男人们放倒树木，女人们

割茅草，按照蘑菇的形状，盖起了一间间蘑菇房，一年又一年，一代又一代，哈尼族的蘑菇房一直沿袭到今天，只是把祖先用树木支砌墙体发展成用土坯支砌。

各位游客请看，这就是哈尼族的磨秋。……游客们，您想沾一点神气吗？赶快去摸一摸磨秋桩；您想过上好日子吗？赶快骑上磨秋去比一比、赛一赛，看谁荡得高，谁就能过上幸福生活。

这依旧是一篇文学色彩浓厚的书面导游词，但口语气息要稍明显一些，比起前面的两篇显得不是那么文绉绉的。读一遍，有身临其境的感觉。经询问，这是箐口售票员专用的一份详细解说的导游词，也就是说公司在规定了大的框架之后，各个景点还有自己发挥的空间。当然这篇稿子也是在征得了公司的同意之后再实施的。通过这篇导游词，我们可以发现几个特点：

（1）神话开篇

这篇导游词一开始就引入一个神话故事，讲的是两兄弟智斗魔王的故事，通过解释寨神林的由来，说明了"昂玛突"节的由来。用神话传说来引入对于寨神林的介绍，无疑是一种解说的策略，既能把事情说清楚，又显得悠久、古老。

导游词中有一段关于始祖发明蘑菇房的神话，详细讲述了蘑菇房的来历，说哈尼祖先原先居住在山洞，但潮湿阴冷很不舒服，后来学习蚂蚁，于是诞生了蘑菇房，并在结尾处说"哈尼族的蘑菇房一直沿袭到今天，只是把祖先用树木支砌墙体发展成用土坯支砌。"这是一则文化起源神话，引用这段神话，是想印证蘑菇房的悠久历史与蕴含的高超智慧。

在《窝果策尼果》中，也有关于蘑菇房的记载，说哈尼族祖先在选择房屋的样式的时候：

先祖又去到惹罗山头，
瞧见大雨洗过的山坡，
生满红个绿个的蘑菇；
蘑菇盖住了柱头，
是大雨淋不着的样式，
蘑菇盖住了柱脚，
是大风吹不着的样式；

> 惹罗先祖瞧着了，
> 哈尼寨房的样式有了。①

事实上，如今箐口村的房屋建筑大部分都已改为砖混结构，而且村里当时是鼓励重建屋舍，推倒原先的土坯房，改为砖混结构，在购买砖头、混凝土上还有资助和优惠。2008年世博元阳分公司正式接手箐口村旅游开发之后，村中开始推行"茅草屋顶计划"，无论木屋、土屋还是钢筋水泥屋，均要求在屋顶摆放茅草屋顶，不能盖石棉瓦屋顶，外墙壁也不能贴瓷砖，而是要粉刷成泥墙的土黄色，使房屋看起来还是传统哈尼民居。据村民李文才说，世博公司每年会给每户100元作为茅草屋顶的维护费用，但实际上根本不够用，请几个人来搭茅草屋顶，半天工、一顿饭、几包烟就超过100元了。还有就是失去了火塘的茅草屋顶只是纯粹装饰，下雨后容易腐烂，不好维护，村民们对此有意见。

为了保护哈尼特色建筑"蘑菇房"，政府通过每家每户屋顶放置"假蘑菇顶"的方式保留箐口的"原汁原味"。这则文化起源神话对"假蘑菇顶"的形成具有重要意义，它验证了神话的可信，也为整个村寨铺垫了神奇的氛围。

(2) 寨神林占首位

导游词为什么把寨神林放在了第一位，首先就向游客介绍？原因有两点：一是寨神林的英雄化身神树的神话故事，为整个民俗村寨铺垫了神圣的气氛；二是昂玛突入选了第三批国家级非物质文化遗产名录，名声远扬，用故事引出节日，增加对游客的吸引力。

(3) 摇摆的忌讳

在讲到磨秋一节时，导游词中有这样一段话："游客们，您想沾一点神气吗？赶快去摸一摸磨秋桩；您想过上好日子吗？赶快骑上磨秋去比一比、赛一赛，看谁荡得高，谁就能过上幸福生活。"村里人对于外来游客打磨秋一事是褒贬不一的，老人们对此事都比较忌讳。我的房东李文才说过一个事情：在开发旅游前，磨秋和秋千都是过苦扎扎节时每年新建，过了节之后就要马上拆除，但后来由于旅游开发的需要，过完节也没拆除，继续留在原地供游客玩耍拍照。后来，村里有了谣言，说村中频繁有年轻

---

① 史军超：《哈尼族文学史》，云南民族出版社1998年版，第215页。

人不幸死亡，就是因为磨秋被玷污的缘故，有村民说磨秋那么神圣，只能给男孩玩，现在旅游开放了，男女老少都爬上去玩一把，特别是妇女，更是不洁，神灵因此愤怒了，降下灾祸来警示村民。由于旅游的需要，给游客打磨秋成了旅游项目之一，村民没辙，只有请咪古大爹想对策，后在磨秋场旁边的一条水沟上建了一座两平方米左右的围墙，说可以"堵住晦气"。这个细节显示了村民生活与旅游开发之间的矛盾，磨秋场边水沟上的一段矮墙就是证据。

综上所述，笔者认为：

第一，神话是导游词的基础。神话是导游词的重要填充物和吸引点。导游词利用神话来增加神圣感与可信度，神话在导游词中得以传播和流动。

第二，导游词促进神话传统的传承。导游词是旅游管理的重要环节，书面导游词是主办者意志的体现。遗产旅游促成了导游词的编写，导游词也发挥出反哺作用，使得神话传统得以巩固和传承。

第三，在遗产旅游的语境中，神话精神没有遗失。尽管经过加工修饰的书面导游词披上了华丽的外衣，但仍然不影响其神话的核心，表面的修饰和情节的曲折没有让母题受到影响，导游词讲得最多的还是大鱼、塔婆、昂玛这样一些元素，书面化的创作和表演中的创编都没有动摇神话的根基，哈尼族神话依旧在延续。

二 一次导游纪实

观察导游讲述的神话主义文本，最好的方式便是亲身参与体验。下文是笔者的一次箐口旅游纪实，通过这次具体、鲜活的实例，展现了神话主义在导游的实践中是怎样体现的。

2012年7月11日，笔者和父亲一早就从云南省红河州个旧市客运站坐车到了新街镇。元阳的夏天闷热难耐，我们在镇上吃了两碗汤卷粉作早点，坐"港田车"（农用车改为客运）到了箐口村。

新立的村牌特别显眼，"箐口民俗村"五个大字下面配上了英文，还配了村寨地图和双语的文字介绍。根据上面提供的"旅游路线图"，游客进入寨子后，首先可以到寨神林和凉亭，村民一般不会去凉亭，凉亭多供游客歇脚。走过寨神林之后是观景台和龙树林。之后的路线分成四条，分别路过民居、水井、陈列馆、学校等，其中有三条路会聚到了"《诺玛的十七岁》拍摄基地"。四条游览线路最后都会聚到了祭祀房、磨秋场上。

磨秋场上有"哈尼哈吧传承中心"和观景台。

走进箐口民俗村,售票员小卢①把我们拦了下来,示意我们进村需要买票,并同意在收费的情况下做我们的导游。小卢是箐口村人,哈尼族,1989年生人。

由于寨神林就在村口,小卢示意我们可以先去这里。在进入寨神林的台阶下立着介绍性质的文字,上面写着:

> 寨神林。寨神林位于寨子上方的森林中,是哈尼族一年一度为纪念除魔英雄昂玛、昂侯兄弟而举行的村社祭祀活动场所。祈求寨神保佑村民幸福安康、五谷丰登、六畜兴旺。神林里面的一草一木受全体村民保护,污秽之物不准扔置于寨神林。

小卢说:

> 这里是用来叫宅魂的。在我们过昂玛突节的时候,叫小男娃娃男扮女装,穿小姑娘的衣服,在这里办仪式。听说这是根据我们哈尼族的一个神话故事。传说以前有个魔鬼每年要吃小姑娘的肉,有两个哈尼族兄弟男扮女装杀死了魔鬼。后来就叫他们两兄弟是寨神,每年过节都男扮女装重演这个神话。

图3—15 左:寨神林指示牌 右:售票处

---

① 受访人:小卢,女,箐口人,哈尼族,1989年出生;访谈人:肖潇;时间:2012年7月11日;地点:箐口村售票处。

关于昂玛突节的来历，笔者在《窝果策尼果》中找到了记录。第十六章就叫《祭寨神》①，讲述的是这个村寨性祭祀节日的由来，说起源是女英雄艾玛勇杀鬼王的故事。艾玛是个寡妇，为了保住儿子不要去做砍头祭祀的牺牲，她在深夜穿着长袍在村里喊"人肉苦，牛肉甜"，于是人们改杀牛祭祀。她把两个儿子打扮成美丽的姑娘先给鬼王，说是当媳妇，但趁机杀了鬼王。哈尼人为了感谢她，在她死后奉为村寨守护神，以寨中一棵笔直的大树为象征，每年隆重祭祀。

我问小卢关于昂玛突是否还有什么神话故事，小卢想了想回答说：

> 那天女的会给娃娃们做彩色鸡蛋，自己编网网兜着，毛线编起来，挂在脖子上，小娃娃喜欢。听那些老人说是因为村子里原本有个彩色的大鸟，是保护我们寨子的，但是手闲（顽皮）的娃娃把它下的彩色的蛋偷走了，它就被气走了。这个挂彩色的鸡蛋就是想让彩色的大鸟再回来，保佑我们寨子。

挂着"神树"标识的参天大树旁有块石头，小卢说：

> 你看它的样子像狗吗？狗是哈尼族的恩人，是它从天上给哈尼人带回了谷种。②

关于狗取来谷种的神话，笔者搜集到很多不同的说法。
异文一：

> 人间原本没有庄稼和粮食，天神摩咪的女儿摩咪然密同情人们，把稻种偷到人间，并教会人们栽种。天神知道后十分生气，把她抓回天宫关起来。她逃出天牢，又把七十六种庄稼的籽种偷走，送给人们，还教会人们纺织做衣，人们才有吃有穿。天神摩咪震怒了，把摩咪然密变成一条狗，不准再回天上，狗就和人生活在一起。为了感谢

---

① 红河哈尼族彝族自治州人民政府：《哈尼族口传文化译注全集·窝果策尼果》，云南民族出版社 2009 年版，第 96 页。

② 受访人：小卢；访谈人：肖潇；时间：2012 年 7 月 11 日；地点：寨神林。

摩咪然密的恩德，新米收割的时节，哈尼人要过尝新米节，第一碗新米饭要给狗吃。①

异文二：

古时没有谷种，民不聊生，哈尼头人派了许多人和动物到天神那里要谷种，并申明谁要到谷种可以娶自己的女儿为妻。后来狗要到谷种，头人把女儿嫁给了它，从此哈尼人称出嫁的女人为"克玛"，意思就是"狗的媳妇"。②

小卢的讲述与这两则文本相比，明显要单薄很多，只是保留了"狗盗取谷种"的母题，缺少更多的细节。

继续往前走，是一个哈尼族日常生活的水池，三立方米大小，水快要漫出来的样子，很是清澈。水池旁边的牌子写着：

祭水神。水是哈尼族自然崇拜的主要对象之一，所以每年昂玛突祭寨神，第一桩事是祭水神。举行祭祀活动时要用一公鸡和一母鸡，并用篾片编织一只筲箕筛样大的螃蟹，用竹竿挑着插在泉水边作为水神的象征。祈求水神保佑流水不断，人畜饮水甘甜安全。③

小卢示意我们往水池里看，有条橘黄色的鱼，小卢解释这是哈尼族检测水质的方法，如果水质变差甚至有人投毒，鱼的死活便可以显示出来。

继续前行不久，一个叫作"嘎尔农家"的餐厅出现在我们眼前，三层小楼前蹲着两个洗菜的哈尼妇女，旁边是一个水池，村民叫水井。水井旁边还立着标牌，写着：

山神水。哈尼人认为万物有灵，水是神林给予的生命之血液，而森林和大山是水的家，只有注重保护森林、大山及一草一石，才有清

---

① 吴晓东：《狗取谷种神话起源考》，《楚雄师范学院学报》2014年第11期。
② 李光荣：《从民间文学看哈尼族的传统生态观》，《民族学刊》2016年第5期。
③ 受访人：小卢；访谈人：肖潇；时间：2012年7月11日；地点：水池旁。

潵自然甘甜的水。此井水来自大山深处原始神林里，无污染、纯生态，喝了这样的水，能健胃养颜、幸福长寿。

图 3—16　山神水指示牌

正如靠山生活所以山神受尊敬一样，水是梯田的活水源头，水神也很重要。"二月祭祀寨神的时候/要祭献泉水神/水源里最大的是螃蟹/帮哈尼守护水源的是尖嘴石蚌。"①《窝果策尼果》第七章中讲到哈尼族原始农业的开始，螃蟹在其中起着重要的作用：

> 最先引水的是哪个？
> 是先祖的三兄弟；
> 他们的帮手是哪个？
> 是多脚多手的螃蟹，
> 凹塘里的螃蟹啊，
> 引水累得突出了眼睛。②

---

① 红河哈尼族彝族自治州人民政府：《哈尼族口传文化译注全集·窝果策尼果》，云南民族出版社 2009 年版，第 137 页。

② 同上书，第 172 页。

小卢介绍说，在箐口，水神是螃蟹和石蚌（野生山地蛙的一种），因为他们在梯田间穿梭打洞，开沟引水，被认为是水流的保证，所以要用竹篾编一只大螃蟹在泉水边，并需要杀鸡祭祀。

饭后太阳光照实在强烈，小卢建议我们去陈列馆躲躲阴凉。陈列馆坐落在村广场的一侧，村委会的旁边，是两百平方米左右的一间两层小楼。正门屏风位置展示的是一块高两米宽一米的木板，上面用彩色油彩写着"哈尼族象形符号"，哈尼族迁徙史（概述）下面是"哈尼族祖先迁徙路线示意图"的沙盘模型。

有一块展板写的是"哈尼族的象形文字"，展示了"太阳月亮、鼠、人、树木、河、蛇"几个字的写法。展板右下角展示的是"父子联名谱"，写了元阳县李黑诸家的40代人的系谱。中间的玻璃柜展示的是长街宴的模型。

我指着板上的符号询问小卢：

问：这个是什么意思？
答：我也不知道。象形符号么那应该就是人了吧，男人。
问：你们有没有自己的文字？
答：我们哈尼族没有文字。
问：为什么没有呢？
答：上回有个老外也问我这个，我后来上网查，好像说是哈尼族在老以前迁徙的时候，本来是有文字呢，摩批过河，有人打他，他拿嘴叼着写着哈尼字的书，去和人家打，但是后来不小心就吃进肚子里面了，就没有文字了。
问：上网查的？
答：嗯。
问：没上网之前不知道这个？
答：好像小时候也听过，但是记不得了。
问：你会给来玩的人讲这个故事吗？
答：呵呵，他们问的时候会讲呢，不问的时候就忘记了。
问：你还记得什么哈尼族的神话故事不？我觉得这个很有意思啊！
答：很不知道，好像记得以前听过一个，说一个坏神仙要灭绝哈尼人，一个好神仙要救哈尼人，两个神仙就打架。坏的那个神仙下大雨打大雷，就涨大水。哈尼族的祖先两兄妹把葫芦籽丢在土里，钻出了棵葫芦苗苗，一哈哈就长成大葫芦，哥哥妹子钻进去。好的神变成大鱼钻到大水底下，把地底钻通洞么大水就漏了，葫芦落地么两个兄妹就好了。

问：就结婚了？
答：好像是吧。
问：这个神话是谁讲给你听的？
答：好像是我外公讲的，好像是书上看的，记不得了。

在笔者表现出对神话的强烈兴趣之后，小卢说："你喜欢的话我就再讲几个"。小卢尝试着讲了另外一个神话故事：

老早以前世上一样也没有，天、地那些都没有，只有雾，到处都是。后来有了大海，海里面有个大鱼，就是祖先大鱼娘。她老实大，翻过来游过去，雾气就散开掉，大地露出来了。过了好多年，大鱼变出了神仙住在天上，太阳神月亮神那些。①

笔者继续追问人是怎么诞生的，小卢说不知道，这个神话也就没能继续讲下去。尽管讲述得并不是很生动，但基本的情节是完整的，是《窝果策尼果》中有关金鱼娘造天地的叙述。

游览的最后一站是磨秋场，小卢说磨秋与保护动物有关，表现了哈尼族与自然和谐统一的观念。

这是磨秋。我们哈尼族过节要打磨秋，就是两个人在上面转圈。老人们说是因为我们哈尼人每年会吃掉一些牲口，他们去告天神，神仙惩罚人，就让人打磨秋，就感觉是把人吊在空中打。后来人和动物就不吵架了。

三 导游讲述的特点

箐口村的遗产旅游路线大半与神话有关，每一个被导游推荐的值得驻

---

① 受访人：小卢；访谈人：肖潇；时间：2012年7月11日；地点：陈列馆。

足留影的地方几乎都有神话故事，故事的主角有母神大鱼、有青蛙螃蟹、有五色大鸟。与村寨里公认的神话知识权威摩批和咪古相比，导游的神话主义文本生产有以下几个特点：

（一）世俗化

神话常被认为是"神圣性"的叙事。所谓神圣性，是指神话在特定仪式场合讲述，具有庄严、肃穆的氛围的特点。近年来也有学者对神话的"神圣性"进行了质疑和反思，认为"打破神圣性的限制，既有助于解决古典神话研究中名实不符的矛盾，也有益于研究者突破古代与现代、神圣与世俗、本真与虚假等的壁垒，具有更开阔的胸襟和更灵活开放的眼光，从而有益于今天和未来的神话学建设"①。

世俗性与神圣性相对，主要体现在把神话片段化、随意化，把繁复的神话情节简化为趣味性的故事，按照导游工作的需要进行选择性讲述。导游对神话的世俗化包含场合的世俗化、情节的世俗化和需要的世俗化等几个方面。将神话世俗化，是遗产旅游语境中神话主义的首要特质。

首先是场合的世俗化。与村寨日常生活中通常在重大节日和宗教仪式场合才演述《窝果策尼果》神话不同，在遗产旅游语境中，神话主义的生产与传统的仪式场合相脱离，在世俗性的旅游场合下，神话的讲述变得随意轻松。例如，导游李然嘎②讲哈尼族与狗的关系：

> 游客会问寨神林的事情，他们对这个还是好奇。我到时候就会给游客讲狗给哈尼族祖先带来谷种的神话故事，也就是今天我们哈尼人过"新米节"的原因。就是说远古洪水泛滥，人间的庄稼都被洪水冲走了，狗带给哈尼人谷种，从此哈尼人生产出新的稻米，第一碗要给狗吃。③

---

① 杨利慧：《神话一定是"神圣的叙事"吗？——对神话界定的反思》，《民族文学研究》2006年第3期。

② 受访人：李然嘎，男，箐口人，哈尼族，1986年出生，现为世博元阳哈尼梯田文化旅游有限责任公司职员，家中7口人，父母务农，哥哥为小学老师，2012年已婚。访谈人：肖潇；时间：2012年7月；地点：箐口或QQ聊天。

③ 受访人：李然嘎；访谈人：肖潇；时间：2012年7月；地点：QQ聊天。

导游小卢解释"为何哈尼族没有自己的文字的神话":

> ……上回有个老外也问我这个,我后来上网查,好像说是哈尼族在老早以前迁徙的时候,本来是有文字呢,摩批过河,有人打他,他拿嘴叼着写着哈尼字的书,去和人家打,但是后来不小心就吃进肚子里面了,就没有文字了。①

笔者在李光荣写的《论哈尼族神话的优美》一文中找到了《贝玛吃了文字》的记载,如下:

> 手持字书的贝玛走到河中间时,三个波浪神来与他争夺字书。为了腾出手来跟波浪神战斗,贝玛用嘴咬住字书。打到第8架时,贝玛力不从心。波浪神的手将够着字书。贝玛急,"咕噜"一声把字书吃进肚里——虽然字书没被夺走,可哈尼人从此失去了文字。②

小卢讲述的基本情节与这则文本记录基本一致,然而小卢并没有主动讲述这个神话,而是在笔者的追问之下讲述了情节梗概,加工的痕迹也不是太明显。而小卢讲的另一则神话则很明显是关于洪水、葫芦、兄妹婚的,还穿插进了大鱼。神仙的名字小卢也不是很清楚,只说是"一个好神仙,一个坏神仙"。

类似的例子还有导游小卢介绍磨秋时说:

> ……老人们说是因为我们哈尼人每年会吃掉一些牲口,他们去告天神,神仙惩罚人,就让人打磨秋,就感觉是把人吊在空中打。后来人和动物就不吵架了。

关于打磨秋,《窝果策尼果》讲的和小卢讲的类似,也就是动物告状、人类打秋。

---

① 受访人:小卢;访谈人:肖潇;时间:2012年7月11日;地点:陈列馆。
② 李光荣:《论哈尼族神话的优美》,《民族文学研究》1998年第2期。

> 每当苦扎扎的时候，
> 九山的野物来到哈尼村寨，
> 看见哈尼的男女老幼，
> 一个个被吊到了天上，
> 看见所有的哈尼人，
> 一个个被绑上了木头，
> 哈尼受到了天神的惩罚，
> 人人喊出了痛苦的声音，
> 从此再不上天告哈尼人。①

小卢在笔者追问哈尼族是否还有其他神话时说的"你喜欢的话我就再讲几个"，很值得仔细分析，它直白地把导游的讲述与摩批的讲述区分开来，与摩批的讲述形成鲜明的对比。摩批李金玉说"死人的歌、丧事的歌不能乱唱"，其讲述是极其严肃的，在火塘边、葬礼上的哈吧讲唱是严肃庄重的，不听不行。"萨依/唱啊亲亲的兄妹/我要把神的产生来唱/这神的古经/一字一句都不能传错。这好听的古歌是天神传下的/是神借我的嘴巴来对你们唱。"② 这种严肃与庄重是日常生活语境中哈尼哈吧最显著的特质。

相较于摩批讲述的庄严肃穆，导游的讲述则要随意得多。心情好就多讲，游客喜欢就多讲。根本上来说，决定导游是否讲神话、如何讲神话的最终关键，是游客的态度，游客的喜好决定了导游的讲述，导游多讲、少讲甚至不讲，都是根据游客的兴趣而决定的。

第二是情节的世俗化。导游把几天几夜演唱的《窝果策尼果》庞大神话群拆分为细小的神话片段呈现给游客。比如小卢曾讲述一则洪水神话后兄妹再殖人类的神话：

> 好像记得以前听过一个，说一个坏神仙要灭绝哈尼人，一个好神仙要救哈尼人，两个神仙就打架。坏的那个神仙下大雨打大雷，就涨

---

① 史军超：《哈尼族文学史》，云南民族出版社1998年版，第276页。
② 红河哈尼族彝族自治州人民政府：《哈尼族口传文化译注全集·窝果策尼果》，云南民族出版社2009年版，第6页。

大水。哈尼族的祖先两兄妹把葫芦籽丢在土里，钻出了棵葫芦苗苗，一会儿就长成大葫芦，哥哥妹子钻进去。好的神变成大鱼钻到大水底下，把地底钻通洞么大水就漏了，葫芦落地么两个兄妹就好了。

好神仙、坏神仙、打架、洪水、兄妹、葫芦……小卢的讲述包含了洪水神话的几个核心要素，然而她的讲述是朴素而浅显的，神仙几乎都没有名字，统一由"神仙"指代。称呼、时间背景、语义是否连贯、押韵……这些都不是导游关心的内容。

类似的情况还表现在笔者追问小卢"昂玛突"还有没有故事，小卢回答说："那天女的会给娃娃们做彩色鸡蛋……听那些老人说是因为村子里原本有个彩色的大鸟，是保护我们寨子的……"笔者后来在文献中查到，小卢所谓"彩色的大鸟"或者被称为"五彩神鸟"，或者被称为"凤凰"[①]。导游的讲述不追求周密和确切，把故事大概说清楚就可以了。

第三是需要的世俗化。导游通常都是根据游客的需求来选择讲述的内容。李然嘎说："我到时候就会给游客讲狗给哈尼族祖先带来谷种的神话故事。"小卢只记得打架、吃文字的情节，而不在意具体的人物和故事环境。导游一般也并没有严格区分神话、传说和故事，在他们看来，那些都是关于祖先的事情。导游根据游客需要来截取神话片段组成故事，既便于记忆和讲述，游客听起来也更轻松，增加了游览的趣味性。

（二）哈尼化

哪怕没有去过元阳，一听"哈尼族"，游客首先想起的会是梯田的子孙、原始、朴素、甚至贫困、辍学、酗酒。影视作品中的哈尼族是老实善良、不谙世事的，男人挖地、女人洗衣、小孩不穿鞋、老人不懂汉话。游客心中的哈尼是这样子的，也希望眼前的哈尼是这样子的，于是导游们也相应地忽略了打手机的哈尼、上网的哈尼、离婚的哈尼、打工的哈尼，而是着重再现古老的、原生态的哈尼。这种"游客凝视"，正是哈尼化的力量来源。

所谓"哈尼化"，就是在游客凝视的作用力之下，导游努力呈现游客心目中的哈尼形象，强化已有的哈尼形象。"后殖民主义"代表人物之一爱德华·萨义德（Edward Said）所说的"东方化"东方，是

---

① 郑宇：《箐口村哈尼族社会生活中的仪式与交换》，云南人民出版社2009年版，271页。

指在欧洲人眼里，东方人具有神秘的、异国情调的、含蓄的甚至懒散、暴力、缺乏自我管束的特点，他们居高临下地审视这个"他者"，为她贴上欧洲人认为合理的标签。① 在箐口，作为哈尼族的本地导游在与游客沟通的过程中，常常有意凸显哈尼族的特点，使其叙述带有浓厚的哈尼化特色。

哈尼化主要表现在面对外来游客时的差异化追求。对于像小卢、小李这样的导游，他们明白城市人为何选择来到箐口——因为箐口原始、生态、甚至野蛮，与城市迥然不同。所以导游们选择讲述的更多的是那些新奇的、特殊的东西。在访谈过程中，导游李然嘎说了很多奇异、灵异的事情：

> 老虎嘴梯田在小盆地里，四周是山。听说以前是牧马处，放牧白氏土司家的马。据说，直到现在，远远地望去，老虎嘴的一块大石头上，有时有些人仍然能看到一位白衣老人牵着一匹白马立在那里。听说前几年，那块石头滚落下去后，孟品村（就位于老虎嘴那）就经常死人。后来人们又把那块大石头抬归原位，村里又安静了下来。
>
> 我不知道这是纯属巧合还是什么原因。但从小，老人们就告诉我们，每个村子的旁边，都有灵物。就像我们寨子对面的多沙村，村脚有一棵树，远远望去，那就不是一棵树了，而是个黑洞；而我们村，在我老家背后的山上，以前有棵树，他们说那树远远看去，不是一棵树，而是一瀑布。直到现在，那树下的那泉水从未停流过，也是我家的专用水。听老一辈的讲，以前，哪个老人就要死去的时候，会特别想喝一口那里的泉水。也就是说，哪位老人生病了，他来要一口那股泉水喝，那就说明他已经不行了。
>
> 你有没有注意到，有些田里会有一堆石头，据说那就是灵物在的地方，据说有些灾难远处而来，会被那些灵物吸收而免灾。有些田中央会有那么一堆，也就一平方那么点。水中灵物为龙，蛇为龙的化身，石堆有缝，便于安身。

---

① 王宁：《东方主义、后殖民主义和文化霸权主义批判——爱德华·赛义德的后殖民主义理论剖析》，《北京大学学报》（哲学社会科学版）1995年第2期。

追求差异就是突出哈尼族与汉族的不同，就是凸显箐口和其他地方的区别。导游小卢带笔者去寨神林，去白龙泉，去梯田，去蘑菇房，就是寻找差距的结果。"为了展现民族风情，少数民族在表演中向来有将民族特色放大的传统。"① 哈尼化就是要凸显哈尼人的与众不同，给游客耳目一新的满足，所以就专挑不同的说，专挑奇怪的说，比如祖先是条鱼、女性污秽、磨秋的生殖寓意、父子联名制等。他们知道，城里人就是奔着箐口的"原生态"来的，所以就得专挑那些"土得掉渣"的说，事实上，水泥蘑菇房中早已没有了火塘，打磨秋的也不一定是哈尼男子。

本节考察了箐口村的导游讲述及其生产的神话主义文本。通过对三份导游词的比较，发现导游词中常利用《窝果策尼果》中的神话，来说明哈尼梯田、哈尼族作为稻作民族的伟大，神话被作为重要的叙事策略，用以强化解说的神圣性和可信度，突显历史感和神秘感。反过来，导游词也加固了神话传统，使得神话传统得以巩固和传承。在遗产旅游的语境中，尽管经过加工修饰，导游词讲得最多的还是大鱼、塔婆、青蛙、螃蟹、昂玛这样一些核心的神话元素，神话并没有遗失。与村寨里公认的神话知识权威摩批和咪古相比，导游的神话主义文本生产具有世俗化和哈尼化的特点，前者主要体现在把神话片段化、随意化，把繁复的神话情节简化为趣味性的故事，按照导游工作的需要进行选择性讲述。而后者则体现在导游努力呈现游客心目中的哈尼形象，有意凸显哈尼族的特点，使其叙述带有浓厚的哈尼化特色。

第四节　神话主义的功效：游客的视角

完整的遗产旅游是文化生产与文化体验的有机结合，如果神职人员、村民、导游的行为属于文化生产的话，那么，游客的感知就属于文化体验的部分，是完整的遗产旅游研究链条中的重要一环。

---

① ［美］蒋岚：《壮族歌仙的定位：刘三姐与音乐表演中的空间和性别问题》，陈超颖译、张举文校，《温州大学学报》（社会科学版）2011年第24期。

一 游客的类型及其旅游动机

游客类型是旅游研究的核心问题之一。蒂莫西与博伊德认为"分析人们外出旅游的动机有助于理解遗产旅游需求的特点"[①],而厄里更把游客的位置空前提升,将游客的凝视作为理解旅游的有效途径[②]。关注游客在旅游语境中,借由神话主义的生产和接受所达到的对于哈尼族神话传统的了解和接纳程度,是本节要解决的问题。

笔者于2012年1月春节长假期间,对20位在箐口村旅游的游客做了访谈,其中,来自昆明的游客有8人,红河州其他县市有6人,贵州游客有2人,四川游客2人,马来西亚游客2人。这其中有3人是职业摄影师或摄影发烧友,其余5人为背包客,12人为休闲度假者。在20个被调查者中,14人是自驾游,6人是乘坐长途客车而来。此后,笔者在2012年暑假、2013年春节期间,又随机采访了一些游客,并在微博上发放问卷,得到的调查结果是:游客以亲友出游为主,到访时间集中为小长假、黄金周等节假日,一般停留时间较短,以1—3天为主。背包客、摄影师一般选择游客较少的非节假日来到箐口,其到访时间受元阳梯田的季节性景观变化影响,时间选择具有季节性,主要集中在梯田灌水的冬季,停留时间较长,以7—15天为主,有的甚至停留几个月。

据此,箐口村的游客大致可分为四个类型:摄影者、个性旅游者、休闲度假者和研究者。摄影者包含专业摄影师或摄影发烧友,来箐口的目的是摄影;个性旅游者包括背包客、驴友、自驾出游者等求新求奇的专业旅游者;休闲度假者就是没有什么特殊的目的,旅游就是和家人、朋友出来放松休闲;研究者以高校、科研单位的师生为主,因为研究箐口而造访此地。

(一)摄影者

说到专业摄影师,乔治·迪帕斯不得不提。1964年,乔治·迪帕斯出生于捷克斯洛伐克北部小镇,旅行、摄影和探索生命是他生活的全部。目前他和妻子工作、生活在北京。2011年6月6日,他在云南元阳拍摄

---

① [英]戴伦·J.蒂莫西、斯蒂芬·W.博伊德:《遗产旅游》,程尽能主译,旅游教育出版社2007年版,第87页。

② [英]John Urry:《游客凝视》,杨慧等译,广西师范大学出版社2009年版。

了一组梯田照片，规模宏大，气势磅礴，被摄影爱好者疯狂转载，引起强烈轰动。

浙江杭州的"南麂土著"毕业于浙江广播电视大学，自由职业者，现年49岁。专职从事摄影2年，获得过中国摄影家协会微摄影奖。他说："我是首次到元阳。因为这里是摄影绝佳地，所以选择来这里。他们元阳梯田正在申遗，风光震撼，民族风情浓郁，但生活贫困。""南麂土著"推荐我去看他的博客，里面写道："这里的每一个日出和日落，都是我们最为珍惜的三月，只有在这对的时间和对的地点，太阳才会乘着彩虹的光辉，解开春天的色彩，在元阳哈尼族世代夯砌的梯田里，诗意地挥洒。"①

（二）个性旅游者

与专业摄影师和普通游客不同，个性旅游者介乎二者之间。这类人多热爱自由，向往自由，对旅游有着独特的理解。"如歌儿"是一位将自己定位为"用镜头记录生活"的人，她对元阳的评价是"如梦如幻"。她在博客中写道："此时老虎嘴梯田霞光万丈，金色的光芒照耀着层层梯田，不时变换着色彩，时而红色、时而蓝色、时而紫色，让水中泛出多彩的画卷。不时有层层云雾随风飘过，缭绕着这多彩的梯田，让人分不清是人间还是仙境。"②

来自台湾省高雄市的陈韵慈2013年3月22日到访元阳。一直以"体验中国"自居的她说："好久不见的小面包车，以及真的差一点就要晕车的山路，好热的元阳。"③

湖南文理学院艺术设计专业的大四学生廖昇辉是福建人，他说："大二春节，两年前吧，我和我爸妈，开车自驾，环昆明周边去了好几个城市。……从昆明开始，周边城市自驾游。走到一个再想下一个去哪里，后来发现元阳梯田很漂亮，而且我是摄影爱好者，所以就去了。……当地政府对元阳的旅游发展正在做，只是希望不要破坏原有的风景和色彩。元阳

---

① 南麂土著：《日出、梯田、云海的美丽相约》，新浪博客，2013年3月24日，http：//blog.sina.com.cn/u/1966327084，查阅日期：2013年5月5日。

② 如歌儿：《行走云南——元阳梯田，如梦如幻》，新浪博客，2013年3月22日，http：//blog.sina.com.cn/s/blog_614569770102e4fe.html，查阅日期：2013年5月5日。

③ 陈韵慈：新浪微博，2012年7月25日，http：//weibo.com/u/2832069584，查阅日期：2013年5月5日。

图 3—17 箐口村的旅游者

在风景上没的说,摄影天堂。就是希望这种农耕方式可以通过开发旅游业的方式长久发展,走可持续发展的道路。这样也能让更多的人去看到。没有参观哈尼哈吧传承中心,其实我就是奔着梯田摄影去的,停留的时间不是很久,但是哈尼族在目前来讲还是比较古朴的。"[①]

(三)休闲度假者

没有什么特殊的目的,和家人、朋友出来放松休闲的旅游者是游客的主力军。来自四川成都的"闲士57"是个喜欢旅游的退休职工,他说:

---

① 受访者:廖昇辉;采访者:肖潇;时间:2013 年 3 月 29 日;地点:微博。

"已被列入世界文化遗产预备名单的云南元阳梯田不愧世界奇观。……可以说在元阳每时每秒进入你眼帘的景致不尽相同,好一个人间仙境。……在夕阳的映照下,蔚为壮观。"① 当询问他是否对哈尼神话传统了解时,他说:"我在元阳待的时间只有 4 小时左右,感受不到深层次的东西,很遗憾。最好在景区住一天,应该会有很大的收获。"

小周是云南大理人,女,26 岁,2011 年暑假去箐口旅游。当问到为什么来元阳时,小周说:"来看梯田啊!"她说自己不会找导游,因为这样太费钱了,而且她觉得"我相信我不懂的他也不会很懂,再者我来这里我不一定要什么都懂,是不?我来就是看看风景,体会一下这里的民风民俗"。小周觉得箐口花销还行,不是很贵,尤其是住宿很便宜。当问是否还会再来时,小周说:"有时间有条件的话会带家人一起来看看。"问她怎么看待遗产和旅游之间的关系时,小周说:"我觉得吧,遗产能拉动旅游,遗产能增加旅游点的文化感。"

(四)研究者

研究者以高校、科研单位的师生为主,因为研究箐口而造访此地。马老师是云南大学博士生导师,深入箐口研究已经超过十年,人称"哈尼马"。箐口村作为云南大学哈尼族文化研究基地,属于云南大学"211"工程——"云南少数民族村寨跟踪调查与小康社会建设示范基地"之一,马老师就是箐口基站负责人。每年都带领研究生在箐口做调查,在《民族研究》《广西民族研究》等刊物发表论文二十多篇。

26 岁的巴丹是云南某高校硕士研究生。因为导师的缘故,毕业论文的调查地点选择在了元阳。至今去过元阳四次,累计驻村时间超过两个月。

在《遗产旅游》一书中,蒂莫西与博伊德认为遗产旅游者与普通游客相比存在明显不同,首先是受教育程度高②。此外还有收入较高、女性居多、年龄较轻这几个特征。由于蒂莫西与博伊德所指的"遗产旅游"更倾向于以博物馆为代表的旅游类型,所以得出高教育程度、高收入等特

---

① 闲士57:新浪微博,2013 年 3 月 4 日,http://weibo.com/u/1192455705,查阅日期:2013 年 5 月 6 日。

② [英]戴伦·J. 蒂莫西、斯蒂芬·W. 博伊德:《遗产旅游》,程尽能主译,旅游教育出版社 2007 年版,第 67 页。

征，较有合理性。然而，由笔者的案例可以看出，遗产旅游与传统的自然景观旅游在很大程度上并不是严格区分的。

如同本章引论所述，关于遗产旅游的定义存在诸多争论，学者们的意见不一，比如波利亚等人认为，遗产旅游是"一种旅游类型，旅游者游览旅游景点的主要动机源于该景点的遗产特色以及他们对自身遗产的认知"①。箐口村拥有已经成功列入国家级非物质文化遗产名录的"哈尼哈吧"，以及世界级文化遗产红河哈尼梯田，是当之无愧的"双遗产"景区，然而，事实上，来这里的游客一般都说不清自己是为"文化遗产"而来还是为"自然"而来，就像来自浙江的男孩"境由心生W"在微博上回复我的一样："喜欢摄影，也想了解当地风土人情"，绝大多数游客的旅游动机的目的性并不是那么强，除了摄影师和研究者外，大多数游客都把文化遗产和自然结合了起来，是一种混合的旅游目的。

在这里，自然景点（梯田）、社会文化景点（哈尼文化陈列馆、哈尼哈吧传承中心）和宗教景点（磨秋、寨神林）是重叠交错的，这也符合蒂莫西所说的"我们所论述的一些遗产景点类型之间可能存在重叠现象"②。遗产旅游与自然旅游是结合而生的，因此就难以得出"遗产旅游比自然风光的旅游者受教育程度高"这样的结论。比如"lxqwzwq"，女，32岁，重庆沙坪坝区，毕业于重庆大学，自由职业者，她说："我是第一次去元阳，我是因为想看梯田和感受一下哈尼族人情风土才去的。"因此笔者认为，在生活水平宽裕、旅游观念日益平民化的今天，受教育程度高已不能作为遗产旅游游客的一个显著特征。

二　神话主义的传播功效

在遗产旅游语境中出现的神话主义，能够起到传播神话的功效吗？有多大的功效？导游的神话主义生产，一个重要目的在于将哈尼族的神话传统传播给来访的游客，神话经由导游的叙事表演以及作为旅游吸引物的宣传牌、陈列馆、传承中心的展示，传递到游客那里，那么游客的反应是怎样的呢？他们接受的程度如何？

---

① ［英］戴伦·J.蒂莫西、斯蒂芬·W.博伊德：《遗产旅游》，程尽能主译，旅游教育出版社2007年版，第6页。

② 同上书，第21页。

笔者在微博中随机发出问卷30份，询问各位去过元阳的网友，是否通过旅游，对哈尼族神话传统有所了解。结果收回有效问卷19份，其中14份是否定回答，占74%，典型的回复有：

"貌似有很多神话传说，但我没有认真去了解过。"（"lxqwzwq"，女，32岁，重庆沙坪坝区，毕业于重庆大学，自由职业者）
"不是很了解。"（姜星，浙江杭州，男，哈尔滨师范大学摄影系，杭州某公司CEO）
"对不起，不了解。"（"闲人大笑"，上海长宁区，男）
"不了解。"（"也可一日无此君"，湖南长沙，男）

当问到不了解的原因时，主要的回答是："没有去了解。回来再查些资料。"（"也可一日无此君"，湖南长沙，男）"作为驴友俺更喜爱了解真实的一面，例如历史、文化、特产、美食等。当然，传说也是当地文化了，听听也无妨。"（"精灵背包游侠"，广东广州，男，广州大学管理系）"我不是太喜欢为了旅游而演绎出来的一些神话。"（"玉玺"，男，江苏苏州，39岁，自由职业者）

对哈尼族神话传统持"愿意了解"的占问卷的21%。以下是两份问卷的部分内容：

肖：你去元阳旅游，会去了解那里的神话传说吗？
小丁（云南籍，女，公务员，26岁，本科学历）：会，因为兴趣爱好。
肖：你会通过哪些途径去了解呢？导游、广告宣传、还是村民？
丁艺芸：看书、上网，去元阳不用跟团，都是自助游。
肖：了解了神话，对你在那里旅游，有什么意义？
丁艺芸：增加旅游趣味、扩展知识、增加谈资嘛。
肖：你会去看村里那些指示牌、宣传标语吗？
丁艺芸：看情况，有时间就看，没得时间就不看嘛。
肖：你怎么看待少数民族的神话传统？
丁艺芸：尊重。

肖：你去元阳旅游，会去了解那里的神话传说吗？

小徐（云南籍，女，学生，24岁，硕士研究生）：会，就是一听，旅游我觉得怕是风景更吸引我一点吧。

肖：你会去看村里那些指示牌、宣传标语吗？比如写"这里有龙出现"。

小徐：你觉得我会信吗？

肖：你怎么看待少数民族的神话传统？

小徐：那些是少数民族的圣经。

导游李然嘎也说过：

我带过的游客，他们最关注的还是梯田。他们对于哈尼族的历史、生活方式、民族文化、生产方式、服饰服装、经济来源等都不是很感兴趣，有些甚至不曾问起。原先我以为是他们怕我听不懂或者不会用英语讲解，可有时我主动提起，他们也只是略微点头而已，并不会更进一步地询问。①

综上所述，通过遗产旅游而传播神话的状况似乎不容乐观。多种神话主义的传播途径，比如导游的精心编排、耐心讲解，以及指示牌、陈列馆的宣传介绍，游客似乎不太买账，虽然有少量游客说"（在旅游中）会关注神话的，只旅游不看文化民俗，那样的旅游太简单"（小金，女，北京朝阳区，儿科医生），然而，调查中大多数游客对了解哈尼族神话并不是很热心。在《云南民族村导游》一书中，介绍民族村中的哈尼寨时，这样写道："民族村的哈尼寨占地15亩，展现了最具代表的蘑菇房、爱尼母子房，日月广场；还有表现哈尼族关于鱼生万物的神话传说的大型浮雕，表现哈尼族迁移传说的图腾柱；体现生产生活的水磨房、龙巴门、秋千坊、梯田等；还有表现哈尼族'万物有灵、多神崇拜'宗教信仰的寨神树和祭石等。"② 这里多半的文字是在描述哈尼族神话，然而游客真的吸收了吗？由笔者的上述调查问卷可以看出，少数愿意了解的游客也只是

---

① 受访人：李然嘎；访谈人：肖潇；时间：2013年3月30日；方式：QQ聊天。
② 里里：《云南民族村导游》，云南人民出版社2002年版，第54—55页。

抱着"一听而过"的态度，走马观花地听个新鲜，至于其中的深意并不太追究。也有游客肯定神话的地位，觉得它是"民族的圣经"，但是并不会太多了解；有人甚至觉得"不真实"[①]。此外，很多游客的态度是"主动了解不会，有人讲会感兴趣"（"旅途半生"，女，辽宁沈阳），这折射出神话主义传播神话功效的有限性，也说明箐口村的非遗保护宣传还存在不少空间，还有很多任务需要完成。神话主义对神话的传播，并不是导游讲出来、传承中心陈列出来就完结了，只有让游客听得见、能有所接受或回应，这才完成了一次有效的神话传播。

本节从游客的角度来检视遗产旅游语境中神话主义的传播功效。通过问卷调查和访谈，把箐口游客分为四个类型：摄影者、个性旅游者、休闲度假者和研究者；质疑了蒂莫西关于遗产旅游中游客特征的概括，认为遗产旅游与自然旅游是结合的，受教育程度高并不能作为遗产旅游游客的一个显著特征；调查结果表明：遗产旅游语境中的神话主义对哈尼族神话的传播功效有限，来此旅游的游客对于了解当地的神话传统的态度大多并不主动、积极。

结 论

本章对箐口村在遗产旅游以及哈尼哈吧遗产化的语境下，以创世神话"窝果策尼果"为代表的哈尼族神话传统正在发生的传承与变迁进行了田野考察与细致描写，揭示出神话主义在这个哈尼族村寨旅游业中的生产和呈现特点，以及神话主义对游客的传播功效，探讨了神话传统的演变与遗产旅游发展之间的相互关系。本章的主要结论如下。

一 神话的边界是流动的

在神话学教材和专业书中，对于神话的界定多为"古老的记忆""过去的叙事"，并与史诗、传说、民间故事等其他民间文类有着比较明晰的界限。但是，当我们秉承着教材中的界定去田野中寻找神话的时候，会明

[①] 比如"精灵背包游侠"（广东广州，男，广州大学管理系）说："作为驴友俺更喜爱了解真实的一面，例如历史、文化、特产、美食等。当然，传说也是当地文化了，听听也无妨。"

显感到定义的狭隘和僵化。在现实生活中，神话的边界是流动的，与其他文类之间存在关联性。它可以是韵体的吟唱创世史诗的形式，也可以是散体的故事讲述的形式。

经过田野调查，笔者深切体会到，少数民族神话是隐性的，它在日常生活中存在，在节日仪式中显现，并不是具体、独立的哪一篇哪一章。哈尼族神话传统是一个活着的综合体系，是包含表演者、听众、信仰、价值观念在内的一个立体又复杂的整体。

具体到箐口村而言，"窝果策尼果"这部集合了哈尼族宗教、信仰、世界观、生死观的创世神话，是哈尼族的一个主干庞大、分支错综的神话系统，神话的元素散落在日常的生活中，凸显在特殊的节庆仪式场合，不论是大鱼生人、造天造地，还是昂玛突、苦扎扎、新米饭、打磨秋……都有着神话的印迹。

导游讲述的神话主义文本正是依托在这一文化体系中的，当导游在跟游客解释"为什么传承中心要装饰鱼和大鸟图案？为什么要用新米喂狗？为什么打磨秋？为什么心疼牛"的时候，其实传递的就是哈尼族的神话传统，并不只是导游跟游客说"今天我给大家讲一个哈尼族神话"那么直截了当。"神话"是个宽泛概念，包括了以民族神话为核心的信仰体系和价值观念。

当然，边界的流动并不是说神话就毫无边界，而是指边界的相对性，主要针对的是神话与史诗的边界、韵文的吟诵与散体的讲述之间边界的模糊性。

二 导游讲述的神话主义文本具有世俗化和哈尼化的特点

与村寨日常生活中公认的神话知识权威摩批和咪古相比，导游讲述的神话主义文本具有世俗化和哈尼化的特点，前者主要体现在把原本篇幅宏大、常在庄严肃穆的仪式场合演述的神话片段化、随意化，把繁复的神话情节简化为有趣的故事，按照导游工作的需要进行选择性讲述。而后者则体现在导游努力迎合游客的"凝视"、呈现游客心目中的哈尼形象，有意凸显哈尼族的特点，使其叙述带有浓厚的哈尼化特色。

三 神话主义是多方力量共同发明和创造的产物

箐口村的个案揭示出，在遗产旅游的语境中，神话主义的生产过程有着多方行动主体的推动，政府、商人、神职人员、导游和普通民众都参与其中，共同发明和创造着神话主义。第一，地方政府是主导性的力量之一，不仅直接规划并掌控着箐口村遗产旅游和哈尼哈吧遗产化的步伐，同时，通过"哈尼哈吧传承中心"的建立，也使得哈尼神话被遗产化、有形化。第二，文化的商品化凸显出商业因素的重要性。在旅游公司看来，神话是旅游吸引物，是吸引游客的资源。旅游宣传册上的大鱼、青蛙和螃蟹，高高耸起的图腾柱，导游词中的"寨神""鱼母"，都体现了商人对神话的理解和运用。神话从厚重的迁徙历史和庄重的讲唱场合中被剥离出来，成为了箐口旅游的一个个标签。第三，导游是神话主义的直接生产者和传播者。他们大多来自当地本民族，对民族神话传统有一定的了解，又熟悉导游词中所传递的知识，在工作过程中常根据游客的需要和想象来讲述神话，其生产的神话主义带有世俗化和哈尼化的特点。第四，摩批和咪咕等地方神职人员也主动或者被动地参与其中。这些神职人员都是村寨日常生活中神话传统的积极承载者，在旅游业以及其他多种力量的裹挟之下，他们也参与到神话主义的生产过程中，在哈尼哈吧传承中心或者其他各种场合，面对包括各类游客在内的观众，表演民族的神话。由于非遗传承人认定制度的影响，这些神职人员的社会地位出现了明显的等级化，他们对待旅游的态度也表现出了明显的分化。第五，游客凝视是形塑神话主义的重要力量，东道主的选择是迎合游客凝视的结果，哈尼哈吧传承中心的出现、农家乐餐厅中为游客演唱哈吧的老人、茅草屋顶的回归……其实都是箐口村的哈尼人为了迎合游客的"凝视"而主动设计的。第六，村寨中的普通民众也参与了神话主义的生产。总体而言，作为神话传统的持有者，箐口村的百姓面对神话传统的变迁缺乏更多发言的机会，似乎置身神话主义的生产之外，但是，像李建国这样的年轻人，想出了在农家乐中引进老年人演唱哈尼哈吧的点子，力图以神话表演为吸引物，增加经营的收益，这体现了普通村民对神话主义的运用。因此，可以说，箐口村的神话主义是多方行动主体共同创造的。在这个过程中，"窝果策尼果"的庞大叙事被分解开来，成为"大鱼母神""牛化生万物""狗盗谷种"这样的零碎片段，或者以"鱼""螃蟹""狗"等视觉形象被象征性地展示——神话从原初语境中被逐渐抽离了出来，凝结为一个一个的神话元素，具象为一个一个的神话符号，或者一个一个碎片化的趣味故事。

四 神话主义对神话的传播有一定功效,但是功效有限

遗产旅游将《窝果策尼果》等哈尼族传统文化从村寨内部知识转变为旅游吸引物,与日常生活中的仪式语境相脱离,从以往的面对普通村民到转而面向广大的、来自村寨外部的各类游客。笔者的调查显示,对游客而言,在包括哈尼哈吧传承中心在内的旅游景点中生产的神话主义,对哈尼神话的传播起到了一定的作用:比如包括大学生周艳在内的一些游客以往对哈尼族神话并不了解,但是在传承中心听了李金玉的讲唱,对哈尼族的神话传统有了一定认识。此外,遗产旅游也激发了像李然嘎这样工作在旅游一线的村寨年轻人自觉意识到学唱哈尼哈吧的重要性。然而,笔者的调查也显示,神话主义传播神话的功效有限,导游的精心编排、耐心讲解,以及指示牌、陈列馆的宣传介绍,多数游客并不关心。

"传统并不完全是静态的,因为它必然要被从上一代继承文化遗产的每一新生代加以再创造。"① 当代遗产旅游的大潮冲击着箐口村这个宁静的边境小寨,但以神话为代表的传统文化并未消失,尽管它被从日常生活中剥离出来,换了演述地点,换了形式和功能,也换了讲述者和听众,变成了神话主义,然而,神话的核心依旧在流传,无论是丧礼上用录音机播放丧歌,还是年轻人用哈吧古歌作为手机铃声……在新的时代中,在遥远的哈尼村寨里,神话正以新的形式得到传承。

---

① [英]安东尼·吉登斯:《现代性的后果》,田禾译,译林出版社2003年版,第32—33页。

第 四 章

神话的实践与流动

——以湖南泸溪县辛女村的盘瓠神话为个案*

第一节 引言

一 选题目的与意义

我们生活在一个巨变的时代。媒介日新月异,信息高速畅达。无论是都市还是乡村,都早已卷入变动不羁的世界秩序中。受到新的社会和技术等多方面因素的影响,民间文化也不断发生形态、功能、性质等方面的变异。"没有静止不变的神话传统。"① 与其他传统事象一样,神话传统从来不是一个僵化而凝固不变的实体,而是跟随不同的语境而发生变迁,被不断形塑与重构,并一直紧密地与民众的生活连结。作为一种"不断变动着的现实民俗"②,神话在近几十年甚至更长时间里的遭遇起伏很大,这与不同历史时期的社会、文化语境是直接相关的。拿百年神话史来说,其历程跌宕曲折:在传统农业社会,神话可被自在地传讲;中华人民共和国成立后的一段时期,神话被当作封建迷信,几近消逝于民众公共生活领域;改革开放后,民间文学三套集成工程实施,文化政策宽松,一些地方

---

* 本章作者杨泽经。
① 杨利慧:《神话的重建——以〈九歌〉、〈风帝国〉和〈哪吒传奇〉为例》,《民族艺术》2006年第4期。
② 杨利慧、张霞、徐芳、李红武、仝云丽:《现代口承神话的民族志研究——以四个汉族社区为个案》,陕西师范大学出版总社有限公司2011年版,第20—22页。

的神话传统复兴；进入 21 世纪，非物质文化遗产保护工程开展，许多神话成为被权威机构认定的"遗产"，进一步获得了存在的合法性。① 可见，神话传统的盛衰与国家话语体系的更替、社会环境的变迁有着密切关系，这也越来越成为当今神话研究的聚焦点。

因此，无论我们如何从哪个角度解析神话，都应秉持"过程"② 的动态思维，从神话传统的衍变进程中，去发现其传衍和表达的变化。神话传统也应被视为"一种过程，而非静态的现象和结果"③。研究一个地域的神话传统，"本质上是从人们的日常文化实践中来理解人们的生存方式、生存处境和生存智慧"④。我们观看以神话为主要题材创作改编的电影、电视剧，玩糅合了大量神话元素于其中的网络游戏，为孩子挑选具有神话意象的动漫光碟；我们时常会因在微博、微信、互联网中阅读一则则神话段子而捧腹开怀；我们去一些景区游览时，会聆听导游们对相关神话故事的讲述；我们也有可能在学校听老师授课，从课堂上知晓神话故事……当我们不再执迷于古代典籍中碎片化的神话记述，不再只"向后看"，而将眼光"朝向当下"，去洞察仍存活于现实生活中的神话时，就会发现，原来想象中的那些遥远、古老而奇幻的神话，依然活跃在我们的身边。

朝向当下，以现在的、动态的眼光去考察神话，正是当前重新认知神话传统的重要视角，由此必然会引发关于现代口承神话的许多有意义的问题的追问，例如，对于一个村落而言，在日常生活语境中，村落的神话传统呈现出怎样的面貌？进入遗产旅游语境之后，村落的神话传统有何新的变化？两种相对不同语境中的神话传统各自有何表征，又有何内在关联？这些问题，在以往的神话学史上，研讨尚不充分。近几年来，作为"现代口承神话的民族志研究"的积极倡导者，杨利慧进一步提出"神话主义"的概念，强调神话因受到现代文化产业的冲击而在不同语境之间的

---

① 杨利慧、张霞、徐芳、李红武、仝云丽：《现代口承神话的民族志研究——以四个汉族社区为个案》，陕西师范大学出版总社有限公司 2011 年版，第 222—297 页。
② [德] 诺贝特·埃利亚斯：《文明的进程——文明的社会发生和心理发生的研究》，王佩莉、袁志英译，上海译文出版社 2018 年版，第 1—8 页。
③ 岳永逸：《灵验·磕头·传说——民众信仰的阴面与阳面》，生活·读书·新知三联书店 2010 年版，第 82 页。
④ 刘铁梁：《村庄记忆——民俗学参与文化发展的一种学术路径》，《温州大学学报》（社会科学版）2013 年第 5 期。

挪移和重构（见本书第一章）。神话主义有其理论根源，从较为宏观的层面，揭示出现当代社会中人们重述神话的一般现象，对神话学实现朝向当下的转向有极大的启示意义和推动作用。在此基础上，笔者力图进一步追问：神话是如何实现在不同语境之间的挪移和重构的？哪些力量参与或影响了神话的流动？在这一过程中，神话被重新形塑的背后动因有哪些？在遗产旅游语境中，神话的流动是否具有一般性规律？笔者认为还应从细部进一步对上述疑问进行阐释。

有鉴于此，本章选取至今广泛流布于湖南泸溪县域的盘瓠神话为考察对象，尝试对上述问题进行民族志研究。盘瓠和辛女的神话与信仰，是湘西苗族乡土社会的重要文化传统。随着时代演进，此神话传统也在不断发生变迁。本章将以泸溪县白沙镇辛女村和沅水景区为田野调查点，从"神话实践"的观念出发，着力对当下村落中村民的神话讲述现状、神话与庙会仪式的关系、遗产旅游语境中景区对神话的运用与重构、导游的神话讲述特点，以及神话传统从村落到景区的流动途径等核心话题，进行深度调查、描写和阐释。本个案继承了杨利慧所倡导的神话主义研究的学术旨趣，并力图在某种程度上对相关研究有些补充和推进。

二 所用的理论和方法

本章关于口承盘瓠神话的研究，得益于多种相关理论的滋养。归结起来，主要有以下几方面。

（一）神话主义

神话是"有关神祇、始祖、文化英雄或神圣动物及其活动的叙事，它解释宇宙、人类（包括神祇与特定族群）和文化的最初起源，以及现时世间秩序的最初奠定"[1]。本章聚焦的，是流布于湘西沅水中游一带苗族民众中的盘瓠神话，它解释了苗族这一族群的起源。其中，盘瓠和辛女（高辛之女）同为此神话的核心叙事角色。

杨利慧于近年来提出的"神话主义"概念对笔者有直接启发。神话主义，"是指20世纪下半叶以来，由于现代文化产业和电子媒介技术的广泛影响而产生的对神话的挪用和重新建构，神话被从其原本生存的社区

---

[1] 杨利慧：《神话与神话学》，北京师范大学出版社2009年版，第5页。

日常生活的语境移入新的语境中，为不同的观众而展现，并被赋予了新的功能和意义"（参见本书"总论"）。神话主义既指涉现象，也是一种理论视角，它强调神话在不同语境中的流变，主张在完整的生命史中理解神话的生命力。以之为基础，笔者着力考察神话传统的流动过程。盘瓠神话原本多为村落里村民的讲述和传承，随着旅游业的发展和城乡交流的增多，该神话逐渐成为极具乡土特色的文化资本，被整合和使用；在遗产旅游语境中，盘瓠神话被重新创编，流播到更大范围中。

（二）实践观

实践观在20世纪中叶以来的人文社会科学领域影响颇大，它在一定程度上促成了民俗学、语言学等学科的转型。民俗学者如戴尔·海默斯、丹·本—阿莫斯（Dan Ben-Amos）、理查德·鲍曼等的观点，都在学科转型过程中发挥过重要作用。在他们的努力下，民俗学逐渐从对"事象"的研究转向对"事件"的研究[1]。20世纪70年代，法国社会学家皮埃尔·布迪厄（Pirerre Bourdieu）的"惯习"（Habitus）[2]概念将实践观体系化，"个人""行动""经验""日常生活"等成为该理论的关键词。

在实践观的直接启发下，笔者尝试提出"神话实践"概念，力图将其与口承神话研究紧密嵌合。笔者期望将实践观引入神话学、尤其是现代口承神话和神话主义的相关研究，以推动其朝着更为深广的层面拓展。神话实践，是指处在不同社会文化语境中的人们讲述、记录和创编神话的种种行为，特别强调实践主体与神话间的双向互动，尤其关注互动过程中的语境因素。神话实践与神话主义一脉相承，又有区别：神话主义更多的是从宏观层面揭示神话传统随着产业化和媒介化的语境变化而流动的现象，神话实践则更为细化，强调对神话施加作用的种种行为，以及作为行动主体的人的主动性。

笔者将在本章主要阐述三类行动主体——普通村民、导游和民间权威的盘瓠神话实践，厘清其内在的互动关系，进而揭示实践观念对于神话主义以及现代口承神话研究的意义。

---

[1] 杨利慧：《语境、过程、表演者与朝向当下的民俗学——表演理论与中国民俗学的当代转型》，《民俗研究》2011年第1期。

[2] ［法］皮埃尔·布迪厄：《实践感》，蒋梓骅译，译林出版社2003年版，第79—100页。

（1）过程观

德国学者诺贝特·埃利亚斯（Norbert Elias）一生大力提倡过程理论。在他看来，研究者对于一种社会现象的生成不应只看到其结果的部分，还应注重对产生该社会现象的过程的分析①。事象背后一个个彼此接续的事件值得作更深入的探索。此外，本书前引芬兰学者劳里·杭柯提出的"民俗过程"概念也对笔者有直接的启示。杭柯将一种民俗从发生到终结的过程细剖为 22 个阶段，每一个阶段都有其对应的生命表征②。以此观之，笔者所谓"神话的流动"，也是神话生命长河中的某个片段，集中表现为神话在村落日常生活和遗产旅游这两个相对不同语境中，其在形态、功能等方面的变化。

（2）表演理论

表演理论对民间叙事的研究有着重要影响，对于现代口承神话研究亦如此。时至今日，以理查德·鲍曼为代表的前沿学者，依然在不断发展该理论。在中国，杨利慧、安德明、王杰文等学人也在大力引介和研究此理论。表演理论强调情境性语境与文本的互动，以多维和立体的视角看文本化的过程。③ 口承神话的研究，离不开对神话讲述人、听众、讲述场合、讲述事件等的研究，而表演理论在这些方面均有较强的指导性。

本章使用的主要方法是文本分析和民族志式的田野作业。盘瓠神话源远流长，相关典籍记述颇丰，爬梳文献十分必要。为了更充分地认知盘瓠神话，笔者广泛阅读地方志、理论著作和既有论文。笔者选定湖南省湘西州的泸溪县（主要是该县东部的沅水中游一带）④ 作为宏观的田野作业地点，其可行性在于：这里不仅分布有大量的与盘瓠神话相关的山、水、滩、庙、祠等文化事象，亦传衍着苗族族群久远而厚重的盘瓠神话传统。另外，田野点的选择也是由当地民众口承盘瓠神话的内容决定的——民众

---

① ［德］诺贝特·埃利亚斯：《文明的进程——文明的社会发生和心理发生的研究》，王佩莉、袁志英译，上海译文出版社 2018 年版，第 1—8 页。

② ［芬兰］劳里·杭柯：《民俗过程中的文化身份和研究伦理》，户晓辉译，《民间文化论坛》2005 年第 4 期。

③ ［美］理查德·鲍曼：《表演中的文本与语境：文本化与语境化》，杨利慧译，《西北民族研究》2015 年第 4 期。

④ 沅水又称沅江，是湖南省四大河流之一，其中段今为泸溪县和辰溪县的界河。因此，本章指涉的沅水中游一带，包含泸溪、辰溪两县域内沅水两岸盘瓠神话传播的范围。

将盘瓠神话中的角色与沅水中游一带的许多山体、岩石、河滩等自然事象附着在一起，如马嘴岩、盘瓠墓等，丰富充实了神话的枝干，使之有头有尾。此外，笔者也从该县文化和旅游部门获取了不少关于上述神话事象的材料。

与此同时，笔者进一步集中视域，将泸溪县域内沅水中游一带的单姓村落——辛女村作为具体的田野作业地点，原因在于：第一，辛女村及其周边是盘瓠神话事象分布最为密集的区域，即中心区域。这里不仅有盘瓠庙、辛女祠、辛女庵、辛女宫等古老村庙，还有辛女岩、辛女溪、撂狗坨等自然事象，甚至辛女村及附近的甲腊坪村、黄家坨村等村的古名也直接来源于盘瓠神话。第二，古籍记述有"泸溪东南三十里大江之浒，左右奇峰绝壁"处为盘瓠和辛女的生活栖息地带，不少人认为，其即指辛女村背靠的辛女岩和盘瓠山。第三，依据史料和参与观察，辛女村及附近村落的村民，很长一段时间保留有鲜明的盘瓠遗风，在服饰、饮食、节俗等方面，盘瓠和辛女早已嵌入他们的思想深处，成为他们的集体信仰。第四，泸溪旅游业的迅速发展，使该村成为了盘瓠辛女文化景区的核心，因而，笔者可由此探查遗产旅游语境中，盘瓠神话传统是如何与村落互动的。

需要说明的是，由于行政区划的历时性变化，"辛女村"也并非一个边界固定的苗寨，新中国成立初期的几十年间，辛女村是一个大队，所辖区域较大，现今，它则为红土溪村的一个村小组单位（虽是村小组，习惯上也称为村）。因此，本章辛女村的地域范围也不是固定的，而是以今辛女村为中心、辐射周边苗寨（如铁柱潭村、甲腊坪村、辛女溪村等）的区域。辛女村是笔者最主要的调查区域，是当地民间权威眼中盘瓠神话肇始的地方，是泸溪口承盘瓠神话中盘瓠和辛女生儿育女、耕织繁衍的地方。

2015年4—5月和2015年7—8月，笔者曾两次赴泸溪集中开展田野作业。在宏观考察当地盘瓠神话事象的基础上，重点对辛女村村落日常生活语境中的盘瓠神话传统及村民的神话实践、遗产旅游语境中盘瓠神话传统的流变和导游的叙事表演、民间权威在语境变迁过程中对神话流动所起到的作用等核心问题进行了较为深入的调查，获取了丰赡的第一手材料，从而为本章的撰写打下了基础。

遵照民俗学的民族志书写惯例，本个案中涉及的受访人姓名，除侯自佳外，一律使用化名。

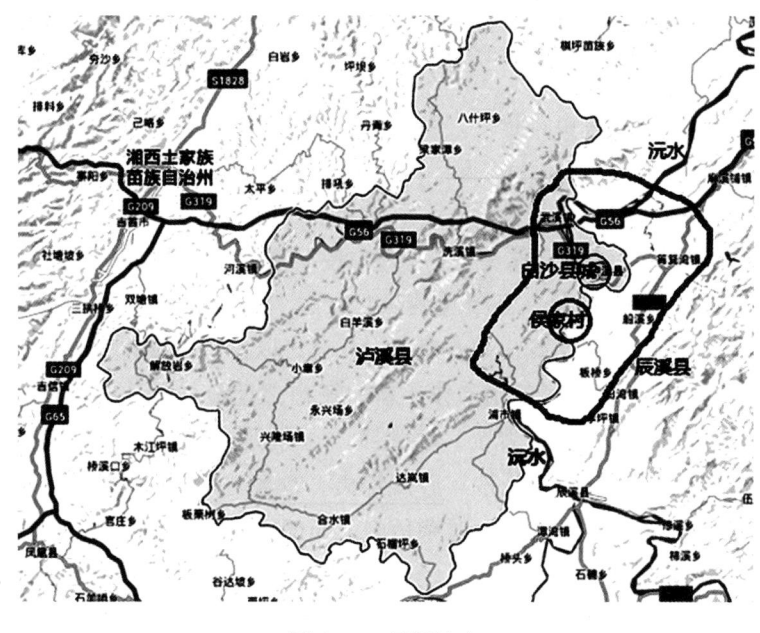

图4—1 田野地点

三 泸溪与盘瓠神话

盘瓠神话源远流长，史籍中的较早记载见于东汉应劭的《风俗通义》：

> 昔高辛氏有犬戎之寇，帝患侵暴，而征伐不克，乃访募天下，有能得犬戎之将吴将军头者，赐黄金千镒，邑万家，又妻以少女。时帝有畜狗，其毛五彩，名曰盘瓠。下令之后，盘瓠遂衔人头造阙下。群臣怪而诊之，乃吴将军头也。帝大喜，而计盘瓠不可妻之以女，又无封爵之道，议欲有报，未知所宜。女闻之，以为皇帝下令，不可违信，因请行。帝不得已，乃以女配盘瓠。盘瓠得女，急而走入南山，止石室中。此处险绝，人迹不至。于是女解去衣裳，为仆鉴之结，着独力之衣。帝悲思之，遣使寻求，瓠遇风雨震晦，使者不得进。经三年，生子一十二人，六男六女。盘瓠死后，因自相夫妻。织绩木皮，染以草实。好五色衣

服，制裁皆有尾形。其母后归，以状白帝，于是使迎至诸子。衣裳斑斓，语言侏离，好入山壑，不乐平旷。帝顺其意，赐以名山广泽。其后滋蔓，号曰蛮夷。外痴内黠，安土重旧。以先父有功，母帝之女，田作贾贩，无关梁符传租税之赋。有邑君长、皆赐印绶，冠用獭皮。名渠帅曰精夫，相呼曰姎徒。①

在这则神话中，高辛、帝女、盘瓠等角色皆已出现，且道出了盘瓠后裔"好五色衣服""语言侏离""好入山壑"等特征，神话叙事已较为完整。盘瓠为高辛的养犬。三国《魏略》曰："高辛氏有妇居王室，得耳疾，挑之，乃得物大如茧，妇人盛瓠中，复之以盘，俄顷化为犬，其文五色，因名盘瓠。"对盘瓠的由来作了新的解释：盘瓠是由耳中的茧状物化成的犬。其后，干宝的《晋纪》将武陵（今荆楚、湘西）一带的村民定位为盘瓠后人："武陵、长沙、庐江郡夷，盘瓠之后也，杂处五溪之内，盘瓠凭山阻险，每每常为害。糅杂鱼肉，叩槽而号，以祭盘瓠。俗称赤髀横裙，即其子孙。"②

到南朝宋时，范晔在应劭版盘瓠神话基础上，结尾加"今长沙、武陵蛮是也"③ 一句，进一步明确盘瓠后裔的分布区域为长沙和武陵。自此，盘瓠神话入正史，其后典籍表述多沿袭之。如《元和郡县志》云："辰：蛮戎所居也，其人皆盘瓠子孙，或曰巴子兄弟人为五溪之长。"《蛮书》曰："黔、泾、巴、夏四邑苗众……祖乃盘瓠之后。"

宋《溪蛮丛笑》叶钱序云："五溪蛮皆盘瓠种也。聚落区分，名亦随异。沅其故壤，环四封而居者，今有五：曰苗、曰瑶、曰僚、曰壮、曰仡佬。风俗气习，大抵相似。"④ 元、明、清三代受范晔影响者亦多，如清陆次云载："苗人，盘瓠之种也。帝喾高辛氏以盘瓠为歼溪蛮之功，封其地，妻以女，生六男六女而为诸苗祖。尽夜郎境多有之……以十月朔为大

---

① （东汉）应劭：《风俗通义》，上海古籍出版社1990年版，第22—24页。
② （晋）干宝：《晋纪》，转引自（宋）范晔撰、（唐）李贤等注《后汉书·南蛮西南夷列传》，中华书局1965年版，第2830页。
③ （宋）范晔撰、（唐）李贤等注：《后汉书·南蛮西南夷列传》，中华书局1965年版，第2830页。
④ （宋）朱辅：《溪蛮丛笑》，中华书局1991年版，第1页。

节，岁首祭盘瓠，揉鱼肉于木槽，扣槽群号以为礼。"①

"盘瓠辛女的文字资料在泸溪风行，起自于唐，盛行于明清，衰败于民国。"② 唐代，卢溪③出现了较早关于盘瓠神话的文字资料。唐李贤注《后汉书·南蛮西南夷列传》云："今辰州卢溪县西有武山。"④ 武山，即武陵山，李贤把方位直接定位在了卢溪以西，明确了神话发生的具体地理区位。黄闵《武陵记》则更为详细，曰："山高可万仞，山半有盘瓠石室，可容数万人。中有石床，盘瓠行踪。"⑤ 并附加按语："山前有石羊、石兽、古迹奇异尤多，望石窟大如三间屋，遥见一石似狗形。蛮俗相传盘瓠像也。"⑥ 从而细致地将神话中盘瓠的行踪具体到沅水中游的盘瓠石室，认为此地确是盘瓠和帝女生活过的地方。

及至明代，关于盘瓠神话的记载越发在卢溪盛行起来。永乐元年（1403），县令王珩有诗云："轩辕帝子何年死，谁人立庙清溪里。"⑦ 表明在永乐之前，盘瓠古庙便已存在。成化六年（1476），辰州教谕沈瓒编《五溪蛮图志》，序曰："五溪在辰西北，悉盘瓠子孙所居。……盖盘瓠事若荒唐，然考诸书，质诸人，验诸俗尚，则非荒唐也。"⑧ 他还说明了辛女岩来历——"在泸溪东南三十里大江之浒，左右奇峰绝壁，高峻插天，有石形宛如人立者，耆老相传，以为高辛氏女为此飞异，遂化为石。"⑨ 万历十一年（1583），知县吴一本修首部《卢溪县志》载："辛女庙在县西南二十五里。……辛女岩，在邑南三十里，危峰高耸，有石屹立如人，相传为高辛氏之女，于此化为石。"⑩ 多种记述中，侯加地、李栋等人关于盘瓠神话真实性的质疑也逐渐出现。如李栋曰："自范蔚宗始有盘瓠之

---

① （清）陆次云：《峒溪纤志》，台湾广文书局1968年版，第98—99页。
② 张永安：《综述"盘瓠"及泸溪传说情况》，载泸溪民委编《盘瓠研究与传说》，内部印行1988年版，第91页。
③ 泸溪，清代以前为"卢溪"。
④ 泸溪民委编：《盘瓠研究与传说》，内部印行1988年版，第90页。
⑤ 同上。
⑥ 同上。
⑦ （明）王珩：《辛女朝云》，转引自泸溪民委编《盘瓠研究与传说》，内部印行1988年版，第9页。
⑧ 张永安：《综述"盘瓠"及泸溪传说情况》，载泸溪民委编《盘瓠研究与传说》，内部印行1988年版，第92页。
⑨ 同上书，第92页。
⑩ 同上书，第93页。

说，荒唐不经，然其言概指武陵、长沙诸蛮，今独以五溪言之，亦已诬矣。"① 盘瓠神话在明朝广泛流布于沅水中游一带，官民皆有传讲，"兴起盘瓠辛女热，如著文写诗，兴建盘瓠庙、辛女祠，举行纪念活动，划干龙船，椎牛敬祖等"②，神话与具体风物辛女岩、盘瓠山等有了直接关联。

到了清代，泸溪有关盘瓠辛女的记载依然不少。李涌重编的《五溪蛮图志》（1751）、李涌主编的《泸溪县志》（1755）、谢鸣谦主纂的《辰州府志》（1765）等都有繁简不一的记录。对于盘瓠神话真实性的质疑从未中断，如知县顾奎光诗云："潺缓溪水绕山趺，范氏传闻似有无。漫为辰夷夸外舅，便言辛女嫁盘瓠。须知帝宅非都楚，不信将军早姓吴。石室今从劳想象，谁书厘降洗荒诬。"③ 可见，当时文人的质疑已触及盘瓠神话中人犬异类婚配的核心母题。

乾隆年间，苗民吴八月起义，清廷出兵镇压。嘉庆元年（1796），湖广总督福宁向皇帝奏告："二月二十三日，探闻苗匪欲至泸溪附近之辛女溪滋扰，臣即率同游击，守备带领兵丁，疾驰而往。果有苗匪多人……正欲焚抢，臣指挥……击杀数十人……并捉获张老四……当即凌迟枭示。"④ 清军还毁庙拆祠。尽管那时庙宇已变废墟，仅剩基石，但在村民心中，盘瓠和辛女的神话信仰依然重要，祭祀活动绵延不绝。

民国时，社会动荡，日军入侵，战火连绵，村民们避难山洞，以虔诚之心，向盘瓠和辛女祈祷平安顺遂。待到时局归于宁静，盘瓠和辛女的神话与信仰，依然烙印在村民心间。

由此可见，从唐代开始，泸溪便已出现盘瓠神话的相关记述。此后，盘瓠神话被沅水中游一带的苗民不断传讲，成为当地顽强传承的口头传统。而盘瓠庙、辛女祠等，更彰显着盘瓠和辛女已经成为苗民供奉的地方神灵。典籍中的盘瓠神话呈现出几大特点：第一，叙事脉络稳定，核心叙

---

① （明）李栋：《盘瓠辩》，载泸溪民委编《盘瓠研究与传说》，内部印行1988年版，第101页。

② 张永安：《综述"盘瓠"及泸溪传说情况》，载泸溪民委编《盘瓠研究与传说》，内部印行1988年版，第94页。

③ （清）顾奎光：《盘瓠说诬矣》，载泸溪民委编《盘瓠研究与传说》，内部印行1988年版，第108页。

④ 张永安：《综述"盘瓠"及泸溪传说情况》，载泸溪民委编《盘瓠研究与传说》，内部印行1988年版，第95页。

事元素保持一致，只表现为具体措辞上的差别——即高辛遭遇忧患后，盘瓠奋勇挺身而出为帝解忧，帝女劝说高辛守信，盘瓠与帝女同赴深山繁衍子嗣；第二，历代神话在盘瓠来源上集中表述为帝之畜狗和老妇之顶虫化犬①两种，但其基本身份一致，均为犬；第三，当盘瓠神话进入正史《后汉书》后，往后史籍中的神话叙述趋向基本相同，后代的作者们一步步将盘瓠子孙定位为武陵蛮和长沙蛮，而越发与今天湘西沅水流域相接近，但除"居于石室"之外，并未与泸溪其他事象发生更多牵连；第四，关于盘瓠神话叙事真确性的争辩自古有之，至今依然存在，成为一种学术现象。

图4—2 铁柱潭村盘瓠庙中的辛女像

---

① 例如，晋代干宝的《搜神记》中记载："高辛氏，有老妇人居于王宫，得耳疾历时，医为挑治，出顶虫，大如茧，妇人去后，置以瓠离，覆之以盘，俄而顶虫化为犬，其文五色，因名盘瓠，遂畜之。"［晋］干宝：《搜神记》，华龄出版社2002年版，第191—192页。

直到今天，居住在沅水中游的泸溪人，依然记忆、传衍和实践着盘瓠神话。那么，与史籍中的神话记述两相比较，现实生活中的神话是如何被讲述的呢？2015 年 5 月，笔者来到辛女村旁的甲腊坪村向大爷家。聊天中，向大爷为笔者讲述了一则盘瓠神话。

上古时候，大概距今四千多年了，产生了盘瓠、辛女。那时我们这里有个高辛，具体哪个是高辛我搞不清楚哈。有一年，有外邦侵犯高辛，说（高辛）要屈服于他，每年要进贡，说要金银啊、美女啊，每年要送去。那个敌人吴将军还想霸占高辛的小女儿辛女为妻。面对他咄咄逼人的气势，高辛就在全国范围内发榜，说："谁能退敌并把吴将军的头颅砍回来，我就把我的小公主许配给他。"

可是，敌人实在太强了，对于平民百姓，哪个敢揭这个榜呵。这时呢，有条叫盘瓠的神犬站了出来。于是呢，盘瓠，长得人不像人狗不像狗呀，就把这个榜揭了下来，去向高辛禀报，说明了自己攻敌的想法。高辛就问："你有什么本事噢？"他仔细看了神犬的样子，很质疑。但他转念一想，作为一国之君，不能轻易食言。他就当着满朝文武的面，对神犬说："你若能把吴将军的头颅砍回来，我就把辛女许配给你，你到时来当我的驸马好了。"

尔后，盘瓠就只身英勇地把外邦打败了，把吴将军的头也拿来了。凯旋后，高辛又惊又喜，说："君无戏言，之前你说了要给你的东西就要给你噢。"就想把辛女嫁给盘瓠。那会儿文武百官呢，就纷纷在背后嘲笑，嘲笑高辛把他的女儿嫁给盘瓠，人不像人、狗不像狗。这风声也传到辛女的耳朵里，她跑去对高辛皇帝说："嫁鸡随鸡、嫁狗随狗，这是父王您说的呀。"现在我们这儿有个说法就叫"嫁鸡随鸡、嫁狗随狗"，就是这么来的。高辛担心这事耽搁太久了，下面臣子的笑话也太多了，不好。后来，辛女就向他父王提了个请求，说："按您之前的承诺我是要嫁给盘瓠的，但别人讲笑话的太多了，您干脆给我找个地方，我们到偏僻的地方去过隐居生活。"后来，盘瓠和辛女就到我们这儿来了，带着吃的、穿的、用的，过着男耕女织的生活。

盘瓠、辛女到这儿来以后，就产生了一个辛女溪、辛女岩，他们就住在辛女岩上，下面有个狗儿洞，还有个辛女滩。那时，这边还是深山老林，几千年以前嘛。夫妻生活呢，辛女就生了几个小孩。大儿子叫托天，二儿子叫按地，三儿子叫擒龙，四儿子叫伏虎。具体几个小孩，我也搞不清楚了。那几个孩儿呢，经常到山上去打猎。有一次，高辛来到这里看女儿，亲自带着几个小孩去山上打猎，看着孙儿们长得像自己，是女儿所生。旁边还跟着一条犬，就问孙子们它是什么。孙儿们顺口说："它是条野犬。"那几个小孩就一火枪把那条犬给打死了。打死以后，他们就把那条犬丢到小溪里去了。

回家以后，辛女就问他们："今天你们回来了，犬怎么没回来呢？"那时天已黑了，辛女非常担心。他们说："在山上时，我们朝那条野犬打了一枪，死了。"那时候枪是火枪嘛。丢狗那地方，就是我们现在说的丢狗坨、撂狗坨。辛女听后，悲痛欲绝，赶紧顺着辛女溪和沅水去寻找盘瓠，黄狗坨、黑狗村、刮落皮，一直到武溪那的沉狗潭[1]才找到。今天这些地名都与盘瓠有关啊。县城白沙下面的刘家滩，以前叫"流过滩"，最早叫流狗滩，上面还有个鹰嘴岩，是盘瓠尸体从这流过而老鹰没注意到的寓意。神话情节大概是这样。[2]

如果与以往典籍的记载相比较，这则鲜活的口承神话具有较为完整的叙事情节。向大爷在讲神话的过程中，虽然有个别地方记忆不清，但总体流畅、生动。随着神话情节的展开，神话事件的发生地点逐一落实在沅水中游一带，地方风物成为讲神话的中介。与盘瓠神话相关的山水和人文景观最为集中地分布于从辛女岩至武溪老城的沅水段，这里密集地分布着辛女岩、盘瓠山、依夫岩、盘瓠峒、辛女滩、机床岩、狮子岩、辛女宫、盘瓠庙、辛女庵、石壁仙舟、马嘴岩、仙人洞、鹰嘴岩、流狗滩、盘瓠墓等文化事象——山山有神话，水水有传说，这早已是当地人普遍认同的地方性知识。可见，现今泸溪的口承盘瓠神话，已顺着沅水，将其中游两岸的许多风物牵连进叙事中，特别是将盘瓠死后尸体漂流的路线和辛女寻夫的过程叙述得相当完整。

与史籍记述比较，上述泸溪现代口承盘瓠神话呈现出几个明显的新特点：

---

[1] 沉狗潭，后称"沉砣潭"，也叫"秤砣潭"。
[2] 讲述人：向大爷；访谈人：杨泽经；访谈时间：2015年4月17日；访谈地点：甲腊坪村向大爷家。

第一，神话的基本母题保持稳定，叙事元素更为丰富。从整体上看，这则神话既包含了古籍中盘瓠神话的核心元素，如高辛嫁女、隐居深山等，又新增了许多内容，如儿子杀父、盘瓠流尸、辛女寻尸等。"母题是指在不同叙事作品中反复出现的、异于日常生活样态的叙事元素，是构成叙事的基本单位。"① 于盘瓠神话而言，涉及最重要的母题是"人犬异类婚配"。在关于盘瓠神话的历代版本中，虽文人方家多有质疑，但这一母题始终得到了较为稳定的传承。直到今天，这一母题依然为村民熟悉。

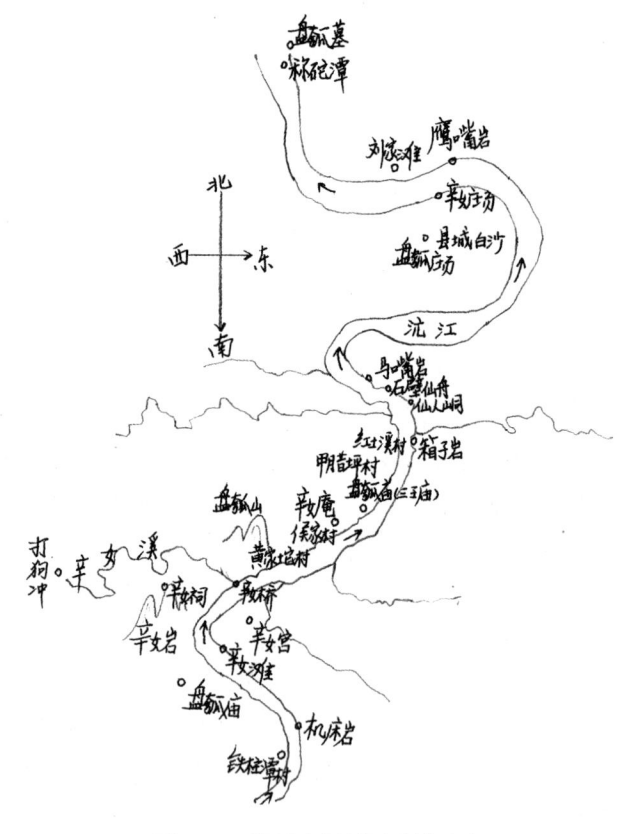

图4—3 泸溪盘瓠神话遗迹分布

第二，神话的在地化、世俗化倾向十分明显。口述神话将盘瓠和辛女

---

① 杨利慧、张成福：《中国神话母题索引》，陕西师范大学出版总社有限公司2013年版，第7—8页。

婚后的生活范围都明确定位在辛女村附近的沅水支流辛女溪一带。比如，高辛迫于压力将辛女嫁给盘瓠，但为避免闲言碎语，又将他俩赶到"这座山上"；几个小孩盘问辛女自己的生父是谁，辛女讲出后，他们遂"一火枪就把盘瓠打死了"，后村民把这山沟取名"打狗冲"，把儿女甩狗的坨取名"撂狗坨"；辛女取下头上的金钗，随手一划，便化为"辛女溪"；埋葬盘瓠的山坡叫"狗岩山"；辛女居住的岩山叫"辛女岩"等。从这些地名即可看出，盘瓠神话与当地地名水乳交融。此神话将盘瓠和辛女男耕女织的生活讲述得津津有味，突显其细节，体现出鲜明的世俗化特征。

　　第三，盘瓠的身份得以升级，由之前的帝犬、民犬升格为具有神力的神犬。这个表述是很大的变化。过去几十年来，"盘瓠为犬"的提法为一些盘瓠后裔们难以接受，但将其表述为神犬、旋即由神犬化为人，则为民众所接受，能在一定程度上规避争议，保护民族情感。所以，这种表述，反映的也是社会语境的变化而在村民群体内部做出的调整。

　　诚然，向大爷讲述的盘瓠神话只是村民所讲述的众多盘瓠神话的一种，但它已能反映当下村民对该神话的基本认知。我们也能从中窥见在泸溪本土化之后的盘瓠神话在村落中的基本生存样态。"我们这里有盘瓠庙、辛女滩、辛女祠、打狗冲、流狗滩等地名，都是与盘瓠神话直接相关的文化事象。每一个文化遗存，都有它相应的故事，有了这些，你就不能讲我们这里没有盘瓠了。"[①] 当地老百姓在史籍的基础上，将沅水中游的山山水水融入盘瓠神话的叙事系统中，从而使神话内容更为丰赡、叙事元素更为多元、表意更为深刻、脉络更为延长。如有的研究者所说：

　　　　一种民间神灵的起源，应当包含心理感受和口头语言两个层面上的起源。当民众在其心理感受系统中形成某种信仰情感时，势必以口头语言的方式表达出来，呈现对于该神灵种种灵异事件的叙述。这些叙述在民间不断流布传播，经过众人的加工和修饰，最终成为一则有着完整情节的传说。[②]

[①] 讲述人：章大爷；访谈人：杨泽经；访谈时间：2015年4月27日；访谈地点：泸溪章大爷画室。

[②] 赛瑞琪：《文学叙事在民间信仰语境中的生成、变异与展演形态——以芦墟刘王庙会为个案》，硕士学位论文，复旦大学，2008年，第16页。

在自然语境中，老百姓讲述的盘瓠神话版本固然有千百种，其语词表述、内在逻辑、结构层次等都体现许多差别，但它们依然在总体上表现出很强的相似性——将神话叙事发生的场域直接或间接地定格在沅水中游，融入地方风物景观，从而增强神话的真实性；拓展了盘瓠和辛女到达石室之后的叙事情节，将盘瓠被杀的始末，即原因、经过、结果勾描得很清楚，隐含着对不肖子孙的鞭笞和痛斥，是对晚辈的教育；将盘瓠死后其尸体的漂流过程，即辛女悲痛的寻尸过程细致延展开来，自辛女溪出，顺沅水而下，划分出与盘瓠尸体停泊、流经与否的许多节点。因此，相比于古籍中的神话表述，泸溪的盘瓠神话不仅数量庞大，还在神话叙事元素上大大延展，最终形构了完整的叙事链条。

第二节 辛女村日常生活语境中的盘瓠神话

村落是重要的文化传承空间[①]。盘瓠神话传统是辛女村的核心文化。神话传统包括神话讲述人、讲述场合、听众、庙会、仪式等众多要素，是一个综合体。辛女村村民笃信盘瓠和辛女，其神话实践体现在神话讲述、节俗、祭祀以及衣食住行习俗等多方面。

一 辛女村的日常生活

村落是有着血缘、姻亲、仪式、利益、情义等纽带联结的不同群体的生活世界，是有着自己故事、传说、记忆、语言和表达方式的村落。它也是邻村人眼中的村落，是置身于传统国家和现代民族国家阴影中的村落，是世界的村落。[②]

辛女村也是如此——传统与现代并存，历史与当下交辉。水运自古有之，货物和信息源源往返于村庄内外，村里不少人曾当过纤夫，于沅水行船放排；陆运则迅速推进，白浦公路[③]穿越村落。辛女村的内与外、古与

[①] 刘铁梁：《村落——民俗传承的生活空间》，《北京师范大学学报》（社会科学版）1996年第6期。

[②] 岳永逸：《灵验·磕头·传说——民众信仰的阴面与阳面》，生活·读书·新知三联书店2010年版，第19—20页。

[③] 白浦公路，指从县城白沙镇到浦市古镇的硬化公路，沿沅水而建。

今是互动、互现的，是不断变化的生活世界。

图4—4　背靠辛女岩、盘瓠山的辛女村

辛女村位于县城白沙南部约15公里处，坐落于辛女岩和盘瓠山的下方。村民多姓侯，故又名"侯家村"。它是湘西古苗寨，老屋尚存，吊脚楼残破，千年古柏和辛女庵是村史的见证。村东临沅水，南倚群山。村民建有不少砖房，昭示着村落一直未有停歇的变化。耕作依然是村民重要的劳作模式。因其特殊的历史文化底蕴，村人侯自佳将其称为"中国盘瓠文化发源之地，湖南沅江流域最古老的苗寨"。据村民回忆，当侯氏先民最早来此时，此村名辛女村；中华人民共和国成立后的"土改"期间，辛女村、黄家坨村和仡佬坪村合并为辛女村；1958年人民公社化时期，设侯家大队，驻地侯家；2005年11月，辛女村原属的上堡乡撤并，划归白沙镇，辛女村与红土溪村合并，并称红土溪村，下辖屋场坪、红土溪、侯家、甲腊坪、黄家坨、赵洲坪六个自然寨，辛女村为红土溪村的一个小组。2011年，以侯自佳为首的民间权威又将村名改回辛女村。

据《侯氏族谱》记载，侯家先民最早分布在河南、山东等地。然而，古时，部族争霸频繁，时兴劳役。为避部落战争危难，苗家先民南迁至江西吉安府太和县。后又因战乱，从吉安西迁越过洞庭湖，溯沅水而上至湘西腹地。因此,侯氏先民一脉的迁徙路线可概括为:中原下吉安,吉安转楚南。20 世纪 80 年代初,村民在村外沅水坎上坟墓边挖砖窑泥土时,挖得春秋战国时期铜剑一把,由此他们认为,至晚在春秋战国时期,侯氏先民已在村里繁衍生息,至今已有两千多年历史。

辛女村人重淫祀、信巫鬼,民间信仰多元。他们开辟土地,种植水稻、大豆、苞谷,饲养鸡、鸭、牛、猪等。近些年,村里更多的青壮年走出大山,走向发达省市务工,村民的劳作模式和生计结构已发生较大变化。

二 盘瓠辛女的信仰

辛女村是典型的古苗寨,村民往往笃信盘瓠和辛女,认为盘瓠和辛女正是在辛女村以及附近区域开荒拓土、男耕女织、生儿育女、繁衍生息,所以是苗民的始祖、家园的始创者,自己就是盘瓠和辛女的后裔。具体而言,当地的盘瓠辛女信仰有以下表现:

图 4—5　巷道深深的老村

(一) 村落分布有大量与盘瓠神话相关联的自然和人文神话事象

村民将神话的核心叙事元素，附着在一些可见的物象上，以盘瓠和辛女命名，使神话拥有物质载体。村庄背靠盘瓠山，山上有一石犬，便被说成是盘瓠的化身，村民上山放牛、捞柴都要祭拜、烧香纸；山腰有奇特的盘瓠洞，旁侧为辛女岩；村庄因独特的地形特点，得到"辛女照镜"的美誉。沅水之滨则古迹繁多：东有马嘴岩、箱子岩、石壁仙舟；西有辛女岩、辛女溪、辛女桥等。辛女祠立于岩顶，盘瓠庙位于岩腰，辛女庵居于村口，辛女宫建于河对岸，它们都是十里八乡的村民祭祀盘瓠和辛女的神圣空间。

在村里头人们的张罗下，村民会在每年苗族古历的固定时间，在盘瓠庙、辛女祠和辛女庵举行庙会。村民生活中若遇有生活上的不顺，也会去这几处村庙请愿，祭拜盘瓠和辛女，上香、磕头、烧纸，并及时还愿。

这些神话事象成为承载村民记忆的实体。若干年前，辛女村还定时举行椎牛祭，也是祭祀盘瓠和辛女的仪式。

> 盘瓠和辛女来到泸溪生活后，也使用黄牛。牛耕作很辛苦，也受夫妻二人的爱护。有一次，牛被抽打了，心生怨念。后来，牛趁机施了个挑拨离间计，它跟六男六女讲："你们从小到大没见过自己的父亲，晓得他是谁吗？"六男六女回答说："不清楚。"牛便说："你们的父亲就是盘瓠，那条狗。"因为狗和人结合毕竟不是好事情，六男六女后来就把狗打死了。狗死了以后，辛女大哭，对孩子们说："狗看家、爱家，你们为什么要把它打死去？"六男六女回答说："你自己讲，那牛说狗是我们的父亲，这哪里会是我们的父亲呢？"就要母亲跟他们讲。辛女后来把她与盘瓠结合在一起的过程讲明白了，六男六女也知错了，原来是牛在捣鬼，就把牛杀了，嘴里念叨：我把家里这条狗杀了，都是你惹的祸，你的挑拨。所以，之后祭祀盘瓠时，都要牵一头牛来，杀死，以表对盘瓠的敬重。[①]

[①] 讲述人：章大爷；访谈人：杨泽经；访谈时间：2015年4月27日；访谈地点：泸溪辰河高腔剧团章大爷画室。

（二）盘瓠辛女信仰是村民日常生活中的有机组成部分

图 4—6　辛女岩顶的盘瓠像

村民崇敬盘瓠和辛女，至今部分保有"语言侏离、衣服斑斓、饮食蹲踞"① 等遗风。为了纪念和缅怀盘瓠和辛女在这里开荒拓土、繁衍子孙的功德，村民在给新生儿起小名时，喜用狗字，如焕狗、亮狗、六狗等。"老年人说：他们祖先到此，是黄狗领的路，住下后添子发孙，兴旺起来了。有的说，先冲地形似狗，人名地名一致，容易兴旺；也有的说，人叫

---

① 张永、侯自佳、瞿湘周：《盘瓠民俗事象与瓦乡人族属——再论瓦乡人的族属问题》，载泸溪民委编《盘瓠研究》，湘西保靖印刷厂1990年版，第126—136页。

狗名，以示易养成人。"① 每年大年初一，侯家人会在用餐前先将酒肉饭菜放置在为狗盛饭的木盆内，一家人扣打木盆，齐声呼叫狗吃饭以示敬奉。

侯氏先民对狗的笃诚敬拜之情，一个很重要的原因在于狗对他们的日常生活起到重要的守卫功能。在古代，偏远的湘西，山高水深，野兽横行，村民深居此地，需要生活的安全感，狗与生俱来的护家、忠诚等特质，使其成为村民特别的朋友。村民们相信，盘瓠和辛女的神话信仰，能给他们的村庄、家人、后代带来福祉。

在饮食习俗上，村人禁吃狗肉。逢年过节，也要祭拜盘瓠和辛女。在苗家传统服饰中，侯家妇人常将盘瓠神犬的形象编织成狗的花样，编织在头帕、手巾、帐檐、胸围裙等日常生活针织用品中，这也是苗族数纱的一大特色。一位村中老人曾向笔者展示一件数纱胸围裙，裙上有七根直形彩纹，象征着苗族有七姓七宗分支，老人说，把它穿戴在身上，就会提醒自己不忘根本，珍惜和安享当下的生活。

> 裙面挑有六个"回"字，六个"弗"（福）字，四个"卍"字，四个"寿"字，对称布局于"天地"中，生于一脉（一棵大树居中分枝杈），由"上丅"（上天下地）左右对称构成的两条线把它们串成簇，与中间大树同生（发源）于酷似"盘瓠图腾神像"的"天"上。又因是种植禾稻靠"五谷"滋养的民族，所以全花布局的下方，整齐地连缀着五株稻穗。全花纹图案构成一幅美丽的崇拜盘瓠的图景。六个"回"和"弗"，表示盘瓠之后的"六对夫妻"或"六个氏族"，他们虽然逸出奔向四方，都象"弗"似的经历了曲折的道路，但只要"寿"存在，都必须不忘祖，回首追忆着盘瓠。②

"小儿头戴狗脑帽，脚穿狗脑鞋，男戴狗纹帕，女着狗纹花灯。"狗儿帽，是辛女村盘瓠信仰的又一显著标识。村里的许多老人经常回忆起他

---

① 张永安：《综述"盘瓠"及泸溪传说情况》，载泸溪民委编《盘瓠研究与传说》，内部印行1988年版，第95—96页。

② 张永家：《略论盘瓠族系的民族特质——从民俗事象看盘瓠后裔的开拓精神》，载泸溪民委编《盘瓠研究》，湘西保靖印刷厂1990年版，第19—39页。

们儿时戴的狗儿帽,两只小角如同两只狗耳朵微微翘起,"我记得我们小时候都戴过那种狗儿帽,那是家里女人一针一线缝出来的,手工活儿细腻,帽子上还有挑花图案,非常精美,戴上十分暖和。它让我们时常想起盘瓠和辛女,也让我们感念母亲的爱。现在没有保留下来了"①。"童年时期,冬天来临,母亲常常给我们戴上自缝的狗儿帽,那时我们这些小孩子,头上都有一顶狗儿帽。玩闹中大家手捏帽子,调皮地模仿狗叫声音,

图4—7 绣花围裙

---

① 讲述人:向大爷;访谈人:杨泽经;访谈时间:2015年4月23日;访谈地点:甲腊坪村向大爷家。

其乐融融。"① 狗儿帽暖和、舒适，且承载了许多泸溪人儿时的记忆。时至今日，它依然残存于村民的日常生活中。在集市上，不少苗家妇女仍习惯戴一顶狗头帕；2015年夏天，笔者在辛女村辛女庙会上，就见前来祭祀的香客中，有不少中、老年妇女戴着狗头帕。

图4—8 狗头帽

每年立秋以后的三五天，辛女村的妇女会因循盘瓠神话里辛女的生活习惯，下村东沅水的辛女滩，"脱去衣裳洗奶子"，这一习俗至今仍为不少人守承。"辛女把这些日子称为'洁身日'。据传说，这是最吉利、最圣洁的日子，是彻底涤除身上的痱子、头上的皮屑的最佳时节。"②"我小时候，母亲每年都带我去河里洗。全村妇女几乎都会去，大家也不觉得臊，因为这是神母辛女留给我们的传统。为什么要洗呢？因为立秋以前，身上会生许多虱子，去辛女滩洗，有辛女的护佑，是神水，就能把虱子清洗干净，保持健康。"③

村民还以划龙船的方式敬奉盘瓠和辛女。"五月端午节，我们村子里

---

① 姚本奎、龙海清：《盘瓠文化探源》，中南大学出版社2004年版，第338—340页。
② 侯自佳：《瓦乡人风俗风情》，中国文联出版社2005年版，第113页。
③ 讲述人：侯自佳；访谈人：杨泽经、邓秀兰；访谈时间：2015年7月15日；访谈地点：泸溪四大家大院侯自佳家。

的，要在村东沅水上划龙船。经过盘瓠庙、辛女祠、辛女庵时，会对着它们烧香纸，并喊几句话，期许他们保佑子孙。"① 行船亦是如此。"古时顺沅水行船下来，到达辛女村附近时，要对着辛女盘瓠，在船上给他们作揖，以示敬拜，寻求保护。"② 由于辛女乃高辛之女的身份，过去有"帝女在此，下官赔礼"的讲究，地方官员途经庵堂时，往往会自动下马跪拜。

（三）辛女庵、盘瓠庙、辛女宫等村庙是村民祭祀盘瓠和辛女的主要场所

辛女村村民尊盘瓠和辛女为神父和神母，立庙祭拜。在沅水中游一带，祭祀盘瓠和辛女的庙宇密集地分布在各个村落，几乎村村有庙。这些庙宇大多拥有较长的历史，有的如今虽已湮灭，但曾年年举办盛大的祭祀盘瓠和辛女的庙会，如位于辛女溪口、辛女岩下、今已拆毁的盘瓠古庙，

图 4—9 辛女庵

---

① 讲述人：侯自佳；访谈人：杨泽经、邓秀兰；访谈时间：2015 年 7 月 15 日；访谈地点：泸溪四大家大院侯自佳家。
② 讲述人：侯自佳；访谈人：杨泽经、邓秀兰；访谈时间：2015 年 7 月 23 日；访谈地点：泸溪四大家大院侯自佳家。

"每岁七月二十五日,种类四集于庙,扶老携幼,环宿其旁,凡五日,祀以牛豕酒醏,椎鼓踏歌,欢饮而还。"① 有的则历经风雨洗礼而保留至今,依然在村民日常生活中扮演重要角色,举办规模较小的庙会。辛女庵便如此。

辛女庵是一座庵堂,旧时,庵为尼姑的居所。千年来,辛女庵矗立在辛女村东北口,与村民聚居的住宅有一段距离。据史家李鸣高的鉴定论证,庵堂建成于宋初。相传,最初村人在建好辛女庵后,为了村落结构整体上均衡协调,随即种下了此古柏。因此,在村人记忆中,古柏和庵堂同岁,共同见证了这个僻远的湘西苗寨近千年的历史变迁。

辛女庵曾长期作为村民祭祀辛女、缅怀盘瓠的神圣空间,常年不倒;也曾在特殊的历史时期,被改名或另作它用。甚至可以说,一座辛女庵的生命史,可以从侧面反映出辛女村的变迁史。历史上,辛女村人曾经将辛女庵改名为回龙庵。

> 有一种说法,当年苗民起义时,吴八月在这一带起事,引来数量庞大的清军围剿至此。清军把辛女岩上的辛女祠整个毁坏了。村民见情势危急,害怕清军会继续进辛女村摧毁辛女庵。为了保护庵堂,大家十分着急。不久,村里的一位秀才想了个办法,把庵堂外墙上的"辛女庵"三个字抹掉,重新写了"回龙庵"三字上去。这样,那时"辛女庵"就改名为"回龙庵"了。因为龙是天子的象征,官兵即便看了也不会轻易拆除。果然,庵堂因为更名而被保护下来了。关于易名,民间还有一种讲法。在清朝年间,村里屡次起大火,烧了不少房子。后有名人指点,恐怕与辛女庵有关。于是,村里头人和大家商量,决定挨家挨户筹集钱粮,从洪江上面放一块木排下来做材料重修庵堂,并改名回龙庵。因为龙若是回来了,就会带来雨水,火就燃不起来了。确实,从那之后,村里面从不起火了,改名是有效的。②

虽然无法确知辛女庵改名的真实性,但从其过程可以看出,这座庵堂

---

① 杨昌家、龚仁俊:《泸溪民俗拾贝》,中央民族大学出版社2009年版,第50页。
② 讲述人:侯自佳;访谈人:杨泽经、邓秀兰;访谈时间:2015年8月12日;访谈地点:泸溪四大家大院侯自佳家。

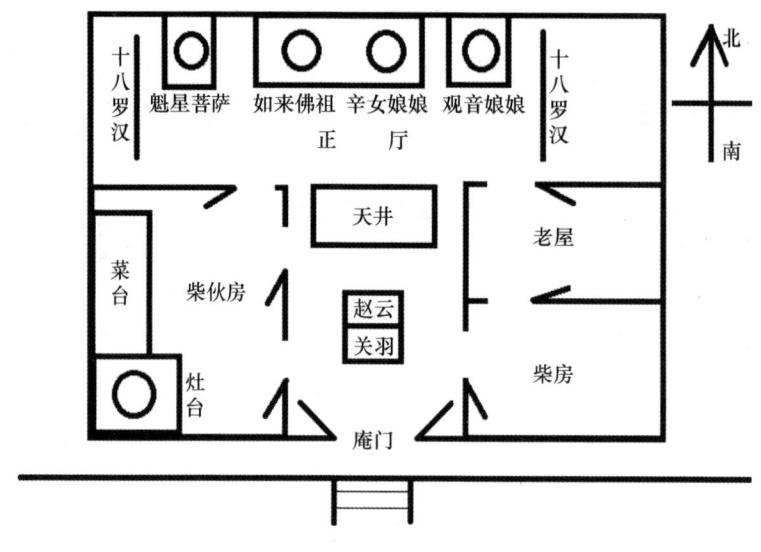

图 4—10　辛女庵空间结构

在村民的生活记忆和民俗信仰中处于核心位置。村民相信辛女的灵验，能够给他们带来许多福祉。与山顶的辛女祠屡遭破坏的情形相比较，村口的辛女庵则得以较为幸运完好地保存。日久天长，庵堂建筑自然地坍塌，村民也多次尝试修复。清末以降至整个民国年间，庵堂格局并未发生很大变化，也没有遭到破坏，一直保存得较为完好，继续作为村民祭祀盘瓠和辛女的神圣空间。中华人民共和国成立之后，辛女庵的空间使用在功能上发生了较大的变化。

  我 1942 年出生。在我的印象中，建国初土地改革前，在庵堂里还能看得到盘瓠和辛女的木制雕像，都是用很好的木材做的。"土改"时，国家提倡打击封建迷信，把盘瓠和辛女的雕像，扛出来烧了，烧时，我在场，有七八岁。之后不久，辛女庵就被改造成了村小，从一年级到四年级，我在庵堂里读的书。"文革"期间，辛女庵不作学校用了，被改造成了仓库，庵堂的用途又发生了变化。大队把稻谷、包谷、大豆等粮食堆在里面。红卫兵并没有把庵堂搞坏，风吹雨打、年久失修，它自己坏的。大概是 1984 年，村里把它改回辛女庵的。改革开放之后,辛女庵就不再用作仓库了,庙会逐渐恢复起来。①

辛女庵在新中国成立之后的功能演变,具有中国乡村庙会普遍的特点。在"又红又专"的时代,辛女庵及其庙会祭祀活动被当成封建迷信活动予以禁止,不仅盘瓠和辛女的塑像被烧,村民公开的信仰仪式也被停止,辛女庵被相继改造成村小学和仓库来使用。其间,庵堂一度被改造成榨油厂,至今庵内依然可见两个并未完全磨平的、先前用于置放榨油装置的木墩。"文化大革命"结束后,中国民间文化传统得以逐渐复苏,村里的头人们开始牵头恢复办辛女庙会,庵堂复归其原始功能,重新成为他们祭拜祖灵和其他神灵的神圣空间。

辛女庵的兴废盛衰,显然与不同历史语境直接相关。在这个漫长的过程中,"精英与民众、官方与民间、国家与地方社会、不同信仰者等这些经常被简单机械对立的参与诸方,相互之间同时都扮演着主动者和被动者的双重角色,互观、互审、互构着对方,互为主体"②,辛女村则成为这些力量会集纵横的交点。因此,无论是村落还是辛女庙会,无时无刻不为多方因素形塑着。

辛女庵前有一副对联。上联曰:风调雨顺;下联曰:国泰民安;横批:功德无量。对联诉说着村民对神母辛女开基建业、繁衍庇护等伟大功绩的忠诚感念,也寄托着他们对国家昌盛、家庭幸福的美好心愿。庵堂内陈设古旧,为木质结构,供奉有把门将军关云长、回头将军赵子龙、如来佛、观音菩萨、十八罗汉、魁星菩萨和辛女。在村民的意念中,并没有佛、道等门派、范畴的绝对区分,只要能护佑他们自己和家人,无一例外都会供奉。诸神共居一室,互不排斥,多神信仰,体现着村人包容、糅杂、实用的信仰特点。

如今,在一年中的大部分时间里,辛女庵都庵门紧锁,钥匙由村里的头人保管,只在举行庙会前后或重要集体性仪式时,方才将庵门开启。头人们说,多年的风吹日蚀,庵堂已较为陈旧,为了更好地保护它,众人商

---

① 讲述人:侯自佳;访谈人:杨泽经、邓秀兰;访谈时间:2015 年 8 月 5 日;访谈地点:泸溪四大家大院侯自佳家。

② 岳永逸:《灵验·磕头·传说——民众信仰的阴面与阳面》,生活·读书·新知三联书店 2010 年版,第 83 页。

图4—11　辛女庵中的辛女像

议决定平日里将庵门锁住。若是遇有大风大雨，头人和其他村民还会对庵堂的屋顶碎瓦和墙体渗漏等问题进行检修。逢年过节和做庙会时，头人会提前把庵门打开，以方便村民去庵堂里祭拜神灵。

（四）辛女庙会是村落中重要的民俗生活

清朝苗民吴八月起义之前，辛女桥旁边的盘瓠老庙香火兴旺。"每年六月二十五到三十的五天五夜里，湘西地区沅陵的、麻阳的、吉首的、花垣的、辰溪的还有泸溪本地的苗族都聚拢在这里，举行盛大的庙会，祭祀盘瓠和辛女。"[①] 苗民起事后，清军将老庙打烂，并严禁复修、在原址再

---

①　讲述人：侯自佳；访谈人：杨泽经；访谈时间：2015年5月10日；访谈地点：泸溪县旅游局会议室。

举办庙会。古历七月底，村里的稻谷已收割完毕，正是吃新的时节，也是村民团聚、热闹的好时候。发展到后来，庙会形态逐渐演变：大规模跨区域人员流动不复存在，本村举办庙会时，以邻村或附近村寨为主要参与者的小规模跨村人员流动频繁。久而久之，以村落为中心、本村和附近村民选择性参与的乡村庙会成为沅水中游地区的典型人文景观。

相比于《辰阳风土记》记载的庞大庙会场景，辛女村辛女庵现在的庙会并不大，赶庙会的集中为沿河一带，除了本村的，还有附近寨子的，如甲腊坪、黄家坨、铁柱潭、李家田、辛女溪、辛女坪等。"文革"后，头人每年都会组织搞庙会。①

"庙会可以说是庙宇建筑、所供神灵、神媒、信众、香烛纸炮等供品、庙戏以及庙市和各自相应的传说故事等基本质素不同搭配组合的综合叙事。"② 这些元素在辛女庙会中兼而有之。一百多年来，庙会的命运起伏周折，一定意义上可作为中国乡村文化传统演变的镜像。即使在外部政策和制度环境最紧张时，辛女村人也并没有忘记盘瓠和辛女的伟大功绩，依然将对他们的挚爱和感恩深埋于心底。显然，盘瓠和辛女早已成为本地苗民赖以依靠的心灵慰藉，是他们遭遇灾害、不幸、困苦时祈祷和诉说的对象，是地方神灵的显要象征。辛女庙会不仅融洽了村民之间的感情，还延续乃至强化了村民关于盘瓠神话传统的身体记忆和心灵感应。

作为一种周期性纪念仪式的庙会，能为我们提供重温集体记忆的场域，它"是社会记忆的一种方式，不但固化群体认同，成为集体记忆得以形成的手段与策略，也是民俗知识传播的重要渠道"③。辛女庵每年都会举办三次庙会，正日子分别是苗族古历的二月初八、六月初八、九月初八。在庙会的正日子，辛女村人及附近村落的苗民会从家中出发，或三三两两、或成群结队前来赶会，还有已经出嫁在外的辛女村女儿，也会在每

---

① 讲述人：侯自佳；访谈人：杨泽经、邓秀兰；访谈时间：2015 年 7 月 26 日；访谈地点：泸溪四大家大院侯自佳家。

② 岳永逸：《俯视、蔑视与平视：百年乡村庙会研究史及其心性》，《节日研究》2010 年第 1 期。

③ 岳永逸：《灵验·磕头·传说——民众信仰的阴面与阳面》，生活·读书·新知三联书店 2010 年版，第 128 页。

年做会时，结伴回家过会。每次庙会除了正日子外，前后一共持续三天时间。正日子的前一天，称"上庵"，头人会召集该次庙会的主事奶奶（协助头人举办庙会的村中老妇人）提早来庵堂内，除尘扫灰、清洗碗筷、刷锅净灶，准备好次日迎接香客时需要用到的食材、香烛、炮仗、香纸等物品。清扫完毕后，头人和主事奶奶返回家中，带上平日里自己盖的棉被，未来两个晚上，她们在辛女、如来、观音、魁星等众神的注视下，夜宿庵堂。正日子当天，头人和主事奶奶忙着张罗斋饭素菜，招待络绎不绝前来祭拜的香客吃喝。"年老或因病不能前往者，也要分送一碗。吃香豆腐时，大家围大木盆蹲食，不用筷子，而用香篾脚或小竹棍戳着吃，且边吃边歌，互相劝食。外村同族过路人也同吃。"① 虽然当下这些习俗有所变化，如会使用从商店购买而来的一次性筷子，喝果汁饮料，但它们依然体现着浓厚而典型的盘瓠遗风。正日子的后一天，称"下庵"，头人和主事奶奶将庵堂再次整理干净后，携棉被等物返还家中，庙会结束。

图 4—12　头人和主事奶奶准备庙会食材

---

① 当地的瓦乡人习惯蹲着吃饭，这也被阐释为缅怀盘瓠和辛女的一种方式。

2015年辛女庵第二次庙会的正日子为7月23日。7月20日，长期从事文化摄影的泸溪老专家石老师，带领笔者，一人骑乘一辆电动车，从辛女广场开始，顺着沅水，逆流而上，实地探访了泸溪盘瓠神话里的大部分实体景观。我们来到辛女庵，庵门打开，来自浦市的谭师傅正在给辛女、如来、观音和十八罗汉等塑像重新上红漆。我们随即攀谈起来。"村里管辛女庵的头人请我过来做的，给这些神像上漆，自古以来，村民有敬拜盘瓠辛女的传统。过几天庵堂里要搞今年的第二次庙会，附近的香客会来庵里敬神烧纸，刷红漆就是为做会做些准备。上漆的钱，由头人出。头人将做会时大家的功德钱攒起来存好，用于庙会各种开支。做功德的事，有意义，村民乐于参与。老百姓相信，它们能保平安吉祥。"[1] 谭师傅对我说，他已经连续在庵堂里刷了四天的油漆，次日便可以结束工作。

7月22日，是正日子的前一天。当天下午，笔者再次来到辛女庵，漆已刷好，头人和七八位主事奶奶正坐在长条板凳上。庵前的坪场上，已有一小堆燃放过的鞭炮纸屑，旁边的香池里也有烧过香烛纸的灰迹。显然，头人和主事奶奶正在为次日的大日子做最后的准备。笔者进入庵堂，跟头人和主事奶奶讲清楚身份和来意后，受到了她们热情的欢迎。庵堂已被打扫得干干净净，西厢房的锅碗瓢盆被整理得井井有条。几床棉被置放于靠着西厢房的一侧，她们晚上将在此过夜。笔者与几位老奶奶聊起天来，虽不能完全听懂她们讲的方言，但还是能约略交谈一番。谈话间，一位中年妇女背着一箩筐青豆进入庵堂，随即大家便开始剥豆子。她们是在为明天的庙会正日子准备食材，笔者遂主动参与剥豆，与她们拉起了家常。"庵堂里搞庙会吃的都是素菜，地里出什么菜，我们就做什么菜，都是绿色食品，自己栽的。"[2]

笔者了解到，主事奶奶多在五十岁以上，大多来自辛女村，也有几位来自甲腊坪、李家田、辛女坪等邻村（见表4—1）。

---

[1] 讲述人：谭师傅；访谈人：杨泽经；访谈时间：2015年7月20日；访谈地点：辛女村辛女庵。

[2] 讲述人：向大娘；访谈人：杨泽经；访谈时间：2015年7月22日；访谈地点：辛女村辛女庵。

表 4—1　　　　　　　　　头人和主事奶奶信息

姓名	年龄（岁）
代大娘（头人）	59
向大娘 1	67
向大娘 2	83
侯大娘	64
李大娘	70
覃大娘	67
印大娘	85
向大娘 3	81
向大娘 4	67
张大娘	56

就这样，一边剥着豆子，一边说话，越聊越深入。渐渐熟悉后，她们打消了顾虑，愿意讲的内容越来越多。不知不觉间，83 岁的向大娘给笔者讲述了一则盘瓠神话：

> 盘瓠开辟了天地。盘瓠是个仙狗，后来和辛女配成双。配成双呢，来到我们这里生活，就生下来三个儿子。三个儿子呢，长大后就问他们的妈："我们三弟兄没有爸爸，我们从哪里来的哦？"就追着他们妈妈天天问、天天问，他们妈妈讲："你们天天问，灶门口的就是你爸。"噢咧哦！是个狗！几个儿子知道了。知道以后呢，李家田有个打狗冲，有一回盘瓠和儿子们一起上山打野猪，就把他们的老子打掉了，把狗打掉了。狗打死了呢，就黑天了，看不到路，又下大雨了。
>
> 三弟兄就讲："哎呀，打错了，我们要三拜三跪，讲好话。"他们拜天地以后呢，就涨洪水了，下大雨了。那个狗呢，就沿着辛女溪被冲下来了，冲到那个村里，就被冲出来了。黄狗坨那有个辛女桥，盘瓠被冲到那里了，后来叫黄狗坨；到这里（辛女村）就是吼了一声，以前是吼狗村；到下面狗被刮了一层皮，就叫刮落皮，后来叫仡佬坪；刮了皮流血，染红了半条溪，下面就叫红条溪，后来才叫红土溪。辛女到下面就问：嚯，大家有没有看到盘瓠的尸体哦？仡佬坪，

过了；红土溪，涨水了。辛女就哭得更厉害了，没得办法。到流狗滩，问老鹰，老鹰也说已经流过去了。辛女后来追到天硚山那里，看见有捞鱼的在那儿，就问：船老板啊，我给你三百两银子，你帮我把那个狗救起来。

后来他就把盘瓠救上了河岸。辛女给了他三百两银子，就对着盘瓠的尸体大哭。后来，她就把盘瓠埋在那个山下面去了。辛女跑到旁边的洞子里，要守上三年，等盘瓠的坟土干。她就哭啊，哭啊。洞子里的妖精看辛女那么年轻巴巴的，就问："你怎么到我的洞子里来哦？别的妖怪看到会吃你。"辛女就说："有妖怪要吃我啊，那我就不到你这个洞子了。"她就哭哭啼啼，非常伤心，回到了辛女祠，去守那个庵堂。后来，有白龙黑龙两条龙从沅水经过，涨大水后，那条白龙就上岸了。白龙听到辛女在山顶哭，想到辛女年轻貌美，就想去调戏她。被辛女察觉，"bia"的一声，就把白龙别在崖壁上了。今天一条条的纹理，还很清楚。①

村民的神话讲述是其神话实践的主要方式之一，每一次讲述，都赋予盘瓠神话一种新异文。这则神话是主要由向氏讲述、其他几位主事奶奶插话补充完成的。虽篇幅不长，神话情节却十分完整，甚至将逆子杀父、辛女寻夫、辛女打龙等几个相对独立的神话连缀在一起。头人和主事奶奶回忆说，她们年轻时，记性好，能更完整地讲出来，倒背如流，现在岁数大了，头脑变得糊涂，原先能讲的只能记住部分。她们还反复提及，在过去热闹的庙会中，讲神话故事的现象很常见。"有些小娃子因为好奇，想知道为啥我们要敬盘瓠和辛女，我们会跟他们讲；有些人主动问起，我们也会放开来讲。过去老人家讲神话就像背书一样，我们经常听，也经常讲，和今天不一样。"② 言语间，她们对过去拥有浓厚神话讲述氛围的时光充满了追忆和怀念。

7月22日下午，热情的老奶奶们留笔者在庵堂里吃斋饭。饭前，头

---

① 讲述人：向大娘；访谈人：杨泽经；访谈时间：2015年7月22日；访谈地点：辛女村辛女庵。
② 讲述人：李大娘；访谈人：杨泽经；访谈时间：2015年7月22日；访谈地点：辛女村辛女庵。

人先将食物呈给庵堂里的辛女、如来、观音等诸神灵，供奉其先行食用。我们相约第二天庙会的正日子再见。

7月23日，是庙会的正日子。当我们在早上七点多到达辛女庵坪场时，头人代大娘已经准备燃放炮仗，迎接即将到来的香客。庵堂香池一侧有十来个小孩聚集在一起玩耍，男孩女孩皆有，年龄从五六岁到十二三岁不等。庵堂内的收音机里播放着佛教音乐，还有以前过会时举行仪式表演的录像。头人说，原本庙会盛大时，有专门的祭祀表演，近些年由于庙会的参与者多为村中老人和孩子，难以再组织，便以音乐和录像代替了，现在做会许多仪式都从简了。今天，村里更多的妇人也早早地过来帮忙。"由于旧时庵堂是尼姑的居所，而辛女庵里主要供奉辛女，因而张罗辛女庙会的几乎是清一色妇人。"[①] 头人告诉笔者，这次庙会还有两位男性干活，一位是村里的会计，还有一个是笔者。在当天的庙会上，我协助侯大爷将香客收来的功德钱条分缕析地记入账本。

不久，从辛女村及沿河各村来敬神的香客多了起来，男女老少，兼而有之。香客们拎着小袋，里头装着香纸、蜡烛等祭品。每来一拨或一位，头人都会事先在庵门外的坪场上点燃炮仗，以示欢迎。香客进入庵堂后，与先来的其他香客有说有笑地寒暄，气氛热闹轻松，但当他们祭拜辛女、如来、观音诸神时，则庄严肃穆、双目紧闭，点燃香烛后，双手拍合、磕头叩首，嘴里不停地祈祷。拜神完毕后，香客们将功德钱放入功德箱中，由侯大爷和笔者记录姓名和明细。

这些环节都完成后，香客们又聊起天来，她们诉说着各自的家长里短，几位老人聊至深入，相互讲起了盘瓠和辛女的神话，你一言、我一句，相互补充。笔者能明显感觉到他们在讲述过程中的心情起伏，这应与神话情节发展脉络是一致的。一些小孩也不时会询问老人，请求他们讲一讲盘瓠神话，面对孩子们的好奇，老人们总会语重心长地将神话细节娓娓道来。笔者的一个较深刻的现场感受是：辛女庙会依然是村民讲述、传承盘瓠神话的非常重要的场合，也是邻里乡亲熟络感情的场合。

如果主事奶奶尚未把饭菜做好，香客们会围坐在头人事先在主殿准备好的八仙桌边，一起进行集体性娱乐活动，比如打牌、唱歌、喝茶等。香

---

① 讲述人：侯自佳；访谈人：杨泽经；访谈时间：2015年7月16日；访谈地点：泸溪县旅游局。

图 4—13　杨泽经参与记账

客们在一边敬拜，主事奶奶则忙不停地张罗素斋，供祭拜完的香客食用。不同时节，庙会中香客食用的食材也不一样，今天奶奶们为香客准备的有：清炒毛豆、小炒斋豆腐、干煸青椒、腌酸菜、斋糍粑、水煮长豆角、粉条和米饭等。吃完斋饭，香客们陆续返家。下午的一段时间，庙会相对清闲，十几位主事奶奶手挽着手，现场唱了一首很长的盘瓠歌：

>　　唱起歌儿有原因，唱天唱地唱祖神。
>　　辛女娘娘将麻绩，盘瓠公公把田耕。
>　　种田绩麻多辛苦，做得果实养子孙。
>　　阳春歌儿从他起，古代流传到如今。
>　　唱歌辛女先为主，护国盘王他至尊。
>　　……
>　　保佑老者添福寿，保佑少者无病生。
>　　百事顺遂件件好，万事如意事事兴。
>　　盘王公公宽心坐，辛女娘娘散散心。
>　　子孙年年勤敬祀，不忘功高天地人。
>　　公公飘到白龙岩，娘娘飞步辛女宫。

二老高坐云山上，时时保佑众子孙。①

歌声表达了她们对盘瓠和辛女的敬仰之情，以及保佑家业兴旺的良好祝愿。当天庙会结束时，我们算出本次共收入功德钱近三千元，是近几次庙会中功德钱供奉得比较多的。这些钱由头人保管，将用于今后举办辛女庙会的支出。

图4—14　唱盘瓠歌

7月24日，天高云淡，风和日丽，当笔者再次来到辛女庵时，头人和主事奶奶已将庵堂打扫得干干净净，她们的铺盖大部分也搬回家了。与昨天正日子的热闹景况相比，今天则清静了许多。我们吃过斋饭，便坐下来与奶奶们进行了长时间的访谈，关于庵堂、做会、家庭和人生等，她们都有讲不完的故事。其后，就下庵了。

虽然庙会前后只举办几天，但这种周期性的文化仪式已成为辛女村人和周边村民清晰铭记的生活内容，是不可忽略的。庙会作为非常的时空场

---

① 向明玉：《阳春歌》，载泸溪民委编《盘瓠研究》，湘西保靖印刷厂1990年版，第225—227页。

合，集中体现了村民对盘瓠和辛女的信仰，辛女庙会早已成为辛女村村落文化的象征性标志。

（五）盘瓠辛女信仰与村民的生命历程相连

几十年来，辛女庙会的头人在不断更换。如今这拨辛女庙会的组织者，除了少数因年老多病退出和少量几位中年妇女新进入之外，大多数已经干了许多年。其中有几位自20世纪80年代就已经开始做会了，一直坚守到现在。"我们没啥特别的心愿，现在国家也允许搞会了，就想一心一意把会做好。我们这些老胳膊老腿儿已经折腾许多年了，年轻人大多外出打工，感兴趣的少了。所以，还是希望做会后继有人，培养年轻人接班。"① 头人朴素的愿望，来自其心底的声音。的确，主事奶奶们大多年岁已高，有几位行走还不方便，却依然操持在做会的第一线，为了附近的村民能有更好的场所祭拜盘瓠和辛女。这既体现出她们对做会事务的责任感，更说明盘瓠和辛女的神话信仰对她们的特殊意义。

作为数年来辛女庙会的头人，今年59岁的代大娘的人生跌宕起伏。她来自辰溪县，婚后生育了四个女儿，与丈夫过着清贫却幸福的生活。然而，1979年，一场大病几乎将代大娘的身体和精神彻底摧毁。"那年快过年时，我身体不舒服，后来被查出患有尿毒症。我住进了泸溪人民医院，一住就是四十多天，我的小女儿只有四岁。我在医院里过的年。那时家里特别困难，过年四个小孩在家，一口肉不得吃，老伴一个人操劳。"② 生活的窘迫和家庭的琐事，使代大娘内心极为焦虑和痛苦，在她几乎放弃生命希望时，转折来临。"尿毒症要换肾，要11万元钱，我们换不起。我的腰子越来越疼。后来割了一个，就干脆回家了。我回家后，去拜了辛女，后来病情就慢慢好转了，最后没事了。这种病，10个中有9个不得好，我虽然好了，也脱了一层皮。记得那会我做了一个梦，有一天晚上，辛女来找我，对我说：你是我的妹妹，我把你的病治好了。结果第二天，腰子果然不痛了。从那时起，我就把自己当成辛女的二妹，特别感谢辛女和盘瓠，是他们把我的命捡回来了。"③ 代大娘认为自己之所以能从病痛

---

① 讲述人：代大娘；访谈人：杨泽经、邓秀兰；访谈时间：2015年7月23日；访谈地点：辛女村辛女庵。

② 同上。

③ 同上。

中挺过来，是因为辛女在危难时刻出手相助，故而百般感激，此后她便积极参与到组织庙会的事务中来。

向大娘来自甲腊坪村，后嫁到辛女村，是代大娘的兄嫂，身世亦十分可怜。其弟 11 岁时意外去世。她 13 岁时，又失去了父亲。21 岁结婚，婚后，她与丈夫共生育 5 个孩子，三女二男，两个男孩都在中途意外死亡。在讲述她个人故事时，向大娘噙满泪水："5 个娃儿，剩 3 个，2 个儿子不争气。娃儿的命也特别苦，我老伴儿 38 岁去世了。"① 丈夫的去世，使得原本就不宽裕的家庭更加贫寒。对盘瓠和辛女的信仰给了她继续生存的勇气，"盘瓠和辛女是我们的根源，要好好去敬奉他们。我始终相信他们会保佑我们平安、健康。"因此，她十几年来一直支持弟媳妇做会，并积极参与其中。

图 4—15 庙会中的个人故事

另一位主事奶奶向大娘今年 83 岁。她 19 岁嫁到辛女村，婚后生了 3 个儿子，后来成为辛女村的妇女主任，见证了近百年来辛女庵的变迁。

---

① 讲述人：向大娘；访谈人：杨泽经、邓秀兰；访谈时间：2015 年 7 月 23 日；访谈地点：辛女村辛女庵。

"辛女庵是个庵堂,解放前,当时有个和尚守庙,服侍菩萨,服侍香火,烧纸燃香。解放后,毛主席不相信迷信,村里大队干部,就把菩萨打破了,拉出来烧了。庵堂变成了村小,娃儿在里边念书。'文革'时又成了仓库,那时要打倒一切牛鬼蛇神、地主魔王。"① 向大娘是辛女庙会的老头人,始终坚信祭祀盘瓠和辛女是认祖归宗的大事,在八十年代初就开始组织庙会,并以身作则,广泛动员,起到了重要的带头作用。

从某种意义上说,这些庙会主事者皆曾为"由于生命机会造成的生活失衡者"②,通过组织庙会,"通过与神的交流和对神的感知,人们获得一种短暂的永恒存在的感觉,我成为非我,在于日常生活断裂的同时,也重获世俗生活中生存的勇气和力量"③。正是在头人和主事奶奶的多年努力下,辛女庙会才得以延续并不断复兴,盘瓠神话传统在辛女村也世代延传。

三 盘瓠神话的讲述及其场合

辛女村人讲述盘瓠神话有着特定的场合、多样的讲述人和流动的听众群体。

村人讲述盘瓠神话的场合有多种,参与者众多。寒冷冬夜里的火炉旁,炎炎酷暑中的古柏下,放牛砍柴时的山野间,农忙劳作时休息的间歇等,都是村民喜闻乐见的传讲场合。到了冬天,农活基本干完,腊月来临,家人团聚。那时,天气日渐严寒,一家人便会围聚在一起烤火,祛湿取暖。"以前村里老人家会围坐在一起讲故事。树底下乘凉,拉着家长里短,说着说着就讲起盘瓠和辛女来。因为盘瓠和辛女是我们苗家人的神父神母呀。冬天里,坐在火炉子旁边也常常会唱古歌、讲故事。"④ 在过去很长一段时间里,辛女村的文化生活较为单调匮乏,老人给孩子们讲神话故事,则成为丰富生活内容的重要调节剂。"娃儿有个习惯是什么

---

① 讲述人:向大娘;访谈人:杨泽经、邓秀兰;访谈时间:2015年7月23日;访谈地点:辛女村辛女庵。
② 岳永逸:《灵验·磕头·传说——民众信仰的阴面与阳面》,生活·读书·新知三联书店2010年版,第47页。
③ 同上书,第48页。
④ 讲述人:向大爷;访谈人:杨泽经、邓秀兰;访谈时间:2015年7月25日;访谈地点:泸溪县大剧院旁街道。

呢？——喜欢听大人讲故事。当夜幕降临，尤其冬天老老少少坐在一起烤火时，坐在那里干什么呢？干坐着也没意思，阿普、阿娘、大爷们就会讲点故事，活跃气氛。"① "很多地名，辛女溪、辛女滩、辛女岩等，如果不是我们小时候听到老一辈的讲述，也不会晓得它们的由来。村里那些老人、有点文化的人讲，我经常听得津津有味。"② 这些场合，对于神话的讲述十分重要。

辛女村远近闻名的烟熏腊肉，也正是寒冬腊月里，家家户户置办的主要年货之一。"我们这儿的腊肉，是烤出来的。在地面放一个火塘，在火塘的周围支起高木架，把一条一条的鲜猪肉悬挂在架子上，一遍遍地添置柴火。"③ 如同围聚在火炉周围烤火一样，熏制腊肉需要家中多人协作，在烤制的过程中，随着红通通的火苗逐渐兴旺，每个人的脸上都会泛起柔和的光芒，年长者也会自发地讲起神话故事来，甚至手舞足蹈，调节了气氛，由此，熏肉过程也成为神话讲述的绝佳场合，火炉充当了人际交往的媒介。④ 此外，村人在放牛、砍柴时也经常讲述神话。

> 记得我们小时候，经常听到村里老人讲盘瓠和辛女的神话，那种听故事的感觉啊，现在想想，既温馨，又回味无穷。我们去山上放牛、田里割草，老人家也会上山砍柴。他们砍完柴了，坐下休息时，就喜欢跟我们娃儿讲故事。说这村和那村的来由、这山和那溪的传说。⑤

在辛女村，尽管老一辈的是盘瓠神话的主要讲述人，但有一点需要注意，神话讲述者并不仅限于老者，中青年人乃至小孩在听取神话后，有的

---

① 讲述人：向团长；访谈人：杨泽经；访谈时间：2015 年 4 月 19 日；访谈地点：泸溪县辰河高腔剧团办公室。

② 讲述人：向大爷；访谈人：杨泽经；访谈时间：2015 年 4 月 23 日；访谈地点：甲腊坪村向大爷家。

③ 讲述人：杨大姐；访谈人：杨泽经；访谈时间：2015 年 4 月 26 日；访谈地点：泸溪县辛女广场。

④ ［美］戴维·里斯曼：《孤独的人群》，王昆、朱虹译，南京大学出版社 2002 年版，第 85—107 页。

⑤ 讲述人：向大哥；访谈人：杨泽经；访谈时间：2015 年 4 月 15 日；访谈地点：甲腊坪村盘瓠人家农家乐。

也能在生活中作很好的讲述。所以，村落神话的讲述人并非一个均质的群体，即便是在老一辈的内部，也有擅讲、会讲与否的区别。这在笔者的调查对象群中是个共识。"老人呢，也不见得个个都能讲完整的神话，在村里，往往是这个老人家晓得神话的这个部分，那个老人家晓得神话的那个部分，人上了岁数之后，喜欢聚在一块儿聊天，各人讲的相互合在一起，就能构成完整的盘瓠神话了。"① 这反映出，在现代村落语境中，神话的讲述呈现出很明显的碎片化的特征，而且会讲与否，与村民的个性是直接相关的。相对而言，擅长讲述神话的村民，往往性情开朗、口头表达流利、乐于与人交流、拥有较好的记忆力，能为听众提供丰富、生动而有趣的信息，牢牢抓住他们的视听感官，是"神话的积极承载者"②；有些村民，可能脑海中的语料库库存充足，但由于其沉默寡言，性格内敛，很少开口，讲神话自然也不多，是"神话的消极承载者"③。在现实生活中，并非所有人都能讲好完整的神话。"实际情况是，并不是村里边每个上了年纪的老人都讲神话，怎么说呢？应该是有些文化的讲得多吧。许多老人，有可能他们知道，但保持沉默，不讲出来。"④

此外，神话的讲述场合也受到时代变化的很大影响：

  村里以前会讲神话故事的，讲得比较好的，那几个八九十岁的，都去世了。我记忆中，向明玉大爷讲得特好，他记性好，是县写作协会的文人。他会文字，会搜集，会写，表达能力好，我们非常乐于听他讲故事。到了我们这个岁数，五六十岁的，已不太会讲、不太晓得了。我们是听那些老人家讲故事长大的，要让我们讲的话，只记得些片段，讲不了那么详细，能原原本本讲出来的不多了。现在的年轻人就不会讲了，电视、电脑、手机，是他们一辈人的娱乐方式，丰富得很。你现在再问小一点的孩子，他们可能不晓得这个神话。现在的小

---

① 讲述人：向大爷；访谈人：杨泽经；访谈时间：2015 年 4 月 23 日；访谈地点：甲腊坪村向大爷家。
② 杨利慧、张霞、徐芳、李红武、仝云丽：《现代口承神话的民族志研究——以四个汉族社区为个案》，陕西师范大学出版社总社有限公司 2011 年版，第 23 页。
③ 同上书，第 24 页。
④ 讲述人：向大哥；访谈人：杨泽经；访谈时间：2015 年 4 月 15 日；访谈地点：甲腊坪村盘瓠人家农家乐。

孩很少会有兴趣听我们讲了。时代变了。①

可见，村民对盘瓠神话的记忆正日渐片段化和模糊。随着时代的发展，村民过上了更好的生活。以前那些孩子们在乡间草地放牛嬉戏的场景更少了；村民建起了新楼，装上了供暖设施，那些围炉夜话的场面也越来越少。几十年来，由于劳作模式的改变，村人的生活方式也发生了较大的转变。改革开放后，市场经济活跃起来，更多的村民离开故乡，涌向城市，寻求更好的工作机会，赚取更高的收入，以过上更好的生活。

图4—16　辛女岩上耸立的辛女祠

差不多八十年代初开始，村里陆续有人进城打工。在那之前，大家都一样，面朝黄土背朝天，以种地为生，种些包谷、大豆，还有水稻，山上还栽些果树。农民不种田了，没有饭吃；种起田来，饭是有的吃，没有钱用。那时顶多挑着担儿去城里卖点菜，换点肉回来吃，日子很清苦。后来，搞市场经济了，村里的年轻人大多外出打工了，

---

① 讲述人：向大爷；访谈人：杨泽经；访谈时间：2015年4月23日；访谈地点：甲腊坪村向大爷家。

剩下老一辈的和小的在老家待着。那么即便老一辈的想传承，也很难找到对象去跟他们讲（盘瓠神话）。①

时代语境的变迁引发村民劳作模式的转变，致使村庄结构大幅调整。当村民不再固守土地时，除年节外，为了家人过上更好的生活，他们一年中大部分时间都离家漂泊。留在村里的年轻人即便有，也不是很多。文化传统的传承面临断层的危险。当侯家那些能说会道的老一辈一个接一个地老去，他们所承载的地方性知识和乡土记忆也随之湮没，面临着消逝的危险。换言之，讲述人和听众退化的速度令人吃惊。虽然在辛女村，盘瓠神话传统有着较为扎实的根基，但如果缺失传承的载体，它也将滑落至十分尴尬的境地。

本节简要介绍了辛女村的概况，并立足于村民的神话实践，从盘瓠辛女信仰和盘瓠神话的讲述场合两个方面，描述了村落日常生活语境中盘瓠神话的存在状况。在辛女村，盘瓠神话与相关的信仰密不可分。盘瓠信仰主要体现在村落中大量的盘瓠神话遗迹、盘瓠信仰是日常生活的有机组成部分，不少村民的个人遭际与盘瓠和辛女信仰相关联。盘瓠神话的讲述场合随着时代以及村民劳作模式的转变而发生了许多改变，几十年前村中神话讲述氛围很浓厚，场合多样；如今村民自觉讲述神话的场合越来越少，而且其讲述的神话呈现出碎片化的特征。

第三节　遗产旅游语境中的盘瓠神话

随着大众旅游时代的来临，旅游产业开始影响到泸溪社会的方方面面，盘瓠神话也在此语境中，被日益频繁地从其原本生存的社区日常生活的语境剥离出来，并挪移进入新的遗产旅游语境中，为了更大范围里的外部观众而展现，并被赋予了多种新的功能和意义。这一现象，无疑是典型的神话主义。那么，与村落日常生活语境中的盘瓠神话相比，在遗产旅游的语境中，作为神话主义的盘瓠神话又是如何呈现的呢？其中发生了何种

---

① 讲述人：向团长；访谈人：杨泽经；访谈时间：2015年4月19日；访谈地点：泸溪县辰河高腔剧团办公室。

变化？新语境中的盘瓠神话被如何展示和重构？本节将以辛女村的旅游开发为例，探讨上述问题。

一 规划中的盘瓠文化景区

与湘西的诸多地方相比，泸溪的旅游业算是起步较晚的，不过近几年来，泸溪加快了旅游开发的步伐。除了融入大湘西整体旅游规划外，泸溪还邀请北京某旅游文化公司前来考察、论证，制定了《泸溪县旅游发展总体规划（2015—2030年）》（下文简称《规划》），确定了"一轴一心三片区"①的总体构想，基本将泸溪具有的典型性旅游资源都囊括进来，而盘瓠文化则是"一轴"和"一心"中的核心。目前，"盘瓠故园、画里泸溪""苗祖盘瓠故园——湘西泸溪"等宣传口号随处可见，辛女村及周边村落已被纳入"盘瓠辛女文化景区"中，正经历逐渐景区化的过程。

在长期的信仰实践中，村民建立盘瓠庙、辛女祠、辛女庵等村庙空间祭祀盘瓠和辛女，也将神话密集地附着在当地的山水风物中，辛女村即是泸溪沅水中游一带盘瓠神话和信仰的中心区域。长期以来，由于辛女村、甲腊坪村、铁柱潭村等苗寨村民与外界联络较少，村落民俗文化保留得也较为完整。不过，经年累月的风吹日蚀，使年代久远的庵堂和庙宇损毁严重，摇摇欲坠，若再不及时修缮，随时有倒塌的危险。在此情况下，村落的景区化，有可能为传统的复兴带来新契机。

> 村庄的历史记忆是乡村旅游不可或缺的文化主题，也是游客进入村庄之后与村民进行交流的主要话题，因此，村庄记忆的文化实践一方面形成了一种吸引游客的人文气象和景观，给游客带来许多鲜活和亲切的生活感受，另一方面游客的到来又进一步激发和促进村庄记忆的文化实践。②

---

① "一轴"，即沅江生态文化旅游轴，泛指沅江泸溪段；"一心"，即白沙休闲旅游中心，指县城白沙镇；"三片区"，即浦市古镇历史文化旅游区、天硚山生态度假旅游区、乡村休闲旅游区。

② 刘铁梁：《村庄记忆——民俗学参与文化发展的一种路径》，《温州大学学报》（社会科学版）2013年第5期。

图 4—17　盘瓠文化生态园

盘瓠神话是辛女村最突出的村落文化，因此，景区对辛女村的规划便侧重对盘瓠文化的构建："深入挖掘神秘的盘瓠文化，整理、编印盘瓠神话资料，作为珍贵文化资源吸引游客；将村中古巷道右边仓楼、牛栏改造为盘瓠辛女民俗博物馆；修复好辛女庵——瓦乡人祭拜神母的殿堂。"[①]

景区还囊括了辛女岩、盘瓠庙等与盘瓠神话相关的大部分事象，神话成为其最主要的游览主题。在具体景观的打造方面，《规划》还力图还原盘瓠神话中关涉的具体地名，如打狗冲、撂狗坨等，分别配以相应的讲解词，从而串联起完整的盘瓠神话，使游客能更为直观地感知盘瓠神话的魅力。景区建设成形后，辛女村将作为展示盘瓠文化的重要景点，成为四方游客游览泸溪的旅游目的地。

二　盘瓠神话的遗产化

"遗产化"（heritagization）是指"选择、认定、将一项历史遗存

[①] 来源于侯自佳撰写的资料。

评定为'遗产'并加以保护和利用的过程"。① 寻求通过增加声誉来吸引更多的游客、促进旅游产业的发展，往往是追逐遗产化的主要动机之一。

盘瓠神话经历了较长的遗产化过程。从 2007 年开始，泸溪县文化广电新闻出版局非遗中心即着手盘瓠神话的申报。申报书写道：

> 盘瓠与辛女神话传说，发祥于湖南省湘西土家族苗族自治州泸溪县，是盘瓠文化的主要内容。该神话在泸溪广为流传，与之相关的盘瓠峒等几十处地貌实体和物态文化遗存，集中在辛女村一带，这种现象全国罕见。有历史、文化、发展旅游业等价值，是民族认同的基本标识，是维系民族团结的重要纽带。②

从申报书内容可以看出，泸溪文化部门尤为强调当地盘瓠文化成为遗产的几个意义：其一，强化泸溪作为盘瓠神话发祥地的说法；其二，以县域内与神话相关的地貌和人文事象为依据；其三，强调当地神话多方面的特征和价值，比如维护民族团结、维护族群认同，发展旅游业也是主要动机之一。笔者在访谈中，一些官员也谈到当地积极为盘瓠神话申遗的动机。"我们 2007 年开始给盘瓠神话申遗。在申报过程中，修缮了甲腊坪村盘瓠庙前坪场，县里牵头请老司、村民在盘瓠庙前搞盘瓠祭祀大典。"③ "为何以盘瓠来统摄泸溪的特色文化、将泸溪称为'盘瓠故园'呢？正因为盘瓠的独特性。我们打盘瓠文化牌，能吸引外人的眼球，引起文化界的注意，这是发展旅游的迫切需要。"④

此外，泸溪官方也希望借盘瓠祭典来推动对地方文化的认识：

---

① 杨利慧：《新文化等级化·传承与创新——中国非物质文化遗产保护的成就与挑战以及韩国在未来国际合作中的角色》，《民间文化论坛》2016 年第 2 期。
② 资料来源：湖南省泸溪县盘瓠辛女神话非物质文化遗产项目申报书，县非遗中心提供。
③ 讲述人：向团长；访谈人：杨泽经；访谈时间：2015 年 4 月 28 日；访谈地点：泸溪县辰河高腔剧团传习所。
④ 讲述人：章大爷；访谈人：杨泽经；访谈时间：2015 年 4 月 25 日；访谈地点：泸溪县章大爷画室。

前两年，我们在甲腊坪盘瓠庙①搞了几届盘瓠文化艺术节。需要把领导、同志们和老百姓的认识都统一起来，推动大家去认同和理解家乡特有的民俗文化。盘瓠节，你能说它是迷信吗？不是。要汲取它的文化内涵，带有凝聚力的东西，把民俗的、老百姓心目中事关信仰的东西挖掘出来，用现在的话来说，是正能量。②

图4—18 盘瓠祭典现场

由官方牵头举办的盘瓠祭典，为盘瓠神话的当下生存谋得了政治合法性。从"盘瓠神话"转换为"盘瓠文化"，能成功"消除庙会与封建迷信的瓜葛，使得庙会在现行的政治和宗教管理体制中求得合法的生存空间"③，这是符合现今旅游发展需要的策略选择。祭典的举办突出了正能量和凝聚力，规避争议，将"地方信仰转化为民族—国家的象征符

---

① 甲腊坪村盘瓠庙原为伏波庙、三王庙，1990年泸溪召开盘瓠研讨会时，因铁杜潭盘瓠庙位于半山，地势高，为方便与会专家观摩，会务组临时将其改为盘瓠庙。这一做法也顺应了村落旅游发展。

② 讲述人：姚局长；访谈人：杨泽经；访谈时间：2015年4月23日；访谈地点：泸溪县非物质文化遗产中心。

③ 杨利慧：《仪式的合法性与神话的解构和重构》，《北京师范大学学报》（社会科学版）2005年第6期。

号，有助于国家和民族安定团结大局"①，盘瓠祭典才会有成功举办的基础。

2010年，历经逐级申报、层层筛选，盘瓠神话成为泸溪的第五项国家级非物质文化遗产。这一头衔，使得它超越了村落和族群内部，而为更广大的外部人群、甚至全国人民所知晓。如今，盘瓠文化已成为泸溪的标志性文化，它的内涵和外延更为深广："盘瓠文化，指代泸溪与盘瓠相关的所有文化事象，它的容量比较大；盘瓠神话，则专指远古流传下来的一个较为完整的故事，自然属于盘瓠文化的范畴"，用盘瓠来统摄泸溪的特色文化、将泸溪称为"盘瓠故园"，而"打盘瓠文化牌，能吸引外人的眼球，引起文化界的注意，这是发展旅游的迫切需要"。② 无疑，包括盘瓠神话在内的盘瓠文化都已成为泸溪发展旅游业的文化资本。

图4—19　甲腊坪盘瓠庙中的盘瓠像（持斧者）

---

① 杨利慧：《仪式的合法性与神话的解构和重构》，《北京师范大学学报》（社会科学版）2005年第6期。
② 讲述人：章大爷；访谈人：杨泽经；访谈时间：2015年4月25日；访谈地点：泸溪县章大爷画室。

在新县城白沙，行走在大街小巷中，随处可见与盘瓠和辛女直接相关的文化符号。如盘瓠花园、辛女酒店、盘瓠婚纱摄影、辛女商行、盘瓠广场和辛女广场等。可见，作为文化标识的盘瓠和辛女已和泸溪人的日常生活重新融合在一起。这些文化符号密集地点缀在泸溪县城的各个角落，使得人们即便不曾听过盘瓠神话，也不会对盘瓠和辛女感到陌生。

盘瓠神话遗产化后的一个重要变化，是其在官方表述中的标准化，这体现了地方文化管理部门和民间权威对盘瓠神话的认识，也是其神话实践的结果。标准化在《辛女广场记》和导游词底本中都有直接体现。镌刻于辛女广场的《辛女广场记》曰：

> 史载：上古帝喾高辛氏有犬戎之寇，帝患其侵暴，而征伐不克，乃访募天下，能得犬戎之将吴将军之头者，赐黄金千镒，邑万户，又妻以少女（辛女）。后盘瓠遂衔人头造阙下，珍视之，乃吴将军头也。帝惊喜而难于酬赏。女以帝言而必有信，因请行。帝以女妻之。盘瓠得女，负而走入南山，止石室中。……而后，盘瓠辛女于荒蛮之地，男猎女织，凿木作舟，勤奋拓荒，繁衍生息，勇立于世。几多遗存，至今泸溪可见。盘瓠辛女故事自远古流传至今，早已形成一独有地域文化——盘瓠文化，其魂为爱国、诚信、团结、勤奋、创新，而一直激励人们坚持奋发向上，不断创造文明。

很明显，《辛女广场记》是民间权威参阅历代典籍文献后，综合了盘瓠神话的诸多版本而撰写的全新神话写本，并被官方采纳。以往的文献记录中，有两个焦点问题经常引起今人的争论，一是盘瓠的来源，二是盘瓠之死。《辛女广场记》直接将盘瓠定位为高辛身边的侍从，英勇无比，从一开始就是"人"，因而巧妙地避免了因盘瓠的身份和来源而引起的争议。此外，盘瓠因吴将军后人复仇而死，也规避了可能引起的纷争。神话还强调了"爱国、诚信、团结、勤奋、创新"等观念，积极彰显了当下社会的主流价值观。

在县旅游局编订的导游词底本中，盘瓠神话也有上述特征：

> 相传在远古时代，高辛因受犬戎国吴将军的侵扰，屡屡战败。万般无奈之下，召集了所有的群臣战将，并许下诺言：谁能将吴将军的

图 4—20　盘瓠广场的辛女雕像

头颅拿下，赏黄金万两，赐官封爵，并将自己心爱的女儿辛女公主许配给他。虽然有这么厚重的奖赏，但大多数的将领害怕吴将军的凶残，没有人敢出来应征。过了很久，一位英俊强健名叫盘瓠的小侍从出来请命："我愿意摘取吴将军的头颅。"高辛半信半疑，没想到三天之后，盘瓠果然扛着吴将军的头颅来报功了。高辛非常高兴，决定重赏盘瓠，可盘瓠却说："黄金我不要，官吏我也不要，我只要美丽的辛女公主随我回到我的故乡泸溪。"高辛只能遵守诺言，于是盘瓠和辛女来到泸溪耕耘繁衍，生育了六男六女，开创了楚地灿烂的文明。多年之后，高辛非常想念自己的女儿，将辛女全家接到京城。可是他们的子女已不适应北方的生活，不久带着高辛赠送的很多物品，日夜兼程回到了故乡。

传说当时沅水一带有一恶龙，经常祸害两岸百姓，盘瓠为了百姓的安宁，挺身而出与恶龙血战了三天三夜，将恶龙斩死，而自己也命丧沅江。盘瓠的子孙为了祭奠先人亡灵，世世代代供奉盘瓠、辛女，称盘瓠为"公公"，辛女为"娘娘"，并且每年都会举行非常隆重的祭祀活动。①

在总的故事情节上，导游词与《辛女广场记》基本相似，只在盘瓠死因上，采用了民间流传的另一种说法：盘瓠战恶龙而死。这一结局是出于对两岸民众的保护，是英雄行为，所以也能为民众接受。因此，两种神话写本从根本上是一致的，都体现了遗产旅游语境中盘瓠神话表述的"标准化"特征。正如杨利慧所言：

神话的传承和变异都有赖于作为行动主体的人来进行，其功能和意义也有赖于人而存在。人们会在不同的社会、文化、历史语境中，出于各自不同的需要，主动地、创造性地重新利用和阐释神话，并赋予它们不同的功能和意义。神话的重建过程是一个充满了多种复杂因素影响的过程，特定时空环境下的政治、经济、文化、民族、伦理道德规范，以及个人的人生经历、思想追求、艺术趣味等，都在其中起着重要的作用，而且，这些因素之间也充满了互动与协商，从而共同塑造了特定语境下的神话重建结果。②

在遗产旅游语境中，泸溪官方对盘瓠神话的改编和重构，符合现代社会民众的审美、政治和道德认知，其对几个核心叙事要素——如盘瓠来源、盘瓠之死等的处理，都有着明确的改编原则：

盘瓠神话有很多异文，但有些情节得改，才能让大家接受，并推而广之。泸溪这边，还是认同盘瓠是高辛身边的一个小侍臣，在皇帝身边工作，不认为它是一条狗。因为按我们的民俗习惯，讲狗是骂人

---

① 资料来源于泸溪县旅游局时任刘局长。
② 杨利慧：《神话的重建：以〈九歌〉、〈风帝国〉和〈哪吒传奇〉为例》，《民族艺术》2006 年第 4 期。

的。还有，盘瓠是为了保护家园，和河里的恶龙作战后死的，是大英雄；另一说法，犬戎国的吴将军死后，他的下属、后人来泸溪这儿报仇，打杀了盘瓠。说六男六女杀了盘瓠，这种逆天不孝的行为，我们是万万不会采纳到导游词中的。①

因为要面对广大游客，导游词底本十分讲究叙事元素的选取，一些被认为不符合旅游地形象建构的情节，被谨慎地排除在外，尤其是盘瓠的来源。"我们的改编，参考了本地很多老学者、老专家的意见，侯自佳老师写的盘瓠神话对我们有很大启发。要更加把握神话主题思想，更多提倡盘瓠的勇敢无畏、盘瓠和辛女对爱情的追求、忠贞等美好品质，其他的要弱化。有些改编——如对爱情的强调，能衬托出神话的感人程度，让游客体认甚至记住。作为一种想象，神话也许不真实，但如能把它讲得很感人，让它精彩，让游客聆听后，会产生想象画面，有更为直观的身体感受，也是好传承。"②

三 导游的神话叙事表演

在制定全方位旅游发展规划并大力推进的同时，泸溪县旅游部门也在完善导游和旅行社等配套服务。县里的旅行社已有3家，除了接待来泸溪的散客，也为本地人赴外旅游提供服务。几年下来，已培养了一定数量的导游，他们为本地18—28岁的年轻人，女性居多。在已撰写的导游词中，盘瓠神话依然居于核心位置。"我们的讲解员必须要经过培训，他们不光要了解盘瓠神话，对泸溪其他非物质文化遗产也要了解，不管游客问什么问题，都能回答一二。"③

2015年4月30日，县旅游部门的导游小杨带领笔者，顺着沅水盘瓠神话事象，实地作了讲解。她对盘瓠神话的理解以及讲述，表现了她的神话实践。

---

① 讲述人：刘局长；访谈人：杨泽经；访谈时间：2015年8月3日；访谈地点：泸溪县旅游局。
② 讲述人：李大哥；访谈人：杨泽经；访谈时间：2015年4月27日；访谈地点：泸溪县旅游局。
③ 讲述人：向团长；访谈人：杨泽经；访谈时间：2015年5月5日；访谈地点：泸溪县辰河高腔剧团办公室。

辛女广场上面刻有我说的这个版本。相传在远古时代,帝喾,高辛,因长期受到这个犬戎国吴将军的侵扰,万般无奈之下,就只好召集了群臣、战将,公示说:如果谁可以将吴将军的头颅拿下,便赏他黄金万两,加官晋爵,且将他自己心爱的女儿——辛女公主许配于他。但是噢,很多大臣就觉得,吴将军很凶残,没有一个人敢站出来,过了好久,高辛身边那个小小的侍臣就站了出来,侍臣就是盘瓠,说:"我可以将吴将军的头颅拿下。"然后,高辛就觉得,你一个小小侍臣,你能有大的能耐,是不是?其实高辛也不知道盘瓠是由天神派下来的啦,他当时只是人形呐,没想到过了三天呀,盘瓠果然是扛着吴将军的头颅来领功了。然后,高辛就问盘瓠:"你想要什么赏赐?"盘瓠回答说:"黄金我不要,官位我也不要,我只要美丽的辛女公主,随我回到我美丽的故乡泸溪便可。"高辛心想,你一没钱,二没官位的,你让我把公主嫁到你那边远的南蛮地方去。他就有点不愿意。但是,当时辛女在后面的帘子里看到盘瓠,就已经喜欢上他了。然后,她就劝高辛,说:"父皇,你是一位皇帝,君无戏言。"高辛也只好答应辛女公主了,把她许配给了盘瓠。

那个高辛给辛女办了许多的嫁妆嘛,当时判了一匹白马,就是化为马嘴岩那个,作为坐骑,给他们驮运了很多货物,日夜兼程,赶回到了我们的泸溪,在这里生育繁衍。据说是生育了六男六女。辛女广场里头的辛女雕像下面的基座雕刻了三幅画,说的就是盘瓠与辛女的故事,他们在这里生活啊,靠打猎、砍柴、打鱼等,靠近水边繁衍生息。三幅图,其中一幅是说吴将军,盘瓠拿着吴将军的头颅回来向高辛领功;还有一幅,是盘瓠和辛女回到了我们的泸溪,在这里生活;还有一幅,就是他们生儿育女之后的一幅细节图。就是这样的。①

小杨现场讲述的神话,在叙事线索、情节单元等都与辛女广场墙上刻录的版本近乎一致,也基本遵循了导游词底本中盘瓠神话的叙事逻辑,不过现场讲述显得更为丰满,不仅一一呈现了犬戎作乱、盘瓠立功、盘辛结亲等情节,还补充了辛女遵守诺言并解释了基座画像相关的内容。适中的

---

① 讲述人:小杨;记录人:杨泽经;讲述时间:2015年4月30日;讲述地点:盘瓠神话沿线景观现场。

图 4—21　导游在盘瓠遗迹现场讲解

语速，加上手势的渲染，令小杨的讲述显得十分生动。这则神话显然和县里标准化的盘瓠神话版本一脉相承，并没有作过多的引申。在笔者的引导和追问下，小杨回想起盘瓠的另外几个来源，并强调作为导游的她，一般情况下只讲局里给的统一版本，因为"要搞旅游，有讲究。县里搞这个导游词，特意征求了老专家学者的建议，还有省里的，让他们来把关。刚才你听到的侯自佳老师，他是泸溪盘瓠文化研究第一人，是权威专家。他写的盘瓠神话，我们做了研究和参考，大部分是采纳了"①。

可见，究竟以何种方式向外部来展示盘瓠神话，县旅游部门十分重视来自民间权威的意见。

红土溪村集聚着大量的盘瓠事象，到达此村，小杨顺势指着河对岸一处形状奇特的岩石，讲道：

> 你在看那岩石吧？它就是马嘴岩，是一匹马。当时，辛女和盘瓠回来我们泸溪，高辛赐给辛女一匹马，用来驮运货物的。然后，它觉

---

① 讲述人：张书记；记录人：杨泽经；讲述时间：2015 年 4 月 30 日；讲述地点：盘瓠神话沿线景观现场。

得我们这一带的风光很漂亮,且与辛女一路上建立了深厚感情,就留了下来。你顺着这看,马嘴岩是斜对着那辛女岩的,它也是为了守护自己的主人。辛女死后,那马悲痛,化为岩石了。①

图 4—22　马嘴岩

笔者不禁也随着她的提示,想象着那人马相互感应的情节。到达辛女村后,导游不断地将辛女桥、辛女滩、辛女溪、盘瓠峒、机床岩等指点给笔者讲解,引人想象。接着,小杨继续讲起了神话的后半部分。

盘瓠和辛女来到泸溪后,生活的地方并不是今天的县城,而是我们现在所在的辛女村。他们以前是靠打猎、捕鱼为生。当时,在我们沅水里,传说有条恶龙,经常危害两岸的老百姓。盘瓠为了保护苍生百姓,就与恶龙大战了三天三夜,最后将恶龙斩死,而他自己呢,声嘶力竭,最后战死于沅水。他的尸体,就顺着沅水往下漂走。当辛女

---

① 讲述人:小杨;记录人:杨泽经;讲述时间:2015 年 4 月 30 日;讲述地点:盘瓠神话沿线景观现场。

得知这个噩耗时,派神鹰去寻找自己丈夫盘瓠的尸首,神鹰后来化为了鹰嘴岩。

当她得知寻找不了丈夫尸首后,就跑到我们辛女溪上面的一个岩边,在那里仰天长泣,想唤回盘瓠的灵魂,哭天喊地,日日夜夜都想唤回。久而久之,辛女就化成了辛女岩。我们今天坐车还不是看得很清楚,下次如果坐船的话,我们可以在沅水的中央,看见辛女岩的全貌。辛女岩的形状是脸朝上的,从上面看,这座山就像是挽着高高发髻的妇人,下面随风飘扬着裙摆。

在我们辛女岩上面还有一座辛女祠,在我们1990年全国盘瓠文化学术研讨会时,有一百余位的专家和学者,都登上了辛女岩,在辛女祠上面留下了很多的诗句。

辛女溪据说以前是没有,因为辛女她的泪水流了下来,化成了一条溪。溪口有座辛女桥。那当时,这里也是没有桥的,当时辛女为了方便这儿的百姓,在这里用木棍捆绑搭成的一座独木桥。后来,我们为了纪念辛女,就把这座桥翻修了,修成了石拱桥,它是桥下桥,可以防风挡火的。①

小杨讲述了盘瓠之死、辛女化岩、辛女溪和辛女桥的来源等内容后,最终讲解完这则古老的神话。其间,她不断指引具体的神话景观,好让笔者更为直观地理解盘瓠神话的内涵。笔者注意到,小杨所讲述的鹰嘴岩,与导游词底本的表述有些不同。底本中,义鹰为了守护盘瓠尸体不被鱼吃掉,立于江边,化为岩石;小杨则表述为"辛女派神鹰去寻找自己丈夫的尸首",体现其讲解的灵活策略。此外,关于辛女溪,小杨也作了一定的生发,笔者所看到的材料中,并没有出现辛女溪是由辛女的眼泪化成的提法,这也体现了她作为导游的创造性。

笔者认为导游讲述的盘瓠神话有以下特点。

其一,以导游词底本为核心,并根据具体景点、游客和情境等来调整表演策略。"民间叙事的讲述与表演是一个充满了传承与变异、延续与创

---

① 讲述人:小杨;记录人:杨泽经;讲述时间:2015年4月30日;讲述地点:盘瓠神话沿线景观现场。

造、集体性传统与个人创造力的不断互动协商的复杂动态过程。"① 小杨的现场讲解保留了底本中所有的叙事元素，基本没有超越底本的范畴，依循官方版本——尽量突出盘瓠和辛女的崇高形象，突出盘瓠英勇杀敌、杀龙护民的正气凛然，突出辛女的勤劳忠贞、慈爱顾家，突出两人朴素真实、情深意重的爱情，以及生儿育女、男耕女织的生活；尽量淡化或去除盘瓠为狗的身份，将其称为人；去除六男六女杀父的情节，并以盘瓠战恶龙而死取而代之，以规避不必要的社会争议，弘扬正面主题。尽管如此，导游的讲解也非照本宣科，而是在底本的引领下，根据具体景点、听众的需求以及具体的情境增减内容，调整讲述的侧重点。

其二，导游有一定的个人创造性。从内容上看，小杨的讲解要比底本更为丰富、生动，并且在一些细节上，比如辛女践行诺言、辛女溪、盘瓠文化研讨会等，作了补充。当笔者询问她自己是否会查阅资料时，她回答说："有时我会翻翻文献资料，也会上网查。这神话在《搜神记》里你可以查到，《风俗通义》里也有，几个版本不太一样，但我都看过。"基于底本而不拘泥于底本，这体现了她一定的创造性。

本节主要展现了遗产旅游语境中作为神话主义现象而出现的盘瓠神话。在泸溪大力发展旅游产业的诉求的直接推动之下，辛女村成为规划中的景区，盘瓠神话经历了遗产化的过程之后，逐渐被塑造成为泸溪的标志性文化，神话叙事被标准化，"人犬婚配""子杀盘瓠"等具有争议的情节被逐渐淡化或去除。导游的神话主义叙事有两个特点：其一，以导游词底本为核心，并根据具体景点、游客和情境等来调整表演策略；其二，导游有一定的个人创造性。遗产旅游语境中的神话主义体现了官方、民间权威以及导游等行动主体的神话实践。

第四节　民间权威与盘瓠神话的流动

美国民俗学者琳达·黛格认为，"传统是一个很大的理念，传统的保存和延续必须依靠个人，如果忽略个人，传统只是一个空谈。个人在传统

---

① 杨利慧：《民间叙事的传承与表演》，《文学评论》2005 年第 2 期。

的保持、延续、变更中所起到的作用值得研究"①。民间权威作为一类特殊个体，在神话传统的传承过程中起到的作用值得关注。

民间权威拥有话语权，热心家乡文化事业，常常居于要位。随着语境变化，他们往往能自觉反省地方文化传统之于当下社会发展和民众接受的适宜性，并紧跟国家政策和时代大势，对其进行必要的策略性调整。泸溪民间权威对当地盘瓠神话传统的传承和变迁所起到的作用巨大。侯自佳、章大爷、姚局长等就是其中的杰出代表。他们大多曾经或正任职于泸溪县文化部门，又对家乡的盘瓠神话满怀热情，有一定的研究和独特的观点，对于如何将神话与旅游结合也颇有洞见。他们的神话实践，直接影响了当地神话传统的传承、变迁和流动。

本节将以侯自佳为案例，聚焦其神话实践，从中考察民间权威是如何形塑盘瓠神话传统的。

一 侯自佳的个人生活史

侯自佳做过乡村教师，当过地方官员，几十年来投身于文学创作，是远近闻名的沅水文痴。他见证了泸溪好几十年的发展变迁，也从未停止关于盘瓠神话的实践。

1942年，侯自佳出生于辛女村。那时，湘西正经历日寇的轰炸。为了避乱，村人紧急疏散，有的外撤投靠亲朋，有的后撤躲入深山洞穴。侯自佳便诞生于山峒中。出世三天，父母抱着侯自佳爬上辛女岩顶，在辛女祠内祭拜辛女，焚香烧纸，祈求安康。

那时，村里老人经常在田间地头、山坡草坪、千年古柏下和辛女庙会等场合讲盘瓠神话，侯自佳常是听众。整个村庄的上上下下都洋溢着浓郁的神话讲述气氛。

> 当我还在摇篮里时，祖母对我日复一日地讲述祖祖辈辈流传下来的盘瓠神话。尽管老人家知道我什么都听不懂，还是每天都重复着。母亲也一样。在我三四岁时，晚上在桐油灯下，她将我抱在她的怀里，常绘声绘色地给我讲述这个流传千古的神话。在

---

① 转引自杨利慧、张霞、徐芳、李红武、仝云丽：《现代口承神话的民族志研究——以四个汉族社区为例》，陕西师范大学出版总社有限公司2011年版，第37页。

> 我五六岁时，我常常光着屁股，跟去屋后山上干农活的父母玩耍，父亲每次总是要指着一个大大的岩洞对我说，那就是盘瓠峒，洞内蹲着的石像就是神犬盘瓠，再进去就是盘瓠携高辛公主返乡居住的石屋和床。洞内好宽，堆满辛女带来的各种金银宝石。对面山顶上站着的石像就是辛女，辛女身后那栋屋就是辛女祠，山脚下的屋就是盘瓠庙，溪上的桥就是辛女桥，河对面那些像箱子样的石壁就是辛女带金银宝石用的箱子，像马头样的岩石就是当年给辛女驼〔驮〕东西的马。①

侯自佳的祖父侯贤兴、祖母覃环秀、父亲侯祥众、母亲李晚桂常给年幼的他讲神话，使他获得了来自家庭的盘瓠文化启蒙与熏陶。李晚桂从未读过书，但记忆力强，从小常听老一辈的多种讲述，自我消化吸收，对于盘瓠神话的诸多细节，能倒背如流。她总会将盘瓠神话这一所知不多的知识讲给儿子听。"在读高小、初中时，母亲也曾给我多次温习过那个美丽的神话故事。在我的心灵里播种下了美好的理想的种子。"② 母亲的讲述对于侯自佳的成长起着关键作用。父亲曾是纤夫、水手和船工，穿行于险滩重重的沅水。漂流往返的途中，父亲常带上侯自佳，亲切地告诉他那些山、村、桥、溪、峒等的名字。年幼的他，对世间万物总充满好奇心。不管儿子问啥，父亲有答必应。父亲习惯以生动的方式，手足并用给他讲故事。从很小开始，盘瓠神话便印刻在他心中。

1952 年，土地改革开始。辛女庵的功能发生了变化。"土改工作队进驻我们辛女村之后，第一桩大事是消灭封建迷信，将辛女庵里的女菩萨③推下神台，几斧头劈开，当作柴火烧了。"④ 在场的侯自佳至今能想起辛女像被烧的场景。村人纵然内心不舍，依然响应国家号召。中华人民共和国成立之初，"庙产兴学"⑤ 是庙宇空间功能的显著转变。此后几十年，村庙被作为封建、迷信和落后的标识，公开、集体的祭祀仪式被禁止，民

---

① 侯自佳：《陈年旧事》，中国戏剧出版社 2009 年版，第 2—3 页。
② 讲述人：侯自佳；访谈人：杨泽经；访谈时间：2015 年 7 月 19 日；访谈地点：泸溪四大家大院侯自佳家。
③ 即辛女木偶像。
④ 侯自佳：《陈年旧事》，中国戏剧出版社 2009 年版，第 10 页。
⑤ 岳永逸：《教育、文化与福利：从庙产兴学到兴老》，《民俗研究》2015 年第 4 期。

图 4—23　杨泽经采访侯自佳

俗信仰生活也从公共文化空间中退隐。村庙中原来供奉的神像被批量处理，庙堂由神圣空间转化为具有实用性的教育场所。侯自佳就是在辛女庵里念的小学。

每当放学回家后，侯自佳便会习惯性地和村里其他小伙伴结群去放牛。几年时间里，辛女溪、盘瓠山、打狗冲、撂狗坨等地方，都曾留有他们欢快的身影。砍柴歇息的老人每当遇见他们，总会停下来讲盘瓠神话，特别是那些地名的来历。对于放牛娃而言，听老一辈讲的神话，是知识的汲取，是智慧的启迪，也是灵魂的洗涤。神话中蕴含的忠、孝、义与善恶、美丑等思想都深深地嵌入他们的脑海中，成为影响他们一生的思想滋养。

侯自佳的求学之路并不平坦，甚至因"政治历史问题"而未能上心仪的大学。1965 年，完成在吉首民族师范学校的学业后，他相继在几所中小学教书。作为教师，他积极向孩子们讲授乡土知识，讲述盘瓠神话，承续文化根脉。

"文化大革命"期间，侯自佳遭受过不少磨难，后来罪名得以平反。他于 1979 年加入湖南省作协。1980 年，被抽调至泸溪县文化馆任文学专干。从那时起，侯自佳一边负责县里的文化工作，一边以更多精力投入乡土文学的创作中。

1984年,文化部、国家民委和中国民间文艺家协会正式启动中国民间文学三套集成工程。泸溪文化馆积极响应,成立三套集成工作领导小组,侯自佳为成员之一,负责搜集、整理和主编县域内现存的民间故事、神话、传说等。成长于浓厚的民间文化氛围中,侯自佳意识到,社会在快速发展,若不能及时将散落于乡间田野的传统知识采编起来,随着老一辈人的陆续故去,它们亦将快速湮没于历史的长河中,这甚至会导致族群文化基因的丧失。鉴于此,他带领一批文化干事,跋山涉水,不分昼夜,寻访故事家和民间歌手数百位。过程之艰辛,至今历历在目。其间,侯自佳采编了大量盘瓠神话。

> 我对盘瓠神话尤为关注。这则神话,我是从小就听起长大的。盘瓠和辛女早已化为老乡们的信仰,象征着整个泸溪的文化精神。在搜集时,发现这些村寨里能够完整讲述盘瓠辛女神话的人已经不多了,会讲的大多数还是记忆力好的老人。①

1986年年底,泸溪县卷本三套集成(故事、歌谣、谚语)在湖南省率先出版。这项工作,使侯自佳更清晰地认识到民族文化的深厚价值,并有意识地着手研究盘瓠神话。1987年,侯自佳继续在县文化部门工作,并担任县政协副主席。此后几年,他投入精力筹备首届全国盘瓠文化学术讨论会。随后,侯自佳任秘书长,统筹会务安排。他深知,此次会议若能如期举办,则能在对外宣传泸溪盘瓠文化的同时,进一步确立盘瓠文化作为泸溪标志性文化的地位,意义十分深远。重修废毁的辛女祠是筹备会议中的一项重要工程。

> 据传,唐代时,辛女岩顶上立了一座辛女祠,雕有辛女木偶立于祠内神坛。宋代时重建,元代毁之,明代修建,清代被毁。清朝前期,登高来祠里求神拜佛的人尚且络绎不绝,后来因为乾嘉年间苗民起义反清首领吴八月率人马驻扎在这山顶上,清军围剿他,把辛女祠

---

① 讲述人:侯自佳;访谈人:杨泽经;访谈时间:2015年4月22日;访谈地点:泸溪县旅游局会议室。

毁掉了。①

1990年10月，经过侯自佳与村民等各方力量的努力，辛女祠的修复工作完成。随后，盘瓠研讨会在泸溪顺利召开。来自全国各地的学者，从盘瓠的源流、盘瓠与盘古的关系、图腾理论等视角，用民俗学、民族学、宗教学等学科方法对盘瓠和辛女的神话信仰进行了多方位的论证和阐释。会议将泸溪定位为中国盘瓠文化的重要发祥地。

侯自佳的一生几乎都在进行神话实践。他不仅研究盘瓠神话，将之融入个人文学创作中，还身体力行，从多渠道积极向外推介盘瓠神话，对促使盘瓠文化成为泸溪标志性文化起到了重要作用。

二 盘瓠神话的改编与重构

1990年以后，乡村民俗旅游热逐渐兴起，社会语境又发生了新的变化。一些年轻人明晰自己的盘瓠后裔身份后，开始对传统的盘瓠神话中盘瓠为犬、人犬婚配、子杀盘瓠等叙事元素颇为抗拒，心理上难以接受。那么，在遗产旅游的新语境中，如何规避争议，以更易为大家广泛接受的内容向外界和本族呈现盘瓠神话？这是侯自佳一直思考并探索的问题。

侯自佳意识到：应对社会发展的新语境，必须对原有的盘瓠神话进行改编和重构。"泸溪现在花大决心、大力气搞旅游，县里要统一一个说法，当时这个问题研究了很久，盘瓠神话对外的版本，后来是由我执笔写的。"为此，在既有神话材料的基础上，他对可能引起争议的神话叙事元素进行集中改编，使之符合大众的审美需要和民族感情，一步步改编出在当地具有影响力的神话文本。在创编过程中，侯自佳对神话进行了改编与重构。

应当说，侯自佳对盘瓠神话的改编和重构，是在遗产旅游的新语境中发生的、为了宣传、推广的目的而对神话进行的挪用和重新建构，因而也是一种神话主义。

2002年、2009年，侯自佳相继撰写了两个神话写本，同中有异。因

---

① 讲述人：侯自佳；访谈人：杨泽经；访谈时间：2015年8月3日；访谈地点：泸溪县四大家大院侯自佳家。

篇幅所限，笔者经归纳整理后，以叙事要素的形式列出。

2002年版

盘瓠降世：在沅水中游西岸，盘瓠峒里有一只神犬盘瓠。听说高辛招募兵勇，他摇身一变，成为一个英俊的后生。

犬戎作乱：犬戎国吴将军太厉害，高辛屡战不胜。高辛招勇许诺。群臣惧怕。

盘瓠立功：三天后，一只色彩斑斓的狗含一人头伏于殿上。

高辛赖婚：人怎能与狗婚配，高辛拒嫁女。

辛女践诺：见父王赖婚，辛女便劝父王言必信，并声明即使是狗也嫁。狗驮着辛女离开。

盘瓠还乡：盘瓠驮着辛女，来到沅水中游西岸的绝峰上。盘瓠和辛女在一起时，是一个英俊的后生，偶尔出洞，则是狗。他俩生下四个儿子。

四子问母：四兄弟长大后，多次问母亲为什么没有见过父亲。辛女每次以他们父亲在外公那里做官回答。四兄弟被蒙在鼓里，一直把盘瓠当成猎狗。一天，辛女不忍，跟四子说：这狗，是你们兄弟的生父。

子弑盘瓠：四兄弟商量，决定把盘瓠打死，免得日后遭人笑话。他们把盘瓠引到辛女溪的一条山沟里，一齐动手，打杀盘瓠。

辛女责子：辛女闻知四兄弟打死了盘瓠，悲痛欲绝。叫天塌下、地涨起、龙发水、虎吞食他们四兄弟。

误杀盘瓠：四兄弟挖开坟一看，躺在坟墓里的是一个人形，并非狗。才知误杀了父亲。但他们坚持打杀的是狗，不肯认错。

辛女化岩：辛女思念丈夫，泪干气绝，化作岩石。①

侯自佳对盘瓠神话的重构，体现为对其中一些叙事元素的选取、替换，是谋求该神话在当下能适应新形势的变化而存在且更容易为苗族群众接受。此神话文本，依然包含盘瓠来源、犬戎作战、盘瓠立

---

① 侯自佳、龚仁俊、侯自鹏：《辛女和盘瓠的神话传说》，载姚本奎主编《沅水盘瓠文化游览》，中国文史出版社2002年版，第11—13页。

功、辛女践诺、远赴沅水、生儿育女、说明真相、子杀盘瓠、辛女寻尸等叙事元素，在具体表述上，则有不少差异。开篇，与很多古代文献和民间口承神话中说盘瓠为民犬或帝犬不同，侯自佳将盘瓠阐释为身居沅水中游西岸一处山峒里的神犬，自泸溪土生土长，听说高辛危难，摇身一变成了完整人形，领旨抗敌。这里，盘瓠的来源有了显著变化。"神犬"显示出盘瓠的神力，突出其身份的尊贵，消解了原来犬的形象可能引发的争议。因而，这处修改起到了正本清源的作用，是重构最为着力的环节。

此文本对神话的其他叙事元素也进行了细节增删、内容修饰，但改编幅度不大。盘瓠打退吴将军后，又变回狗形，导致了高辛拒婚，后盘瓠将辛女驮至沅水，相亲相爱。盘瓠居洞为人，外出为狗，一直在狗和人这两种形象间转换，斑斓腰围是其能正常形体转换的中介。这些表述，在既往的神话中均是常见的叙事元素。盘瓠和辛女的孩子们长大后，一直盘问父亲是谁，辛女无奈将真相告知，愤怒而羞愧的四兄弟为日后避免遭人笑话，残忍地打杀了盘瓠，抛尸于辛女溪。此处，子杀盘瓠的不孝行为并没有被刻意略去，而是得到了保留。值得注意的是，辛女惩处四兄弟叙事元素的添设：得知盘瓠被四兄弟杀害后，辛女试图惩处他们的不孝行为，引出四兄弟托天、按地、擒龙、伏虎的名号。四兄弟听从母亲建议开坟，方知误杀了父亲。误杀的表述在一定程度上淡化了四兄弟弑父行为的不孝程度。最后以辛女化而为岩作结。

综合来看，侯自佳于2002年改编的盘瓠神话，对神话中原有要素的确有一些调整，但调整幅度并不是很大。特别值得注意的变动，就是对其中较容易引起争议的盘瓠来源进行了重构，这一重构看似变动不大，背后体现的是侯自佳对当代苗族同胞感情的尊重，是对遗产旅游发展趋势的初步顺应。

与2002年的文本相比，侯自佳2009年的文本变化十分明显。

  盘瓠降世：盘瓠峒里居住着从天上腾云驾雾而下凡的神犬——盘瓠。

  犬戎作乱：华夏中原大地高辛营屡遭敌寇犬戎国吴将军的屠戮，高辛招勇许诺。

  盘瓠献功：盘瓠摇身一变成了一个膀大腰粗而又非常魁梧的青年

人。他即奔赴京城。盘瓠拎着一个血淋淋的人头献给高辛。

重返故园：盘瓠与辛女回到了南蛮故园，在湘西沅水中游西岸刀耕火种，繁衍生息。三年后，他们生下六男六女。

返京探亲：盘瓠和辛女带着儿女们去遥远的中原大地的京城拜谒外公外婆。……高辛给他们几箱金银珠宝，绫罗绸缎，天文地理书籍及稻棉种籽、犁耙、织机等物品，并赠一只木船，一匹骏马。

文明生活：摒弃刀耕火种的原始生产方式，采用了中原先进的农耕生产方式，开垦田地，种植水稻、棉花。

犬戎复仇：犬戎国吴将军后裔的复仇者闯进屋门，将酣睡的盘瓠用绳子绑走，挥起犀利的屠刀，将其斩首。

子报父仇：儿女们得知父亲遭残杀后，怒不可遏，誓要为父亲报仇雪恨。

辛女寻尸：辛女将搁置在悬岩坎的那只木船放下［到］河里，她荡来荡去，寻找丈夫的尸体，看见夫君的尸体流过这里没有。①

就神话叙事元素而言，2009年的写本依次可归纳为：盘瓠降世、犬戎作战、盘瓠立功、重返故园、生儿育女、返京探亲、犬戎复仇、辛女寻尸等。一方面，之前文本中的若干叙事元素基本保留，体现了神话叙事的稳定性；另一方面，新的文本内容更为精细，添设了返京探亲、犬戎复仇等新内容。可以说，2009年的文本，是侯自佳在遗产旅游语境下，对盘瓠神话更为彻底的重构的结果。新文本中，不仅盘瓠的来源和身份得以升华，原有神话中不符合伦理纲常的情节，如四兄弟弑父、犬戎寻仇等被大幅替换，面貌全新。

在2009年的文本中，盘瓠依然为生于沅水中游西岸山峒中的神犬，拥有变身为人的神力，且生于本地，这相较于史籍中的帝犬或民犬，身份无疑更为高贵。国难面前，居处泸溪岩峒中的盘瓠摇身一变，立刻化为膀大、腰粗、魁梧的青年人，从南蛮之地奔赴京城，其勇猛善战、刚毅强壮的形象再次得到提升，"盘瓠为犬"的污名得以最大化地稀释。盘瓠变成人形后，并未变回狗的模样，而始终保持高大的英雄形象。这一调整，更加符合一般人心目中对神话英雄的想象。谈到这样改编的原因，侯自佳解

---

① 侯自佳：《沅水探源》，中国文联出版社2007年版，第29—33页。

释说：

> 盘瓠不是狗，是人，这是首先要明确的一点。说盘瓠是狗，是侮辱少数民族。盘瓠是神仙、神犬，后来变成了人。泸溪现在花大决心、大力气搞旅游，县里要统一一个说法，当时这个问题研究了很久，盘瓠神话对外的版本，后来由我执笔写的。后来通过省里一些盘瓠研究专家的审阅，他们认可后，说法就统一了。现在讲盘瓠，就是天上下凡了一条神犬，就这么个讲法，其他的讲法，我们不接受。①

接着，辛女随夫嫁至沅水，刀耕火种，生儿育女，过着世外桃源般的生活。新文本将盘瓠、辛女和儿女们的生活细节描绘得生动、细腻，充满了生活情趣，更接近常人的生活，神话的世俗化特征更为明显。最终，吴将军后裔燃起复仇火焰，悬赏刺杀盘瓠。盘瓠终死于复仇者屠刀之下，身首异处，被抛尸于河潭。儿女们得知父亲被杀后，愤慨至极，追杀暴徒。显然，与之前 2002 年的文本相较，盘瓠的死因发生了根本性的变化——不再由儿女弑杀，而为敌人后裔侵害，儿女则成为替父报仇、敢于担当的正面角色。这样，神话中儿女不孝的叙事元素也成功地得到置换。

三　神话流动的桥梁

在泸溪，提及盘瓠研究，侯自佳往往被描述为"第一人""公认的权威"，这源于他多年来在盘瓠神话领域的知识积累和实践。侯自佳的一生几乎都与盘瓠神话和信仰相联。无论是幼年的生活轨迹，早年的成长经历，当教师或文化工作者，还是文学创作，盘瓠神话始终是他生命中重要的组成部分。在不同的社会、文化语境下，侯自佳的神话实践并不相同，但有一点是共通的——他致力于以一种适当的方式，传承和弘扬家乡古老的盘瓠文化。遗产旅游兴起之后，侯自佳又顺应新形势，主动创编了既符合旅游发展、又能为苗族同胞所接受的盘瓠神话文本。在他的大力推动下，新版本影响迅速在泸溪县流传开来，被奉为权威，县旅游部门的导游

---

① 讲述人：侯自佳；访谈人：杨泽经；访谈时间：2015 年 7 月 26 日；访谈地点：泸溪县四大家大院侯自佳家。

词以及许多著述，多参考了他的最新文本，导游对他的文本也熟悉而且尊重。经过各种途径的传播，这一新的盘瓠神话异文得以向更广大的人群和更广泛的空间流布。

盘瓠神话很早就见于史籍，至今也依然在相关民族的民众口头上被讲述和传播。在泸溪，盘瓠神话的主要流传地域为辛女村、甲腊坪村等村落，神话的讲述者和听众为聚居在沅水中游一带的苗民，盘瓠神话是村落日常生活的一部分。近二十年来，包括侯自佳在内的民间权威致力于将盘瓠神话的影响向周边地域、向不同族群、乃至向全国扩大，为此他们改编并重构了传统的盘瓠神话，使之更符合当下的社会、文化和政治语境的需要。他们改写的新神话文本，因此成为连接民间的神话传统与社会公共文化空间中被展示的神话主义的桥梁，他们的神话实践，也促成了神话从村落日常生活向遗产旅游语境的流动。

结论："实践"观念对神话主义研究的意义

如前所述，"神话主义"的概念强调的是神话因受到现代文化产业和信息技术的影响而在不同语境之间的挪移和重构，从较为宏观的层面，揭示出了现代社会中人们重述神话的一般现象，对神话学实现朝向当下的转向有极大的启示意义和推动作用。不过，如果要进一步追问：神话是如何实现在不同语境之间的挪移和重构的？哪些力量参与或影响了神话的流动？在遗产旅游语境中，神话的流动是否具有一般性规律？……还需要有更具体、细致的研究。作为对"神话主义"视角的补充和推进，笔者以湖南泸溪县辛女村的盘瓠神话的民族志研究为基础，尝试提出"神话实践"的概念，该概念是指处在不同社会文化语境中的人们讲述、记录和创编神话的种种行为，强调实践主体与神话之间的双向互动。从神话实践的角度来看，无论是村民在村落日常生活语境中讲述盘瓠神话——神话的第一次生命阶段，还是导游在旅游景点讲述盘瓠神话、官方在中心广场和导游词等各种宣传媒介中讲述"标准化"的盘瓠神话，还是民间权威改编和重构盘瓠神话——作为第二次生命阶段的神话主义，其实都是不同主体的神话实践。而民间权威的改编和重构，对于盘瓠神话从村落向更广大的公共社会文化空间的流动，提供了中介性的桥梁。

本章的具体结论如下：

1. 村落日常生活语境中的神话传统是村民的神话实践，呈现出自在的特征①

在村落日常生活语境中，盘瓠神话传统体现为鲜明的自在特征，并不受到许多外力的制约。辛女村村民虔信盘瓠和辛女，其神话实践是日常生活不可或缺的一部分。虽然村民讲神话的时空场域在不断地变化，现今自觉的讲述行为已不多，但庙会依然是重要的传讲场合。当下村民的讲述大多呈现碎片化特征。盘瓠信仰还直接与许多村民的个人生命故事息息相关。

2. 遗产旅游语境中的神话主义是多元行动主体的神话实践，这一语境中的盘瓠神话往往是标准化的结果

本章所考察的在遗产旅游语境中活跃的行动主体，有官员、民间权威和导游等，他们对盘瓠神话的理解和阐释，构成了他们的神话实践。盘瓠神话经历了遗产化的过程之后，成为吸引外部游客的重要文化资源，被塑造成为泸溪的标志性文化。在公共社会文化空间中呈现的盘瓠神话往往被标准化，"人犬婚配""子杀盘瓠"等原有情节被逐渐淡化或去除。

3. 民间权威是推动盘瓠神话传统流动的桥梁

促使神话在不同语境中流动的因素是多方面的。其中，拥有一定的学术和话语权力的民间权威作用显著。包括侯自佳在内的民间权威既谙熟日常生活语境中的盘瓠神话，又了解并顺应更广大社会发展的需求，他们积极对盘瓠神话予以改编和重构，使之更符合当下的社会、文化和政治语境的需要。他们改写的神话主义文本，因此成为连接民间的神话传统与公共社会文化空间中被展示的神话主义的桥梁，他们的神话实践，也促成了神话从村落日常生活向遗产旅游语境的流动。

---

① 杨利慧、张霞、徐芳、李红武、仝云丽：《现代口承神话的民族志研究——以四个汉族社区为个案》，陕西师范大学出版总社有限公司2011年版，第249页。

第五章

当代中国电子媒介中的神话主义*

第一节 引言

长期以来,世界神话学领域着力研究的主要是古代文献中以文字形式记录下来的"典籍神话",也有部分学者关注到了在原住民或者乡村中以口耳相传形式传承的"口承神话"①。但是,一个不容置疑的新社会事实是:随着电子媒介时代的到来,神话的传承和传播方式正变得日渐多样化,尤其在当代青年人中,电子媒介的传播起着越来越显著的作用。2000—2010年,我与所指导的四位研究生一道,完成了一项教育部课题"现代口承神话的传承与变异",其最终成果以"《现代口承神话的民族志研究——以四个汉族社区为个案》"为题,2011年由陕西师范大学出版社总社有限公司出版了简体字本,2016年由台湾秀威资讯科技股份有限公司出版了繁体字本。在该课题的田野调查中,我们发现——这是以往的神话研究较少关注的:神话的传播方式正日益多样化,一种新的趋势正在出现,书面传承和电子媒介传承正日益成为青年人知晓神话传统的主要方式。比如,李红武在陕西安康伏羲山女娲山地区的个案研究中发现:书面传承和电子媒介传承在口承叙事传承中占的比重越来越大,他进而预测:随着乡村现代化步伐的加快和教育水平的提高,现代口承神话的传承将越

---

* 本章作者杨利慧。

① 对于相关神话学史的梳理,可参见杨利慧、张霞、徐芳、李红武、仝云丽:《现代口承神话的民族志研究——以四个汉族社区为个案》,陕西师范大学出版总社有限公司2011年版;杨利慧:《神话与神话学》,北京师范大学出版社2009年版,第130—135页。

来越多元化，现代媒体在传承神话方面将起着越来越重要的作用（详见该书第三章）。仝云丽在河南淮阳人祖神话的个案研究也有类似的发现：广播、电视、电脑等正逐渐走入人们的日常生活，为口承神话提供了更为快捷、辐射范围更广的传播方式，尤其是庙会期间，越来越多的青年人和中老年人都可以从电视中便捷地获知地方政府和媒体所大力宣传的地方掌故和人祖神话，这些知识反过来影响着他们对人祖神话的接受和传承（见该书第五章）。

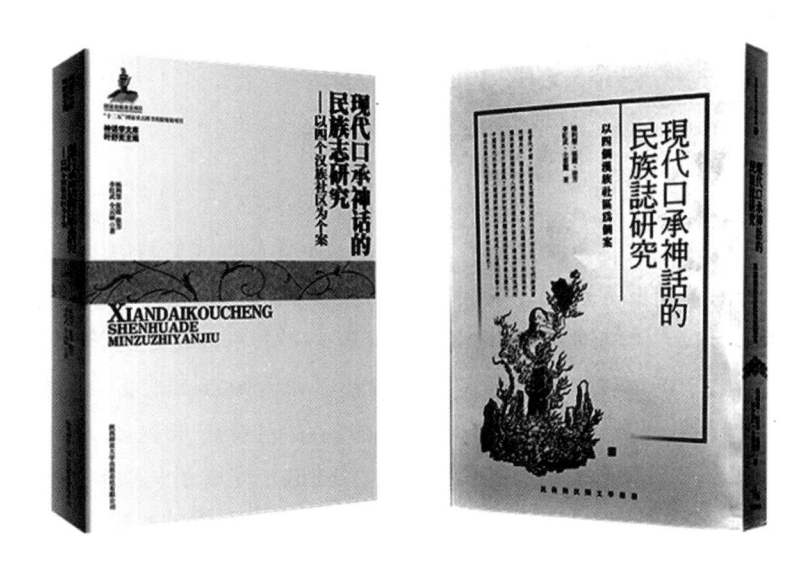

图 5—1 《现代口承神话的民族志研究——以四个汉族
社区为个案》的简体版和繁体版封面

这些个案研究的结果在笔者对北京师范大学文学院本科生的调查中也得到了进一步的证实。2010 年，面对"你主要是通过哪些途径（比如读书、观看电影电视、听广播、听老师讲课、听长辈或朋友讲述、听导游讲述、网络浏览等）了解到神话的"的问题（允许多项选择），参与调查的 103 名中国学生中，选择"读书"方式的占总数的 96%（99 人）；"听老师讲课"方式的占 93%（96 人）；"观看电影电视"方式的占 82% 的人（84 人）；"听长辈或朋友讲述"的约占 73%（75 人）；"听导游讲述"的占 41%（42 人）；"网络浏览"方式的占 40%（37 人）；"听广播"方式的占 3%（3 人），另有 13 人选择了"其他方式"。很显然，在这些"80

后"的大学生中，神话的传播方式多种多样，其中，书面阅读与面对面的口头交流（包括教师授课、长辈或朋友讲述、导游讲述等）无疑是这些当代大学生了解神话的最主要的两条途径，而观看电影电视则成为他们知晓神话传统的第三种主要方式。

多元媒介的影响显然为当下和今后的神话研究提出了挑战——迄今为止，神话学界对当代社会、尤其是青年人当中多样化的神话存在和传播形态，显然缺乏足够的关注，对那些通过电影电视、网络、电子游戏以及书本、教师的课堂和导游的宣介等途径传播的神话传统，未予充分重视，这不仅加剧了神话学在当今社会中的封闭、狭隘情势，也减弱了神话学对于青年人的吸引力。未来的神话学研究，应当在这一方面有所加强。①

有鉴于此，2011年，笔者申请了国家社科基金课题《当代中国的神话主义——以遗产旅游和电子媒介的考察为中心》，力图从民俗学和神话学的视角，对中国神话传统在当代社会、尤其是在遗产旅游和电子媒介领域的利用与重建状况展开更细致的民族志考察。与前一个课题相比，该课题更加关注青年人，关注现代和后现代社会中的大众消费文化、都市文化和青年亚文化。

笔者把在遗产旅游以及电子媒介（包括互联网、电影电视以及电子游戏）等新语境中对神话的挪用和重建，称为"神话主义"。这一概念的提出，意在使学者探究的目光从社区日常生活的语境扩展到在各种新的语境中被展现和重述的神话——它们正在我们身边越来越频繁地出现，进而把该现象自觉地纳入学术研究的范畴之中并从理论上加以深入的研究（参见本书第一章）。

电子媒介显然是神话主义出现最为频繁的领域之一。所谓"电子媒介"，一般是指运用电子技术和电子设备进行信息传播的媒介，包括广播、电影、电视、电子游戏、互联网等。限于篇幅，本章将以电影、电视和电子游戏为考察对象，对中国神话在其中呈现的主要形式、文本类型、生产特点以及艺术魅力等，进行总体梳理和分析。

---

① 杨利慧、张霞、徐芳、李红武、仝云丽：《现代口承神话的民族志研究——以四个汉族社区为个案》，陕西师范大学出版总社有限公司2011年版，第29—31页。

第二节　电子媒介中神话主义的呈现

　　尽管中国早期的电子媒介——电影诞生于 20 世纪初叶,不过以电影和电视为传播媒介对中国神话进行的展现,直至 1980 年代才较早地出现。1985 年,上海美术电影制片厂拍出了一部水墨动画电影《女娲补天》,片长 10 分钟。该片几乎没有台词,而是以简洁凝练的画面,生动直观地展现了女娲造人和补天的神话事件的全过程。上古时代,没有人烟,女娲感到很孤独。于是仿照自己映在水中的模样,用泥巴做成了小人。小人们男女结合,不断繁衍,过着幸福快乐的生活。忽然有一天,火神和水神打了起来,世间到处是烈焰和洪水。水神和火神还把天撞出了巨大的裂缝,碎石不断落下,砸伤了许多小人。女娲焦急万分,她炼出五彩巨石,托上天空,填补一个一个漏洞。然而大风吹来,石头又从漏洞纷纷落下。最终,女娲把自己的身体嵌进了裂缝中,渐渐与石缝融为一体。世界从此恢复了宁静。女娲补在天空的五彩石化为了璀璨明亮的星座。动画片中洋溢着生

图 5—2　水墨动画电影《女娲补天》

动清新的气息，给人以美的启迪，同时又十分注重教化意义。该片于1986年荣获法国圣罗马国际儿童电影节特别奖。

此后，随着电视的日益普及，中国神话开始在电视媒介上更普遍地出现——直至今日，电视一直是展现中国神话最多的电子媒介之一。1999年，由中华五千年促进会、央视动画部共同出品的一部14集动画电视剧《中华五千年历史故事动画系列——小太极》，算是中国神话在电视媒介中较早、较集中的呈现。该系列电视剧以人首鸟身的精卫鸟以及虚构人物小太极和大龙为主人公，不断穿越神话传说时代的中国历史，每集讲述一个神话故事，依次呈现了盘古开天辟地、女娲炼石补天、仓颉造字、仪狄造酒、神农尝百草、炎黄战蚩尤、后羿射日、嫦娥奔月、夸父追日、燧人氏钻木取火、大禹治水等神话故事。该片在"90后"以及部分"80后"的青年人中产生了较大影响，成为他们了解中国神话世界的重要来源。

图5—3 《中华五千年历史故事动画系列——小太极》中展现的女娲造人神话

再往后，电子媒介对神话的表现越来越多，形式也更加多样。其中最为常见的承载形式有如下三种：

第一种是动画片。这一类形式主要针对的观众是少年儿童，拍摄的目的主要是传播中华历史文化传统、弘扬优秀的民族精神和品德，"寓教于乐"的特点十分突出，神话往往被注入比较浓厚的教化色彩。其中比较优秀的作品，比如52集大型国产动画片《哪吒传奇》（2003）以小英雄哪吒的故事为线索，编织进了诸多神话传统中的叙事情节和人物形象，例如女娲、盘古、祝融、共工、夸父、后羿以及三足乌等，或简要或详尽地讲述了盘古开天、女娲造人补天、夸父追日、三足乌载日等神话故事。《中华五千年》（2010）是中国第一部动画历史纪录片，其中第二集以动画再现和播音员讲解相结合的方式，讲述了盘古开天辟地、女娲造人补天的神话。其他，《故事中国》（2012）中呈现了《大禹治水》《神农尝百草》《精卫填海》的神话故事；而10集动画片《精卫填海》（2007）则融汇了共工怒触不周山、女娲补天、西王母与不死药、夸父追日、精卫填海等神话故事，描述了一个新版本的、高度系统化了的精卫神话。

图5—4 《哪吒传奇》光盘封面

第二种形式是真人版的影视剧。与动画片相比，由演员饰演的影视剧主要针对的是成年观众，所讲述的故事在整体上往往更为曲折、复杂。例如，23集电视连续剧《天地传奇》（2008），主要依据流传在河南淮阳地区的伏羲、女娲创世神话，讲述了华族始祖艰难曲折的创业历程，在一波三折的情节进程中，编织进了伏羲和女娲洪水后兄妹成亲、抟土造人、定姓氏、正人伦，以及伏羲发明八卦、结网捕鱼、兴庖厨、肇农耕、女娲炼石补天等一系列神话。伏羲女娲的创世过程及其忠贞、曲折的爱情故事成为该剧的主线。《仙剑奇侠传三》（2008）是根据同名RPG电子游戏改编成的真人版电视连续剧，讲述的主要是武侠世界爱恨情仇的故事，其中的

图5—5　电视剧《天地传奇》海报

一条主线是女娲神族的后人紫萱和长卿纠缠三世的爱情故事,剧中通过紫萱和卖面具的小贩之口,生动地讲述了女娲七日创世以及伏羲女娲在昆仑山上兄妹结亲的神话。

第三种形式是更晚近出现的电子游戏。电子游戏常利用各种传统文化元素来建构游戏世界,其中一些也有意识地利用神话来营造游戏背景、氛围和叙事线索。例如,台湾大宇资讯股份有限公司制作发行的电脑游戏《仙剑奇侠传》,以中国神话传说为背景、以武侠和仙侠为题材,是当代传播和重建神话的重要网络游戏。该游戏系列首款作品发行于1995年,迄今已发行7代单机角色扮演游戏、1款经营模拟游戏、1款网络游戏,曾荣获两岸无数的游戏奖项,被众多玩家誉为"旷世奇作",初代及三代还相继于2004年和2008年被改编成了电视连续剧。

图5—6 《仙剑奇侠传》游戏海报

《仙剑奇侠传》以女娲神话作为游戏的基本叙事框架:女娲抟土为人、炼石补天后,人间洪水泛滥,女娲又下凡诛杀恶神,平定洪水。但是此事令天帝大为震怒,将女娲逐出神籍。从此女娲留在了苗疆,成为苗族人民的守护神。女娲的后世子孙被称作"女娲神族",她们每代只生一个女儿,拥有绝世美貌和至高无上的灵力,秉承女娲的遗志,守护着天下苍生,却背负着最终要为天下苍生牺牲的宿命。

除此基本叙事框架外,游戏还大量运用其他中国神话元素,塑造出

"六界"的世界观。例如，盘古于混沌中垂死化生，其精、气、神分化为伏羲、神农、女娲"三皇"，其体内的"灵力"逸散，分解为水、火、雷、风、土"五灵"，散于天地之间。而盘古之心悬于天地之间成为连接天地的纽带，因清浊交汇而生"神树"，成为天界生命之源。三皇分别以不同形式创造生灵。伏羲以神树吸收神界清气所结的果实为躯体，注入自己强大的精力，创造出"神"，居于天，形成"神界"。神农以大地土石草木为体，灌注自身气力，创造出"兽"（包括走兽昆虫）。女娲以土、水混合，附以自身血液和灵力，用杨柳枝条点化，依自己的模样，造出了"人"。另有"鬼界"作为人、兽等生灵轮回的中转之所。蚩尤残部在异界逐渐修炼成魔，"魔界"也逐渐形成。在游戏中，玩家扮演着求仙问道、济世救民的仙侠和剑客等角色，与六界之中的各类角色发生关联，女娲的后代是玩家的同伴，神农、蚩尤等神话人物或其遗留在世间的宝物也不时出现，陪伴着玩家的游戏历程。

除《仙剑奇侠传》外，《轩辕剑》《天下贰》《古剑奇谭：琴心剑魄今何在》等电子游戏也都在故事情节设置、角色设置、场景设置、道具及装备设置等方面，大量利用了中国神话元素，使电子游戏成为传播中国神话的一种重要媒介（参见本书第七章）。

第三节 神话主义的文本类型

美国民俗学家马克·本德尔（Mark Bender）在《怎样看〈梅葛〉："以传统为取向"的楚雄彝族文学文本》一文中，曾参照美国古典学者约翰·迈尔斯·弗里（John Miles Foley）和芬兰民俗学家劳里·杭柯等人的观点，依据创作与传播中的文本的特质和语境，将彝族史诗划分为三种类型：第一，口头文本（Oral Text），即倚赖口头、而非依凭书写（writing）来传承的民俗文本；第二，源于口头的文本（Oral-Connected Text），或称"与口传有关的文本（Oral-Related Text）"，是指某一社区中那些跟口头传统有密切关联的书面文本；第三，以传统为取向的文本（Tradition-Oriented Text），这类文本是由编辑者根据某一传统中的口头文本或与口传有关的文本进行汇编后创作出来的，通常所见的情形是，将若干文本中的组成部分或主题内容汇集在一起，经过编辑、加工和修改，以呈现这种传统的某些方面,常常带有民族性或国家主义取向。它们正处于从地方传统(包括口头和书面两种形式)迻译到"他文化"空间的呈现(representation)与接受(reception)的民俗过程中。①

图 5—7　美国民俗学家马克·本德尔

尽管本德尔等人所谓的"以传统为取向的文本"主要限于书面文本,但是对研究电子媒介中神话主义的文本类型不无启示。在我看来,电子媒介制造的神话主义的文本,总体上亦属于"以传统为取向的文本",它们往往是由编剧和制作者根据中国神话的口头文本或与口传有关的书面文本进行汇编后,加工创作出来,以呈现该传统的某些方面。但是,就电子媒介中的神话主义而言,"以传统为取向的文本"的提法显然过于笼统——如果细查不同作品对神话传统的利用情况,会发现实际的情形比这更加复杂多样,值得对之做进一步的细分。笔者认为,依据电子媒介对神话传统的采纳和改动的方式和程度,可以将其文本类型分为三类:援引传统的文本(Tradition-quoted Text),融汇传统的文本(Tradition-gathered Text),重铸传统的文本(Tradition-rebuilt Text)。

---

① [美] 马克·本德尔:《怎样看〈梅葛〉:"以传统为取向"的楚雄彝族文学文本》,付卫译,《民俗研究》2002 年第 4 期。

援引传统的文本，是指编剧和制作者直接援引神话的口头文本或与口传有关的书面文本而创作出来的电子媒介文本。这类文本与口头文本或者与口传有关的书面文本十分贴近，神话传统在此一般变动不大。例如，电视剧《仙剑奇侠传》中，紫萱面对小贩和围观的听众，娓娓讲述了一段伏羲女娲兄妹婚的神话：

> 伏羲和女娲呢，他们原本是一对兄妹，可是，宇宙初开的时候，只有他们兄妹两个人，他们住在昆仑山底下。当时没有其他的子民。他们俩就想结为夫妻，可是他们又很害羞。那怎么办呢？（观众议论纷纷，仿佛被难住了。）（紫萱一拍手，流露出事情被解决了的畅快之情）于是，他们就爬到昆仑山上，问上天："上天啊，如果你愿意我们俩结为夫妻的话，就把天上的云合成一团吧；如果你不愿意我们俩结为夫妻的话，就把云散开吧。"结果你们猜，怎么样了？哇，天上的云真的已经结合在一起了！于是，他们俩就结为了夫妻，生了好——多好——多的孩子。现在我们大家都是他们的子孙后代啊！（观众热烈鼓掌："好啊，好啊！"）

这一段故事，完全出自唐代李冗《独异志》卷下所记载的同类型故事，是对该文献记录的精确白话文转译：

> 昔宇宙初开之时，有女娲兄妹二人，在昆仑山，而天下未有人民。议以为夫妻，又自羞耻。兄即与妹上昆仑山，咒曰："天若遣我兄妹二人为夫妻，而烟悉合；若不，使烟散。"于烟即合。其妹即来就兄。

融汇传统的文本，是指编剧和制作者将若干"援引传统的文本"贯穿、连缀起来，融汇成一个情节更长、内容更丰富、色彩更斑斓的电子媒介文本。这类文本的结构好像"糖葫芦"，每一个单独的神话故事大体还是它自己的模样，与口头传统和书面文献中的神话相去不远。原本片段、零散的中国神话传统在这样的文本中，往往呈现出更为"系统化"（systematization）的特点。例如，上海美术电影制片厂的动画电影《女娲补天》，汇集了《风俗通义》中有关女娲抟土做人、力不暇供、乃用绳索蘸泥土举以为人的神话,《淮南子·天文训》中关于共工与颛顼争为帝、怒而触不周之山,以及《淮南子·览冥训》中女娲熔炼五色石以补天缺等书面文字记录,同时也广泛吸纳了民间口承神话里关于女娲造出了女人和男人、令其自相婚配、繁衍人类,以及用自己的身体填补了天空的漏洞、其补天的五彩石化为天上星空的说法①,融汇成为一个更为系统化的女娲造人补天神话。14集动画电视剧《中华五千年历史故事动画系列——小太极》,在总体上也基本属于这种文本类型,精卫鸟、小太极和大龙组成了故事的线索——好比糖葫芦的"棒儿",贯穿起了盘古开天、女娲补天、仓颉造字、神农尝百草、炎黄战蚩尤、后羿射日、嫦娥奔月、夸父追日、燧人氏钻木取火、大禹治水等神话故事的"果儿",每一个单独的神话故事都基本有据可循,它们汇聚在一起,最终形成了一个关于中国上古神话传统的系统化叙事。

重铸传统的文本,则是指编剧和制作者利用神话的口头文本或与口传有关的书面文本,大力糅合与改编后,重新创作出新的人物形象、"于史无征"的故事情节。神话传统在此常会发生较大的改变。比如,电子游戏《仙剑奇侠传》中运用中国神话元素塑造其"六界"世界观时,盘古的精、气、神分化为伏羲、神农、女娲"三皇",三皇分别以不同形式创造生灵并形成了最主要的三界——"神界""人界"和"兽界"。这样的神祇谱系关系以及叙事情节,不见于以往的口头文本或与口传有关的书面文本,是制作方的全新创造,但又与神话传统存在一定的关联,它们在新的叙事结构系统中被重新糅合、铸造成了新的故事。动画电视连续剧《哪吒传奇》《精卫填海》,真人版电视连续剧《天地传奇》《远古的传说》《仙剑奇侠传》,以及电子游戏《轩辕剑》《天下贰》《古剑奇谭:琴心剑魄今何在》等,在总体上制作出的大体都是这一类型的文本。

需要指出的是,上述三种文本类型各有特点,但也彼此关联,尤其是融汇传统的文本,往往不免牵涉神话的改动和重编,不过,总体说来,与"重铸传统的文本"相比,其改动的程度较小,整体上更贴近传统。有时在一个特定的电子媒介作品中,例如《仙剑奇侠传三》中,同时存在这

---

① 有关女娲神话在口头和书写传统中的流播状况,可参见杨利慧《女娲的神话和信仰》,中国社会科学出版社1997年版,第29—120页。

三种传统取向的文本类型。

第四节 神话主义的生产

神话主义不应仅被视为技术发展、媒介变迁的产物。作为当代大众媒介制造和传播的对象，它更是由当下中国的社会形势、意识形态、文化策略以及市场经济等因素共同作用而产生的一种社会文化现象，其生产过程往往牵涉复杂的政治、经济和社会文化动因。换句话说，神话主义的生产在本质上是"借古人之酒杯，浇今人之块垒"，是"一种以过去为资源的当下新型文化生产模式"①。

比如在大型国产动画片《哪吒传奇》中，以往传统里不相关联的三足乌和夸父追日神话被串联、复合起来，出现了三足乌被缚、夸父救日、夸父追日的系列神话事件。由于这样的串联、复合和重新建构，夸父的故事更加丰富，他的一系列行为（包括追日）的动机变得非常清晰：为了解救被缚的三足金乌，以恢复世间正常的自然和社会生活秩序，所以夸父救日；为了阻止太阳自沉、不使人类和万物落入永远的黑暗和死亡当中，所以夸父追日。他为此付出了生命的代价，即使死后也要化成一片绿洲，继续泽被人间。在这一新神话的讲述中，夸父的形象显得前所未有的崇高：他不再是"珥两黄蛇，把两黄蛇"（《山海经·大荒北经》）的"异类"，不是不自量力或者"好奇"的"小我"，而是一个大公无私、富于自我牺牲精神、坚韧不拔的伟大英雄，是善良、正义、勇猛、无私的化身。这使他的形象以及追日神话被赋予了浓厚的道德教化色彩。为什么该剧要如此演绎夸父和三足乌神话呢？仔细考察其制作背景以及制作方对自己生产动机的宣称，会发现这种对神话传统的重构与中国近30年来的社会经济和文化政治语境紧密相关，具体地说，造成上述重构的一个重要因素，与目前国产动画产业在全球化浪潮的冲击下面临的外来文化的压力以及由此激发起来的民族主义情绪和反全球化思潮有关，是当前社会语境下出于拍出"富有民族性""讲述中华民族的优良传统，弘扬民族精神"的

---

① Babara Kirshenblatt-Gimblett, "Theorizing Heritage", *Ethnomusicology*, Fall 1995, pp. 369 – 370.

目的和需要。此外，与国外动画片争夺国内的消费市场，也是该剧生产的一个主要动机。①

而10集动画电视剧《精卫填海》的制作，也突出体现了神话主义生产过程中主流意识形态和文化价值观、地方主义以及市场经济等因素彼此裹挟、协作共谋的复杂关系。该剧由中共山西省长治市委、长治市人民政府出品，北京动漫乐园国际电视传媒有限公司承制，山西省动画艺术协会、中国传媒大学动画学院联合制作。据主创方称，该片以发生于山西长治地区的精卫填海神话传说为蓝本，糅合进了共工怒触不周山、女娲补天、西王母与不死药、夸父追日、精卫填海等神话创作而成，意在"通过丰富而极具想象的创作手法，揭示了正义必将战胜邪恶这一亘古不变的人类主题，是一部紧跟时代潮流与主旋律、弘扬中华民族灿烂文化、宣传社会主义精神文明主题的经典动画片"②。对此，该片的策划制片人兼美术总设计王冀中的话，却道出了其生产动机的复杂性：

> 长治素来就有"神话之乡"之称，作为中国十大魅力城市，"神话"是长治的特色资源。这是我们之所以会想到做《精卫填海》动画的动因，也是一个城市走特色之路的探索……
>
> 在国际上，动漫产业是非常发达的，拿日本来说，动漫产业的产值位居全国第三，甚至超过了汽车、钢铁。从《精卫填海》来说，我们也想到了后续开发，但现在显然还不成熟，如果这个片子可以从今天的10集变成50集，它的影响力增强之后，后续的开发我们一定会做。③

上述两个案例有力地表明：神话主义绝不仅仅是借由新技术将古老的神话传统在新媒介上简单地加以再现，相反，神话主义是当下的一种文化

---

① 关于该片的生产及其对神话传统的重构与当下中国社会中全球化和反全球化思潮之间相互关联的更详尽分析，可参见杨利慧《全球化、反全球化与中国民间传统的重构——以大型国产动画片〈哪吒传奇〉为例》，《北京师范大学学报》（社会科学版），2009年第1期。

② http://www.baike.com/wiki/哪吒传奇&prd=button_doc_entry，查阅日期：2016年12月15日。

③ http://www.baike.com/wiki/哪吒传奇&prd=button_doc_entry，查阅日期：2016年12月10日。

生产模式，其生产动因往往与当代中国的政治、经济和社会文化语境密不可分（可参见本书第八章），其生产过程折射出当代大众文化生产和再生产的复杂图景。

第五节 神话主义的光晕

前文曾提及，德国文化批评家瓦尔特·本雅明曾经针对机械复制时代复制艺术对传统艺术的冲击，提出了著名的"光晕消逝"理论。在他看来，传统艺术具有膜拜价值、本真性和独一无二的特性，因而具有无法复制的"光晕"。本雅明用"光晕艺术"泛指整个传统艺术，光晕可以体现在讲故事的艺术中，也可以体现在戏剧舞台上的生动表演和独特氛围里①。与传统艺术不同，机械复制时代的复制艺术却只具有展示价值，其本真性和独一无二性不复存在，因而随着技术复制艺术的崛起，传统艺术的光晕便逐渐衰微。本雅明把对古典艺术和现代艺术的接受方式，区分为"专注凝神的方式"和"消遣的方式"，"消遣与专心构成一个两极化的对

图5—8 德国文化批评家瓦尔特·本雅明

---

① 方维规：《本雅明"光晕"概念考释》，《社会科学论坛》2008年第9期。

立"①。随着机械复制时代的到来,艺术的消费方式也发生了变化:传统中占主导地位的对艺术品的"专注凝神""全神贯注"的接受,越来越被"消遣的方式"所取代。

对本雅明的光晕消逝说,不少学者表示了相反的意见,例如阿多诺(Theodor W. Adorno)认为光晕正是当代艺术(例如电影)的基本组成部分②。

如何认识电子媒介所展示的神话主义的艺术性?我认为,神话主义的叙事艺术尽管与传统的口耳相传方式的讲故事艺术具有不同的特点,但是它也富有与传统艺术不同的光晕。在这里,电子媒介能够在多大层面上激起观众"专注凝神"的审美体验是其是否拥有光晕的关键。

口头讲述的神话,运用的是口语媒介,主要诉诸听众的听觉,通过讲述人在特定情境中的现场表演,借助其辅助性的表达手段如表情、动作、语域高低、声调变换等,激发听众的想象,使之领会到神话所描绘的远古祖先、神祇和宇宙创造的过程。讲述者的言语,仿佛"长翅膀的语词"(winged words),出口即逝,但又富于力量、自由无羁,使人摆脱平凡、粗俗、沉重和"客观"的世界。③ 文字媒介确立了"脱离情境"的语言④,建立起一个视觉的崭新感知世界,"印刷术把语词从声音世界里迁移出来,送进一个视觉平面,并利用视觉空间来管理知识,促使人把自己内心有意识或无意识的资源想象为类似物体的、无个性的、极端中性的东西"⑤。电子媒介则是在上述两种媒介的基础上生成的,它强调视觉和听觉等感官的整合功能,从而改变观众对世界的感知方式。

以电子媒介形式展现的神话主义,其优秀作品往往能通过精细的人物形象描绘、生动逼真的画面、富有感染力的音响效果,立体、直观地再现远古的神话,打破横亘在现代人和古老洪荒年代之间的时间和空间距离,令人产生身临其境的逼真效果,令观众在"专注凝神"的接受中领略神

---

① [美]汉娜·阿伦特:《启迪:本雅明文选》,张旭东、王斑译,生活·读书·新知三联书店2012年版,第260—262页。
② 方维规:《本雅明"光晕"概念考释》,《社会科学论坛》2008年第9期。
③ [美]沃尔特·翁:《口语文化与书面文化:语词的技术化》,何道宽译,北京大学出版社2008年版,第58页。
④ 同上书,第59页。
⑤ 同上书,第100页。

话的魅力。

2014年年初，笔者在为北京师范大学文学院2011级本科生（都是"90后"）讲授"民间文学概论"课程时，曾询问学生对于民间文学在当代社会中（例如民俗旅游、电子媒介等领域）被重新利用和建构的看法。对这个问题学生们各抒己见。有不少学生在回答中专门谈到电影、电视和电子游戏在再现神话上所具有的特殊感染力。一位吴姓同学以电子游戏《仙剑奇侠传》为例，谈到她所感受到的电子媒介所传达出的无与伦比的神话魅力：

> 神话人物的无所不能、洪荒年代的神秘与壮美、仙侠生活的惊心动魄与荡气回肠，在电脑游戏的画面与音效的双重烘托下得到了极好的表现。……电脑游戏对神话的重构产生的作用是其他形式不可替代的。人们不仅从游戏中了解、传承了神话，更重要的是，还亲身参与到了本来遥不可及的神话中去，亲身体验到了令人心驰神往的神话世界。

电视和电影在再现神话场景、营造艺术魅力方面，也产生了同样的效果。2014年夏，我在为北师大本科生讲授"神话学"课程时，曾请学生记述其生活中印象最深的一次听/看神话的事件。一位姓张的同学回想起小时候看过的动画电视剧《中华五千年历史故事动画系列——小太极》，称至今记忆犹新，特别是对其中的《后羿射日》和《夸父追日》两集故事：

> 这两集的情节简直历历在目。我如今脑海里还会清晰地浮现当年那个夸父的模样。……画面上就见在一轮大太阳前面，肤色黝黑的壮汉夸父一直追着太阳奔跑，沿路挥洒好多汗水。……最终他在马上要接近太阳的一刹那倒地不起了，但太阳的光辉十足地照耀着他，照着他躺在大地上，看着他的眼睛变成明月，身体变成森林、山岭、海洋，成为一幅生机勃勃的景象……

一位网友在谈到动画电影《女娲补天》对自己的触动时说：

> 这个动画片不到十分钟的样子，但是在我的记忆中占了很重要的位置，很感人的，记得看到激动之时我都快哭了……再后来，不管在什么节目里出现女娲，都觉得是最感人的形象。①

可见，电子媒介所传达的神话魅力与以往的讲故事艺术虽然不同，但是，利用视觉—听觉等感官综合作用的新技术手段，也能（如果不是更容易的话）激起观众全身心地投入观影体验中，感受那种令人"专注凝神"地接受的审美体验，激发其对神话及其所代表的洪荒年代的"心驰神往"。从这一点上来说，大众媒介时代所产生的神话主义，富有特殊的艺术光晕。

结 论

100多年前，思想家卡尔·马克思曾经预言：随着科技的发展，神话必将成为明日黄花："在罗伯茨公司面前，武尔坎又在哪里？在避雷针面前，丘必特又在哪里？在动产信用公司面前，海尔梅斯又在哪里？"② 如今一个多世纪过去了，相信科学魅力的人们并没能见到神话的消亡，相反，随着科学技术的发展，特别是电子和数字技术日新月异的推进，神话借助大众媒介的力量，传播得更加广泛、迅捷。

本章分析了神话主义在当代中国电子媒介中的三种主要承载形式——动画片、真人版影视剧和电子游戏，并将神话主义的文本类型划分为三类：援引传统的文本、融汇传统的文本与重铸传统的文本。论文指出：神话主义不应仅被视为技术发展、媒介变迁的产物，作为当代大众媒介制造和传播的对象，它的生产与中国当下的政治、经济和社会文化语境密切相关；神话主义尽管与以往的讲故事艺术不同，但也富有特殊的艺术光晕。

---

① http://www.u148.net/article/6562.html，查阅日期：2016年12月18日。
② 马克思：《〈政治经济学批判〉导言》，载《马克思恩格斯选集》（第2卷），人民出版社1995年版，第28—29页。其中罗伯茨公司是19世纪英国的一家著名机器制造公司，武尔坎为古罗马神话中冶炼金属的神，能制造各种精良武器和盾牌，在古希腊神话中叫作赫淮斯托斯；丘必特是古罗马神话中的雷神，具有最高的权威，相当于古希腊神话中的宙斯；动产信用公司是19世纪法国的一家大股份银行，海尔梅斯为古希腊神话中的商业之神。

在梳理电子媒介中呈现的神话主义时，一个值得注意的现象是神话的顽强生命力：诸多神话形象、神话母题和类型，反复出现在口语媒介、文字媒介和电子媒介之中，形成"超媒介"形态的文化传统。透过新媒介的形式，观察这些既古老又年轻的神话主义现象，既可以看到根本性的人类观念的重复出现，也可以洞见当代大众文化生产和再生产的复杂图景。

马克·本德尔在谈到"以传统为取向的文本"时，主张对此类文本不应该"弃之如敝履"，而应该将之作为杭柯所谓的"民俗过程"的材料，置入整体的表达传统中加以研究。对待神话主义的态度也应如此。神话主义无疑是神话传统整体的一部分，其产生与口头传统和书写传统密切相关，其传播也对口头和书写传统产生着不同程度的影响。因此，神话学者同样不应该轻视神话主义，而应将之植入神话传统的整体脉络中，置于神话完整的生命史过程中，加以细致的考察和研究。

第六章

"神话段子":互联网空间中的神话主义[*]

第一节 引言

一 研究意义与内容

神话的界定一直众说纷纭。美国民俗学家阿兰·邓迪斯认为:"神话是关于世界和人怎样产生并成为今天这个样子的神圣的叙事性解释。"① 从这样的界定来看,"神话"既是一种具体的叙事内容,即关于神祇的叙事;也是一种信仰形式,是规约信仰与道德的宪章,阐明了观念信仰和行为存在的理由,奠定了后世人们行为的规范。神话并不是丧失了社会与文化功能的"历史遗留物",时至今日,它仍普遍存在于现实社会里。在一些社区中,神话在凝聚社群、承载民众信仰上发挥着持续而重要的作用。同时,我们也要看到,随着传统社区的衰弱、仪式仪典的衰落和传播方式的多样化,传统的神话讲述行为有所衰落。但民俗并不必然随着社会的现代化而衰退,神话传统并没有消失,随着大众传媒的兴起,当代的神话获得了更加多元的传播与呈现的途径,正如神话学者杨利慧教授等在调查中发现:电视、电影、文化旅游等正日益成为年轻人了解神话的重要渠道,神话也呈现出了多姿多彩的形态与意义。② 但在互联网等新媒体对神话传

---

* 本章作者祝鹏程。

① [美]阿兰·邓迪斯:《西方神话学读本·导言》,朝戈金等译,广西师范大学出版社2006年版,第1页。

② 杨利慧、张霞、徐芳、李红武、仝云丽:《现代口承神话的民族志研究——以四个汉族社区为个案》,陕西师范大学出版总社有限公司2011年版,第30页。

统的影响方面，国内学界的关注尚不充分，① 尤其是结合叙事内容与信仰形式两个角度考察新媒体如何影响神话传统的研究更是少有。显然，研究新媒体与民间文学的关系并不是为了赶时髦，而是民间文学学者敏锐捕捉新的学术生发点的结果。任何传统都是与时俱进的，神话也不例外，在民俗学要"朝向当下"的召唤下，学者们理应把神话在新媒体中的传播与呈现纳入研究范围中，聚焦于神话传统在当下的发展与传承。

目前，关于神话在日常现实生活中是如何被讲述、传播的研究已取得了不少成果，传统的研究思路仍然是主流。多数学者把神话作为一种"缺乏日常性的民间审美叙事"② 来看待，即把神话纯粹等同于仪式的伴生物，聚焦于文化专家（cultural specialists）的讲述行为，以及他们如何在仪式等信仰场合讲述神话。针对传统社区的神话，这样的研究有其合理性。但在当下的传媒时代，这类研究的局限性也就显露出来了。须知，在新媒体中，神话往往被认为是"假的"，仅仅被当作一种文化资源来使用。创编者和传播者广泛散布在大众文化的生产和消费群体中，人们改编、传播这些段子，其动机不是为了讲述神话本身，而是通过对神话的改编与运用，来展开他们在网络社区中的人际交流与情感表达。

正如户晓辉所说："在当前的自媒体时代，网络民间文学的体裁叙事行为已经冲破了传统民间文学体裁叙事行为的范围，扩大到几乎无所不包

---

① 参见杨利慧：《神话的重建——以〈九歌〉、〈风帝国〉和〈哪吒传奇〉为例》，《民族艺术》2006 年第 4 期、《全球化、反全球化与中国民间传统的重构——以大型国产动画片〈哪吒传奇〉为例》，《北京师范大学学报》（哲学社会科学版）2009 年第 1 期；以及她主持的两个专栏：在《云南师范大学学报》（哲学社会科学版）2014 年第 4 期主持的"电子媒介中的神话主义"，包括她的《当代中国电子媒介中的神话主义》、祝鹏程《"神话段子"：互联网中的传统重构》、包媛媛《中国神话在电子游戏中的运用与表现——以国产单机 PRG 游戏〈古剑奇谭：琴心剑魄今何在〉为例》；在《民俗研究》2017 年第 6 期主持的"神话研究专题"，包括她的《民俗生命的循环：神话与神话主义的互动》、祝鹏程的《祛魅型传承：从神话主义看新媒体时代的神话讲述》、张多的《遗产化与神话主义：红河哈尼梯田遗产地的神话重述》等，此外还有王志清的《戏剧展演情境中的"神话主义"——以稷山县的蒲剧〈农祖后稷〉为研究对象》，《贵州民族大学学报》（哲学社会科学版）2015 年第 3 期等。

② ［日］西村真志叶：《日常叙事的体裁研究：以京西燕家台村的"拉家"为个案》，中国社会科学出版社 2011 年版，第 13 页。

并且将古今中外的各种体裁一网打尽的程度。"① 在媒介化的过程中，神话往往会与各种体裁（genre）发生不同程度的融合，产生了以神话为主题的文学、影视与电子游戏等体裁。因此，在考察新媒体对当代神话传承的影响时，我们有必要充分关注人们"使用体裁的行为方式"②，把对神话传承、传播的考察转向以下问题：人们如何在新的语境中使用神话的内容与形式？神话是如何和其他体裁相融合的？神话的信仰形式是否还存在，在新的体裁中起到了什么样的作用？新媒体对当代神话传统产生了什么样的影响？

有鉴于此，本章选择了如今广泛流传于互联网中的"神话段子"展开考察。这里说的"神话段子"指的是互联网中的民众将经典神话"段子化"，以戏谑、调侃的方式来解构、重组神话传统，从而制造谐趣，并为网民大众共享的文本。"段子"原为相声等曲艺的术语，指的是相声作品中一节或一段艺术内容。现在，随着人们的频繁使用，它的意义得到了泛化，任何带有幽默、戏谑色彩的体裁都可以称为"段子"，它可以是一个严格形式上的笑话，也可以表现为广告、故事与谜语等形式。

为了让读者有直观的感受，这里先引用一个段子：

> 嫦娥久居月宫，寂寞难耐，于是走到吴刚身边，娇羞的[地]说：吴刚大哥，这月宫苦寒，我，我，我好冷。吴刚憨厚的[地]一笑，把斧头递给嫦娥：砍两斧头，就不冷了。③

"神话段子"是横跨神话与笑话的亚体裁（sub-genre），它吸收了神话的素材与内容，并采取了笑话的表现手法，以戏谑的形式消解了经典神话的权威性，是互联网时代的民众改编与挪用神话传统的结果。这些段子集中出现在各类笑话网站和微博、微信等社交平台上，它的创编者广泛地散布在网民群体中。通过对神话的改编，网民群体创造出了自己的表达方式，也重构了神话传统。

---

① 户晓辉：《民间文学的自由叙事》，社会科学文献出版社2014年版，第87—88页。
② 同上书，第81页。
③ 佚名：《好玩的小冷段》，2015年9月19日，http://www.jokeji.cn/jokehtml/冷笑话/201509192303522.htm，查阅日期：2016年12月23日。

面对新的现象，传统的研究方法显示出了局限。我们需要引入新的分析概念——"神话主义"（Mythologism）。自叶·莫·梅列金斯基（Yeleazar Meletinsky）在《神话的诗学》中较早提出这一概念后，学界在不同层面对此展开解读。近年来，国内神话学者叶舒宪、杨利慧也分别从文化批评、神话研究的不同角度，对这一概念产生了兴趣。本章采用的是杨利慧的界定，即指神话传统被从其原生的语境中分裂出来，植入受到现代文化产业和电子媒介技术的影响而产生新语境中，被当代社会中不同的人群挪用和重述的情况（见本书第一章）。"神话主义"由现代性的文化产业催生，与民俗主义、民俗化等概念有着紧密的联系，它们都表示了当代社会中的民众为了某些目的，而将神话等民俗进行二手、乃至多手移植使用的过程。出于商业、政治和文化的各种目的，当今社会中的神话正日益被媒介化而进入更广大的领域中，被影视、文学、漫画等多种媒介所接纳，从而产生了神话剧、玄幻小说和神话题材的游戏等新的体裁。另一方面，这一概念也受到后现代消费主义思潮的影响，当下人们对神话的种种再创造，尤其是喜剧性的改编，往往对经典表现出了解构乃至恶搞的倾向，人们会使用戏仿、拼贴、反讽等手段，来质疑、颠覆经典的意义和价值。

"神话主义"的提出扩大了学者的考察视野，在这一概念的启发下，我们得以把神话"从社区日常生活的语境扩展到在各种新的语境中被展示和重述的神话"[1]，更加关注神话在现代媒介中的呈现情况，以及它如何被当下民众所接受、改编与使用的状况。

本章关注以下现象：网民大众把神话的传播挪到了互联网上，他们将神话素材改编成段子，以供大众娱乐，这是典型的"神话主义"现象，值得我们深入研究。在神话主义视角的观照下，我们不禁要问："神话段子"是在什么样的条件下产生的？它由什么人创作与传播？又是如何被生产出来的？它的存在对当下的神话传统产生了什么样的影响？本研究将以"神话段子"为研究对象，考察以互联网为代表的新媒体对神话传统的形塑与影响。本研究拟完成如下的内容。

其一，对"神话段子"的本体展开微观的研究。对"神话段子"进

---

[1] 杨利慧：《神话主义的再阐释：前因与后果》，《长江大学学报》（社会科学版）2015年第5期。

行形态学的分类，结合互联网的特点，总结其体裁特色。

其二，展开对网民群体的考察，并结合互联网的传播特点，探究"神话段子"产生的基础及其对创编者、传播者产生的意义。

其三，考察网民群体如何运用神话这种体裁来进行情感的表达和交流。探讨在"神话段子"的创编中，神话和笑话这两种不同的体裁是如何结合在一起的。在构成段子的因素中，神话的内容与信仰成分各自起到了什么样的作用？在此基础上，考察网民们改编神话的原则与规律，分析网民在改编神话时采取的策略。"神话段子"是神话与笑话相结合的产物，因此，我们有必要对不同体裁间的互动关系给予充分的关注。

其四，考察在微博、微信等即时交流工具的影响下，这些神话段子是如何被传播与呈现的。网络传播技术把神话从听觉主导的讲述变成了视觉主导的阅读，互联网可以容纳各种形态的文本，因此，有必要细致考察这一特点如何影响到神话的呈现。同时，分析互联网技术如何影响到文本的生成和大众的互动。

其五，探究互联网等新媒体对当下神话传统的形塑作用，分析和传统社区中的神话相比，当下媒介化的神话传统具备了哪些新的特点。

二 现有研究成果与研究取向

到目前为止，关于民间文化与新媒体的关系，已经吸引了民俗学者、民间文学学者、人类学者、传播学者和文化批评学者的广泛关注，在梳理相关的学术史时，我们有必要顾及不同学科的成果，并突破"神话"和"互联网"的限制，把梳理的对象扩大到民间文化和新媒体。就研究取向而言，我们可以大致将其分为以下三类。

（一）意识形态批判的取向

从文化研究这门学科诞生之初，大众传播和大众文化、民间文化就是其研究的对象。文化研究视角下的研究往往具有浓厚的意识形态批评取向。

作为20世纪最具原创性的媒介文化学者，马歇尔·麦克卢汉（Marshall McLuhan）的《谷登堡星汉璀璨：印刷文明的诞生》[①]《机器新娘：

[①] [加] 马歇尔·麦克卢汉：《谷登堡星汉璀璨：印刷文明的诞生》，杨晨光译，北京理工大学出版社2014年版。

工业人的民俗》①等著作,对现代传媒对口头传统的影响展开了深入的考察。尤其是后者,作者采取文化批评的方法,考察了广告、动漫、电影等大众文化是如何通过潜移默化成为操控当代人性格与行为的"新民俗"的。罗兰·巴特的《神话修辞术》②则将"神话"视为一种意指方式,即中产阶级操纵意识形态的过程。作者借用索绪尔符号学的相关理论,对服装、电视、报刊等文本中的修辞进行了分析,揭示资产阶级意识形态的合法化策略。国内的一些学者也展开了相关的研究,如赵勇的专著《大众媒介与文化变迁——中国当代媒介文化的散点透视》③,以专章考察了互联网、手机的兴起对读写文化的影响,以及手机短信和当代民谣所呈现出的民间的意识形态。南帆的《双重视域——当代电子文化分析》④也着重分析了互联网电子化的阅读对大众的欣赏方式、网络文本的体裁、语言的影响。

这项研究往往继承了启蒙主义的传统,对民间文化和媒介文化采取了批判的态度,如赵勇批评了互联网的兴起使人们无法启动阅读中的沉思,破坏了"孤独"的阅读状态,削平了接受的深度⑤。这样的研究可以捕捉到宏大的社会文化因素对民间文化的影响,但其弊端也不容忽视,很多学者是在抽象的层面、隐喻的意义上使用"神话"的概念的,尽管学者们集中探讨了意识形态与社会变迁、青年亚文化、阶级冲突等问题,但往往无视对民间文化、口头传统本身的关注,此外,自上而下的目光也很容易掩盖民间的复杂性。

(二) 传播技术分析的取向

传播学学者们也对互联网时代的民间文化有细致深入的探讨,他们依托自身的学科背景,从传播的技术层面展开分析。

美国学者罗素·弗兰克(Russell Frank)是其中的代表。尽管作者的

---

① [加] 马歇尔·麦克卢汉:《机器新娘:工业人的民俗》,何道宽译,中国人民大学出版社2004年版。
② [法] 罗兰·巴特:《神话修辞术/批评与真实》,屠友祥、温晋仪译,上海人民出版社2009年版。
③ 赵勇:《大众媒介与文化变迁:中国当代媒介文化的散点透视》,北京大学出版社2010年版。
④ 南帆:《双重视域——当代电子文化分析》,江苏人民出版社2001年版。
⑤ 赵勇:《大众媒介与文化变迁:中国当代媒介文化的散点透视》,北京大学出版社2010年版,第67—176页。

很多研究在民俗学界产生了影响，但归根结底他是一个新闻学者。他的著作《新闻民俗：互联网上的当代民间文化》（Newslore: Contemporary Folklore on the Internet）①创造了"新闻民俗"（Newslore）的概念，用以指称新闻媒体中类型化的笑话、俗语、民谣、卡通、图片等表达。作者动用传播学的理论储备，考察了新闻中的反希拉里（Anti-Hillary）笑话、关于"九一一"的新闻民俗、关于商贸的新闻民俗、关于美国前总统布什的新闻民俗（Bushlore）等现象，对新闻媒体如何程式化地呈现这些内容做出了分析。他的另一篇论文《发送作为民俗：电子邮件笑话的研究》②则考察了在虚拟的互联网社区中，电子邮件是如何传播笑话的，对发送、转发等网络技术在网络互动中的作用有所分析。国内的一些传播学者也有相关的研究。如周裕琼的《当代中国社会的网络谣言研究》③选取了过去十年间中国社会最为典型的网络谣言，采用内容分析、文本分析、问卷调查、焦点小组和深入访谈等方法深入细致地考察了不同网络谣言的产生、传播和影响过程。

上面所提的研究非常注重实证分析，能够敏锐捕捉到新技术对人们交流方式的影响，恰好能弥补文化研究的弊端。但也有着显著的缺点：很多学者的研究仅仅聚焦于具体的传播技术，以此切入民间文化，考察其在研究互联网的技术运作和社区互动等问题。比如罗素·弗兰克的《发送作为民俗：电子邮件笑话的研究》④仅仅就电子邮件来研究网络笑话，没有提炼出一些新媒体如何形塑民间文学的一般性规律。此外，学者也相对忽视了社会文化、社区传统等因素在其中的作用。而当时过境迁、新的技术发展起来后，现有的研究会迅速过时。也正是如此，在脸书（Facebook）、微博等即时交流工具流行的当下，我们回看罗素·弗兰克这篇写于2009年的文章，就会发现它所提到的"电子邮件笑话"早已变成了明日黄花。

---

① Russell Frank, *Newslore: Contemporary Folklore on the Internet*, Jackson: University Press of Mississipp, 2011.

② Trevor Blank, ed., *Folklore and the Internet: Vernacular Expression in a Digital World*, Utah: Utah State University Press, 2009.

③ 周裕琼：《当代中国社会的网络谣言研究》，商务印书馆2012年版。

④ Trevor Blank, ed., *Folklore and the Internet: Vernacular Expression in a Digital World*, Utah: Utah State University Press, 2009, pp. 98-122.

(三) 民间文学、人类学的研究取向

自从德国民俗学家赫尔曼·鲍辛格发表《技术世界中的民间文化》以来，民俗学和人类学界出现了大量深入思考民间文化与技术发展关系的研究，出版了凯利·埃斯库（Kelly Askew）与理查德·威尔克（Richard R. Wilk）主编的《媒介人类学读本》（*The Anthropology of Media：A Reader*）①、丹尼尔·米勒（Daniel Miller）与希瑟·霍斯特（Heather A. Horest）主编的《数码人类学》②、特里沃·布兰克（Trevor J. Blank）的《数字时代的民间文化：人类互动的新兴动力》（*Folk Culture in the Digital Age：The Emergent Dynamics of Human Interaction*）③ 和其主编的《民俗与互联网：数字世界的民间表达》（*Folklore and the Internet：Vernacular Expression in a Digital World*）④ 等一系列的概论性成果。在国内学者中，万建中的《民间文学引论》⑤、杨利慧的《神话与神话学》⑥、户晓辉的《民间文学的自由叙事》⑦ 也对新媒体与民间文学的关系有专章或专节的论述。

有相当数量的研究关注在全球化、现代化与都市化的语境下，新媒体对民俗文化产生的影响，如琳达·黛格的《大众传媒与美国民俗》（*American Folklore and the Mass Media*）⑧ 展示了民间信仰、传说在电视、大众读物等现代大众媒体中的生存状况；西蒙·布朗纳（Simon J. Bronner）的《解释传统：现代文化中的民俗行为》（*Explaining Traditions：Folk*

---

① Kelly Askew and Richard R. Wilk, eds., *The Anthropology of Media：A Reader*, Hoboken：Blackwell Publishers, 2002.
② ［美］丹尼尔·米勒、希瑟·霍斯特主编：《数码人类学》，王心远译，人民出版社2014年版。
③ Trevor Blank, ed., *Folk Culture in the Digital Age：The Emergent Dynamics of Human Interaction*, Utah：Utah State University Press, 2012.
④ Trevor Blank, ed., *Folklore and the Internet：Vernacular Expression in a Digital World*, Utah：Utah State University Press, 2009.
⑤ 万建中：《民间文学引论》，北京大学出版社2006年版。
⑥ 杨利慧：《神话与神话学》，北京师范大学出版社2009年版。
⑦ 户晓辉：《民间文学的自由叙事》，社会科学文献出版社2014年版。
⑧ Lind Dégh, *American Folklore and the Mass Media*, Bloomington：Indiana University Press, 1994.

Behavior in Modern Culture)①，对如何在现代社会定义传统、当代人如何通过传统的符号来获得身份认同，以及互联网作为一种民俗体系（folk system）在口头传统传播上的作用展开了考察。此外，格雷戈里·施润普（Gregory Schrempp）的《现代科学的古代神话学：一位神话学者对于科普著述的严肃考察》（*The Ancient Mythology of Modern Science：A Mythologist Looks（Seriously）at Popular Science Writing*）② 研究了科普写作如何创造性地借鉴了传统神话中所表述的宇宙观念的结构、策略以增加表述的魅力。此外，国内学者董晓萍在《全球化与民俗保护》③ 中也考察了在全球化、商品化的影响下，民歌、民谣、节日、饮食、服饰等传统的变迁；王杰文的《媒介景观与社会戏剧》④ 则以二人转为例，细数了媒体技术、社会舆论、大众品味等因素对二人转传播的形塑；施爱东近年来关于网络谣言的一系列研究⑤，也综合风险社会的文化背景、互联网的新技术、谣言的一般性特点等因素，考察了网络谣言的生产动力、传播方式和呈现形态。

当然，也有一些学者围绕着本研究的关键词"神话主义"展开。杨利慧在《神话主义再阐释：前因与后果》⑥ 的概论性文章中，从民俗学者的角度出发，强调"神话主义"应该以神话为本位，综合考察当代民众如何使用神话这种体裁并对其传统产生了什么样的影响。她的"当代中国电子媒介中的神话主义"（见本书第五章）等也都从具体的个案，对新媒体和文化产业影响下的神话叙事展开了细致的研究。她还主持了"当代中国的神话主义：以遗产旅游和电子媒介的考察为中心"的课题，与其学生祝鹏程、包媛媛、肖潇、陈汝静等一起展开相关研究，并取得了一

---

① Simon. J. Bronner, *Explaining Traditions：Folk Behavior in Modern Culture*, Lexington：University Pressof Kentucky, 2011.

② Gregory Schrempp, *The Ancient Mythology of Modern Science：A Mythologist Looks（Seriously）at Popular Science Writing*, Montreal：McGill-Queen's University Press, 2012.

③ 董晓萍：《全球化与民俗保护》，高等教育出版社2007年版。

④ 王杰文：《媒介景观与社会戏剧》，中国传媒大学出版社2008年版。

⑤ 如他近年来在《民族艺术》上陆续发表的《谣言的发生机制及其强度公式》《末日谣言的蝴蝶效应及其传播动力》"太平家乐福谣言"的历史根源与文本分析》《"呼兰大侠"：被谣言神化的变态杀手》《谣言的逆袭：周总理"鲍鱼外交"谣言史》等文章。

⑥ 杨利慧：《神话主义的再阐释：前因与后果》，《长江大学学报》（社会科学版）2015年第5期。

些中期成果，如祝鹏程的"'神话段子'：互联网中的传统重构"（见本章），讨论了网民戏谑性改编神话的原因、策略，总结了互联网对神话传统的影响；包媛媛的"中国神话在电子游戏中的运用与表现——以国产单机 RPG 游戏《古剑奇谭：琴心剑魄今何在》为例"（见第七章）梳理了电子游戏对中国神话故事及元素的呈现和利用特征，探讨了神话在电子游戏中的功能转换和意义再生。这一系列的研究紧密围绕着神话本体展开，并非常注重新媒体的特殊性，注重在整体的社会语境和具体的传播语境中，对讲述人、讲述方式与讲述策略的综合考察。

民俗学与人类学视角研究的优势是紧密围绕民间文化本身展开考察，结合了社会多种因素，尤其关注传媒对体裁的影响和受众的主动性。既展示了新媒体对民间传统的影响，又引发人们去思考社会变迁、媒介文化、青年亚文化等话题。同时也存在着一些缺陷，如一些研究的视角相对保守，而对新媒体的特殊性关注不够，只是将其视为传播的媒介来看待，没有认识到传播方式对体裁、形态产生的影响。比如琳达·黛格的论文《电话中的两位旧世界的讲述者》（*Two Old World Narrators on the Telephone*）[①] 考察了两位从匈牙利移民美国的老太太如何在电话中互相讲述故事，但并没有分析电话作为一种传播媒介，对民间故事传播的形式有什么特殊的影响，带给故事什么新的特点等问题。

在上文中，我们分析了三种不同的研究取向。这三种取向各有利弊得失，又形成了互补的关系。要研究互联网中的"神话段子"，我们需要站在以民俗学、民间文学为本位的立场上，吸收文化批评与传播学的视角与方法，把互联网对神话传统的影响作为核心考察的对象，形成一种综合的研究方法。

三 研究方法

在研究方法上，本研究拟采取理论阐释与田野作业相结合的方式。

（一）综合研究的取向

在很多场合，杨利慧都强调要在神话研究中发展出一套"综合研究"

---

① Linda Dégh, *Narratives in Society: A Performer-Centered Study of Narration*, Bloomington: Indiana University Press, 1995.

(Synthetic Approach)的方法①。这种方法主张在研究作为口头表演的民间叙事时,要把宏观的社会历史背景分析与特定社区的民族志研究结合起来,把宏观的政治文化分析和微观的文本解读结合起来。"将某一叙事文本置于某一特定语境下予以放大,也即在一个具体的时间和地域范畴中,对其受到讲述人和听众的相互影响、受到该语境中诸多复杂因素协同影响的过程加以细致考察和研究。"② 综合研究把神话的传承和改编放在特定的社会背景与传播语境中,提醒我们要注重体裁与特定社会和文化语境下的政治、经济、文化、社会组织、互动方式的关系。显然和我们的研究有着同样的追求。

本章将采取综合研究的方法,去细致考察互联网空间中的神话主义。研究将充分关注段子的传承空间——互联网的特殊性,并注重对网民大众生存状态的考察,综合探讨传播技术、传承群体特点、故事传播的动力等因素对神话的影响。

文本分析是民俗学的传统研究方法,如今,学者不再以孤立的视角看待文本,转而强调其整体性,认为任何一个文本都是在社会意义的网络中产生的。要考察神话主义在互联网中的表现,必须对"神话段子"的文本进行细致的分析与阐释,并关注"神话段子"文本生产的整个过程:包括从神话资源的选择、利用到传播,及其文化与政治的功用等各个方面。本章把"文本"看成一个文化过程,将神话放置在当下的社会、经济和文化变迁的大背景和互联网传播的小背景下加以记录与分析,将"神话段子"看成网民大众进行自我表达、叙事的体裁与工具。从动态的视角记录、考察其改编过程,从政治、社区、技术、受众、传播者等多种角度综合考察文本的生产。将体裁的形式(form)、功能(function)与讲述(narrative)结合到一起进行研究,从而全面掌握"神话段子"的生产方式与传承形态。

众所周知,文化研究是当代人文学科普遍采取的研究方式。在长期的发展中,文化研究形成了不同的学术流派,形成了以下的传统:注重与当

---

① 参见杨利慧《现代口承神话的传承与变迁——对四个汉民族社区民族志研究的总结》,《青海社会科学》2011年第1期;杨利慧《语境的效度与限度——对三个社区的神话传统研究的总结与反思》,《民俗研究》2012年第3期。

② 杨利慧:《从神话的文本溯源研究到综合研究》,《民间文化论坛》2005年第2期。

下社会保持联系,侧重研究当代文化、大众文化、边缘文化和亚文化,并采取了一种跨学科甚至于反学科的态度、视野和研究方法。文化研究对本研究的作用不言而喻,本研究需要借鉴文化研究的方法来探寻神话背后的意义。比如,在对神话的改编过程中,必然伴随着网民身份的建构,所以,在文本分析的同时,本研究也致力于探究文本背后的意识形态等因素,考察网民出于什么需要改编神话,他们的生活状态与神话观等对神话传统产生了什么样的影响。这种分析将贯穿全文,不仅体现在对网络空间特点的分析上;也体现在对讲述者和传播者的考察上,也体现在对段子文本具体内涵的解读上,因为文本的内容往往是考察艺术与社会关系的重要媒介;也表现在对受众趣味的考察上,因为在互联网空间中,受众在社区的构成、艺术的生产上起到了重要的作用。而这种将体裁与文化研究结合起来的考察方式,也体现出了与民俗学表演理论(performance theory)共同的追求。

总而言之,本章将对"神话段子"文本的微观分析与对整体性的社会文化语境和网络技术综合起来进行考察,细致探讨互联网对神话传统的影响,以及神话主义在互联网中的表现方式。

(二) 在互联网中展开田野作业

尽管互联网是一个虚拟的社会,但我们同样可以在这里展开田野作业。当然,在这个特殊空间中进行田野作业存在着一大难题,即我们无法定位明确的访谈对象,很难进行持续的、有针对性的访谈。因为将神话改编成段子的人广泛存在于网民大众中,而他们的改编行为往往是非专业的,即便是那些以写笑话为职业的"段子手",也不会只编"神话段子"而不编其他的笑话。笔者尝试着对几位网民发出访谈的邀请,但效果并不佳,比如,有的人甚至一头雾水地回复我:"有什么好访谈的?我只不过随手选择了这个神话。"另外,过分依赖访谈,会误导研究者将表象当作事实,无法揭示那些连受访者自己也无法言说与察觉的文化因素[①]。

因此,本章放弃了访谈的方法,转而着重采取参与观察的方法。在这里,参与观察指的是笔者不仅对网民大众的改编行为进行考察,同时也作

[①] 相关反思,参见〔美〕丹尼尔·米勒、希瑟·霍斯特主编:《数码人类学》,王心远译,人民出版社2014年版,第69—70页。

为网民的一员，参与到互动的过程中来，在参与中体验互联网的氛围、搜集资料、展开与其他主体的对话。具体而言，这一行为有三层意义。第一，它是进入田野的伦理需要。研究者把自己也视为网民大众的一员，积极介入到网络的互动中去，采取网络语言、积极与其他改编神话的网民互动，不仅去了解他们的喜怒哀乐，还要把自己也视为塑造、影响神话传统的一分子。只有身在其中，才能真正了解这一群体。第二，参与观察有助于我们了解神话主义在互联网中的表现。神话在互联网中的传播和电子技术紧密相关，在参与的过程中，我们也充分体验到了这些技术的运作规则。而网民的互动往往包含了大量的隐性知识（如网络的时尚化表达、俚语等），这些对神话产生了不可忽视的影响，需要我们去探究。第三，在参与观察的过程中，我们也完成了对研究对象——"神话段子"的搜集。

为了展开研究，笔者广泛搜集各类"神话段子"共87则（组）。这些段子来源广泛，既有笔者特意搜索的，也有朋友与师长转发提供的。在这个过程中，所有人都参与到了段子的传播中。由于不同的媒体平台的传播方式与能力是有差异的，为了确保段子的多元化，笔者在搜集时也兼顾了不同的传播媒体，既有互动性较强的社交平台，也有专业性较强的笑话网站。这些段子很多没有标题，为了表述的方便，文中为它们加了较为妥帖的标题。

在搜集、整理这些段子时，我们遇到的第一个难题是无法确定谁是第一个创编者。网民创造出好笑的新段子后，会迅速被大众转发、改编，很多段子是在集体的参与下完成的。鉴于此，笔者放弃了寻找"原创者"的尝试，但会在引用这个段子时，将具体的传播者与改编者注出来（当然，只是网络注册名，而不是真名）。另外，在笑话网站等平台上，很多段子的传播是匿名的，相关的信息我们只能付之阙如。互联网的文字使用没有正式出版物那么严谨，很多段子中有错字和错误的标点，这里照实收录，但笔者会用"[ ]"注明正确的文字。对段子中出现的网络词汇和俚语，这里也会全数保留，并加以注解。

另一大难题是如何来界定"一则"段子。这87则中，有很多段子往往又不止一段，而是容纳了一组类型化的段子群，比如《十二星座月宫专访嫦娥》这类的段子有十二段，十二个星座分别以刁钻的问题为难嫦娥①，但这些段子的结构和主题高度相似，为了便于统计，我们只将其视为一则。另外，由于很多段子是在复制粘贴下产生的，我们能看到大量相似的内容，为了便于统计，在搜集的过程中，笔者略去了一部分字句略有差异、但整体意思不变的段子。另一些段子尽管在语言上相似度较高，但其表达效果和主旨却有差异，或者产生了新的母题，笔者将其列为一则新的段子。如以下两则《戏说愚公移山》的段子：

> 愚公在移山。智叟：你在干嘛？愚公：我在移山啊！智叟：移山？你能移完吗！愚公：我移不完，我还有儿子移，我儿子移不完还有孙子移，我孙子移不完我还有重孙子移……智叟：那你有女朋友未？愚公：……不挖了！（新浪微博用户"口木我鸟"发布）②

> 智叟看到愚公天天在移山，终于有一天忍不住问了：愚公啊，你这么移什么时候能移完啊，何况你都这么大把年纪了。愚公：我肯定是移不完了，但我的儿子，我的孙子，我儿子的孙子可以继续移，总有一天能移完。智叟笑了：那，你有女朋友吗？……愚公：老夫姓王……第二天，智叟失踪，听说已出家。（新浪微博用户"胡大鸭"发布）③

两个段子在结构与内容上高度相似。但胡大鸭的段子增加了"老夫姓王"的情节，使用了网络上流行的"隔壁老王"（插足邻居婚姻的人）的段子，暗指愚公虽然单身，但和智叟家的女性有染，这一"悲剧"使得智叟悲痛不已，只能出家，增加了新的情节，形成了一个新的段子。

---

① 小王：《十二星座月宫专访嫦娥》，2010 年 9 月 9 日，http：//www.gxdxw.cn/article/shierxingzuoyuegongzhuanfangchange.html，查阅日期：2016 年 12 月 23 日。

② 口木我鸟：《戏说愚公移山》，2015 年 8 月 20 日，https：//weibo.com/1729474511/CwJKcu8MW？from = page _ 1005051729474511 _ profile&wvr = 6&mod = weibotime&type = comment # _ rnd1562814239893，查阅日期：2016 年 12 月 23 日。

③ 胡大鸭：《戏说愚公移山》，2015 年 9 月 4 日，https：//weibo.com/1728353374/Cz1jl53yP？from = page_1005051728353374 _ profile&wvr = 6&mod = weibotime&type = comment，查阅日期：2016 年 12 月 23 日。

第二节 "神话段子"的类型

在开头,我们已经对"神话段子"做了简要的概括。为了让读者有更透彻的了解,在这里,我们有必要从类型的角度,对这一体裁再进行一些介绍。

"民间文学体裁叙事行为传统的表现形式之一就是它往往具有固定的模式、程式或结构。"[①] 在口头叙事中,神话、笑话、传说、故事等体裁都是模式化的。美国传播学、民俗学者罗素·弗兰克在研究互联网笑话时发现,网络笑话同样是高度模式化的,编写者们会通过反复的试验找到一些经验,形成某些固定的表达模式(pattern)[②]。"神话段子"囊括了各种神话,形成了不同类型的段子。总体而言,有三种常见的形态。

一 故事型的段子

所谓故事型的段子,指的是编写者保留了原有神话相关人物和母题,将其纳入到新的故事情节中所产生的段子。新编的段子保持了一定的故事性,有具体的情节内容。这些故事可以是对一个神话的改编,如前文列举的《女娲补天的真相》《嫦娥与吴刚》《愚公移山》等。也可以串联起多个神话。更多的段子是串联型的,创编者把不同的神话、传说糅合到一起来制造笑料,如下面这个《神话串烧》:

> 据说马良画了十个太阳,后羿射掉了九个,还有一射歪了,划破天。女娲去补天,补完之后,夸父就去追太阳,死了之后变成两座山,堵在愚公门前,愚公就开始移山,他把多余的土,丢到了海里,不小心把精卫淹死了。精卫为了报仇就填海,填海填过了头,发生了

[①] 户晓辉:《民间文学的自由叙事》,社会科学文献出版社2014年版,第126页。
[②] Russell Frank, "The Forward as Folklore: Studying E-Mailed Humor", Trevor J. Blank, ed., *Folklore and the Internet: Vernacular Expression in a Digital World*, Utah: Utah State University Press, 2009, pp. 106–107.

洪水。一个叫大禹的人，就来治水。可是水太大了，把马良淹死了。这个故事告诉我们人不要太做（zuō）①，no zuo，no die！②

创编者用顶针续麻、循环往复的句式，串联起了七个不同的神话或传说故事，每一个人物的行动都引发了下一个人物的反应，一环套一环，首尾相接，形成了完整、封闭的叙事。不同的文本和人物同台竞技互相碰撞，又在众声喧哗中营造出"关公战秦琼"式的荒诞感。不同的神话和传说故事被粘连在一起，体现了创编者不凡的想象力。

二 问答型的段子

这类段子一般没有具体的情节，神话中的人物在某个虚构的场景中，以一问一答的形式制造笑料。问答双方既可以都是神话人物，也可以发生在普通人（比如叙事者"我"，通常是提问者）和神话人物（通常是回答者）之间。问答围绕某些神话的核心情节展开，提问者会提出一些常规性的问题，最常见的提问方式是"××为何要做××事""××和××的共同点在哪里"等。而回答者会给出既符合神话情节，又出人意料的答案，产生滑稽可笑的效果。所以这类段子常常带有脑筋急转弯的意味，有些直接出现在"脑筋急转弯"类的网站上。

段子既可以只有一问一答，比如：

问：小白兔为什么要和嫦娥奔月？答：因为嫦娥是萝卜腿。③

也可以一问多答，如上面这个段子，在新浪爱问的"脑筋急转弯"栏目中就有三个答案：

---

① 这里的"做"或"作"（zuō）是北方俗语，有能折腾、能来事的意思，近来成为网络流行用语，网民们用中式英语来翻译"不作不死"，于是制造了后文中的"no zuo，no die！"这个词。

② 正好五个字 li：《据说马良画了十个太阳》，2014年11月3日，http：//tieba.baidu.com/p/3389262816，查阅日期：2016年12月23日。

③ 佚名：《小白兔为什么要和嫦娥奔月？》，2015年4月18日，http：//www.hugao8.com/72932，查阅日期：2016年12月23日。

问：小白兔为什么要和嫦娥奔月？
答：
1. 因为它是流氓兔。
2. 因为嫦娥是萝卜腿。
3. 因为嫦娥欠兔子钱。①

还可以是多个来回的问答，串联起多个神话。如《神话的笑话》：

我：后羿！您当年为什么射日？
后羿：有人付钱。
我：为什么留下一个？
后羿：他们只付了九个的钱！
我：为什么单单留下这个？
后羿：它也付了钱！②
……

此处只是节选，段子还在问答中，把织女、如来佛、猪八戒、姜子牙等传说中的人物或宗教神祇编织进了文本中。我们一说起女娲补天就会联想到勤劳善良等品质，一说起后羿射日，就会想到救民于水火的大无畏精神，但创作者却在一问一答中，把他们的举动归因于私利，问答之间的落差制造出颠覆性的效果。此外，一来一回的问答不仅会产生多重笑料，还会形成朗朗上口的语感。

三 由谐音与文字游戏制造的段子

还有一类段子以谐音与文字游戏制造笑料。谐音与文字游戏类的笑话在中国有着悠久的历史，人们通过对某些字词的刻意曲解与误解，来制造幽默效果。中国的神话传说情节简略，用语朴素，短短的几句话包含了大

---

① 小粉条：《为什么兔子要跟嫦娥上广寒宫》，2007 年 4 月 30 日，http://iask.sina.com.cn/b/9044266.html，查阅日期：2016 年 12 月 23 日。
② 佚名：《神话的笑话》，2009 年 12 月 28 日，http://www.iqilu.com/html/joke/2009/1228/151390.shtml，查阅日期：2016 年 12 月 23 日。

量的信息，往往会让人产生大量的谐音联想，比如著名的"黄帝四面"和"夔一足"神话，甚至还引发了孔子的合理化解读。所以有不少段子是从双关、谐音的角度展开对神话的改编的。比如有一个《愚公临死前》的段子：

> 愚公临死前把他的儿子叫到床前。愚公：移山！移山！儿子说："亮晶晶，满天都是小星星……"然后愚公就气死了。①

这个段子产生于真人秀节目《爸爸去哪儿》热播之际，节目采取了家喻户晓的童谣《小星星》做主题曲。在段子中，"一闪一闪亮晶晶"的歌词让人联想到谐音"移山"，而"移山！移山！"像极了愚公逝世前的呼喊。

这类段子中还有一种是通过文字游戏来制造笑料的。网民们通过对神话中某些字句的意义、句法进行拆解、转换和歪曲，制造出背离神话本意的意义。比如有一个《嫦娥善变》的段子：

> 嫦娥为什么善变？答：因为她叫 Change。②

这个段子包含了三重的语言转换，先把嫦娥转化成汉语拼音"change"，再联想到英文单词"change"，再联想到"change"的中文意义是"善变"。初看之下，很多人会一头雾水，等弄清楚笑料的制造方式后，会露出会心的微笑。

我们在上文中分析了神话段子三种基本的类型：故事型、对话型和谐音与文字游戏型。需要指出的是，以上这三种类型往往不是各自独立存在的，而是互相交融在一起，比如上文说到的《嫦娥善变》就融合了对话型和文字游戏型两类。

这些段子有着多种类型，但总体而言，它们的篇幅都不是很长。众所

---

① 满盈姑娘：《愚公临死前》，2015年8月25日，https://weibo.com/3848968275/Cxvt-Cud5T? from=page_1005053848968275_profile&wvr=6&mod=weibotime&type=comment，查阅日期：2016年12月23日。
② Jam：《嫦娥善变》，2008年9月1日，http://www.douban.com/group/topic/4081447，查阅日期：2016年12月23日。

周知,互联网的阅读是碎片化、快餐化的①。在这种阅读环境下,人们往往没有耐心在网上阅读过于严肃的长篇大论,"太长不看"是他们的阅读原则。段子如果过于冗长,就会让读者失去阅读的兴致。为了配合大众的阅读习惯,微博等媒体平台甚至有字数限制,一次性只能发表140个字(包括标点、表情在内),而受众也只能评论140个字,这样的设置直接从客观条件上限定了段子的篇幅,既方便大众阅读,也便于手机短信等媒介的传播。另外,笑话本身的篇幅较短,编段子的网民自然不会把笑话扯得像玄幻小说那样长,这些段子总是灵光一现、一气呵成的。从前文列举的段子我们也能够看出,在改编神话的过程中,人们会写得尽可能的短小。大多数段子的字数有限,少则十余字,多则百余字。一言以蔽之,和那些记录在典籍中的神话一样,这些戏谑化的神话往往是短小精悍的,保持了神话零散、片段的一般性特点。不同于本书涉及的其他文类,诸如导游词、神话影视剧和电子游戏,这些讲述往往有将神话系统化的取向。段子化的神话往往是摘取神话中的只言片语,制造零散的叙事。段子中往往没有烦琐的细节,神话的情节往往得不到充分的展开,只是对关于神祇的某个事件或行为的概述。

第三节 "祛魅型传承":一种当下神话传承方式

对"神话段子"有了更进一步的了解后,我们要探讨的是这些段子是在什么样的情境中生成的?前文说过,神话主义是现代文化产业与后现代消费主义集合的产物,"神话段子"也不例外,它产生于虚拟的互联网社区之中,深受传媒工业的影响,与当下民众的群体心理与文化消费方式密切相关。在互联网等新媒体中,神话主义的实践者以年轻人为主,他们是新型的神话传承人。与传统的神话传承相比,新式的传承有着新的特点。

一 世俗时代的神话观

在急速发展的现代中国,神话的讲述和传承形态是复杂多样的,这也

---

① 王一川:《兴辞诗学片语》,山东友谊出版社2005年版,第95—96页。

影响到了民众对神话传统的理解与运用。总体来说，前工业时代的神话往往与仪式等神圣场合联系在一起，作为信仰的"社会宪章"（social charter），它"为人们提供了仪式和道德行为的动机，还告诉了人们如何去进行这些活动"①。当时的神话具有相当程度的权威性，指导甚至左右着人们的生活。而在现代社会中，神话则往往被看成重要的文化遗产，并可以被大众改造与利用。在现代中国，神话成为了民族国家建构的重要资源。从晚清以来，学者们就力图从典籍中的神话传说里寻找代表民族形象的精神和价值，以作为民族认同与国家建构的资源。有不少学者的研究发现，炎黄神话在晚清就具有培养汉族的民族意识和爱国情感的作用②，鲁迅的《补天》《理水》等"故事新编"在猛烈的讽刺之余，也歌颂了女娲的奉献精神和大禹的忧国忧民，而袁珂等学者之所以投身于神话的研究，也包含了发扬民族辉煌灿烂的文化遗产的目的③。通过知识的生产，这些立足于现时代的发扬和阐释被人们广泛接受，从而使神话形成了某些约定俗成的象征意义和正面价值。

随着现代化和城市化的推进，传统乡村的形态发生了剧烈的变化，范围正日益缩小，城市在当代神话传承中的重要性不断增加。当代的网民多数成长于城镇，据中国互联网络信息中心统计（截至2018年12月数据，下同），网民中的城镇人口达到6.07亿人，占了73.3%④，他们远离了滋养传统神话的乡村庙会等仪式场合。对于他们而言，神话未必是和仪式紧密相关的产物，庙会等承载神话的信仰空间成为了隔膜于现实生活的文化奇观。此外，网民中的青壮年（10—39岁）用户达到了67.8%，而其中具备高中及以上知识程度者则达到了43.1%⑤。年轻网民们在世俗化的现代学校教育中成长起来，宇宙爆炸起源、进化论、无神论等世俗化的科学知识成为了他们认识世界的起点。受此影响，网民们形成了相对理性的世

---

① ［英］马林诺夫斯基：《神话在生活中的作用》，载［美］阿兰·邓迪斯主编《西方神话学读本》，朝戈金等译，广西师范大学出版社2006年版，第250页。
② 参见沈松侨《我以我血荐轩辕——黄帝神话与晚清的国族建构》，《台湾社会研究季刊》2007年12月号（总第28期）；孙江《连续性与断裂——清末民初历史教科书中的黄帝叙述》，载王笛编《时间·空间·书写》，浙江人民出版社2006年版。
③ 袁珂：《中国神话传说词典·出版说明》，上海辞书出版社1985年版，第1页。
④ 中国互联网络信息中心：《2019年2月第43次中国互联网络发展状况统计报告》，2019年2月，http：//www.cac.gov.cn/wxb_pdf/0228043.pdf，查阅日期：2019年7月13日。
⑤ 同上。

界观，他们不再以虔诚的态度看待神话，也不再把神话看作远古的信史。如新浪微博上名为"长风一信"的用户看了"女娲补天"的神话后，转帖说："虽不可信，但读到这样的神话故事总让人趣味横生。"①

网民学历结构

学历	2017.12	2018.12
小学及以下	16.2%	18.2%
初中	37.9%	38.7%
高中/中专/技校	25.4%	24.5%
大专	9.2%	8.7%
大学本科及以上	11.2%	9.9%

资料来源：CNNIC 中国互联网络发展状况统计调查，2018年12月。

图6—1　当代网民的学历结构②

在当下的学校教育中，神话一般作为民族文化遗产和教育资源而介绍给学生。为了强化教育作用，课本的编写者也强调了神话的象征意义和精神价值。诸如《大禹治水》的神话，课本往往强化了其为国为民、公而忘私的精神；《愚公移山》突出了其老当益壮、坚持不懈的美德；而《女娲补天》则体现了中华民族勤劳勇敢、有所担当的传统。此外，填海的精卫、追日的夸父则被认为是锲而不舍的典范；而尝百草的神农则体现了勇于探索的精神。通过课堂教学，这些正面的价值观深入人心，深刻影响了我们对神话的理解。

此外，在文化产业的影响下，当代神话以多样的、世俗化的渠道进行传承：文化旅游、通俗读物、神话题材的影视作品、网络游戏成为民众了解神话的重要渠道。如动画片《哪吒传奇》便糅合了夸父追日、三足鸟的神话，并进行了大胆的改编，其目的是为青少年贡献一

---

① 长风—信，新浪微博，2013年1月10日，http：//weibo.com/2326923243/zdJwfl0gE，查阅日期：2016年12月23日。
② 中国互联网络信息中心：《2019年2月第43次中国互联网络发展状况统计报告》，2019年2月，http：//www.cac.gov.cn/wxb_pdf/0228043.pdf，查阅日期：2019年7月13日。

部成长励志作品。因此，在网民眼中，神话不再是文化精英、仪式专家的专属物，而成为了大众消费的对象、可供利用的文化资源。大众文化对神话的利用强化了网民世俗的神话观，也为他们的改编实践提供了榜样。

二 开放的互联网空间

作为一个虚拟的社区，互联网对现实社会既模拟仿真，又保持了一定距离，成为民众表达群体情感的场所。互联网的文化特点与交流方式构成了"神话段子"独特的传承空间。我们还可以更细地将"神话段子"的传承空间分为以下三种。

首先是社交平台。包括各门户网站的微博、腾讯 QQ 空间、微信、百度贴吧等，人们在这些平台上对神话展开戏谑性的改编。这些网站有非常高的参与性，网民只要注册后就能参与其中，且互动频繁，人们轻轻一按，就可以通过顶贴、回帖、转帖等技术参与到文本的生产与传播中。

其次是专业的笑话网站。如"笑话大全""开心一刻"等专门刊登笑话的网站，其中包含了大量戏谑性的神话故事和段子。这些网站往往有专业的管理者，管理者搜集网络段子，接受投稿，将之整理后再发布到网上。一般受众不能直接发言，但可以在注册后进行评论、投票。这类平台具有一定的互动性，但互动的程度低于微博和 QQ。

再次是电子邮件。在展开本项研究时，笔者也从一些朋友那里，通过电子邮件获取了一些"神话段子"。朋友往往如实发送这些段子，很少做改动。另外，和前两者相比，电子邮件的封闭性是最高的，其内容只有发送和接受双方能看到，当然，发送者可以借助转发、群发的技术，让更多的人看到某个段子。

这三种空间都具有同一种特点——开放性。这里的"开放"有多层含义：首先，互联网联通了世界各地的民众，网络信息是多元的，信息的传送具有平面媒体无可比拟的即时性。其次，网络信息的交流不再是单向的，而是以网民间的互动表现出来，并形成了低成本的交往方式。最后，网络是一个反控制的话语空间，它为网民提供了平等交流与对话的机会，而网络互动、匿名的特点也提升了民众的自由度，网民可以通过发帖、转帖、改编等技术来表达情感。开放性使网络空间成为了巴赫金（Mikhail

Bakhtin)所说的"狂欢广场",① 它在一定程度上抹平了"上半身"与"下半身"的界限,为民众提供了一个比现实社会更加自由的言说空间。也正是如此,一些学者认为网络言论的繁荣在一定程度上促成了电子文化民主。②

不同于传统的神话讲述多发生在仪式性的场合,"神话段子"的讲述场合发生在开放的互联网中。在网络上,民众集体参与了神话的改编,所以,与传统神话一样,"神话段子"也是民众集体创作的产物。在宽松的环境里,大众对神话的再创造显得更加自由,更具活力,对神话戏谑化乃至政治化的解读也成为可能。互动伴随着意义的再创造,所以"神话段子"充满了变异,在互动的过程中,网民会将时代因素、自身情感投射到文本中。

三 青年亚文化的兴起

当代网民群体具有鲜明的阶层性。统计数据表明,网民中人数最多的四类人为学生、自由职业者、一般职员、失业和无业者,累计达64.3%,其中月收入3000元以下者则达到了55%。③ 可见,这一群体收入有限、占有的社会资源较少、社会地位偏低。在现实社会中不得志的民众将自身认定为"草根"(乃至"屁民""屌丝"④)阶层,他们需要创造出属于自己的青年亚文化(youth subculture)作为群体认同的基础。神话这种具有强烈象征性与隐喻性的体裁自然成为了网民借古讽今、寄托幽怀的资源,充满解构趣味的笑话与段子则成为了网民们释放社会压力、进行社会评论、表达群体需求的工具。对神话的改编是他们言说的方式之一,在很多

---

① 巴赫金认为狂欢性是民间节庆显著的特征,在狂欢广场中,人们从森严的等级中解放出来,人与人之间的自由与平等成为狂欢节感受的本质,狂欢推翻了原先的等级关系,同时孕育着创造性和新生,使"乌托邦理想的东西与现实的东西,在这种绝无仅有的狂欢节世界感受中暂时融为一体"。[苏联]巴赫金:《拉伯雷的创作与中世纪和文艺复兴时期的民间文化》,李兆林、夏忠宪等译,河北教育出版社2009年版,第12页。
② 南帆:《双重视域:当代电子文化分析》,江苏人民出版社2001年版,第252页。
③ 中国互联网络信息中心:《2019年2月第43次中国互联网络发展状况统计报告》,2019年2月,http://www.cac.gov.cn/wxb_pdf/0228043.pdf,查阅日期:2019年7月13日。
④ 屌丝是中国网络文化兴盛后产生的用语,开始通常用作称呼"矮矬穷"(与"高富帅"或"白富美"相对)的人,后演变成"屌丝"的称谓。"屌丝"最显著的特征是穷,房子、车子对于屌丝来说是遥不可及的梦。当然,这个词也有很明显的自嘲成分。

改编中，我们都能看到年轻一代的期待和迷惘。

网民职业结构

职业	2017.12	2018.12
学生	25.4%	25.4%
党政机关事业单位领导干部	0.5%	0.2%
党政机关事业单位一般职员	2.9%	2.6%
企业/公司高层管理人员	0.5%	0.6%
企业/公司中层管理人员	1.9%	2.2%
企业/公司一般职员	12.2%	10.1%
专业技术人员	4.8%	5.2%
商业服务业职工	4.3%	5.2%
制造生产型企业工人	3.5%	3.8%
个体户/自由职业者	21.3%	20.0%
农村外出务工人员	2.1%	3.9%
农村牧渔劳动者	7.1%	7.8%
退休	5.2%	4.1%
无业/下岗/失业者	6.9%	8.8%

资料来源：CNNIC 中国互联网络发展状况统计调查2018年12月

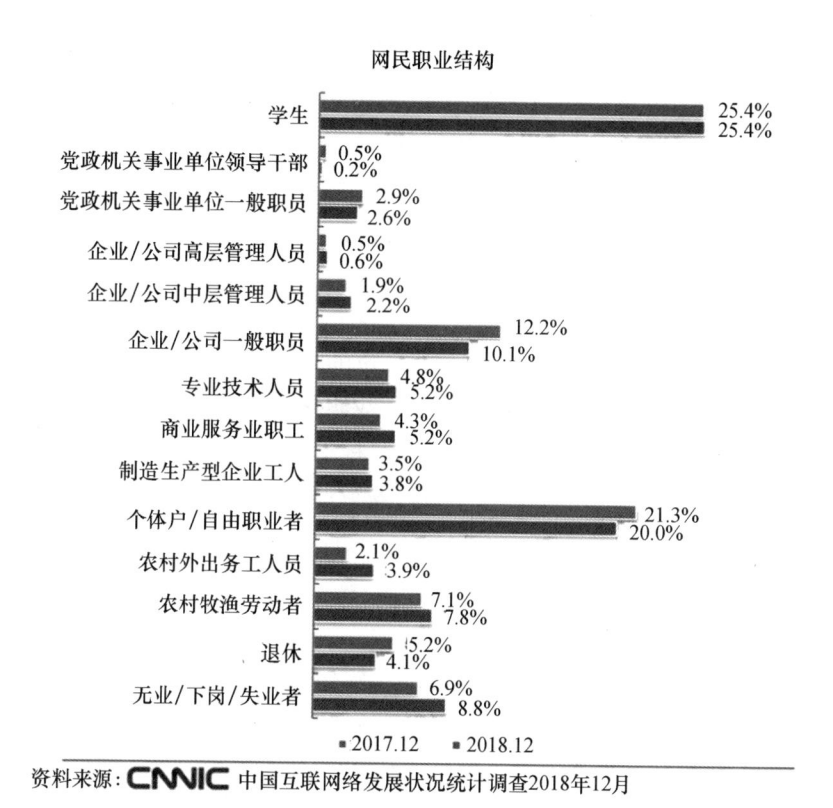

图6—2　当代网民的职业结构①

另一方面，电子文化民主直接促成了恶搞文化的兴起。纵观近年来的网络文化，对经典的戏谑与恶搞一直是大众瞩目的现象，无论是对政治经典的解构（如恶搞版的《闪闪的红星》和《红领巾侠》），还是对文化经典的戏说（如《大话西游》与"搞笑漫画日和"《西游记·旅程的终点》），都得益于互联网空间的自由开放，契合了互联网狂欢化的氛围。这些改编在现实社会中受到了不同程度的批评，但在网络空间中却有着较高的接受度与流行程度。网民对"恶搞经典"的

---

① 中国互联网络信息中心：《2019年2月第43次中国互联网络发展状况统计报告》，2019年2月，http://www.cac.gov.cn/wxb_pdf/0228043.pdf，查阅日期：2019年7月13日。

接受显然高于现实社会中的民众。有一个案例生动地说明了这一点，2015年7月，喜剧演员贾玲在一次综艺节目中对民间传说《木兰从军》进行了戏说式的演绎，"唧唧复唧唧，木兰啃烧鸡"的台词颠覆了花木兰聪慧、孝顺、刚毅、勇敢的英雄形象，将其恶搞成了贪吃、不孝、贪生怕死的傻大妞，这一做法迅速引发了自称"花木兰故里"的某地的抗议，在现实压力下，贾玲不得不对公众道歉。而在互联网上，这个节目却获得了年轻人的普遍拥护，觉得贾玲并没有做错。

在青年亚文化的浸染下，互联网社区往往具有反结构、反秩序的特性。在宽松的互联网空间里，年轻网民可以大胆蔑视传统规范的束缚而自行其是，尽情嬉戏于语言的狂欢和荒诞离奇的故事编写中。他们对神话的再创造显得更加自由，更具活力，对神话戏谑化乃至政治化的解读也成为可能。互动伴随着意义的再创造，所以"神话段子"充满了变异，在互动的过程中，网民会将时代因素、自身情感投射到文本中，从而激发了神话的新的意义的生成。

四 多重身份的创编者

"神话段子"的创作有其特殊性，即它没有专业的创作者。网民中有很多专业的段子写手，有的人专门以改编、恶搞经典制造段子，但他们不会把改编的对象局限在神话上。所以，互联网上没有专业的"神话段子"写手，他们广泛地弥散于网民群体中。本章放弃使用专业性较强的"传承人"，而是使用了"创编者"来指称"神话段子"的作者们。前文已经从文化心理层面对创编者们做了简要的介绍。接下来，我们有必要对这一群体做一些更深入的论述。

根据人们对神话改编的参与程度，我们可以将创编者分为段子手和普通网民两类。

（一）段子手

所谓段子手，即在互联网上编写笑话、段子的作者。段子手可以分为两类，一类和专业的网络作家一样，纯粹以营利为目的写作；另一类只是因为兴趣爱好而写作，把写段子当作副业而非主业，除了写段子以外仍有其他的工作。段子手们的年龄集中于20—30岁，他们是网络上的草根明星，有大量的"粉丝"受众。段子手中有不少本身就是作家，诸如"马伯庸""斯库里""宝树"等，他们是写"架空小说"①和玄幻小说的高手，也时常利用架空手法，对神话、传说、古典小说等文化经典进行戏谑性的改编。对于他们来说，这种改编是打造自身形象、吸引大众关注的绝佳方式，段子编得越好，吸引的"粉丝"越多，个人在网络上的声望也越大。

比如"马伯庸"，他生于 1980 年，原名马力，是一名外企的员工，也是一名多产且颇受市场欢迎的畅销作家，他在新浪微博上有 536 万"粉丝"（截至 2019 年 7 月），很多微博动辄就有上万的转发量。"马伯庸"拥有较强的文字组织能力和高产的创作量，发表过大量小说、历史随笔、幽默小品文，范围涵盖神话、奇幻、历史、灵异等多个涉及"怪力乱神"的领域，尤其擅长历史架空类作品，《三国机密》《马伯庸笑翻中国简史》等作品无不奇思妙想，亦庄亦谐，通过调侃乃至恶搞来书写年轻人眼中的中国历史与文化。

在新浪微博上，"马伯庸"对神话表现出了很强烈的兴趣，他也将大量的神话改编为了笑话，他的改编的最大特点，是以丰富翔实的文史知识（包括神话知识）作为支撑，从他出版的那些书的名字——《笔冢随录》《殷商舰队玛雅征服史》等就能看出。此外，为了尽可能多地吸引"粉丝"，他也需要对当下最流行的元素了如指掌，寻找最契合大众情感的表达方式。比如下面这则《嫦娥的来源》：

> 屈原《天问》：夜光何德……顾菟在腹？一说顾即蟾蜍，菟即白兔。《淮南子·览冥训》："姮娥窃以奔月，托身于月，是为蟾蜍、而为月精。"姮娥即嫦娥。乐府《董逃行》"采取神药若木端，白兔长跪捣药虾蟆丸"。所以是嫦娥登月变成蛤蟆，被白兔拿去入药……你看马王堆帛画左上角月上的蟾蜍姑娘，啥小清新都毁了。②

上文中马伯庸信手拈来三条史料、一件文物，以幽默的笔触把嫦娥与

---

① "架空小说"是近年来互联网上兴起的一种小说，指时代背景、人物、时间为虚构或半虚构的小说，架空手法通常用于科幻未来小说或部分以古代社会为背景的小说中。

② 马伯庸：《嫦娥的来源》，2012 年 12 月 2 日，http://weibo.com/p/1005051444865141/home? profile_ftype = 1&is_all = 1&is_search = 1&key_word = % E5% AB% A6% E5% A8% A5 #_rnd1481183150123，查阅日期：2016 年 12 月 23 日。

蟾蜍的关系介绍给了大家。在调侃的背后,不难发现作者对神话的熟悉程度(尽管有曲解的成分)。另外,为了制造喜剧效果,在戳破人们对神话的美好想象的同时,顺手揭下了"小清新"文化的美丽外衣,足见其非常注重受众的趣味。

图6—3 "马伯庸"的新浪微博页面

段子手们是"神话段子"最强有力的生产者与传播者。在长期的经营中,他们产生了较为广泛的社会影响力,他们编写的段子被越来越多的人接受,频繁地出现在互联网的各种平台和社区中,被不同的网民所阅读。比如"马伯庸"编写的《大禹三过家门而不入》:

> 小时候听大禹治水的故事,觉得大禹好棒,专心治水一十三年,三过家门而不入。期[其]间他老婆涂山氏给他生了个大胖小子启,大禹都顾不上看一眼。现在回想起来,总觉得这个故事某些地方有微妙的矛盾感……①

这个段子发表于2010年7月,当时"马伯庸"刚注册新浪微博没多

---

① 马伯庸:《大禹三过家门而不入》,2010年7月14日,http://weibo.com/p/1005051444865141/home?profile_ftype=1&is_all=1&is_search=1&key_word=%E5%A4%A7%E7%A6%B9#_0,查阅日期:2016年12月23日。

久，尚未建立起品牌效应，尽管如此，段子也获得了570人次的转发。段子的影响远远超出了这570个人，更深远的传播发生在微博之外，被很多笑话网站、社交平台转载。如今，我们在百度搜索引擎上搜索这个段子，可以找到约400万条相关信息，可见其影响之广泛。

（二）普通网民

正如前文所说，互联网充满了参与性与互动性，网民大众们也普遍参与到了对神话的改编中。网民大众的构成是复杂的，与段子手相比，他们显得有些"业余"，大多数网民对神话体系的了解是零散的，甚至是一知半解。他们对神话的了解基本来自学校教育和影视作品，能够大概说出神话的情节和梗概。很多时候，他们对中国神话的了解甚至比不上对星座的熟悉。就像新浪微博名为"Yao力"的用户略带忧患地说："只需看一篇盘古开天，就会反思当代中国人是多么悲哀，还有多少文化和传说被传承？还有多少孩子了解中国的神话传说？但是他们肯定会知道耶稣和撒旦，会知道七龙珠里的孙悟空［，但是］不了解《西游记》齐天大圣，会知道圣斗士但不知道七仙女。"①

另外，就写作能力而言，他们的文笔也难以和段子手比拟。所以，如果单纯从审美效果来说，他们的段子的价值大概要相对弱一些。有大量的段子是相对平庸、机械重复的。比如当连日大雨引发洪涝时，有很多网民会联想起《女娲补天》和《大禹治水》，呼唤"天漏了！女娲娘娘快出来补天啦！""大禹，你妈喊你回家治水！"和段子手们的创作相比，这些段子的原创性和审美价值都要逊一筹。

当然，普通网民也创作了相当数量的原创段子。部分原创因创意巧妙、符合大众情感，会迅速传播开去。比如2015年6月，新浪微博上一个名为"qovob"的普通网民发了一条戏谑性的"别人复习是查漏补缺我他妈是女娲补天！"②这个段子是"学渣"（网民对学习不好的人的戏称）的自嘲，迅速引发了大众的共鸣，马上流行开来，被转发了将近两万人次，同时掀起了改编的热潮。

---

① Yao力，新浪微博，2015年8月7日，https：//weibo.com/2143635853/CuKZXAsNV?refer_flag=1001030103_&type=comment#_rnd1562816411761，查阅日期：2016年12月23日。
② qovob，新浪微博，2015年6月25日，http：//weibo.com/p/1005053033954384/home?profile_ftype=1&is_all=1&is_search=1&key_word=%E6%9F%A5%E6%BC%8F%E8%A1%A5%E7%BC%BA#_0，查阅日期：2016年12月23日。

当普通人创造的段子被段子手们转发后，相当于获得了一个更广阔的传播平台，也很容易引发更多的关注。比如2015年7月，新浪微博名为"茄三疯"的用户发布了一条微博，对《庄子》中的鲲鹏神话做了改编："北冥有鱼，其名为鲲，鲲之大，不知其几千里也，做烤鱼，能喂饱上万人。"① 甫一发出，便引发了"吃货"（网民们对美食爱好者的戏称）们的转发，尤其是名段子手"斯库里""渣蜀黍""M大王叫我来巡山"等人的转发和续写更是扩大了其影响力，整个段子被转发了将近三万人次。

段子手与普通网民之间存在着社会影响力和知识能力的不同，段子手成为了改编神话的主力，普通网民也贡献了自己的智慧。同时我们也要看到，两者并非是泾渭分明的，而是充满了互动关系，这显然得益于互联网的开放空间。

"神话段子"形成了以互联网为核心的传承空间、以年轻网民为核心的传承者。世俗化的神话观是神话得以被改编的前提，网民群体的言说诉求是段子的生产动力，而开放的网络则为段子提供了传承的空间，多重身份的创编者们以各种方式参与到了当代神话的改编与再生产中。这些因素共同构成了"神话段子"的生成基础。

五　当代神话的"祛魅型传承"

我们看到，当下的年轻人对经典神话的态度已经不像农耕时代的先辈那样虔诚与恭敬，甚至常常对神话展开解构性的改编与挪用。在他们的传承中，神话中的信仰成分往往是阙如的。在本章中，我们把这种传承人命名为"祛魅型传承人"，把这种传承命名为"祛魅型传承"。"祛魅"（disenchantment）的概念来自马克斯·韦伯（Max Weber），指的是人类社会在现代化的过程中，由于技术和知识的进步所导致的理性化与世俗化现象，人们普遍认为世界的构成不再是由超乎人类掌握的力量支配的。② "祛魅型传承"则指当代民众出于娱乐或商业等目的触及神话等民间文化，不再把神话视为真实可信，也不再把其中的信仰成分视为生活的准则

---

① 茄三疯，新浪微博，2015年7月21日，http://weibo.com/207071151?profile_ftype=1&is_all=1&is_search=1&key_word=%E5%96%82%E9%A5%B1#_0，查阅日期：2016年12月23日。

② ［德］马克斯·韦伯：《以学术为业》，载《学术与政治：韦伯的两篇演说》，冯克利译，生活·读书·新知三联书店2013年版，第17—53页。

与指导,但其对神话的改编实践在客观上起到了传承神话作用的现象。正如美国学者约翰·费斯克(John Fiske)认为:大众文化的受众是具有生产性的创造者①。祛魅型传承人不仅是大众文化的消费者、经典神话的接受者,更是具有创造性的生产者,他们不再把神话看成神圣的叙事,而是世俗的文化遗产,乃至表达自身言说诉求的工具。为了生产出属于自己的话语,他们积极参与到了对神话文本的改编中,通过对现有神话资源进行再组合与再使用,创造出了可以满足当下需要的隐喻与符号。挪用、改写、曲解、戏仿、拼贴成为他们常用的手段,这一系列的措施既生产出了新的文本,也生产出了专属于"草根"群体的意义与快感。

比如前引的名为《神话的笑话》的段子,讽刺了当代中国一切向钱看的价值观,这是其中的一部分:

　　我:女娲娘娘!您为什么造人?
　　女娲:天漏了,我好不容易补上,不造些人,我找谁收维修费去?
　　我:那您为什么把人分男女?
　　女娲:我本身不男不女,我想知道男和女哪个厉害些?
　　我:结果呢?
　　女娲:我又补了一回天!②

从上文的分析可以发现,"祛魅型传承"具有以下特点:

首先,传承人仅仅把神话当作一种文化资源来使用,缺乏对神话信仰形式的信奉。在各类笑话段子、玄幻小说、神话影视剧、电脑游戏中,我们无法找到传统的、专业的"神话讲述人",相关的创编者和传播者广泛散布在大众文化的生产和消费群体中,他们不会说:"我是神话的讲述人,让我来说一个盘古开天辟地的故事。"

其次,人们改编、传播这些段子,其动机不是为了讲述神话本身,而

---

① [美]约翰·费斯克:《理解大众文化》,王晓珏、宋伟杰译,中央编译出版社2001年版,第127—129页、第177—178页。
② 佚名:《神话的笑话》,无发布时间,http://xiaohua.zol.com.cn/detail16/15160.html,查阅日期:2016年12月23日。

是因为神话中的某些内容或某种信仰形式，符合大众现实的需要或某种情感。对网民们而言，对神话的改编与运用是他们在网络社区中展开交流、表达情感与感受的手段。

最后，"祛魅"往往和"赋魅"联系在一起。在神话的不断再造过程中，"祛魅/赋魅"是交错存在的，神话既会因为世俗的生存环境与当下民众的需求而被改编，剥去神圣的外衣，也会在新的重组过程中，被重新赋予神圣的人文色彩。近年来，最为典型的表现就是各种"皇汉"群体与汉服爱好者群体对"黄帝""伏羲"等符号的运用。当然，在本章的个案里，我们更多看到解构与祛魅的一面。

"祛魅型传承"以神话为改编创造的基础与资源，以新媒体为核心的传承空间、以年轻民众为核心的传承者，形成了一种民间文化的全新的生产方式。表6—1为我们直观显示了神话的"祛魅型传承"与传统传承之间的差别。

表6—1　　　　　　"祛魅型传承"与传统传承之间的差别

体裁 叙事要素	传统传承	"祛魅型传承"
讲述者	仪式专家与普通民众	当代年轻人
讲述场合	神圣的仪式场合与 一些日常生活场合	互联网等新媒体空间
叙事背景	远古的创世时刻	当代社会
叙事场景	古时的或另外的世界	现实场景
叙事中的角色	神祇	被放置到现实社会中的神祇
情节	创造性的神圣行为	戏谑性的不协调行为
象征意义	某种积极的精神	指向当下的言说需求

第四节　秩序的颠覆："神话段子"的生产

在前文中，我们已经对"神话段子"生成的社会因素、传播方式等外部语境进行了描述。要探讨这些段子是如何被生产出来的、神话传统是如何被戏谑性地进行改编的，还需要进入文本的内部展开分析。"神话段子"杂糅了神话和笑话两种体裁,兼备了神话的素材与笑话的表现形式。在本节中,我们要关注以下问题:网民大众是如何使用神话资源的?神话的素材和信仰成分在改编中各自起了什么作用?这些素材又是如何被改编成段子的?神话与笑话这两种体裁是如何融合的?

一 形式的游戏:对"应然"秩序的期待与颠覆

在关于笑话的研究中,英国人类学家玛丽·道格拉斯(Mary Douglas)独树一帜,她从结构主义的视角,把笑话称为一种"形式的游戏",这种游戏"将迥异的元素并置在一起,使某种被人接受的形式因为文本中隐含的另一种形式的浮现而受到挑战"①。也就是说,笑话往往是由两部分组成的,一部分是大众约定俗成的价值、意义或形式,另一部分是新的价值、意义或形式,后者对前者构成了颠覆,从而产生了喜剧效果。

我们同样可以把"神话段子"的结构分成两部分:其一是神话元素——神话约定俗成的信仰形式、象征意义与文化内涵,这构成了段子所要颠覆的对象;其二是新形式——网民大众的言说与改编,它颠覆了原先的神话元素。一个"神话段子"之所以引人发笑,是因为在我们的知识储备中,神话往往有着和信仰相关的形式和正面的意义,而网民们却为原有的神话素材灌注了新的意义,或采取了另一种叙述形式,从而解构了神话约定俗成的意义。

那么,在"神话段子"中,这种颠覆又是如何形成的呢?

神话学者吕微从两方面来定义神话:其一是内容,即关于神的行为;其二是信仰形式,即神话是规约信仰与道德的宪章,阐明了观念信仰和行为存在的理由,指导、规范了后世人们的社会行为。他认为,神话信仰形式起着一种社会"洪范"式的作用,它指明了社会的"应然"秩序即在创始之初的那一刻的理想,世界应该是怎样的,社会应该如何运行,人们应该按照什么样的原则去行事,这些都成为后世人们需要遵循的法则、社会秩序得以维持的宪章②。

---

① Mary Douglas, "Jokes", *Implicit Meanings: Essays in Anthropology*, London, Henlry, Boston: Routledge & Kegan Paul, 1975, p. 96.

② 吕微:《"神话"概念的内容规定性与形式规定性》,《长江大学学报》(社会科学版) 2015年第11期,第1—13页。

美国民俗学者格雷戈里·施润普（Gregory Schrempp）则认为，当代社会之所以仍需要神话，且在不断地制造、改写、重述神话，是因为神话所描述的宇宙秩序和当下社会的现状形成了一种对应关系，人们需要借助神话所表述的宇宙观念、社会秩序来解释现实的社会秩序[①]。神话描绘了创世和事物起源时的种种情形，并将其永远静止在那一瞬间，也以"从此以后……"的叙事，把这一瞬间奠定的法则延续到永恒，告诉人们现状为什么是这样的。

两位学者表达了同一个意思——神话往往是和"秩序"联系在一起的，它告诉人们社会应该是什么样的。在现代社会里，人们可能不再相信神话是"真实"的，但他们不会忘记在某个特定的时空中，神话曾经发挥了类似大宪章的信仰功能，奠定了社会秩序。人们在欣赏神话的过程中，往往隐含着一种对"应然"的秩序和价值的期待。

前文说过，"神话段子"是青年亚文化的表现，青年亚文化的一大特点，是对主流文化保持了相当程度的对立、抗拒[②]。因此，他们时常通过对某个神话的颠覆性改写，来颠覆某种"应然"的秩序，编写"神话段子"也就具有了解构经典的权威性与神圣感，乃至另类于当下社会的秩序和现状的意义。

比如，在《女娲造人》的神话中有这样的记叙，传说天地开辟，世间还没有人，女娲捏黄土造人，她做累了，就用绳子沾了泥水甩，甩出来的泥点子也变成了人。这则神话常被用来解释人的社会差异：女娲用手捏的都是贵人，用树枝甩出来的都是普通人，这一起源神话具有把社会现实秩序化、合理化的功能。在网络上，一个名为《屌丝拜女神现象》的段子如此戏说这个神话：

> 女娲造人的时候，一开始一个个用手捏着造，造出来的人类都是漂亮的高富帅，后来嫌麻烦，用树枝挑着泥巴批量造，造出来的人类都是矮穷丑的屌丝。高富帅们踏着欢快的脚步离开了女娲，屌丝们则

[①] Gregory Schrempp, *The Ancient Mythology of Modern Science: A Mythologist Looks (Seriously) at Popular Science Writing*, Montreal: McGill-Queen's University Press, 2012.

[②] 参见［英］斯图亚特·霍尔、托尼·杰斐逊《通过仪式抵抗：战后英国的青年亚文化》，孟登迎、胡疆锋、王蕙译，中国青年出版社2015年版。

对着女娲低头膜拜——这是历史上最早的屌丝拜女神现象。①

段子汲取了"女娲造人"的主干情节，保留了神话解释社会秩序的功能，在此基础上，网民们将这些主干情节移植到了阶层分化明显的当代社会中。创编者对"手捏"与"树枝甩"的对象进行了替换：女娲用手捏的是"高富帅"的权贵阶层，而用树枝甩出来的则是"穷丑矮"的芸芸众生，同时以"造人"的情节暗示了这种阶层身份是由先天的家世形成的，很难通过后天的努力改变。整个段子仿照了起源神话，以神话中确立的秩序与现实生活中的秩序的类比来制造笑料，以荒诞的逻辑图解了当代社会的阶层壁垒，也以自我调侃的方式表达了普通民众的社会处境。

当神话描述的"应然"的秩序被颠覆时，往往能产生强烈的快感和喜剧效果。正是通过对神话所包含的正面秩序的戏谑和解构，网民们创造了尊卑失序的快感。比如在导言中引用的"愚公移山"的基础上，有网民编过《愚公绝育》的段子：

> 从前有个老头叫愚公，他家门口有两座大山，为了出行方便他想把这两座山移走，于是开始挖这两座山，有人笑他傻，于是他说：就算我挖不完，我可以找媳妇生儿子挖，儿子挖不完可以生孙子挖，子子孙孙无穷溃也。玉皇听到这些话后很感动，为了免除愚公子孙的痛苦，他派了两个大夫，给愚公做了绝育。②

在段子中，创编者保留了愚公坚忍不拔的性格，同时又做了一些歪曲，强调了愚公移山成功的关键不在于精神，而在于"有后"；同时将天帝塑造成了一个促狭刁钻的人物，从根本上断绝了愚公坚持的可能性，从而解构了其坚忍不拔的品格。神话的正面价值成为大众所要解构的对象。人们通过戏谑化的改编，偏离了神话约定俗成的意义与价值，制造了一种尊卑失序、颠覆崇高的快感。

---

① a82496776：《屌丝拜女神现象》，2012年12月19日，http://www.laifudao.com/wangwen/58305.htm，查阅日期：2016年12月23日。

② 神恶搞：《愚公绝育》，2019年5月8日，https://weibo.com/5809091220/Ht9cvtPY8?refer_flag=1001030103_&type=comment#_rnd1562832948714，查阅日期：2019年12月23日。

网民的创作是立足现实的实践，因此，创编者首先要把神话叙事从神圣的时间与空间中抽离出来。在神话元素的选取上，创编者们保留了神的行为，提取了神话叙事中的人物、事件等基本要素，构成了段子情节发展的基础。但编者同时虚化了神话故事得以发生的语境，在此基础上展开了戏谑性的改编。在戏谑的过程中，神话中的信仰成分构成了段子所要颠覆的固定形式。在这里，神话成了网民群体自我言说的工具，也是当下年轻人用以表述自身世界观的重要方式。

二 "神话段子"的创编策略

"神话段子"采用了神话的素材和笑话的形式，在玛丽·道格拉斯分析的基础上，我们可以把"神话段子"的结构分成两部分：其一是待颠覆的神话元素，其二是颠覆性的新形式。对应于文本的制作，前者是神话的去语境化（de-contextualisation）过程，即网民将神话从其原生的语境中提取出来，它构成了被颠覆的对象；而后者则是神话的再语境化（re-contextualisation）①过程，即网民们将被提取出来的元素纳入新的语境中，它构成了颠覆性的新形式。

根据对神话素材的使用程度，我们又可以将"神话段子"分为两种：一种较多地保留了神话整体的叙事结构，创编者结合社会的现实情境来解读这些神话；另一种则只提取了神话的核心母题，通过对这些元素的戏谑化演绎来制造笑料。为了便于表述，本章将前者称为"改写型段子"，将后者称为"重写型段子"。这两种段子都需符合笑话的文体结构，下文将从具体的文本出发，分析网民在改编神话时的策略。

（一）"改写型段子"的创编策略

在"改写型段子"中，创编者最大程度上保留了神话的叙事要素，他们结合现实的需要，对这些神话进行戏谑化的改写。

其一，将神话抽离出神圣时空。神话讲述了发生于创世初期的故事。威廉·巴斯寇姆（Willian Bascom）认为：不同于传说与民间故事，神话

---

① 去语境化是将民俗从其原生语境中剥离出来的过程，因为脱离了原生的语境，民俗的形式与功能也会相应地带来改变，再语境化指文本被根植于新的语境，并由此带来形式、功能与意义上的改变的现象。可参阅王杰文《"文本化"与"语境化"——〈荷马诸问题〉中的两个问题》，《民族文学研究》2011年第3期。

叙事包含了鲜明的时间（久远以前）与空间（古时的或另外的世界），这是神话超现实的叙事得以成立的基础①。而网民的创作是立足现实的实践，因此，创编者首先要把神话叙事从神圣的时间与空间中抽离出来。"改写型段子"相对完整地保留了神话的主干情节、神祇形象、象征意义等叙事要素，但虚化了神话中的时态与场景。

下面是"马伯庸"编写的《大禹三过家门而不入》：

> 小时候听大禹治水的故事，觉得大禹好棒，专心治水一十三年，三过家门而不入。其间他老婆涂山氏给他生了个大胖小子启，大禹都顾不上看一眼。现在回想起来，总觉得这个故事某些地方有微妙的矛盾感……②

在这个段子中，被保留下来的叙事要素包括：主要人物——禹、启、涂山氏；主干情节——治水、三过家门而不入；神祇的定型形象——禹作为励精图治的文化英雄；神话的信仰意义——使世界恢复秩序和公而忘私的精神。这些元素基本保留了神话的基本结构与意义。被虚化的叙事要素则包括：神话发生的时间——远古洪荒时期；空间——洪水滔天的混沌世界，古老而权威的时空坐标使大禹长期离家但妻子诞子成为毋庸置疑的神圣叙事。

"改写型段子"立足于去时空化的叙事结构之上。在段子中，神话逻辑得以成立的时间、空间是缺失的，这为网民世俗化的解读打下了基础。同时，创编者提取了神话中的人物、事件、象征意义等叙事要素，构成了段子情节发展的基础。最后，段子又完整保留了神话约定俗成的信仰内涵，预设了神话正面的文化价值，构成了段子所要颠覆的固定形式。

其二，对神话文本的改写。改写是立足于现实的行为，也是将原有神话再语境化到新文本中的过程。在改写过程中，网民们赋予了神话现在时的叙事时态，将神话叙事的场景改为现实的社会情境，用世俗乃至不合理

---

① ［美］威廉·巴斯寇姆：《口头传承的形式：散体叙事》，载［美］阿兰·邓迪斯编《西方神话学读本》，朝戈金等译，广西师范大学出版社2006年版，第13页。
② 马伯庸：《大禹治水的故事》，2012年3月1日，http://www.laifudao.com/wangwen/34510.htm，查阅日期：2020年1月3日。此条原发于马伯庸微博，但2020年初，马将微博设为仅半年内可见，笔者在核对材料时已无法看到，故目前只能征引其他网站的文本。

的逻辑来改写神话。现实情境与经典构成了强烈的矛盾，制造出了令人捧腹的笑料。

最常见的方式是对神话进行讽喻类比式的改写。讽喻既是一种修辞方法，指带有讥讽风格的比喻与引申；也是一种语言方式，即用影射的方式进行讽刺。讽喻是中国文学的悠久传统，这一传统在当下的互联网、手机短信中一直延续着，在对神话的改编中也不例外。最常见的讽喻是对神话进行时事化的改写。网民需要对现实社会中有争议的现象、问题表达意见，借用神话资源创作借古讽今的段子成为了常用的方式。

在神话中，神祇们有着大量神迹，如果这些行为能够勾连起当下的一些社会现象，引发人们的某些联想，就会引起大众的改编欲望。比如这个《愚公与收费站》的段子：

> 愚公移山的事迹感动了上天，天帝派两个神仙轻松移走了太行、王屋两座山，然后建了两个收费站……愚公：卧槽①！这俩玩意儿我们子子孙孙都移不走啊！②

这个段子是从"移山"这个情节引发出来的。创作者从神话中的权威——无所不能的天帝，联想到现实生活中的权威——地方政府，进而编造了天帝建收费站的情节，讽刺了地方政府到处建收费站、乱收费的行为。整个联想贴近生活，影射当下又不直指现实，表达了相当一部分人的心声。

再如某个关于神农的段子是这样说的：

> 神农氏有次去找药材，路过养牛场后，忽然有人发现他躺在养牛场附近快死了，村民们都围着他，神农氏在临死前说了两个字：蒙牛。③

---

① 卧槽，即网民对"我操"的婉转说法。
② ZZU 中贰大夫：《愚公与收费站》，2015 年 7 月 22 日，http://weibo.com/u/3848855707?profile_ftype=1&is_all=1&is_search=1&key_word=%E5%AD%90%E5%AD%90%E5%AD%99%E5%AD%99#_0a，查阅日期：2016 年 12 月 23 日。
③ QQ506359786：《古今冷笑话》，2012 年 3 月 9 日，http://zhidao.baidu.com/link?url=RlvVagqrhD3GkVH93Gq8BglBAx0CcExOZ6DZFpvtrHTO4A3a77qjbjN1O5PWEFL3vh7qYPae_audW-pCrDUahq，查阅日期：2016 年 12 月 23 日。

这个段子保留了神农遍尝百草，最后食断肠草而死的情节。在段子中，神农仍是为民造福的文化英雄，仍然具有百毒不侵的神性。但创编者把他的壮举移植到了食品问题频发的当代，让神话发生在世俗的奶牛场，并对神话结局进行了改编——神农死于问题牛奶，用荒诞的现实把悲壮消弭殆尽。通过情境的移植，段子集中制造了两对矛盾：百毒不侵的神祇形象与不安全食品的矛盾，神农"尝百草"的使命感与当代食品工业忽视民生的矛盾。段子既解构了神话，又反映了当代民众普遍关注的食品安全问题。

另一种常用的策略是对原有神话进行戏仿。网民常通过对神话戏仿式的改编，来表达自身的社会处境与生活体验。如在民间的传承中，"女娲造人"的神话被用来解释人的社会差异：女娲用手捏的都是贵人，用树枝甩出来的都是普通人，这一起源神话具有把社会现实秩序化、合理化的功能。如一则戏仿《女娲造人》神话的段子是这样写的：

> 昨天听院长讲了一个关于女娲造人这段传说，女娲娘娘最开始是用手捏，精心捏出来的小人儿都齐齐整整的，参见林青霞张曼玉范冰冰赵文瑄刘德华金城武……
> 到后来女娲娘娘烦了，就拿柳条儿沾了泥甩，一甩一片泥点子，甩出来的小人儿就都长得跟闹着玩儿似的，参见我们……①

这个段子和上文引用的《屌丝拜女神现象》非常相似。段子沿袭了"女娲造人"的主干情节，但表现的是当下的情感——对消费主义社会"颜值即正义"价值观的不满和无奈。

"改写型段子"是创编者在原有神话基础上的改写，它抽离了神话叙事的时间与空间，相对完整地保留了其他的叙事要素（神的行为和神话的信仰形式），通过影射、戏仿等策略，将神话再语境化为发生于现实社会中的故事，以现实与神圣的反差来解构原有的神话。

（二）"重写型段子"的创编策略

"重写型段子"在创作上拥有更大的自由度，创编者只零星地吸收了

---

① 精神病有所长：《你的长相属于哪一种吖?》，2013 年 2 月 27 日，https://iask.sina.com.cn/b/21191470.html，查阅日期：2016 年 12 月 23 日。

神话中的一些核心母题，通过对这些母题的戏谑化重写来制造笑料。

其一，提炼神话的核心母题。在这类段子中，网民们不再对神话进行整体的观照，他们只提炼了神话中某些核心因素作为改编的素材。为了便于大众的阅读，被提炼的因素往往是众所周知的，是神话中最典型、最核心的母题。

比如一个名为《中国简史》的段子以调侃的方式总结了从远古时代到清末发生的事件，开篇部分说：

>　　盘古说：我开；女娲说：我补；共工说：我撞；神农说：我尝；精卫说：我填；夸父说：我追；后羿说：我射；嫦娥说：没射着！①

创编者罗列了一系列的神话，但只提炼了神话的核心母题，并保留了母题的表层意义。如后羿神话只被选取了"射日"这一母题，而嫦娥神话则被简化为"奔月"这一母题。这些母题抽离了神话原有的叙述语境，打破了经典的叙事框架，甚至脱离了经典叙事的上下文，可以被自由拆分组合。同时，这些母题也被固化为了指向经典的文化符号，它部分地保留了神话原有的信息与意义，人们一看见"射"与"没射着"，就会想起后羿与嫦娥凄美而纠结的爱情，从而与经典形成了互文性的关系，构成了被戏谑的对象。在此基础上，网民可以进行天马行空的重写。

其二，对神话母题的重写。重写是具有更大自由度的创作，在开放多元的网络空间中，再语境化的实践也更趋多样，创编者可以通过曲解、引申、跨文体的拼贴等方法，将这些母题重组到新的文本中，以此制造笑料。

最常见的策略是对神话母题的原有意义进行曲解，创造出解构经典的笑料。被提炼出的母题部分地保留了经典神话的表层含义，创编者刻意歪曲这些信息与意义。如某个名为《精卫填海》的段子是这样说的：

>　　在拍《生死海岸》外景时，天上飞的精卫很顽皮，天天总用嘴不停的衔着木屑、碎石往海里扔。东海小龙女不高兴了：乱扔垃圾，

---

① 诩权 2012：《转…搞笑历史人物》，2012 年 3 月 1 日，http://tieba.baidu.com/p/1435137819，查阅日期：2016 年 12 月 23 日。

你这不是污染环境嘛。于是和精卫吵了起来，但终究没吵出个输赢来。小龙女没办法，只好恨恨滴（地）指着精卫说："下次演抗日剧时，一定让你演汉奸"。后来，后来的故事大家都知道了。①

这个笑话只保留了精卫神话中"填海"这个标志性的母题，并将其再植到当代社会的场景——影视剧拍摄现场进行演绎。在这里，神话与影视文化产生了浓厚的互文关系。创编者引入了在神话题材影视剧中常见的形象——小龙女，虚构了精卫与小龙女之间的争执，又借助暗示（抗日剧）和谐音（精卫＝汪精卫），对精卫的形象进行了曲解，制造了笑料。

此外，还有一些段子延续的是黄段子的谱系，从性的角度对神话进行曲解与戏说也是创编者常用的方式。性和人们的生活息息相关，在当代中国，性是受到消费主义影响最深的领域之一，性与色情化的意象也是狂欢广场中最常见的因素，②对性的戏谑可以制造出颠覆性的快感。在互联网上，和性相关的笑话、小说，往往能引起人们趋之若鹜。所以，在改编神话的过程，很多创编者会使用肉体化的联想，对神话做情欲化的解读。

比如这个名为《夸父追日》的段子：

嫦娥到了月宫之后大哭。
吴刚问：怎么了？
我。嫦娥道：我被污辱了。
谁？谁干的？吴刚紧握柴刀：你不是飞上来的吗？
嫦娥哭道：飞又怎么样？人家夸父是追着日的！③

另一种策略是对原有的主题展开意义上的引申。通过全新的情节演绎，使神话具有新的现实所指，这种引申往往反映了创编者的生活感受与体验。比如，《夸父的秘诀》借用"夸父追日"的母题，表达了当代工作

---

① 笑熬浆糊0：《神仙也烦恼》，2013年5月3日，http：//club.women.sohu.com/middle-age/thread/1fz0wxcafr1，查阅日期：2016年12月23日。
② ［苏联］巴赫金：《拉伯雷的创作与中世纪和文艺复兴时期的民间文化》，李兆林、夏忠宪等译，河北教育出版社2009年版，第20页。
③ 小米JJ：《夸父追日》，2013年3月11日，http：//www.jokeji.cn/yuanchuangxiaohua/jokehtml/xiaohuayoumo/20130311233559.htm，查阅日期：2016年12月23日。

者的生活感受：

> 有人问："夸父，您历尽千辛终于追赶上了太阳，有什么秘诀吗？"夸父："一定要在周一出发。"那人："为啥？"夸父："那天最长。"①

这个段子对"夸父追日"进行了全新的演绎。创编者只使用了"追日"的核心母题，这个母题保留了神话中的以下信息：追日的征途遥远、夸父必须在一天内追上太阳。在此基础上，网民对这个母题进行了引申。为了创造世俗化的情境，创编者引入了一个普通人作为提问者，整个段子不再是关于夸父的神奇叙事，而是神与人之间的世俗对话。同时，夸父的举动被移植到了当代职场社会，段子的重心不是为了表现"锲而不舍"的精神，而是为了反映职场的生态。最后，创编者还改变了神话的结局，让夸父追上了太阳，并揭示了夸父成功的秘密：因为他在周一追日——以追日的路途遥远来暗示周一的漫长，戏谑地表达了现代职员对工作的疲倦感。

此外，常见的策略还有利用神话母题进行不同文体（以及题材、体裁）间的拼贴，从而制造出解构性的笑料。开放的互联网为不同文体间的对话提供了平台，跨文体的对话能够营造出众声喧哗、尊卑失序的效果。如一组名为《卫生巾神话演绎版》的段子，以卫生巾广告的形式来重述神话：

> 诺亚版：神给诺亚说："你赶快造好方舟，洪水要来了。"
> 诺亚答："NO。"
> 然后洪水出现，诺亚站在门前，手拿××牌卫生巾，放在门前，洪水全部被卫生巾吸去。
> 诺亚说："××牌卫生巾，强大吸力，永不侧漏。"
> 女娲版：女娲手中的补天石蜕变成卫生巾，说："××牌卫生巾，天衣无缝。"

---

① 笑话集锦：《夸父的秘诀》，2012 年 8 月 14 日，http://t.qq.com/p/t/8972005624006，查阅日期：2016 年 12 月 23 日。

夸父版：夸父逐日以后，口渴难耐，饮尽泾渭之水，然后又饮大泽，最后干渴而死，死后化做卫生巾，这时有画外音："夸父牌卫生巾，挡不住的吸引。"

大禹版：大禹率领众民工开沟挖渠，疏导河流，镜头特写为大禹大汗淋漓的额头，然后缓慢放大，直到大禹说："如果有××牌卫生巾呢？"

精卫版：精卫飞翔于海上，每日衔石填海，但是海水始终没有变化，这时玉皇出现，给精卫一宝物，精卫扔入海中，海水干涸，显露出海底一白色柔软物质，精卫说："××牌卫生巾，神的吸引。"

嫦娥版：嫦娥奔月以后，后羿在地上看着月亮，从口袋里掏出一卫生巾，对着月亮悲伤地说："为什么那天忘记了买××牌卫生巾？"①

这六个段子借用了六个经典的神话母题，通过跨文体的拼贴营造了多重的解构。首先是表现形式产生的解构：这些神话被置于广告中，广告是商业化的产物，当它与神话结合在一起时，必然产生形式上的反差；其次是由表现对象制造的解构：广告的对象是卫生巾——一种指向下体的消费品，这泯灭了神圣与鄙俗的界限；最后是表现手法造成的解构，创编者分别提取了"方舟避难""补天裂""追日""治水""填海""奔月"这六个或宏伟、或凄美的母题来表现卫生巾体贴舒适、吸水性强、广受女性喜爱的特点，这种类比在形象上是贴切的，但在形式上又是荒诞不经的，使整个广告产生了更加强烈的狂欢化效果。

"重写型段子"是自由度更大的创编。创编者提炼出了一系列经典神话的核心母题，通过意义的引申等策略来重写神话，从而创造出颠覆性的新意义。

在神话的改编过程中，无论是"改写型段子"，还是"重写型段子"，都充分利用了神话的内容和信仰形式。整体而言，"改写型段子"保留了较多的神话内容，"重写型段子"则保留了较少的神话内容。在这两种段

---

① 宇非：《幽默风趣的广告》，2014年10月15日，http://wenku.baidu.com/link?url=XB25uug7azvxuMu-e2TgpI_E-T3Vl2Cx-w7_KcOEPeCn5pCj-CH_asYHPiN6wQ8r-3xCV13vQR4MQSzUf9ur3q8jwK_ylTl2D-AgUseowBS，查阅日期：2016年12月23日。

子中，随着体裁的转换，神话的信仰形式隐退到了后台，成为被颠覆的对象。神话所蕴含的信仰成分——"应然"的秩序，仍然存在着，并在笑料的制造中，起着核心的作用。

第五节　互联网情境中的神话讲述

不同于传统的神话讲述多发生在仪式性的场合，"神话段子"的讲述场合发生在世俗、开放的互联网中。在网络上，民众集体参与到了神话的改编中，所以，与传统神话一样，"神话段子"也是民众集体创作的产物，且这种讲述是以超文本的形式呈现的，"将视觉与听觉相结合，文字与画面相呼应，语音讲述与自然拟音相统一"①。网上社区匿名的、虚拟的交流互动和实体社区中面对面的声音交流有着鲜明的差异，但也有着一定的共性。无疑，互联网特殊的传播技术对神话的存在形态产生了直接的影响。

一　在对话中生成的文本

学者们指出：在传统的神话讲述活动中，讲述人和听众缺一不可，但两种角色常常不固定，讲述过程和互动碰撞总能引起二者的身份交换，在此时此刻是讲述人，下一个瞬间则成了听众，讲述人和观众之间没有绝对的界限。② 究其原因，是因为民间文学所具有的集体性与对话性，作为民间文学的内在属性，它们并不随着传播媒介的变化而变化。

在开放的互联网上也不例外，虚拟的社区互动使人们对神话的改编、传播、接受突破了具体时空的限制，获得了更加便利的互动。③ 传统的神话讲述依靠声音传播，声音的传播范围决定了神话影响的范围。在互联网的空间中，声音转化成了文字，并被公之于众，从而形成了一个更大的传播范围。我们甚至可以说，互联网的传媒技术把每一个阅读过这些段子的

---

① 杨新敏：《网络文学与民间文学》，《苏州大学学报》2003年第1期。
② 林继富：《民间叙事传统与故事传承：以湖北长阳都镇湾土家族故事传承人为例》，中国社会科学出版社2007年版，第116—125页。
③ 户晓辉：《民间文学的自由叙事》，社会科学文献出版社2014年版，第112—120页。

人都纳入到了神话的传播过程中，使人们参与改写神话的方式变得更加多样。

在这种情况下，网民们拥有了多重的身份，既可以是受众，也可以是讲述人和表演者，同时也可以是传播者和改编者。我们试以新浪微博的传播平台为例来说明：在新浪微博上，当某个用户发表了一个段子后，他既改写了神话，也传播了这个神话（尽管是以戏谑的形式）；看这个段子的网友可以做一个单纯的受众，阅读完后就略过去；也可以只做一个传播者，直接转发让更多的人看到，不附加一言一语；还可以在转发中根据自身的处境和理解加以评论，或对段子有所修改、增益，制造出新的段子，成为神话的改编者。如果原作者觉得别人的评论非常有趣，再进行转发的时候，他又成了新的段子的受众和传播者。

互联网是一个开放的空间，社交平台、笑话网站更是充满了参与性与互动性，人们只要学会上网，注册一个账号，就可以参与其中。"神话段子"的生产行为是在公共空间中展开的，面向网民大众。和传统的讲述行为一样，人们会动用自己的智慧，积极参与到讲述与改编的实践中。网民可以通过回帖、转发等形式，对既定的神话素材进行改编与传播。不同于传统的神话讲述，其权力往往被垄断在仪式权威、社区文化精英等手里，在互联网上，任何一个有上网知识的人都有重述神话的权力。所以，"神话段子"的创编者是相当多的。某个神话素材被编成段子，往往要经过很多人的改编传播。这些段子的文本永远处于生成中，且充满了异文，没有定于一尊的范本。

比如，2015年7月14日，新浪微博著名段子手"五行属二"发表了一则和神话无关的段子：

> 在这个夏天，我希望你们能记住一个人，你应该对他表示感恩，感激，感谢，感谢他赐予你的一切，膜拜他，崇拜他，爱他，他叫威利斯·开利，男，1876年11月26日出生，美国人。他发明了空调。①

---

① 五行属二，新浪微博，2015年7月14日，https://weibo.com/1790597487/Cr3dHjsiE?from=page_1005051790597487_profile&wvr=6&mod=weibotime&type=comment，查阅日期：2016年12月23日。

段子发出后,大众都觉得很好笑,纷纷评论和转发,最热门的评论是:

> 这每一天,你要记住,感谢十几万年前,有一个叫后羿的人干掉了9个太阳。😶①

这个评论获得了近万转发,迅速被微博上的用户整合成了新的段子,以下是用户"小宁_01"的版本《夏天需要感激的人》:

> 这个夏天,希望你记住一个人,并对他表示感激!他叫威利斯·开利,1876年11月26日出生,美国人。他发明了空调。当然,你更要去感恩一个人,他叫后羿,中国人,是他,在十几万年前干掉了9个太阳!不过,真正值得你用生命去拥抱和爱的,是另一个人,她,曾经饱含深情地对你说:哪儿凉快哪儿待着去。②

如果继续搜索下去,还可以发现更多的异文,像"联想VIBEUI""冉兰""沌口兰剑309队"等用户都编制了不同的段子。在某个神话的基础上,网民们创造了难以计数的段子,对神话的改编永远处于未完成的状态中,我们永远无法穷尽所有的版本。可以用图6—4所示表现文本的生成性。

二 超文本的呈现方式

超文本(hypertext)是一种网状的信息组织方式,在这个文本系统里,包括了文字、图像、符号、音像等形式,这些形式被链接在一起。超文本和传统文本有着很大的不同,传统文本是以线性方式组织内容的,且文本形式限于文字;而超文本是以非线性的方式组织的,文本包括各种不

---

① 小城城决心扑倒男神,新浪微博,2015年7月14日,https://weibo.com/1790597487/Cr3dHjsiE?from=page_1005051790597487_profile&wvr=6&mod=weibotime&type=comment,查阅日期:2016年12月23日。

② 小宁_01:《夏天需要感激的人》,2015年9月22日,https://weibo.com/1996589767/CBJlCiYoK?from=page_1005051996589767_profile&wvr=6&mod=weibotime&type=comment,查阅日期:2016年12月23日。

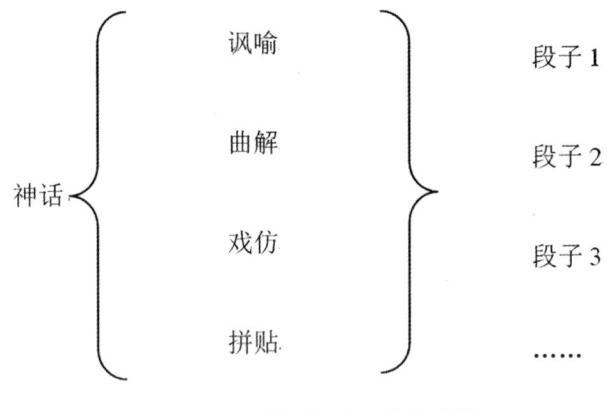

```
        ┌ 讽喻 ┐        段子1
        │      │
        │ 曲解 │        段子2
   神话 ┤      ├
        │ 戏仿 │        段子3
        │      │
        └ 拼贴 ┘        ……
```

图 6—4　"神话段子"的生成性

同的呈现方式。阅读者可以从当前阅读位置直接切换到超文本连结所指向的位置，很方便地浏览这些相关内容。①

笑话网站、微博、微信都是可供文字、图片、符号、音频、视频一起呈现的多媒体平台，尤其是后两者，在多种文本的呈现上更是无比便利。这一技术为神话的多元呈现提供了便利。比如，鉴于很多年轻网民对神话英雄的形象是陌生的，传播者们会尽量使讲述的信息更加具象化。为了让人能更好地理解某一神话，使段子达到更好的效果，网民们会在传播的过程中插入描绘神话主人公的形象、事迹的图片。在新浪微博上某个名为《史上四大著名的愤青》的段子中，发布者"野地牧羊人"对夸父、神农、精卫、共工的神话进行了戏谑的解读：

> 【史上四大著名的愤青】一、夸父：精神分裂症，喜欢在烈日下裸奔，最后连渴带热，中暑而亡。二、神农氏：气功发明者，收集仙丹妙药，逮住什么吃什么，死于食物中毒。三、精卫：在非游泳区游泳溺水而亡，死后化作一只呆鸟，进行历史上最早的填海工程。四、共工：打架打不过，气得用头撞山，结果天地倾斜，对地质地貌的形成有着重大的影响。②

---

① 南帆：《双重视域：当代电子文化分析》，江苏人民出版社 2001 年版，第 262—264 页。
② 野地牧羊人：《史上四大著名的愤青》，2017 年 4 月 24 日，https://weibo.com/1943282272/F05huryXT?refer_flag=1001030103_&type=comment#_rnd1563182258428，查阅日期：2017 年 12 月 23 日。

作者同时还上传了四个主人公的图像，网民阅读这个段子时，只要点击相应的附图，就能看到某个神祇的形象，如图6—5是夸父的形象：

图6—5　微博段子中的夸父形象

图像和文字互相协作，使神话更加立体化，当网民们看到这个段子，再联系图像时，便会对夸父的事迹和形象有一个更全面的了解，也能增进段子的颠覆性效果。

三　稳定与变异相结合的传承特性

有文化研究学者认为网络文本具有"无纸无言性"，这些文本存在于虚拟的网络空间中，它们是非实体和不稳定的[①]。但另一方面，和传统的口头传播相比，网络文本又把语音（时间）转化为了视觉（空间），使听

---

① 王一川：《兴辞诗学片语》，山东友谊出版社2005年版，第80—82页。

觉主导让位于视觉主导，使文字成为文本呈现与传播的主要方式和渠道，从而使文本具有相当程度的稳定性①。

口头传播是转瞬即逝的，声音在发出后会迅速消失，必须凭借口口相传。当一个人听了某个神话再转述给他人时，因为人脑的记忆力是有限的，在转述的时候，神话的核心母题和主干情节可能不变，但讲述人使用的句式语法、字词和叙事的顺序往往会有较大的变化，叙事的细节也会有很多差异。所以，口头传播往往具有较大的变异性。而互联网把声音转化成了文字，词语被固定在了空间里（尽管是虚拟的），不再消逝，从而使神话的传播拥有了相当程度的稳定性。传播者可以通过复制粘贴原封不动地将段子传播出去，完全保留原有的文字，甚至连一个标点符号都不改。所以，我们常常能够在不同的网站上重复看到同一个"神话段子"。

当某网民创编出一个脍炙人口的段子后，这个段子会成为大众传播的基础，即便有人在阅读后感到技痒，参与了对神话的修改，他们也很少会另起炉灶把段子重写一遍，往往在最大程度上保留原文，只是对某些词句进行改动，改动的程度是很小的。如我们在前文中引用的《神话的笑话》，其中有这样的段落：

> 我：后羿！您当年为什么射日？
> 后羿：有人付钱。
> 我：为什么留下一个？
> 后羿：他们只付了九个的钱！
> 我：为什么单单留下这个？
> 后羿：它也付了钱！②

在笑话网站"中文幽默王"上，这个段落被某位无名网友改成了这样：

---

① 关于文字与阅读的关系，可参阅［美］瓦尔特·翁《口语文化与书面文化：语词的技术化》，何道宽译，北京大学出版社2008年版。
② 佚名：《神话的笑话》，2009年12月28日，http://www.iqilu.com/html/joke/2009/1228/151390.shtml，查阅日期：2016年12月23日。

> 嫦娥：后羿，你当初为什么要射日？
>
> 后羿：有人付钱。
>
> 嫦娥：那你为什么只射九个？
>
> 后羿：因为他只付了九个的钱。
>
> 嫦娥：那又为何单单留下这个？
>
> 后羿：就是它付的钱～！①

　　和原作相比，创编者改动了两处较为明显的地方，一是把问答双方从"我"和"后羿"改成了"嫦娥"和"后羿"，这一改动充分利用了相关的神话人物，使段子叙事更加集中。二是改动了结尾，原作结尾是"它也付了钱"，我们可以理解成最后一个太阳因为向后羿行贿而免遭杀身之祸，改动的版本最后一句是"就是它付的钱"，则把剩下的太阳从行贿者变成了损人利己的买凶杀人者，更加渲染了金钱至上、尔虞我诈的不正之风。改编后的段子后来居上，具有更强的嘲讽效果。这种相似度极高的传播，是文字传播/视觉传播的特点，与变异性较大的口头传播形成了鲜明的对照。

　　当神话元素被固定成文字后，就不再会消失，并会在传播的过程中纳入多人的信息②。尤其是在微博等社交网站上，众所周知，在转发微博的过程中，人们不能改动原微博的内容，但可以附加评论，把转瞬即逝的声音凝固成文字，且把文字按照发送的先后叠加在一起。所以，我们可以在同一个空间中，同时看到原文和附加的评论。这让我们更直观地看到多人在神话改编中的参与，如图6—6所示。

　　原作者"茄三疯"对《庄子》中的鲲鹏神话做了戏谑性的改编。紧接着，"ohMarkPellegrin阿犬"和"斯库里"在同一个逻辑下对《庄子》中的另两个神话进行了戏仿。借助互联网，网民们在不同时间发出的评论被凝聚到了同一个空间中，使我们能同时看到网民们对《庄子》神话的传播与改编过程。三个人互相协作，制造了三重笑料，又产生了"顶针续麻"的文字效果，就像相声中的"翻包袱"。大众就像玩游戏一样，参

---

① 佚名：《你当时为什么要射日》，无发表时间，http：//www.haha365.com/zz_joke/610856.htm，查阅日期：2016年12月23日。

② Trevor Blank, ed., *Folklore and the Internet: Vernacular Expression in a Digital World*, Utah: Utah State University Press, 2009, p.103.

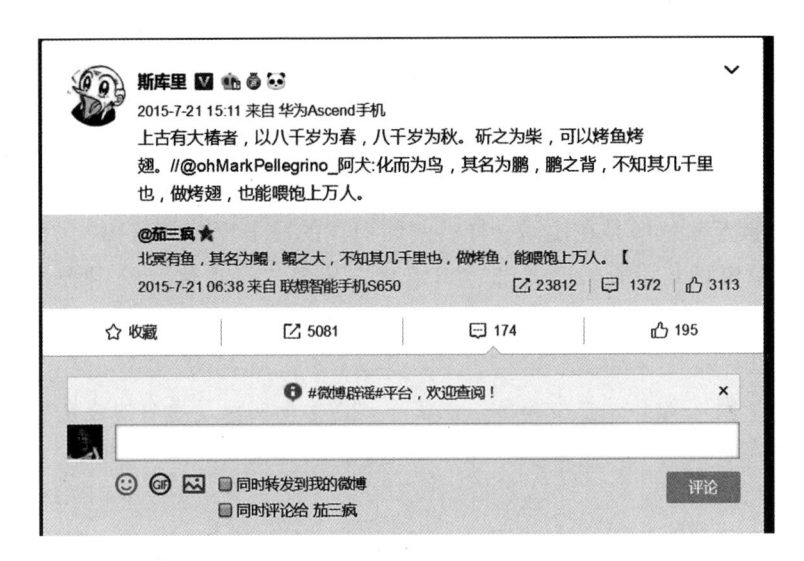

图 6—6　集体性的戏谑性改编

与了对神话的改编和传播。

借助文字和网络的传播技术，我们可以直观地看到神话在网络上被讲述、改编、传播的途径，以及受众的反馈方式，互联网则尽最大的可能保留了异文。同时，我们能够直观感受到改编神话受到的欢迎程度，"茄三疯"的原作被转发了近三万次，而阅读到这个段子的人数更多，是转发人数的几何倍数。

四　口语与书面并存的呈现方式

互联网的技术把神话的讲述行为凝固下来，变成了可视的信息。在这一变革的影响下，神话的改编既需要满足大众的欣赏习惯，追求口语化的表达；又依托文字，呈现出了一定程度的书面性。

美国传播学者瓦尔特·翁（Walter Ong）把文字发明前的时代称为"口语时代"，把电子文化兴起的时代称为"次生口语时代"，他认为这种新的口语文化和古老的口语文化有着惊人的相似之处，是一种"更加刻意为之的自觉的口语文化"[①]。民间文学学者万建中也认为："网络写作带

---

①　[美] 瓦尔特·翁：《口语文化与书面文化：语词的技术化》，何道宽译，北京大学出版社 2008 年版，第 103—105 页。

有民间口语的书写特征,写者总是在努力保持'说话'或'聊'的在场效果。"①

从前面的例子也能看到,"神话段子"的创编者使用了大量口语化、日常化的语言来改写神话。很多段子都是"我手写我口"的典范,明白晓畅,读起来就像是在说话一样。前面引述的段子里有"好棒""为啥""哪儿凉快哪儿待着去"等非常口语化,甚至"口水化"的用语。比如《炸山》这个段子,通篇都是由大白话组成的:

  愚公的孙子把山炸了,他笑了,因为他实现了愚公的遗愿。悟空哭了,因为它妈被炸了。沉香也哭了,因为他妈在里面。②

对口语性的追求也促成了"神话段子"语言的两个特点,其一是时尚化,为了使表达更加贴近大众,创编者们积极捕捉当下社会最时尚的表达将其纳入段子里。从前面的个案也能看出,创编者们加入了"高富帅""屌丝"等网络用语。其二是粗鄙化。互联网的语言是泥沙俱下的,反主流的表述也是青年亚文化的一大特点,因此,在改编神话的过程中,创编者们刻意使用了很多非常粗鄙的语言,诸如前文《愚公与收费站》中引用的"卧槽"(我操),《夸父追日》中的"追着日",即便是《炸山》这个段子,也化用了一个网络流行语"你妈炸了!"③ 为了吸引更多的读者,在编制段子时,人们总是致力于把段子讲述得更加有趣、通俗,使段子的意义一目了然,让人读之朗朗上口。只要是熟知时尚的年轻网民,都能了解其中的意义和"笑点"。

一方面,这些被改编的神话毕竟是以视觉的形式来呈现的,是供人阅读的文本,它仍然呈现出了相当程度的书面性,上文所说的文本的高度稳定性就是书面文学的特点。段子中有很多独特的笑料完全是由书面的文字、符号构成的,仅凭"听"是听不出趣味的。比如,为了制造语言的陌生化,大众习惯于使用一些独特的网络用语,诸如将"女朋友"写成

---

 ① 万建中:《民间文学引论》,北京大学出版社2006年版,第67页。
 ② 每日焦点时事:《媳妇儿,我没做对不起你的事啊》,2015年7月24日,http://www.vccoo.com/v/28059a? source=rss,查阅日期:2016年12月23日。
 ③ 中国人向来有在吵架时骂对方父母长辈的陋习,"你妈炸了!"是近来网络上流行的骂法。

"女盆友",将"的"和"地"写成"滴"等,受众只有依靠阅读,才会明白"笑点"所在。书面性的另一方面,是有的段子直接袭用了文言。记录在经典中的神话是文言的,人类学者景军探讨了文言和仪式的关系,认为文言不是一种"自然形式"的表达,它通过和生活拉开距离,显示出权威和神圣①。而戏仿是神话改编的重要策略,网民大众时常通过对神话语言的戏仿,来解构其权威性。诸如《卫生巾神话演绎版》中的这个段子,前半段的用语朴素简明,刻意模仿了文言文的表达:

> 夸父逐日以后,口渴难耐,饮尽泾渭之水,然后又饮大泽,最后干渴而死,死后化做卫生巾,这时有画外音:"夸父牌卫生巾,挡不住的吸引。"②

在改编神话时,为了方便,有些创编者还会直接搜索原文,将其剪切过来,在此基础上进行创作。典籍中的神话用语则是典雅而古朴的,而网络用语是通俗,甚至于有些粗俗的,通俗乃至粗鄙的网络用语和典雅的文言并置在一起,构成了对语言等级的冒犯与倾覆。比如 ID 名为"请不要给我全部真理"的用户在新浪微博上创作的《移山与生子》:

> 太行、王屋二山,方七百里,高万仞,北山愚公深扰其险,遂率子孙众人破土开山,河曲智叟笑而止之曰:"甚矣,汝之不惠。以残年余力,曾不能毁山之一毛,其如土石何?"公曰:"我死有子子又有孙,子子孙孙无穷尽也。"操蛇二神惧之,告于天帝,然帝感其诚,叫了许许多多的天神帮愚公家里生孩子。③

---

① 景军:《神堂记忆:一个中国乡村的历史、权力与道德》,吴飞译,福建教育出版社 2013 年版,第 119—126 页。
② 宇非:《幽默风趣的广告》,2014 年 10 月 15 日,http://wenku.baidu.com/link?url=XB25uug7azvxuMu-e2TgpI_E-T3Vl2Cx-w7_KcOEPeCn5pCj-CH_asYHPiN6wQ8r-3xCV13vQR4MQSzUf9ur3q8jwK_ylTl2D-AgUseowBS,查阅日期:2016 年 12 月 23 日。
③ 请不要给我全部真理:《移山与生子》,2015 年 7 月 24 日,https://weibo.com/1863969531/CsAj5woNt?from=page_1005051863969531_profile&wvr=6&mod=weibotime&type=comment,查阅日期:2016 年 12 月 23 日。

正如有论者所说:"网络上的民间文学作为一种全新的民间文学艺术,对传统民间文学的口头语言符号模式进行了变革,同时也使民间文学在互联网时代回归。"① 在改编、重述经典神话时,网民使用的既不是纯粹的口语,也不是纯粹的书面语,"神话段子"打破了口语与书面的界限,做到了两者的有机结合。表现出互联网上各种语言混杂交融的趋势和社会语言的杂语倾向②。这一点,与杨利慧对导游的神话讲述的考察不谋而合:"口头传统在不断流播过程中,很难保持纯粹的口头性,而往往与书面传统彼此渗透、相伴相生",人们"往往有意识地综合口头传统和文字记载,扩大信息来源,丰富解说内容",从而使神话文本呈现出鲜明的口头与书面传统高度融合的特点③。

五 以视觉符号制造面对面的交流效果

网络社区的信息交流建立在人—机器—人的互动链条上,人们面对的是闪烁的屏幕,仅凭文字来传递信息,缺乏面对面交往的情境。所以,不同于传统社区的神话讲述行为,在传播"神话段子"时,存在于面对面交流中的诸因素几乎都是缺席的④。在段子的传播过程中,我们看不到传统的"表演"过程,讲述者的手势和表情,也没有讲述行为中的语音和语调、停顿和顿挫,受众的反应也付之阙如。但为了维系社区的认同感,增强段子的感染力和表达效果,传播者(包括创编者和受众)们会积极寻求突破,通过各种视觉符号表达讲述和阅读时的情感,制造近似于面对面的交流效果。

其一,为了强化讲述效果,改编者会以字符或表情图像营造讲述气氛、渲染讲述情境。在以声音为媒介的神话讲述中,讲述人的眼神、语气、动作对故事的效果有着重要的影响。为了克服文字的表达的缺陷,网

---

① 徐钊:《从网络民间文学看民间文学的发展与回归》,硕士学位论文,暨南大学,2006年,第15页。
② 户晓辉:《民间文学的自由叙事》,社会科学文献出版社2014年版,第63—75页。
③ 杨利慧:《遗产旅游语境中的神话主义——以导游词底本与导游的叙事表演为中心》,《民俗研究》2014年第1期。
④ Russell Frank, "The Forward as Folklore: Studying E-Mailed Humor", Trevor. J. Blank, ed., *Folklore and the Internet: Vernacular Expression in a Digital World*, Utah: Utah State University Press, 2009, p. 100.

民在改编某个神话时，常常会在文字中加入一些特定的文字或符号，如用"^_^"来表示笑脸，当我们在某个段子末尾看到"^_^"的符号时，就知道段子完了，我们"该笑了"。在各种符号中，省略号在讲述中起到了尤为重要的作用，它既可以用来强化讲述的技巧，也可以用来暗示讲述者的情绪和段子中隐含的深意。比如，前引"口木我鸟"的《愚公移山》里"愚公：……不挖了！"既意味着讲述中的停顿，也意味着愚公理屈词穷的窘迫。而我们一看到"马伯庸"的《大禹三过家门而不入》中"总觉得这个故事某些地方有微妙的矛盾感……"就能想象讲述人暧昧而意味深长的表情。

其二，受众同样会以文字或符号来表达阅读后的反应。在传统的神话讲述场合中，我们无法搜集到所有受众的反馈，而互联网则将受众的反馈可视化了，也将传播者与受众之间的互动关系可视化了，即使受众没有附加一言一语，只是单纯地转发，也是一种反馈。受众往往会以文字或符号的形式来表达阅读后的反应。如用"哈哈""噗嗤"等来表示阅读后的喜悦，用"呃……"来表示对段子的尴尬和无语。人们还可以通过"表情包"来表达自身的感受，如用😄来表示"太好笑了"，用😂来表述"笑哭了"等。如图6—7对《女娲补天》的调侃。

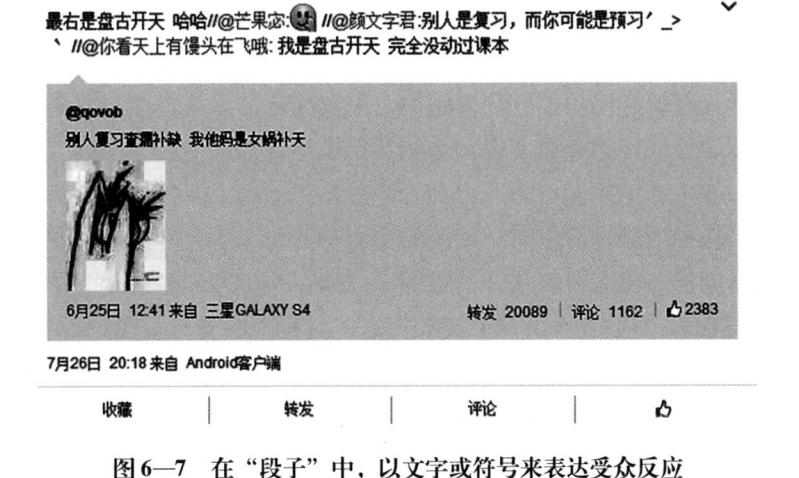

图6—7 在"段子"中，以文字或符号来表达受众反应

原作者以"女娲补天"来比喻自己的知识漏洞，并附了一张痛不欲生、吐血而亡的漫画人物来表达自己的心情，马上引发了不同人的反馈。

有的直接说自己是"盘古开天,完全没动过课本",把意思更推进了一层。有的则用"´_〉`"的符号表达了窘迫和同命相连的情绪,表示自己"被说中了",还有的则用"😔"的符号表示自己也被段子说中了,只能无语离去。还有的人用"哈哈"来表达对转发者的认同。受众们通过图像和符码,对原作者做出了不同的反应,把原本转瞬即逝的表情固定下来,直观地体现了网络社区充满互动、众声喧哗的特点。

结论:互联网对神话传统的形塑

神话不是远古时期的遗留物,也不是镌刻在经典中的死文字,在新媒体迅速发展的今天,它仍然鲜活地存在于键盘的敲打声中。通过本章的分析,我们发现依托互联网这一新媒体,网民对神话传统进行了大胆的改编,从而创造出了用来言说自我身份、表述自我情绪的"神话段子",它根植于神话传统但又打破了神话的框架,依傍经典但又解构了经典的权威,从而激活了神话传统的生命力,连接起了传统与当代。所以,虽然"神话段子"不再是以神话为本位的叙事,而是神话与其他文体互渗的结果,但我们仍应把它视作神话在网络时代的重要表现形态。

那么,应该如何看待互联网时代人们对神话的改编与再创造?以互联网为代表的新媒体对神话传统产生了什么样的影响?这种被"段子化"了的神话具有怎样的功能?在改编中,去语境化的元素提取与再语境化的改编形塑了什么样的神话文本?重构了什么样的神话传统?

一 从神话到神话主义:传统的变与不变

通过分析,我们可以用下图来表示神话主义对经典神话的改造与继承,从表6—2中不难看出神话传统在这一过程中的变与不变。

表6—2　　　　　神话传统在媒介化过程中的变与不变

	经典神话	神话主义
神格叙事	叙事主体	部分保留并被再阐释
信仰形式	存在	隐性存在(被颠覆的对象)

续表

	经典神话	神话主义
环境	传统社区	世俗社区
受众	某一个或若干个族群	特定阶层
功能	信仰与认同	娱乐、质疑与认同
生产方式	仪式	文化产业
传播方式	集体对话	集体对话

我们看到,从传统的神话到神话主义,由于传播主体、传播渠道与生产方式等因素的不同,神话的呈现方式也有很大的差异。总体而言,两者在叙事环境、受众、生产方式等方面有着较大的差异,但在神格叙事、信仰形式、功能与传播方式上则仍有一定程度的继承。在此基础上,我们还可以有一些更细的分析:

(一) 神话主义是经典神话的讲述传统与公共空间中的社会境遇互相结合的产物

相比那些被记载在典籍中或只出现在仪式场合的神话,经历了神话主义式地改编与运用的神话和日常生活的关系更加密切。在互联网上,神话从原先属于某个或若干个族群的集体叙事,转变成了特定群体和特定受众的、更加个体化的叙事。神话的讲述权力则从巫师、祭司、文化专家转到了普罗大众的身上。而和传统社区中的神话讲述相比,在大众的戏谑中,神话讲述的禁忌也被打破了。另一方面,尽管表演场所的转换、生产方式的变更,以及传媒技术的发展冲击着人们的生活表象,尽管人们不再以"虔诚"的态度看待神话,不再相信神话是"真实"的叙事,但在当下的互联网空间中,神话讲述行为还是顽强地维持着,神话中的权威和秩序尽管屡遭消解,但仍然存在着,神话对于特定社群——年轻网民的认同作用也仍然存在着。神话的当下性得到了充分的发掘,人们从当下的立场出发,选取了神话叙事中与自身的生存境遇、生活感受最为紧密的内容,并加以阐述。被改编的神话仍具备一定程度上的阐释性功能,只不过阐释的内容已经从宇宙万物的起源和社会秩序的建立,转变到当下社会状况与自身的生活感受。

被搬上互联网后,神话经历了无数次的转变与传播,每次转变的版本都不尽相同,都源于神话的原初意义与网民现实生活感受的对话。从这一角度讲，神话主义是经典神话的讲述传统与公共空间中的社会境遇互相结合的产物。

（二）现代传媒：神话传统的延续与新生

随着现代传媒与民间传统的结合日益紧密，我们应该如何看待这一现象？

首先，现代传媒中的神话传播与呈现的方式更加多元化。传统的神话传承主要依托于口头讲述、文本记录与仪式操演。相比之下，在以互联网为代表的现代传媒中，神话的传播与呈现方式更加多元。数码技术尽管减少了面对面的人际互动，但也为人际互动的变革提供了契机。和现实世界的神话讲述行为相比，网络空间中的人际互动并没有削弱，讲述方式与途径并没有减少。数码技术和其他物质文化一样，逐渐成为了人之所以为人的组成部分[1]。借助互联网超文本的特性，神话超越了传统民间文学的"口头性"与"书面性"的简单二分，而呈现出了"电子性"与"全息性"[2]，从而将视觉与听觉、文字与画面结合起来，甚至还通过表情包等符号在一定程度上还原了人们在讲述神话时的情景。

其次，在互联网上，神话传统的传承与流变是一个复杂的过程。在这里，我们有必要进一步探讨去语境化与再语境化在神话传承中的作用。这两对概念既构成了道格拉斯所说的"形式的游戏"：去语境化的素材提取构成了笑话的固定形式；再语境化则创造了颠覆性的新形式。同时，它们也直接影响了神话传统：神话素材的选取受到网民的知识结构与大众传播的特点的规约，因此，去语境化的过程也就是大众传媒以标准化的生产方式形塑神话传统的过程。神话的新的意义是由网络的开放性与民众的言说诉求形塑的，因此，再语境化的过程也就是作为生产者的网民在网络空间中积极创造神话传统的过程。经历了再语境化的神话其表达方式是网络化的，它反映的是当代年轻人的生活状态，这些青年亚文化的"标记"使神话成为了网民群体的内部知识，也使其成为了网民建构身份的工具。显然，期间经历了复杂的人际互动与文本生成过程。包括互联网在内的现代传媒在神话主义的生

---

[1] ［美］丹尼尔·米勒、希瑟·霍斯特主编：《数码人类学》，王心远译，人民出版社2014年版，第5页。

[2] 户晓辉：《民间文学的自由叙事》，社会科学文献出版社2014年版，第60页。

成中起到了至关重要的作用,且现代传媒并不一定像一些文化研究学者所批评的那样,会导致传统文化的腐蚀和僵化。

所以,我们既需要充分认识到网络传播是一种新的民间文学生产方式,又没有必要把神话的生存空间从现实社区到虚拟网络的转换看成民间文学发展中的一种革命性的断裂,而应将包括"神话段子"在内的网络创作看成是"最新阶段的民间文学形式"①。

二 新媒体时代神话功能的变异与延续

(一) 神话功能的延续

传统社区中的神话由社区中的民众共享,它的主要功能是解释和证明与群体相关的现实,"从而使人们的日常行为、生活秩序和价值观念能够遵循神话中确立的规范"。② 同时,那些流传于具体社区中的神话往往有着加强社区认同、增进群体凝聚力的作用。③ "神话段子"由年轻网民创造,它是青年亚文化的一种,作为网民心声的表达,"段子化"的神话直接指向当下民众的言说需求。这些段子既创造出了全新的功能,也在一定程度上延续了经典神话的功能。

首先,"神话段子"具有鲜明的娱乐功能。通过对经典的解构,网民们创造出了狂欢化的娱乐效果。对"夸父追日"的戏谑性改编起到了调节职场员工心态的作用,并制造出了亵渎经典的快感。因此,"段子化"的神话与民间故事、传说一样,都具有娱乐大众的功效,成为了释放网民压力的"减压阀"。

其次,"神话段子"具有描述现实社会秩序的功能。网民们通过对"神农尝百草"的改写来反映食品安全问题,通过对"女娲造人"的改编来讽刺当代社会的阶层差距。在段子中,神话仍然在孜孜不倦地描述社会现实秩序是如何形成的,只不过它不再具有为现实提供合理性与合法性的功能,而是被网民用作表达对社会秩序的质疑与不满,寄托群体对平等、民主追求的载体。"神话段子"也因而成为了网络

---

① 户晓辉:《民间文学的自由叙事》,社会科学文献出版社 2014 年版,第 56 页。
② 杨利慧:《神话与神话学》,北京师范大学出版社 2009 年版,第 10—11 页。
③ 可参阅杨利慧、张霞、徐芳、李红武、仝云丽《现代口承神话的民族志研究——以四个汉族社区为个案》,陕西师范大学出版总社有限公司 2011 年版,第 193—216 页、第 222—299 页。

时代的"弱者的武器"。

最后,"神话段子"又在一定程度上延续了神话加强社区认同、增进群体凝聚力的作用。正如前文所述,通过对神话的改编,网民创造出了属于自己的言说方式,从而与主流社会区隔开来。因此,神话成为了网民建构"草根"身份的工具,他们的言说诉求推动了段子的生产,而段子又反过来强化了他们的群体认同。此外,"神话段子"遵循网络独特的表达方式,反映了年轻网民的生活状态,这些青年亚文化的标记使神话成为了网民群体的内部知识,也使其成为了网民建构身份的工具。因此,段子往往在小群体内部传承,它只能流传于具有特定的知识结构与生活经历、同时精熟于网络表达方式的年轻网民中。对于网民来说,每一次对段子的阅读,都会强化他们的知识结构与表达方式,从而增进他们的群体意识。

(二) 神话题材的雷同化传承

互联网重组了神话传统,并塑造了新的神话文本。无疑,这是大众传媒对神话传统影响的结果。民俗学家琳达·黛格曾细致分析了当代美国大众传媒对民俗的运用,她认为:文化产业对民俗的利用消解了民俗的多元化存在,使民俗趋于雷同。① 从上述分析来看,网民对神话传统的运用在一定程度上印证了黛格的判断——段子中的神话题材呈现出了雷同化的倾向。

首先,"神话段子"消解了神话与其生存社区的关系,也抹去了神话的文化背景。去语境化的素材提取使神话不再是具体社区中鲜活的存在,也不再是典籍中完整的叙事,更消弭了神话在现实生活中多元的表现形态、虚化了神话与信仰的关系。从而使神话成为了片段化、符号化的存在。在现实的神话讲述中,神话往往和具体的社区环境结合在一起,从而产生"涉县女娲神话""羌族大禹神话"这类地方化的神话题材,但在互联网上,神话的地域差异往往是被抹平了的。

其次,去语境化的素材提取也在一定程度上泯灭了神话与其他体裁之间的界限。戏仿等手段使神话的独特性进一步衰落,神话不再与世俗的体裁之间具有泾渭分明的界限,而是与传奇、故事、童话一样,成为了文化

---

① Lind Dégh, *American Folklore and the Mass Media*, Bloomington: Indiana University Press, 1994, pp. 51 - 53.

产业大餐中待烹的食材。

在民间文学学者眼里，"神话"有着严格的定义，它必须是远古先民创造的叙事，讲述的是关于神祇的创造性行为，解释了世界与人类的起源，讲述行为多发生在神圣的仪式场合。学者们知道，尽管《牛郎织女》和《白蛇传》中包含了大量神异的超自然情节，但它们是传说，学者不会模糊不同体裁的界限，把这些说成是神话。但网民大众则不同，他们对什么是"神话"没有（也不可能有）一个专业性的认识，他们脑海中的"神话"包含了各种不可置信的、神奇的叙事，如传说、民间故事，乃至玄幻小说、灵异事件等。即便是文史知识非常丰富的作家"马伯庸"也难以免俗，在编写段子时，他会把傣族民间叙事诗《召树屯》称为"神话"，把观音菩萨称为"神话人物"。他编写的很多段子带有神异的成分，却和神话无关，但他很乐意将其称为"神话"，比如这个段子是历史与民间传说的杂糅，并没有神话，但作者却将其称为"微神话"：

#微神话# 法海苦口婆心劝许仙道："女子皆是祸水，你看商是妲己灭亡的；周是褒姒搞垮的，就连大秦，都是你老婆颠覆的。"许仙大惊，跑回去问白素贞有没有这回事，白素贞大怒："是刘邦先来惹我的！"①

更重要的是，网民对神话题材的选取也往往是雷同的。如前所述，大众对互联网的使用是在日常生活的世俗环境中进行的，手机上网普及后更是如此。电脑可以随时打开，手机可以随身携带，人们在赶公交车、排队、睡前等场合都可以展开网络阅读，随时能拿起，又随时能放下。所以，互联网阅读是一种"轻阅读"，快餐化、碎片化是其显著特征。人们不断在网络上寻找自己感兴趣的内容，快速浏览，又快速地将其抛弃，这种阅读方式产生了一种转瞬即逝的"立即注意力"（immediate attention）②。相对于作家文学，互联网的表达有直截了当、语言通俗的特点。

---

① 马伯庸：《微神话》，2011年4月25日，http://weibo.com/p/1005051444865141/home?from=page_100505&mod=TAB&is_all=1&is_search=1&key_word=%E5%BE%AE%E7%A5%9E%E8%AF%9D#_0，查阅日期：2016年12月23日。

② [美] 丹尼尔·米勒、希瑟·霍斯特主编：《数码人类学》，王心远译，人民出版社2014年版，第169—170页。

而去语境化的神话元素抽离过程,也就是大众以类型化的方式、大众传媒以标准化的方式形塑神话传统的过程。受限于知识结构与快餐化的阅读方式,面对整个神话资源时,网民们只选取了最为大众所熟知的神话。在笔者搜集到的所有文本中,关于盘古、女娲、后羿、大禹、夸父、嫦娥、愚公、精卫的神话得到了最频繁的改编,这些神话显然是影视剧中最常表现的题材,也是大众最熟悉、最常见的神话。在笔者搜集的87个段子中,涉及上述八个神祇的段子占了80个,很多人物还在同一个段子中重复出现。而剩下的七个段子中,有三个是关于织女的,两个关于神农,一个是《庄子》中的神话,一个则涉及共工。而神话典籍中记载的很多神话,如有关羲和、旱魃、伯益、蚩尤等的神话因为相对冷僻,则很少得到改编①。在被选中的神话里,他们也只选择了最具代表性的母题。如在与女娲相关的段子中,"补天""造人"是最常被改编的,但"断鳌足""杀黑龙""作笙簧"和"女娲之肠"等次要的母题则很少被顾及。在与后羿有关的段子中,"射日""追嫦娥"是最常见的素材,但他"代掌夏政""为帝喾司射""学射于吉甫""诛杀封豨九婴等恶兽"的情节则是被无视的。而在改编嫦娥神话中,被大众采用的只有"盗药""奔月"这两个母题,其他内容,如嫦娥化成蟾蜍、嫦娥与常曦神话之间的关系也是被忽略的。在关于大禹的系列神话中,"治水""三过家门而不入"是最常被改编的,但"杀防风氏""化黄熊""会诸侯于会稽"等次要的情节则很少被顾及。这一策略使神话题材的传承呈现出了雷同化的倾向,网民大众在中国的神话谱系中选择了大众最常见的神话,在最常见的神话中选择了最典型、最流行的母题。神话中最经典的部分得到了传承,而相对冷僻的题材与形式则被忽视了。

(三) 神话表现形态的多元化

但从"神话段子"的文本制作过程来看,我们有必要对黛格的结论做出修正:以互联网为代表的大众传媒并没有完全使传统雷同化,相反,在网民的改编下,神话的表现形式与意义是多元化的。

首先,网民以积极的姿态来改编神话,赋予了神话新的生命力。网民

---

① 有意思的是,在很多涉及神话的玄幻小说中,颛顼、羲和、蚩尤等神祇的"出镜率"却颇高。这一方面是因为玄幻小说的篇幅较长,需要足够的人物,另一方面,蚩尤、旱魃等神祇具有叛逆的形象,这使小说叙事更具戏剧性,更易博得年轻观众的喜好。

们主动选择了神话来表达自身的喜乐，他们立足现代的阐释不仅使远古的神话重新受到年轻大众的关注，也使其获得了在当代的传承动力。

其次，"神话段子"使神话获得了更丰富的表现形式。我们看到，在神话元素的选取上，创编者们立足于去时空化的叙事结构之上。在他们所提取的素材中，神话逻辑得以成立的时间、空间是缺失的，这为网民多元化的解读打下了基础。在开放的网络空间中，大众发挥了网络"草根"的智慧与高超的文本组织能力，一起参与到了文本的改编中，并积极动用了讽喻、曲解、戏仿、拼贴等方式来重构神话，创造出了横跨神话与笑话的新体裁：无论是对起源神话的戏仿，还是神话与广告的结合，都丰富了神话的表现形式，制造了一种既使用经典、又解构经典的"双声话语"。在改编的过程中，不同体裁间展开了自由平等的对话，创造出了充满互文性的神话文本。同时，大众的改编也使神话呈现出更多的异文，从而加速了神话在当代的流变。也正是在这一意义上，我们说数码技术未必全然意味着全球同质化[①]。

最后，网民的改编赋予了神话新的意义。"神话段子"是网络时代的普罗大众对神话进行再阐释的产物。创编者罗列了一系列的神话，但只提炼了神话的核心情节，只保留了母题的表层意义。如后羿神话往往只被选取了"射日"这一母题，而嫦娥神话则被简化为"奔月"这一母题。这些母题抽离了神话原有的叙述语境，打破了经典的叙事框架，甚至脱离了经典叙事的上下文，可以被自由拆分组合。在此基础上，网民可以天马行空地进行重写。网民结合时代因素与自身情感来制作新的文本，所以段子的创编过程也是神话新的意义生成的过程。网民的生活感受是复杂多样的，在神话表层意义的基础上，创编者引申出了多重意义，如上述《神农尝百草》的段子便被赋予了全新的含义：当代人对食品安全的忧虑。这不仅把神话从经典的神坛上"解放"出来，也丰富了神话的象征意义。

三 "祛魅型传承"对当代神话传承的潜在影响

随着民间文化日益商业化与娱乐化，祛魅型传承正在成为民间文化传

---

① ［美］丹尼尔·米勒、希瑟·霍斯特主编：《数码人类学》，王心远译，人民出版社2014年版，第4页。

承中的一种不可忽视的方式，对神话的传承所产生的影响也正在增强，理应引起我们的关注。

依托互联网等媒体，祛魅型传承人对神话传统进行了大胆的改编，从而创造出了"神话段子"，它根植于神话传统但又打破了神话的框架，连接起了传统与当代。那么，祛魅型传承对当代神话的传承又有着哪些潜在的影响呢？

（一）"以传统为取向"的综合传承

我们很容易造成二元对立的错觉，认为传统社会的民众对神话的了解与传承更为全面，而当代人对神话的了解与传承则是零碎的。实际情况未必如此。

在传统民间社会，神话传承主要依托口头讲述和仪式场合展开传承，这类传承往往和地方信仰有关，其传承的中心地多位于某个神祇的墓地或封地，当地民众对神话的了解带有浓厚的地方风物色彩，比如绍兴会稽山有大禹陵，相传大禹葬于此，当地流行着大量关于大禹斩防风氏而有刑塘村，大禹失履而有夏履镇等神话。但是在尚未形成统一国族意识的农耕社会，当地民众却未必知道这一神话在其他地区流传的异闻，刑塘村的村民很可能不知道汶川地区（被认为是禹的出身地）流传的种种禹的神话，对禹以外的其他神话也未必都了解。

在当代，神话被纳入现代学校教育体系中，大多数享受义务教育的民众都能够对神话有一定的了解。而在学校课本中，神话文本的编写往往带有鲜明的民俗主义倾向。以北京师范大学版小学三年级下册《语文》教材中的《大禹治水》为例，该文被放在"奉献"单元中，被冠以无私奉献的主题，整个神话文本融合了鲧窃息壤、鲧堵禹疏、禹凿龙门、胼手胝足、三过家门而不入等经典情节[①]，这显然是融合了多个版本后的新文本。此外，当下神话主义的种种实践，如神话剧、神话题材的网络游戏、玄幻小说往往也融合了诸多神话母题，比如动画片《哪吒传奇》就融汇了夸父追日、三足乌、女娲补天等神话，以及《封神演义》中的大量传奇故事。也就是说，祛魅型传承人所接受的神话文本，往往是"以传统为取向"（tradition-oriented）的文本，即由编辑者根据若干个口传文本或

---

① 郑国民、马新国主编：《语文》（三年级下册），北京师范大学出版社2009年版，第99—100页。

与口传有关的文本进行汇编后创作出来的神话文本①。在这类以传统为取向的文本的教育下，年轻一代对神话知识的接受呈现出了综合性、体系化的特点。他们在编写、创作各种神话主义的文本时，也会融汇很多神话的情节和梗概。在大众的戏谑中，神话讲述的禁忌被打破了。不同的神祇可以混杂地呈现在同一个空间中。如上面引用的那个融合了后羿射日、女娲补天、夸父逐日、愚公移山、精卫填海、大禹治水等神话以及神笔马良等故事的《神话串烧》。

可见，尽管当代的祛魅型传承人不再把神话看作"神圣的叙事"，但这并不意味着他们对神话的知识就一定是贫乏的。相反，他们对神话的传承呈现出了"以传统为取向"的综合传承的倾向。无论是学校课本的编写，还是各种商业化的改编，创சீ者们都选择了最具代表性、典型性的母题，融汇了不同神话的文本和主题内容。糅合到一起的神话文本要比很多地方性的口传神话更加系统，呈现出更加体系化的特色。这一特点在篇幅相对短小的是"神话段子"中尚不明显，在那些长篇神话电视剧中则体现得淋漓尽致。

（二）神话成为特定群体日常交流的表达资源

正如杨利慧所说："神话主义不应仅被视为技术发展、媒介变迁的产物。作为当代大众媒介制造和传播的对象，它更是由当下中国的社会形势、意识形态、文化策略以及市场经济等因素共同作用而产生的一种社会文化现象，其生产过程往往牵涉复杂的政治、经济和社会文化动因。换句话说，神话主义的生产在本质上是'借古人之酒杯，浇今人之块垒'，是'一种以过去为资源的当下新型文化生产模式'"（参见本书第五章第四节）。"神话段子"也是如此，它使神话和互联网上的青少年用户产生了紧密的关系，神话成为了亚文化阶层日常交流的表达资源。

相比古代那些被记载在典籍中或出现在仪式场合的神话，经历了神话主义式改编与挪用的神话和当代民众日常生活的关系更加密切。在戏谑性的改编中，神话的当下性得到了充分的发掘，被搬上互联网后，神话经历了无数次的转变与传播，每次转变的版本都不尽相同，都源于神话的象征意义与网民现实生活感受的对话。而青年亚文化对主流文化保持了相当程

---

① ［美］马克·本德尔：《怎样看〈梅葛〉："以传统为取向"的楚雄彝族文学文本》，付卫译，《民俗研究》2002 年第 4 期。

度的对立、抗拒①。在这里，神话成了网民群体自我言说的工具，也成为了当下年轻人用以表述"草根"身份的重要方式。比如上文引用的《屌丝拜女神》等段子。

在祛魅型传承中，神话的讲述权力从巫师、祭司、文化专家转到了普罗大众的身上。神话从原先属于某个或若干个族群的集体叙事，转变成了属于特定群体和特定受众的，更加个体化的叙事。祛魅型传承把神话打造成了特定群体的话语资源，神话成了年轻网民自我言说的工具，也是当下年轻人用以表述自身世界观的重要方式。

（三）有限度的传播范围

同时，我们也要看到，新媒体中出现的各种神话主义文本是作为与社会主流文化相对的亚文化而出现的，其传播范围是有限度的。通过对神话的改编，网民创造出了属于自己的言说方式，从而将自身与主流社会区隔开来。神话成为了网民建构群体身份的工具，他们的言说诉求推动了段子的生产，而段子又反过来强化了小群体的群体认同。"神话段子"遵循网络独特的表达方式，反映了年轻网民的生活状态，这些青年亚文化的标记使神话成为了网民群体的内部知识，也使其成为了网民建构身份的工具。因此，段子往往在小群体内部传承，它只能流传于具有特定的知识结构与生活经历、同时精熟于网络表达方式的年轻网民中。如为了制造语言的陌生化，他们习惯于使用一些独特的网络用语，诸如将"呜呜呜"写成"555"，将"威武霸气"写成"v587"等，只有熟悉网络亚文化的受众，才会明白"笑点"之所在。

如今，尽管这些段子的影响也部分地传播到了互联网以外，出现在手机短信、晚会小品、相声（如苗阜、王声的《满腹经纶》），以及一些通俗休闲读物上，并吸引了一部分主流人群，但它尚未真正影响到经典神话的传承。可以说，以互联网为代表的新媒体中的神话，其影响和效应是有限度的。它目前只在新媒体空间中、年轻一辈中传播，其对传统神话传播渠道的影响与反馈能力尚属有限。

由于时间、精力和个人能力所限，本章还留有许多与之相关的问题不曾探讨，如互联网的神话传播是如何与手机、纸媒等的传播互动的？节日

---

① [英]斯图亚特·霍尔、托尼·杰斐逊主编：《通过仪式抵抗：战后英国的青年亚文化》，孟登迎、胡疆锋、王蕙译，中国青年出版社2015年版。

（尤其是一些与起源神话相关的节日）等因素在段子的生产与传播中起到了什么样的作用（如中秋节之于嫦娥、后羿神话）？这些问题将在以后的学术生涯中做进一步的思考。

第 七 章

电子游戏中的神话主义

——以国产单机 RPG 游戏《古剑奇谭：琴心剑魄今何在》为个案*

第一节 引言

一 选题目的和意义

自 20 世纪 50 年代诞生以来，电子游戏日益成为大众的一种娱乐方式，在极大地改变人类的游戏方式和生活方式的同时，也逐步发展成为一种全新的媒介形式和文化生产方式，成为"第九艺术"①。1971 年，世界上第一个电子游戏公司雅达利公司的创始人诺兰·布什纳尔设计了第一台街机厅用游戏机，运行游戏《电脑空间》（Computer Space），实现了电子游戏的商品化。此后，依托于电子技术和互联网技术的普及，电子游戏获得迅猛发展。从 16 位机到 32 位机再到 3D 时代，从电视游戏机、街机再到掌上游戏机，拥有独立的游戏主机的游戏机游戏一直占据电子游戏的主要地位，众多游戏机游戏如《超级玛丽》《恶魔城》《魂斗罗》《生化危机》《Halo》《Final Fantasy》等都风靡一时，受到玩家的狂热追捧。20 世纪 80 年代在个人电脑迅速普及的浪潮之下，依托于个人计算机的 PC 游戏开始崭露头角。PC 游戏最初多为单机游戏，以人机对战为主要模式，

---

* 本章作者包嫒嫒。
① 闫爱华：《为网络游戏正名——主体间性视野中的"第九艺术"》，《中国图书评论》2013 年第 9 期。

通过局域网进行有限的多人对战。《星际争霸》《战地》《暗黑破坏神》《CS》《仙剑奇侠传》《轩辕剑》《大富翁》等都是名噪一时的PC单机游戏。21世纪以来,网络游戏(online game)以高度的开放性和互动性成为电子游戏界的新贵。

早期的电子游戏以固定的任务为核心,故事情节非常简单。如在20世纪80年代由日本任天堂推出的被众多玩家追捧而成为时代印记的《超级马里奥兄弟》虽然将拯救公主作为闯关的目的,简单地套用了英雄拯救公主的故事,但游戏的主体仍然是挑战任务顺利过关,玩家通过控制"马里奥"跑、跳等动作,准确地躲避敌人和获得宝物而不断向前。随着电子游戏的发展,游戏的复杂性不断增强,游戏的任务日趋多样,规则设置更加系统化,游戏过程越来越具有变换性,并且往往伴有完整的故事情节贯穿游戏始终,"游戏的叙事性开始增强"[①]。尤其是角色扮演类电子游戏,(RPG,全称为role-play-game)其叙事设置占据重要位置。角色扮演类电子游戏大多以特定的故事为游戏背景,涉及多种角色的种族和职业,拥有特定文化标定及地域特色的绚丽场景,玩家在游戏给定的虚拟世界里战斗冒险,体验故事,一款角色扮演类电子游戏往往就是一个人为设计的精致的叙事文本。

因此,电子游戏的开发,尤其是大型的网络角色扮演类游戏,游戏设计者在制作游戏时综合文学、绘画、戏剧、雕塑、音乐等多种艺术形式对游戏历史背景、主题、场景、音乐、游戏方式和行为规范等进行设定,建构庞大的仿真性虚拟世界。在电子游戏这一自由的虚拟世界里,人类创作的各种艺术形式和文化类型都可能成为文化资源被吸收和再造。作为众多艺术之源的神话也不例外,是电子游戏进行文化再生产的重要资源。

游戏最为重要的特征在于其并非"平常的"抑或"真实的"生活,而是通过在与日常生活隔离的特定范围的时空中的"演出",引领"游戏的人"摆脱真实的生活,进入一种别具一格的活动领域。在神话中,既有如天界、人间和幽冥的三界等千变万化的时空观念,又有着大量殊方绝域的设计,更有着许多千变万化的神怪形象。极富幻想色彩的神话可以为

[①] 关萍萍:《互动媒介论——电子游戏多重互动与叙述模式》,博士学位论文,浙江大学,2010年,第13页。

电子游戏提供大量具有拓展性的形象,与电子游戏自由表达幻想的审美品格是相契合的。诸多电子游戏不同程度地植入神话元素。例如,现今世界最为流行的电子游戏《魔兽争霸》就是以北欧神话中的众神战争为故事发展主线,不仅产生了巨大的商业效应,并成为引人关注的流行文化现象。在国内,以中国古代神话为故事背景的神话类电子游戏一直是电子游戏的重要类别,从单机时代就大热的《轩辕剑》系列,到经久不衰的《仙剑奇侠传》系列,乃至大型网络游戏《天下贰》等电子游戏都融入了大量的中国神话故事及元素,是国产电子游戏的重要文化特色。

图7—1 电子游戏《仙剑奇侠传一》海报

由此可见,在传统神话讲述的神圣空间逐渐消解的现代社会中,神话依托于游戏构建的虚拟时空,在当代社会获得了"第二次生命",电子游戏成为当代神话传承的新场域。尤其是对于生活在现代都市社会中的青少年而言，传统的神话讲述场合已离他们远去，他们更多地是通过诸如电子游戏之类的电子媒介来了解和认识神话。在电子游戏中，神话被从日常生活的语境中抽取出来，成为游戏设计者建构逼真的虚拟世界的一种文化元素，进入更为广泛的应用领域中。而玩家通过个性化的解码对电子游戏中的神话进行全新的解读，在交叉互动中神话的意义得以重新生成和传播。那么，在电子游戏这一新兴的媒介场域中神话是如何呈现的？其内容是如何建构的？电子游戏中的神话讲述具有怎样的功能及意义？这一场域中神话的传播又具有怎样的特征？对于神话在现代社会的传承又会产生怎样的影响呢？

不同于民俗学惯常的"向后看"的研究取向，诸多学者有感于急剧变化的社会环境对民俗文化的破坏、改造和重塑，开始对民间传统在当下的传承状况和生存境况进行田野调查和民族志研究。"朝向当下"成为当代民俗研究中的重要取向。在对遗产旅游中神话传承研究的基础上，杨利慧指出了当前社会中存在着的"被挪移出村落的边界的民俗"现象，并提出"被挪移出村落的边界、经由各种中介而进入其他商业性、政治性、文学艺术性以至于学术性的语境中的民俗也急需加以具体、深入的研究"[①]。在对遗产旅游、影视作品和网络游戏等当代社会神话传承场域系统研究的基础上，继承"新神话主义"对当代社会建构神话传统的反思，杨利慧进一步提出了"神话主义"这一概念，用来指称"20世纪下半叶以来，由于现代文化产业和电子媒介技术的广泛影响而产生的对神话的挪用和重新建构，神话被从其原本生存的社区日常生活的语境移入新的语境中，为不同的观众而展现，并被赋予了新的功能和意义"的现象，并认为将神话作为地区、族群或者国家的文化象征而对之进行商业性、政治性或文化性的整合运用是神话主义的常见形态（见本书第一章）。

"神话主义"概念的提出，一方面彻底打破了"神话是神圣叙事"观点的窠臼，在改变文本范式主导神话研究"去语境化"取向的同时，直面神话在当代社会的传承，赋予神话讲述者以主体性，恢复了对神话作为口承叙事表演特征的关注。在学科立场上赋予当代神话研究合法性的同时，亦是对作为口头叙事的神话本质特征的回归与贴近。另一方面，神话主义主导下的神话研究，强调审视社会结构变迁以及多种权力结构与口承

---

① 杨利慧：《中国民俗学如何推进"朝向当下"的转向?》，《民俗研究》2014年第1期。

神话之间的关系，并在此基础上关注当代口承神话的表演特征与叙事风格。在突破既往神话研究文本范式的同时，神话主义理念影响下的现代口承神话研究试图在社会语境中把握现代口承神话，关注作为表演行动的现代口承神话的叙事特征，倡导一种直面当下的、文本之内与文本之外融合的、综合的、立体的神话研究范式。

本章在对当代社会电子游戏中的神话讲述进行调查的基础上，运用"神话主义"理论的最新成果，对电子游戏这一新兴媒介中的神话运用与传播进行研究，考察在电子游戏这一特殊的媒介形式中神话的社会运用。具体而言，本章首先对电子游戏中的神话进行文本和内容的分析，考察神话在电子游戏中的呈现和建构，对电子游戏中的神话叙事的特征进行分析。其次，通过结合玩家的游戏行为、群体文化和媒介的社会语境，考察神话在电子游戏中的传播特征及其对神话传承的影响。

二 相关研究学术史梳理

（一）有关电子游戏审美与文化影响方面的研究

在电子游戏审美与文化影响方面的研究在国外经历了由"文学理论到游戏学、艺术哲学"[①] 的发展路径。20世纪80年代，电子游戏研究兴起之初，欧美学者试图借用文学术语和理论资源将电子游戏纳入现有的审美体系中，开始以戏剧理论、叙述学和大文学理论视野对电子游戏进行审美探讨。其中以默里（Janet Murray）的《全景操作平台上的哈姆雷特：赛博空间叙述的未来》[②] 为代表。在该书中，默里从亚里士多德戏剧理论出发，不仅对电子游戏的沉浸、带入、转换三个审美特征进行研究，同时对数字媒介叙事的前景也作了全面思考，认为数字媒介的发展催生了新的交互叙事模式。随着研究的深入，游戏学被创立，倡议人费兰斯卡（Gonzalo Frasca）不仅梳理了游戏学的相关概念，同时建构了"模拟"这一电子游戏独有的诗学概念。此后，电子游戏开始被当作独立的审美领域进行研究，诸多学者借鉴多学科理论对电子游戏在日益数字化社会的存在

---

① 吴玲玲：《从文学理论到游戏学、艺术哲学——欧美国家电子游戏审美研究历程综述》，《贵州社会科学》2007年第8期。

② Janet Murry, *Hamlet on the Holodeck: The Future of Narrative in Cyberspace*, New York: Free Press, 1997.

形态和审美特征进行研究。近些年来，哲学与美学开始关注电子游戏，就电子游戏是否是一门新艺术形态进行了讨论。

国内相关研究以学者汪代明为主要代表。他的系列文章《论电子游戏艺术的定义》[①]《论电子游戏艺术的特征》[②]《席勒游戏艺术理论视野中的电子游戏》[③] 等较早地界定了电子游戏艺术的概念、特征以及游戏与艺术的关系。汪代明认为电子游戏艺术是指在计算机或计算机网络上实现的，具有交互性、开放性、虚拟现实特征的超文本艺术形态，具有沉浸式的美感体验、交互式的艺术历险和开放性叙事结构这三种艺术特征。在对电子游戏概念和特征分析的基础上，汪代明进一步指出，通过挖掘电子游戏的艺术本性和潜能，引导电子游戏走上艺术之路，可以将其负面影响降低到最小程度，同时建立其良好互动的艺术生态环境，促进信息时代艺术健康发展。

在理论建构之外，也有学者就电子游戏内容生产实践进行研究。吴小玲在《网络游戏对古典作品的重构——以〈吞食天地 oneline〉和〈三国策 oneline〉为例》[④] 一文中分析了三国文化基于超文本需求、游戏本质及消费文化被网络游戏反复借用和改写。网络游戏对三国文化的借用与改写说明传统东方文化的价值，但同时它也消解了三国文化中宏大叙事与话语霸权，赋予游戏者以主体地位，使得游戏者体会到的三国文化比从民间故事、书籍或电视中得来的更为真切和深刻。杜骏飞、李耕耘、陈晰、王凌霄、钟方亮合著的《网络游戏中的传统与现代——〈仙剑奇侠传〉的文化解读》[⑤] 一文，以网络游戏《仙剑奇侠传》为个案，将其中传统文化分解为元素进行统计学式的分析。论文指出在游戏的主线之中，中国传统文化元素多用以充当故事背景和设定情景，是作为架构游戏的宏观理念而存在。同时，在对传统文化元素的运用中，亦存在畸变的现象。值得一提的是，论文不仅对网络游戏中文化传统要素的应用进行分析，同时作者对玩

---

① 汪代明：《论电子游戏艺术的定义》，《西南民族大学学报》（人文社科版）2005 年第 12 期。

② 汪代明：《论电子游戏艺术的特征》，《文艺争鸣》2006 年第 3 期。

③ 汪代明：《席勒游戏艺术理论视野中的电子游戏》，《西南民族大学学报》（人文社科版）2004 年第 12 期。

④ 吴小玲：《网络游戏对古典作品的重构——以〈吞食天地 oneline〉和〈三国策 oneline〉为例》，《当代传播》2005 年第 2 期。

⑤ 杜骏飞、李耕耘、陈晰、王凌霄、钟方亮：《网络游戏中的传统与现代——〈仙剑奇侠传〉的文化解读》，《新闻大学》2009 年第 3 期。

家的文化认同及网络游戏给予他们的精神历程的体验进行分析。文中对于神话传说这一传统元素的分析及主体的文化认同的阐释也对研究网络游戏作为神话的传播方式对神话观的确立研究有重要意义。此外，也有极少数的论文对电子游戏中的神话进行具体的内容分析，如《从神的世界走来——从〈仙剑〉系列游戏论中国游戏对神话的运用》[①] 一文，详细叙述了《仙剑奇侠传》系列游戏对中国女娲神话和昆仑神话的吸收和利用，并初步总结了电子游戏对神话的利用特征，即主干神话是对相关神话文献真实的再现，而支干神话则是通过"人工"演化整合进行创造性的阐释。

（二）现代媒介与民间文化研究学术史

自20世纪60年代鲍辛格在他的著作《技术世界中的民间文化》中提出将现代科技世界作为民俗的"自然语境"[②] 以来，现代媒介逐渐进入到民俗学者的研究视野。美国民俗学者琳达·黛格在其专著《美国民俗与大众传统》（*American Folklore and the Mass Media*）中就曾详细探讨了媒体对于传统民俗的利用、改造和再造的问题[③]。弗里也将现代媒介视为除书面和口头之外的"第三只眼睛"，认为现代媒介的发展会促进口头传统并更好地展示口头传统的多面特征。近年来，国内学者对于现代媒介与民俗文化的研究兴趣日益增长。王铭铭提出人类学应将传媒文化视为社会生活的一部分，在对生活方式的体验和分析中应该包容传媒文化带来的影响[④]。而在口头传统研究领域，学术的视域也由口头—书面的探讨转向对当今电子传媒的关注，形成"口承—书写—电子传媒的三维观照"[⑤]。在对当代神话的研究中，杨利慧更是直接提出了"神话

[①] 李诗晓：《从神的世界走来——从〈仙剑〉系列游戏论中国游戏对神话的运用》，《湖北省社会主义学院学报》2009年第2期。

[②] 赫尔曼·鲍辛格在《技术世界中的民间文化》一书中对"作为'自然'生活世界的技术世界"进行细致论述，认为"技术的道具和母体已经闯入民间文化的一切领域并在那里拥有一种不言而喻的存在"，而且"以自然而然的方式渗透民间世界的技术给民间文化带来的不是终结，而是改变"。参见［德］赫尔曼·鲍辛格：《技术世界中的民间文化》，户晓辉译，广西师范大学出版社2014年版，第57—63页。

[③] Linda Dégh, *American Folklore and the Mass Media*, Bloomington: Indiana University Press, 1994.

[④] 王铭铭：《漂泊的洞察》，上海三联书店2003年版，第133—145页。

[⑤] 巴莫曲布嫫：《口头传统·书写传统·电子传媒——兼谈多样性讨论中的民俗学视界》，《广西民族研究》2004年第2期。

主义"的理念，用来指称遗产旅游以及电子媒介（包括互联网、电影电视以及电子游戏）等新语境对神话的挪用和重建现象，在这一理论框架下，电子媒介是当代社会神话主义呈现的主要场域（参见本书第五章）。

可见，民俗学界正视了现代传播媒介对于口头传统的影响，并从学科立场和方法论的层面上提出种种见解，要求研究者对现代媒介语境中的口头传统予以关注。在这种趋势下，学界出现了大量的个案研究，对现代媒介中多样形态的民间文化予以关注。

《美国民俗与大众传媒》是美国学者琳达·黛格研究现代传播媒介与民俗文化之间关系的重要著作，其中也涉及了现代传播媒介与口头传统的个案及研究。在《魔法的销售：在电视广告中的童话和传说》中，黛格通过对电视中童话的考察，指出电视从传统故事那里获得元素，并进行改编，是传统的故事从口头到电视技术层面的扩张。在这一过程中，童话并不是以完整的形态或者固定的类型而呈现，而是以分裂的、原子化的个体进行传播，以碎片化的形式进入到交流和传播中。在对电视中的童话进行内容分析之外，作者更从电视广告表现的特性去考察电视广告中的叙述依然遵循着童话的叙事方式，同时指出在现代社会中童话中的魔法依然被需要是童话在电视中传播的主要动机。

台湾学者杜明城同样也对影视媒介中的童话予以关注。在《童话的三种叙事：口语的、书写的、影像的》[①] 一文中他区分了口语传统、作家、影像传统这三种形式的童话，并指出影像形式的童话是当代最具优势的形式，是当代童话叙述的主流，具有不同的听阅特征。不同于口语和作家，影像媒介的特殊属性使得"童话必须经过加长、改编或拼凑才能成戏"。就传播体验而言，他认为影像童话的趣味来自传播科技，压抑了阅听所创造的心灵空间。

孙正国在《媒介形态与故事建构——以〈白蛇传〉为主要研究对象》[②] 中，从媒介这一特定角度切入，具体分析了口头形态、书面形态、戏剧形态、影视形态和网络形态等五种介质的《白蛇传》，并从故事讲述

[①] 杜明城：《童话的三种叙事：口语的、书写的、影像的》，《台湾图书馆管理季刊》1998年第2期。

[②] 孙正国：《媒介形态与故事建构——以〈白蛇传〉为主要研究对象》，博士学位论文，上海大学，2008年。

者、故事时间和故事空间等三个维度阐释媒介形态与故事建构的关系。他认为，有着相同故事母题的白蛇故事因为不同媒介有着不同的表现：在语言媒介中突出故事的想象性，在影视媒介中突出形象特征，在网络媒介中突出虚拟性。因此，媒介因素在故事建构、传播与演变的过程中具有积极价值，故事对媒介因素存在一定的选择性。同时，传播媒介传播故事的过程与故事存在内在关联，各种媒介的传播对故事的生存和延续、变异都具有深刻的影响，外在传播同时亦相对内在的功能作用于故事。

常华在《大众文化对民间文化的整合及结果——以涉及民俗内容较多的电影为例》[①]中，以电影为考察媒介，对影视媒介对民间文化利用状况进行考察。她指出大众媒介与民间文化之间是共生与传播的关系。大众媒介通过复制和再造对民间文化予以整合，在此过程中，民俗文化发生变迁。此外，梅仕士则对电子游戏中的民间文化予以关注，在《论民间文化元素在电脑游戏创作中的运用——以网络游戏〈暗黑破坏神〉为例》[②]一文中，他立足于《暗黑破坏神》这一网络游戏，通过对游戏中人物原型、母题和符号的分析，指出民间文化元素在被运用的过程中呈现拆分和重组现象。

作为现代口承神话研究的倡导者，杨利慧教授对电子媒介与现代口承神话之间的关系进行了深入持久的研究。在《全球化、反全球化与中国民间传统的重构——以大型国产动画片〈哪吒传奇〉为例》[③]《神话的重建——以〈九歌〉、〈风帝国〉和〈哪吒传奇〉为例》[④]中，她以大型国产动画片《哪吒传奇》为个案，通过对动画片中的三足金乌和夸父追日等神话的分析，指出在现代社会中民间的传统被视为巩固民族文化根基、弘扬民族传统美德、重建民族自我认同的重要文化资源，这一重构的过程与全球化与反全球化的语境密切相关。在建构了"神话主义"理论后，杨利慧更是对电子媒介中神话主义的表现进行了持续的关注。在《当代

---

① 常华：《大众文化对民间文化的整合及结果——以涉及民俗内容较多的电影为例》，硕士学位论文，北京师范大学，2006 年。
② 梅仕士：《论民间文化元素在电脑游戏创作中的运用——以网络游戏〈暗黑破坏神〉为例》，《民俗研究》2007 年第 4 期。
③ 杨利慧：《全球化、反全球化与中国民间传统的重构——以大型国产动画片〈哪吒传奇〉为例》，《北京师范大学学报》（社会科学版）2009 年第 1 期。
④ 杨利慧：《神话的重建——以〈九歌〉、〈风帝国〉和〈哪吒传奇〉为例》，《民族艺术》2006 年第 4 期。

中国电子媒介中的神话主义》中，杨利慧以中国神话为考察对象，系统考察了当代电子媒介中的三种主要承载形式——动画片、真人版影视剧和电子游戏中神话主义的表现特征，并对三种电子媒介承载形式中神话的文本类型特征进行分析，认为动画片、影视剧和电子游戏中的神话文本的类型呈现为援引传统的文本、融汇传统的文本与重铸传统的文本等三种类型。基于电子媒介作为当前神话传播的重要载体，杨利慧更是进一步提出"作为神话传统整体的神话主义"这一观点，强调当代社会中神话主义现象的出现是神话传统整体的组成部分，应该将其放置在神话完整的生命史中加以考察（见本书第五章）。显然，这一理论视角对于我们把握游戏中神话文本的类型特征，认识电子游戏在神话传播及其作为神话整体组成部分的意义具有重要的指导作用。

通过梳理相关研究成果可以看出，尽管诸多研究者已经意识到电子媒介作为当代社会民间文化传承的重要场域，并出现了一系列相应的研究成果，但是，相对于电影、电视等电子媒介中的民间文化的形态研究，当前对于电子游戏与民间文化之间关系的研究仍然乏善可陈。仅有的研究多关注于电子游戏中口头传统的内容及形式的呈现，对于民间文化在电子游戏中的文类特征、传播情境、效果及其对民间文化传承的影响等内容则较少涉及。

在前人研究的基础上，本章采用了"神话主义"这一理论建构，以国产单机 RPG 游戏《古剑奇谭：琴心剑魄今何在》为个案，对电子游戏中神话文本的类型特征进行分析，并对电子游戏作为当代神话重要传承场域的意义进行探讨，以期丰富并深化网络游戏中神话主义的研究。

三 个案选择与说明

（一）个案选择

本章拟以国产单机 RPG 游戏《古剑奇谭：琴心剑魄今何在》（以下简称"琴心剑魄"）为个案。《古剑奇谭》是由上海烛龙发行的系列角色扮演类电子游戏，该系列的初代作品"琴心剑魄"于 2010 年 7 月在中国发行。之所以选择这款游戏作为个案进行分析是基于以下的原因。

第一，游戏"琴心剑魄"以"泛古代中国"为设定，大量富于民族特色的传统文化被运用于游戏虚拟世界的设计中。宏大至游戏世界观的设定，细微至每一个场景中的特色摆件，中国传统文化元素在游戏情景的设定和故事背景的叙述中起着重要作用。在众多的传统文化元素中，中国神话是其中重要的内容，也是这款游戏的主要特色。"立足于中国太古神话，系统性叙述古代神明与传说"，在游戏中，游戏设计者融入了诸多神话故事及元素。民间神话传说、记载古代神话的典籍《山海经》《述异记》《搜神记》等中万物的形象及各时代文人笔记中的神话信仰或习俗被不分具体历史时间和地域地拼凑在一个"泛古代中国"构想下的虚拟世界之中。

图7—2　电子游戏《古剑奇谭：琴心剑魄今何在》海报

第二，"琴心剑魄"故事曲折动人，画风优美，制作精良，自发售之日起就广受欢迎，多次获得"最喜爱单机游戏"第一名和"最受欢迎的单机游戏"等称号，玩家数量达数十万，是近些年来中国国产电子游戏中较为成功的一款游戏。同时，改编自游戏的同名电视剧集结了大批知名影星，已于2014年7月在湖南卫视上映，其传播速度和影响力也随着游戏故事进入公共媒体而不断地扩大。数量庞大的玩家和较高的知名度使得"琴心剑魄"拥有强大的受众。游戏玩家及电视剧的粉丝在网络上的高度互动，形成可观察的媒介景观，也便于我们对电子游戏中神话的传播进行充分的调查。

第三，"琴心剑魄"是一款单机游戏。所谓单机游戏（Console Game）是指不需要专门的服务器和接入互联网，仅需要一台计算机就可以进行游戏。相对于网络游戏的多人同时在线，注重升级、刷怪等游戏目标的完成，单机游戏的叙事性更强。通常单机游戏都有一个明确主题的故事贯彻始终，游戏场景的设置也更多地融入文化元素，玩家可以在游戏的虚拟世界里进行充分体验。此外，相对封闭的游戏叙事文本更易于观察，有利于研究的顺利进行。

（二）游戏说明

"琴心剑魄"是一款仙侠类角色扮演性游戏。"仙侠类"指游戏的故事主题是属于行侠、修仙；"角色扮演"（Role-playing）是指玩家扮演一个或多个角色，在虚构世界中进行活动和进行游戏。

"琴心剑魄"分游戏主体和辅助系统两部分。游戏主体主要包括世界观介绍、游戏剧情、游戏战斗、支线剧情；辅助系统则有《洞冥广记》《聊斋图录》《家园系统》《书信系统》等。在游戏系统之外，游戏开发商还发行了周边衍生产品，包括企划设定集《芳华如梦·剑魄》和世界观衍生小说《神渊古纪·烽烟绘卷》。

图7—3 游戏企划设定集《芳华如梦》

"琴心剑魄"的游戏主体包括世界观介绍、游戏剧情、游戏战斗这三个方面。"世界观"一词在游戏文化讨论中被经常使用，但是还缺少明确的学术定义，存在多种的解释。通过综合多种关于电子游戏"世界观"的阐释，"对游戏虚拟世界规则设定的描述"是其中的主要内容。如以具有高度系统化世界观的游戏龙与地下城（D&D），其世界观的主要内容就是对游戏虚拟世界的规则设定，其中既包含了世界的地理、规律、宗教等，也阐释了游戏中每一个职业的历史，是游戏设计者对于虚拟世界特殊的建构。在"琴心剑魄"游戏开始之初，一段视频动画即开始播放，讲述游戏的世界观的重要组成内容《太古纪事》。玩家将通过这一段视频了解"琴心剑魄"游戏故事的背景设置。进入游戏之后，玩家可以按照游戏提供的地图，操作游戏人物在虚拟世界中进行活动。当玩家沿着地图进行到一个剧情触发点的时候，就会弹出视频动画，讲述游戏剧情。此时，玩家就会同观看电影一样，在电脑前欣赏游戏人物之间的故事。在游戏中，玩家的另一项必须的活动就是与各色怪物进行战斗，以获得技能的提高，从而不断开启地图，扩大虚拟世界的活动范围。玩家在游戏中不断地战胜怪物，不停地探索剧情，直至故事结束。

除了游戏主体外，"琴心剑魄"还设计了多个辅助系统，促使玩家对游戏世界进行全面的体验。游戏一共有六个辅助系统，包括模拟现实世界中种植和下厨的《家园系统》和《烹饪系统》、记录游戏获取各项成就的《五湖杂录》系统、显示与玩家战斗的怪物的《聊斋图录》和说明游戏场景中各项设置的《洞冥广记》以及传播各种信息的《书信系统》。在材料收集过程中，《聊斋图录》《洞冥广记》和《书信系统》应用神话最多，在后文的叙述中被频繁地引述，因此下面对这三个系统做简单的说明。

《聊斋图录》即怪物图鉴，是记录游戏中所有与玩家战斗过的仙、人、妖、鬼、灵的集合。（参见本章附录1—2）在图录中，有各类生物栩栩如生的图像，并配以说明，对其形象甚至出处进行描述。《洞冥广记》是国内诸多电子游戏中的首创。（参见本章附录1—1）它以词条的形式叙述了游戏世界中出现的事物的历史、学术或趣闻，让对此有兴趣的玩家可以更深入地了解游戏的世界背景和文化内涵。该系统分开篇、天朝、地理、服饰、雅事、古剑、道家、佛门、仙妖、医药、什玩、饮食、广知这些类别。每个词条都包括图像、出处及其在游戏中的运用。《书信系统》是由游戏开发者设计的以书信的方式传播游戏相关信息的系统。玩家可以在每个场景的驿站中，通过与NPC小厮对话收取书信。根据内容可以分为：方外之音、市井消息、江湖消息、萍水相逢、亲朋好友、博物学会等，或是介绍游戏世界中的风物，或是讲述游戏支线剧情，或是指引游戏攻略，大大地丰富了游戏世界。

此外，游戏设计者在游戏上市之后还开发了一系列周边产品，主要有

《太古纪事》的实体版卷轴、官方企划设定集《芳华如梦》和世界观衍生小说《神渊古纪》。企划设定集《芳华如梦》以图文并茂的形式分创世、三界、什玩、众生、传说这五部分对游戏中的世界观、故事剧情、场景设定进行更为细致的描述，不仅包括《洞冥广记》中全部的词条、完整游戏剧本，同时更是披露了游戏设计者建构虚拟世界的灵感和想法。另外，为了让众玩家更具体深入地了解游戏的世界观，官方撰写了衍生小说《神渊古纪》。第一部以世界及神祇起源为主要内容的《神渊古纪·烽烟绘卷》已经出版，第二部《神渊古纪·龙渊残卷》也正在网络上进行连载。

第二节　电子游戏中神话主义的表现与特征

作为融合中国传统文化的电子游戏，"琴心剑魄"声称其"立足于中国太古神话，系统性叙述古代神明与传说"[①]。那么，在游戏中，神话被重塑和利用的具体方式有哪些？电子游戏中的神话文本又表现出怎样的特征呢？神话在电子游戏的运作中承担起了怎样的角色，具备着怎样的功能呢？本节首先通过细致梳理电子游戏中的神话故事及元素的呈现和利用特征，探讨神话在电子游戏这一新兴电子媒介中的功能转换和意义再生，并对电子游戏中神话主义的表现形式及其特征进行分析。

"琴心剑魄"的游戏中，神话虽然散落在游戏的每一个设定中，但以呈现的方式来概括，可以将其分为两类：一是以文字的形式讲述游戏故事背景，比如在游戏开始之初的视频动画中，一幅古朴的画卷缓缓展开，逐字逐画地显示《太古纪事》，围绕伏羲、女娲、祝融、共工等神话人物讲述游戏剧情的源起，神话故事天柱倾塌和女娲补天也被融入其中。二是以图像的形式融入游戏场景的设计之中，比如在游戏的重要场景"乌蒙灵谷"中，游戏设计者在场景的中心置入了一个人首蛇身、左手持规、右

---

① 上海烛龙：《〈古剑奇谭〉为您展开古韵浓郁的盛世绘卷》，2010年3月19日，http://blog.sina.com.cn/s/blog_4fc1c5da0100h7bx.html，查阅日期：2015年8月13日。

手托小人的女娲神像①，再现了神话人物女娲的特征和功绩。本节的个案分析将以电子游戏中神话两种不同的呈现方式为线索，分析神话故事及元素被利用和重塑的方式，以及游戏中神话文本的特征及其功能。由于游戏衍生产品是游戏设计者对游戏文本的进一步演绎，与游戏系统文本重合较多，因此在本章的分析中主要以呈现游戏系统的材料为主，游戏的周边衍生作品仅作参考，在分析过程中将不具体列出。

一 个性化的世界观：游戏叙事中的神话重构

电子游戏具备显著的叙事特征已成为学界共识，游戏的叙事性主要通过故事背景设置、人物及行动的设置等要素体现出来。游戏中的叙事可以分为游戏整体故事背景叙事和玩家个人叙事②。在"琴心剑魄"游戏中，神话主要在三处以文字的形式出现。一是游戏开始之初以视频动画形式呈现的《太古纪事》，讲述了游戏故事主角百里屠苏的前世祝融之子太子长

图 7—4 《太古纪事》截图

---

① 在游戏场景中，女娲神像的右手被一团光环所笼罩，但根据游戏设计者在游戏发行之初公布的女娲设定图，可以看到女娲右手托着的一个小泥人，象征女娲造人的功绩。
② 相关讨论参见关萍萍：《互动媒介论——电子游戏多重互动与叙事模式》，博士学位论文，浙江大学，2010年。

琴与瑶山旁一水虺悭臾结下友情，但在捉拿化成黑龙的悭臾时不慎导致天柱倾塌而被贬凡间乃至魂魄分离的故事。在故事中，女娲炼石补天的神话故事也被融入其中。（参加本章附录2—1）其次，在几位主角前往幽都女娲神殿的游戏剧情中，以对话的形式叙述了《安邑往事》。《安邑往事》讲述了西北部的安邑部族为了生存，在首领蚩尤的带领下凭借其胞弟襄垣所铸的剑杀戮进入中原，伤及天神伏羲。伏羲取剑灭安邑族，但留下部族旁支龙渊及七把凶剑。女娲为了避免三界战乱封印凶剑，遂带领女娲部族和龙渊族人进入地界，借住幽都。（参见附录2—2）

此外，书信系统也集中地展现了游戏中的神话。其中，在亲朋好友的类别下有三封题为《幼学龙文》（参见附录2—3）和六封题为《创世拾遗》（参见附录2—4）的书信。其中题名为《幼学龙文》的三封书信分别叙述了《开天辟地》《三界初成》《女娲补天》等故事，题名为《创世拾遗》的书信则扩充了《太古纪事》和《安邑往事》等故事。《开天辟地》讲述了在混沌之初，衔烛之龙睁开双眼，带来光明，也唤醒了盘古，将清浊二气分开，开天辟地。盘古死亡，撑天支柱崩塌，衔烛之龙展现神力将不周山化为天柱，最后耗尽力量沉入永眠。盘古的身体幻化成大地之物，临死前所留灵力清气孕育众神，先有"三皇"伏羲、女娲和神农，再有金神蓐收、木神句芒、水神共工、火神祝融、风神飞廉、雨神商羊、土神后土、夜神阎罗、日神羲和月神望舒。《三界初成》的主要内容是伏羲深感人兽相争、大地混乱，因此号召诸神建造建木天梯，登天离去，形成天界，阎罗、后土前往地界，制定生死轮回规则，而成地界。在这个虚拟的世界中，不仅有神，更有天地自然孕育而成的人与兽，亦有通过修炼而成的仙与妖，及凝聚灵气而成的灵、游荡四处的鬼及无形无体的魔。

通过梳理电子游戏中以文字形式出现的神话，可以看到电子游戏吸收和利用了诸多的中国神话故事。盘古开天地并化生万物、天柱倾塌、伏羲缘天梯建木登天、女娲以五色石补天及在洪水之后以泥土造人等神话故事被完整地挪用。不仅如此，游戏设计者在运用神话时还将神话进行体系化处理。中国神话记录零散，不成体系，"现存的中国原始神话往往只是只言片语，基本上没有首尾完整，情节曲折复杂的大型神话"[1]。而在"琴心剑魄"中，我们可以看到这些"零散"和"碎片化"的上古神话叙事在

---

[1] 王青：《中国神话研究》，中华书局2010年版，第60页。

游戏设计者的组合和排列之下，整合为一个神话体系。在电子游戏中，不仅诸神的起源被统一而且从衔烛之龙、盘古到伏羲、女娲、神农乃至自然诸神被建构为一个具有明确等级关系的神祇谱系。此外，游戏设计者同样将盘古神话、伏羲神话、女娲神话、天柱倾塌神话、洪水神话等不同的上古神话叙事按照现代人的认知思维以时间和因果的关系进行逻辑化的处理，最终形成一个结构分明、情节清晰的大型神话文本。

这个由诸多中国神话故事杂糅而成的叙事文本阐释了游戏虚拟世界的起源，各色生灵的来历及世界秩序的奠定，是游戏设计者对游戏世界"世界观"的完整描述。所谓的"世界观"，是指由游戏设计者所设计和建构的对虚拟世界设定及规则的系统化描述，是游戏世界中各个角色设定及故事发展的依据。"世界观"是电子游戏"二次化"程度的重要标志，高度逻辑化的"世界观"有助于提升游戏的代入感，鼓励玩家与游戏进行更加积极的互动，从而使玩家产生类似于现实的"似真性"，全身心地投入到虚拟的世界。在"琴心剑魄"中，游戏设计者挪用了流传久远且为人熟知的神话故事，并做逻辑化的整合，形成了一个具有明确谱系的神话体系，建构了虚拟世界的"世界观"，系统地阐释了"泛中国古代"游戏世界的设定。根据游戏的主线剧情、NPC对话、辅助系统及企划设定集的概括，"琴心剑魄"的世界观主要分为《世界背景》《三界生灵》《三魂七魄》《太古纪事》和《安邑往事》这五部分的内容，其中《世界背景》《太古纪事》《安邑往事》是以神话故事为素材加工而成，是游戏世界观的重要组成部分。在电子游戏中，神话作为一种"解释宇宙、人类（包括神祇和特定族群）和文化的最初起源以及现时世间秩序的最初奠定"[①]的叙事资源，被电子游戏设计者所吸收和利用，用于叙述虚拟世界的起源和秩序设定，建构游戏世界的"世界观"。这是神话的叙事功能在虚拟世界的延续。游戏设计者在建构游戏"世界观"的过程中不仅延续了神话的叙事功能，同时也借用了现实世界的基本模式和结构，使玩家能够尽快地熟悉虚拟世界进入游戏，并产生强烈的文化认同感，使游戏获得持久的生命力。

另外，电子游戏对于神话的吸收和利用并不是原封不动的搬用，而是经过游戏设计者艺术性的创作和阐释，对神话故事予以重建。"人们会在

[①] 杨利慧：《神话与神话学》，北京师范大学出版社2009年版，第5页。

不同的社会、文化、历史的语境中，出于各自不同的需求，主动地、创造性地重新利用和阐释神话，并赋予它们不同的功能和意义。"① 电子游戏一方面挪用神话故事建构为玩家所熟悉的"世界观"，避免产生文化冲突，同时又对神话故事进行艺术性的创作，置入与游戏故事情节紧密联系的要素，形成"个性化的世界观"，以与现实世界和其他的电子游戏相区别。游戏的一个本质特征在于其通过对日常生活的分隔营造一个有别于现存秩序的时空。秩序与道德的重新确立成为游戏世界运作的前提。在电子游戏营造的虚拟世界中，作为"世界观"叙事资源的神话也被重构。

在挪用女娲补天这个神话故事时，游戏设计者在基本的故事框架之下进行了细节重建，改编为由伏羲断鳌足，神农炼石，女娲补天并以牵引命魂之术予泥土以人兽生命。这两处细节重建的背后，是游戏设计者对于游戏虚拟世界中特殊的世界秩序设定的再创作。炼石补天由伏羲、神农、女娲合力完成是对游戏世界中"三皇"这一神明谱系设定的回应，而牵引命魂之术的置入更是与游戏中"三魂七魄"② 这一虚拟世界中特殊生命形式的设定相关。不同于现实世界中的生死观，游戏虚拟世界中的魂魄分离、转移及消失是"琴心剑魄"故事的重要线索，贯穿游戏始终。

此外，游戏中的《太古纪事》和《安邑往事》同样也是神话的重建。在《太古纪事》中，游戏设计者截取《山海经》中太子长琴③这一人物设定，虚构水虺悭夷，重新阐释天柱倾塌这一神话故事。在《安邑往事》中，游戏设计者则是围绕蚩尤、襄垣、伏羲和女娲等神话人物进行了以部

---

① 杨利慧：《神话的重建——以〈九歌〉、〈风帝国〉和〈哪吒传奇〉为例》，《民族艺术》2006 年第 4 期。

② "三魂七魄"是指在游戏世界中，无论神、仙、人、兽皆有三魂七魄，三魂乃是天魂、地魂、命魂；七魄则为和魄、义魄、智魄、德魄、力魄、气魄、恶魄。生灵死亡散去七魄，喝过忘川之水，天、地二魂被洗去，由命魂前往轮回。命魂有一定的寿命，在轮回中命魄不断消耗，直到化为荒魂消散于天地之间。在游戏中，主角经历魂魄转移和分离，是剧情故事的主要冲突。相关的讨论，可以参见真仙神无情《〈古剑奇谭〉世界观全面整理 1.1 版》，2012 年 4 月 20 日，http://aurogon.bbs.gamebar.com/viewthread.php?tid=111867&highlight=%E4%B8%96%E7%95%8C%E8%A7%82，查阅日期：2015 年 8 月 13 日。

③ 《山海经·大荒西经》记载："有榣山，其上有人，号曰太子长琴。颛顼生老童，老童生祝融，祝融生太子长琴，是处榣山，始作乐风。"参见袁珂《山海经全译》，贵州人民出版社1997 年版，第 298 页。

落战争为主题的故事创作，蚩尤的战败成为了虚拟世界中"魔域"这一特殊设定的缘由。为了使游戏的"世界观"呈现出个性化特征，为玩家提供差异化的世界图景和生命活动方式，游戏设计截取了神话叙事中的人物和部分真实的历史语境进行全新的故事创作。从本质而言，这两则并不是真正的神话，而是借用神话叙事中的部分标签或元素进行艺术性创作的现代叙事文本。大幅度的艺术加工使神话不能保持最小情节单元的稳定，而是被拆分成诸多的碎片黏合进全新的叙事，成为游戏神话文本中一个具有象征意义的符号，使现代重建的叙事文本成为神话叙事的类像，为玩家所消费。

图7—5 游戏中的蚩尤形象

从以上分析可以得知，在电子游戏中，神话故事作为阐释世界起源和世界秩序奠定的叙事资源被吸收和利用，用于建构游戏虚拟世界的"世界观"。电子游戏不仅挪用和整合诸多流传甚广的神话故事，建构具有文化认同感的"世界观"。同时又通过细节的艺术性加工和系统的逻辑化整合对神话故事和体系予以重建，对虚拟世界中特殊的世界秩序和生命活动方式进行再创作，形成个性化的"世界观"，为玩家提供不同于现实世界和其他电子游戏的世界图景和生命活动体验。

为了建构个性化的"世界观"，实现游戏世界中体系性与叙事性的重建，电子游戏主要以挪用和重建两种方式对神话进行运用。不同的运用方式导致神话在电子游戏中发生不同程度的变异。以挪用方式进行运用的神话或是基本遵守神话叙事的框架之下进行细节创作，或是对神话叙事进行逻辑化、体系化的整合，基本保持了神话母题的完整性，变异较小。以重建方式进行运用的神话，则是通过截取神话叙事中的部分要素，运用现代人的想象力进行有明确故事的主题艺术性创作，神话叙事被符号化，成为现代叙事文本中具有神圣象征意义的标签。然而，无论是对于神话系统的挪用，或是对于神话元素的重新阐释，在电子游戏建构的场域中，神话文本早已脱离了其最初讲述的场域，成为推动游戏进程的新的意义元素。就这一意义而言，电子游戏中的神话文本更多体现出"重铸传统的文本"特征，即在电子游戏中，"制作者利用神话的口头文本或与口传有关的书面文本，大力糅合、改编后，重新创作出新的人物形象、'于史无征'的故事情节。神话传统在此常会发生较大的改变"（参见本书第五章）。在电子游戏的神话叙事中，"神祇谱系关系以及叙事情节，不见于以往的口头文本或与口传有关的书面文本，是制作方的全新创造，但又与神话传统存在一定的关联，它们在新的叙事结构系统中被重新糅合、铸造成了新的故事。"（同上）

二 奇幻的异域：游戏场景中的神话元素拼贴

除了对世界观与叙事性的诉求之外，游戏的另一本质在于其诗性的特征。游戏的诗性特征体现在两个维度上。首先，"游戏的基调是狂喜与热情，并且是与那种场景相协调的神圣或喜庆式的。一种兴奋和紧张的感觉伴随着行动，随之而来的是欢乐和轻松"[1]。另外，游戏的诗性特征亦在于其"创造性幻想的结构本身"[2]。游戏的设计者总是有意识或者无意识地通过这种想象性结构的创设，营造一种陶醉参与者的并使之沉浸在其中

---

[1] ［荷］约翰·赫伊津哈：《游戏的人——文化中游戏成分的研究》，何道宽译，花城出版社2007年版，第146页。

[2] 同上书，第145页。

的、使得其心驰神往的张力，甚至于通过这种创造性想象结构本身，向参与游戏的人传递着这种紧张、狂喜的感觉与张力。对于人类而言，游戏诗性的创造具备着满足人类多个层面诉求的价值与意义。游戏中狂喜与热情的营造既满足了人类物质层面的感性冲动，同时想象性结构的创设又给予人类自由感性的愉悦，满足了人类精神层面的诉求。因此，满足人类物质与精神诉求的，调和人类自然与理性矛盾的游戏活动，才成为人类追求精神自由、自我去蔽和自我解放的重要路径。

有别于传统社会的"自然游戏"，在信息技术发展成熟，基于人类理性思维基础有意识设计的电子游戏，更体现出对诗性创设与审美诉求的自觉探寻。为了实现这一诗性的创设，"琴心剑魄"运用了大量的神话元素，并通过多种媒介技术，营造了一个色彩斑斓的奇幻世界。

在游戏叙事之外，"琴心剑魄"在游戏场景中运用了大量的神话元素。借助现代科技，电子游戏逼真地再现了上古神话中的地貌空间和各色生物形象，或融入游戏的地貌设计中，或嵌进游戏的进程中，为玩家塑造了一个充满奇幻色彩的异域世界。由于篇幅所限，本节以该电子游戏的辅助系统《洞冥广记》和《聊斋图录》中的词条为分析素材，并参考企划设定集《芳华如梦·剑魄》，检索出现在游戏场景中的神话元素，对神话元素的呈现和利用特征进行分析。

"琴心剑魄"的游戏场景中以图像的形式出现的神话元素可分为三类。一类是在游戏的地域风貌中融入了神话元素。"琴心剑魄"在"泛古代中国"的构想之下超越了历史时间和具体地理的限制，各种奇异的地域风貌被集中在一个世界之中。游戏共有三十三处场景设计取材于神话。榣山、沧波舟、龙绡宫、祖洲、中皇山、幽都、忘川蒿里、蓬莱八处地貌在不同程度上运用了神话元素。其中，榣山、龙绡宫、祖洲、蓬莱、忘川蒿里（忘川蒿里是忘川和蒿里两个神话元素的黏合）只是借用了神话中的地名符号，具体的地貌景观是游戏设计者凭借想象力自行填充。以榣山为例，"有榣山，其上有人，号曰太子长琴"[①]，榣山仅在《山海经·大荒西经》被提及，并无具体详述。在游戏中，由于榣山是太子长琴与悭夷以琴音结下友情的场景，因此，根据游戏剧情的需要，榣山被设计为一个由奇峰、怪石、云海和流泉等元素组合而成的，具有显著国画悠远写意氛

[①] 袁珂：《山海经全译》，贵州人民出版社1997年版，第298页。

围的场景。沧波舟、幽都、中皇山三个场景则是设计者根据神话中的描述进行部分视觉化地再现。以中皇山为例，游戏中的"中皇山"取自陕西平利地区的中皇山（又名女娲山）。基于"中皇晴雪"的独特风景，游戏中的"中皇山"场景便以"晴雪"为核心特征，再现了太阳高悬之下皑皑白雪覆盖整个山脉的奇异景观。

除了在地域风貌中凸显神话色彩之外，在具体的场景设计中与神话相关的风物和习俗亦被置入其中。在作为信仰女娲部族居住地的乌蒙灵谷中，NPC[①]姓氏均与女娲相关，有祸、俄等姓[②]。又如玩家要在游戏中操控主角通过女娲神像背后的冰炎洞，将一个小草人放置在女娲神像背后，完成"报草之祭"。清代陆次云在《峒溪纤志》中记载："苗人腊祭曰报草，祭用巫，设女娲、伏羲位。"[③] 可见，"报草"是古代苗族祭祀女娲和伏羲的活动。游戏设计者截取这一风俗的名称置入游戏进程中，将普通的

图7—6　游戏设置："报草之祭"截图

---

① NPC 是英文"Non-Player Character"的缩写，意为"非玩家角色"，泛指游戏中不受玩家控制的角色。在电子游戏中，NPC 一般由计算机的人工智能控制。

② "祸"姓由女娲的"娲"演化而来；"俄"来源于女娲又称为"俄族"。参见游戏辅助系统《洞冥广记》"女娲和姓氏"词条。

③ 陆次云：《峒溪纤志三卷纤志志余一卷》，辽宁图书馆藏康熙二十二年宛羽斋刻陆云士杂著本。

闯关行为转化为虚拟世界中的祭祀仪式，使得玩家获得额外的文化体验。此外，"琴心剑魄"游戏中还有十七种出自神话的怪物及异兽，例如冰炎洞场景中的化蛇，铁柱观场景中的雨师妾、肥遗，青龙镇场景中的鹿蜀、混沌，咕噜湾场景中的屏翳，雷云之海场景中的狰、鲲，龙绡宫场景中泉先，祖洲场景中的孰湖，青玉坛场景中的梼杌、駮，中皇山场景中的蛊雕，魂之彼岸场景中的伤魂鸟，蓬莱场景中的暗云奔霄、穷奇、饕餮等。这些从各种神话叙事中抽取而来的精怪异兽在电子游戏中都被图像化，并根据原有的形象描述被设计为具备不同的攻击技能，分配至与其功能相符的游戏场景之中，成为玩家直接面对的战斗对象。

通过细致梳理和呈现游戏中以图像形式出现的神话元素，可以看出在游戏场景中，游戏诗性的建构是通过对神话"碎片化"的拼贴实现的。作为后现代文化的重要组成，拼贴是电子游戏建构游戏场景的重要特征。游戏设计者从庞大的神话资源库中筛选出一个地名或一个形象加以利用，各种标志性的神话元素被从日常生活中抽离出来，从神话典籍中截取出来，成为一个个文化碎片，被拼贴进电子游戏的虚拟世界中。在电子游戏中神话元素已经失去了其在原本的神话叙事中的功能，成为游戏场景设计中的一个具有象征意义的符号。游戏设计者通过重组诸多不同来源的神话元素，建构起符合玩家审美体验的游戏场景。

在游戏中，乌蒙灵谷是一个信仰女娲的偏远部族的居住地，游戏设计者通过在游戏场景中拼贴各种与女娲相关的神话元素来展现设定。在这个场景中最为显著就是一个与山同高的女娲像，女娲人首蛇身左手持规、右手托小泥人。此外，在前文已提及的取自女娲相关的神话和传说的NPC姓氏，以及"报草之祭"都在乌蒙灵谷这个游戏场景之中呈现。可见，游戏设计者在女娲部族的场景设计利用神话元素进行系统化和创造性地呈现，各种有关女娲神话的元素被拼贴成一个有意义的图像系统，形成一个具有明确主题和指向性的情景体验。在游戏场景中，从各种形式的神话叙事中抽离出来的神话元素，脱离了原有的叙事文本与语境，成为一种文化象征符号，以"碎片化"的形式被拼贴进游戏的场景设置之中。

通过考察游戏场景中所呈现的神话元素，可以看到游戏设计者通过选取神话元素拼贴游戏场景以实现电子游戏诗性诉求创设的意图。作为商业时代的产物，电子游戏的设计以市场为目的，对于参与者物质、精神双重

图7—7　游戏中的女娲石像

层面的满足是其实现经济效益的重要路径，由此也就强化了游戏设计者对于电子游戏诗性特征的创设。只有实现电子游戏的诗性创设，满足人类多个层面的诉求，才能确保玩家与游戏产生持续互动。因此，为了能够最大限度地吸引玩家，促使玩家步步深入地完成游戏叙事，在设计游戏场景时，日常生活中不常见、不可见或者只归属于想象领域的"奇观"元素成为游戏设计者们的必选。

在神话的世界中，既拥有千变万化的时空观念，又有光怪陆离的殊方绝域和诡谲多变的神怪形象，充满了神秘性和未可知性。神话所具有的幻想特质给予了电子游戏自由创作的空间。游戏设计者通过在游戏场景中置入大量极富幻想色彩的神话元素，并借助数码技术予以夸张地再现，为玩家创造出炫目斑斓的游戏场景。不同于其他的电子媒介，在电子游戏中，玩家并不是面对影像，而是沉浸在影像之中。奇异的时空地貌，形象各异的精怪灵兽，各种"奇观化"的视听形象被逼真地呈现在近在咫尺的屏幕上，对玩家形成直观的艺术冲击，强烈刺激玩家的视听感官，产生情感的震撼力。这些距离现实世界遥远、充满想象力的神话元素，富于新奇性和知识性，激发玩家的求知欲和好奇心，满足着玩家多个层面的诉求，给予玩家"陌生化"审美体验。

从以上的分析可知，诗性是游戏的另一本质特征，游戏的诗性特征使其能够较好地满足人类的物质与精神多个层面的诉求，进而实现人类自由与审美理想。电子游戏作为商业时代的产物，为了最大程度地吸引玩家的投入，实现其经济利益，游戏设计者们通过多种路径实现电子游戏诗性的创设。在"琴心剑魄"游戏场景中，标志性的神话元素被从各种形式的神话叙事中抽取出来，以"碎片化"的形式拼贴进游戏的场景设置中。游戏者运用神话元素创作"奇观化"的视听形象，使得玩家在游戏的过程中获得"陌生化"的审美感受与体验，满足玩家探索未知的神秘虚拟世界的欲望。

游戏有别于现世秩序的本质及其对新时空秩序的追求，使得体系性与叙事性成为游戏创造中必须考虑的因素。通过对想象性结构的创设，游戏力求在物质和精神两个层面实现游戏参与者的个体自由，以想象性为特征的诗性追求成为游戏的重要特征。基于对游戏体系性、叙事性的诉求以及游戏的诗性本质，在"琴心剑魄"这一电子游戏场域中，神话主义表现为如下的特征。

一方面，在游戏叙事中，中国神话中原本独立的神话片段往往被重新组合，形成了一个有着完整体系的叙事流；一些神话元素被重新整合与创作，传统神话中的题材与形象成为推动游戏进程的新的意义元素。为了实现游戏的诗性诉求，在游戏场景的设计中，游戏设计者从各种形式的神话叙事中选取标志性的神话元素，使之成为一种象征符号，以碎片化的形式拼贴进游戏的场景设置中，给予玩家探索奇幻异域世界的游戏体验。

通过"琴心剑魄"的个案，可以鲜明地看到：在电子游戏建构的场域中，神话并不是远古文明的遗留物，在现代社会中"神话经过功能的转换而存在于人们的现代生活语境中"[①]。神话在电子游戏这一现代媒介形式中得以运用便是神话在现代社会的传承方式之一。在虚拟的游戏世界中，神话不仅以文字的方式呈现，更可以借助科技的手段，以图像形式逼真地再现奇异的神话世界。在电子游戏中，神话脱离具体的社会语境，成为具有民族传统指向的叙事资源和文化象征而被重新运用。

另一方面，神话在电子游戏这一现代媒介所限定的社会语境中发生功

---

① 吕微：《神话信仰—叙事是人的本源的存在（代序）》，载杨利慧、张霞、徐芳、李红武、仝云丽《现代口承神话的民族志研究——以四个汉族社区为个案》，陕西师范大学出版总社有限公司2011年版，第3页。

能性转变的同时也获得新的意义。在电子游戏中，神话成为西方与东方、传统与现代相对的参照物。以中国神话故事为叙事资源所建构的游戏世界观具有鲜明的民族文化特色，可以使玩家产生强烈的文化认同，对抗以西方的神话和其他文化为基础所建立的游戏世界观，成为反抗西方文化倾销和全球化的重要力量。此外，游戏诗性的诉求使其极富幻想色彩，充满了神秘性和未可知性，在电子游戏中运用神话元素能够给予玩家，尤其是身处于现代都市生活中的青年人不同于工业文明社会的另类生存体验，进而满足他们探索奇幻异域世界的欲望。

第三节　多元互动格局中神话主义的传播

在对神话在电子游戏中的表现与运用进行分析之后，我们将考察视角转向玩家，通过对玩家游戏及相关衍生行为的调查，并借助于深入的游戏体验访谈，对电子游戏中玩家对神话的接受以及神话传播的效度进行研究。具体而言，本节将对以下的问题进行探讨：在电子游戏中神话是如何传播的？与传统的神话传播方式相比又呈现出何种特点？这一传播方式是否能够实现神话的有效传播？进而，玩家在接受电子游戏中的神话传播之后对其神话观又会产生怎样的影响？

为对上述问题进行研究，笔者主要采用了问卷调查和访谈相结合的方法。2014年5—7月，我在《古剑奇谭》官方论坛网站、北京师范大学学生论坛网站"蛋蛋网"发放了《〈古剑奇谭：琴心剑魄今何在〉玩家游戏行为与神话传播调查问卷》（具体内容可参见本章附录4），一共收回问卷107份，其中填写完整的有效问卷为96份。在调查问卷之外，我也通过访谈的方式对玩家的游戏行为及其对游戏中神话的认识进行了考察。遵照田野调查的伦理要求，为保护受访人的个人隐私，文中所出现的受访人姓名皆做化名处理。基于电子游戏的媒介特征，我对其中一部分玩家的访谈主要通过网络进行，在文中将通过网络ID对在线访谈的受访者进行指称。部分受访者信息如表7—1。

表7—1　　　　　　　　主要受访人信息

姓名	性别	年龄	职业	访谈时间	访谈地点或方式
刘云	女	32	网络游戏设计师	2014年5月17日	北京沿海赛洛城小区
张兵	男	29	建筑测绘师	2014年5月24日	北京师范大学
秦佳	女	25	高校行政人员	2014年6月21日	北京师范大学
王娜	女	23	大学生	2014年6月10日	雕刻时光咖啡馆
楼西	男	21	大学生	2014年7月14日	微博网站站内短信
NOVA 陈小五	女	19	大学生	2014年7月17日	《古剑奇谭》官方论坛网站站内短信
有情燕	女	25	公司行政人员	2014年7月21日	《古剑奇谭》官方论坛网站站内短信

资料来源：《古剑奇谭：琴心剑魄今何在》玩家游戏行为与神话传播调查问卷。

在电子游戏中，玩家存在两种形式的互动。一是在游戏的过程中接受神话的传播。二是玩家通过网络社交平台，与其他的玩家发生互动，进行神话文本的探讨。因此，本节首先以玩家的这两种互动行为为线索，对电子游戏中神话传播的效度和特点进行分析。之后，再通过玩家游戏体验的深度访谈，对玩家如何看待和接受电子游戏中的神话传播这一问题进行探讨。

一　电子游戏中神话的传播效度依赖于玩家与游戏的互动程度

开放性是电子游戏的核心特征之一。不同于传统的媒介，"玩家与计算机、与游戏，及其他玩家进行持续多样交互行为是游戏虚拟世界意义体系产生的基础"[①]。因此，在电子游戏中，作为游戏文本组成部分之一的神话并不是被全体玩家完整地接受，神话文本是否能够得到传播及其传播效度高度依赖于玩家与游戏文本之间的互动程度。因此，本节将依据问卷调查所得到的统计数据，并结合个别游戏主体的深度访谈，细致考察不同类型玩家的游戏行为，从而对电子游戏中神话在不同玩家中的差异性传播进行研究。

---

① 关萍萍：《互动媒介论——电子游戏多重互动与叙事模式》，博士学位论文，浙江大学，2010年，第56页。

根据玩家的游戏动机和行为，一般可以将玩家分为杀手型、成就型、探索型和社交型四种类型①。在参考相关玩家分类的研究成果的基础上，结合"琴心剑魄"剧情类型单机游戏的特点和独特的游戏文化，将其玩家分为"通关型""剧情派"和"细节党"三类玩家。"通关型"玩家是成就型玩家的一种，他们的游戏行为特征是为了顺利通关以在游戏中不断地杀敌、占领。"剧情派"玩家同样是成就型玩家中的一个亚类，他们的主要目标是为了探索游戏的剧情。"细节党"玩家类似于探索型玩家，他们会"尝试在虚拟游戏世界中寻找一切他们能够找到的东西"②。所以，"细节党"玩家的游戏行为特征是不追求速度，而是充分体验游戏中的各种设置。由此可见，三种类型的玩家基于各自的诉求与游戏系统发生不同程度的互动，进而也对电子游戏中神话的传播产生影响。

"通关型"玩家以游戏性为最高目标，在游戏的过程中通过不断地通关来获得博弈成功的愉悦体验。所以，这类玩家不会对游戏剧情和场景设置做过多的关注，只与游戏的战斗系统发生持续的交互。以玩家张兵为例。张兵在游戏的过程中基本上是一边看游戏攻略，一边操控游戏人物迅速地通关升级。对于游戏主体进程中的剧情动画，他同样选择跳过。因此，他虽然快速地完成了游戏，但对于游戏中的故事仍然一知半解，无法说清。因此，"通关型"玩家仅与游戏战斗系统发生互动的游戏行为使得他们无法与电子游戏中的神话元素和故事充分接触。在笔者的调查问卷中，"通关型"玩家填写第三部分第一题的统计数据见表7—2

表7—2　　　　　　　　　"通关型"玩家　　　　　　　　　单位：%

游戏中的神话		传播效度			
		非常了解	略有了解	不了解	很不了解
神话故事	《太古纪事》	32.62	60.86	4.35	2.17
	《安邑往事》	6.52	10.87	67.39	15.22
	《开天辟地》	6.52	15.22	54.35	23.91
	《三界初成》	4.35	15.22	65.22	15.21

---

① 关萍萍：《互动媒介论——电子游戏多重互动与叙事模式》，博士学位论文，浙江大学，2010年，第110页。

② 同上书，第109页。

续表

游戏中的神话		传播效度			
		非常了解	略有了解	不了解	很不了解
神话元素	场景系统	82.61	10.87	4.35	2.17
	战斗系统	56.52	34.78	4.35	4.35

资料来源：《古剑奇谭：琴心剑魄今何在》玩家游戏行为与神话传播调查问卷。

通过问卷调查显示，约为玩家总数的49%的"通关型"玩家对于游戏中的神话元素接受非常有限。他们主要接受的神话元素来自战斗系统和场景系统，如雨师妾、鹿蜀、屏翳等都是玩家直接面对的战斗对象。而对于主线剧情的神话元素和故事，他们仅能零星地记忆女娲、太子长琴等神话元素的名称，难以叙述与这些神话符号相关的故事情节。至于辅助系统和支线任务中的神话元素，他们则是毫无印象。

"剧情派"玩家在游戏的过程中，为了探索剧情发展，操控游戏人物直接跑向触发剧情点为主，而不会过多关注游戏中战斗任务和场景设置。在以"琴心剑魄"为代表的中国仙侠类电子游戏中，不仅有击杀怪物升级满足玩家的游戏需求，更有一个曲折动人的故事贯穿游戏的始终。因此，有一部分玩家会在游戏的过程中被故事剧情所吸引，将探索主线剧情的发展作为游戏动力。笔者的问卷调查显示，38%的"琴心剑魄"玩家是"剧情派"类型。这类玩家会仔细阅读游戏中主角的对白，捕捉与游戏剧情走向相关的细节和线索。

以玩家秦佳为例。不同于张兵热衷于战斗和升级，秦佳对发生在各个主角之间的故事更为感兴趣。所以，在游戏中，她会快速地行进游戏，以最短的时间到达剧情点为目标。当到达一处剧情动画，她会暂停游戏，认真体验游戏中的故事叙述。而对于游戏中的其他体验，如烹饪系统、家园系统、支线任务等，她都不会做更多的体验，甚至会开启免战斗模式，直接跳过游戏战斗系统。通过概括这一类玩家的游戏行为，我们能够发现，"剧情派"玩家与"杀手型"玩家一样是与游戏的某些特定设置进行持续深度的互动。但不同诉求和游戏行为导致他们接受游戏文本中的神话元素内容和效度也是不同（见表7—3）。

表 7—3　　　　　　　　　　　"剧情派"玩家　　　　　　　　　　单位：%

游戏中的神话		传播效度			
		非常了解	略有了解	不了解	很不了解
神话故事	《太古纪事》	97.22	2.78	0	0
	《安邑往事》	77.78	13.89	5.56	2.77
	《开天辟地》	58.33	30.55	5.56	5.56
	《三界初成》	55.56	41.67	2.77	0
神话元素	场景系统	91.67	83.33	0	0
	战斗系统	8.33	19.44	63.89	5.56

资料来源：《古剑奇谭：琴心剑魄今何在》玩家游戏行为与神话传播调查问卷。

总体而言，"剧情派"玩家所接受的大部分是与游戏剧情相关的出自游戏世界观的神话元素。如在游戏主线剧情中只出现一次的赤水女献、建木，以及隐藏游戏支线剧情和辅助系统中的蚩尤、襄垣等神话元素，秦佳都能够记忆全面。不仅如此，与玩家张兵能够零星地记忆一些神话人物的名字、辨认出自神话叙事的符号不同，秦佳则对叙述电子游戏中的神话故事非常了解，并且能够完整地讲述。

出于对游戏剧情的高度关注，"剧情派"玩家不仅在游戏中体验主线剧情，同时也更积极地去探索隐性剧情，以获得游戏叙事体验的完整性。其中，以神话文本为主要构成的世界观就是重要的隐性支线剧情。因此，"剧情派"玩家热衷于在游戏中收集有关世界观的叙述，并将这些叙述文本做逻辑化的整理，形成系统化的叙述。秦佳也是如此，她不仅在游戏过程中积极接受有关世界观设置的叙述，在虚拟社区中与其他玩家的互动中，游戏世界观的讨论也是她最关注的话题之一。"因为只有对游戏的世界观有了更加全面和深入的了解，才能更加完整和深入地体验游戏故事。"① 因此，与"杀手型"玩家作为被动的受众不同，"剧情派"玩家则在与游戏文本的互动过程中发挥主观能动性，积极参与游戏世界观系统化的建构和叙述。在这一过程中，电子游戏中的神话故事在"剧情派"玩家中进行了深度的传播。

"闯民宅，开宝箱；刷侠义，种菜园；对话勤，跑支线；刷技能，刷

---

① 受访人：秦佳；访谈人：包媛媛；时间：2014 年 6 月 21 日；地点：北京师范大学。

经验。"① 所谓的"细节党",就是玩家操控游戏人物跑遍游戏场景的每一个角落,不落下任何一个支线任务,也不会错过与任何 NPC 的对话,全面地体验游戏的每一个辅助系统。因此,与"通关型""剧情派"玩家和游戏进行有限的互动不同,"细节党"玩家与游戏文本的互动是全面的。笔者的问卷调查显示,"细节党"类型占据玩家总人数的 11%。这一类玩家不仅了解游戏中显在的神话故事及元素,而且对隐藏在游戏支线剧情和辅助系统之中的神话故事和元素记忆深刻。

表 7—4　　　　　　　　　　　"细节党"玩家　　　　　　　　　　　单位:%

游戏中的神话		传播效度			
		非常了解	略有了解	不了解	很不了解
神话故事	《太古纪事》	100	0	0	0
	《安邑往事》	81.82	9.09	9.09	0
	《开天辟地》	63.64	36.36	0	0
	《三界初成》	72.73	18.18	9.09	0
神话元素	场景系统	100	0	0	0
	战斗系统	63.64	18.18	18.18	0

资料来源:《古剑奇谭·琴心剑魄今何在》玩家游戏行为与神话传播调查问卷。

以玩家刘云为例。刘云是一名电子游戏场景设计师,青少年时期至今,接触电子游戏已有近十五年的时间。出于爱好和职业的双重原因,她在游戏过程中会以审视的目光对电子游戏的故事、场景、战斗及辅助系统等方面进行细致的考察。因此,她的游戏行为模式为:第一周目先作剧情派,闯关升级,以较短的时间通关。第二周目开始探索细节,挖掘游戏中的每一项隐藏设置,对游戏世界进行全面的探索,直至电子游戏的隐形功能被发掘完毕。虽然刘云在游戏的过程中不会对神话故事和神话元素给予特别的关注,但基于对游戏虚拟世界的全面体验,她对游戏中的各种神话故事及元素有着全面的了解。

在全面体验虚拟世界的游戏行为之下,游戏中大量的神话故事及元素

---

① 纳兰惜诺:《〈古剑奇谭〉你是细节党还是剧情党》,2013 年 1 月 15 日,http://tieba.baidu.com/p/2102096429,查问日期:2015 年 8 月 13 日。

进入"细节党"玩家的脑海,激活玩家原有的神话知识储备库,在比较的视域中对游戏神话文本予以认知和定位。在激活和重新认知的过程中,玩家的知识储备库也得以刷新。刘云表示虽然自己在游戏的过程中没有刻意地检索神话,但"琴心剑魄"仍然增加了自己对神话的认识。在游戏之前,太子长琴、报草之祭、中皇山等的神话故事和元素并不为刘云所认识,但在与游戏系统进行深度互动的过程中,这些"陌生"的神话故事和元素最终进入她的神话知识库中。而对于一些游戏之前就非常熟悉的神话元素,如饕餮、混沌、梼杌、穷奇等神话凶兽,她会将它们在"琴心剑魄"中的再现形象与已有的认知作比较,进而不断地完善对相关神话的认知。

此外,"考据"是"细节党"玩家的另一项重要游戏行为特征。在电子游戏文化中,所谓"考据"就是玩家在游戏的过程中基于自身的兴趣,深入探索游戏世界的相关设定,并将之与现实世界的相关事物进行对比,考察游戏设计的现实来源,从而对游戏世界进行现实文化背景的解读。其中就有对电子游戏中的神话文本进行专门"考据"的玩家。如玩家王娜在游戏之前就对神话有着浓厚的兴趣,在求学期间通过阅读和上课积累了相当丰富的神话知识,对中国的神话有着一般玩家更为全面和深刻的认识。"琴心剑魄"之所以会吸引她,是因为其专门设计有辅助系统《聊斋图录》和《洞冥广记》。这两个辅助系统包含了游戏世界中所有的神话元素,并通过词条的形式对其进行史实、学术或趣闻的解释,更进一步扩展了游戏中神话的内容。所以,当她进入"琴心剑魄"这款游戏时,便花费大量的时间和精力去收集游戏中的神话故事和元素,并通过阅读辅助系统中对神话的知识性描述扩展自己的神话知识。

不仅如此,"考据"行为会延伸至现实世界,围绕游戏中的相关神话故事和元素为线索进行进一步的阅读和求证。比如在游戏的辅助系统中并没有对天柱倾塌神话进行解释。王娜就会通过网络检索和进一步的阅读来获得更多的认识。可见,在"考据"过程中,王娜不仅深度解读游戏系统中的神话故事及元素,更通过阅读和信息检索跨越媒介平台寻找相关的神话文本,从而对电子游戏中的神话及运用形成深刻的认识。而且,"细节党"玩家热衷于在虚拟社交平台分享自己的"考据"成果,其中不乏神话考据贴。神话"考据"成果的发表使"细节党"玩家由游戏系统神话文本的接受者转换为电子空间中的神话传播者,促使电子游戏的神话故事和元素在更大范围的二次传播。

图7—8　游戏辅助系统《聊斋图录》示例

　　由此可见，与游戏系统产生全面互动的"细节党"玩家在游戏的过程中能够充分接受神话故事和元素的传播，并以此为契机，激活自身的神话知识储备库，触发新的神话认识行为发生。而一些本身就对神话怀着浓厚兴趣的玩家会在电子游戏的诱导下深入探索游戏中的神话文本，并将虚拟世界的"考据"行为延伸至现实世界，通过进一步的阅读和求证对游戏的神话形成全面而深刻的认识，并向其他玩家进行积极的传播。

　　通过以上的分析，我们对电子游戏中神话传播效度有一个全面的认识。在电子游戏中，神话的传播依赖于玩家对游戏文本的解码。不同类型的玩家基于差异化的游戏行为与电子游戏系统产生不同程度的互动，这使得电子游戏中的神话并不是在所有的玩家中得以均质的传播。在数量最多的"杀手型"玩家中，只有少量以图像形式出现的神话元素得以传播。在人数次之的"剧情派"玩家中，融入游戏主体进程的部分神话元素和《太古纪事》《安邑往事》等神话故事被广泛接受。此外，电子游戏以玩家为主体进行互动叙事的媒介特征，促使极少数对神话文类深感兴趣的

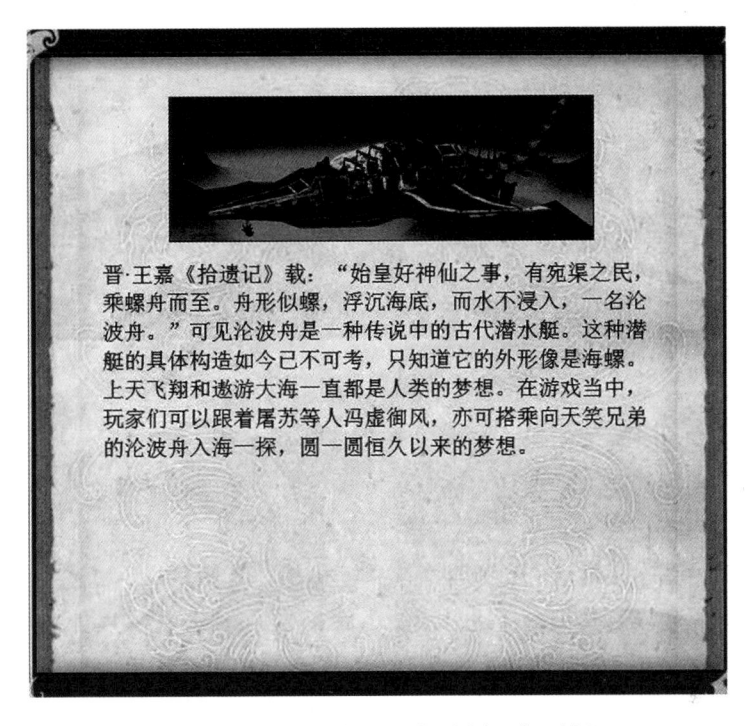

图7—9　游戏辅助系统《洞冥广记》示例

"细节党"玩家，对游戏神话文本进行深度解码，并进行二次传播。

事实上，游戏场域中神话传播的效度差异与电子游戏娱乐性与审美性诉求之间的张力密切相关。任何一种游戏都不单是以诗性与审美性为其基本预设，同时兼及满足人类的娱乐性诉求。但是，在人类娱乐诉求基础上而生的游戏只有具备诗性的审美特征，才能为社会大众所接受，进而成为这个时代的典型艺术。作为商业时代的产物，电子游戏的产生以市场为导向，对于利润的获取是游戏设计者们首先考量的因素。因此，在游戏设计过程中，无论重构游戏叙事，还是拼贴游戏场景，游戏设计者们都表现出明确的玩家取向，电子游戏的娱乐性得以强化，诗性诉求的特征明显弱化。正因为如此，在游戏玩家的划分中，单纯的以通关为目的的"杀手型"玩家占据着玩家的主流。他们关注的是电子游戏的娱乐功能，而非诗性特征。因此，他们并不关注电子游戏中的神话元素，也无意于推动神话在当代社会的传承，属于"无效的传承者"。尽管如此，在玩家群体中，仍然有着"剧情派"和"细节党"这一群体的存在，他们关注的是游戏的诗性诉求，是"积极的传承者"。在游戏进程中，神话故事和神话元素在这两类玩家群体中得到一定的传播。对于"细节党"玩家而言，他们更能突破游戏场域的局限，主动地对游戏中的神话进行二次解码，实现神话的深层次传播。

二 神话讨论帖：新的神话讲述场域

通过对玩家游戏行为的细致考察，我们发现在游戏的受众群体中，存在着"细节党"这类对神话文本深度解码的玩家。除了在游戏进程中对神话元素进行关注与传承外，他们将探索游戏神话的行为衍生至游戏之外，通过官方论坛、百度贴吧等网络交流平台交流电子游戏中相关的神话及元素。其中，网络交流平台是大部分玩家进行升级攻略和游戏文化交流的重要场域。玩家可以根据自己感兴趣的话题进行自由地查阅、讨论，因此，围绕神话讨论帖，神话得到了再次深入的传播。本节将以《线索考证世界观中的蚩尤部落》这一个神话讨论帖为例，对游戏场域外神话传播的特征进行分析（见表7—5）。

表7—5　　　　神话讨论贴《线索考证世界观中的蚩尤部落》

213325 2009—12—18 15：20	蚩尤的部族指地为名，称作"安邑"，处于地势陡峭的西方与风雪交加的北地毗邻之处，缺粮少水，天赋的产物只是几眼不能入口的盐泽，但山中多藏金铁之精，铸冶之术可算各部落中首屈一指，然而今春大旱，靠着刀虽然还能猎到野兽，但锻造再好的农具也犁不出地里一滴水 而安邑是古代都邑名，在今山西省运城市夏县。是战国时期魏国早期都城，在县城中有我国最著名的池盐产地，是山西运城的盐池，即解池。解池大家一定不会陌生这就是蚩尤被黄帝所杀的埋首之地，但是文中提到已经有盐泽作者并为依据蚩尤解池的传说 与音乐相关。解池附近，曾是虞舜、夏禹的都城所在，反映了这一盐池在原始社会后期曾是氏族生活的中心地带。虞舜曾用自制的五弦琴，弹唱《南风诗歌》，歌唱南风在解池带来了财富："南风三薰兮，可以解吾民之愠兮！南风之时兮，可以阜吾民之财兮！" 解池上源现在依然还有蚩尤城、蚩尤村的地名存在。并且文中出现的稷山、新绛、曲沃、侯马皆为山西省运城市 因此可以认定世界观中的长流川以西即指山西以西而不在中原神州沃土之内（这条河俗名"长流水"，水量四季不减，是阻隔西地和中原"神州沃土"的天生屏障，使西方蛮荒部族的人世世代代难以踏足中原，只得苦守一隅）

续表

我很忙 2009—12—18 15：24	有用的知识
皇甫朝云 2009—12—18 15：27	关于音乐的见解相当有用，很可能出现在游戏中
流水画 2009—12—18 15：34	不知蚩尤部落是否还有后代延续至今，是否和他们的仇人仍保持着对抗态度，或者家传宝物什么的，不知道现在这些后辈长得帅不帅
Dr. Cid 2009—12—18 16：54	（回复流水画）苗人拜蚩尤 现在苗人的家里都还有供奉蚩尤 你到云贵那边去旅游一圈就能看到
南宫世家 2009—12—18 16：55	（回复 Dr. Cid）仙剑告诉我们苗人是拜女娲的～歪下楼～
长夜未央 2009—12—18 17：14	（回复 Dr. Cid）中国的神话有很多种说法，关于伏羲和女娲的就 N 多，各地崇拜什么，其实颇为含混不清，版本繁多 苗族拜蚩尤、瑶族拜伏羲，MS 也在不少地方看到过，而伏羲和女娲一般捆绑的 基本上也都混一起了…… 如果本身不是少数民族，实在犹如雾里看花
Dr. Cid 2009—12—18 17：17	（回复长夜未央）记得以前看过某篇论文，所言南边少数民族拜的"伏羲和女娲"并非是我华夏族正统的伏羲女娲 因为他们没有文字，是和汉人接触后才借用了两神的名 苗族拜蚩尤这个是我上次去云南旅游问一家苗民得知的，他们家大厅里就供着蚩尤排位…… 也问过拜不拜女娲，回答是不拜 另，东巴族某种蛇身的自然女神，名字忘了，但问了下，也不是女娲 说到底女娲的影响力还是在黄河流域的汉族民间最强 仙剑苗民拜女娲一说纯属误导，而仙剑应该是被近代闻一多等战乱时期逃到南方去研究神话的文人误导……这点某研究女娲神话的学者（歹势名字又忘了）也早有批判

续表

213325 2009—12—18 17：23	苗疆拜女娲的设定，这只是仙剑的一个背景设定游戏考证，也和故事本身一样，姑且听之姑且信之
长夜未央 2009—12—18 17：23	（回复 Dr. Cid）这种说法确实颇有道理 奈何我不是考据派的，于是脑海中出现的伏羲就是伏羲，女娲就是女娲……两个人都没有分裂还…… 南疆对蛇身的崇拜倒是很明显 以前看一个瑶族的介绍，是说他们供奉的伏羲与女娲都是人身蛇尾，所以当地人很爱蛇—口—
mbmdaj 2009—12—18 18：19	也许拜的是同一个神，只不过不同地区不同名字的叫法不同…… 貌似是在《史记》里还是在袁珂的哪本书里看到，N 多名字指向的其实是同一个人。
mumu 2009—12—18 19：16	（回复 Dr. Cid）是的，他们信蚩尤。 是祖先吧？
北极贝贝 2009—12—18 22：52	来参观一下内涵贴。

在这个帖子中，发帖者对电子游戏中蚩尤的部落名称"安邑"及相关设置进行现实考证，并在其中细致呈现了陕西解池与神话人物蚩尤之间关系的传说。这个帖子一经发表，随即得到九位玩家的快速回应，同时也得到了1799次的点击查看。在帖子中，他们讨论了神话人物蚩尤、伏羲和女娲的崇拜现象，也包括了诸多的神话知识和相关研究。因此，我们可以将这则帖子的发表和讨论视为一次神话传播事件。在虚拟社区中，"媒介使用行为转化为一种文化活动方式，与更多的人共享观看和阅读心得"[①]。在这一过程中，电子游戏中的神话得以再次传播。

不同于传统的神话讲述，在电子空间中，参与讨论的诸多玩家虽然身

---

① Will Brooker, Deborah Jermyn, *The Audience Studies Reader*, London and New York：Routledge, 2002, pp. 171 – 180.

处在不同的物理空间，但通过电子媒介的使用，突破了时间和空间的束缚，实现了虚拟在场。在一个限定的时间段内，参与讨论的玩家围绕着同一个主题，快速地阅读他人的帖子并积极地给予回应。如玩家"Dr. Cid"对"长夜未央"关于伏羲和女娲信仰的帖子的回应相隔仅三分钟。在虚拟的电子空间中，诸多玩家同时参与讨论，相互共享神话知识，在一定程度上再现了口头传统面对面交流的传播情景。

此外，在参与讨论叙述神话文本的六位玩家之外，数量庞大的浏览点击量，表明仍存在着众多潜在的玩家在浏览帖子。他们虽然不参与讨论，但仍然通过阅读获取神话知识，成为此次神话传播事件的匿名接受者。因此，在网络电子社交平台中，神话不仅在参与讨论的虚拟主体之中以信息交换的形式进行传播，同时也能够单向度地传播至匿名的接受者。可见的"贴主"和不可见的"围观者"共同组成一个更大的虚拟神话传播场域。在这个虚拟的传播场域中，"213325""长夜未央""Dr. Cid""mbmdaj"等为众多潜在匿名接受者提供神话文本的"贴主"无疑是其中的神话演述人。以"Dr. Cid"于2009-12-18 17：17的帖子为例，她不仅以个人去云南旅游的经历讲述了苗族供奉蚩尤的习俗，同时结合自身的阅读经历，运用相关的神话研究成果，对电子游戏中苗族崇拜女娲的设定进行分析。由此可见，"Dr. Cid"对神话有着浓厚的兴趣，在日常生活中有意识地收集相关的神话知识，同时也阅读相关神话的研究成果，对神话有着深刻的认识，是神话的积极传承者。在此次神话传播事件中，"Dr. Cid"积极传播相关神话知识，并通过综合阐述，将个人有关神话的认识及观点传播出去，进而影响虚拟神话传播场域内接受者的神话认知。

同样以《线索考证世界观中的蚩尤部落》的帖子为分析文本，我们可以看出，玩家在网络社交平台上进一步解读和传播电子游戏中的神话内容时，并不孤立地就电子游戏中的神话进行讨论，总会追索其现实世界中的原型。以贴主"213325"的"考据"贴为例。在帖子中，贴主"213325"就是以电子游戏中"安邑"部落的描述为线索，考证其在现实世界中的对应地点，并对解池当地相关的地貌及文化进行叙述。而之后的讨论内容也同样由电子游戏延伸至现实世界，以蚩尤在现实世界中的信仰流传为核心。可见，现实原型是玩家解码游戏世界神话不可缺少的参照物，玩家习惯性地将电子游戏中的神话文本与其现实状况做比较，形成"电子游戏—现实"的双重叙事模式。

在这一叙事模式之下，诸多现实世界中的神话故事、习俗及知识也进入传播场域中，大大增加了电子游戏中神话传播的内容。如在讨论贴中，贴主对"安邑"部落的现实原型解池进行叙述之外，与神话人物蚩尤相关的神话故事（蚩尤与皇帝大战）、蚩尤在现代少数民族社会中的信仰以及由此诞生的伏羲、女娲的形象、信仰等神话知识也同样被讲述，完全超出了电子游戏中挪用的神话故事及元素。围绕着电子游戏中某一个神话叙事中的细节，玩家跨越各种媒介进行信息搜索，以求呈现"碎片化"神话元素的全貌。例如，"考据"帖子《［考据］一个女娲，三座中皇山》就是围绕着电子游戏中"中皇山"的场景名称进行扩展叙事。（参见本章附录3）帖子共分"三座中皇山考据""中皇山的石图腾"及"中皇晴雪"（图片）三个部分，不仅详细描述了中国女娲补天神话三个传承地（陕西平利、河北涉县和江西竹县）中流传的补天、造人、滚磨等神话故事，同时也以图片的形式展现了陕西平利中皇山的雪景。在电子游戏中，女娲神话叙事中的"中皇山"仅以符号的形式再现，而在电子游戏之外的虚拟社区之中，玩家通过发表帖子进行神话文本的再生产，全面而立体地呈现了中皇山。由此可见，在电子空间里，玩家成为电子游戏神话文本的共建者，他们通过文本的再生产使游戏中的神话文本无限延伸，进行更广泛的传播。这也意味着，对于细节党而言，他们在网络空间内对神话的

图7—10 "中皇晴雪"游戏场景设置

知识考据，远远超越了神话文本层面的含义，并且融合了历史、地理以及民俗知识，成为以神话为基础的现实秩序普遍阐释体系的考据，实现了对于神话的深度传播。

更为重要的是，在虚拟社区中，神话以"电子游戏/现实"的叙事模式进行传播，能够使玩家逐步挣脱游戏重述神话文本对玩家自我意识的操控，对神话在现实世界中的表现、功能和意义形成正确认识。如前所述，电子游戏综合多种艺术形式，在挪用各式文本的基础上通过个性化的加工为玩家建构高度二次元化的游戏文本，这是游戏设计者的编码过程。玩家在游戏的过程全身心地投入另外一个"现实"，充分体验游戏文本，建立幻觉式的认同机制。但诸如细节党之类的玩家并不满足于电子游戏的一次解码，而是将解码的过程延伸至游戏之外，进行二次解码。相对于一次解码过程中消解自我意识以直观的娱乐性进行"浅阅读"，电子游戏之外的二次解码则是玩家发挥主体能动性，以现实原型为参照物对电子游戏文本进行进一步的解读。

例如，上述帖子中，玩家"南宫世家"在解码电子游戏《仙剑奇侠传》的过程中产生"仙剑告诉我们苗人是拜女娲"的神话现象的认知。而"Dr. Cid"则以自身的神话知识对苗族中崇拜蚩尤的现象进行解释，并以相关的研究成果对电子游戏《仙剑奇侠传》的设定作出回应。"长夜未央""mbmdaj"同样以自身的阅读经验对这种对蚩尤、女娲、伏羲信仰现象进行现实还原。因此，在这个以"考据派"玩家为中心形成的虚拟神话场域中，沉浸于"浅阅读"的玩家能够通过参与讨论或阅读，削弱玩家在游戏过程中建立对游戏神话文本的幻觉式认同，达到传播真实神话的效果。

因此，在游戏场域中，为了建构游戏场域的世界观和对游戏诗性的探寻，游戏的设计者们将中国传统神话从其原有体系中抽离，对神话元素再阐释，对神话主题重组加工。电子游戏中的神话元素早已脱离了其最初的场域，成为游戏时空内新的叙事流的组成。然而，对于有着强烈文化自觉的"细节党"而言，他们并非神话传承的被动接受者。游戏场域中对于神话元素的再建构并没有束缚到他们探寻神话文本的自觉，他们能够以游戏场域中的神话元素为基础，超越游戏对于神话文本的建构，并通过对诸如神话典籍文本的探寻，恢复游戏场域中神话元素的本原含义，在实现神话意义探寻的同时，重构神话在当代社会的传承。由于文化自觉以及在此基础上对于细节的考究，他们对于神话的传承甚至超越了文本层面的阐释，具备着文化传承的属性与意义。我们可以得出结论，对于诸如细节党之类的玩家而言，游戏语境中的神话主义起到了引子的作用，游戏中的神话元素能够激起部分玩家对于神话知识传承的自觉，使得他们对于神话的关注从游戏场域走向现实空间，呈现出电子媒介向书面典籍回归的取向，促使其恢复现世神话的本原面貌，实现着神话在当代社会的有效传承。

三　认同与抵抗：神话主义的接受与传播

电子游戏的受众，并不是均质化的集体，而是多元复杂主体的组合。在电子游戏和网络社交平台中他们是虚拟的，匿名的，以相似的游戏行为消费着神话文本。但在电子屏幕之后，玩家同样是一个个具有主体意志的个体。不同的地域文化、人生体验、神话知识的积累等塑造了他们差异化的神话观，进而也决定了他们如何看待电子游戏中对神话的挪用与重述。在本小节，对于电子游戏中玩家的考察视角由虚拟的赛博空间延伸至现实世界，通过对玩家个体的深度访谈，阐释玩家在接受电子游戏中神话传播的过程中，个体的神话观如何影响他们对电子游戏中的神话文本的解读、接受与体验。

"神话观"是指个体基于自身的社会实践而形成对神话的本质、功能和意义等较为稳定的看法与观点①。诸多学者曾对如屈原、王充、闻一多、茅盾等古今知识分子的神话观进行研究，并将其大致分为"神话史实说"和"神话虚妄说"两种神话观。李红武在对神话演述人的研究中指出，演述人的神话观是复杂多样的，有的演述人认为神话是对历史的曲解，也有的演述人认为神话是真实的事件，也有的演述人则认为神话是不可信的故事。在吸取前人对神话观研究的基础上，并结合与12名玩家的访谈，笔者将玩家的神话观大致分为"神话是真实的"与"神话是虚构的"这两种类型。持有不同神话观的玩家对电子游戏里神话的意义解读和消费体验存在着差异。

根据本章个案问卷调查的数据统计显示，有8%的玩家认为，神话根据真实的历史故事演变而来。

---

① 杨利慧、张霞、徐芳、李红武、仝云丽：《现代口承神话的民族志研究——以四个汉族社区为个案》，陕西师范大学出版总社有限公司2011年版，第129页。

> 我觉得神话是真的，在历史上肯定是有真人真事发生，之后在流传的过程中加入了人们的想象，才成为神话。像游戏里的女娲造人神话，我以前看过一些研究，说是与母系氏族是相关的，代表了人类的一个发展阶段和当时具体的生产状况之类的。其他的比如说仓颉造字、神农尝百草之类的，也肯定是在历史的发展中为人类的文明作出过贡献的人的事迹的流传。所以我觉得电子游戏在运用神话的时候应该有一个度，不能够过度地改编，应该对神话保有一个尊重的态度。①

从玩家"楼西"进一步解释自己的神话观的叙述中，我们可以看出，对他而言，神话具有历史的真实性，即神话是历史真实事件的演化，具有阐释历史的功能。而另外有一部分玩家则对"神话是真实的"做出其他的解释：

> 神话是真实的，因为神话就是我们的世界观。我们其实也无法确定它究竟是不是真的，因为物理中的爆炸理论等肯定是更科学地解释了我们的世界是怎么来的，但我觉得神话则是另一种文化上的解释。比如说盘古开天地这个神话并不是说我们宇宙是以某种巨大力量以上下分开的形式产生，但它可能讲述了我们认识世界的方式。这种解释是与我们的文化相关，比如我们民族是怎么来的，文化是怎样的，与这些问题相关。从另一个方面来说，也是与我们的文化认同有关吧。国外的神话就和我们不一样，因为他们的文化与我们有区别。②

与玩家"楼西"认为"神话是真实的历史"不同，玩家"有情燕"则认为神话的历史真实性并不确定，但它以集体无意识的形式真实地存在于我们的思维和文化之中，并在民族文化及身份认同中的建构过程中起着核心的作用，具有建构的真实。秉持这一神话观的玩家数量众多，有近61%的玩家认为"神话是我们的世界观，解释了我们民族及文化的起源"。

---

① 受访者：楼西；访谈人：包媛媛；时间：2014年7月14日；地点：网络。
② 受访者：有情燕；访谈人：包媛媛；时间：2014年7月21日；地点：网络。

以"神话是真实的"为神话观的玩家以适度的改编为原则对电子游戏中神话的运用进行评判。他们认为在电子游戏中运用神话时应该在一定程度上保留神话的"常识",与大众的神话认知保持一致。无论是以"神话是真实的历史"为神话观的玩家,还是认为"神话具有建构的真实"的玩家,对他们而言,神话是"严肃"的文类,不能够进行过度的艺术加工。

> 神话还是不一样,改编太大我还是不能接受。比如说古剑是结合神话而创造的一个仙侠架空世界,所以必须(对神话)进行艺术的创作。《太古纪事》就改编得挺好的,基本上保留了神话的原貌,比如天柱倾塌、补天造人等。但是古剑里的蚩尤,看到故事我就觉得是假的了,因为蚩尤和黄帝的大战很有名呀,原来就知道。而且里面说襄垣和蚩尤的关系,我觉得有点过了,还有铸剑的情节,完全不搭嘛。还有游戏里的沧波舟,太现代了吧,简直就是一个未来世界的机甲。这种改编是必须的,但并不会影响我自己的世界观,因此我知道这并不是真的。①

由此可见,这类玩家在电子游戏中接受神话文本的传播时会以自身已有的神话认知为标准,对游戏中的神话重述和挪用进行评判。对于"保持原貌"的神话,他们会进行深度的情感认同式体验。而对于经过艺术加工的神话类像,他们则会以批判的视角进行甄别,并在虚拟与真实的对比认识中强化自身已有的神话认知。在对这类玩家进行访谈的过程中,众多玩家反复叙述"不会影响自己的世界观",以表明自己在接受电子游戏中神话改编的传播时,并不会颠覆已有的神话认知。不仅如此,这类玩家也反对对电子游戏里的神话做过多的解读,应该保持神话应有的内涵和意义。

> 古剑里很多讨论女娲腹黑不救太子长琴,伏羲冷血无情等帖子,我都觉得没什么意义,因为这是游戏,游戏剧情的设置会给这些神话人物增加一些个人的情感,这只是我们或者说游戏设计者给它加上去的,这样的讨论对现实的神话认识完全没有意义的。我虽然看过这些

---

① 受访者:有情燕;访谈人:包媛媛;时间:2014年7月21日;地点:网络。

帖子，但基本也不做评论，也不会改变我对神话人物的认识。这种现代化情感的增加不是神话原有的内容，原有的神话就是为了生存斗争的事迹。①

因此，对于以"神话是真实的"为神话观的玩家来说，神话是他们"笃信的对象"②，具有神圣的光晕，对其的改编和运用保持适度的原则。这类玩家虽然在电子游戏这一特定的情景中消费重述神话文本，但他们在接受电子游戏中神话文本的传播时，并不会完全地丧失主体意识，他们能够以自身已有的神话认知抵抗电子游戏中神话文本的劝服与操控，以保持自身世界观的完整性。

而对于另一部分玩家来说，神话是虚构的。在本次个案研究的问卷调查中显示，有31%的玩家认为"神话只是讲述神祇的故事"。他们认为神话并不具有历史的真实性，只是对一些离奇怪诞的事物进行叙述。

> 对于神话解释了我们世界是怎么来的这个我不会太放在心上，我更相信科学，但我觉得神话就是人们通过想象叙述一些非常怪异的事情，很有意思，很好玩，听听也没觉得不好，那些奇怪的知识、形象和故事蛮有趣的。③

从玩家"NOVA 陈小五"对神话认识的叙述中，我们可知神话之所以吸引她，是在于其中所包含的怪异场景、非凡形象和离奇情节，这些超越日常的要素能够满足她"陌生化"的审美体验。可见，她对神话的真实性和神圣性持否定的态度，神话对于她来说更是一种满足娱乐需求的叙事。因此，秉持"神话是虚构的"神话观的玩家并不介意在现代在电子游戏中对出于娱乐的目的对神话进行改编和再加工。

---

① 受访者：有情燕；访谈人：包媛媛；时间：2014 年 7 月 21 日；地点：网络。
② [美] 阿兰·邓迪斯：《西方神话学读本》，朝戈金等译，广西师范大学出版社 2006 年版，第 30 页。
③ 受访者：NOVA 陈小五；访谈人：包媛媛；时间：2014 年 7 月 17 日；地点：网络。

> 神话当然是可以被重写和改编的。神话本来就没有真实的考察，都是凭借想象进行叙事。在现代，个人喜好不同，出发角度不同，写出来也就不同，感受也不一样。比如说古剑里蚩尤的故事，很多玩家说这是假的，但我觉得没有关系，故事还是一样感人。①

如前文论述，在"琴心剑魄"中，游戏设计者围绕着神话人物蚩尤全新创作故事《安邑往事》。在这一则重述神话中，蚩尤完全脱离了传统神话叙事中的设定，拥有全新的身份及活动事迹。但蚩尤在重述神话中作为一个为改变部落命运挑战权威的形象引起了诸多玩家的共鸣。玩家"NOVA陈小五"也是其中之一，她坦言，"琴心剑魄"中关于蚩尤的重述神话改变了自己对神话人物蚩尤的认识。

> 原来也在书本和电子游戏中接触过蚩尤，印象中是一个很凶恶的形象。比如《轩辕剑》里的蚩尤，反正都是反面人物，各种封印各种打，一解封就打，一复活就打。但是在古剑里，蚩尤虽然最后也魔化，当然也是反派角色，但是他是为了部族的生存。而且他敢于挑战伏羲，好厉害。②

与玩家"有情燕""楼西"对电子游戏中的神话予以批判地接受不同，玩家"NOVA陈小五"将神话叙事体验单纯地视为一种娱乐的神话观，使她能够在电子游戏的沉浸式体验中全情地投入到游戏的神话文本中，进而对虚拟世界中的神话叙事产生认同，并因此改变自己已有的神话认知。由此可见，以"神话是虚构"为神话观的玩家能够完全接受电子游戏中重述神话的传播，并基于个人体验产生强烈的认同，从而改变自身的神话认知。他们并不苛求神话文本的真实性，而是更加在意神话在不断的重述过程中与个人体验相符合，从而得到情绪的宣泄和情感的寄托。

游戏设计者们将神话从其固有的语境中剥离，并在游戏的场域中重新组合拼贴，是电子媒介领域中神话主义的表现。然而，尽管玩家

---

① 受访者：NOVA陈小五；访谈人：包媛媛；时间：2014年7月17日；地点：网络。
② 同上。

在游戏过程中不得不接受了媒介语境中的神话主义表征,但在现实生活中,他们并没有形成对于神话主义的统一认知,而是分化为不同的群体。秉持"神话是真实的"观点的玩家无法在现实生活中接受神话主义,他们对游戏中神话的挪用与重述持批判态度,并表示他们在接受电子游戏神话文本的传播时并不会颠覆自身已有的对神话的认知,从而保持自身世界观的完整性。而以"神话是虚构的"为神话观的玩家则更易于接受神话在电子游戏中被改编和重述,并在游戏的过程中将自身投入到神话重述的叙事体验中,从而不断地刷新自己对神话的认知,并对其进行多元意义的解读。

然而,无论是玩家是否接受电子媒介中的神话主义,即无论其认可或是否定电子游戏对于神话元素的挪用,从实践层面上而言,游戏中对于神话元素的挪用无疑促进了神话在当代社会的传承。这种传承既表现为秉持"神话是真实的"观点的玩家对电子游戏的批判以及在此基础上对于固有神话体系的恪守与坚持,同时亦表现为接受神话主义的玩家对于游戏中神话元素的接受与认可,进而对现存神话做出的多元阐释。就这一意义而言,电子游戏对于神话在当代社会的传承有着重要的意义。

结　论

随着人类社会的发展变化,越来越多的民俗事象失去了其既有的传承场域,并以多样化的形式,在现代工业社会中重新植入。正是基于这一思考,德国民俗学家鲍辛格提出了"民俗主义"这一理念,倡导对这些现代社会中的新民俗给予关注[①]。基于对神话传统的持续关注以及对民俗主义思想的继承与借鉴,杨利慧敏锐地注意到当代社会中多种场域中存在着的神话的讲述与传承的现象,并在此基础上提出了神话主义这一理念,用来指称"神话被从其原本生存的社区日常生活的语境移入新的语境中,为不同的观众而展现,并被赋予了新的功能和意义"(本书第一章)的现象。神话主义这一概念的产生的意义在于其摆脱了对基于"神圣叙事"

---

① [德]赫尔曼·鲍辛格:《技术世界中的民间文化》,户晓辉译,广西师范大学出版社 2014 年版,第 57—63 页。

这一神话概念基础上的文本阐释范式，将对神话的关注从文本转向现实社会，在把握社会历史变迁的基础上，审视当前社会多样形态的神话传承。在推动神话学研究从文本到讲述的转换的同时，实现神话学研究文本之内与文本之外范式的融合。这一概念的提出，不仅推动了当前神话学研究的当下转向，更促使我们从人类文明发展史的层面，理解作为生命体的神话的发展历程。

在人类社会步入信息化的当下，数字媒介成为当代神话传承的新场域。在诸多电子媒介中，融入中国神话元素的电子游戏成为青少年了解、接触神话的重要途径，也成为神话主义的重要表现情境。通过对电子游戏"琴心剑魄"的分析，可以对电子游戏场域中神话主义的表现特征进行把握，即在游戏场域中，其神话文本的讲述呈现出明显的"拼贴"特征。首先，在游戏叙事中，中国神话中零散的神话片段往往被重新组合，形成了一个有着完整体系的叙事流；其次，一些神话元素被重新整合与创作，传统神话中的题材与形象成为推动游戏进程的新的意义元素。最后，在游戏场景的设计中，游戏设计者从各种形式的神话叙事中选取标志性的神话元素，使之成为一种象征符号，以碎片化的形式拼贴进游戏的场景设置之中，给予玩家探索奇幻异域世界的游戏体验。游戏场域中神话主义的表现与特征取决于游戏的本质特征，同时亦与中国神话的特征有着密切的关系。有别于现世秩序及其对新的时空秩序的追求是游戏的本质特征之一，竞技游戏对于线索完整性的要求使得叙事性和体系化成为电子游戏的重要设计原则。同时，基于想象性结构基础上的诗性特征也成为游戏的重要诉求。宏大叙事的中国神话作为"世界观"的叙事资源被电子游戏运用的同时，又因其零散化和碎片化的特征被重建。为了弥补神话与游戏诉求之间的张力，设计者们通过对神话情节、元素的拼贴，建构游戏空间中"个性化"的世界观、体系完整的叙事流和充满想象的异域空间。就这一意义而言，游戏场域中的神话早已脱离其本源的语境，成为游戏场域中具备新的象征属性的文本。

麦克卢汉在其著名论断"媒介是人的延伸"中这样认为：任何媒介的发展都是人的感官或感觉的扩张，媒介和社会发展同时也伴随着人的感官能力"整合化"——"分割化"——"重新整合化"的历史[1]。在原始社会中，

---

① ［加］马歇尔·麦克卢汉：《理解媒介：论人的延伸》，何道宽译，凤凰出版传媒集团·译林出版社 2011 年版，第 11 页。

人们主要依据口语进行面对面的交流。在口语传播中，各种手势、表情也是传递信息的符号语言。在这一"部落化"时代，人类必须调动一切感官参与到信息交流之中，这使得人们的生活世界是一个整体的世界。文字和印刷媒介的出现延伸了人的视觉，削弱了听觉与触觉，打破了人们感官的平衡。从语音到视觉的变迁，导致线性视觉价值和封闭空间感取代整体互动，也重构了人类意识的内部转向。而以电视为代表的电子媒介综合延伸了人类的各个感官，使人又回到了感觉平衡的状态，实现感官的"再统合"。而今的数字媒介则在"人性化趋势"上越走越远，复制真实世界的程度越来越高，力图让人类重新回到原始的传播模式之中。麦克卢汉从媒介的视角出发将这一人类发展阶段称为与口语传播时代相对的"重新部落化"时代。① 电子游戏"感官综合"的数字媒介特征改变了神话传播的方式及其表达路径。在包括电子游戏在内的数字媒介中，神话的认知方式不仅局限于视觉的理性思维，而可能借助视觉、听觉、触觉、嗅觉，综合运用理性和感性的思维革新神话传播的方式。这使得神话可以从抽象、单一的文字形式转化为生动、形象，同时具有影、音、文字的多维立体表达方式。

沃尔特·翁则从文化研究的视角将文字使用之前的社会文化称为"原生口语文化"，将电子时代电话、广播、电视等产生的文化称为"次生口语文化"。基于赛博空间的虚拟在线，虽然数字媒介中的玩家以文字进行交流，但在数字空间中，语词嵌入电子空间是刹那间完成的，具有新型的、直觉的非正式的风格，同样具有"次生口语文化"的特征。"这种新的口语文化和古老的口语文化有惊人的相似之处，参与的神秘性、社群感的养成、专注当下的一刻甚至套语的使用，都是如此。"② 在数字媒介中，我们可以看到电子游戏的神话传播具有与口传神话相似的特征：基于游戏"沉浸"和对神话知识的兴趣在虚拟社区形成"考据"群体及通过虚拟在线形成即时的神话讲述场域。但就其本质而言，数字媒介与口传神话所依存的传统社会是完全不同的语境。在传统社会中，神话主要是在基于地缘形成的共同体成员内部传播，并以"集

---

① [加] 马歇尔·麦克卢汉：《理解媒介：论人的延伸》，何道宽译，凤凰出版传媒集团·译林出版社 2011 年版，第 11 页。
② [美] 沃尔特·翁：《口语文化与书面文化：词语的技术化》，何道宽译，北京大学出版社 2008 年版，第 104 页。

体无意识"的行为方式进行。在电子游戏中，虚拟社区中的"考据"群体是基于趣缘形成的，虽然有松散、临时等特征，但参与者具有较高的自觉和自发。与原生口语文化中自发的集体传承行为相比，现代数字媒介中的传播者已"完成了向内部世界的转移"①，其自发性是通过分析性反思而做出的判断。

因此，注重剧情与讲究考据的"剧情派"和"细节党"是游戏场域中神话的"积极传承者"。"剧情派"玩家在与游戏文本的互动过程中发挥主观能动性，积极参与游戏世界观系统化的建构和叙述。对于"细节党"而言，他们甚至能够以游戏场域中的神话元素为基础，超越游戏对于神话文本的建构，并通过对诸如神话典籍文本的探寻，恢复游戏场域中神话元素的本原含义，在实现神话意义探寻的同时，重构神话在当代社会的传承。对于神话的细节考据甚至使他们对于神话的传承超越了神话的文本层面，具备着文化传承的属性与意义。对于诸如"剧情派"和"细节党"等玩家而言，脱离最初语境的游戏中的神话元素起到了引导的作用，它能够激起部分玩家对于神话知识传承的自觉，使得他们对于神话的关注从游戏场域走向现实空间，呈现出电子媒介向书面典籍与现实社会回归的取向，促使他们恢复神话的本原面貌，实现神话在当代社会的有效传承。

虽然在游戏的语境中参与神话主义的实践，但是对于大多数玩家而言，他们对于神话的认知并没有改变，大多数玩家仍然秉持"神话是神圣的"这一观点。因此，游戏场域中神话主义的传播，并没有消解神话的神圣属性，一些超越尺度的改编在遭遇抵制之后更强化了玩家这一认知。也有部分玩家接受了"神话是虚构的"这一观点，认为神话可以改编和创造的。这一取向与认知表达着他们对神话主义的接受态度，亦反映出他们对于当代社会神话多元形态"异文"的支持。正是这种对待神话主义的支持态度，才会衍生出当代社会多元形态的神话文本，促成神话更为广泛地传播。事实上，在任何时代，包括神话在内的口头传统都存在着多样形态的异文。也正是这些异文的存在，才会在丰富口头传统传承形态的同时，强化着传统文本的主流与核心地位。

---

① ［美］沃尔特·翁：《口语文化与书面文化：词语的技术化》，何道宽译，北京大学出版社2008年版，第104页。

附录

附录1 《古剑奇谭：琴心剑魄今何在》游戏辅助系统示例
一、辅助系统《洞冥广记》示例

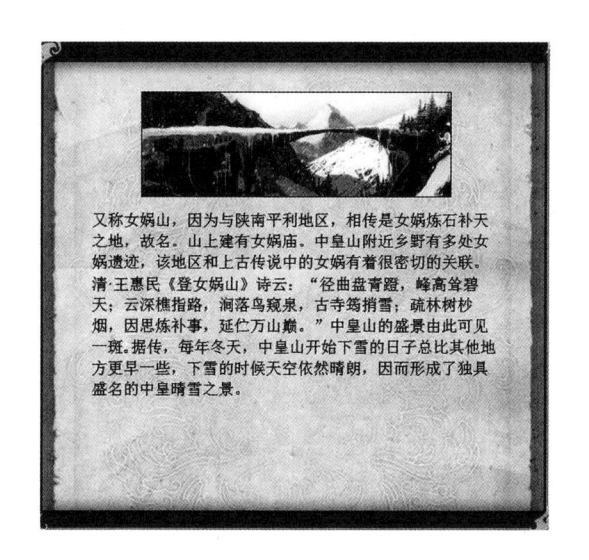

又称女娲山，因为与陕南平利地区，相传是女娲炼石补天之地，故名。山上建有女娲庙。中皇山附近乡野有多处女娲遗迹，该地区和上古传说中的女娲有着很密切的关联。清·王惠民《登女娲山》诗云："径曲盘青蹬，峰高耸碧天；云深樵指路，涧落鸟窥泉，古寺筠捎雪；疏林树杪烟，因思炼补事，延伫万山巅。"中皇山的盛景由此可见一斑。据传，每年冬天，中皇山开始下雪的日子总比其他地方更早一些，下雪的时候天空依然晴朗，因而形成了独具盛名的中皇晴雪之景。

二、辅助系统《聊斋图录》示例

伤魂鸟(10)
种族：鬼
传说是逐鹿之战时被黄帝座下虎豹误杀的妇人所化，冤死的怨念不得化解，而整日为自己哀哭吊丧。

<掉落物品>
青丝角

附录2 《古剑奇谭：琴心剑魄今何在》中相关神话文本摘录

一、《太古纪事》

【七之一】

太古时代，众神居于人间洪崖境。

火神祝融取榣山之木制琴，共成三把，名"皇来""鸾来""凤来"

祝融对三琴爱惜不已，尤以凤来为甚，时时弹奏

凤来化灵，具人之形态，能说人语

祝融心悦，托请地皇女娲，用牵引命魂之术，使此灵成为完整生命，名为太子长琴，以父子情谊相待

【七之二】

太子长琴温和沉静，平日除去清修，便喜爱去榣山旷野奏乐怡情，于此结识好友悭臾———一只榣山水湄边的水虺

悭臾虽弱小，却坚信自己与别不同，总有一日将修炼成通天彻地之应龙

它与太子长琴相约，若成应龙，定要太子长琴坐于龙角旁，带其上天入地，乘奔御风，往来山川之间

【七之三】

之后过去数百年，天皇伏羲不满人间种种，率众离开人界，登天而去

太子长琴眷恋榣山风物，却也只得依依不舍与悭臾别过

登天后，伏羲将其追随者渡为仙身，太子长琴亦然

众神仙忙于建造天宫，三百日后诸事定

太子长琴往下界榣山，方才忆起天上一日地下一年。人间三百年匆匆而逝，榣山已无悭臾踪迹，无缘相见

【七之四】

如此时光飞逝

数千年后，一条黑龙于人界南方的戏水之举引来民怨

黑龙打伤伏羲派遣惩戒他的仙将，逃入不周山中

火神祝融、水神共工与太子长琴，前往不周山捉拿黑龙

未曾料，到此黑龙竟是昔日水虺悭臾

更有意外之事，却是三神仙此行阴差阳错，引发不周山天柱倾塌，天地几近覆灭之灾

【七之五】

众神旷日持久奔走辛劳，灾劫终平

悭臾被女神赤水女子献收为坐骑，再无自由

共工、祝融往渤海之东深渊归墟，思过千年

太子长琴被贬为凡人，永去仙籍

落凡后寡亲缘情缘，轮回往生皆为孤独之命

从此，天界得一女神的黑龙坐骑，少去一位擅弹琴曲的仙人

【七之六】

太子长琴原身凤来既毁，三魂七魄于投胎途中在榣山眷恋不去。被人界龙源部族之工匠角离所得

角离以禁法取其命魂四魄铸焚寂之剑

魂魄分离之苦难以细说，所余二魂三魄不甘散去，无所归处

逢角离之妻临盆，二魂三魄附于角离之子命魂，不日出生

角越自小时常呆望焚寂，似心有所感

后龙源部族所铸七柄凶剑，遭女娲封印

角越因失去焚寂之剑，投入铸剑炉中自焚而亡

【七之七】

时如逝水，永不回头

龙渊崛起与消亡。太古凶剑，甚至天柱倾塌的灾劫

万事万物

仅是天地循环之一二

太子长琴的命运

已然湮没于历史洪流之中

二、《安邑往事》

女娲：……昔日，龙渊工匠角离曾告知吾，他于榣山偶得一位仙人太子长琴的魂魄，遂取其命魂、四魄铸焚寂之剑，即龙渊七把凶剑之一……

女娲：想是太子长琴原身"凤来琴"毁去，被贬往地府投胎途中，却于榣山眷恋不去……

百里屠苏：……

女娲：如今，一种强大的力量……安邑古法"血涂之阵"，将原本焚

寂内太子长琴的魂魄移植至你身体之中……

风晴雪：娘娘说的……血涂之阵又是什么？

女娲：天上地下，吾仅知这一法，能够将龙渊所铸凶剑内魂魄引出，即传自安邑的血涂之阵。

女娲：在龙渊部族诞生的久远以前，曾经有过一处名为安邑的地方，首领蚩尤悍勇无匹，他的胞弟襄垣更是古往今来天下无双的大铸剑师。

女娲：襄垣创出魂魄炼制之术，使用血涂之阵和名为"铸魂石"的邪物，分别将生魂引出与保存。

女娲：灵魂之力深不可测，襄垣最后以身殉炉，用自己的三魂七魄成就了世上第一柄"剑"，亦是唯一一柄由凡人所造却能伤及神体的可怕兵器……

方兰生：这个襄垣……实在太厉害了！

女娲：神，只不过倚仗天生灵力……许多时候，凡人的智慧，却是远远超越仙神……

女娲：伏羲为此恐惊，一夕屠尽安邑，然而，这支血脉的旁系却渐渐流传下来，等待着向神复仇、创造逆天力量的机会……

风晴雪：就是……龙渊部族吗？

女娲：龙渊终于铸成木、火、水、金、土、阴、阳七把凶剑，威力虽不可与始祖剑匹敌，却也不容小觑，伏羲又如何能放过他们？

女娲：这就是吾为何要将龙渊之人带来地界，并将七剑封印……

三、《幼学龙文》

卷一·开天辟地

远古时，元气未分，混沌为一。

彼时，远古之神盘古即生于这一片黑暗之间，其身体不断生长，历一万八千年，混沌因之而裂，是成天地。

日复一日，盘古力竭垂死，不复支撑天地。其气成风云，声为雷霆，左眼为日，右眼为月，四肢五体为四极五岳，血液为江河，筋脉为地里，肌肉为田土，发髭为星辰，皮毛为草木，齿骨为金石，精髓为珠玉，汗流为雨泽，身之诸虫，因风所感，化为黎氓。

此后，大地万物孕生，人、兽繁衍兴盛，而盘古所遗留灵力和清气盛极之处，孕育出现世所知之众神，而其中最具智慧者，乃是伏羲、女娲、神农三位大神。

卷二·三界初成

盘古殁，众神生。

最初，众神居于人界洪崖境中，唯有被选中之人才能入内侍奉。

洪崖境之外，人间大地万物生长，然而土地肥沃、气候宜人之地甚少，人、兽为生存而展开的争斗日益加剧。

伏羲深感外界之人正步向贪婪无度的深渊，令大地混乱，他召集洪崖境内的人和神，于黑水都广的巨大建木上建造天梯，借此往天上而去。女娲、神农却未追随伏羲而去。

众神登天，将居于洪崖境中之人一并带走，并封为仙，同住于天宫之内，天界乃成。

阎罗、后土却奉伏羲之命去往无尽幽暗之地界，制定生死轮回之规则。阎罗在地界建造阎罗殿，整顿地界律法。自此，轮回往生之事等等一切有条不紊，地界乃成。

卷三·女娲补天

不周山，乃撑天之柱之所在。火神祝融与水神共工争胜于此，彼此灵力激荡，乃至于撑天之柱碎裂倾覆，天幕破裂、人界灵力紊乱，洪水泛滥，天上日月无光，一旦巨柱倒下，天地倾毁，天、地、人三界都将不复存在。

众神自阎罗入地、伏羲登天之后，又一次聚于洪崖境，为了阻止这一场大灾而各司其职。伏羲率天界诸神仙以天地间一只巨鳌之足支撑四极，其余神明则在神农指引下以灵力炼五色石，交由女娲补天。

如此这般，经过旷日持久、艰辛卓绝的努力，鳌足终于在大地四极立起，洪水止住。女娲见洪水夺去太多生灵性命，于是牵引命魂，以黄土为质，融入自身神力，造出新的人与兽。

四、《创世拾遗》

卷一

那是天地初开之后不久的事情。说不久，但却也是盘古开辟天地之后的一万年。大荒不周山之中忽然电闪雷鸣，伴随耀眼雷光，一条巨龙诞生了。天地随其视则明，随其瞑则暗，他便是上古的龙神——

衔烛之龙。

衔烛之龙自有意识起,便只有独自一个,虽有呼风唤雨、遨游天地之能,四顾之下,却也只有不周山亘古苍茫的景色。

于是他将自己的神力分予了一只水湄边的虺,这只虺不断吸收自己所获得的力量,五百年化蛟,千年化龙,再五百年为角龙,千年为应龙。衔烛之龙赐它名为"钟鼓",钟鼓乃成烛龙之子。

盘古死后,衔烛之龙不忍天地倾覆,于不周山立撑天之柱,耗尽力量。它将守护天柱的责任交由儿子钟鼓,从此陷入未知的沉眠。

后世人们所知的龙,实乃由水虺修炼而成。水虺修行五百年化蛟,千年化龙,再五百年为角龙,千年为应龙,此时方有通天之能,立于世间所有仙兽之顶端。然而即使是这般的仙兽,亦不及衔烛之龙或钟鼓之万一。

卷二

那是众神还居于洪崖境之时的事情了。

火神祝融取榣山之木而制琴,共成三琴,一名皇来、一名鸾来、一名凤来。三琴奏乐之时,每每能引五色鸟翩然起舞,因而祝融非常爱惜这三把琴。

而三琴之中,祝融又独爱凤来,时时弹奏,日久天长之后,凤来化灵,能成人形、说人语。火神更是大喜过望,请来女娲为其牵引命魂,生出三魂七魄,终使其成为真正的生命。祝融唤其"太子长琴",待如亲子。

太子长琴乃是凤来化身,自是擅长音律,其弹奏的乐声,又强过火神祝融数倍,深受洪崖境中诸神喜爱。

卷三

话说火神祝融请女娲牵引命魂,造就太子长琴。

太子长琴温和沉静,喜爱音律。平日除了于洪崖境清修,最常做的事,就是去榣山旷野奏乐怡情。

性情内敛的太子长琴不擅交际,唯一的朋友便是榣山上的水虺悭臾。

悭臾的瞳仁里有一种极其罕见的赤金色,弱小的它相信自己与别的水虺不同,终有一天会修炼成能够通天彻地的应龙。

太子长琴常用自身灵力帮助悭臾修行,并真心期待自己的好友有朝一日能够成为呼风唤雨,遨游天地的应龙。

又九百年后，当悭臾已成为一条蛟龙，太子长琴却不得不跟随父亲和伏羲的脚步登天而去。在榣山的水边，太子长琴依依不舍地与伙伴道别，并相约待到悭臾修炼成真龙之时的再次相会。

那个时候，谁也没有料到，他们再会之期将是怎样的一番情景。

卷四

伏羲率众神仙由建木天梯登天，众神忙碌三百日，云顶天宫始建，天界一切事务步入正轨。人间亦渐渐褪去蛮荒之姿，大小争斗虽仍有发生，但比其初生之时，究竟安泰许多。

如此又过千年，人间东南沿海之地忽然出现一条黑龙，他沿着海岸戏水玩耍，掀起巨浪，令海边住民苦不堪言。

沿岸部族世代供奉天皇伏羲，并祈求天神降世收服孽龙，伏羲于是派遣四位仙将下凡惩戒黑龙，却不料黑龙力量之大超乎想象，即使四仙合力也只落得两败俱伤之局。黑龙自知触犯天廷，绝难善了，逃往不周山方向。

天界自然亦不会就此放过黑龙，但不知伏羲究竟会想出如何的对策？

卷五

烛龙之子钟鼓居于不周山看护撑天之柱，然则钟鼓身份高贵尤在众神之上，而其性情暴戾，只对自己的同族稍有维护，即使强如伏羲者，亦拿他没有办法。而钟鼓唯一的爱好却是倾听音乐。

伏羲得知黑龙逃往不周山后，召来火神祝融与水神共工，命他们与太子长琴一同前往不周山，希望钟鼓能因太子长琴之琴艺而网开一面，交出黑龙。

然而火神祝融脾气火爆，最终仍是激怒钟鼓。水、火二神与钟鼓在不周山相斗。

而太子长琴却在不周山乱石丛中见到了黑龙，黑龙的那双金红色眼眸告诉太子长琴，那正是他多年以来时常想念的故友悭臾！显然，悭臾也已认出太子长琴，他带着太子长琴躲入龙穴之中，这才未被钟鼓和水、火二神的大战所误伤。

卷六

安邑之地，自古以来便是一处神秘之所在。相传凡间无人知晓其确切所在，中原人更是连安邑之地都闻所未闻。

只有在蛮夷之地尚且流传着远古安邑部族和他们伟大首领蚩尤的

传说。

蛮荒的时代，大地上的人类为求生存而相互征战，其中，安邑部族的工匠采万种灵物，辅无数魂魄，以鏖鏊巨山为炉，铸就一件名为"剑"的凶器。部族首领蚩尤倚仗此剑之威开疆拓土，杀戮无数，甚至于惊动了尚居于洪崖境中的伏羲。

伏羲驾临安邑，蚩尤持剑相向，竟伤伏羲尊体！伏羲惊怒而灭之，取剑离开。

然则安邑之地却忽生变故，蚩尤部族尽亡，遍地生瘴，再无人、兽可活其中也。此间缘由，虽天皇伏羲亦不可知也。

附录3【考据】一个女娲，三座中皇山

【考据】一个女娲，三座中皇山

Dafengfei 2010—3—25 20：14	1L 三座中皇山考据…… 2L 中皇山的石图腾 3L 中皇山图片——中皇晴雪 中皇山，传说中女娲炼石补天的地方，不管以后名字怎么改，凡是现在争论自己有神迹的地方，也许都是古中皇山。 中皇山也跟曹操墓一样，只知道名字，具体哪一座，嘿嘿，目前有三个说法，当然，每处都有神迹。我只捡所知的最著名的两个地方来写，一个位于陕西省平利县境内，一个位于河北省涉县境内。另外还有湖北省十堰市竹山县宝丰镇的女娲山风景区，其也说女娲炼石补天之处在他们那儿，根据唐五代学者杜光庭的《录异记》、明代学者徐道全的《神仙全传》和清《康熙字典》以及当代的《中国神话辞典》，均记录了先祖伏羲、女娲抟土造人、炼石补天的地方是竹山县女娲山。不过这略显证据不足且不可靠，不过也已经完成开发成立女娲山风景区。 其实嘛，在哪儿不在哪儿，一向不是那么容易分辨的。烛龙所采用的说法，应该是平利县女娲山或者是涉县中皇山（求大大解答）。现如今，两个山头都有大量神迹，大批传说，还各有一个恢宏壮丽的女娲

续表

Dafengfei 2010—3—25 20：14	庙/娲皇宫，那么就有点让人弄不清楚了，总不能说我们比古人掌握的资料多，但是古人又都不是对的。更为奇妙的是，陕西境内的中皇山因为建造了女娲庙而被改名为女娲山，河北境内的却因为建造了娲皇宫而得名中皇山并一直使用到现在。据古籍和神话传说记载，女娲的活动都是围绕中皇山进行。但中皇山却终于真的成了传说中的地名，仙地嘛，会飞的。 对于游客来说，参访女娲神迹，平利女娲山并不是个好去处，因为女娲庙已经年久失修垮塌大半，但是，河北省涉县境内中皇山却留有大量古迹，例如娲皇宫、北齐石刻等，所以，若是旅游的话，目前还是推荐河北省涉县中皇山。不过，这并不代表平利女娲山没有看头，平利女娲山生态非常好，青山绿水，当地茶文化是一大特色，有关女娲文化的开发，当地政府也正在进行当中。 陕西，北有黄帝陵，南有女娲山。 女娲山，古称中皇山，位于陕西省平利县城西15公里处。地处秦岭南端、大巴山北麓，位于陕、鄂、渝三省市交界处，物华天宝，人杰地灵，历来为兵家必取之地。异峰独秀，因后有女娲宫而得名女娲山。山上建有女娲庙，气势宏伟，殿宇纷繁。辉煌的女娲文化便是发生在这一地带。 首先介绍一下平利县…… 女娲的功绩 一是抟土为人，创造了人类；二是炼石补天，拯救了人类；三是兄妹成婚，繁衍了人类；四是兴婚丧喜嫁之礼，教化了人类；五是始制笙簧器乐，娱乐了人类。 女娲与伏羲的滚磨成婚 唐李冗《独异记》中"天若遣我兄妹二人为夫妻，而烟悉合，若不，使烟散。于烟即合"的记载与当地百姓"滚磨为婚"的传说有异曲同工之处。在女娲山东北方向不远处，现有一条山沟名叫"磨沟"，此沟因伏羲女娲兄妹"滚磨成婚"的传说而得名至今。 女娲炼石补天 《淮南子·天文训》一文中"天柱折、地维绝……女娲斩鳌足撑天倾"的所谓"天柱"折断后，天空就会坍塌下来，女娲于是"斩鳌足撑天倾"，用"柱子"将苍天撑住。后来，女娲在南山采五色石炼之再"修天补洞"，并用金钉加固，今天才有了天空的五彩流云和夜空繁星

Dafengfei 2010—3—25 20：14	闪烁的天象。在安康东南距平利五六十公里的地方，有座巍峨挺拔的大山名叫"天柱山"，据传此山乃鳌足演化而来。 女娲与中皇山 女娲炼石补天的所在地也在如今的女娲山。从女娲阻止炎黄之战的地理位置上看，黄帝居于渭北黄龙，炎帝居于鄂西神农架，女娲所在二者间的位置正是平利女娲山。女娲庙所在山峰向南500米有座山叫"偏头山"。据当地百姓讲，当时女娲在炼石之成后，奋力举石补天，第一脚踏力过猛，将此山踏歪偏向山南一侧，故得名"偏头山"，相传山上曾留下女娲的脚印。此山现为女娲山乡七里村村民承包的责任林山，传说中的脚印已被垦荒植树。女娲第二脚踏向中皇山，将该山山头西侧夷为平地，后在平地上建起现在的女娲庙，中皇山因庙而又得名为女娲山。 女娲庙——铭刻女娲事迹的丰碑 女娲庙坐落在女娲山乡七里村。据当地百姓介绍，解放初期的女娲庙十分庞大壮观，在平利堪称第一寺庙，有四扇大门，房宇百余间，殿堂三层，故又称"三台寺"；庙内住僧人二三十余人、居士若干。但在历经了战乱、土改、"文革"后，现仅存一间正殿和"平心门"的残墙断壁。 就女娲庙保存完好时的壮观景象，笔者特地分别采访了何家沟村85岁高龄的王道芳老人、何家沟村最有文化的长者现年74岁的退休教师张友中和女娲庙现唯一的守庙人46岁的何中山，他们都讲述了从自己记事起印象中的女娲庙。 相传，女娲采金州（现安康）南山五色石炼之补天，救民于水火，从此百姓康泰，风调雨顺。女娲在此地修造了一座土地庙，教南山民众种桑养蚕，取丝纺绸，福祉于民。当地民众为祭祀女娲的贤能圣德，将土地庙改建为女娲庙，供奉香火，顶礼膜拜。 为颂扬女娲"补天"之功，夏代在女娲山始建宝灵寺，后改为中皇庙、女娲庙，香火极盛，"登探者淑匿纷来，瞻礼者贤否沓至"。《路史》云："女娲始治于中皇山，继兴于骊山之下，中皇山即女娲山，有天台鼎峙，今建女娲庙。"唐宋以来，女娲庙历经修葺扩建，尤其是清乾隆元年重修后，拥有正殿四重、房屋百余间，是当时平利最大的寺院，被誉为"名胜之方"。 解放初期，女娲庙仍保存完好。此时的女娲庙共分三层殿，即在三台自然地貌上建筑，又称"三台寺"。一层是天井，内有一棵五六人方能合抱的千年桂花树，人称"中皇古桂"。二层是拜殿，殿外两条滚龙抱

续表

Dafengfei 2010—3—25 20：14	柱，楼宇古朴，雕龙画栋，气宇不凡；殿前有一顶门神"胡敬德"的官帽，大赢二尺、厚寸余、重约八九十公斤，据说此帽为胡敬德朝庙上香时的遗忘之物。三层即正北为正殿，供奉女娲娘娘、十八罗汉诸神。另分东房、西房和南房。东、西房各有一门，南房有两门，即山门平心门。 在女娲庙西南侧一里之遥的山巅，建有一座玉皇宫，即玉皇大帝的宫殿，四合大院，一个天井，内设正殿和火神庙，正殿供奉玉皇大帝。玉皇宫仅住三四个和尚，规模远不及女娲庙，但与女娲庙遥遥相对，独成景观。玉皇宫解放初期保存尚好，却毁于20世纪60年代。 女娲庙、玉皇宫和塔院的建筑十分讲究。建筑所用木材就地取材，但寺庙塔院所用上千柱墩石却来自安康旬阳县的火岩石，此石坚硬无比，千年不化。采石后经众纤夫从灞河用船运自徐家坝，再用牛拉、人抬、木滚等方法运至女娲山。庙院的砖瓦也很独特。从古至今，女娲山一带的山民大多沿袭土墙、木梁、石盖的砌房方式，女娲庙却单一色的青砖青瓦，而且砖的大小规格有七种之多，形状又有圆砖、方砖、长砖和厚砖、薄砖、花砖之别。工匠们考虑到建庙耗砖瓦之巨，质量之高，特在女娲庙后山修建了窑场，至今后山还有"窑场"的地名。 平利县收藏一块《中皇山女娲氏庙碑》，系清雍正十三年修葺寺庙时由当任知县古沣撰文，博引古今文献较系统地阐述了女娲神话传说。庙碑高3.3米、宽1.3米，欧体楷书，由3块梨木精刻而制，工艺极为考究，系平利发现最大的木质碑刻。 女娲山的景色 《中皇山女娲氏庙碑》载女娲山景观云："其高三千仞，其蜿蜒如龙，其平衍如堤，冈峦起伏，绵亘四十五里，逦迤而登不觉其高，及凌绝顶，则群山尽在其下，愧见千岩拱卫，万壑争趋之势。"清人王惠民在《登女娲山》诗中也写道："径曲盘青蹬，峰高耸碧天；云深樵指路，涧落鸟窥泉，古寺筠捎雪；疏林树杪烟，因思炼补事，延伫万山巅。"文中形象地描绘了女娲山的自然景色。可见女娲山高大宏伟，山峦起伏，千山万壑，云雾飞绕，溪流曲折。

附录4 《古剑奇谭：琴心剑魄今何在》玩家游戏行为与神话传播调查问卷

第一部分　受访人基本信息

年龄：性别：职业：

第二部分　游戏行为信息调查

1. "琴心剑魄"周目通关花费多长时间？

A. 1—2 周

B. 3—4 周

C. 4—5 周

D. 更长时间

2. "琴心剑魄"玩过几周目？

A. 一周目

B. 二周目

C. 三周目

D. 三周目以上

3. 在"琴心剑魄"中，你通常是以下哪种类型的现象？

A. 偏向"剧情党"：只关注剧情，想看接下来的故事情节是什么？

B. 偏向"细节党"：热衷于探索游戏中每一个场景，收集词条，辅助系统，全面体验游戏世界

C. 主要关注于游戏的游戏性，热衷于杀怪升级

4. 在游戏的过程中，与NPC对话的频率是多少？

A. 一定会与每一位NPC对话

B. 偶尔与遇见的NPC对话

C. 基本不与NPC对话

5. 在游戏的过程中，使用书信系统的频率是多少？

A. 每到一个场景都会去驿站收取书信并阅读

B. 偶尔收取书信并阅读

C. 基本没有收取过信件

6. 在游戏的过程中，游戏的辅助系统《洞冥广记》的使用频率是多少？

A. 很频繁，熟悉里面的词条内容

B. 偶尔进入查看感兴趣的内容

C. 基本不进入

D. 不知道有这个辅助系统

7. 在游戏的过程中，游戏的辅助系统《聊斋图录》的使用频率是多少？

A. 经常打开，阅读里面的内容

B. 偶尔进入查看

C. 基本没有打开过

D. 不知道有这个辅助系统

8. 在游戏的过程中，是否上过游戏的官方论坛和贴吧？是否参与讨论？

A. 是，是

B. 是，否

C. 否，否

9. 在游戏的官方论坛和贴吧对以下那几项内容感兴趣？

A. 活动

B. 剧情

C. 感评

D. 攻略

E. 配置

F. 考据

10. 购买过以下哪几项游戏的衍生产品？

A. 《芳华如梦——古剑奇谭官方企划设定集》

B. 世界观衍生小说《神渊古纪》

C. 《太古纪事》卷轴

D. 以上都没有

第三部分 神话传播效度调查

1. 在"琴心剑魄"中，你了解的神话叙事或元素有哪些？（在表格中填写）

A. 非常了解：非常熟悉游戏中相关的神话故事或元素，能够清晰地记忆大部分甚至所有细节。

B. 略有了解：熟悉游戏中相关的神话故事或元素，能够清晰记忆部分细节。

C. 不了解：在游戏中接触过相关神话故事或元素，但不了解具体的细节。

D. 很不了解：在游戏中完全没有接触过相关神话故事或元素。

	游戏中的神话	传播效度			
		非常了解	略有了解	不了解	很不了解
神话故事	《太古纪事》 讲述了游戏故事主角百里屠苏的前世祝融之子太子长琴与榣山旁一水虺悭臾结下友情，但在捉拿化成黑龙的悭臾时，不慎导致天柱倾塌而被贬凡间乃至魂魄分离的故事。				
	《安邑往事》 讲述了西北部的安邑部族为了生存，在首领蚩尤的带领下，凭借其胞弟襄垣所铸的剑杀戮进入中原，伤及天神伏羲。伏羲取剑灭安邑族，但留下部族旁支龙渊及七把凶剑。女娲为了避免三界战乱封印凶剑，遂带领女娲部族和龙渊族人进入地界，借住幽都。				
	《开天辟地》 在混沌之初，衔烛之龙睁开双眼，带来光明，也唤醒了盘古，将清浊二气分开，开天辟地，并孕育先有"三皇"伏羲、女娲、神农及众神				
	《三界初成》 伏羲深感人兽相争、大地混乱，因此号召诸神建造建木天梯，登天离去，形成天界，阎罗、后土前往地界，制定生死轮回规则，而成地界				
	场景系统 榣山、沧波舟、龙绡宫、祖洲、中皇山、幽都、忘川蒿里、蓬莱				
	战斗系统 化蛇、雨师妾、肥遗、鹿蜀、混沌、屏翳、狰、鲲、泉先、蚊湖、椿杌、駮、蛊雕、伤魂鸟、暗云奔霄、穷奇、饕餮				

2. 通过哪种方式获知这些神话元素？

A. 在玩游戏中接触到的

B. 参与论坛讨论

C. 世界观衍生小说《深渊古纪》

D. 游戏设计者的宣传

E. 与现实中的朋友交谈

3. 你觉得"琴心剑魄"中的神话元素利用改编是否合理？

A. 很合理，融合得比较好

B. 略微不合理，部分需要改进

C. 不合理，大部分运用得都很牵强

D. 不需要融合

4. 你认为在电子游戏中融合神话元素对神话的传承作用是如何？

A. 具有积极的传承作用，扩大传播范围，加深认识

B. 具有一定的积极作用，但作用有限

C. 作用不大，玩家一般不太会关注

D. 具有副作用，会造成玩家对神话的曲解

5. 游戏中的神话故事、人物、形象会改变你原有对相关神话故事、人物、形象的认知吗？

A. 会改变，增加新的理解

B. 不会改变，知道电子游戏中是虚构的

C. 不知道

第八章

影视媒介中的神话主义

——以《远古的传说》《天地传奇》和《哪吒传奇》等为个案*

第一节 引言

一 选题的意义

著名媒介学者麦克卢汉（Marshall Mcluhan）认为媒介的力量可以使整个世界浓缩为一个"地球村"（global village）①。对于生活在现代社会中的人来说，尤其是对于身处都市环境中的人而言，电子传媒在日常生活中似乎无处不在。在家中观看电视剧，在电影院观赏电影，在地铁、公交上观看资讯电视，这些都已在不知不觉中成为生活里不可或缺的部分。人们通过影视媒介的传播功能，既能获取日常与人交往的谈资，又在不经意中知晓了各种知识。大众传播媒介的存在不仅深刻地影响着人们获得知识的途径及其知识构成，也在潜移默化中改变着社会的文化风貌。

随着媒介影响力的日益凸显，学术界各个领域对其关注也逐渐加深。对一些民俗学家而言，大众传媒正冲击着传统民间文化的依存空间和承载方式。以往，民俗学家追求的是在偏远的、保存完好的村落中找到自由存在的、富有生活气息的民风民俗，渴望看到村民通过歌谣、故事等口口相

---

* 本章作者陈汝静。
① [加]马歇尔·麦克卢汉：《理解媒介：论人的延伸》，何道宽译，凤凰出版传媒集团·译林出版社2011年版。

传的形式传承当地民间知识的图景。但时至今日，随着城市化进程的加快，无论在农村还是城市，更多年轻人不是从老人口中的故事获取他们认为的最有价值的信息，而是借着画面生动、信息爆炸的电视节目知晓更多关于外面世界的信息。在传统传承的过程中，影视媒介的干预已成为不可忽略的事实，那么，传统是否还有存在的空间？它是否会因全球化变得"均质统一"？它又会在新的语境中发生哪些变化，又承载哪些新的功能？"传统"与"现代"的接续与冲突成为了许多民俗学者思考的焦点。

围绕上述问题，神话的"古老"与"新生"之间的张力，亦成为颇值得研究的对象。在一般人的心目中，神话或许与人们的现实生活相去甚远，被遗留在了泛黄的历史古籍之中。然而，在电子时代里，人们常发现，神话正以一种新的面貌与他们发生密切接触。它以电视剧、电影、动漫、游戏等电子媒介为依托，向人们讲述并传播了价值丰富的文化内涵。那么这些被学界称为"神圣的叙事"的神话在影视媒介生产的进程中会经历哪些微调、重组，抑或被赋予怎样新鲜的意义？当"神话"不再是历史遗留物，而以新的形式呈现于众人眼前时，它们还能被冠以"神话"的名义吗？它们是属于何种意义层面的"神话"？

本章拟以《远古的传说》（又名《传说》，2010）、《天地传奇》（2005）、《哪吒传奇》（2003）、《女娲补天》（1985）等影视作品为案例，对影视媒介运用、改编和重构中国神话的特点、原因及其传播效果进行调查和分析。通过文本分析、实地与虚拟田野作业的方法，本章试图抛弃以往宏观的泛泛概述，而对影视媒介语境下的神话传统变迁与再造的过程进行深入描写。此外，本章尝试通过个案的详细描述与研究，探讨经影视媒介改编的神话主义的存在样态与变迁机制，以及重构后的神话主义对民众神话观念的作用与影响，期望由此拓展神话学的研究视域，在与神话学的基础理论进行对话的过程中反思"神话"的概念范畴。

二 国内外研究现状分析

（一）关于神话与神话主义

关于神话的研究可谓卷帙浩繁。从研究方法来看，很多神话学研究者长期将注意力放在纯文本分析领域，主要从人物、情节、母题、类型等叙事文本的题材内容方面来辨析神话的独特之处。这样的治学方式将神话限制在"文本"细究的层面上。而这种方法也在擅长治史的中国神话研究领域中得到了充分的发挥。自20世纪初,"中国神话学"作为现代科学正式发端以来,国内学者对神话的研究,常借助于文献和考古学等资料,对中国古典神话的发展轨迹、原始意义等进行考据研究。在这种理论框架的影响下,中国神话往往与古史纠缠在一起,被认定是处于零散的状态,并难以避免地与"遥远的过去""古老的历史"等相勾连。至今,神话学在中国常囿于"古代学"的领域中。

在世界神话研究历史上,维柯(Giambattista Vico)的"诗性智慧"①、缪勒(Friedrich Max Müller)的"生病的语言"②、泰勒(Edward Tylor)的"文化遗留物"③、弗雷泽(James George Frazer)的"巫术论"④、列维·布留尔(Lucien Lévy-Brühl)的"原始思维"⑤,也都倾向将神话与科学、理性等置于二元对立的境地,因为他们反复探讨的关于神话的内核都指向如"心性""诗意""信仰"等与逻各斯(Logos)不同的意义范畴。

虽然,以马林诺夫斯基为代表的功能学派开拓了学界对"神话"的判定标准,但其研究仍以"原始人"为思考导向。马氏从功能的角度来界定神话的内涵,即神话是原始人的社会与文化"宪章",拥有规范行为和社会准则的意义⑥。在马林诺夫斯基看来,作为信仰叙事,神话能发挥宪章功能,是需要在特定、具体的现实生活语境进行考察。这种语境一旦消失,那么"神话"还能否被当作神圣信仰,是值得商榷的问题⑦。与马氏的研究范畴与问题相似,人类学家关于神话的理解常局限于对偏远落后地区的"原始人"生活的挖掘。他们对神话在现代社会中的传承和演变状况,则缺乏足够的关注。

然而,除功能学派等人类学家之外,神话的"功能"还引起了其他

---

① [意]乔瓦尼·巴蒂斯塔·维柯:《新科学》,朱光潜译,商务印书馆1989年版。
② [英]麦克斯·缪勒:《比较神话学》,金泽译,上海文艺出版社1989年版。
③ [英]爱德华·泰勒:《原始文化》,连树声译,上海文艺出版社1992年版。
④ [英]詹·乔·弗雷泽:《金枝》,徐育新译,中国民间文艺出版社1987年版。
⑤ [法]列维·布留尔:《原始思维》,丁由译,商务印书馆1981年版。
⑥ [英]马林诺夫斯基:《神话在生活中的作用》,载[美]阿兰·邓迪斯《西方神话学读本》,朝戈金等译,广西师范大学出版社2006年版,第240—252页。
⑦ 吕微:《神话信仰—叙事是人的本原的存在(代序)》,载杨利慧、张霞、徐芳、李红武、仝云丽《现代口承神话的民族志研究——以四个汉族社区为个案》,陕西师范大学出版总社有限公司2011年版。

学者的注意。他们着重关注神话与现代性关联的可能。如美国学者戴维·利明（David Leeming）和埃德温·贝尔德（Edwin Belda）从宗教意义层面提出"当代神话"的概念，意指现代社会生产方式所产生的社会语境中的"神话"。他们认为"科学"与"国家主义"在改造社会方面发挥了宗教图腾般的"神话"力量[①]。在他们的研究中，"神话"一词的内涵不以文本内容为界定标准，而更注重其内在价值观的影响力，是一种符号化的象征表述。

此外，基于对神话内蕴的超越性理解，在探讨神话能在现代社会一直存留的原因时，罗马尼亚宗教学家米尔恰·伊利亚德（Mircea Eliade）亦从宗教层面做出了自己的解释。在他看来，神话指向人的信仰心理，神圣与现实具有同一性。他认为，现代人虽自以为自己的智慧来源于科学，但事实并非如此。世上绝不存在纯粹理性的人，他们大多都是"宗教的人"，无法离开神话。神话的"再生"功能让人们通过魔法的力量回到神话诞生的那一刻，从而使他们在精神上获得重生，并与神性相遇。人们之所以在欣赏戏剧、电影与阅读书籍时会有获取神圣的感觉，就在于在这种经验中他们发现了在日常世界之外存在着的另一个时间更悠远的世界。人们沉浸其中，仿佛回到了神话时代[②]。伊利亚德对"神圣与世俗"的认识是颇具启发性的，给予了神话更广泛的界定。他将"神圣"看作超越并表征尘世的存在，从而消解了神话与科学、现代性之间不可逾越的鸿沟。

总体上而言，20世纪以后的神话研究，开始逐渐摒弃神话与科学相互敌对的立场，并从不同的视角阐释了"神话"与"现代社会"之间的复杂关联[③]。

本章认为，在现代社会的语境下，在影视媒体传播的改编的影响下，神话会呈现出不同的面貌。但若仅以文本内容限定神话的范畴，或许较难理解神话不断被一代代人改编与重述的意义。尽管传承方式发生了变化，但神话的哪些功能、价值与作用仍能在现代民众中得到传承，又是如何传承的，这一问题仍有重要的探索价值。

[①] [美]戴维·利明、埃德温·贝尔德：《神话学》，李培茱等译，上海人民出版社1990年版。

[②] [罗]米尔恰·伊利亚德：《神圣与世俗》，王建光译，华夏出版社2003年版，第11页。

[③] [美]罗伯特·西格尔：《神话理论》，刘象愚译，外语教学与研究出版社2011年版，第310页。

神话在现代社会，尤其是城市环境中的传承情况一直是中国神话学研究的薄弱环节。相关的探讨尽管也取得了一定成绩，但较为零星，尤其是对当代社会影响巨大的电子传媒传播神话的情况分析，更是鲜有。

近些年叶舒宪等人引入了"新神话主义"的概念，关注20世纪后期以来席卷全球的文化寻根思潮。该思潮"表现在文学和艺术创作、影视、动漫产品和视觉文化方面，乃至广义的整个文化创意产业方面"①，其共同特征为想象远古神话与信仰观念，并在价值观念上批判与讽刺现代性，向往原始社会的纯粹。这一术语内涵丰富，自提出以后为多人借用，某种程度上扩展了人们对神话的认识。

在此之后，杨利慧认为，神话传统在当代社会中被挪用与重述的情况是颇值得重视与探究的问题②。2000年至2010年，她与学生在教育部课题"现代口承神话的传承与变异"的田野调查中发现，神话传播的方式日益多样，大众传媒是年轻人了解神话的重要渠道③。基于此，通过《全球化、反全球化与中国民间传统的重构——以大型国产动画片〈哪吒传奇〉为例》等一系列文章的分析，杨利慧着力剖析了影响神话传统传承的时代因素，指出神话在当代传播语境为人所用的重要现象，以此强调神话传统的功能与当下社会的密切关系性④。这些文章多以单个的文本分析为主，仍有较大的挖掘空间。针对这一不足，杨利慧于2011年申请并主持的国家社科基金课题《当代中国的神话主义——以遗产旅游和电子媒介的考察为中心》，力图从神话学与民俗学的视角，对中国神话传统在当代社会——尤其是在遗产旅游和电子媒介领域——的利用与重建状况展开更细致的民族志考察。在该项目中，杨利慧创造性地使用"神话主义"这一概念，"用来指20世纪下半叶以来，由于现代文化产业和电子媒介技术的广泛影响而产生的对神话的挪用和重新建构，神话被从其原本生存的社区日常生活的语境移入新的语境中，为不同的观众而展现，并被赋予

---

① 叶舒宪：《〈阿凡达〉：新神话主义的启示录》，《文汇读书周报》2010年1月22日，第10版。
② 杨利慧：《遗产旅游语境中的神话主义——以导游词底本与导游的叙事表演为中心》，《民俗研究》2014年第1期。
③ 杨利慧、张霞、徐芳、李红武、仝云丽：《现代口承神话的民族志研究——以四个汉族社区为个案》，陕西师范大学出版总社有限公司2011年版。
④ 杨利慧：《全球化、反全球化与中国民间传统的重构——以大型国产动画片〈哪吒传奇〉为例》，《北京师范大学学报》（社会科学版）2009年第1期。

了新的功能和意义。将神话作为地区、族群或者国家的文化象征而对之进行商业性、政治性或文化性的整合运用,是神话主义的常见形态"。(见本书第一章)

本章将采用上述"神话主义"的概念和视角,来探究神话在影视作品中的表现。拟解决的关键问题是神话在电视、电影媒介中呈现的状态、生产的过程以及观众的接受状况,进而探究传统传承中的内在机制。

(二)关于"传统的发明"

自20世纪下半叶以来,关于传统是"连续的""客观存在""与现代相对"的共识不断遭受质疑。越来越多的人认识到,"传统"本质上是开放包容的,"过去"与"现在"并非决然对立。就"传统"而言,"当下"是最重要的。只有在"当下"的语境中,"传统"所系的过去、现在与将来的意义才能得以建构①。在这种大背景之下,学术界各领域均对"传统""历史"等概念进行了解构性研究,积极探寻当中隐藏着的权力话语。

"传统的发明"一词较早来源于历史学。随着20世纪上半叶西方史学认知论的转型,霍布斯鲍姆(Eric Hobsbawm)等人颠覆了"传统"的概念。在霍布斯鲍姆看来,传统并非一成不变,而是由"历史主体"为实现某种目的建构而成的,目标是灌输一定的价值和行为规范。"历史"与"过去"赋予"历史主体"的行为以权威性②。

对民俗学的研究而言,"传统"一直是学界讨论的核心概念,霍布斯鲍姆等人的观点颇有启发意义。对"传统"的重新认识也推动着民俗学的研究对象、方法以及意义的转变。学界的视角渐从辨别传统的本真性转向探索传统在现代社会的存留与变迁机制。一系列以此种学理追求为核心的话语相继出现,如"民俗主义"("民俗学主义")③、"传统化与传统化

---

① Richard Handler and Jocelyn Linnekin, "Tradition, Genuine or Spurious", *The Journal of American Folklore*, Vol. 97, No. 385, 1984, pp. 273–290.

② [英] E. 霍布斯鲍姆、T. 兰格:《传统的发明》,顾杭、庞冠群译,译林出版社2004年版。

③ 杨利慧:《"民俗主义"概念的涵义、应用及其对当代中国民俗学建设的意义》,《民间文化论坛》2007年第1期;[日]西村真志叶、岳永逸:《民俗学主义的兴起、普及以及影响》,《民间文化论坛》2004年第6期。

实践"①"以传统为导向的文本"②"民俗化"③ 等。虽然这些术语名称不同，但从根本上看，它们与"传统的发明"有着相同的旨趣，即更为关注包括民俗在内的传统文化在当代社会中的存活样态。

在笔者看来，民俗学目前的研究取向为关注传统在现代社会传承的动态过程，试图解决诸种问题，如建构传统过程中的权力关系，传统化实践与日常生活之间的相互影响等。"传统"不再是客观陈列的"物"，"人的主体性"被提上了前台，更看重传统表象背后的"人"的行为、动机及其意义。本章的学理思考也是以前辈的理论为基础，反思在影视媒介中神话的再现与重塑过程中可能包含的主体动机等问题。

（三）关于大众传媒与民俗再现

在现代媒介与人类文化、心理与社会关系的研究方面，有较大影响力的是欧洲的一些文化研究学者和媒介研究学者。他们对大众传媒文化研究的诸多方面，如文化生产、媒介特性等，都有富于启发性的阐释。

20 世纪 30 年代，本雅明曾惋惜地讲述了印刷术、摄影技术等新技术的出现对传统艺术形式与价值观的巨大冲击。他认为艺术的"光晕"，即原创、本真与不可复制性将被技术颠覆④。这一观念成为后来诸多民俗学家研究技术与民俗关系的批判点。

几乎同一时期，法兰克福学派其他文化批评者不断声明，任何文化现象，尤其是大众文化背后都潜藏着复杂的权力因素，因而文化文本的分析应置于生产与流通文本的政治、经济、文化等综合语境之中。他们以"文化产业"（Culture Industry）的概念来批判大众文化生产、建构的标准

---

① Dell Hymes, "Folklore's Nature and the Sun's Myth," *The Journal of American Folklore*, Vol. 88, No. 350, 1975, pp. 345 – 369；[美] 理查德·鲍曼：《民俗界定与研究中的"传统"观》，杨利慧、安德明译，《民族艺术》2006 年第 2 期；康丽：《传统化与传统化实践——对中国当代民间文学研究的思考》，《民族文学研究》2010 年第 4 期；康丽：《电影工业的传统化实践——从迪斯尼动画〈木兰〉说起》，《当代电影》2011 年第 5 期。

② [美] 马克·本德尔：《怎样看〈梅葛〉："以传统为取向"的楚雄彝族文学文本》，付卫译，《民俗研究》2002 年第 4 期。

③ John H. McDowell, "Rethinking Folklorization in Ecuador: Multivocality in the Expressive Contact Zone," *Western Folklore*, Vol. 69, No. 2, 2010, pp. 181 – 209.

④ [德] 瓦尔特·本雅明：《机械复制时代的艺术作品》，王才勇译，中国城市出版社 2002 年版。

化与程式化，并强调其对大众单向化致命性的影响①。而英国文化学派以"能动的受众"的观念批驳了法兰克福学派"被动的受众"的局限，认为受众并未被意识形态压迫得毫无翻身之力，相反，大众能针对传媒传播的信息提出自己的见解和抵抗②。对建构话语过程的精辟分析以及对受众的认识，是这两大学派值得借鉴的地方。但文化批评的研究甚少从民众本身的话语出发，在文化评论者居高临下的言论里，民众处在隐而不彰的阴影之中。

而在专业的大众媒介研究的学者眼中，新媒介本身的独特性是他们关注的核心。这派学者的名言是，"媒介即讯息"（the medium is the message）③，其背后含义就是：媒介性质对社会的影响超过媒介内容对社会的影响。在他们看来，媒介是划分时代的核心指向标，而现代社会已渐渐由"文字中心时代"过渡到了"图像中心时代"④。这种时代的转变对整个社会的心理都产生了难以估量的影响。他们还致力于研究媒介与人的身体经验之间的关联，认为媒介的变化将会深刻地作用于人们对感知世界的方式和思维习惯。

上述基础理论都是笔者研究影视媒介环境下神话存在样态的基本前提。这些理论或多或少地为笔者的思考提供了思索方向。这些学派从不同视角解读了大众传媒对人们生活方式与心理思维的影响，但同样重视新媒介本身的特性及其对文化的深刻作用，并试图挖掘背后隐藏的媒介符码、意识形态、经济动因以及社会模型，强调媒介发展与人的身体感受之间的复杂关系。

2002年出版的由凯利·阿斯凯（Kelly Askey）和理查德·R. 韦尔克（Richard R. Wilk）主编的《媒介人类学读本》（*The Anthropology of Media：A Reader*），旨在探求媒介技术的理论和民族志问题，并将

---

① ［德］马克斯·霍克海默、西奥多·阿道尔诺：《启蒙辩证法》，渠敬东、曹卫东译，上海人民出版社2006年版。
② ［美］道格拉斯·凯尔纳：《错失的联合——法兰克福学派与英国文化研究》，载许纪霖主编《帝国、都市与现代性》，江苏人民出版社2006年版。
③ ［加］马歇尔·麦克卢汉：《理解媒介：论人的延伸》，何道宽译，凤凰出版传媒集团·译林出版社2011年版。
④ ［美］尼尔·波兹曼：《娱乐至死·童年的消逝》，章艳译，广西师范大学出版社2009年版。

媒介人类学作为一个合法的人类学分支加以介绍①。人类学家通常凭借擅长的民族志手段，着力考察观众或听众对媒介传播的经验性的感受。通过解析观众接收与解读信息的过程，人类学家试图深刻剖析媒体传播行为、观众的自我想象以及意识形态等核心概念之间的复杂关系。此外，他们还将研究视线转向了传播文本的制作人身上。通过分析生产者的身份特征及其与意识形态之间的关系，人类学家尝试挖掘文本当中蕴含的核心价值观、生产者传播的目的及其营销策略②。以此为切入点，人类学家更加深入地反思媒介与身份认同、性别文化、种族意识以及权力话语等关键概念之间的联系。

借助民族志的方式，通过对印度两个乡村的深入观察，美国社会学家柯克·约翰逊（Kirk Johnson）认为，村庄的社会、政治、经济情况的变化与电视媒体的发展关系密切。在电视传播的语境下，村庄中的人际关系、消费观念、语言霸权等现象都发生了不小的变化。在他看来，电视节目中的信息对村民的观念有着潜移默化的影响，而村民并非被动接受而是积极参与媒体传达的信息③。他的质性研究方法和看待问题的广阔社会视角值得借鉴。然而，虽然社会学家在考虑观众属性分层、影响传播效果的因素等方面的研究颇为突出，也从民众生活入手进行了阐释，但视角较宏观，涉及的范围甚广，在细腻深入地描写民众感受方面尚有较大深拓空间。

在民俗学领域里，近些年来，随着对"民俗"学科的属性与定位的不断反思，越来越多的民俗学者开始注重现代语境下的"传统"的存在状况。鲍辛格就指出，现代社会中科学技术对民俗的渗透是在所难免的，民俗与科技并非背道而驰，因而民俗研究应引入当下视野④。据米克尔·科文（Mikel J. Koven）的总结，近些年来民俗学者针对民俗与电影、电

---

① Kelly Askew and Richard R. Wilk, eds., *The Anthropology of Media: A Reader*, Hoboken: Blackwell Publishers, 2002.

② ［美］萨拉·迪基：《人类学及其对大众传媒研究的贡献》，《国际社会科学杂志》（中文版）1998 年第 3 期。

③ ［美］柯克·约翰逊：《电视与乡村社会变迁》，展明辉、张金玺译，中国人民大学出版社 2005 年版。

④ Hermann Bausinger, *Folk Culture in a World of Technology*, trans. Elke Dettmer, Bloomington: Indiana University Press, 1990.

视关系的研究视角大致可以分为三种。第一，通过观察大众媒介的传播过程，民俗学者试图探究大众传媒的影响力与民间文学文本变体的关系，以及媒体传播的讯息对现实表演的影响程度；第二，另一部分学者继承了历史—地理学派的研究方法，尝试发掘神话、传说或童话中的母题与类型在大众传媒作品中的变化机制；第三，民俗学者针对观众的思想与行为进行调查，即"粉丝"或"影迷"的群体调查，力图挖掘影视媒体改编后的民俗对人们的日常行为与观念的影响。在这三类研究视角中，"电影""电视"作为一种"固定文本"的观念被逐渐推翻。民俗学家发现，各种因素，如导演的剪辑、各国不同的审核制度、各社区的文化标准以及电影面对的主要观众类型等，都会影响电影、电视的最终呈现[1]。就外国研究而言，学术界对大众传媒的态度逐渐从"批评其擅改传统"转变为"探寻其改编动机"，体现了如今民俗学研究的视角转换。

而颇具开拓价值的研究来自美国民俗学家琳达·黛格。黛格非常敏锐地注意到消费主义潮流下大众媒介对文化均质化的影响。借用麦克卢汉"地球村"的概念，她认为通过同质化信息的传播，传媒会在象征意义上塑造出一种"世界居民"的文化。随着符号表征的平等性社会秩序的创设，传媒可能会消解以国界为界限的异质与多元文化。黛格涉猎的研究范围颇广，如"童话、传说在广告中的运用""魔法如何成为邮购的商品"以及各种女性形象在大众传媒中的存在状态等。黛格的论述并非只停留在文本层面，而是通过大量的案例分析，试图揭示个体运用媒体来保存、改造、转化与创造传统的过程与规律。在她看来，童话、传说等传统民间叙事在工业社会中的留存形式是多变的，但不变的是其中不可替代的"魔幻世界观"。这种精神层面的价值是童话、传说等民间文学得以被现代传媒广泛借用的根本原因，因为这类非科学主义、非理性的思维方式一直对人们有着强烈的吸引力，并对人们的生存状态影响深远[2]。

黛格的此番分析立足于自己多年故事研究的经验，她对时代新现象与传统文化之间关系的探索具有前沿意义。总之，这本著作表明了民俗在现

---

[1] Mikel Koven, "Folklore Studies and Popular Film and Television: A Necessary Critical Survey", *The Journal of American Folklore*, Vol. 116, No. 460, 2003, pp. 176-195.

[2] Linda Dégh, *American Folklore and the Mass Media*, Bloomington: Indiana University Press, 1994.

今社会中存在的顽强性，并说明了在"变"中存有"不变"的传统传承的基本问题。

而在中国，相关研究较为单薄，成书并不多见，以单篇论文为主。其中值得一提的是孙正国的《媒介形态与故事建构——以〈白蛇传〉为主要研究对象》①。作者从媒介这一特定角度，具体分析了口头形态、书面形态、戏剧形态、影视形态和网络形态五种介质的《白蛇传》，并从故事讲述者、故事时间和故事空间等三个维度阐释媒介形态与故事建构的关系。作者认为，有着相同故事母题的白蛇故事因为不同媒介有着不同的表现：在语言媒介中突出故事的想象性，在影视媒介中突出形象特征，在网络媒介中突出虚拟性。因此，媒介因素在故事建构、传播与演变的过程中具有积极价值，故事对媒介因素存在一定的选择性。作者对影视表演媒介的见解颇有启发性。他指出，一方面技术会限制故事讲述者的表达方式，形成新的话语模式；另一方面技术媒介背后隐藏着多重人为因素，如导演的剪辑、对影片拍摄的干预以及叙述故事的习惯等，都会对故事的最终呈现有着重要影响。这种对文本建构的动态分析对本章的研究有直接参考价值。

此外，还有不少学者将研究的注意力转向了民俗与传媒的关系上。如康丽运用西方民俗学界提出的"传统化实践"的理论视角，清楚地解析了美国迪斯尼是如何利用中国乐府诗《木兰辞》进行完美的"传统化"实践的过程②，体现了学者对"传统"与"现代"关系的思考。常华的论文则主要以张艺谋的电影为分析对象，探讨了电影利用和再现民俗的多种手法。该文指出电影与民俗之间的共存互惠的关系，电影作为一种新媒介在改造与运用民俗文化的同时，也对民俗的传承起到重要作用③。周明玉在对越南灶头故事进行研究时发现，新媒介如电视娱乐节目、网络等都对传统资源进行了重塑与改造。通过分析越南灶头故事在电视、网络媒体中被利用与改造的过程，周明玉指出，传统的功能与意义在现代社会语境

---

① 孙正国：《媒介形态与故事建构——以〈白蛇传〉为主要研究对象》，博士学位论文，上海大学，2008年。
② 康丽：《电影工业的传统化实践——从迪斯尼动画〈木兰〉说起》，《当代电影》2011年第5期。
③ 常华：《大众文化对民间文化的整合及结果——以涉及民俗内容较多的电影为例》，硕士学位论文，北京师范大学，2006年。

中得到了传承与更新①。总体而论，这几篇文章的讨论范畴并没有脱离科文所总结的研究视角，并以文本分析为主，对"传统"的存留形式与变化机制进行了探寻。

综上所述，以上研究成果对影视媒介的特殊性都有着不同程度的理解，国内外民俗学的已有相关成果值得借鉴。影视作品中充斥着各种因素的较力，探究"传统"在其中的存在机制及其对受众的影响力是重要突破点。此外，作为与纸媒不同的介质，影视传媒与人的身体感受之间的关系，是否会对人接收信息产生影响，以及如何更好地从民俗学视角去研究这类现象等也是亟待解决的问题。这些问题为本章提供了进一步探讨的学术空间。

三　研究方法

本章主要采用的是文本分析、实地与虚拟网络田野作业的方法。文本分析的对象为大量电视剧、电影的叙事。通过解析文本的发展脉络与表现形式，本章欲了解其结构框架、叙事特征，并为探究其中的创作动机及影视作品的传播效果打好铺垫。

本章实地田野作业的对象，主要为在北京就读的青年群体。他们当中有几位是笔者的友人，而其他学生则多是朋友互相介绍而结识。在2010—2014年的田野调查期间，最终与笔者面对面交谈的受访人数有50多人，但其中观点典型并为文章所引用的有15人。这15人的年龄皆处在20—26岁，其中7人所学专业属于文科类，包括文学、哲学、英语、葡萄牙语；另有8人则为理工科的专业，如会计、数学、通信工程、无线电工程、医学等。此外，为了解不同年龄层的群体对此类神话传播方式的态度，以增强研究现象与结论的代表性，本章还采访了数十位观看过这类电视、电影的中年人。这些受访人多是40—60岁的男性，受教育程度各有不同，从小学肄业到大学毕业的皆有。他们当中有笔者的亲友、对神话有浓厚兴趣的网友以及参与过相关影视制作的专业人士。这些受访人大多在观念表述上不如高校学生清晰明朗，但其中有两人的表达较为突出、表达流畅，所述观点也较有代表性，并最终为本章引用。其中一位是周口市委

---

① 周明玉：《民间故事的当代传承——以越南灶头故事的变异为考察》，硕士学位论文，北京师范大学，2012年。

宣传部调研员岳献甫，他多次参加有关伏羲神话的影视制作活动，其主张亦能在某种程度上代表地方文人的态度。受访人的信息详见表8—1，按民俗学田野调查的传统，为尊重受访人的个人隐私，表中与后文出现的人名，除岳献甫外，皆为化名。

表8—1　　主要受访人信息（以访谈时间为序）

姓名	性别	年龄	专业	学校	访谈时间	访谈地点
清闻	男	51	中医药	湖南中医药大学	2010—11—3	电话访谈
肖飞	女	24	文学	北京师范大学	2010—12—15	北京师范大学
许左	女	24	英语	北京语言大学	2011—3—21	北京语言大学
高如	女	26	无线电工程	北京航空航天大学	2011—4—3	北京航空航天大学
王伟	男	21	电子商务	北京交通大学	2011—6—1	北京交通大学
文澜	女	23	文学	北京语言大学	2012—5—6	北京语言大学
王娜	女	23	文学	北京师范大学	2012—6—5	北京师范大学
高涵	女	21	葡萄牙语	北京外国语大学	2012—11—30	北京外国语大学
杜心	女	25	文学	北京师范大学	2013—3—20	北京师范大学
李潇	男	25	文学	首都师范大学	2013—4—12	首都师范大学
郑燕	女	25	哲学	北京大学	2013—5—3	北京师范大学
朱云	女	26	会计	中央财经大学	2013—5—30	中央财经大学
蒋明	男	22	通信工程	北京邮电大学	2013—6—3	北京邮电大学
黄达	男	22	光学工程	北京理工大学	2013—6—15	北京理工大学
林悦	女	23	数学	北京师范大学	2013—9—10	北京师范大学
张宇航	男	25	流体力学	北京航空航天大学	2013—12—3	北京航空航天大学
岳献甫	男	60		周口市委宣传部调研员	2014—3—11 等	电话与电子邮件

资料来源：北京高校学生关于中国神话与神话题材影视作品了解情况的调查。

而虚拟的网络调查主要涉及相关影视作品的网络论坛调查和问卷调查，以更大范围内地把握影视作品的影响力。就虚拟田野的合法性问题，人类学与社会学对此进行过积极的争辩。面对低成本、匿名性、开放性和交互性的网络环境，传统的基于真实人群与社区的研究方式受到了适用性上的质疑。学者们开始逐渐探索与互联网研究有关的方法，如人类学家米勒

(Daniel Miller)和社会学家斯莱特（Don Slater）合著的《互联网：一项民族志研究》(*The Internet: An Ethnographic Approach*)，展示了对互联网进行民族志研究的整体图景。2000 年，海因（Christine M Hine）出版了《虚拟民族志》(*Virtual Ethnography*)，提出虚拟民族志的概念并详细阐释了其研究的可行性。与此相似的概念，亦如网络民族志（internet ethnography）、在线民族志（online ethnography）或网络志（netnography）等，而它们共同的研究旨趣在于以互联网为研究环境并利用互联网进行资料收集①。虽然与现实生活中的田野调查有着诸多的差异，但在这些学者看来，参与观察或参与体验仍是他们进行民族志研究的基础。通过积极参与或潜伏在互联网中，学者可以借由对文本、图像以及虚拟社区中的社会互动的观察来了解与分析群体的态度与行为特征②。虽然虚拟田野的"真实性"一直饱受质疑，但不少研究者认为线上的匿名互动反而可以让参与者卸下心防，说出日常生活中难以启齿的问题③。而民俗学家也在虚拟田野上做出努力，如玛乔丽·基比（Marjorie D. Kibby）所写的《转发电子邮件：因特网时代的民俗》(*Email Forwardables: Folklore in the Age of the Internet*)就以电子邮件为研究对象。该文揭示出，网络孕育了新民俗——转发邮件民俗。它之所以可以被称为民俗，是缘于邮件转发这一媒介形式的文化交流功能仍等同于传统民俗的功能④。借鉴前辈学者的成果，本章虚拟田野的主要调查对象为电视剧的相关网络论坛，如迅雷看看、豆瓣等，并以参与观察为主要方法。

此外，笔者于 2014 年组织了一次网络问卷调查。参与者主要为北京师范大学、北京邮电大学与北京航空航天大学的学生。最终成功收回 213 份有效答卷，其中文科生问卷占比为 46.95%，理工科生为 53.05%。这份调查问卷设计的问题旨在考察参与人的神话观、对神话的了解程度以及对相关影视作品的观赏态度。在后文中，此次问卷调查及其结果将统一称为"北京高校学生关于中国神话与神话题材影视作品了解情况的调查"，简称为"北京高校生调查"（详见本章附录）。在问卷调查结束后，笔者

---

① 参见卜玉梅《虚拟民族志：田野、方法与伦理》，《社会学研究》2012 年第 6 期。
② 同上。
③ 朱凌飞、孙信茹：《走进"虚拟田野"——互联网与民族志调查》，《社会》2004 年第 9 期。
④ Marjorie D. Kibby, "Email Forwardables: Folklore in the Age of the Internet", *New Media & Society*, Vol. 7, No. 6, 2005, pp. 770–790.

通过网络 ID 与个别参与者进行了在线访谈，以更清楚地了解他们作答时的状态及其对答案的解释。

四　关键词的厘定

在本章中，神话与"以神话为题材的影视作品"为主要的研究对象。为本章叙述方便，下面将对笔者使用的这两个关键词进行厘定。

（一）神话

就前文所述，不同学派出于不同研究兴趣对神话给予了不同的界定。本章对神话的探讨将沿袭杨利慧对"神话"所下的定义：神话"是有关神祇、始祖、文化英雄或神圣动物及其活动的叙事，通过叙述一个或者一系列有关创世时刻以及这一时刻之前的故事，神话解释了宇宙、人类（包括神祇与特定族群）和文化的最初起源，以及现今世间秩序的最初奠定"（参见本书第一章）。而笔者所以选择电视剧、电影如《天地传奇》《远古的传说》《哪吒传奇》《女娲补天》等，就在于它们当中包涵着较为丰富的神话素材。

图 8—1　《天地传奇》海报

图 8—2 《远古的传说》海报

（二）以神话为题材的影视作品

在国产电视与电影中，神话成为了重要的创作素材。本章主要的分析对象就是此类影视作品。之所以不选用网络上常见的"神话电视剧"为核心概念，主要在于它与本章讨论的对象有所出入。在电子传播媒介的环境中，"神话电视剧"已成为一个相对固定的电视剧类型术语。作为古装剧中的一个子类型，"神话电视剧"被进一步细化在神怪剧的名目之下[①]。在观众与一般媒体的理解范畴中，"神话电视剧"之所以被冠上"神话"

[①] 上海电视节组委会、央视—索福瑞媒介研究公司：《中国电视剧市场报告——2003—2004》，华夏出版社 2003 年版。

之名，主要是因为它们讲述的多是一些神鬼之言与仙侠之事，有着不同于历史正剧的玄幻基调，更与现代都市剧的风格大相径庭。就前人和笔者的调查经验来看，观众在此并没有执着于学界努力分辨的"神话""传说"与"故事"之间的类型界限，而是将三者概念杂糅为一，统一贴上了"古装剧"或"神话剧"的标签①。人们认知上的模糊性在媒体的作用下更进了一步。《人民日报》、人民网、《中国新闻周刊》等主流官方媒体在评判如《远古的传说》《仙剑奇侠传》《妈祖》《轩辕剑》等电视剧时，都是将其混为一谈，概以"神话"二字囊括。因此，相对于本章研究的对象，"神话电视剧"这个概念指涉的范围更为宽泛。而本章在描述如《远古的传说》《天地传奇》《哪吒传奇》等影视作品时，将用"以神话为题材的影视作品"等相关话语进行表述，着重强调这类电视电影作品对神话传统的改编与创造。此外，本章着手分析的电视剧不仅指向一般的真人实景拍摄而成的作品，还包括动画连续剧，如《小太极》《哪吒传奇》。虽然上述两种影视产业在生产制作等方面有所差别，但就其本质而言，都是基于创作脚本来讲述故事的重要方式，因此也就有了相提并论的可能。

第二节　神话再现的方式

　　神话以多种存在形态出现在电视与电影中。有的影视作品是相对完整地再现神话，而有的则是借用或拼接了神话中的人物或情节。神话再现方式的剖析是分析制作者创作动机的基础，也是探讨观众观赏态度的重要前提。需要说明的是，电视作品的情节是流动的。若从文本层面分析电影、电视利用中国神话的现象，难免会出现若干情节彼此牵连的状况。那么具体的分析就只能去除枝蔓，取其主要成分而论。因而，以下着笔讨论的中国神话的呈现方式并非只在某一部作品当中单一存在，而可能是相互纠葛、融为一体的。

---

① 这一点将在后文"观众的神话观"中详细阐释。

一 复制

神话的复制是指电视剧中的神话呈现出的是故事相对完整且在某一版本基础上改动甚小的状态。当然，考虑到电视剧作为独立的产业，其生产自有目的，完全地"遵从原著"是不可能的。且因中国神话零散、片段、版本众多的特征，所谓呈现"原初真实的神话样态"亦很难实现。在参考制作方意愿的前提下，为了保持情节连贯，电视对神话的适当改编在所难免。"神话的复制"这一类再现的方式能整体性地传播神话的文本内容，并在表现神话的"意义层面"上较为贴合中国历史传统的阐释脉络。若细分此种方式，又可大致归为两种：一是整个电视剧作品都是较"忠实"地反映了中国神话的故事，二是在某一电视剧的单元情节中，某一神话得到了详实的表现。目前在中国市场中，后者的出现频率相对更多。

神话复制的第一种类型，可以动画作品《小太极》为例。这部1999年上映的动画片是由中华五千年促进会与央视动画部联合出品，也是海峡两岸联手打造的结晶。对于出生在20世纪80年代的年轻人而言，《小太极》在他们的心目中是一种时代标志的存在。20世纪50—90年代，中国国产动漫涌现出了一大批优秀的作品，如《神笔马良》（1955）、《骄傲的将军》（1956）、《小鲤鱼跳龙门》（1958）、《过猴山》（1958）、《鱼童》（1959）、《小蝌蚪找妈妈》（1961）、《没头脑与不高兴》（1962）、《差不多》（1964）、《大闹天宫》（1965）、《人参娃娃》（1962）、《哪吒闹海》（1979）、《九色鹿》（1981）、《三个和尚》（1981）、《猴子捞月》（1981）、《老鼠嫁女》（1983）、《葫芦兄弟》（1986）等，皆以中国传统文化为基点，并结合诸如水墨画、皮影戏、京剧脸谱画等具有中国特色的精良制画风格创作而来，在一代代人的心目中留下了难以磨灭的印象。当时互联网在一般中国民众生活中尚未普及，从国外引进的动画作品常局限在地方电视台放映，且数目与种类相当有限。作为中国文化传播的主要渠道，中央电视台在儿童收视高峰期，即午间与下午五时左右，一般播放的都是这些传统的动画作品，并常会安排循环播放。所以，《小太极》这样的动画片对现在年轻一代来说是颇有印象的，评价普遍很高。一些年轻人表示，即使无法回忆起所有内容，但亦会记得某些片段或形象①。

《小太极》的神话篇由13个故事组成，分别为开天辟地（盘古开天）、女娲补天、炎黄战蚩尤、神农尝百草、后羿射日（嫦娥奔月）、仓颉造字、尧舜禅让、大禹治水、仪狄造酒、牛郎织女、夸父追日、燧人氏钻木取火以及愚公移山。为将这些故事串联起来，动画片制作人创造了三个主人公形象，小太极、精卫和大龙。为教育生活在现代都市中的小学生大龙更好地学习中国文化，三人借助小太极的神奇电脑穿越往来于各个神话故事，以亲身体验的方式来讲述神话传说发生的具体场景及其蕴含的文化深意。在这部动画中，每个神话都以较为完整的姿态出现，即它的呈现方式与中国古典书籍中的相关片段的描写较为吻合。

举例来说，在第一集动画中，盘古创世神话的一部分借小学历史老师之口婉婉道来，且与《太平御览》卷二引《三五历纪》中所述内容完全一致②。而正当老师深情地表达对盘古的崇拜之情时，大龙却醉心于自己的恐龙玩具，错过了老师的讲解。老师一气之下责罚大龙下次上课负责补充盘古开辟天地之后的经历。得益于精卫与小太极的帮助，大龙踏上了寻访盘古故事的旅程。当他们几费周折见到盘古时，盘古正以手撑天，以脚稳地，防止天地合拢。而在小太极施法使天地不会聚合以后，精疲力竭的盘古终于轰然倒地，出现了《绎史》卷一引《五运历年纪》中描写盘古垂死化生的一幕③。虽然动画中的这一段借精卫之口用白话文说出来的，但内容基本与《绎史》所引的一致。跟随精卫的叙述，动画将文字中的内容都进行了具体的、逐一对应的画面呈现，给予观众直观的感官体验。动画的最后，因亲身感受过盘古化生的震撼，大龙在课堂上由衷表达了对中国创世大神的自我牺牲精

---

① 这一现象在笔者的田野调查中得到印证。在谈到对神话影视作品的印象时，不少观众提到了《小太极》的动画与连环画。

② 《太平御览》卷二引《三五历纪》中云："天地浑沌如鸡子，盘古生其中。万八千岁，天地开辟，阳清为天，阴浊为地。盘古在其中，一日九变。神于天，圣于地。天日高一丈，地日厚一丈，盘古日长一丈。如此万八千岁，天数极高，地数极深，盘古极长。后乃有三皇。"转引自袁珂《古神话选释》，人民文学出版社1979年版，第1页。

③ 《绎史》卷一引《五运历年纪》中云："首生盘古，垂死化身，气成风云，声为雷霆，左眼为日，右眼为月，四肢五体为四极五岳，血液为江河，筋脉为地里，肌肉为田土，发髭为星辰，皮毛为草木，齿骨为金石，精髓为珠玉，汗流为雨泽，身之诸虫，因风所感，化为黎氓。"转引自袁珂《古神话选释》，人民文学出版社1979年版，第9页。

神的叹服。

与盘古的故事相似，《小太极》在对其他神话进行处理时，尽管都会有细微的调整与情节的增加，但大致都贴合了《淮南子》《史记》《山海经》等古籍中的描述。如此，整部作品既为儿童展现出中国神话丰富鲜活的一面，也能满足动画20分钟片长的需要。作品中的改动与添加，则显示了编剧创编神话的动机与目的。如上文所说的，在盘古开天那一集中，盘古能放开手脚不再支撑天地，是得益于小太极利用电脑将时间定格下来。盘古询问小太极等人的来历，在得知大龙上课不认真学习后对他进行了批评教育，劝勉他"好好学习"。这一类改编方式在成人眼中未免生涩、幼稚，却总体上能顺应动画剧情的发展，解释了盘古如何实现从与天地同生长到垂死化生的转变逻辑。此外，这种处理也能满足这部以神奇、魔幻为特色的动画基调，符合了儿童心目中的"情理"与"逻辑"。不仅如此，动画的关键还是落脚在教育。它不仅要通过神话人物本身的行为来告诉孩子们传统精神的伟大，还借力劝说孩子学习现代知识的必要性。

在影视作品中，神话复制现象的出现，多是因为制作者希望通过"原汁原味"神话的再现以实现教育与传承的目的。所以，能在整体上遵从"原本神话"的情况较多出现在动画这一类以儿童为主要受众的作品中，如1985年的国产短片《女娲补天》。10分钟左右的影片有着类似古代壁画的特殊画风，其内容结合了《淮南子·览冥训》与《淮南子·天文训》中关于女娲炼石补天以及火神与水神争斗的描写，意在强调女娲与人类之间的密切关系。通过对泥人出生后尽情狂欢画面的激情表达，以及女娲舍身补天而泥人悲恸不已的场景的生动刻画，再加上背景交响乐的悲怆渲染，女娲对人类出现及生命延续的重要性得到了强化，神与人之间的深刻情感联系也得到了淋漓展现。而该片凭借着精美制作与深刻寓意荣获了1986年法国圣罗马国际儿童电影节特别奖。

然而，对于电视剧这样的长篇幅作品而言，要从整体上全部贴合中国典籍中的神话是很有难度的。因而，神话复制的情况会更多地以单元故事的面貌散见在电视剧中，例如《远古的传说》《天地传奇》《哪吒传奇》等，而其中，《远古的传说》是最为典型的案例。

按照制片人熊诚的说法，《远古的传说》想要实现的是"将上古神话有机联系起来"① 的宏伟目标。因此，电视剧对语言简明的中国神话进行了重新编排与脉络梳理。为实现这一目标，电视剧中众多的神话、传说被"花神"一角串接起来，而剧中一些神话的叙述大体遵从了古籍中的描述，如仓颉造字、仪狄酿酒、夸父逐日等。同时，为尽善尽美地再现"真实神话"的面貌，制片方又安排了太白金星作为讲解的画外音。这一角色的作用就如古书中常见的"注解"。他会突然跳出电视剧的主要情节，讲述各典籍对神话、传说等民间文学、文化的记载与辨析。如在电视剧中讲述了仓颉造字的过程之后，太白金星对仓颉的身份以及贡献做了较为详细的说明："仓颉，传说以前人们使用的古代文字就是由他创造的。相传仓颉长得是四目重瞳。目生重瞳者，在中国史书上记载只有四个人，仓颉、虞舜、项羽、李煜。不过汉字不是由仓颉一个人创造的，他是把先民中的文字搜集、整理加以使用。"② 太白金星的说法不仅丰富了仓颉的人物形象，还较为客观地点评了仓颉的造字功绩，为观众更全面地认识神话提供了较好的基础。再如在该片第三集中，为了方便搬运物资，黄帝的手下发明了"舟"。随后出现的太白金星开始解说："'舟'是由黄帝手下的另外两名大将发明，即共鼓和狄货。说是有一年，祸从天降，黄帝的部落突然山洪暴发，洪水滚滚而下，横冲直撞，正在山上伐木造房的共鼓和狄货也被洪水给卷走了。二人在慌乱之中，抓住了漂浮在水面的一棵大树，死死不放手。不知过了多长时间，二人缓过气来，发现不管洪水怎样上涨，这棵大树始终漂在水面上不下沉。又不知过了多长时间，二人和那棵大树一起被洪水推到了岸上。二人上岸后开始琢磨，这大树为什么能载人，这才有了凿木为舟的想法。经过一番制作，共鼓和狄货终于制作出'舟'。"③ 绘声绘色的讲述为观众及时补充了相关文化英雄的故事。这种想兼顾学理与电视叙事的编辑方法可谓是煞费苦心、多方权衡的结果。虽然太白金星的出现有时过于突兀，但他"百科全书"式的存在，确实凸显了电视剧编纂者的用心良苦。

值得注意的是，当太白金星出现时，电视剧的主要情节就会暂时中

---

① 转引自百度百科《词条·熊诚》，2015 年 10 月 2 日，https：//baike.baidu.com/item/%E7%86%8A%E8%AF%9A/4902218，查阅日期：2016 年 12 月 23 日。
② 电视剧《远古的传说》第七集中太白金星台词，由笔者听写而得。
③ 电视剧《远古的传说》第三集中太白金星台词，由笔者听写而得。

止，让他一人能滔滔不绝、引经据典地讲解中国传统文化。这种设定与传统生活中"讲故事的人"非常相似。虽然太白金星与观众之间隔着无法跨越的"距离"，也缺少了观众与讲述人之间互动交流的实质现场感。但是，观众似乎还能通过电视视觉影像的呈现享有某种"面对面"聆听故事的机会。与电视剧的人物表演故事不同，这种讲故事的方式更能提高观众在听觉信息上的接收能力，影视媒介中信息传达方式的综合性以及传统讲述故事方式的生命力在此得到了微妙的显现。

二 拼接

拼接是影视作品中神话再现的最为常见的手法，较为淋漓地展现了民俗事象是如何被各类制作者的"剪刀手"利用的现实境遇，生动地反映出了"传统发明"的过程。拼接是最能使人感受与窥见现代社会对神话理解的再现方式之一。

现代汉族口承神话的研究表明，"箭垛"似人物的出现与"拼接""粘黏"有密切的关联，让本无联系的人物、事件、母题等产生了联系。各地百姓会将自己的情感、生活习惯与社会认知投射到与己相关的神话英雄身上，而后者的形象及其所包含的文化精神会变得越加多元、饱满以及在地化。

在当代电视剧的生产中，如何"拼接"的发言权似乎被少数几人掌控，例如制作脚本的编剧、负责拍摄剪辑的导演以及表演这些角色的演员。作为信息的发出者，他们决定将什么样貌的神话人物与故事呈现在观众的面前。然而，事实并非如此简单。生产一方的创作取向虽然确实受到人的主观意愿的影响，但是这些人身后复杂的权力关系，比如政治、商业等因素都制约着他们的选择。同时，即使通过电子媒介将产品批量地展现在不同的观众面前，观众对于是否接受以及如何消化都会有自主的认识。这些话题在下文中还会详细举例说明。以下将对电视剧中常见的几种拼接形式予以分析。

在电视剧作品中，最屡见不鲜的拼接方式是将某一神话人物、事件与其他中国民间文化中常见的人物、事件黏合在一起。后者并不一定是出自中国的古代神话，确切说来，更多的是来自中国的古代传说，如牛郎织女、龙王三太子等。在这种拼接作用之下，中国人较为熟知的神话事件与人物在不同的电视剧中呈现出不一样的状态。

以夸父追日的神话为例,在《哪吒传奇》与《远古的传说》中,夸父的身份及其追日的原因得到了不同的阐释。根据中国古籍的描述,夸父追日多被评为"不自量力",而追日动因也并不清楚①。后世关于夸父的讨论主要围绕"不量力而行"与"坚持不懈"这两点展开,夸父的身世与行为动机是各家争论的焦点。

图 8—3 《哪吒传奇》海报

动画片《哪吒传奇》对此给出的解释是,夸父为拯救全人类的光明,不懈追逐准备投海的三足乌,最终力竭而死②。与《小太极》等动画的创

---

① 《山海经·大荒北经》所言:"大荒之中,有山名曰成都载天。有人珥两黄蛇,把两黄蛇,名曰夸父……夸父不量力,欲追日景,逮之于禺谷。将饮河而不足也,将走大泽,未至,死于此。"《海外北经》云:"夸父与日逐走,入日。渴欲得饮,饮于河渭,河渭不足,北饮大泽。未至,道渴而死。弃其杖,化为邓林。"参见袁珂校注《山海经校注》(最终修订版),北京联合出版公司·后浪出版公司2014年版,第360、215页。

② 杨利慧:《全球化、反全球化与中国民间传统的重构——以大型国产动画片〈哪吒传奇〉为例》,《北京师范大学学报》(社会科学版)2009年第1期。

作宗旨相仿，《哪吒传奇》强调夸父追日行为中包含的舍身为人的高尚精神，旨在教化儿童，传播中国文化传统中积极向善的一面。而在《远古的传说》中，夸父的形象与追日原因又有了另一番解释。如前文所言，《远古的传说》中的线索人物为花神，主要讲的是花神一行人历经艰辛寻求战胜瘟疫办法的冒险之旅。夸父就是在花神等人在寻求净土真水的旅途中遇见的。在这部电视剧中，夸父成为了一个地处北岳的部族的名称，即夸父族。同时，它也是这个部族的英雄才能获得的光荣头衔。每年夸父一族都要通过三轮比试选出最有实力的年轻人，优胜者则成为夸父族的新夸父，承担族规要求的追日重任。至于夸父为何追日，电视剧的解释可谓跌宕起伏。首先，夸父族祖先传下来的版本如下：很久以前，夸父族曾遭受一种怪病的困扰，每天都有大批族人死去。后来，幸亏得到东海龙太子赐药解救，疾病不再蔓延。但为保障怪病不再发作，龙太子告诫他们必须每年派一名族人去追逐太阳。虽然每年追日的英雄最后都没再返回部落，但夸父族祖祖辈辈都坚信只有追日才能保佑族群平安。因此，这一传统被一直传承了下来。然而，经过花神等人的调查，事实并非如此。夸父族在过去饱受怪病的折磨，始作俑者就是龙太子。当年他为讨好与夸父族有过节的情人，将南疆的瘴气引到北岳，随后用南方的藿香救治他们，博取了夸父一族的信任。为了继续戏弄他们，龙太子编纂了追日的谎言，让夸父族世代为其所累。得知真相后的夸父族人气愤不已，追日的行动被认定为谎言而就此中断。

在《远古的传说》的版本中，夸父追日的神话与原本毫不相干的龙太子、花神等人物联系在了一起，这种拼接的编排有几点值得重视：第一，在电视剧中，夸父追日秘密的发现者是花神一行人，因为他们逮住了知情人蛇精，方得知当中缘由。第二，这种改编满足了情节发展与关键人物形象塑造的需要。因为在此剧中，花神是正义的化身，而龙太子一直与她为敌。夸父一族追日秘密的揭示正好强化了花神等人的正面形象，同时也为龙太子的恶行添加一笔，并为今后夸父族人与黄帝、花神并肩作战、寻找真水打下了伏笔。第三，《海外北经》中夸父力竭、尸体化生的内容被删掉了，部落的夸父每年一去不回的原因竟是夸父族先天的心脏缺陷。这种重构主要目的是服务电视剧的发展，以引出神农对夸父族治病的情节，渲染正义一方的力量。但这种阐释也削减了夸父对中国文化的特殊意义。显然，通过一系列故事的拼接，夸父追日的行为动机虽得到了较为清楚的说明，但与《哪吒传奇》的重构相比，这一神话本身的道德教化色彩削弱了不少。

这一类的例子并不少见，比如《远古的传说》中的女娲古怪善变，她虽然创造了世界，但也曾一度想发起大洪水毁掉"作恶多端"的人类，以实现清洗整个社会的目的，这一设定与基督教中上帝的性格与行为较为相似。而在其他的电视剧中，女娲要么是上古的大神，有独一无二的地位，要么是玉皇大帝的得力干将之一，但她的形象大多善良亲切，并为守护人类不辞辛劳，甘愿奉献自身。由此可见，不同影视作品对同一神话的重构会产生不同的版本，显现出了中国神话灵动的生命力以及人们对其认知的多样性。如何拼接神话很大程度上取决于每部电视剧自身整体情节发展走向的需求、观众群体的趣味以及文化传播的主要目的。相较而言，动画看重儿童，教育教化目的要比真人电视剧更为明显，对神话的改动与删减也相对较少。而至于观众会如何看待这些拼接改编，更欣赏何种版本，后文将详细阐释。

在影视作品中，拼接创作还有其他的特征。电视剧中最常见的就是在神话中增添大量的男女情感纠葛。这种添加常基于时下大部分电视剧的制作口味与惯性以及制作方对观众消费需求的理解。又比如，天界与魔界的争斗常是电视剧发展的主线索，很多民间传说故事填充了主要的剧情。所以，这些以神话为基点衍生出的爱情、战争等情节，使得涉及神话内容的电视剧从整体上看更有"仙侠意味"或带有明显的"传说话本"倾向，神话的世俗性在拼接重构中得以凸显。

以电视剧《女娲传奇之灵珠》（2011）为例，虽然这部电视剧的标题与女娲相关，但它的整个故事发展可以说与女娲神话的关联性甚小，只是故事起因源自女娲造人补天的神话。按照电视剧的情节安排，事件发生在女娲造人、火神与水神争斗之后。共工头撞不周山，天体倾斜，三界大乱，妖孽趁机横行无忌，危害人间。上古四大神兽——青龙、白虎、朱雀、玄武各霸一方，逞凶作乱，吃人度日。女娲用补天遗留的十二块五彩石铸造镇妖瓶，并在另外四只灵兽麒麟、白矖、腾蛇、白泽的帮助下，战胜了以朱雀为首的四大神兽，除白虎、斩玄武、降朱雀、收服龙族，终使人间恢复和平。女娲功德圆满，由白矖、腾蛇两大护法接引上天，被尊为上古第一大神。若干年后，魔族出现一个法力高强的妖魔，自封幽冥鬼帝，一统魔界为祸人间。女娲遂派两大护法白矖、腾蛇下凡寻宝除妖、拯救人间。随后，故事的重心就变成了仙妖神魔之间的复杂恋情纠缠。电视剧详细描述了男女主人公突破种种障碍，最终实现有情人终成眷属的故事。通俗流行的桥段，如古今穿越、寻宝历险、正义战胜邪恶等将整个剧情支撑完满，而女娲神话早已经与这部电视剧没有太多的联系了。

图8—4 《女娲传奇之灵珠》海报

杨利慧曾指出，现代民间口承神话中世俗性意味非常浓厚。根据多年女娲神话的田野调查经验，她总结道："在现代民间流传的女娲神话故事中，有一些只以原有的造人和补天事迹为基点加以敷衍和生发，内容上多关注女娲的家庭关系，或与其他神灵或魔怪的纷争，以及她的种种逸闻趣事等，带有较大的编创成分，故事的世俗意味往往更加浓厚。"① 如此看来，电视剧的创编在根本上与民间神话的存在样态有着诸多的相似之处。

三 神话元素与氛围

除了上述再现神话的方式，影视媒介对神话的利用手法还包含了其他复杂的情况，大致可以分为两类：一类依然是基于文本，一类则基于神话思维。前一种以《葫芦娃》为例，在该作品中没有直接出现与中国神话相关的情节或人物，但是隐性化用了神话母题。1986年上海美术制片厂出品的动画片《葫芦娃》，主要讲述了七个从葫芦化生而来、各具本事的兄弟降妖除魔的故事。当中葫芦兄弟来历的设定化用了葫芦生人的神话母

---

① 杨利慧：《神话与神话学》，北京师范大学出版社2009年版。

题。而在改编自同名游戏的电视剧《仙剑奇侠传》中，女主角赵灵儿是女娲族的后裔，可以化形为人首蛇身，这与中国众多文献传说、古书壁画对女娲形貌的描述相符。然而，除此以外，"女娲"在这个电视剧中很少显现出与"始母神"的神格相关的内涵，如捏泥造人、舍身补天等神话事迹都很少被提及。这个词的出场仅仅是为了说明"神族"及后裔与"人"之间不可逾越的鸿沟，借以强调神人通婚的禁忌性，以引出各《仙剑奇侠传》版本中关于男女主角的爱恨别离的根本原因。

上述内容大都是在谈论对神话内容的改编，但是，神话的内涵并不局限于其内容的特殊性。在很多神话学家看来，神话之所以为神话，更因为它是表征着一种精神、宗教情感或与"逻各斯"相对的思维方式。有的作品虽然没有借用神话文本中的人物或情节，但在思维、情感、精神层面达到了一种"神话"高度，那么它们的存在对观众的意义也是很值得重视的。这也是为什么很多与神话、传说相关的电视剧、电影总是试图运用大场面、高效特技来营造"神话氛围"的原因，他们想从感官上将观众带入一种"宏大"的场景之中，以刺激他们产生神奇的情绪共鸣。《星球大战》系列电影即是其中的经典之作。《星球大战》的导演乔治·卢卡斯（George Lucas）曾狂热地沉溺于美国现代宗教哲学家约瑟夫·坎贝尔（Joseph Campbell）的著作。在这位独辟蹊径、以精神分析理论研究神话与宗教起源的学者影响下，卢卡斯从20世纪60年代初期开始，就在揣摩一个关于发生在父子之间的、正义与邪恶较量的故事，为《星球大战》勾勒出了最初步的故事大纲。这部所谓的科幻大片在世界电影史上创造出了一个又一个的"神话"，尤其对当时的美国、欧洲的年轻人来说，电影当中蕴含的精神，对存在、起源、爱恨情仇等主题的关注以及哲学性思考，是相当震撼而又持久的。在世界电影史上，《星球大战》带动了电影对英雄人物、宏大场景以及幻想世界主题的关注与拓展，深深影响着诸如《指环王》《阿凡达》等电影的拍摄。总之，除了巨星效益、视觉冲击、文化猎奇等因素，电影中关于人类存在的宏大主题中散发出来的"神话"的意味或许才是它引人交口称赞、聚集大量粉丝的重要原因。在这里，"神话"的意义并不局限于一种民间文学的题材，而是指向人们把握世界的方式，一种基本的生存与感受的方式，它突破了地域的限定并被人们反复讲述。

综上所述，电视剧中呈现神话的方式是复杂多样的，每部电视剧都可能根据自己的需求灵活地运用一种或多种再现方式。每种方式有不同的作用，能反映出现代人对神话的不同认知与需求。首先，电视剧运用复制的手法，主要目的是教育与普及。虽然复制的方法强调最大程度上忠于某一版本的神话记载，但也不意味着一字不移，剧中出现的微调一般是为了顺应剧情的需要。尤其是因囿于中国神话片段、零散的特征，为了满足电视剧本身的叙事需求，对众多神话进行合理编排也在所难免。其次，拼接与重构是最常见的手法，充分反映了人们对神话认知的多样性和杂糅性。电视剧拼接重构神话多在情节上进行演绎，其中潜藏着复杂的动机，或为教育儿童，弘扬中国传统文化；或为追求商业效果，添加儿女情仇。再次，其他的神话再现方式需要去细致地挖掘与审视，例如神话母题的运用、神话氛围的营造等，它们以一种微妙的状态显示着神话思维在创作中的作用。

第三节 神话主义的生产动机

自20世纪下半叶以来，人们对"传统"的理解已渐由封闭转为开放。在很多当代学者看来，任何在"传统"名义下存在的事物，其生产的过程中总隐藏着不同行动主体的不同动机。作为传统的重要组成部分，神话在影视媒体中的呈现亦会经历复杂的生产过程。本节将针对各行为主体在电视电影中利用神话时的创作动机展开探讨。

一 民族主义

目前，民族主义的定义尚未在学界达成一致，其核心词"民族"的内涵也是众说纷纭，莫衷一是①。但从霍布斯鲍姆、盖尔纳（Ernest Geller）等学者的观念来看，"民族""民族主义"与"政治动机""建构""传统的价值""媒介传播"之间均存在着密切的关系。他们认为，近代国家常利用传统来建构民族概念，从而团结其领土范围内的成员，达到国家整合的目的，而这种政治目标的实现与媒体的传播有着

---

① ［英］埃里克·霍布斯鲍姆：《民族与民族主义》，李金梅译，上海人民出版社2006年版。

重要联系①。

时至今日，作为新兴的传播媒介，电视、电影对民族建构的作用已成为共识②。其中，将传统作为影视媒体的传播对象，是国家为增强民族认同感而采取的有效手段③。那么，这种传播策略与中国当代社会语境之间存有什么样的互动关系？制片方主要采用哪些方法来体现民族传统呢？

（一）民族主义产生的背景

霍布斯鲍姆认为，传统的发明是国家建立历史连续性的重要手段，导致这种发明频频出现的原因之一就是社会的迅速转型，因为转型"削弱甚或摧毁了那些'旧'传统相适宜的社会模式，并产生了旧传统已不再能适应的新社会模式"④。如其所言，大力宣扬"中华民族"传统的中国面临的正是国家内部转型与世界全球化的双重考验。

对于中华人民共和国而言，多次重大的社会和政治变革使其社会结构、经济发展形态以及文化传承形式发生了巨大变化。为强调地位的合法性与历史的连续性，借用话语影响力强大的媒体来塑造"传统"传承之义，是现代中国维护"中华民族"完整统一的重要政治策略之一。

此外，转型的中国还面临着全球化带来的冲击与挑战，这一形势也促使民族形象塑造的问题越发迫切。尤其在影视产业方面，随着中国放宽国外影视作品引进以及中外影视合资等方面的政策，大量外国作品汹涌而至，给中国影视产业的发展带来了较大的冲击和挑战。相比国外的制作水平和传播广度，中国动画或电影长期处于较为弱势的

---

① ［英］E. 霍布斯鲍姆、T. 兰格：《传统的发明》，顾杭、庞冠群译，凤凰出版传媒集团·译林出版社2004年版；［英］埃里克·霍布斯鲍姆：《民族与民族主义》，李金梅译，上海人民出版社2006年版；［英］厄内斯特·盖尔纳：《民族与民族主义》，韩红译，中央编译出版社2002年版；［美］本尼迪克特·安德森：《想象的共同体：民族主义的起源与散布》（增订本），吴叡人译，上海人民出版社2005年版。

② 王玉玮：《民族主义话语与中国电视文化》，中国社会科学出版社2011年版；潘知常：《新意识形态与中国传媒——新世纪新闻传播研究的一个前沿课题》，《江苏行政学院学报》2006年第4期。

③ 杨利慧：《全球化、反全球化与中国民间传统的重构——以大型国产动画片〈哪吒传奇〉为例》，《北京师范大学学报》（社会科学版）2009年第1期；杨利慧：《神话的重建：以〈九歌〉、〈风帝国〉和〈哪吒传奇〉为例》，《民族艺术》2006年第4期。

④ ［英］E. 霍布斯鲍姆、T. 兰格：《传统的发明》，顾杭、庞冠群译，凤凰出版传媒集团·译林出版社2004年版。

地位。而互联网的高速发展,让青少年们接触外来事物的渠道更加多样,外来影视作品的强势输入使他们对这个世界的认识正逐渐被他国的视听工具重塑与改写着。

就全球化与地方传统的关系,很多学者表达了自己的忧虑。黛格认为,在由大众传媒创造的"地球村"中,新的社区是基于同类信息的均质化效应形成的。她担心大众文化,尤其是通过电影、电视等媒介传播的文化,会将多元性文化均质为单一化的、统一的文化消费品,而地方文化则处在被大众文化取而代之的危险地带[1]。国内亦有不少学者表达了对此种"文化侵略"现象的忧虑,认为这是一场由影视媒介主导的"新殖民运动"[2],而它将逐渐蚕食中国年轻人的思想与价值观念。

这种"文化危机"的观点也得到了中国政府的支持。在"内忧外患"的局势中,作为官方思想的发言人,每年的中国广播电影电视发展报告都将引导电视、动画作品创作"民族化""社会主义化""原创性"列为中国电视未来发展的重中之重。此外,国家新闻出版广播电影电视总局不断提出新的播映调控制度,采取了诸多调控手段来维护国产影片的收视与市场份额,如督促省市电视台在黄金时段播放国产电视剧、动画,对影院放映的国产片实施票价保护措施,并逐步建立健全电影放映档期协调机制以及电影、电视审查制度[3]。

在这样的语境中,很多电影、电视制作人想要借助大众传播媒介这把双刃剑进行反击,试图用中国自身的民族文化来拦截势头汹汹的外来潮流,解决文化窘境。其中,神话题材的作品被赋予了极大的期望;在人们的认知中,"神话"总与"原初""开天辟地""本源"等存在性意义相勾连,因此作为传统的重要组成部分,神话对于一个群体而言有着与众不同的意义。讲述神话意味着强化自我与他者之间的界限,巩固自己文化的根本,规范其精神诉求,从而加强成员之间的认同关系。如今,拥有此种认同功能与魅力的神话成为了影视制作人、甚至国家塑造自身文化形象所倚赖的素材。

---

[1] Linda Dégh, *American Folklore and the Mass Media*, Bloomington: Indiana University Press, 1994.
[2] 黄会林:《艺苑论谭——放言影视戏剧艺术民族化》,中国文联出版社 2002 年版。
[3] 国家广播电影电视总局发展研究中心:《中国广播电影电视发展报告(2012)》,社会科学文献出版社 2012 年版。

于是，在美国好莱坞拍出了《指环王》三部曲、让北欧神话一时间家喻户晓之后，中国也不甘示弱，想要用《山海经》《淮南子》中的神话演绎出"中国版的《指环王》"；在迪斯尼动画用"莴苣公主""狮子王"宣扬"个人精神""英雄主义"的价值观时，中国的《哪吒传奇》则用夸父追日的壮举告诉孩子们，为了人类的安危可以牺牲自己的生命，集体的、民族的利益才是重要的。

政府与电视媒体人所做的努力取得了一定的成效：2005 年，索福瑞公司调查表明，《天地传奇》在央视一套播出的收视率为 4.1，这个收视成绩在白天同期电视剧中是较为突出的①。同样，据《远古的传说》制片方透露，该剧收视率是央视晚间档近年来的最好成绩②。此外，动画片《哪吒传奇》也获得了传媒人、家长和学生的肯定。据报道，不少家长认为，《哪吒传奇》的播映非常有教育意义：动画包含了很多中国民族特色的"正义"与"传统"，这当中的文化价值远超于国外动画，因而国家应多鼓励拍摄此类作品，以使孩子有更多机会了解民族的文化③。更有报道认为，《哪吒传奇》能够挑战《哈利·波特》，因为前者图书的销量超过了后者④。

（二）民族主义的生产

在以神话为题材的影视作品中，"传承民族传统"成为了众多电视电影生产者宣称的首要动机。《英雄时代》的导演张纪中声称，拍摄这部电视剧旨在传播中华民族的传统文化⑤。在剧中饰演炎帝的演员赵立新也认为：此剧的意义在于唤醒中华民族远古的精神，呼吁人们记忆并传承当今

---

① 百度百科：《词条·天地传奇》，2016 年 4 月 22 日，https：//baike.baidu.com/item/%E5%A4%A9%E5%9C%B0%E4%BC%A0%E5%A5%87/74630? fr = aladdin，查阅日期：2016 年 12 月 23 日。

② 互动百科：《传说（电视剧）》，2016 年 12 月 23 日，http：//www.baike.com/wiki/%E3%80%8A%E4%BC%A0%E8%AF%B4%E3%80%8B%5B%E7%94%B5%E8%A7%86%E5%89%A7%5D，查阅日期：2016 年 12 月 23 日。

③ 李晓静：《〈哪吒传奇〉热播国产动画不比洋货差》，2003 年 6 月 2 日，http：//ent.news.cn/2003 - 06/02/content_899475.htm，查阅日期：2016 年 12 月 23 日。

④ 黄金小书：《2004〈哪吒传奇〉》，《中华读书报》2013 年 8 月 21 日，第 14 版。

⑤ 徐扬：《张纪中〈英雄时代〉聚焦炎黄两帝：我不在乎骂声》，2012 年 12 月 21 日，http：//ent.ifeng.com/tv/news/toutiao/detail_2012_12/21/20386632_0.shtml，查阅日期：2016 年 12 月 23 日。

时代已经缺失的重要传统①。而国产动画片《哪吒传奇》制作方也同样表示，他们的制作目的是拍出"富有民族性"的动画精品，以向儿童青年一代讲述中华民族的优良传统。从这些声明中可以发现，生产制作者们看重神话作为"传统"的价值。然而，值得注意的是，在他们的表述中，神话是"中华民族"的思想精髓，为"中华民族"所拥有。

虽然神话产生于"民族"尚未形成之时，但经过代代传承，它已被视为人类族群的文化根源。20世纪初，鲁迅就曾在《中国小说史略》中有言："神话不特为宗教之萌芽，美术所由起，且实为文章之渊源。"② 若将这种具有本源性意义的文化纳入某一民族的历史发展的脉络之中，那么这个民族的存在根基就具有了合法性。"中华民族"这个概念产生于近代中国，是国家、知识分子为应对西方外敌的侵袭，而将政治领土内的诸多民族统一在一起的重要思想策略。它强调同质性与统一性，强调生活这片土地上的人民共同创造与分享民族的历史、记忆与文化。在这种话语模式下，不同民族所有的神话，可以囊括在"中华民族神话"的总目之下，成为"人民"共同拥有的文化财富与传统。正如安德森（Benedict Anderson）所提出的"想象的共同体"（Imagined Communities），国家只能以"民族"最高代理机构的身份进行统治，从而消解内部过多的异质性的存在，对国家的整合起到积极作用③。霍布斯鲍姆就指出："唯有在脱胎换骨成为'人民'（people）之后，一国的公民才可能结成共同体，虽然只是个想象的共同体。而共同体成员才会开始去找寻各种共同特征，以作为公民的通性。比方，共同的地域、习俗、个性、历史记忆、符号与象征等。此外，构成这个'民族'的不同部分、不同地区和不同地方的传统，也都会被收编为全民族的传统，就算其中某些成员至今仍是世仇，他们早年的恩恩怨怨，也都会在更高层次的民族主义协调下，达成最终的和

---

① 《英雄时代》视频分享：《赵立新涿鹿拍戏　呼唤远古时代血性精神》，2013年9月3日，http://v.ifeng.com/vblog/others/201309/041ef22c-16d7-4855-aa01-5d4df00c40a4.shtml?ptag=vsogou，查阅日期：2016年12月23日。

② 鲁迅：《中国小说史略》，载鲁迅《鲁迅全集·第9卷》，人民文学出版社2005年版，第19页。

③ ［美］本尼迪克特·安德森：《想象的共同体：民族主义的起源与散布》（增订本），吴叡人译，上海人民出版社2005年版。

解。"① 国家的统辖在这种整体意义层面得以继续。

为建构历史的连续性，维护民族文化的整体性，弘扬"中华民族"的精神与传统成为了国家缓和转型与全球化双重挑战的重要手段。面对竞争激烈的国际市场以及频繁交流的文化境况，影片制作方致力于从神话中挖掘出"中华民族"不同于西方文化的独特的精神气质，以打破外国影视文化强势渗透的困境。有学者指出，中国古代神话（其实不仅限于古代神话）大多具有教诲格调，对伦理道德十分关注。其他民族的神话体系中常见的残暴的行为、戏剧化的冲突、赤裸的性爱等，在中国古代神话中却屈指可数或无迹可寻②。同样是洪水神话，在希伯来神话中，洪水的发生是因为上帝对人类罪孽的惩处，人们在听从神的旨意后从洪水中逃生，并在忏悔之后重建家园。但在中国洪水神话中，治水常常是叙事的核心，比如大禹治水十三载，三过家门而不入等③。这一类洪水神话更倾向于颂扬神话人物不怕辛劳、为民忘我的伟大情操。与此相似，中国神话中的人物大多拥有较为崇高的精神品格，在面临巨大的灾难或挑战时，总是不畏艰辛，奋勇拼搏，以改变困顿的局面，而不是畏缩不前、向命运低头。中国神话的鲜明的教化特质或许与早期文献记录者对神话的挑选有关④。而对于当代影视传媒而言，中国神话传统表现出的与西方个人英雄主义价值观不同的气质面貌，正是弘扬"中华民族"精神的重要武器。

对于影视作品来说，传达创作者的思想或精神的常见方式是塑造典型人物。"塑造中国自己的英雄形象"，"去占领荧屏，去教育人、感染人"⑤已成为中国影视媒体人创作的重要奋斗方向。在《远古的传说》《天地传奇》《精卫填海》等国产剧作中，主人公通常化身为民族的典范，向世人诉说着"舍生取义""勇于奉献"等大义道理，传达中国神话古已有之的教诲意义。从这一角度来看，经过重构以后的神话主义的道德内涵更为突出，并格外强调"民族""集体"等观念在中国文化创造与传承中

---

① ［英］埃里克·霍布斯鲍姆：《民族与民族主义》，李金梅译，上海人民出版社2006年版，第87页。
② ［美］D. 博德：《中国古代神话》，载［美］塞·诺·克雷默《世界古代神话》，魏庆征译，华夏出版社1989年版，第377页。
③ 杨利慧：《神话与神话学》，北京师范大学出版社2009年版。
④ 杨利慧：《女娲的神话与信仰》，中国社会科学出版社1997年版。
⑤ 陈舒平：《中国动画片如何走向世界》，《专题研讨》2009年第5期。

图 8—5　盘古开天辟地

的重要性。

如在电视剧《远古的传说》中，黄帝的形象极为崇高。在统一中原的过程中，黄帝得到了众多盟友相助，最根本的原因在于他拥有"为天下和平而奋战"的宏大抱负。在向参观自己部落的花神介绍时，黄帝指向大片的平原，畅言自己为何想要统一："统一不是排斥异己，统一中原是为了更好交流、融合和发展。战争不是为了杀戮，而是为了永久的和平。"在黄帝的带领下，他的部落不断壮大。他鼓励部下积极创造更多有益于人类发展的发明。因此，仓颉发挥想象力造出文字，老医官岐伯钻研出了许多治病良方，风后改造了"车"，伶伦定出十二个律管和六律六吕，隶首制造了统一的度量衡，整个黄帝部落建设呈现欣欣向荣的面貌。然而，实现理想的过程极为艰辛，专注于部落事务的黄帝选择放弃自己的爱情，因为在他看来，私人情感应该让位于集体利益。黄帝的这种决心得到了花神等人的大力赞扬，很多部落首领对此也表示心悦诚服。黄帝统一成为了"大势所趋"。与此相反，蚩尤排斥与外界沟通，并一心想吞并其他部落。为彻底打败黄帝，蚩尤与魔族合作，不惜使用招魂幡从地狱中召唤出十万恶灵，一时间生灵皆遭涂炭。黄帝等人的顽强抵抗感动了上天，最终天庭派遣天兵天将协助黄帝打败了蚩尤。这些情节的安排非常鲜明地体现出"得道多助，失道寡助"的真理，而这"道"则指向的是黄帝

"为天下谋福祉""天下和平""团结统一"的雄心抱负。黄帝在剧中被塑造成"为生民立命""为万世开太平"的贤者，其品德之高为后世敬仰。

而在《天地传奇》中，女娲补天的神话得到了极大的丰富，整个神话的重构以"众志成城抗灾，女娲飞身补天"为主题。影片中的反面角色傲洪挑拨水神共工与火神祝融的关系，两人在打斗之时撞毁了不周山，西方天空出现了巨大的裂缝。女娲临危受命，四处寻找五彩石，但在初次尝试补天时却以失败告终。伏羲与女娲认为补天失败或许与五彩石数量不够有关，于是召集散布在中原各处的子孙前来帮忙。女娲吩咐手下说："召集孩子们，让他们知道一方有难八方支援的道理。"在大家齐心协力准备锤炼更大的补天石时，女娲最小的女儿认为任务辛苦不愿出力。伏羲与女娲告诫她，补天是关系天下人的大事，不能因为个人的情绪而忘记集体的利益，女儿受教表示愿意相助。最终，女娲拿着众人一起努力炼出来的石头去填补天上的缝隙，裂缝被暂时堵上。但在大家还未来得及庆祝的时候，天上又出现了一道口子。这时候，天神通过心灵感应告诉女娲，补天成功的唯一方法是女娲必须自我牺牲，因为女娲体中有着九天玄女的灵力，可以让补天石更加坚固。听完天神的指引，女娲立即表示愿意毁灭自己的元神去完成最后的补天任务。在飞天之前，女娲告诉伏羲自己愿以小我去成就天下的大我，甘愿用自己的性命去换取天下人的平安。在女娲成功补天后，伏羲独自站在断裂的不周山顶，心中大恸。这时他的父亲雷神出现，劝慰他不要沉溺于女娲牺牲的悲痛，应超脱个人的情感纠葛，以天下为己任，去寻找天下的"道"。经过改编之后的补天神话选择将共工怒触不周山与女娲补天神话融合在了一起，并部分承袭了古书对这些神话的描述，① 女娲的奉献无私、不怕牺牲的精神得到了进一步强化。其中，电

---

① 《淮南子·览冥训》："往古之时，四极废，九州裂，天不兼覆，地不周载，火爁炎而不灭，水浩洋而不息，猛兽食颛民，鸷鸟攫老弱。于是，女娲炼五色石以补苍天，断鳌足以立四极，杀黑龙以济冀州，积芦灰以止淫水。苍天补，四极正，淫水涸，冀州平，狡虫死，颛民生。"《淮南子·天文训》："昔者共工与颛顼争为帝，怒而触不周之山，天柱折，地维绝。天倾西北，故日月星辰移焉；地不满东南，故水潦尘埃归焉。"《史记·补三皇本纪》："当其末年也，诸侯有共工氏，任智刑以强，霸而不王，以水乘木，乃与祝融战，不胜而怒，乃头触不周山崩，天柱折，地维缺。女娲乃炼五色石以补天，断鳌足以立四极，聚芦灰以止滔水，以济冀州，于是地平天成，不改旧物。"

视剧最大的改动在于添加了众人一起锻造五彩石与伏羲受训的情节。这两处改编突出了团结一心对抗困难的重要性，强调大义优先、集体至上的观念，道德教化色彩非常浓厚。

综上所述，通过民族典范的塑造以及对"中华民族"概念的弘扬，大众传媒与政府联合制造超脱阶级的"共同利益"，以"民族""集体"至上的价值观念，规范引导国人的行为取向，推动国人建立民族身份认同感。作为中国传统文化中的重要组成部分，神话关系着以往生活在这片土地上的人们对事物的感知与认识，与历史、传承等概念有着天然的亲近感。所以，当神话被作为改造和推广的对象展现在荧幕上时，这部作品的传播目的不仅是提供娱乐休闲的饭后谈资，更拥有浓厚的教化意味。就像以前日常生活中老人用讲故事的方式教诲子孙一样，影视媒介中的神话人物用祖辈先人的口吻向现代人传达"民族团结"之重要性，传递"和谐共存"的重要意义。

二 地方化

神话的地方化，是指"原本没有特殊地域特征或地域特征不明显的神话，在其流传过程中，随着所流入地区的自然和文化环境的影响，逐渐与特定的地理、气候、物产、风俗等结合，从而使神话带上鲜明的地方特色"[①]。把神话与地方联系起来，既增强了神话在地方的亲缘性，同时也强化了地方代言神话的权威性。而将神话与地方紧密关联的做法，在当下具有越来越丰富的内涵与动机。

（一）双赢的合作

地方拥有的文化资源是其发展经济、赢得市场的资本，"文化搭台，经济唱戏"成为了地方政府与商人们重要的行动动机。比如河南周口自认"三皇故都"，陕西宝鸡誉为"炎帝故里"，秦安成纪自称"羲里娲乡"，这些从古籍经典中挖掘神话资源的城市不断重申自己对神话的产生、发展以及传承的意义，从而谋求提升自身的文化与政治地位，谋求经济发展的可能。这些被民俗学者们称为"民俗主义"的现象，即对民俗资源进行再度改造、利用与表演的情况已在现代社会屡见不鲜，而在日益认识到电视、电影等大众传媒不可估量的传播效应以后，很多地方政府开始

[①] 杨利慧：《神话与神话学》，北京师范大学出版社2009年版，第137页。

与这类媒体协商合作,以最大程度地扩散地方文化的影响力,进而达到拉动当地旅游产业增长的目标。而从目前网络与纸质的相关新闻来看,一些拍摄神话题材的电视剧、电影制作组,也纷纷利用"地利"和"人和"以谋求与"神话故里"发展"双赢互惠"的关系。

首先,地方政府的支持与配合以及当地特殊的地理文化环境,都给予了摄制组宣传以及后续拍摄较大的便利。例如,拍摄前期,电视制作组会选择在摄影地举行盛大的签约、选角、开机等宣传仪式,如《天地传奇》之于河南淮阳、《英雄时代》之于陕西宝鸡等,打出电视剧宣传第一波。而当地政府则会派出代表作为支持文化推广活动的助力,如《英雄时代》在与宝鸡政府签署拍摄合约时,宝鸡市副市长在签约仪式上出席并感谢张纪中对宝鸡市文化事业的支持[①];《天地传奇》的开机仪式也有周口市委宣传部官员以及中华伏羲文化研究会会长等重要人物的参与[②]。从剧组的角度看,选择知名的"神话之乡"为取景地,一方面有利于借助这些"神话故里"已有的名气为整个影片的知名度添彩,并引导观众去感受他们在"发源地"拍摄的做法是一种对神话、历史本源真实的尊重,以赢得一定的口碑;另一方面,借助较为熟悉的风景,影片的播放能获得一定地域范围内的观众的注意,尤其是引发当地居民的共鸣。电视剧《天地传奇》的收视率在淮阳当地表现不俗:百度贴吧"淮阳吧"中,不少淮阳人发表了对此部电视剧的看法,大多数人表示了对于家乡文化的支持。有人就提到,电视剧播出以后,淮阳地区出现的带外来口音的人比以往多了,一些邻近县城或市区的人都因电视剧的缘故来淮阳一探伏羲、女娲的文化根源,想要亲眼见见电视剧拍摄的实际场地。[③]

与此同时,当地政府不会错过这个打响知名度的机缘。他们纷纷在官方网站的醒目之处放上与电视剧相关的新闻报道,既能显示地方对影视制作的

---

① 互动百科:《英雄时代·炎黄大帝》,2014 年 10 月 20 日,http://www.baike.com/wiki/%E8%8B%B1%E9%9B%84%E6%97%B6%E4%BB%A3%C2%B7%E7%82%8E%E9%BB%84%E5%A4%A7%E5%B8%9D&prd=button_doc_entry,查阅日期:2016 年 12 月 23 日。

② 牛明领:《〈天地传奇〉幕后的故事》,中华龙都网,2009 年 2 月 23 日,http://www.zhld.com/zkrb/html/2009-02/23/content_17197.htm,查阅日期:2016 年 12 月 23 日。

③ 寒假没事:《〈天地传奇〉对淮阳的影响到底有多大》,2009 年 2 月 4 日,http://tieba.baidu.com/p/534448644?pid=5421755469&cid=0#5421755469,查阅日期:2016 年 12 月 23 日。

重要贡献，又能打出去名声，起到积极宣传地方文化底蕴的作用。至于那些用于外景拍摄的场地，未来或以陈列馆等形式继续存在，凭借电视剧的名气，成为展示地方文化的标志性建筑；或者在如今这个影视娱乐发达的时代场地可被循环利用，成为吸引古装影视作品拍摄的外景基地。如《英雄时代》的制作需求使河北黄帝城影视基地与陕西炎帝影视基地应运而生①。而这些影视基地或陈列馆在今后则成为地方吸引游客、发展旅游经济的重要物质基础。宝鸡市委书记唐俊昌在《英雄时代》片花发布会上发表了讲话，对剧组给宝鸡带来的文化大餐表示衷心感谢。他说："《英雄时代》这部片子在能炎帝故里宝鸡拍摄，对宝鸡来讲，不仅具有重大的现实意义，而且具有深远的历史意义。对宝鸡打造'炎帝故里·华人老家'这一文化名城，提升宝鸡的知名度、美誉度，发展宝鸡的旅游文化产业经济，都将起到很大的推动作用。而且，剧组在宝鸡拍摄完成后，炎帝影视基地也会成为宝鸡一个重要的旅游景点，对弘扬中华民族的历史传统文化也很有意义。"②

再次，与神话有着深刻渊源的地方拥有不少对家乡文化颇为精通的文人，他们在剧组拍摄与制作影视作品的过程中发挥了不容忽视的作用，直接或间接影响着神话最终的呈现状态。有的剧组在摄制期间或者修片时期会询问这些专家的修改意见，而有的影视公司则直接与地方文人合作编纂作品。这些当地民间文化的专家，通常对流传在故乡的故事如数家珍，且有着较强的搜集、梳理、研究与分析能力，并对传播这些文化资源有着较高的热情。在参与影片的制作或后期工作时，他们会着重强调自身对神话的认识，突出故乡在这些起源神话中的地位。下文将以周口淮阳与电视剧《天地传奇》以及电影《人皇伏羲》之间的故事为案例，分析地方文化人士参与影视制作的过程，探讨地方对神话传承的重要性是如何被强调的，以及这种强调对神话的存在样态会产生何种影响。

(二) 淮阳伏羲文化与《天地传奇》的制作

1. 淮阳与人祖神话

在中国，有关伏羲女娲的神话流布全国，而周口淮阳则是讲述与传承其

---

① 黄鉴：《张纪中：像拍大片一样拍〈英雄时代〉》，石家庄新闻网，2013 年 9 月 4 日，http://www.sjzdaily.com.cn/newscenter/2013-09/04/content_2119534.htm，查阅日期：2016 年 12 月 23 日。
② 佚名：《张纪中宝鸡曝光〈英雄时代〉片花》，中国青年网，2013 年 7 月 25 日，http://news.youth.cn/yl/201307/t20130725_3592876.htm，查阅日期：2016 年 12 月 23 日。

神话最为活跃的地区之一。周口市淮阳县（2019年年底以后改为淮阳区）地处黄淮冲积平原，据文献记载，淮阳与太昊伏羲、女娲等神话人物有着密切的关系。相传伏羲死后葬于陈，即古代宛丘，今日淮阳①。五代杜光庭就曾在《录异记》中记录了人们敬奉伏羲并为其供奉香火的境况②。而在民间，关于人祖伏羲女娲的信仰与神话一直未因时代变迁而中断，时至今日，人祖信仰、人祖庙会及神话讲述活动在与新的价值观念相融之后，出现了复兴繁荣的局面。尤其自90年代以来，淮阳政府组织了一系列活动来打响地方"三皇故都""伏羲故乡""龙都"等称号，如在人祖庙会上进行政府公祭，组织大型的文化汇演，召集地方文化人士编撰材料以介绍淮阳的文化信仰，从而塑造政府在文化传播中的权威地位③。此外，为扩大伏羲文化的影响力，当地政府一直在努力寻求用影视手段宣传伏羲文化的机会。

图8—6　淮阳太昊陵二月二祭祖大典

2.《天地传奇》与《人皇伏羲》

2009年，周口地方报纸上刊登了淮阳县诗词学会会长牛明领在2007

---

① 《左传·昭公十七年》曰："陈，太皞之虚也。"
② 《录异记》中云："陈州为太昊之墟；东关城内，有伏羲女娲庙。……东关外有伏羲墓，以铁锢之，触犯不得，时人谓之翁婆墓。"
③ 杨利慧、张霞、徐芳、李红武、仝云丽：《现代口承神话的民族志研究——以四个汉族社区为个案》，陕西师范大学出版总社有限公司2011年版，第237—270页。

年参与《天地传奇》电视剧制作的幕后故事，较为详细地讲述了牛明领、岳献甫一行人参与电视后期制作的细节始末①。2009 年，该电视剧的导演曹荣又与牛明领等人合作，预备拍摄《人皇伏羲》的电影，并交代牛明领与岳献甫共同创作剧本。但遗憾的是，这部电影虽然拍摄完毕，但因资金等问题，最终未能呈现在大银幕上。在这次电视与电影的改编中，牛明领、岳献甫等人为了能突显淮阳在人祖神话传承中的重要地位，在剧本修改与创作过程中花费了颇多心思。

（1）着力突出伏羲、女娲神话的发源地在淮阳

2008 年元旦，牛明领等人应广州聚缘影业公司邀请，参与电视《天地传奇》的后期制作。在观看过样片以后，周口市的地方文人对其故事的叙述方式表示质疑，其中最主要的不满在于电视剧歪曲了伏羲生平功绩的发展线索。在牛明领等人看来，太昊伏羲的经历应是"生在成纪—沿黄河东下—都于宛丘—建功立业—统一海内"②。鉴于此，他们提出要修改剧本，力图强调淮阳县对伏羲一生的重要意义，以达到尊重"史实"的目的。对此，岳献甫事后回忆到，他们当时拿到的剧本内容都是纯粹的人物对白，而且影片大部分已经拍摄完毕，因而他们能够修改的范围十分有限。

> 电视剧的压缩工作是根据央视对长度的要求，在大家对剧情讨论后，由剧组直接剪辑的。拿到压缩后的电视剧对白本后，主要由牛明领审改，我记得原片中没有提到"都于宛丘"这个字眼，就把剧情中伏羲开始进行主要活动的地点标注为"宛丘"，在对白中作了交待。③

因此，在经过牛明领等人的修改以后，从制作完成的电视剧中可以发现，第 2、3、5、12、13、14 集的标题中都标注了"宛丘"二字。而这总片长 23 集的电视剧的章回体标题，如"白龟引路，伏羲寻亲奔宛丘"

---

① 牛明领：《〈天地传奇〉幕后的故事》，中华龙都网，2009 年 2 月 23 日，http：//www.zhld.com/zkrb/html/2009-02/23/content_17197.htm，查阅日期：2016 年 12 月 23 日。
② 同上。
③ 受访人：岳献甫；访谈者：陈汝静；访谈方式：电子邮件；访谈时间：2014 年 3 月 14 日。

等,都是来自牛明领的心血。他们力图从标题下手,实现"点睛"的作用,让观众从观影开始就认识到神话与宛丘之间的地缘关系。

而在电视剧《天地传奇》的片头,间断地出现了淮阳太昊陵与朱镕基题字的"羲皇故都"的牌匾。据岳献甫的回忆,这是制片方尊重他们的改稿成果与修改意见以后添加进去的,以从电视一开始就明确淮阳与伏羲之间的密切关系。

与电视剧只能小幅度修改的限制不同,因身负剧本制作一职,岳献甫等人对电影《人皇伏羲》的形塑空间相对较大。因此,在电影中,他们多次通过主要角色之口点明宛丘这一地点。例如,玉帝在派遣伏羲、女娲下凡去统一海内之后,又任命"普度天神"去暗中辅助伏羲,帮助他们度过劫难。在伏羲、女娲初到人间的时候,普度天神以空旷悠远的语调告诉他们:"这里是宛丘,是你们发祥创业的地方,它将永远与你们相伴。"自此,宛丘在普度天神的强调下成为了片中人类文明的发祥地。

(2)强调淮阳"羲皇故都"的文化称谓

在《人皇伏羲》电影剧本的最终定稿中,序幕的内容中标注了这样一句话:"片名字幕:人皇伏羲,本片故事取材于流传在羲皇故都淮阳县的伏羲神话传说。"序幕一般起到奠定影片基调的重要作用,因而在片头注明电影素材的出处,实际上是肯定了淮阳伏羲神话的地位,以给观众留下深刻印象。此外,"羲皇故都"的名头被冠在淮阳的头上,既进一步突出了淮阳与伏羲之间的密切关系,又强调了当地伏羲神话的权威地位。

岳献甫认为,在电子传媒时期,神话要想扩大其影响力,势必要与影视媒介相结合:文化传播需要持续,持续的艺术传播,会满足不同人群的文化需求,尤其在"无微不至"的数字多媒体时代,影视媒体是传播神话的重要载体和必然路径[①]。他提到,为推广伏羲女娲神话,淮阳曾有人创作相关的小说,但发行量并不大,而以此为题材的舞台剧也未能兴办起来。在他看来,传播的效度与传播媒介的特点关系密切。小说以文字为基础,以情节与叙事为核心,既需要创作者有较强的文字功底,也要求阅读者具备基本的文化知识。而舞台剧的形式在对现在的年轻人来说,有些"过时",喜欢看的人很少,所以影响力也相当有限。而与这两者不同的

---

① 受访人:岳献甫;访谈者:陈汝静;访谈方式:电子邮件;访谈时间:2014年3月14日。

是，电视与电影是现在人比较常见且较为偏爱的传播形式。通过电视人物绘声绘色的表演，观众不需要花费过多的精力去思考就可以接收到许多与神话相关的信息。因此，周口政府与文人都希望能抓住参与影片制作的机会，从而推出"淮阳版本"的伏羲神话，确定其在传播中的优势地位。至于神话的淮阳特色，岳献甫表示：

> 有些情节的确源自淮阳神话。淮阳是羲皇故都，伏羲神话群在淮阳形成已久，专家们对此认同。伏羲的神话大体脉络是生于天水、都于宛丘、葬于淮阳，伟大功绩有创八卦、结网罟、定姓氏、制嫁娶等等，这都历史学化了，口头传说各地虽略有异同，但是民间化的伏羲都是从大洪水开始、兄妹结婚、抟土造人等等，体现的是创世说。中华伏羲文化研究会作了大量工作，周口与天水联系也很多，大家的意见基本是一致的。①

岳献甫认为，在淮阳流传的伏羲神话非常丰富，据他提供的《周口神话故事》一书记载，有关伏羲的神话在淮阳约有30例（从内容划分，不包括各种变体版本），几乎涵盖了所有与伏羲创世、文化创造有关的内容②。然而，从神话的文本内容来看，这些流传在淮阳地区的神话虽然丰富，但它们的故事叙述的核心与其他地区的伏羲神话并没有太大差别。如《周口神话故事》序言中强调其他地区没有的"伏羲女娲滚磨成亲"的神话其实在甘肃天水、河南新密市等地也较为普遍。由此可见，片头中"淮阳县的伏羲神话传说"的意思并非着力说明那些神话人物、事件、母题或类型只在淮阳流传，而是为了强调伏羲与淮阳地域的密切关系。

（3）在电影中确定伏羲与"龙"图腾之间的关系，凸显伏羲在中国文化统领性的地位，并配合淮阳打造"龙都"品牌的要求

在《人皇伏羲》的最终幕，伏羲组织会盟，召回分散各地的后代子

---

① 受访人：岳献甫；访谈者：陈汝静；访谈方式：电子邮件；访谈时间：2014年4月14日。

② 《周口神话传说》编辑委员会编：《周口神话传说》，学苑出版社2006年版。该书收录的神话大多源自20世纪80年代民间故事搜集工作的成果，少数为文人结合史料整理而成。

孙,以图部落的长久发展。为了凝聚各个部族,伏羲决定设计一个集中各部落特点的"图腾",作为同根同源的身份标志。在所有部落合力绘制下,集合了鹰爪、虎掌、鱼鳞、牛耳、熊腹特征的"怪物"出现在了图腾旗帜上。此时,天上忽然乌云四合,传来阵阵"轰隆隆"的巨响,雷神、华胥现身空中。有感于此,伏羲将这图腾命名为"龙"。伏羲就此宣告:"我们的图腾既然是龙,从今以后我们就叫做龙族,我们都是龙族的成员,我们的后代都是龙的传人。"在伏羲的号召中,电影以众人高呼"龙的传人"而结束。

在这部影片中,伏羲成为了制定龙图腾的倡议人,这种人物功绩的设定可归因于编剧强调伏羲文化地位的用心,也与淮阳正在进行的"龙都"文化品牌塑造工程有着不可忽视的联系。

据仝云丽的调查,自20世纪90年代以来,淮阳为创建"龙都"实施了一系列政策。如仿照台胞祭祖仪式,当地政府举办了"首届中华龙都朝祖会",并召开了有关伏羲文化的研讨会,确定了伏羲作为"龙师"与"三皇之首"的地位。有学者建议将"炎黄子孙"更改为"羲皇子孙",这一说法得到了淮阳县政府的极力推崇与宣传[①]。此后,"龙都朝祖会"发展成为淮阳每年都要举办的盛大节日,囊括了公祭中华人文始祖太昊伏羲大典、热闹非凡的庙会、地方文化展演以及招商引资洽谈会等活动。自此,龙都朝祖会既成为了对内对外强化淮阳与龙和伏羲联系的重要时刻,也成为实现当地政治、文化、经济等发展目的的标志性活动。此外,淮阳还借助主流媒体的宣传优势全力突出自身与龙的密切关联。2005年,中央电视台《走遍中国》栏目推出淮阳专题,包括《梦幻之地》《伏羲觅踪》《古城之谜》《万姓同根》等七部影片。在节目中,淮阳城各处都充满着龙的印迹,如满街飞舞的"龙旗",龙湖中矗立着的"九条龙"雕像,似乎都在诉说这座城市与龙的渊源[②]。

显然,2009年创作而成的《人皇伏羲》的电影也是淮阳县政府宣传自身的重要资源,而片中伏羲创设龙图腾的桥段也并非牛明领、岳献甫的独立创作。就在《走遍中国·淮阳》的第二集《伏羲觅踪》中,周口市

---

① 杨利慧、张霞、徐芳、李红武、仝云丽:《现代口承神话的民族志研究——以四个汉族社区为个案》,陕西师范大学出版社总有限公司2011年版,第267—268页。

② 同上书,第269页。

伏羲文化研究会副会长在接受记者采访时，就提到了与电影剧本中几乎一致的情节。这说明电影中凸显伏羲与龙的关系的设计，实质上是周口市淮阳县研究伏羲文化的文人们合力推出的结果，是打造伏羲人祖地位、淮阳"龙都"文化名片的切实需要。

> 的确是为了地方文化宣传需要，一个地方有这么值得骄傲自豪的文化，为什么不可以大张旗鼓地对外宣传呢？为什么不可以拿出来与大家共享呢？现在有一种偏见，认为某个地方做什么文化是"争名人"，是捕风捉影、沽名钓誉。其实不然，事出皆有因，捕风必有影。很多文化积淀得深，掀起一角就可以颠覆许多陈见。至于各地对某一种文化或者人物、事件有不同的解读，这都是可以包容的，因为从整体上看，这都是辨析的过程，都有一定的历史文化价值。疑古是一种学理，信古也是一种学理，释古还是一种学理，从疑开始，在释中解疑，从而达信，这样为何不可呢？①

综上所述，周口地方文人在重构神话的过程中着力强调地域与神话的关联性，正如吕微所言："一方面，远古的神话被吸纳、收摄到地方知识的总体系统当中；另一方面，这些神话又被地方知识重新阐释，从而获得了转换的存在形式。"② 在牛明领、岳献甫等文人的创作策略中，他们倾向于从"历史"的视角去阐释神话。对伏羲的建都、伏羲创造龙文化等问题的解释，他们依据的是史书方志中的零星篇章。中国神话与历史是紧密纠缠在一起的，这给予了很多学者以古籍为凭不断援例又不断辨析神话的机会，就像岳献甫所言，研究神话就是"疑古""释古""信古"的过程。神话虽然是发生在遥不可及的远古，但在一些文人看来，它总还是有源头和历史的。在这种观念的作用下，神话与地方的关系建构成为了可能。

总之，地方政府与当地文化或多或少会影响着电视剧的创作、拍摄与

---

① 受访人：岳献甫；访谈者：陈汝静；访谈方式：电子邮件；访谈时间：2014年4月14日。
② 吕微：《神话何为——神圣叙事的传承与阐释》，社会科学文献出版社2001年版，第194页。

呈现。其中，地方文人对电视剧脚本制作或改编的作用较为明显，其行为背后隐藏着复杂的动机。不过，因电视拍摄制作过程涉及一系列问题，如剧本所有权、编剧的知识背景、电视台的审核、财政资金的供应以及地方参与电视剧制作的时间等，最终地方文人形塑影视创作的程度可能各有不同。尽管如此，对地方文人而言，用现代传播媒体推广地方的途径是值得其不断探寻的，不论成效如何。

三 艺术性与商业化

作为一种不同于口头表演和书面文字的展现人类生活思想的表达形式，电视、电影被称为"视听语言"，有着自己独特的艺术思维与表现特征，亦受其存在环境的影响。从最初的政府喉舌发展到改革开放后的多元化媒体，经济体制的变化促使大众传播功能重新定位[①]。随着影视产业日益成熟，电影、电视的生产需遵循市场经济规律，这已成为无法规避的事实。

通常，就电视、电影的艺术性与商业价值之间的关系而言，两者是双向互动的。电视、电影的艺术创造是实现商业收益的基础，而市场需求也会限制电影、电视的制作与产出[②]。在两者的综合作用下，评判某部影视作品时一般较难分清某一环节的设计是出于艺术还是出于商业考虑，如对神话进行世俗化的处理，批评方认为太落俗套，但赞成方认为这体现了神仙平凡人的一面。视角的差异会导致观点千差万别。本节想要总结的以神话为题材的影视作品的特征，是从艺术叙事以及商业需求两点综合考虑的。

（一）选取典型神话人物与事件

中国神话的内容庞杂多样，同一神话人物或事件拥有多种版本。对于电视剧、电影叙事而言，在考虑创作目标之后，从神话里杂中取一是一道必需的工序，否则将造成观众认知错误、叙事逻辑混乱等问题。虽然笔者未能找到相关制作人对选取典型神话人物与事件的言论，然而，就目前市场上较多神话影片的内容来看，他们在选取素材上都有着较为一致的倾向

---

① 钱蔚：《政治、市场与电视制度——中国电视制度变迁研究》，河南人民出版社2002年版，第67页。
② 倪祥保：《电视剧的艺术性与商业价值》，《中国电视》2000年第9期。

性，即选取观众熟知度较高的神话人物或事件。本章以 9 部电视剧为例，以 12 个神话人物、事件或母题为对象，试分析后者在前者中出现的频次。经笔者统计，具体情况见表 8—2。

表 8—2　　　　　9 部电视剧中常见神话母题的出现频率

母题或其他		《天地传奇》	《远古的传说》	《精卫填海》	《女娲传奇之灵珠》	《封神榜》	《仙剑奇侠传》	《哪吒传奇》	《小太极》	《春光灿烂猪八戒》
女娲	形象	√	√		√	√	√	√	√	
	补天	√	√		√				√	
	造人	√	√						√	
伏羲	兄妹婚	√								
	八卦	√	√							
	定婚制	√								
神农尝百草			√						√	
后羿射日			√	√					√	√
盘古开天辟地			√					√		
精卫填海			√	√						
共工祝融大战			√					√	√	
夸父追日			√					√	√	

以这 9 部电视剧为案例，主要因为它们既相对而言包含了较多的神话素材，又在年轻人中间有着一定的收视基础。如表 8—2 所示，大部分以神话为题材的影视作品选择的神话总是为数不多的几种。其中，女娲在 9 部电视剧中的出现频次最高，其次是后羿射日与夸父追日。同时，据笔者对北京高校学生关于神话与神话题材影视作品了解情况的调查结果来看，电视剧的选材倾向与大学生对神话的了解情况有着一定程度的重合。

为对大学生了解中国神话的情况有个大概的把握，笔者在问卷中提供了 17 个经典神话事件或人物，并提供了四个熟悉层次以供选择（见表 8—3）。经统计，参与者最熟悉的（包括"能比较清楚叙述""知道，说不完整"两项数据之和）神话事件依次为"女娲补天""嫦娥奔月""盘古开天辟地""女娲造人""夸父追日"等，而最不熟悉（包括"能零星记起"和"完全不知道"两项）的则是"共鼓狄货造舟""兄妹婚""伏羲制八卦""祝融"以及"刑天舞干戚"等①。虽然在面对面访谈中，大部分的学生并没有办法"比较清楚地叙述"神话，只能说出一些与神话相关的句子或人名，但在笔者的追问下，最终可以实现对整个神话内容的简洁讲述。但即便考虑参与者未经思考就勾选选项的情况，他们会选择"能比较清楚叙述"或"知道，说不完整"，是因为这些神话人物或事件对他们而言较为熟悉，触动了他们脑海中的相关记忆②。

表8—3　　　　　大学生对常见神话的了解情况　　　　　单位：人

题目＼选项	比较清楚叙述	知道，说不完整	能零星地记起	完全不知道
盘古开天辟地	112（52.58）	94（44.13）	6（2.82）	1（0.47）
女娲补天	135（63.38）	76（35.68）	2（0.94）	0（0）
女娲造人	139（65.26）	64（30.05）	10（4.69）	0（0）
伏羲制八卦	16（7.51）	57（26.76）	76（35.68）	64（30.05）
兄妹婚	19（8.92）	25（11.74）	36（16.9）	133（62.44）
神农尝百草	76（35.68）	96（45.07）	36（16.9）	5（2.35）
黄帝统一中原	51（23.94）	91（42.72）	58（27.23）	13（6.1）
夸父追日	151（70.89）	50（23.47）	12（5.63）	0（0）
精卫填海	143（67.14）	53（24.88）	16（7.51）	1（0.47）
嫦娥奔月	183（85.92）	27（12.68）	3（1.41）	0（0）
仓颉造字	38（17.84）	90（42.25）	62（29.11）	23（10.8）
共鼓狄货造舟	3（1.41）	20（9.39）	28（13.15）	162（76.06）
共工怒触不周山	36（16.9）	61（28.64）	50（23.47）	66（30.99）
蚩尤战黄帝	35（16.43）	70（32.86）	73（34.27）	35（16.43）
刑天舞干戚	26（12.21）	60（28.17）	69（32.39）	58（27.23）

注：括号内为占比（％）。

资料来源：北京高校学生关于中国神话与神话题材影视作品了解情况的调查问卷。

---

① "兄妹婚"选项的出现或许与笔者出题的方式有关。在访谈过程中，很多学生表示没听过"兄妹婚"，但是知道伏羲与女娲是兄妹，或者两者是夫妻关系。

② 笔者在问卷调查后联系过10个参与过问卷的学生，在面对面聊天时，尽管他们并不能清楚地叙述他们勾选过的神话，讲得比较零散，但是他们都表示，选这个选项是因为觉得这些神话比较熟悉。

从上述表8—2、表8—3来看，无论是在电视取材的频次中，还是在年轻人的熟知程度上，女娲的地位都很突出，而夸父追日、后羿射日等也有较高的排位。达成这一致认识或许因为他们默契地认为这几个神话是非常典型的、常见的、中国的。这种情况出现的原因较为复杂，但电视的取材倾向与年轻人的神话知识基础这两者之间应是互相推动的关系。前者考虑到市场的效应，选择观众较为熟悉的素材，以便观众们能快速进入观赏"神话剧"的氛围之中，引发共鸣；而后者则耳濡目染地接受周围媒体的熏陶，经常接收到的有关神话的讯息多为女娲、夸父、后羿、伏羲等，自然也就对这些人物与故事较为熟稔了①。

(二) 改造神话人物形象

在中国古代神话中，很多神话人物的性格、外在形象特征都不太明朗。古籍中对神话人物的记载多偏向于其功绩，强调其圣贤、贤明的一面，以让后人尊崇效仿。

这种对神话人物简明的刻画，给予了电视、电影的创作者很大的发挥空间。他们对神话人物形象的改造，使其性格更加饱满，行为动机更有条理，让人物活生生地立于眼前。在影视编排中，较为常见的改造人物形象的方式有两种，即将人物进行世俗化和现代化的处理。

首先，神话人物的世俗化。所谓的世俗化，是指电视叙事的内容，不仅关注神话人物在创世、文化创造等方面的功绩，还注意人物之间的纠纷、日常生活状态以及家庭关系②。编导们进行世俗化处理的目的，主要在于让神话人物的形象更为饱满，易与观众之间形成情感交流。对此，范小天认为，以神话为题材的电视剧应当融入人们日常生活所需的精神需求。"把正确处理各种竞争带来压力的理念，通过神话剧中浅显的故事带给观众。比如如何看待竞争中的失败，努力却没有获得成功；如何看待持之以恒和半途而废。这类非常贴近生活的哲理，正是在继承传统文化的基础上，给了神话剧展现时代风貌的新鲜之美。"③

例如，在电视剧《精卫填海》中，后羿的形象得到了极大的丰富。

---

① 这当中的情形当然非常复杂，除了电子媒介之外，纸媒等其他传播媒介的参与也是造成这种情况的助力之一。

② 杨利慧：《神话与神话学》，北京师范大学出版社2009年版，第141页。

③ 范小天：《关于神话电视剧的反省与思考》，中国新闻网，2003年08月22日，http://www.chinanews.com/n/2003-08-22/26/338174.html，查阅日期：2016年12月23日。

在《淮南子》《楚辞章句》等古籍的记载中，后羿是尧的手下，或被派遣诛杀凿齿、封豨、修蛇等凶兽，拯救百姓于水火；或是听从尧的调遣，凭借好身手射中天上9个太阳，解救了地上生灵。而在电视剧中，后羿神话与精卫填海、夸父追日等神话被拼接在了一起。在以后羿为中心发展出来的故事中，射日、杀凶兽并不是主要的情节。在剧中，后羿是刑天的儿子，身负拯救炎帝、消灭邪魔的重要使命。围绕这一主题，后羿先后与雷神、火神祝融、白帝、水神共工等一系列神话人物展开争斗，并在患难中与精卫结下良缘。在剧中，后羿最终仍是凭借射日的行为达成了使命，化解了人世间的巨大灾难，但其形象要比《淮南子》中的记载鲜明得多。在古书中，后羿是忠心的臣子，有着卓越的行动力，但这些都指向其在政治与文化上的建树。与此不同，《精卫填海》中的后羿有着自己的家人，会因为心爱的人遭人诟病而挺身保护，与老鬼等人物建立了深厚的友谊，会为父亲的牺牲而悲恸不已。

图8—7　后羿射日

这些行为与性格的塑造，让后羿少了一些仙气，多了不少人气。经这部电视剧的重构，后羿依然是为人正直、英勇无匹的英雄，而射日的行为依然是解救苍生的关键行动。所以，在使后羿形象更加鲜活的同时，电视剧并没有改变神话中人物核心性格与核心情节。

又如在电视剧《远古的传说》中，神农跟随花神找寻拯救天下生灵的真水，在途中广施医术，这一行为主要对应古书中尝百草的神话[1]，重点突出神农悲悯世间的高尚情操。为强化这一神格，电视剧为神农注入了更多凡人的气息。在与若兮结为夫妇之后，神农看透政治争斗中的丑恶，全身心投入到草药的研制当中。当他隐居于世时，花神劝说神农一起寻找真水。神农毅然决定为了人世百姓的安危参与这场充满险恶的冒险。最终在使用了神农调配的药方以后，万物复苏，人间重归和平。但神农为准确配出方膏而尝试百草，积毒甚深，在所有人都欢欣庆祝的时候他平静地离开了人世。电视剧从心理、行为等各个角度去塑造神农的性格，使之乐善好施、奉献无畏的形象更为丰满立体。与后羿的情况相似，经过改造后的神农保留了古籍中描述的核心性格与功绩，但亦时常显现出平凡人的一面。如在遭遇妻子离世的痛苦以后，神农饱受打击、万念俱灰，有了放弃寻找真水的念头。在他对未来的道路感到迷茫的时候，伏羲及时出现对他进行精神上的教诲，神农最终重振精神，忍下丧妻之痛，继续参与到花神一行人的探寻之路。这种情绪起落的设计较为贴合一般人在遭遇磨难时的心境转换。虽然有时电视剧的细节表现稍显夸张，但从整体上来看，它为我们展示了一个神话人物可以被体谅、让人感同身受的温情的一面。

然而，世俗与俗套有时是一线之隔。纵然观众表示理解改编者丰富神话人物血肉的理念，但有时粗糙简单的编排易让这种世俗性重构堕于庸俗的误区之中。面对神话人物之间感情戏泛滥的情况，某电视剧编剧娟子解释道："制作方喜欢有话题，其实无非就是炒作，无非就是让戏有热点。"[2] 此时，商业化与庸俗、低劣、粗糙成为了同义词，过于追求市场效应严重损坏了艺术创作的根本。对于"神话剧"沦为"古代爱情剧"的本末倒置的现象，观众与评论者皆强烈批判了此种过度迎合大众喜好而不严肃对待中国神话的行为[3]。

---

[1] 剧中太白金星对神农与炎帝是否为同一个人进行了解说，在剧中，神农未被称为炎帝，也未施行过与炎帝相关的作五弦琴、制陶器等功绩。

[2] 骚大人：《国产剧专注狗血脑残的这些年》，2013 年 9 月 2 日，http://ent.qq.com/zt2013/hjd/naocanju.htm，查阅日期：2016 年 12 月 23 日。

[3] 具体观众批评意见，详见第四节。

其次，神话人物的现代化。所谓现代化，指的是人物的语言、行为与思想表现出了现代社会才有的价值观念，主要体现在人物台词的塑造中。在电视剧中，现代气息较浓的台词主要分为两种，一种是时下热门的流行词，如"囧""高富帅""青春美少女"等，另一种则体现了现代人的精神与追求。前一种经常闪现在影片中，如"同一个世界，同一个梦想"等台词出现在了《仙剑奇侠传3》；《远古的传说》中的花神经常将"一切皆有可能""命运掌握在自己的手中"等话语挂在嘴边。对于此种设计，制片方的一致口径是为了让人物更加生动、剧情更有趣味性。他们认为，不可能在电视剧中让神话人物满口"之乎者也"，更有现代性风趣的台词既便于观众的理解，也能吸引观众的注意力，起到放松调剂的作用，而"神话是一切逻辑的圆场灵药"①。

而另一类台词则倾注了编导们的创作用心，更深入地指向了人物的思想理念。所以，这部分台词既是塑造人物形象的核心部分，也是制作方借神话表达自己观念的重要媒介。如在《传奇》中，伏羲劝导神农的话语显现出了制作者们对伏羲形象的特殊理解。伏羲说："人类本来惧怕火，但是现在能烤东西吃，现在人类不能飞到天外，但是经过人类不断的思考和求索，或许有一天能遨游天外。人类要生存和发展，就必须不断思考和求索。……人类潜能无限，人的命运靠自己掌握。"② 这段自白刻画出了一个善于思考、不断求索的伏羲形象。在中国古代神话中，伏羲被誉为"人王"，创造发明了许多对人类发展有益的文化成果，如创设八卦、结绳为网、发明陶埙和琴瑟、创始婚姻制度等。在编导们看来，这样的文化始祖英雄应当拥有很强的思维能力，因此便将上述对人的理解、对人的发展的反思粘黏在了他的身上，体现了创作者利用神话"起源"性意义来宣传主流价值的良苦用意。对于用以神话为题材的电视剧表达现代人观念的做法，导演裘立新认为："古代人创作神话，目的也是劝人为善，而我们现在来改编神话，除了起到这样的作用，还有必要加入一些现代观念。用这样一个古代神话故事来激励现代的年轻人要奋发向上。其实神话剧不

---

① 佚名：《〈土地公土地婆〉造型雷人台词穿越神仙爱搞怪》，新华网，2014年1月2日，http：//news.xinhuanet.com/ent/2014 - 01/02/c_125945217.htm，查阅日期：2016年12月23日；网易娱乐：《张檬：古装剧融入现代化的东西会比较接地气》，2012年8月14日，http：//ent.163.com/special/xslzhangmeng/，查阅日期：2016年12月23日。

② 电视剧《传奇》第23集伏羲的台词，内容为笔者听写而得。

一定用胡搞来吸引眼球,'主旋律'一点,也很好看。"①

神话人物形象的现代化处理,代表了影视制作者在"古为今用"时的方法与态度。这种用"旧瓶装新酒"的方法并非毫无渊源,历史上的许多文人政客们常用神话来衍生出自己的文化、教育与政治理想,两者的动机与方法亦有异曲同工之处。然而,与将神话人物世俗化招致的诸多批评相似,如何把握神话人物现代化的尺度,依然是中国影视产业亟待正视的问题②。

(三) 整合叙事情节

无论是在口头文化、书面文化还是电子文化中,情节是支撑故事发展的主要核心。正如瓦尔特·翁所言:"从原生口语文化到繁盛的书面文化,一直到电子信息处理,叙事历来是一种重要的语言艺术形式。在一定意义上,叙事的重要性位于一切语言艺术形式之首,因为它是许多语言艺术形式的基础,甚至往往是最抽象的语言艺术形式的基础。"③ 作为不同于口头语言与书面语言的"视听化语言",电视、电影有着自己的叙事特点。

在中国影视界,以神话为题材的作品大多是电视剧,电影相对较少。因此,下文主要以电视剧叙事的特征来分析其对中国神话重构的影响。

第一,电视叙事的因果逻辑与线性发展特征,要求电视剧根据自己的创作目标对神话素材进行系统化的整合。殷昭玖指出,电视剧的叙事逻辑与中国传统文学的叙事结构相通,表现出了很强的因果关系,即情节环环相扣,按照时间主线不断递进④。因此,要想将神话合理地编排进电视的叙事逻辑中,那么体系或系统化的建构是难以避免的。中国神话较为零散,传承发展没有严格的时间性的线索,而神话人物关系也不像希腊神话

---

① 佚名:《广电总局发通知·神话剧不能胡编乱改误导观众》,中国网,2009 年 7 月 24 日,http://www.china.com.cn/info/movies/2009-07/24/content_18196747.htm,查阅日期:2016 年 12 月 23 日。

② 关于人物现代化的观众评述,详见本章第四节。

③ [美] 瓦尔特·翁:《口语文化与书面文化:语词的技术化》,何道宽译,北京大学出版社 2008 年版,第 106 页。

④ 殷昭玖:《强因果逻辑性——我国电视剧对传统叙事结构特征的借鉴》,《文学界》(理论版) 2010 年第 11 期。

那般等级分明。这些中国神话的特征为电视的改编带来了很大的挑战与发挥空间。对此,《远古的传说》的制片人熊诚就自己的体验做出了回应。在回复网友对电视剧的批评时,熊诚表示他对神话的很多整合与处理源自神话自身的特点。神话的杂乱无章促使他将许多年代不同的神话人物,如二郎神与女娲、伏羲等并置在了同一个时空下。为解决混乱的年代问题,他又安插了太白金星的角色来解释关键神话事件与人物的相关信息①。

然而,作为独立的叙事作品,每部电视剧有着自己的创作旨趣,因而他们在构建神话体系时会出于"为我所用"的考虑来搭建人物关系、安排情节的发生顺序。如后羿射日、夸父追日、精卫填海等神话本来并没有关联性,而《精卫填海》的电视剧为表现精卫、后羿拯救苍生的核心主题,将这些神话串联了起来。夸父与后羿成为了父子,他们拥有共同的敌人——天帝。为消灭天帝10个金鸟(三足鸟)分身,夸父不顾一切追逐其中一只金鸟,并与之同归于尽。而后羿则手握夸父传给他的冰弓玄箭射中天帝,最终后羿、精卫与共工一起消灭了重伤的天帝。但共工撞毁了不周山,镇压洪荒的山体被毁,三界大乱。为了不让洪荒再现,精卫将元灵融入青鸟体中,然后投入海中。在这种重构的叙事中,后羿、夸父、精卫等神话人物的形象得到了正面的强化,凸显了他们舍身奉献的精神。同时,他们原有的行为功绩也得到了保留,只是促成这些行为的具体动机发生了变化。最终,在环环相扣的剧情中,这些神话在服务于创作的核心的前提下被系统性地放置在了一起。

此外,不能忽视的是,整合重构神话还受创作者本身的神话观的影响。他们对神话内涵的理解也决定了故事建构的方式与内容。如熊诚认为,中国神话包括"神""佛""仙"等诸种类别②。因此,对熊诚而言,在《远古的传说》中将二郎神、黄帝、如来佛祖、伏羲、神农等人物放在一个时空背景中是可以实现的,因为他们从本质上来看都是神话人物。持相似神话观念的影片生产者还有很多,如上文在关键词辨析中所述,在观众与传媒口中的"神话剧"里,神话、传说、幻想故事常常杂糅在了

---

① 百科:《词条·熊诚》,2015年10月2日,https://baike.baidu.com/item/%E7%86%8A%E8%AF%9A/4902218,查阅日期:2016年12月23日。

② 同上。

一起，佛家、道家中的人物会与伏羲、女娲称兄道弟。

第二，以神话为题材的电视剧多以冒险为串联情节的主要线索，设置正邪对战的基本形式。无论是《远古的传说》中花神等人寻找真水的惊险旅程，《天地传奇》中伏羲、女娲几度辗转为父报仇，还是《精卫填海》中精卫与后羿欲拯救炎帝、消灭邪魔而四处奔波，剧中的主人公都为了天下生民的安危而不断历险，结识一个个志趣相投的好友，并最终借助集体的力量战胜了邪恶。颇有意味的是，好莱坞电影《指环王》讲述的同样是正义打败邪恶的冒险故事，就叙事的总体构架来看，与中国的这些电视设计并没有太大区别。从故事形态学的视角来看，这些故事可以被抽取出一条相似的行动线索，即主人公不断被困，然后获救，接着再度被困，直至最终战胜对手。其中，行动主体的功能大同小异，而故事结构以英雄与坏人的二元对抗为主。那么，为什么以神话为创作素材的影片会重复选用这样的叙事线索呢？

在冒险的过程中，主人公的经历给予了观众一次又一次感受新鲜故事的机会。正如小说家戴维·洛奇（David Lodge）在《小世界》中提到的"它不只有一个高潮，而是有许多高潮，文本的愉悦一次接着一次，一旦主人公命运中的一个危机解除，新的危机又会出现，一旦上一个谜题解开，又会出现一个新的谜题，一旦一个冒险结束，新的冒险又重新开始"①。在这样的体验中，观众的吸引力始终会被电视、电影中的故事抓住，随着主人公的行动而不自觉地期盼下一个故事的到来。与此同时，冒险的设置也便于多种要素的融合，能够大幅度地吸纳各种文本内容。这种叙事结构给了编导们很大的创作空间。

而正邪对战的设计，则是出于多方面的制作需求。首先，英雄与坏蛋之间的争斗，可以起到强化人物性格的作用。在面对邪恶一方布下的种种圈套时，主人公的机智、无畏以及舍己为人等高尚品德都有机会得以表现，并在对手的衬托下越发突出。其次，邪恶的一方通常都为谋求私利而致力于毁灭现存的社会，主人公的作用就是打破这一企图，努力维持世界的稳定性。这种模式的设置能较鲜明地体现神话与世界建立、破坏、重建等根本主题的密切关系。最后，这种对抗式的安排通常都会导致连续打斗与终极决战等场景的出现，而这一类的场景是极力

---

① ［英］戴维·洛奇：《小世界》，王家湘译，上海译文出版社2007年版。

渲染神话磅礴、恢弘氛围的最佳时机。恢宏的战斗与魔法、人山人海的场面、荡气回肠的背景音乐，使观众忘记平凡的世界，全心投入到神话的瑰丽神奇之中。

上文对以神话为题材的影视作品进行了分析，进而指出各行为主体利用和改编神话的动机是多方面的，其中民族主义、地方化以及艺术性与商业化的追求是主要动因。在这种政治、地方、艺术和市场等多种因素的交织互动中，神话的影像化过程表现出了复杂的样态。

第四节　接纳与拒斥：观众的声音

由于多种因素的综合作用，神话传统在影视作品中呈现出了多元化的样态，展现出了丰富的内涵。然而，作为信息接受与吸纳者的观众的态度则是衡量神话再创作成功与否和影响效力的重要指标。传播学者斯图亚特·霍尔（Stuart Hall）与戴维·莫利（David Morley）指出，因社会阅历与阶级背景的差异，受众群体中有着一定的层级性，不同层级的观众对电视传播的文本内容会有不同层次的理解[①]。如前文所述，在笔者关于观众对以神话为题材的影视作品的观赏态度的调查中，大部分面对面访谈的对象为北京的高校学生，另有数十位中年观众参与。下节将通过访谈数据与调查问卷提供的相关信息，试图探究如下问题：哪些要素会驱使或阻碍观众观看神话题材的影视作品？观众欣赏或批判此类作品的标准有哪些？这些作品在当代人的心目中塑造了怎样的神话观念，而这将对"神话"的文类界定提出什么样的挑战？

一　神话主义的影响

据央视—索福瑞收视率调查公司（CSM）2011 年度在全国范围所做的《电视广播视听率调查基础研究》抽样调查，在各类传播媒介当中，如电视、报纸、杂志、网络以及其他新媒体等，电视的受众最多、覆盖率最广，普及率高达 98.9%，虽然新媒介成长势头正猛，但电视拥有的影

---

① 转引自吴红雨《解读电视受众：多元化需求与大众化电视》，浙江大学出版社 2009 年版，第 192 页。

响力,仍是其他传播媒介短时期内无法超越的①。

在《娱乐至死》中,波兹曼(Neil Postman)认为:"电视是我们文化中存在的了解文化的最主要的形式。"② 借助电视媒体的强势地位,神话的影响力在不知不觉中得到扩张。现代传媒技术为神话的再生产提供了重要的平台:以往口口相传的形式使讲述者与听众局限在一定的物理范围内,而电视、电影提升了神话为人所知的可能性;动态的图像化的展演,将神话从枯燥晦涩的篇章文字中解放出来,使之栩栩如生地出现在人们眼前,更显灵动活泼,易于理解。

对此,岳献甫表示,如何凭借影视媒体的平台来传播中国神话是值得思考的问题。他认为,现在很多人连基本的神话都不太了解,比如女娲伏羲创世神话。如果只靠纸媒或口头传播的形式,想要扩大神话的影响力是一件太过漫长而难以实现的工程。但电视有其得天独厚的资源,属于每户人家都会有的必需品。借着电视的东风,越来越多的人有机会知道神话,进而去喜欢神话,从而更有可能去记忆甚至研究神话,中国神话的传承也就有了更大的希望。让更多的人对神话的态度从不知到知,这是岳献甫给予电视的厚望③。

笔者通过对北京高校大学生的问卷调查与访谈发现,电视电影确实成为了大学生们获知、记忆甚至挖掘与神话相关信息的重要渠道。下文中,笔者将以自己的调查感受为引子,分析受访者在交流过程中体现出的对神话的认知以及电视电影对其神话观产生的影响。

(一)知晓神话的途径

在很多次访谈中,笔者会问,你知道哪些中国的神话?很多受访人大多说自己了解得不多,但若细谈起来,他们会断断续续地说出一两个印象最深刻的神话。或许整个故事讲述得不完整,但有趣的是,他们能想起这些故事,经常依赖的是某些动画电视作品。

杜心是少数能讲出多个神话的受访人。她表示,自己能对这些神话记

---

① 王建平:《广播受众媒体接触行为分析》,2013年5月6日,http://3y.uu456.com/bp-81f30s21c8s0ad02de8041b8-1.html,查阅日期:2016年12月23日。

② [美]尼尔·波兹曼:《娱乐至死·童年的消逝》,章艳译,广西师范大学出版社2009年版,第81页。

③ 受访人:岳献甫;访谈者:陈汝静;访谈时间:2014年3月11日;访谈方式:电话采访。

忆较深是受益于儿时观看的动画《小太极》：

> 嗯，我记得的比较清楚的是女娲补天和盘古吧！那都是小时候看动画片知道的，就是那个有八卦脸的那个！对！叫《小太极》，我小时候就看那个。好像说了挺多故事的，但我忘记啦，就记得这两个吧！那个盘古，就是以前和地还连在一起，什么都看不见吧！那个小太极是怎么去到盘古那里的？哎，不记得了！哦，还说盘古吧！他好像是睁开眼睛看到这个天地连在一起了，然后就想把它们分开吧！他就站起来一顶，天和地就分开了，然后他就一直站着，应该是怕天又会掉下来吧！后来，后来好像是他没力气了吧，筋疲力尽，就倒下了，然后他的身体变成了天地间的各种东西，具体什么变成什么我倒是不记得了，就记得好像是什么变成河啊，什么变成山这样的吧，具体的不记得了。小太极还哭得挺惨，我貌似也跟着哭了。那个女娲造人啊，那个女娲画得细眉细眼的，古典风，她好像是一个人无聊还是怎么的，然后就想有人陪她吧，然后就找了泥巴开始捏人。然后，我记不太清了，好像是对着泥人吹了口气就活啦！后面好像是造了挺多人的，然后，是天被谁开了个大洞啊，然后刮挺大风的，那些泥人好像就被吹得不行。女娲就想去补天吧，是在哪找了块石头，那石头我记得挺漂亮的，五光十色的，女娲就拿着去补天了。最后女娲是死了吗？哎呦，时间太久，能记得这些就不错啦！不过那些画的印象还是挺深的，我们读书的时候学过女娲什么的吗？好像没什么吧，我记得的这些神话，好像就是看这个动画，还有小人书什么的吧！①

另一位受访人朱云是一位理科生，平时对神话这些方面的知识关注较少，也不清楚神话与传说的区别，更难完整地讲出有关神话的故事。但在谈到后羿射日时，她提到电视剧《春光灿烂猪八戒》，并用剧中的版本补充了自己关于此神话的认识：

> 我记得后羿一直烙大饼。嫦娥是陈虹演的，演两人的感情比较

---

① 受访人：杜心；访谈者：陈汝静；访谈时间：2013年3月20日；访谈地点：北京师范大学学十六楼。

多,再就是猪八戒和小龙女。因为之前,后羿是个烙大饼的嘛,嫦娥坚信他可以射日嘛!他那时候连剑都拉不起来,搬石头都搬不起不?但是嫦娥从天上下来的嘛,她就坚信他有那么大的力量,然后天天就训练他,告诉他射箭啦!他老是箭都拉不稳,就掉下来了,然后嫦娥慢慢锻炼他的力气,就去射日了!那时候天上是有两个太阳,为什么有两个我忘了,那时候地上很热,天上有两个太阳。地上的人还蛮接受有两个太阳的,只是觉得热,就希望只有一个太阳。嫦娥是从天上偷偷下来帮他的。呃,这人应该是后羿的转世。射日完了以后,嫦娥就回去了,因为她丹药失效,没有办法,就飘走了。后羿还在地上,最后天庭要奖赏他还是怎么的,就还上去过。①

两位受访人讲述的情节的主要来源是电视剧,虽然细节部分常被她们遗忘,但是故事整体的脉络还是较为清晰的。尤其对朱云来说,她称自己知道《春光灿烂猪八戒》的改编是挺"无厘头"的,很多内容都"不靠谱",并对电视剧将后羿神话与猪八戒的传说并置在一个时空的处理方式感觉有点"奇怪"。但在看电视剧之前,她对后羿的了解其实更加模糊。她回忆到,自己或许只在小人书中看过相关的故事,若是在没看电视剧的情况下就说出整个故事,对她来说可能更困难。"至少电视让我脑海中有了这么个故事发生的过程吧!"朱云感叹道。

从这一层面来看,电视、电影讲述的有关神话的情节成为了观众记忆神话的重要来源。在以神话为题材的国产电视电影中,神话的故事逻辑都较为简单、贴近生活。通过真人的演绎与诠释,电视电影综合性地调动了观影人的视觉、听觉与大脑,给予其最直观的感受,便于更清晰地理解与记忆故事情节。神话故事的真人表现将观众原有的关于神话的零星知识整合了起来,使其能按照一个完整的故事逻辑去了解与认识这个神话。因此,相比于零散的书面文字而言,电视、电影使观众对神话情节的记忆更为深刻。

(二)深入了解的动因

访谈中,很多人表示很少看有关神话的国产剧,因为剧情"很雷",

---

① 受访人:朱云;访谈者:陈汝静;访谈时间:2013年5月30日;访谈地点:中央财经大学。

而且说法不一,颇不严谨。对此,朱云表示,她比较理解现代传媒对神话的多样化处理。在她看来,每种版本都代表着创作者对这个神话的认识。

> 不管历史还是神话,它还是有自己的出处吧,大家各抒己见嘛!可能这个版本是这个样子,那个版本是那个样子,都有自己的出处嘛。多多少少通过电视剧了解这些历史,就跟我们看历史剧,历史剧跟这个差不多,也是那段历史,你会看到各种版本。虽然你对各个版本多了解一些,让你觉得这个人物认识更丰满,可能这个版本说他是这样的,那个版本说他是那样的。我并不会信哪个版本,这几个版本给我们带来的信息我需要综合一下,然后让这个人物更丰满。大部分电视剧,我就是了解这个人物大概的性格,有些电视剧之间会有冲突,说这个人做过这个事情,这个人没做过。但是我晓得这个人和这件事情肯定是有关系的,我觉得我大概晓得这些情况,如果我感兴趣想确定的话,我会查书。①

因中国神话缺乏充分的体系化,呈零散分布,而每部电视剧或电影的创作目的各有所需,它们对神话的诠释也会各有侧重,所以,荧屏上出现的神话是五花八门的。同一个神话或神祇,在不同的影视作品中会有不同的讲法与性格。这些复杂的甚至有时矛盾的设定则可能刺激着如朱云这些人去了解更多的关于神话的内容,要么去综合各类信息,要么去寻找最"真实"的版本,以调整电视剧纷繁不一的创造带来的认知混乱。受访人高涵就道出自己曾因电视剧中千变万化的人物设定深感迷惑。但因为对神话有着较强的兴趣,所以在看过电视剧后,她决心去查查这些神话到底是什么样子。

> 呃,我看过七七八八不少神话剧吧,反正感觉挺乱的,很多人的很多事我都看不清楚。哎,那个电视剧,叫什么我忘了,说女娲生了三个孩子,有黄帝、玉帝,还有个女的神仙,那里面伏羲是她兄弟吧!还有个是伏羲和女娲结婚生了不少孩子,好像是八个?九个?到

---

① 受访人:朱云;访谈者:陈汝静;访谈时间:2013年5月30日;访谈地点:中央财经大学。

底多少个？一会这，一会那的，这伏羲和女娲到底啥关系啊？后来我就去百度。发现这两种说法还都有，有个什么兄妹婚吧我记得。百度里面说法挺多挺杂的，好像有的是讲从山上扔个东西，是什么来着？反正就是这个东西没散就结婚，散了就算了。这么看，应该是没散吧！要不怎么结婚呢？怎么叫兄妹婚呢？我也没去翻书，《山海经》那些句子不好懂，就百度了下，反正没个固定说法，是中国神话本来就这样的吧，版本挺多的。①

伏羲与女娲是中国神话中最广为人知的神祇，他们的形象与关系是电视剧中常见的演绎对象。在中国神话中，伏羲女娲兄妹婚的故事拥有非常重要的起源意义，学界一直认为其与中国婚姻制度以及人类的起源有着不可忽视的关联性。然而，对现代人而言，兄妹结婚属于伦理范畴，难以成为传播或宣讲的对象。电视与电影作品在改编的过程中会结合自己的情节所需选择一种折中的方式，要么让伏羲与女娲互相爱慕结为情侣而不具血缘关系，要么将他们成为兄妹而选择其他的造人方式，如抟土造人或灵气感生。这些处理方式让观众在接收信息时会对不一致的设定感到困惑，如高涵这般寻求更多信息的人并非特例。朱云也提到，在对电视的表述有所怀疑的时候，她会求助于书本。

另外，观众继续深入了解神话的兴趣，不仅会因神话在电视剧中呈现的多变性引发，还会因被某些形象与事件吸引而去探求更多的知识。蒋明谈到在浏览各个神话电视剧时，发现女娲这一形象出现的频次特别高。他觉得，很多电视剧就算与神话没什么关系，也要把女娲提出来以奠定这个故事时间久远的基调。

嗯，为什么老是出现女娲呢？为什么不是别的其他的神仙呢？伏羲啊，黄帝啊，都可以啊！老是说女娲？这个挺有意思的。可女娲到底是个啥样的，我瞅了几眼这些电视剧，没看下去，太雷啦！啊，女娲是个什么人，我觉得挺有意思的，一会能补天，一会造人的，貌似还有很厉害的手下？我就去查了查，资料还挺多的。查什么？百度

---

① 受访人：高涵；访谈者：陈汝静；访谈时间：2012年11月30日；访谈地点：北京外国语大学。

啊，还特意去翻了翻《淮南子》，嗯，这书高大上，我好久没翻过这种书了。这书不好读，古文不行，就上网搜了搜。女娲挺厉害的啊，好像是当时整个世界出现了些问题，天上破了个洞，然后女娲就得去补吧！好像还去炼了石，还锯了几个，几个什么？是鳖么？锯了他们的腿，最后还是补上了吧！挺逗的！我感觉啊，这女娲应该算是人类的鼻祖了吧，她做的这些事情都挺久远的，谈不上真假，意义挺重要的。那些电视剧老用她，老是女娲后代什么的，仙剑，看过吧，赵灵儿不就说是女娲的后裔么？血统还挺强大啊！啊，对了，女娲是不是人头蛇身啊，好像网上有说，赵灵儿不就是么？①

蒋明对女娲神话的探究，源于电视中该神话出现的高频率。身为理科生，他原本对这些内容没有太大的兴趣，但电视剧中重复出现的词汇引起了他的好奇心。通过便利的网络搜索，蒋明获得了不少曾经不知道的信息，并认为女娲神话的内涵颇为高深。按照他的话来说，就是"不明觉厉"②。最终蒋明总结道："我不研究这个，感觉挺玄的。但我觉得这真挺重要的，像女娲、伏羲，我猜他们的事情和原始人的想法有关系吧，好像是中国文化的根吧，是中国文化的渊源吧，是挺重要的。"蒋明开始意识到神话与文化和思维意识的关系，虽然他对神话的认识多是来源于网络与书本，但作为动因，电视剧对神话的展示与传播，给予了蒋明等人关心神话的契机。

在这一层面上，电视、电影等媒介凭借其影响范围庞大的优势，将神话延伸到每个可能接触到它的民众面前。而这种延伸或许能引发某些观众深度或广度挖掘的行为。在受某些神话人物或故事的吸引以后，有的观众会愿意通过各种方式，如网络搜索、查阅书籍等来进一步网罗或分析神话方面的信息。据北京高校学生关于中国神话与神话题材影视作品了解情况的调查（见本章附录），59.43%的参与者认为"看到自己感兴趣的点就会去查查看"，这种"线下"探究的存在，能在观影之外进一步增长人们

---

① 受访人：蒋明；访谈者：陈汝静；访谈时间：2013 年 6 月 3 日；访谈地点：北京邮电大学。

② "虽不明，但觉厉"，即"不明觉厉"，网络用语，意为"虽然不明白（对方）在说什么、做什么，但是感觉很厉害的样子"。

图 8—8　女娲补天

对神话的兴趣与知识。

（三）固化认知的强化剂

在一次访谈中，林悦回忆自己对中国神话人物的印象，说起了女娲"补天"与"造人"。她的好友问："造人的就是女娲吗？"林悦愣了一下，极快地反击道："造人除了女娲还会有谁？"在以后的访谈中，笔者都会问同样的问题："你认为造人的除了女娲还会有谁？"[①] 对方十之八九都会对此问题表示不解，认为笔者是在和他们开玩笑，甚至有的人还会反问笔者："电视里不都是这么演的？那你给我证据来说服我！"

在人们心中，女娲造人、补天的功绩似乎是定论。然而，在口承神话的研究中，情况似乎就变得更为复杂。在豫南地区，虽然造人的核心母题与伏羲女娲兄妹婚的内容一致，但造人的主角成为了盘古兄妹。而这一版本除了在有限的范围内为人所知以外，大部分的人对此都知之甚少，甚至是一无所知。造成这种局面出现的原因是复杂的，其中口语传播的限度是不可回避的因素。

---

①　受访人：林悦；访谈者：陈汝静；访谈时间：2013 年 9 月 10 日；访谈地点：北京师范大学。

随着书面传统权威性的确立，口头文化中的内容想要冲击以往的文字叙事，也是颇有难度的。正如在叶庆炳先生在《中国文学史》中提到，《三国演义》经历过由口头向书面的演变，现在广为人知的版本是历经多次人为选择与加工而确立的；① 格林兄弟在编纂《格林童话》时也基于教育等目的，对口头文本进行了数次筛选与整理，并逐渐确定了现代的精美文本。如今，文本加工的方式已从书写与口传的二元世界中跳脱出来，进入到更复杂多样的传媒世界中，影视媒体则是当中重要的一元。

　　如前文所述，电视与电影由于种种动因会改编神话。而又如本章第二节所提到的，它们在对神话进行艺术性处理的时候，倾向选择的是广为人知的素材。在改编的过程中，主要神祇的功绩及文化创造是不会被轻易改变的，比如造人补天的是女娲、创设八卦图的是伏羲，造字的是仓颉，开天辟地的则是盘古，诸如此类。几乎少有电视剧、电影或动漫会将这样的设定打乱。这些固定的搭配中可以穿插编剧的想象与创作，使之能恰如其分地出现在新的大故事之中。编导们可以去想象与修改甚至颠覆那些有关神话的细节与空白的部分，但仍会因文字与经典的权威性而遵从其对神话人物与母题的描述，以坚持神话中最"核心"的地方。口头传承的活态神话，则因为传播媒介与区域性限制等因素，甚少进入这些编导们的视野中。如此，在多数影视作品中，有关中国神话的叙述仍与书面文字记载的相关，也成为了观众记忆与评判剧情正误的标志之一。

　　对于电视、电影此种固化人们对神话认知的影响力，在笔者看来是难以测评的。但经过此种神话固化，电视、电影成为人们认知、交流与深入探讨神话的契机。新浪微博曾有一帖，内容为"曾经以为王母娘娘是玉皇大帝老婆的童鞋请默默转发……"② 引发了上千网友关于王母身份的讨论。大部分网友表示，自己一直将这两位神祇的关系默认为夫妻，很大程度上源于电视剧传达的信息。且不论电视对神话演绎正确与否，但从中可窥见电视对人们潜移默化的影响力。

　　直到现在，人们会通过各种传播形式接触到与中国神话相关的知识。

---

　　① 叶庆炳：《中国文学史》，台北：台湾学生书局1982年版。
　　② 佚名：《"曾经以为王母娘娘是玉皇大帝老婆的童鞋请默默转发……"》，新浪微博，2013年5月23日，http：//weibo.com/1713926427/yduhJ0xuD，查阅日期：2016年12月23日。

尤其对活跃在城市之中，被爆炸信息包围的年轻人来说，他们在日常生活中会因各种传媒的宣传而耳濡目染到一些与神话有关的片段，比如广告、网络段子、游戏、小说等。而这些传播媒介在对中国神话进行加工时采取了某种层面上一致的态度，即从多样中取一元，大多承袭书面文字中的记载，共同默契地制造了关于神话的"常识"，影响着人们对神话的认知。对此，受访人高涵认为，这种向一个版本发展的传承情况更有利于扩大神话的传播范围，增加世代流传的可能性。

> 中国神话是很零散的，版本很多的，现代社会的人离神话很远了嘛。然后现在就是国家通过主流媒体向大家宣扬，把某一些神话故事固定成一种模式，一种人物关系，以后所有人再看的时候，就认为神话故事是这样的，就把它固定成大家接受的，能让它流传下去。因为好多版本的话，讲得很乱，大家对神话的认识还很模糊。通过这种方式固定下来，可能大家以后讲的都是这样。对神话发展有点好处，因为太零碎的话，可能并不一定利于它之后的传播，因为版本很多，很乱嘛。最后在民众中传播，还是一种最流行的说法，有利于传播。可能对它的传播还是有好处的，就是大家都讲这样的，一提这个人物，大家立刻都想到那样的一个东西，反而对它有点好处。对研究者来说，你一个东西有版本多样性，对了解它的起源啦，各地差异啊，发展脉络有帮助，有好处，但是你从对民众传播来讲的话，那肯定还是固定成一种版本比较好，就比如说那些说书的，演绎的那些故事，《水浒传》什么的故事，可能之前民间对于这些人物就有好多种说法，可是最后就是汇聚成小说这种形式。对这种人物一提，想到的都是总说总讨论的那个版本，不会想到另外的。对民众的传承来讲，那些多样的是没啥用的，主流的宣扬的一种，可能让这个故事流传得更久。①

高涵认为，神话的多样性是很重要的，可以让学者或感兴趣的人去钻

---

① 受访人：高涵；访谈者：陈汝静；访谈时间：2012年11月30日；访谈地点：北京外国语大学。

研讨论，从而保持民族传统的多元样态；但从传播学的角度而言，对生活在现代社会的人来说，传媒对文本的固定化处理方式可能是最有效的传播手段：它有利于人们从驳杂的信息中快速获取知识，从而形成对中国神话的共同认识，而这种共识的塑造将促进神话在群体中的讲述与流传。

综合来看，借由电视、电影传播的神话是人们了解、记忆、探究神话，甚至固化神话观念的重要来源。大众传媒运用其得天独厚的优势，让人们或多或少、或深或浅地触摸到神话的肌理。然而，正如康丽所言："对于大多数群体而言，传统是隐匿于骨血深处的文化积淀，在日常生活中似乎不会时刻点醒着人们的关注。然而，一旦遭遇因外力介入而导致传统更迭，却可能激起各种各样的注目：或是用对古老传统的坚守来阻挡新异事物的消解，或是顺从于已被更定了的传统，并将之内化，从而完成传统的重构。"[1] 在面对神话被电视电影重构的情况时，观众的态度复杂多样，有时是拿起自己的"武器"进行挑剔与批驳。

二 对神话主义的评判

目前在针对大众传媒与民俗关系的研究中，不少学者在田野调查中发现，人们在讲述童话故事时经常会添加从电视或电影中获取的情节，或者完全依靠电视或录像带中的信息来编排自己的叙述，"讲故事的传统"几乎完全为大众媒体强大的影响力所遮蔽。技术的革新使他们担忧，大众传媒会借助其霸权话语将复杂多变的民间故事固化为单一确定性的文本，而流动丰富的传统文化将逐渐被均质性的大众文化所取代。[2]

然而在笔者的调查中，在面对电视、电影传播的信息时，受众的反映呈现出了非常复杂的样态，他们对信息的加工处理的能力高低不同，这样也导致了媒体传播效力的差异。电视传播的特色之一是对观众的"平均化"定位，他们将观众的审美进行了一视同仁的设定，这种设定与观众的实际认知水平之间出现了较大的反差。霍尔与莫利就指出，受众并不是

---

[1] 康丽：《电影工业的传统化实践——从迪斯尼动画〈木兰〉说起》，《当代电影》2011年第5期。

[2] Mikel Koven, "Folklore Studies and Popular Film and Television: A Necessary Critical Survey", *The Journal of American Folklore*, Vol. 116, No. 460, 2003, pp. 176 – 195.

被动接受信息的"乌合之众",而是具有"主动选择"的能动性①。这一"选择"的过程体现出了观众的审美标准以及对神话认知的复杂情况。那么,神话主义如何被观众接受?他们拒斥与接受的理由又是什么?本节将从视听感官体验、观众对真实神话的认识等方面对这些问题进行探究。

(一)视听感官的愉悦

作为不同于口语与书面的表达形式,电视与电影的突出特征在于呈现鲜活灵动的画面与创造个性独特的声音,从而刺激受众的视觉、听觉等感官神经。波兹曼曾一针见血地指出:"电视之所以是电视,最关键的一点是要能看。"② 在媒介环境学派的眼中,现代社会已渐渐由"文字中心时代"过渡到了"图像中心时代",③ 而这种时代特性的转变将会影响人们对世界的感知方式和思维习惯。④ 随着技术的进步,影视作品制作的精细度也在逐步提升,而观众对视听效果的要求也越来越高。对于很多观众来说,看电视电影的一个重要目的就是娱乐休闲,"好不好看"成为基本的评判标准,如果感观层面上的需求得不到满足,那么他们选择继续观看的可能性就会大大降低。在众多关于国产神话题材电视剧的论坛与贴吧中,很多网友的态度表明,电视画面、道具、服装造型与特效等是影响他们兴趣度的重要因素。如这位网友调侃电视剧《远古的传说》的制作效果:

> 果然是传说中的烂片,那时候哪来的丝绸的衣服啊,而且知道自己的特效做得不好就不要做嘛,还弄什么神兽,长眼睛的都能看出来是假的。还有蚩尤进攻士兵掉到坑里的时候也是计算机做的,而且很差,杯具(悲剧)就是这样,人们总是没有自知之明,还敢号称中国的指环王,本人持鄙视态度!⑤

---

① 转引自吴红雨《解读电视受众:多元化需求与大众化电视》,浙江大学出版社2009年版,第192页。

② [美]尼尔·波兹曼:《娱乐至死·童年的消逝》,章艳译,广西师范大学出版社2009年版,第80页。

③ 同上书,第56页。

④ [加]马歇尔·麦克卢汉:《理解媒介:论人的延伸》,何道宽译,凤凰出版传媒集团·译林出版社2011年版,第18页。

⑤ jinkaigood:《身为神话传说,却连基本都是错的》,2010年8月11日,http://xl7xml.client.xunlei.com/html/59/59296.shtml,查阅日期:2016年12月23日。

在一些电视剧中，粗糙的化妆与造型引起许多观众的不满，让人视觉疲劳，直接影响观众观看的心情。文澜在接受访谈时表示，自己是"画面控"与"服装控"，对国产电视剧水平低劣的摄影背景以及服装设计是意见颇多。她直言："化妆和服装让我很不能容忍的话我不会看，像神话剧那种头上有各种奇怪的各种各样的毛之类的（设计）。我印象中好几部神话剧都有这样，脑袋上面各种奇奇怪怪的东西，然后各种奇奇怪怪的发型，我越来越不能容忍这个东西，古代的就必须头顶鸡毛吗？我觉得原来的人也不至于这样吧！"①

图8—9 电视剧中的神幻人物造型

---

① 受访人：文澜；访谈者：陈汝静；访谈时间：2012年5月6日；访谈地点：北京师范大学。

同时，有些电视剧如《神话》《仙剑奇侠传》中的道具设定也让人感觉颇为奇特，它们常具备"高科技"的功能，包括录音机、手机、视频、电话与 GPS 等，令人瞠目结舌。逼真的特效是此类影视作品的噱头，但是很多观众对此并不买账，他们对电视中夸张的打斗方式、一眼可以看穿的特技效果表示嗤之以鼻。网友 pipy 表示："现在神话剧里的特效都是为特效而特效，同质化很严重，都是那样飞来飞去，嗖嗖的，跟剧情和人物又都毫无关系，非常空洞。"① 而在北京高校学生关于中国神话与神话题材影视作品了解情况的调查中，学生在表达自己对此类影片的意见时，有很多人谈到了视觉效果有待加强的问题②。"现在的神话电视剧过分追求场面宏大，色彩鲜明，人物造型奇特，希望借此博人眼球，但是造型与特效过于诡异，让人感觉格格不入。反正我身边除了上了年纪的老人和不谙世事的孩子以外，没人看这类节目。"③ 以神话为题材的影视剧在收视率上常有不错的表现，但与此相反，线下观众的评论却以负面居多，视听效果的失败是影响其评价和传播效果的重要原因。

然而，相比起来，国产动画在画面设计方面的用心则颇受好评。动画《哪吒传奇》因题材的特殊性，需要利用特效制作大量的能量光、法器光与仙境等吸引眼球的效果。正如中央电视台动画制作部王葳所表示的，为了更好地诠释这部作品，他们致力于在特效上不断创新，并追求神奇多彩的表现效果，以形成这部动画自己独特的风格。如动画中的每个角色在打斗场景中都有自己的能量光，他们会"根据人物的性格、特色指定色调和正反派的划分，为每个角色设定了能量光色的色调"④。用画面色彩标定人物特色，给孩子们更加直观的视觉感受，从而达到分辨人物好恶的效果。此外，他们积极发挥创造力，在原画的基础上寻找自己的创作空间，如在制作"大地之脉"的特效时，虽然导演与原画师没有提供特效层动

---

① 孙佳音：《没有最雷，只有更雷——如今的神话剧少了什么》，中华龙都网，2010 年 2 月 26 日，http://www.zhld.com/zkwb/html/2010-02/26/content_54920.htm，查阅日期：2016 年 12 月 23 日。
② 详见本章附录第 20 题 "您对中国神话影视剧还有什么想说的" 的相关回答。
③ 此为北京高校学生关于中国神话与神话题材影视作品了解情况的调查问卷中第 20 题 "您对中国神话影视剧还有什么想说的"，网络 ID 为 "若水叁仟" 的回答。
④ 王葳：《浅谈〈哪吒传奇〉的特效创意与制作》，《电视字幕·特技与动画》2004 年第 1 期。

画，但他们充分调动了自己的想象力。"我们制作了花瓣形的粒子，每片花瓣的顶部都闪烁着七彩光斑并逐渐向根部弱下去。无数的花瓣同时从背景石花中呈莲花形放射状向外发散，很多七彩光亮的花瓣交相辉映，散到规定的范围后又逐渐减弱、暗淡下去直至消失。就像一种无穷的能量闪着五彩斑斓的光在地下岩洞持续不断地给大地和人类以活力，真的很温暖。"① 这样的用意也取得了不错的效果，让画面显得层次丰富、色调多样。而《哪吒传奇》在播出之后好评如潮，被众多网友评为"良心之作"，也正源于制作团队对细节的追求与把握。

与传统社区的传播环境不同，电视电影调动着观赏者听觉、视觉等感官感受，身体感受的愉悦性成为了影视传媒时代人们接受与评定信息传播有效性的最初动力。对于以神话为诠释对象的影片而言，制片方对视听特效处理的优劣成为了获取观众第一好感的重要标准。对于见识过各种视听盛宴的观众来说，有了好莱坞等外来影视作品的冲击，他们对这种观感体验的要求自然也就水涨船高。国外诸多类似题材的电影，如《指环王》等，之所以能创下票房与口碑的佳绩，其在取悦观众视听感受方面所做的努力是功不可没的。这一系列的影片布景考究、设计精良，道具组针对每一种族类的特征具化出极有代表性的场景，从空间上营造出魔幻的气氛，如田园温馨的霍比特人世界，阴暗的半兽人基地，以及梦幻而神秘的精灵族世界等，构思精巧，特点鲜明。结合着优美动人的背景音乐，影片迅速将观众带入到中古世纪的氛围中。很多人在观后表示"身临其境""震撼人心"。相比较起来，中国国产剧在视听特效方面的不足，从表现形式与第一印象方面就成为了很多观众拒绝或者批评此种传播形式的重要原因。

(二) 真实：评判的核心尺度

中国神话内容丰富但零散，为将故事衔接完整从而顺畅地表现出作品的核心主题，如上文所述，编导不免要添加自己的理解与创造，如创设新的角色、搭建新的人物关系或是增加新的情节。可这些编导自认为展现了想象力的"亮点"，也常是引发观众争议的地方。其中，"是否真实"很大程度上成为了观众接受或是排斥电视剧信息的一把标尺。而观众对"真实"的理解，反映出其对中国神话的认识与情感。

---

① 王葳：《浅谈〈哪吒传奇〉的特效创意与制作》，《电视字幕·特技与动画》2004年第1期。

1. 人物形象的丰富

上文在分析神话主义的生产方式时就已提到，基于艺术性处理或商业发展的需求，电视剧、电影会丰富甚至颠覆神话人物形象。将神话英雄们世俗化、现代化既是神话主义生产的重要特征，也是引起争论的焦点。

首先，世俗化的处理是将原本"无欲无求"的神话英雄们拉下"神坛"，让他们如凡人一般深陷于复杂的情感纠葛与家长里短中。在笔者的访谈和网络调查中，大部分观众表示，他们并不排斥在以神话、传说为题材的电视剧中安排感情戏。在他们看来，这种改编体现了现代人对神话的理解，增强了电视的可看性，但是这类改编须有尺度的把控。

然而，如今有不少影视剧在处理神话与爱情的关系时出现了本末倒置的问题。例如，《宝莲灯》的主题是沉香救母，无奈二郎神一直为爱挣扎；《嫦娥》硬是靠着"四角恋"撑起了40集的剧情，嫦娥、吴刚、后羿、玉兔之间上演着剪不断理还乱的爱恨纠葛。这种以爱情为主线，过度颠覆人物形象的做法，使以神话为素材的电视剧演变为了"古代言情剧"，进而引发观众的众多批评。有网友评论道："我很不理解，这些神话剧到底想拍给谁看？成年观众会受不了它幼稚的情节和雷人的造型，而里面的三角恋、四角恋对小孩子来讲又'少儿不宜'。"[①] 六小龄童曾拒绝多家剧组的邀请扮演情爱孙悟空，他说："艺术家还有一个责任心的问题，要是孩子问我，孙悟空是不是生了一个孩子，我怎么讲？虽然开放了，但任何事都要有一个度，如果没有度，就会对后代造成误导。"[②] 有的受访者表示："我最反感的是那个编导啊，好像电视剧有个通病，不加入爱情，三角恋爱，不加入过多的武打啊，好像就不成为一个电视剧，就提高不了收视率。那个三角恋爱，我说那未免太牵强附会了吧！它把过多的一些现代的元素，加到里面，但是这些东西，我可以说古代那时候，人家都很淳朴的，不像现在搞得这么复杂，是不是？"[③] 而在北京高校学生的调查中，很多参与者都表达了对在神话中渗透过多言情戏份的反感。

[①] 吴晓东:《"传说"还是"瞎说"，神话剧高收视低评》，《中国青年报》，2010 年 9 月 14 日，http://zqb.cyol.com/content/2010-09/14/content_3412096.htm，查阅日期：2016 年 12 月 23 日。

[②] 同上。

[③] 受访人：清闻；访谈者：陈汝静；访谈时间：2010 年 11 月 3 日；访谈方式：电话采访。

> 不要以言情为看点，最好能与中国文化相结合，不要自己胡编乱造。①
>
> 言情戏份太多了，神话主题突出不明显。②
>
> 还是好好的尊重故事原型比较好，有时候改得感觉都不是神话故事了，而变成了言情或者是武侠。③
>
> 觉得世俗化的东西太强，没有像《指环王》那样有超越意义的东西。当然中外文化传统不同，我们应该发掘一些属于自己的价值体验。不过商业因素确实是一个重要的制约因素。④

其次，让人物形象现代化是指让神话英雄们成为了远古时期"民权""进步""民族"等思想的发声人。这些神话人物思想先进，具有非常高的精神觉悟，以全天下人民的安危为己任。但是，这些寄托了编剧们心血的正面人物，却往往因为语言和行为风格与其所处时代的关系脱离而显得格格不入。以《远古的传说》为例，主角"花神"在其中起到推动情节发展的关键作用，体现了编剧对神话的全新诠释。然而，几个受访人对此角色的设计发表了否定性的言论：

> 花神这个人啊，从演员的选择，从创作思路，到她的言语和表现，我都不喜欢！讲话嘞，你说她调皮吧，也不算调皮，你说她泼辣吧，她也不泼辣，好像高高在上，只有自己指的路才是对的。比如，在仓颉造字中，好像是她指出来的。如果让黄帝指导是不是好些？设计黄帝去和仓颉说，我们把各种各样的符号总结起来，然后规划出一种文字，这么讲还好些啊！我觉得搞个花神，有点不太合适。它（指电视剧）还是想做一些突破，也做了一些，想做一些创新，但是

---

① 此为北京高校学生关于中国神话与神话题材影视作品了解情况的调查问卷中第20题"您对中国神话影视剧还有什么想说的"，网络ID为"2681880037"的回答。
② 此为北京高校学生关于中国神话与神话题材影视作品了解情况的调查问卷中第20题"您对中国神话影视剧还有什么想说的"，网络ID为"守护冥王"的回答。
③ 此为北京高校生关于中国神话与神话题材影视作品了解情况的调查问卷中第20题"您对中国神话影视剧还有什么想说的"，网络ID为"黄金梅利号"的回答。
④ 此为北京高校生关于中国神话与神话题材影视作品了解情况的调查问卷中第20题"您对中国神话影视剧还有什么想说的"，网络ID为"coldman8920"的回答。

可能没想到这个硬伤这么厉害。它为了突出花神这个主角，把一些本来无关的东西加在她身上，哎！①

花神的形象让我很不舒服，怎么这么像个现代人穿越过去的？尤其有一集说什么命运是自己掌握的！我还科学技术是第一生产力嘞！它完全是用一种现代的眼光来解释古代嘛！完全是用现代人的眼光去还原古代的情景。花神个人形象让我很不喜欢，她很白好吧！很小白！很像现代人跑到古代那里，完全没有古代人的那种感觉，怎么看怎么别扭。偏偏她还是那种和各种男主关系匪浅，言情部分很不爽！太狗血。你听到那些人用那个什么什么去制造啊，又或者是什么符号啊，用这种非常现代的词汇的时候，你就会觉得很崩溃。尤其是那个，尤其是那个仓颉造字的时候，结果是花神跟他说，你知道吗？这是要用一个符号，这个符号又有什么作用呢？然后又怎么怎么样，还跟他演示什么日、月，我看到这些的时候我就觉得："Oh! My God!"反正我看到这些地方的时候觉得不太舒服，我觉得可能比较会有一种误导性的东西在里面。②

我觉得她比较二。她的台词真是写得比较二，比如说她要做什么事情啊，她就很直接地去表达自己的观点。我觉得她不像神仙，不像我心目中那个时代的人应该表现出来的人物特点。我觉得她的性格不够丰满，肢体语言和口头语言都太过于简单化，张力都比较弱。她是想让人知道更多的知识，但是方式有点生硬。或者是语言稍微多几个字也可以，可以把这个话圆过去。比如说她反对什么东西，她就直接跳出来说我反对我赞成啊怎么的，就是感觉虽然这几句话可以反转情节，表现她的个性，但是我觉得太单调。她总是蹦出来讲一句话，情节就开始逆转，好像真理就是站在她这一边，只要她站出来说话，大家都会听她的。她不太像个神仙。③

总体而言，观众对"花神"角色的反感大多源于她过分"现代"的

---

① 受访人：清闻；访谈者：陈汝静；访谈时间：2010年11月3日；访谈方式：电话采访。
② 受访人：肖飞；访谈者：陈汝静；访谈时间：2010年12月15日；访谈方式：北京师范大学。
③ 受访人：朱云；访谈者：陈汝静；访谈时间：2013年5月30日；访谈地点：中央财经大学。

言论以及拥有与其身份不相称的能力与地位，他们用心中的"真实"标准否定了这次人物形象的颠覆性改编。

综合上述言论，就观众对人物形象的世俗化与现代化的批驳来看，可以发现人们对神话内涵及其意义进行判定的三种模糊标准。他们用这些有关神话的标准去衡量电视剧、电影对神话人物改造的好坏。

第一，神话应该发生在久远的时空，神话人物的性格、言语与行为应该符合其所处的背景特征。在他们心中，神仙应该是言行得体、举止有度的，能展现出超越凡人的仪礼气质。此外，神仙们的思维和表达应符合观众对古代社会的想象，至少不能将具有浓厚现代意味的语词和观念随意安插进他们的言语中。即便编导们试图利用花神活泼直率的性格以宣扬平等、进步的思想观念，但其言语和思维逻辑颇为现代，反而让观众觉得编剧角色定位不准，并产生时空混乱的错觉。

第二，神话人物的能力有强弱之分，对中国文化的贡献也有大小之别。据此次北京高校学生关于中国神话与神话题材影视作品了解情况的调查，在大学生中较为耳熟能详的神话人物是女娲、伏羲、黄帝、炎帝。在他们看来，女娲等神话人物之所以广为人知，主要在于他们对中国文化发展做出过非比寻常的贡献。因此，一些受访人表示，电视剧应更侧重凸显女娲、伏羲、神农等神话人物在创造中国文化方面的伟大功绩。相对的，当编剧浓墨重彩地刻画花神等角色时，一些观众的直观反映是角色戏份过重，表演"嚣张"，并认为过度提升了其在文化创造中的地位，有"名不副实"的落差感。

第三，神话的主题基调应是超越而宏大的。若神话中的英雄们将重心都放在谈情说爱上，那么整部电视表达的重心也会倾向于俗世间的爱恨情仇，降低了神话表现命题的价值水准。对此，受访人王娜与肖飞表示，在她们心目中，神话是与民族渊源有关的存在，因此，以神话为题材的作品表达的核心应上升到一定高度，尤其当传媒旨在用神话唤醒中国人对传统文化与精神的重视时，电视电影对中国文化的价值精髓的思考与呈现就是必不可少的。

> 我觉得电视电影作品拍得不成功，是因为没有一个很中国很传统价值的内核在。中国有一种民族文化心理，我没有很仔细地总结这种民族文化心理具体指什么，但是总还可以列出几个正面的中国文化内

核，给人正能量的内核。比如日本能给人正能量的是它对审美的那种非常纤细的感受，从审美角度来讲，是很值得提倡的东西。西方是哲学、对人生问题的深刻思考，比如德国电影。像中国本身，我觉得是那种，为天下人做点什么，当然也包括自己功成名就的观念。但是从好的一点来说，很多中国本身的精神就是还是经世治国，我可以为这个国家做出一点什么东西，应该是从屈原那个时候就有吧，爱国主义思想，为国家奉献，为社会群体奉献的思想，我觉得这就是一个很核心的东西。它并不是像美国那种拯救全世界，拯救全人类，而是我就是要为我自己这片土地奋斗。齐家治国平天下嘛，我觉得中国的核心是在这个地方。①

在一些观众看来，神话能展现出中国自身的价值传统，如王娜所说，即力所能及地为自己的这片土地做些事情。女娲补天、神农尝百草、共工怒触不周山，都体现出一种奉献式的自我献祭的精神，甚至具有一种神圣的悲剧感。那么，电视电影作品的拍摄就应该将这种磅礴而震撼的气场展现出来，让人可以不自觉地进入到神话的氛围当中，去体味有关生命、责任等宏大主题的内涵，从而真正领悟神话内在包含的精神力量。然而，有时影视剧中人物道德训诫式的生硬表述以及不高明的情节编排，常常让创作者的用意未能很好地传达到观众的心中。

  这其实还是故事讲述的问题，虽然你说了要为家为国，我们也知道这是中国人特有的，但是你讲故事的能力不行啊！那些个神话人物，就好像古代版的现代英雄，谁愿意去听啊！关键还是怎么深刻表现的问题，这是中国电视需要好好想想的问题吧！②

2. 评判的底线：核心母题的稳定

在政治、商业文化等复杂语境的作用下，电视电影对神话进行了多种样态的改编。正如杨利慧指出的："语境对神话传统的影响并非毫无限

---

① 受访人：王娜；访谈者：陈汝静；访谈时间：2012年6月5日；访谈地点：北京师范大学。

② 同上。

度，尤其就文本的基本形式结构和核心内容而言，语境的影响显然十分有限。"① 虽然这一结论是针对口承神话提出的，但在影视传媒的环境中，语境影响的限度依然存在。

在问到如何看待电视剧创造角色与改编情节时，许左提出了自己的看法。

> 我不会想得太深，我可能在看这个电视剧的时候，不会纠结这个问题。因为我比较认同的是，黄帝他们是一辈的，花神在这里，我觉得她就是一个额外的角色，过渡这个剧情的。看完以后，我也不会觉得她应该是和黄帝地位平齐的，这只是电视剧处理的一种需要。然后，我觉得，这种处理的需要也不会让我觉得很突兀。我也不会觉得，她不（应该）出现在这里，因为我根深蒂固认为这几个人是一辈，没有花神。但是，我也不会觉得太突兀，女娲的孩子里面可能也有其他人，我们只是没有了解。除了那几个最重要的，其他的人我不是特别关心，如果这个人不是花神，而是另外的什么人，说她是女娲的孩子，我以前并不是特别熟悉，我也不会觉得特别地突兀。重要的总是那么几个，其他的多搞几个我觉得无所谓。只要原初的那几个在那里。其实我之前听说，黄帝和炎帝不是一辈，我们是炎黄子孙嘛，可能里面还是有传承的意识。但是不管他们辈分如何，他们在中国历史发展中，在中国的文化渊源中，还是占有重要的地位的。不管他们并排还是传递的关系，他们总是有很重要的位置。②

简而言之，对于影视作品创造争议性较大的角色的做法，许左并不是那么在意。她认为，那是电视剧处理的方式之一，但她也有对神话题材电视剧评判的底线，即剧中要存在"最重要"的人物与情节，如黄帝、神农等，要突出他们对中国文化的贡献。

值得注意的是，许左表示，提到神话，她头脑中首先出现的是她最熟

---

① 杨利慧：《语境的效度与限度——对三个社区的神话传统研究的总结与反思》，《民俗研究》2012 年第 3 期。

② 受访人：许左；访谈者：陈汝静；访谈时间：2011 年 3 月 21 日；访谈地点：北京语言大学。

悉的神话人物与事件，如说起女娲，她会想到补天、造人；谈到神农，她会想起尝百草；讲到后羿，她的第一反应就是射日。虽然无法详细地叙述每个神话的细节，但她认为，这些核心的神话母题是她对神话的首要记忆，也是她评判影视剧的最基础标准。与许左的观点类似，黄达也认为，电视剧改编是必然的，但是"基本上不要出大错"，"不要张冠李戴，把女娲说成嫦娥就行"①。

对此，岳献甫也表达了类似的看法。在他看来，作为一种艺术形式，电视电影对神话进行创造性处理是合情合理的。究其根本，人们无法找到神话的最初版本，只能在后人遗留的古本中寻找只言片语，岳献甫将之称为"神话元素"。他认为，影视媒体在神话元素中寻找素材，而想象性的改编是为了保持故事的连贯性和观赏性，制作出有情节有细节的剧本。可岳献甫表示，创作中也应注意一些"基本问题"，比如在影片中应强调伏羲、女娲创世神的身份，如女娲补天、伏羲创造八卦，以及兄妹婚对中国后世文化的影响。身为周口市有名的神话研究者，岳献甫对地方文化传承的热情使他格外强调伏羲与女娲在神话中的重要地位，他坚持的观点亦能反映出神话母题的稳定性对评判电视剧传播效应的重要意义②。

据笔者对北京高校学生关于中国神话与神话题材影视作品了解情况的调查，学生对于大部分神话的了解的程度多为"零星的明白，但无法清楚叙述"的水平。学生们对神话知识的了解是支离破碎的，他们知道神话的途径主要为"小时候看过的小人书或启蒙科普书""电视剧或动画片""游戏"等。

对于他们来说，很多人的生活环境与神话没有太大关系，小时候关于神话的记忆会随着时间的推移而不断模糊，而长大以后接触到的神话也是零星的、没有体系性的。因而，即便是了解较多的神话故事，他们也需旁人进一步追问或者提示，才能勉强说出几句神话中的具体内容。所以，在他们的印象中，如"女娲补天"这样的短语是首要记忆的对象，而具体的神话内容则记忆相对困难。那些固定搭配的与神话相关的短语成为了他

---

① 受访人：黄达；访谈者：陈汝静；访谈时间：2013 年 6 月 15 日；访谈地点：北京理工大学。
② 受访人：岳献甫；访谈者：陈汝静；访谈时间：2014 年 3 月 11 日；访谈方式：电话采访。

们评判电视改编神话时的底线（见表8—4）。

表8—4　　　　　　　大学生获知神话的主要途径

选项	小计	占比（%）
A. 小时候听父母说故事	159	74.65
B. 绘本或科普读物，如《中华上下五千年》	172	80.75
C. 感兴趣翻阅过书籍，如《山海经》《淮南子》	119	55.87
D. 看影视剧或者动画片	191	89.67
E. 专业学习	23	10.80
F. 自己研究过这些问题	14	6.57
G. 网络小说	75	35.21
H. 其他	5	2.35
本题有效填写人次	213	

资料来源：北京高校学生关于中国神话与神话题材影视作品了解情况的调查问卷。

正如上文所述，各种媒介形式固化了人们对某些神话的认知，成为了人们谈论以及交流神话的基础。若是这种"常识性"的核心知识在影片中得到保留或突出，一些人看待电视改编的尺度也就相对宽松。就像许左所说："我纠结的不是后羿是不是夸父族的，他最后是怎么死的，我纠结的是后羿射不射日。"[①] 而林悦表示："我觉得故事改编是可以的，只有改编了才能支撑起那么长的剧情。但是核心的故事我不希望改，比如《宝莲灯》，那个男主（沉香）找宝莲灯劈山救母，这个故事内核是最主要的，至于你怎么找到宝莲灯的，这个过程你可以编。但是你说二郎神去劈山救母，这个就太搞笑了。就像提到女娲，首先想到的是补天，然后是造人吧！造人的不是女娲还有谁？"[②] 蒋明也提到："我晓得的就是那些短句子的话，什么后羿射日啊，黄帝大战蚩尤啊，还有女娲补天这些，具体的

---

　　① 受访人：许左；访谈者：陈汝静；访谈时间：2011年3月21日；访谈地点：北京语言大学。
　　② 受访人：林悦；访谈者：陈汝静；访谈时间：2013年9月10日；访谈地点：北京师范大学。

说不太清楚。但是这些东西的关系还是比较要紧的,毕竟人家做什么出名的还是最重要吧!"① 观众对核心母题的稳定性的要求,实际上默许了创作者对神话故事细节的填充与创造,为丰富神话版本给予了可能。

3. 神话的边界:神话体系的争论

相对而言,中国神话没有如西方神话那样层级分明的体系性。然而,根据影视剧叙述编排的需要,电视剧必须将神话人物与故事整合到一个较为合理的叙事框架中。因此,在不同影片里,神话人物之间的关系、辈分地位各不相同,神话谱系的搭建也会有各种侧重。这种情况成为了一些观众争论的焦点,他们根据各自对"真正的神话"的理解对电视或电影的改编展开了辩论。下文将以电视剧《远古的传说》为例,试分析观众如何用"真实"反驳剧组与他人的观念,并进一步探究他们的神话观的特点。

在电视剧《远古的传说》中,盘古开天辟地之后,女娲生下三子一女,分别为掌管天庭的玉帝、统一中原的黄帝、负责冥界的魔帝以及花神。女娲与人王伏羲为兄妹,神农是伏羲的儿子。此外,太白金星、太上老君、二郎神、七仙女、龙太子、句芒、共工、祝融、蚩尤、后羿、夸父、魃等人物被寻找真水拯救苍生的核心线索串联了起来。诸神出现在同一时空,彼此之间的关系多为同侪、朋友等。这部电视剧将《山海经》《淮南子》等古籍中记载的神话编纂起来,加入了佛教、道教等宗教元素,体现了编剧与导演对神话的认识与见解。然而,这种改编引发了不少观众的批评,一时间论坛上沸沸扬扬。

2010年,网名为"jinkaigood"的观众针对该剧在迅雷论坛上发表了评论帖——"身为神话传说,却连基本都是错的"。他表示:"才看了第一集,但是却出现了致命的错误。如果我知道的不是错误的话,那么天上的神仙都是封神后才出现的。封神之前基本是一些修炼之人,之中女娲、原始天尊等牛X人物。而封神发生的时间就人人都知道的了,那就是商末时期。"② 此帖引起了许多观众的响应,网友围绕着剧中人物的关系展

---

① 受访人:蒋明;访谈者:陈汝静;访谈时间:2013年6月3日;访谈地点:北京邮电大学。

② jinkaigood:《身为神话传说,却连基本都是错的》,2010年8月11日,http://xl7xml.client.xunlei.com/html/59/59296.shtml,查阅日期:2016年12月23日。

开了激烈的讨论。在回复的236个帖子中，约50个帖子对电视剧创设的人物关系表示了否定性意见，其中约20个帖子较为详细地阐释了自己对神话谱系的见解。其中，以网友"鹤舞梵空"的回答最为系统与代表性：

> 天庭那时候还没有，就算是有也是妖族的天下，而洪荒大陆的地上则是有（由）九黎巫族统治。自盘古开天，其精血化身12祖巫，双眼化身太一，帝俊，其身则化为洪荒，而当时太一，帝俊是妖族首领，12祖巫是巫族首领，巫妖大战，导致两族衰败，人族从此崛起，而两族之间的矛盾则由天道圣人促成，鸿钧道人以身化天道，之后五名弟子分别成圣，三清分为截教、人教、阐教，接引和准提创立大乘佛教就许下宏愿3000。远古第一量劫为龙族、凤凰族、麒麟族大战，第二量劫为巫妖大战，第三量劫为巫族、大巫蚩尤与人族轩辕黄帝大战，第四量劫为封神之战，在第四量劫后才产生了以玉帝为首的天庭。自古三皇为天皇伏羲，人皇轩辕黄帝，地皇神农炎帝。三皇争得果位后便在天外火云洞中修行，天庭在其下。而女娲本是妖族，造人后得无量功德成圣。伏羲原为妖族，但为推动人族崛起，转世为人证得果位。而九黎巫族12祖巫其中较有名者为水神共工，火神祝融，则都是在巫妖大战中——陨落，而水神共工不甘而头撞天柱不周，使得万千生灵涂炭，然12祖巫中的后土化身六道轮回以度苍生，后土是12祖巫中唯一没有陨落的。之后的蚩尤、刑天、夸父、后羿等辈则只是大巫境界，蚩尤不敌天道圣人以先天宝物相助皇帝而败于逐鹿。夸父则是追杀太一的十个儿子而身死，后羿则是为其报仇射杀九子。刑天为保全九黎巫族最后血脉而杀上天庭，而当时的天庭是以天帝为首，并不是玉帝。之后所谓天庭和西方极乐则是由封神之战后重组而形成的……所以我们大多数人所熟悉的天地人三界和满天神佛是在封神之战以后的，如果是要讲远古传说则是凌驾于天庭之上的。①

在"鹤舞梵空"的长篇回复中，一个更迭分明、人物丰富的神话谱系被系统性地勾勒出来。在这个世界里，所有人物被划分为妖、巫、人三

---

① jinkaigood：《身为神话传说，却连基本都是错的》，2010年8月11日，http：//xl7xml.client.xunlei.com/html/59/59296.shtml，查阅日期：2016年12月23日。

族，包括女娲、伏羲、蚩尤、共工、祝融、刑天、夸父等神明都有了自己的地位与责任，而与他们相关的神话故事也被添加上前后因果，让原本关联甚微的各个神话相互呼应，共同塑造出了一个想象奇特的神话天地。

值得注意的是，"鹤舞梵空"构架出的神话体系信息庞杂，除女娲、伏羲等世人熟知的神话人物外，还提到了"鸿钧老祖""三清祖师""妖族""巫妖大战""封神"等人物与事件。而这些人物与事件在50个回帖中出现频次也较多。

由表8—5发现，与"鹤舞梵空"想法相似，大部分积极响应的观众也认为，各神话故事之间应存在时间与因果的关系。并且，在他们的言论中，众多传说、故事与神话粘黏在了一起，神话人物的身份及其行为被赋予了不同的意义。他们批评的声音尖锐而肯定，声称自己所知的才是"真实的神话"。

表8—5　　　　　　　　　　论坛帖子回复信息汇总

人物或事件	频次	人物或事件	频次
妖族与巫族（12祖巫）	8	鸿钧老祖传道	5
妖族（帝俊）占领天庭	9	三清	7
天庭（妖族帝俊）存在时间早于黄帝	19	封神（李靖等人出现时间）	27
帝俊与太一是兄弟，盘古眼睛所化	6	玉帝、七仙女出现时间更晚	3
巫妖大战	6	祝融、共工等是天神	3
伏羲女娲神农为一代神，黄帝炎帝为二代	5	女娲伏羲是妖族	3

电视受众学的研究表明，两个关键性的因素会影响观众对文本意义的见解："一是文本自身的符号内容，二是受众自身拥有的'文化符码'。两者间的互动才能'产生'意义。"① 因而，观众关于神话体系的评论反映出他们所拥有的"文化符码"，而这些符码则代表着他们对神话的认识与理解。

---

① 吴红雨：《解读电视受众：多元化需求与大众化电视》，浙江大学出版社2009年版，第192页。

第一，观众的批评反映出他们对神话中的合理性的追求。他们在留言中叙述出来的神话体系，层级分明，人物关系清晰，逻辑较为严谨。如"鹤舞梵空"详述的神话发展的顺序，或其他网友提出的"混沌初始—盘古诞生—盘古开天—鸿钧传道—女娲造人—三清成圣—巫妖大战—不周山倒—女娲补天—人族大兴—三皇五帝"的"公认的神话历史"，或如王伟那样用西方神话体系比照中国神话的现实，都反映出了这些特点：

> 中国的神话和西方神话有不一样的地方，你更多讲到神话的时候，我就会不自觉地跟西方的神话联系在一起去对比中国哪些是属于神话的概念。西方神话中的主人公是神仙，那么中国的应该也是相似的，有法术、有神仙也就是神话。西方神话中也有神和人的故事，既然在西方是神话了，那么中国差不多也就是。对西方神话的理解，大家是比较公认的，就把对西方的神话理解搬过来。……至于神话体系，中国的好像挺零碎的，但是整理整理应该也与西方差不多吧，应该是有个系统的。就像玉帝好像宙斯吧，王母像什么？就是那个宙斯的老婆。宙斯有不少儿女吧，玉帝呢？他手下有不少神仙吧！女娲、伏羲这种，应该是排前面的吧，应该排在玉帝之前。这个谱系应该是有的。①

从王伟等人的言语中可以发现，在他们的意识中，中国神话应该是有系统的。他们常按照中国历史发展的脉络或西方的神话谱系来解释说明中国神话的存在逻辑。在他们的叙述中，每一位神话人物是各有其位、各司其职的，并与其他人物之间有着千丝万缕的联系。神话事件之间应环环相扣，拥有清晰的叙述条理。

因而，从这一层面上看，虽然观众用自己理解的"神话体系"批评了编剧的建构，但从根本而言，观众与制片方对神话逻辑的诉求是相似的。因为如上文所述，为符合电视话语的叙事特征以及满足观众观赏作品的习惯，制片方在生产神话题材的影片时，也需要按照一定的逻辑将神话整合起来。所以，观众在用自己的话语评论制片方搭建出来的中国的神话

---

① 受访人：王伟；访谈者：陈汝静；访谈时间：2011年6月1日；访谈地点：北京交通大学。

体系时，实质上与后者在追求神话叙述合理性方面达成了默契。①

第二，观众的批评是以自己对神话的理解为依据的，而他们对神话认知水平的差异也导致了批评立场的区别。一般来看，大部分人对神话的认识是模棱两可的。据笔者对北京高校学生关于中国神话与神话题材影视作品了解情况的调查（见本章附录），占比 36.15% 的学生对"神话"的理解是"与神仙相关"（见附录第 8 题）。此外，73.24% 的人认为"孙悟空大闹天宫"是神话（见附录第 5 题），而"白蛇传"的数据是 71.83%（见附录第 5 题），"七仙女下凡"是 81.69%（见附录第 5 题），"牛郎织女"为 82.16%（见附录第 8 题）。在他们看来，神话的意义更接近"魔幻""想象性""神奇"等概念，而神话人物与神话故事则是与日常生活相隔较远的存在，拥有非常奇特的时空设定。从"鹤舞梵空"等人的回复来看，虽然他们对神话体系的批评颇多，对神话人物之间的等级关系、神话故事之间的因果关系认识各不相同，但他们对"神话"本质的认识与制片方的理解还是大体相当的。《远古的传说》制片人熊诚将佛、道、儒家经典都视为中国神话不可缺少的组成部分，认为鬼神观是中国神话中特有的概念。② 与他的观点相似，"鹤舞梵空"与其他许多匿名网友也将佛教、道教的观念融入到自己的神话观中。如道教中的代表人物三清等，都在神话体系中占据重要位置，甚至超出了女娲、伏羲诸神的地位；而多宝如来等佛教人士也参与制定了宇宙天地间的秩序与制度。此外，妖怪族类也成为了神话中的重要族群，女娲甚至成为了妖族首领。这样的例子在留言中不胜繁举。在这一意义之下，在一般观众与制片方的眼中，"神话"的本质是非常包容，可以囊括诸多"非现实性""奇幻性"的因素。

但是，对中国神话了解颇多的观众，则较为排斥将中国神话系统化的做法。这些观众较为清楚神话、传说与幻想故事的差别，也不认同将过多复杂的宗教性质的因素添加到神话文本中。对于具体的改编，他们的观点主要为两种：一种认为神话本身包含的内容没法满足电视剧的长篇叙述的

---

① 早有学者指出，用理性主义的视角来审视神话是神话研究史上较为常见的现象，即学者尝试用理性的、客观的、现实的角度去分析神话中的诡谲多变的地方，参见钟敬文、杨利慧《中国古代神话研究史上的合理主义》，载李亦园、王秋桂主编《中国神话与传说学术研讨会论文集》，台北：汉学研究中心 1996 年版。

② 百度百科：《词条·熊诚》，2015 年 10 月 2 日，https：//baike.baidu.com/item/%E7%86%8A%E8%AF%9A/4902218，查阅日期：2016 年 12 月 23 日。

需求，应考虑文本体裁与传播媒介的关系，如王娜对兄妹婚改编为电视剧的看法；另一种则认为应当从"纯粹的神话"中取材编纂电视剧。

> 伏羲女娲兄妹婚根本就不适合拍成电视剧，要拍成电视剧也是日本电视剧那种，撑死了十集，就没了。伏羲女娲兄妹婚更适合拍电影，如果拍成电影和动画片了，不论你拍多少次，如果你功力到了，就会很好。就是体裁和它适合的传播媒介的问题，就是伏羲女娲兄妹婚拍成三十多集的电视剧，你怎么拍啊，嫂子和她打架拍成一集，还是伏羲婚外情啊！God，谁看啊！①

> 我对中国神话还算了解吧，听过不少课也读过一些书。神话与传说什么的还是有不同的，课上不都说过吗？我觉得这种电视剧的取材还是应该从神话本身来吧，那么多资源总能拍出好的片子。中国神话是零散的，虽然想拍成比较用心的电视比较难。但是电影总归不错。或者你干脆别拘泥于那些关系啊人物什么的，跟《指环王》一样，你用那些神话的元素，去拍个不错的东西，想个好点的本子和故事都可以。但是估计比较悬，中国人对有些神话的认识还是挺根深蒂固的，要是改岔了，也挺找骂的！②

王娜与李潇都对神话有着很强烈的兴趣，认为电视剧胡编乱造神话的行为引人反感。在他们看来，中国神话体系复杂难辨，很难理出如希腊神话那样条理分明的构架来。但电视、电影所需的情节还应该脱胎于中国神话的根本，要有超越性的主题来统筹全片，而不是将所有神幻要素一网打尽。

此外，值得注意的是，这一案例再次说明观众的神话观是由多种传播媒介共同塑造的。如"鹤舞梵空"等网友关于妖族、巫族、巫妖大战、十二祖巫等概念的了解大多来自网络小说，而常被观众挂在嘴边的"封神"则出自电视剧《封神榜》等系列电视剧。各种传播形式发挥各自的作用，潜移默化地影响着中国观众对神话的认知与理解。它们传递的内容在不知不觉中成为了观众讲述与传播神话的出处与依据。

---

① 受访人：王娜；访谈者：陈汝静；访谈时间：2012年6月5日；访谈地点：北京师范大学。
② 受访人：李潇；访谈者：陈汝静；访谈时间：2013年4月12日；访谈地点：首都师范大学。

由上所知，观众对影视剧改编神话的接受程度是受不同因素影响的，如视听感官的愉悦感、自身对神话概念的理解等。虽然观众对影视神话叙事的参与度较低，但这并不妨碍他们对传播信息的评定与审视。与口头传承神话的社区不同，电影电视传播的对象有着复杂的知识分层，他们各自的知识水平和对电子传媒的不同要求使之评价的标准参差不一，而新的传播形式也驱动他们对神话讲述提出了新的要求。如因日臻高精的感官审美需求，人们会从"美丑好恶"等第一感觉来衡量人物设计与拍摄场景的优劣，希望能够在观影过程中体验远古时期特有的氛围与效果。除了最直观的身体感受以外，很多观众还会强调神话内在的情感性与精神性。他们认为神话具有某种神圣的意味，应当远离生活，以保持其超越性的气质，因而故事的主题应该恢弘而有哲理；另有观众则偏好考察故事叙事的合理性，注重神话的体系性，以逻辑思维来斟酌神话的发展脉络以及诸神之间的关系，但他们本身所有的神话观较为混杂，夹杂着传说、故事、宗教等多重元素；而有的观众关心神话的核心母题是否正确，他们本身对神话了解有限，若电视改编不触及其底线，则他们对改编的接受度也就较大。这些审美的标准是多重的，也是交叉的，观众会从多个角度去看待一部电视剧，以期符合自己心中的"真实的神话"。

然而，"真实的神话"的内容，是基于观众自身对神话的体知、感受而定的。经过建构主义等思潮的影响，人们逐步认识到"真实"的虚幻性。神话存在的根源是遥不可溯的，所谓的"本真"，严格来说也是虚无缥缈。历朝历代以来，神话经过不同的地方不同的人翻来覆去地讲述与记录，已经增加与衍生出多种版本的故事，成为超越时空的经典。现在的电影电视莫不是对这种创作的具象化、画面化，体现了神话对民众强大的吸引力，展示了现代人对神话的解读与喜爱。或许正如巴莫曲布嫫感叹的，在电子传媒时代，"在意义生成方面，我们或许获取了比口头文化更多的可能性。意义生成的多样性近乎是无限的，但其结果不是'事实'"[①]。而观众对"真实"神话的追求，表达的是一种对"经典"的敬意，一种对中国人骨肉相亲的存在的维护。

同时，人们对神话内涵的开放性的认识亦是反映出"神话"概念与

---

① 巴莫曲布嫫：《口头传统·书写文化·电子传媒——兼谈文化多样性讨论中的民俗学视界》，《广西民族研究》2004年第2期。

"神话"现象之间的复杂关系。户晓辉指出,目前已有越来越多的学者开始反思"神话"概念与现象之间的距离,提出区分这两者的重要方法。由莫恩等人的观点为基础,户晓辉认为,对神话的研究要将注意力"集中在人们关注或者看神话的方式上"①,不仅要重视研究者看待神话的方式,也要注重被研究者看神话的方式,"力图让被研究者眼中或意向中的神话自己显现出来"②。受现象学的启发,他表示,这种区分为的是让"作为概念的神话包容作为现象的神话","在研究者看到的神话中让被研究者看到的神话自身显现出来"③。除了"概念"与"现象"的分歧,中国因借鉴外来神话概念引发的混沌则更为复杂。刘宗迪在《作为学术神话的神话概念》中指出,作为建构而成的学术概念,"神话"一直处在被滥用的矛盾状态中④。王铭铭在《神话学与人类学》里则明确提出用"神话"一词翻译古希腊 mythos 可能产生的意义理解的局限性,而这种局限可能是导致学者与民众对"神话"的认知的产生分歧的原因之一⑤。到底应如何领会神话的含义,如何真正地进入神话,仍是值得我们思索的问题。

三 神话主义的消费动机

在大众传媒的领域中,评定一部电视剧的重要标准就是收视率。收视率的高低能在某种程度上反映消费群体对某类作品的好恶及需求。中国神话题材电视剧虽然在网络与媒体中的口碑常常并不佳,但时常在同时段收视中表现突出,如电视剧《远古的传说》自开播以来收视率颇高,据制片方透露,该剧收视率位于同时段榜首⑥。而《天地传奇》播出时收视率

---

① 户晓辉:《返回爱与自由的生活世界》,江苏人民出版社 2010 年版,第 208 页。
② 同上。
③ 同上。
④ 刘宗迪:《作为学术神话的神话概念》,中国民俗学网,2009 年 8 月 16 日,https://www.chinesefolklore.org.cn/web/index.php? NewsID =5775,查阅日期:2016 年 12 月 23 日。
⑤ 王铭铭:《神话学与人类学》,《西北民族研究》2010 年第 4 期,第 67—82 页。
⑥ 互动百科:《传说(电视剧)》,2011 年 1 月 25 日,http://www.baike.com/wiki/%E3%80%8A%E4%BC%A0%E8%AF%B4%E3%80%8B%5B%E7%94%B5%E8%A7%86%E5%89%A7%5D,查阅日期:2016 年 12 月 23 日。

为 4.1，属于同期电视剧收视率表现颇佳的一部①。尽管影响收视率的因素有很多，但数据上的优势亦能反映出人们对这一素材的作品的关注与青睐。那么，这种低评价高收视率的现象能反映出人们对神话的哪些期待与情感呢？

美国印第安纳大学古典学教授威廉·汉森（William Hansen）在一篇论文中谈到，当许多学者将探寻神话的起源意义及其与古代社会之间的有机联系视为研究重心时，似乎无法解释另一个非常重要的问题，即为什么诸多后世传承者在不了解神话的原初仪式与原始意义时，仍会不停地讲述神话，并使之代代相传②？这一提问尖锐且引人深思，并同样适用于本节讨论的话题，即为何人们一边在不断批判国内的神话题材影视剧的粗制滥造，又一边无法抑制想要接触它的欲望，并对其未来的发展饱含期望？

在此次调查中，笔者进行访谈与问卷研究的对象以北京高校学生为主，同时又在网络与现实中访谈了一些中年观众，这些访谈与问卷调查参与者的意见在一定层面上反映了国内一些观众对中国此类题材影视作品的看法与期待。总体而言，观众对神话主义的消费动机主要有三类：对传统文化的怀旧，对神话思维的迷恋和对童年体验的追忆。这三类彼此相关，但在不同观众那里又各有侧重，显示出一定的差异。

（一）对传统文化的怀旧

如前文所述，电视电影的生产者将神话纳入"传统"的框架进行传播，从而树立民族身份认同的合法地位。这种创作动机也得到了观众的强烈回应。北京高校学生关于中国神话与神话题材影视作品了解情况的调查问卷结果显示，占比 54.4% 的参与者表示，之所以对神话题材的影视作品感兴趣，在于可以从中获知"不了解的神话知识"（见附录第 13 题）。而对于神话本身的关注，占比 41.31% 的人称"那是一段我不知道的历史"（见附录第 7 题），而 74.18% 的人则表示神话"与中国文化的渊源有关"（见附录第 8 题）。在表达对中国拍摄神话题材影片的意见时，他们常用"尊重传统""尊重文化"等字眼，以表明对神话的郑重而尊敬的态

---

① 百度百科：《词条·天地传奇》，2016 年 4 月 22 日，https://baike.baidu.com/item/%E5%A4%A9%E5%9C%B0%E4%BC%A0%E5%A5%87/74630?fr=aladdin，查阅日期：2016 年 12 月 23 日。

② William Hansen, "Meanings and Boundaries: Reflections on Thompson's Myth and Folktales", in Gregory Schrempp and William Hansen, eds., *Myth: A New Symposium*, Bloomington: Indiana University Press, 2002, pp. 19–28.

度。他们选择观看以神话为题材的影视作品，对传统的怀旧是颇为重要的动力。对此，受访人朱云、清闻以及高如都表达了相似的观点。

> 女娲、伏羲、神农我都还蛮喜欢，其实这部电视剧的背景我还蛮喜欢的。因为我对历史、神话感兴趣。因为还蛮有渊源，说一些我不晓得的东西，它可以显示出中国的根本渊源。①

> 我看这个不为别的，神话是中国的传统文化吧！现在我们对这个传统的东西还是要重视的，国外的啊，你看，就是那个神话的电影，那个大片《指环王》，拍得不错吧，但那是别人的啊！中国自己的呢？我看这个拍电视剧还是可取的，现在都看电视，还有多少人看书？完全可以通过这个传播我们中国的古代文化嘛！现在的人就是要多看看传统的东西，古代的东西。不要整天被别的东西迷糊了，不知道自己是谁。②

> 嗯，神话毕竟是中国的传统，这种传统的东西在现在还是有必要的，拍拍这样的电视剧，多看看，看看以前的人是怎么生活的？但那都是扯，电视拍得太夸张啦！但有时候也可以看看，看书看电视都可以借鉴借鉴。现在不是说什么全球化嘛，认为国外的月亮就是圆，我感觉中国的东西还是要发挥发挥，这个怎么说都挺重要的。神话啊，女娲、西游记、伏羲什么的，都是中国渊源性的东西，是很根本的东西。晓得这些东西，历史的、神话的，你对这些渊源性地了解一点，难道不好吗？我为啥看这个，因为我也在这个社会里啊！③

在高如等人的眼中，神话是中国文化传统中的重要组成部分，且与历史等概念有所重叠。在他们看来，传播中国神话的意义在于传播自身文化安身立命的存在依据，而这种文化中蕴藏的核心价值观是他们认定自我身份的重要依靠，是界定"我们"与"他们"差别的重要凭证。

目前，学者对"传统"的本质有了新的认识，研究的重心从探寻传

---

① 受访人：朱云；访谈者：陈汝静；访谈时间：2013 年 5 月 30 日；访谈地点：中央财经大学。
② 受访人：高如；访谈者：陈汝静；访谈时间：2011 年 4 月 3 日；访谈地点：北京航空航天大学。
③ 受访人：清闻；访谈者：陈汝静；访谈时间：2010 年 11 月 3 日；访谈方式：电话采访。

统"原初面貌"逐步转移到揭示与挖掘其被创造与发明的过程。然而，对于很多民众而言，传统仍意味着久远，代表着相对客观而非主体建构的意义。同样的，被归在传统或历史的名义之下的神话的意义也指向于过去，拥有着悠远的时间性，成为了一个群体与民族所共有的遗产，并拥有了某种"真实性"。而人们对"真实"的辨识是模糊的，56.34%的问卷调查参与者认为神话"真假"间杂，真正的历史与虚拟的创造之间的界限难辨；但当女娲、伏羲、蚩尤等神话人物的出现在荧幕上时，造人、补天、射日等神话故事被不断演绎时，无论当中发生多少改变，这些符号的存在就被人们直观地纳入"传统"的范畴中，被认为是先祖历史的积淀与经验的产物（见附录第 8 题）。

在一般人看来，传统的维系功能似乎不言自明，它的意义与历史相连，其中包含的行为、思想以及价值体系都承载着悠久深厚的"合法性"。在为群体内所有的成员所共享时，传统统一并维系着每位成员的行为规范甚至文化心理。传统促使社会保持一种稳定性，使群体内所有成员保持向心力，成为群体团结凝聚的根基。

在此意义之下，神话此种维系与凝聚群体的功能早已被学者反复强调。马林诺夫斯基为代表的功能学派将神话视为原始部落中的"社会宪章"[1]，杨利慧等学者的研究则表明了神话之于现代社会群体凝聚维系的重要作用[2]。神话给予人们认同自我与寻找自我所属的契机。人们不断地讲述神话，不断地回溯着神话，又不断地发明与创造神话，其中原因之一或许就像高如所说的，是为了不断地验证与确认"我在这个社会里"。"我在这个社会里"，强调"我"渴望通过某些相似的经验以同他人建立关系。这种关系不仅在共向地保证"我"与同时代的他人的关联，更是历时性地让"我"与前人产生联系，从而在空间与时间两种维度上确保"我"并非独立无援的存在，认定自我所属的群体与民族。

（二）对神话思维的迷恋

在 1992、1997、2002 与 2007 年四次全国电视观众调查中，"娱乐消

---

[1] ［英］马林诺夫斯基：《神话在生活中的作用》，载［美］阿兰·邓迪斯《西方神话学读本》，朝戈金等译，广西师范大学出版社 2006 年版，第 240—252 页。

[2] 杨利慧：《女娲的神话与信仰》，中国社会科学出版社 1997 年版。

遭"与"获取信息"交替成为了观众收视的首要因素，通过电视调节乏味的生活已成为现代人养成的习惯之一①。不少观众表示，选择在家观看电视的重要原因就是为放松疲惫的大脑，让自我从平庸的现实中脱出，以在短时间内忘记现世中的烦恼与忧愁。而以神话为题材的影片，则凭借其神话的魅力较为成功地满足了观众在此方面的心理与精神需求。

据笔者对北京高校学生关于中国神话与神话题材影视作品了解情况的调查，占比60%的参与者选择观看以神话为素材的影片是因为演绎神话的时代"与平常生活离得很远，便于放松想象"（见附录第13题）。他们之所以关注、关心神话，占比77.93%的人称是为神话"丰富的想象力"所吸引（见附录第7题），而占比42.72%的人则欣赏神话体现出来的"异于现代人的思维"（见附录第7题）。在他们看来，夸张的人物形象、不合逻辑的叙事模式以及奇特的世界观都引人惊叹。他们会否认这种神话存在的"真实性"与"合理性"，但又不得不承认自己为神话的幻想、情感以及构建世界的方式所折服。对此，许左、张宇航和肖飞表达了个人对神话的理解。

> 我觉得这个电视，拍这些还是好的，神话嘛，还是不错的。它那种想象力的东西，需要有人继承。真的假的，说不准吧，谁知道这个呢？谁都没法讲那么远的事儿？是不？那些很奇怪的东西，什么蚩尤、刑天的，什么没有头还可以打仗的，那让挺难理解的。现在人根本不了解这个。我们都是马克思主义唯物主义教育下成长的新一代啊，坚持科学发展观啦！这个，不是说这个唯心，就是太奇怪了，逻辑不通，但有些东西还是需要的吧！这种想象力的，魔幻的感觉也是需要的。也不能都一样，放松一下也行。②

> 神话是个挺难懂的东西，我其实不是很懂它的逻辑。学理科的吧，总想通过逻辑解释一些现象。但我也觉得，其实有时候抛开逻辑也挺好的，那些想象力的东西让人很惊讶啊！我知道的神话有限，比

---

① 吴红雨：《解读电视受众：多元化需求与大众化电视》，浙江大学出版社2009年版，第56—57页。

② 受访人：许左；访谈者：陈汝静；访谈时间：2011年3月21日；访谈地点：北京语言大学。

如烛龙吧！我看《盗墓笔记》知道的，后来去查了查，挺有趣的，为什么以前人能想到这么奇怪的东西呢？张开眼是白天，闭上眼是晚上什么的。我觉得现在人很难想到这些东西吧，这种想象力真是太神奇了！我觉得中国电视剧还没拍出来这种味道，但是中国以前的书里面，那些东西就已经很有意思了。①

我觉得神话的神奇就在于它的想象力，你根本不应该用逻辑的东西去解释，因为它原本就是那样子的，那就是它的逻辑。我喜欢看《山海经》这些故事，鲁迅小时候不也是对它心心念念吗？人面的兽，九头的蛇，以两乳当眼睛的怪物……当时我就是学这课文的时候，知道还有这样的书啊，真是太不一样了！那种将万物与自己归为一体的状态，那种把世界想象成活的东西的感觉，真是太棒了！不需要去想为什么吧，这就是它神奇的地方，这就是神话吧！我喜欢《指环王》，画面是一回事，人设是一回事，但是想象力也挺好的。看这种片子，我很放松，思维就跟着它走就好了。整个人能脱离现实！但是我还是觉得中国本土自己的更强，可惜到现在也没有好的作品。中国人应该要有自信，要有文化的自信。②

"奇怪""逻辑不通""想象力""魔幻"，这种对神话叙事特征的认识是许左等人对神话的直观感受。在他们看来，神话当中描述的世界以及表达观念的方式都与自身已有的知识体系相去甚远。神话有着与众不同的思维方式，这正是它让人着迷的地方。同时，他们表示，这种与逻辑相反的存在可以让他们从日常的状态中得到暂时的脱离，而观看这一类的影片可以让他们实现神经"放松"。

对于现代人来说，神话所拥有的非理性的特质以及奇特的思维与想象力，都是在日常生活中甚少接触到的。虽然现代性指向对感性、非理性的价值观与思维的抑制，但人们仍渴望那些框架之外的存在的显现，就如伊利亚德所说的"宗教的人"，人人都是"宗教的人"，即使他宣称自己对

---

① 受访人：张宇航；访谈者：陈汝静；访谈时间：2013 年 12 月 3 日；访谈地点：北京航空航天大学。

② 受访人：肖飞；访谈者：陈汝静；访谈时间：2010 年 12 月 15 日；访谈地点：北京师范大学。

世界的去圣化达到多大程度，他的心中总是暗藏着一种宗教情结①。在伊利亚德的研究视角中，神话是与神圣、宗教内涵相关的，而这种"宗教人"的判断也指涉人们普遍拥有的不自觉的对非理性的、情感性的渴求。观众郑燕就表达了对"神话思维"的向往。

图 8—10 《指环王》海报

神话奇就奇在它的那种思维，嗯，我觉得那个思考问题的方式非常有趣。你想想，神话是怎么讲这个世界的？盘古开天辟地吧？好像是从蛋壳里出来的，身体的各个部分还能够变成山啊水的，特别奇妙吧！我看这些东西，总感觉解析与我们完全不同的大脑啊！思维这个东西很奇妙的，因为你觉得你在的这个世界是人啊或神演变出来的，

---

① ［罗］米尔恰·伊利亚德：《神圣与世俗》，王建光译，华夏出版社 2003 年版，第 123 页。

所以你心里会有很浓厚的感情，很珍惜这周围的东西。不像现在啊，什么都强调物质物质，看什么都是冷冰冰的，没有一点热气。这其实非常可惜！①

这或许正解释了为什么人们那样轻松地就接受了《指环王》中对精灵、魔族、霍比特人、矮人、巫师等身份的设定。这些角色的存在因由，没有人说明，但观众也欣然接纳，愿意耗费近十个小时去观摩这场波澜壮阔、惊天动地的冒险之旅。正是因为在那个时间段里，电影创造出不同于日常生活的时空概念，观众俨然进入到另外一个世界中，即一个逃离于当下时间的神话的世界，与那些神话中的人物相遇，一起经历波折起伏，不必理会理性、逻辑的拘束，不必在意现世生活中的烦扰与平庸，并从中获得对生命、存在与自我的体验。不少观众都期待中国影视产业也生产出这样一部优秀作品，能将中国神话与文化的精髓融会贯通，并带着观众畅游与神话人物共在的中国神话世界。

（三）对童年体验的追忆

在北京高校学生关于中国神话与神话题材影视作品了解情况的调查中，对于从何种渠道了解神话的问题上，74.65%的学生表示，自己曾听过父母讲神话故事，而占比80.75%的人则将儿时的绘本与科普读物视作神话启蒙的重要来源（见附录第9题）。这些与神话相关的童年经验，或多或少地驱动着他们将注意力投射到这种类型的影视作品上。在谈到为什么会观看此类电视剧或电影时，受访人杜心与肖飞提到，自己小时候阅读神话绘本的经历对他们的收视行为产生影响。

很多神话传说的印象都来自小时候，小人书和百科全书吧，里面有些神话的东西，什么女娲，伏羲的，补天啊还有大洪水啊，记得这些。那种小画书，也记得点，很模糊了，有点印象。那么久的事情了还记得什么啊，你要是跟我说，还是知道的，但讲是讲不清楚。……看电视，会想到以前的那些吧，我就是看现在人怎么讲这些故事，和原来晓得的不一样。当然电视里花样很多啊，版本乱七八糟的，神

---

① 受访人：郑燕；访谈者：陈汝静；访谈时间：2013年5月3日；访谈地点：北京师范大学。

话本来也就没个准吧,我就是看它怎么讲,对我自己晓得的能不能补充下,我会综合下的。①

小时候的印象还是有的,讲不清的那种,跟影子似的,模模糊糊的。多是看的书吧,一般不是开天辟地什么嘛,哈哈!小时候看的能记多少啊?你知道的,记不住,知道就不错了!我那时候认字就够呛,大部分还是我妈给我念的吧!听进去点!能记住多少啊!但是动画片、电视就不错啦!你知道的,看东西吧总是印象深些,文字还是抽象点,又不是搞研究的,看的都简单,那逻辑,简单,但是架不住小时候记不住吧!……看到电视上的演的,说到女娲什么的,会觉得,诶?好像有印象,要不看看?就是这样吧。大体的还是知道的,你知道的,多看看别人怎么说也挺好。②

对杜心等人来说,小时候观看过神话读本的内容在脑海中是模糊而浮动的,但长大后接触到的影视作品中的刻画却是清晰、连贯而又生动的。前者成为了选择观看后者的动机,而后者成为前者留白的填充。"想要知道更多""是否与记忆中一致"是他们审视这类电视电影的原初动力。

与肖飞他们的感受相似,很多年轻人对神话的记忆久远而琐碎,他们了解神话的渠道较为有限,按照许左的说法,"这些又不参加高考"③。因而,除了一些对中国神话特别感兴趣的人,许多常年生活在都市环境的轻年人表示,神话对他们来说是意义宽泛而缺乏指向的。所以,在访谈中,他们并没有自信能清晰完整地讲述整个故事,且大多含蓄地表示自身处在需要"被告知"的位置。"这是神话吗""我只知道这些""我记不太清了""你一说我就知道了"是访谈中频频出现的疑问与坦白。知识体系的残缺让他们只能借着过去的记忆而掌握着与神话意义相关的词汇与概念,并期待更多的信息。而电视与电

---

① 受访人:杜心;访谈者:陈汝静;访谈时间:2013年3月20日;访谈地点:北京师范大学学十六楼。

② 受访人:肖飞;访谈者:陈汝静;访谈时间:2010年12月15日;访谈地点:北京师范大学。

③ 受访人:许左;访谈者:陈汝静;访谈时间:2011年3月21日;访谈地点:北京语言大学。

影的出现，给予了丰富他们已有知识的机会。当电视与电影提供的讯息与以往的阅读或观感体验有所重合时，他们会在保留自身混沌、笼统的见解的基础上，对电视电影的阐释有着进一步了解的欲望，以期与已有经验产生共鸣。

然而，观众对童年的追忆虽对观众观影有着一定的驱动力，但其效应是否持久，仍未可知。据问卷调查显示，就观众观看影片的程度而言，占比65.26%的问卷调查参与者表示，能否持续关注某部片子需要"视片子质量来定（见附录第11题），有的看了一些，有的就弃了"，若故事情节的改编以及铺展未使他们感到满意，他们就不会继续关注该作品。同时，占比85.45%的调查者表示：制片方创作能力急需提升，如何编写最合理动人的剧本，如何最大限度地尊重神话是国内神话题材影视作品应当加以思考的问题（见附录第18题）。国内影片在这些方面的欠缺引发了观众的诟病，也正体现了他们对神话题材的影视作品的期许。

通过大众传媒的传播，神话主义在当代社会的影响力确实在扩大。从电视、电影中获取与神话相关的信息已经成为了当代年轻人了解神话的主要方式之一。影片播放的内容成为他们讲述与记忆神话的重要来源，也是他们进一步探寻神话的不可忽视的契机。同时，电视电影与其他传播媒介一起，对人们的某些神话观念起着固化一致的作用。然而，对于观众而言，他们并非感动地、毫无保留地接收电视电影传递的信息，视听感受常成为他们决定是否收看的初步判断标准。基于自身对神话的认识而产生的对"真实神话"的追求，则成为了他们接纳与拒斥影视剧的最核心的尺度。中国神话体系是观众讨论的重点之一，但其结论莫衷一是，这反映出人们对神话认知的模糊性。尽管因不同的学历背景与社会阅历，观众们对神话的了解与认识分歧较大，但依然在某些方面存在共识，如神话存在时间的久远性、神话主题的超越性以及核心母题的稳定性等。此外，就国产神话题材影片"高收视低评价"的局面而言，观众的最大消费动力还是在于对神话本身的青睐，他们将神话视为民族历史积淀的宝贵财富，以此作为确认自身群体所在的重要凭证，同时也被神话中的幻想和思维方式所吸引。基于此，观众对国产影视作品的挑剔实质上反映了他们对中国神话的维护与尊重，而神话则潜移默化地影响着人们的观念，发挥着凝聚群体的重要作用。

结　论

正如钟敬文先生所言，民俗学是一门"现代学"[1]，它关注的是"此时此刻存在的东西从何而来，为何得以存在，其得以存在的深层机制是什么"[2]。赵世瑜曾就民俗学何以与人类学、历史学相区分，并确立自身的学科本位，提出了自己的观点。在他看来，民俗学应是以"传承"为核心的学问，而"'变'是'传承'的题中应有之义"[3]。本章关注神话主义在影视媒介中的存在样态及影响效应，正是为探求神话——这一被视为民族传统精髓的存在——在时代新兴的传播形式中不断传承的动力机制。而在神话传承过程中的"变"与"不变"正体现出了神话的特质与时代的特性。

一　传承中的"变"

首先，神话并非静止不变的，在以影视为传播媒介的传承过程中，会因不同的群体出于不同目的与旨趣而发生改变。

大众传媒对民众的影响力是深远的。把神话纳入影视作品的过程，实质上是将神话资源化、对象化的重构过程，是各方主体借由神话实现多重目的的过程。当神话作为一种文化资本被重新诠释时，诸多因素如民族主义、地方化，以及神话重构过程中生产者对艺术性与商业利益的追求等，都从中产生效力，以使神话成为承载其目标的重要基石。为了在全球化语境下强化中华民族的文化根本，被改编的神话着重强调了主要神话人物与故事情节对民族团结、精神统一的突出贡献，以从历史与文化层面确立政权的合法性；为提升文化地位，并为经济发展谋求空间，地方政府与文人积极建构神话与地方的紧密关系，使神话成为了地方资源的脚注，有了自己的"家乡"；而在艺术性与商业利益的双重驱动下，神话表现出丰富与

---

[1] 钟敬文：《民俗文化学发凡》，《民俗文化学：梗概与兴起》，中华书局1996年版，第3—35页。
[2] 赵世瑜：《传承与记忆：民俗学的学科本位——关于"民俗学何以安身立命"问题的对话》，《民俗研究》2011年第2期。
[3] 同上。

固化的矛盾状态，每个故事的异文更多样，但被讲述的母题却是重复的。此外，神话的世俗性与现代性也为迎合市场需求而被不断强化。这些影响神话内容与主题的因素是彼此互相联系的，共同创造了神话在影视剧中多种多样的存在样态。

其次，大众传播媒介不仅改变了神话传播的形式与影响范围，还改变了人们认知神话世界的方式，视觉、听觉等身体感受影响着人们对神话的接受程度。

在大众媒体环境中，神话的传承面临着较大的挑战。一方面，电视电影凭借其强大的传播能力为扩大神话的影响范围提供了良好的平台，另一方面，新的传播语境塑造出了观众新的接收信息的方式与习惯，影响着神话传播的有效性。在传统讲故事的环境中，从观众的视角出发，表演者"表述行为达成的方式，相关技巧以及表演者对交流能力的展示的有效性等，都将受到品评"[①]，而其中"听"对他们来说至关重要。虽然表演理论的研究表明，讲故事的人的肢体语言、面部表情在信息传达方面有不可忽视的作用，但对于口头交流的语境而言，听觉的重要性是难以取代的。但是在以电视、电影为传播媒介的条件下，视觉在信息接收过程中的地位被明显提高。前引麦克卢汉提出的"媒介即信息"，其内涵在于强调媒介改变了人感受世界的方式。观众在收看以神话为题材的影片时，会在很大程度上受视听感受的限制。相对于都市、历史等题材的影视作品，观众对与神话相关的作品的特技、音效等期待更高。如果未能在身体感官上获取愉悦感，那么很有可能人们在最初接触这些神话影视剧时就将之排斥在外。

二　传承中的"不变"

在影视媒体重构神话的过程中，生产者利用神话的深层动机以及观众对神话的态度都显现出神话在传承中"不变"的价值。

首先，神话的功能与意义在新的传播媒介中得到继承。

虽然在被制作为影视作品的过程中，神话会被不同的主体以不同的方式加以重构，但从根本上来看，无论他们是将神话冠以"传统"的名义

---

① [美]理查德·鲍曼：《作为表演的口头艺术》，杨利慧、安德明译，广西师范大学出版社2008年版。

去追求政治上的和谐统一，还是把神话当作"历史"来强调地方突出的文化地位，神话都能充分满足其诉求。这种为实现各种目的而重新阐释神话的行为实际自古就有：古代知识分子借神话表达他们的教育、政治理想的例子不胜枚举，如孔子将神话中的独角兽夔解释为上古的贤能乐官，罗泌称女娲补天源于诸侯共工作乱。对于人们来说，神话的意义是非同一般的，即使平时不常谈及，但从内心将之认定为自己的族群积淀而来的精神财富，是所有成员共享的文化资本，也是界定自我与他者的重要依据。电视和电影作品的制作者也正是认识到神话在民众心中或明或显的功能与影响力，才会颇费心思地去借助覆盖面广泛的传播媒介来实现自身的目的。神话与技术并非水火不容，它凭借自身强大的生命力仍然发挥着重要作用。

其次，虽然民众的神话观繁杂多样，但他们对于神话的认识在某种层面上取得一致，且对神话的需求与期待仍在一直延续。

调查过程显示，不同学历背景与社会阅历的人对于神话的评判标准各有不同，且在划分神话与传说、幻想故事等文类时，常模糊不清。然而，在神话发生时间的久远性、主题的宏大性、与中国文化渊源的紧密性以及想象奇特、思维独特等方面，其观点则大体一致。同时，从观众对国产神话题材的影片的挑剔与批评来看，人们对神话的存在报以很大的敬意。他们明白大众传媒传播中国神话的优势，承认从影视作品中或多或少地得到了与神话有关的信息，都期望能保留神话在影片中的尊严，希望中国能出产制作精美且尊重神话的影片。这不仅源于对自我文化的维护，还源于对神话所具有的魅力的认可与需求。

综合来看，神话在经影视媒介传承于后世时，发生了诸多的改变与不变，其中既体现了时代与传播媒体的特性，又反映了神话本身强大的活力。神话并非遗留在古典书籍中的僵死之物，并非现代化进程中的"活化石"，它与现代科技合作，呈现出神话主义的新面貌，也激活了人们心中对它的绵延深厚情感。在变与不变之中，神话在现代社会依然鲜活地流传着。

附录　北京高校学生关于中国神话与神话题材影视作品了解情况的调查问卷

开始时间：2014－3－28，结束时间：2014－4－2

样本总数：213 份

原始数据来源：http：//www. sojump. com/report/3218674. aspx？qc＝

本报告包含样本数量：213 份

数据与分析：

第 1 题　您的蛋蛋网 ID 是 ［填空题］

第 2 题　您的性别 ［单选题］

选项	小计	占比（%）
男	40	18.78
女	173	81.22
本题有效填写人次	213	

第 3 题　您的学科背景 ［单选题］

选项	小计	占比（%）
文科	100	46.95
理工科	113	53.05
本题有效填写人次	213	

第 4 题　您知道并能否清楚地讲述下面哪些故事或人物事迹 ［矩阵单选题］

题目\选项	能比较清楚叙述	知道，说不完整	能零星地记起	完全不知道
A. 盘古开天辟地	112（52.58）	94（44.13）	6（2.82）	1（0.47）
B. 女娲补天	135（63.38）	76（35.68）	2（0.94）	0（0）

续表

题目\选项	能比较清楚叙述	知道,说不完整	能零星地记起	完全不知道
C. 女娲造人	139 (65.26)	64 (30.05)	10 (4.69)	0 (0)
D. 伏羲八卦	16 (7.51)	57 (26.76)	76 (35.68)	64 (30.05)
E. 兄妹婚	19 (8.92)	25 (11.74)	36 (16.90)	133 (62.44)
F. 神农尝百草	76 (35.68)	96 (45.07)	36 (16.90)	5 (2.35)
G. 黄帝统一中原	51 (23.94)	91 (42.72)	58 (27.23)	13 (6.10)
H. 夸父追日	151 (70.89)	50 (23.47)	12 (5.63)	0 (0)
I. 精卫填海	143 (67.14)	53 (24.88)	16 (7.51)	1 (0.47)
J. 嫦娥奔月	183 (85.92)	27 (12.68)	3 (1.41)	0 (0)
K. 仓颉造字	38 (17.84)	90 (42.25)	62 (29.11)	23 (10.80)
L. 共鼓狄货造舟	3 (1.41)	20 (9.39)	28 (13.15)	162 (76.06)
M. 共工怒触不周山	36 (16.9)	61 (28.64)	50 (23.47)	66 (30.99)
N. 孙悟空大闹天宫	194 (91.08)	19 (8.92)	0 (0)	0 (0)
O. 封神演义	96 (45.07)	82 (38.5)	30 (14.08)	5 (2.35)
P. 白蛇传	155 (72.77)	45 (21.13)	12 (5.63)	1 (0.47)
Q. 济公传	79 (37.09)	98 (46.01)	31 (14.55)	5 (2.35)
R. 宝莲灯	137 (64.32)	61 (28.64)	13 (6.10)	2 (0.94)
S. 鸿钧老祖传道	10 (4.69)	19 (8.92)	32 (15.02)	152 (71.36)
T. 七仙女下凡	126 (59.15)	73 (34.27)	11 (5.16)	3 (1.41)
U. 牛郎织女	178 (83.57)	33 (15.49)	1 (0.47)	1 (0.47)
V. 妈祖	43 (20.19)	62 (29.11)	65 (30.52)	43 (20.19)
W. 蚩尤战黄帝	35 (16.43)	70 (32.86)	73 (34.27)	35 (16.43)
X. 刑天舞干戚	26 (12.21)	60 (28.17)	69 (32.39)	58 (27.23)
Y. 祝融	32 (15.02)	53 (24.88)	65 (30.52)	63 (29.58)
Z. 句芒	9 (4.23)	22 (10.33)	39 (18.31)	143 (67.14)

注：括号内为占比（%）。

第 5 题 其中,您认为哪些是神话 [多选题]

选项	小计	占比(%)
A. 盘古开天辟地	209	98.12
B. 女娲补天	205	96.24
C. 女娲造人	202	94.84
D. 伏羲八卦	96	45.07
E. 兄妹婚	29	13.62
F. 神农尝百草	58	27.23
G. 黄帝统一中原	42	19.72
H. 夸父追日	196	92.02
I. 精卫填海	194	91.08
J. 嫦娥奔月	196	92.02
K. 仓颉造字	30	14.08
L. 共鼓狄货造舟	35	16.43
M. 共工怒触不周山	117	54.93
N. 孙悟空大闹天宫	156	73.24
O. 封神演义	147	69.01
P. 白蛇传	153	71.83
Q. 济公传	71	33.33
R. 宝莲灯	164	77.00
S. 鸿钧老祖传道	47	22.07
T. 七仙女下凡	174	81.69
U. 牛郎织女	175	82.16
V. 妈祖	85	39.91
W. 蚩尤战黄帝	58	27.23
X. 刑天舞干戚	85	39.91
Y. 祝融	66	30.99
Z. 句芒	36	16.90
本题有效填写人次	213	

第 6 题　您还知道哪些其他的中国神话 ［单选题］

选项	小计	占比（%）
知道，比如	80	37.56
不知道	133	62.44
本题有效填写人次	213	

第 7 题　您对中国神话感兴趣吗，为什么 ［多选题］

选项	小计	占比（%）
A. 感兴趣，那是一段我不知道的历史	88	41.31
B. 感兴趣，神话的思维异于现代人的思维	91	42.72
C. 感兴趣，喜欢那种丰富的想象力	166	77.93
D. 感兴趣，因为	17	7.98
E. 不感兴趣，因为	7	3.29
其他	1	0.47
本题有效填写人次	213	

第 8 题　您认为神话是什么 ［多选题］

选项	小计	占比（%）
A. 与神仙有关的就是神话	77	36.15
B. 与中国文化的渊源有关	158	74.18
C. 解释世界创造和秩序奠定	104	48.83
D. 有一定的神圣感	111	52.11
E. 是真实的，是历史的一部分	14	6.57
F. 纯粹是虚构的，是幻想出来的	33	15.49
G. 真假都有，谁也说不准	120	56.34
H. 其他	6	2.82
本题有效填写人次	213	

第9题 您通过哪些渠道知道中国神话的 ［多选题］

选项	小计	占比（%）
A. 小时候听父母说故事	159	74.65
B. 绘本或科普读物，如《中华上下五千年》	172	80.75
C. 自己感兴趣翻阅过书籍，如《山海经》《淮南子》	119	55.87
D. 看影视剧或者动画片	191	89.67
E. 专业学习	23	10.80
F. 自己研究过这些问题	14	6.57
G. 网络小说	75	35.21
H. 其他	5	2.35
本题有效填写人次	213	

第10题 以下影视作品您看过哪些 ［多选题］

选项	小计	占例（%）
A.《天地传奇》	23	10.80
B.《远古的传说》（又名《传说》）	9	4.23
C.《春光灿烂猪八戒》	196	92.02
D.《女娲传奇之灵珠》	60	28.17
E.《仙剑奇侠传》	174	81.69
F.《封神榜》	179	84.04
G.《哪吒传奇》	168	78.87
H.《宝莲灯》（影视剧）	189	88.73
I.《小太极》（动画）	9	4.23
J.《女娲补天》（动画）	39	18.31
K. 其他	23	10.80
L. 都没看过	1	0.47
本题有效填写人次	213	

第 11 题 大概观看到怎样的程度 [单选题]

选项	小计	占比（%）
A. 只看了个开头	1	0.47
B. 看了一两集	9	4.23
C. 看了一半左右，弃了	7	3.29
D. 都看完了	56	26.29
E. 视片子质量来定，有的看了一些，有的就弃了	139	65.26
F. 一部都没看过	1	0.47
本题有效填写人次	213	

第 12 题 您选择观看的理由是 [多选题]

选项	小计	占比（%）
A. 对中国神话感兴趣，喜欢看这个类型的电影电视剧	125	58.96
B. 无聊打发时间	105	49.53
C. 别人推荐的	20	9.43
D. 其他	16	7.55
本题有效填写人次	212	

第 13 题 为什么喜欢这一类型的电视剧 [多选题]

占选（%）	小计	比例（%）
A. 了解我不知道的神话知识	68	54.4
B. 想看看现代人是怎么演绎神话的	40	32.0
C. 与平常生活离得很远，便于放松想象	75	60.0
D. 知道这是假的，就看个热闹，不用动脑子	35	28.0
E. 喜欢电视特效	32	25.6
F. 其他	10	8.0
本题有效填写人次	125	

第14题 看过这些影视剧之后,您觉得您对中国神话的了解更多、更深入吗 [多选题]

选项	小计	占比（%）
A. 是的,借此了解了一些以前不熟悉或者完全不知道的神话故事,比如	85	40.09
B. 借此了解了一些以前不熟悉或者完全不知道的神话人物,比如	76	35.85
C. 改变了我对中国神话的认识,比如	12	5.66
D. 一般,就是随便看看,没怎么记或者当真	92	43.40
E. 没啥印象	13	6.13
本题有效填写人次	212	

第15题 观看后,您是否会为吐槽或受剧情启发而去查找相关的资料 [单选题]

选项	小计	占比（%）
A. 会去查书或者上网搜索	26	12.26
B. 有时会,看到自己感兴趣的点就会去查查	126	59.43
C. 一般不会,看过就忘	50	23.58
D. 压根不会管,没什么兴趣	10	4.72
本题有效填写人次	212	

第16题 如果没看下去或者压根没看,原因是 [多选题]

选项	小计	占比（%）
A. 对神话不感兴趣	6	2.82
B. 情节经不起推敲,不合逻辑,过度改编	148	69.48
C. 言情戏份过重,狗血	167	78.40
D. 演技差	108	50.7
E. 视觉效果差,特效等不行	83	38.97
F. 其他	9	4.23
本题有效填写人次	213	

第17题　您认为拍这些影视剧有什么意义［多选题］

选项	小计	占比（%）
A. 有重要意义，是传承中华民族的传统的一种尝试	131	61.50
B. 商业化需求	144	67.61
C. 没什么意义，浪费钱	18	8.45
D. 其他	13	6.10
本题有效填写人次	213	

第18题　您认为中国神话影视剧应该在哪些方面改进［多选题］

选项	小计	占比（%）
A. 视觉效果，服装道具与音乐特效加强，要营造出神话的氛围	113	53.05
B. 情节流畅，故事本子要好，语言要斟酌	182	85.45
C. 演员演技要加强	99	46.48
D. 最好要定下一个好的主题，少狗血	168	78.87
E. 没啥好改，没什么希望	6	2.82
F. 其他	5	2.35
本题有效填写人次	213	

第19题　您看过哪些关于神话的网络小说或者其他相关的电视电影？

电视电影的常见答案，如《西游记》《西游记后传》《西游降魔》《大闹天宫》（动画）《封神榜》《封神演义》《封神榜之武王伐纣》《封神榜之凤鸣岐山》《哪吒传奇》《镜花缘》《妈祖》《宝莲灯前传》《聊斋》《倩女幽魂》《仙剑奇侠传》《新白娘子传奇》《白蛇传》《东游记》《天降财神》《小龙人》《宝莲灯》（电视剧与动画电影）《欢天喜地七仙女》《天外飞仙》《神话》《搜神记》《指环王》《轩辕剑》《女娲传说之灵珠》《画壁》《画皮》《春光灿烂猪八戒》《土地公》《刘海砍樵》《精卫填海》《天仙配》《牛郎织女》《天师钟馗》《董永与七仙女》《嫦娥》《伏羲女娲》《济公》《财神到》《红孩儿》《花姑子》《天地传说美人鱼》

《无极》等。

相关网络小说包括《三生三世十里桃花》《三生三世枕上书》《三生三世菩提劫》《佛本是道》《盘龙》《愚公移山》《驭灵主》《娥媚》《曾许诺》《蜀山奇侠传》《七界传说》《诛仙》《重生混元道》《蛮荒三部曲》《鬼吹灯》《盗墓笔记》《三体》《曾许诺·殇》《长相思》《蛮荒记》《灵山》《神游》《花千骨》《悟空传》《涿鹿》《遮天》《凡人修仙传》等。

还有些表述较为含混的，如"看过一个神兽宠物毕方的，但名字忘记了"。

第20题　您对中国神话电视剧电影还有什么想说的？

回复以批判与建议性的为主。代表性的言论主要围绕"改编限度""演员选择""视觉效果""人物造型"等方面展开。

首先，剧情上的建议如：

"要尊重传统神话，不要太狗血。"

"最好能够忠实于原著，不要过度改变，让大家更多了解文化，不要误导大家。"

"不要以言情为看点，最好能与中国文化相结合，不要自己胡编乱造。"

"其实题材挺好的，但是缺乏大境界和大情怀。"

"改编是必然的，但最基本的内核最好保持。觉得现在的神话影视剧情节是硬伤啊，流于表面，传统文化没看到多少，完全就是一大帮蛇精病在瞎折腾！我要吐槽魔幻手机！那都是些啥啊！！！而且神话影视剧貌似成了很多演员不屑的一个领域，不能这么对它啊！"

"应该多发掘一些其他不那么熟悉的精彩的故事，不要就那几个题材，这么多年了相同的剧情还翻来覆去地拍。"

"挖掘中华传统文化精华，还是有很多资源的；不要商业化气息太浓，多打造经典之作才是当代影视人的责任。"

"还是好好地尊重故事原型比较好，有时候改得感觉都不是神话故事了，而变成了言情或者是武侠。"

"改编太多，误导小朋友。追求商业利润的同时增强细节处理（装扮、特效、剧情等等）。"

"中国的神话影视剧还是得下点儿功夫啊，有些剧情太狗血，完全颠覆三观啊，台词要不要那么浮夸啊……毕竟是中国人自己的文化，别为了点儿钱就商业化了呀，你看《甄嬛传》都走出中国了，也做出点儿能走出中国的东西吧。一想到像《功夫熊猫》之类的好片子都是外国团队做出来的，就有些恨铁不成钢。"

"觉得世俗化的东西太强，没有像《指环王》那样带有超越意义的东西。当然中外文化传统不同，我们应该发掘一些属于自己的价值体验。不过商业因素确实是一个重要的制约因素。"

"改变得无厘头也可以，但是至少要保持故事的精神内涵不变，还有就是不要都搞得特别狗血，二郎神和嫦娥的感情戏神马的根本不想看好吗！"

其次，人物造型与视觉效果方面的建议如：

"视觉画面可以更加漂亮一些。"

"建议多学习特效以及电影技术，拍出更好的效果，吸引更多观众。"

"多发掘些演技好的新人，否则主角天天就那几个，演技一般长相一般，观众看着会有演员跳戏的感觉。"

"求造型不雷人，《女娲传说之灵珠》这种山寨犬夜叉的就不要为神话抹黑了。"

"特效能不能做好点啊，简直太亮瞎眼了。另外别与真实的传说出入太大，反派角色就是反派，别给平个反神马的。"

"要演就演像一点啊，经常看到一些雷到不行的道具和剧情是要做什么呢。"

"主要是要认真吧，没有认真的创作态度，只一味心思地商业化是不可行的。而且特效也不是特别重要，只要故事出彩，谁会因为特效跟不上骂人呢？何况特效这方面确实是中国的短板，大家会体谅的。"

"现在的神话电视剧过分追求场面宏大，色彩鲜明，人物造型奇特，希望借此博人眼球，但是造型与特效过于诡异，让人感觉格格不入……反正我身边除了上了年纪的老人和不谙世事的孩子以外，没人看这类节目……"

主要参考文献

一 专著

中文专著（同一国籍中以姓名首字为序，下同）

［德］赫尔曼·鲍辛格：《技术世界中的民间文化》，户晓辉译，广西师范大学出版社2014年版。

［德］马丁·海德格尔：《海德格尔选集》，孙周兴编，上海三联书店1999年版。

［德］马克思：《〈政治经济学批判〉导言》，载《马克思恩格斯选集》（第二卷），人民出版社1995年版。

［德］马克斯·霍克海默、西奥多·阿道尔诺：《启蒙辩证法》，渠敬东、曹卫东译，上海人民出版2006年版。

［德］诺贝特·埃利亚斯：《文明的进程——文明的社会发生和心理发生的研究》，王佩莉、袁志英译，上海译文出版社1998年版。

［德］瓦尔特·本雅明：《机械复制时代的艺术作品》，王才勇译，中国城市出版社2002年版。

［法］列维·布留尔：《原始思维》，丁由译，商务印书馆1981年版。

［法］罗兰·巴特：《神话修辞术/批评与真实》，屠友祥、温晋仪译，上海人民出版社2009年版。

［法］皮埃尔·布迪厄：《实践感》，蒋梓骅译，译林出版社2003年版。

［荷］约翰·赫伊津哈：《游戏的人——文化中游戏成分的研究》，何道宽译，花城出版社2007年版。

［加］马歇尔·麦克卢汉：《理解媒介：论人的延伸》，何道宽译，凤凰出版传媒集团·译林出版社2011年版。

［加］马歇尔·麦克卢汉：《谷登堡星汉璀璨：印刷文明的诞生》，杨晨光译，北京理工大学出版社2014年版。

［加］马歇尔·麦克卢汉：《机器新娘：工业人的民俗》，何道宽译，中国人民大学出版社2004年版。

［罗］米尔恰·伊利亚德：《神圣与世俗》，王建光译，华夏出版社2003年版。

［美］阿尔伯特·贝茨·洛德：《故事的歌手》，尹虎彬译、姜德顺校，中华书局2004年版。

［美］阿兰·邓迪斯：《西方神话学读本》，朝戈金等译，广西师范大学出版社2006年版。

［美］保罗·康纳顿：《社会如何记忆》，纳日碧力戈译，上海人民出版社2000年版。

［美］本尼迪克特·安德森：《想象的共同体：民族主义的起源与散布》（增订本），吴叡人译，上海人民出版社2005年版。

［美］戴维·利明、埃德温·贝尔德：《神话学》，李培茱等译，上海人民出版社1990年版。

［美］丹尼尔·米勒、希瑟·霍斯特主编：《数码人类学》，王心远译，人民出版社2014年版。

［美］迪恩·麦肯奈尔：《旅游者：休闲阶层新论》，张晓萍等译，广西师范大学出版社2008年版。

［美］欧文·戈夫曼：《日常生活中的自我呈现》，冯钢译，北京大学出版社2008年版。

［美］汉娜·阿伦特编：《启迪：本雅明文选》（修订译本），张旭东、王斑译，生活·读书·新知三联书店2012年版。

［美］柯克·约翰逊：《电视与乡村社会变迁》，展明辉、张金玺译，中国人民大学出版社2005年版。

［美］克莱德·M.伍兹：《文化变迁》，何瑞福译，河北人民出版社1989年版。

［美］理查德·鲍曼：《作为表演的口头艺术》，杨利慧、安德明译，广西师范大学出版社2008年版。

［美］理查德·沃林：《瓦尔特·本雅明救赎美学》，吴勇立、张亮译，江苏人民出版社2008年版。

［美］罗伯特·西格尔:《神话理论》,刘象愚译,外语教学与研究出版社2011年版。

［美］尼尔·波兹曼:《娱乐至死·童年的消逝》,章艳译,广西师范大学出版社2009年版。

［美］Nelson Graburn:《人类学与旅游时代》,赵红梅等译,广西师范大学出版社2009年版。

［美］塞·诺·克雷默:《世界古代神话》,魏庆征译,华夏出版社1989年版。

［美］瓦伦·L. 史密斯:《东道主与游客:旅游人类学研究》,张晓萍、何昌邑译,云南大学出版社2007年版。

［美］维克多·特纳:《仪式过程:结构与反结构》,黄剑波、柳博赟译,中国人民大学出版社2006年版。

［美］瓦尔特·翁:《口语文化与书面文化:语词的技术化》,何道宽译,北京大学出版社2008年版。

［美］韦思谛编:《中国大众宗教》,陈仲丹译,江苏人民出版社2006年版。

［美］约翰·费斯克:《理解大众文化》,王晓珏、宋伟杰译,中央编译出版社2001年版。

［苏联］巴赫金:《拉伯雷的创作与中世纪和文艺复兴时期的民间文化》,李兆林、夏忠宪等译,河北教育出版社2009年版。

［苏联］叶·莫·梅列金斯基:《神话的诗学》,魏庆征译,商务印书馆1990年版。

［日］吉野耕作:《文化民族主义的社会学——现代日本自我认同意识的走向》,刘克申译,商务印书馆2004年版。

［日］西村真志叶:《日常叙事的体裁研究:以京西燕家台村的"拉家"为个案》,中国社会科学出版社2011年版。

［意］乔瓦尼·巴蒂斯塔·维柯:《新科学》,朱光潜译,商务印书馆1989年版。

［英］埃里克·霍布斯鲍姆:《民族与民族主义》,李金梅译,上海世纪出版集团2006年版。

［英］爱德华·泰勒:《原始文化》,连树声译,上海文艺出版社1992年版。

［英］戴伦·J. 蒂莫西、斯蒂芬·W. 博伊德：《遗产旅游》，程尽能主译，旅游教育出版社2007年版。

［英］John Urry：《游客凝视》，杨慧等译，广西师范大学出版社2009年版。

［英］厄内斯特·盖尔纳：《民族与民族主义》，韩红译，中央编译出版社2002年版。

［英］E. 霍布斯鲍姆、T. 兰格：《传统的发明》，顾杭、庞冠群译，译林出版社2004年版。

［英］杰克·古迪：《神话、仪式和口述》，李源译，中国人民大学出版社2014年版。

［英］雷蒙德·弗思：《人文类型》，费孝通译，商务印书馆1991年版。

［英］马林诺夫斯基：《巫术科学宗教与神话》（影印本），李安宅译，上海文艺出版社1987年版。

［英］马凌诺斯基：《西太平洋的航海者》，梁永佳、李绍明译，高丙中校，华夏出版社2002年版。

［英］麦克斯·缪勒：《比较神话学》，金泽译，上海文艺出版社1989年版。

［英］斯图亚特·霍尔、托尼·杰斐逊：《通过仪式抵抗：战后英国的青年亚文化》，孟登迎、胡疆锋、王蕙译，中国青年出版社2015年版。

［英］詹·乔·弗雷泽：《金枝》，徐育新、汪培基、张泽石译，汪培基校，中国民间文艺出版社1987年版。

董晓萍：《全球化与民俗保护》，高等教育出版社2007年版。

哈尼族简史编写组：《哈尼族简史》，云南人民出版社1984年版。

户晓辉：《返回爱与自由的生活世界》，江苏人民出版社2010年版。

户晓辉：《民间文学的自由叙事》，社会科学文献出版社2014年版。

黄会林：《艺苑论谭——放言影视戏剧艺术民族化》，中国文联出版社2002年版。

景军：《神堂记忆：一个中国乡村的历史、权力与道德》，吴飞译，福建教育出版社2013年版。

李亦园、王秋桂主编：《中国神话与传说学术研讨会论文集》，台北：汉学研究中心1996年版。

李子贤：《探寻一个尚未崩溃的神话王国》，云南人民出版社1991年版。

林继富:《民间叙事传统与故事传承:以湖北长阳都镇湾土家族故事传承人为例》,中国社会科学出版社2007年版。

鲁迅:《鲁迅全集》第9卷,人民文学出版社2005年版。

朱宜初、李子贤:《少数民族民间文学概论》,云南人民出版社1983年版。

吕微、安德明主编:《民间叙事的多样性》,学苑出版社2006年版。

吕微:《神话何为——神圣叙事的传承与阐释》,社会科学文献出版社2001年版。

马翀炜、陈庆德:《民族文化资本化》,人民出版社2004年版。

毛佑全:《哈尼族文化初探》,云南民族出版社1991年版。

南帆:《双重视域——当代电子文化分析》,江苏人民出版社2001年版。

彭兆荣:《旅游人类学》,民族出版社2004年版。

祁连休、程蔷、吕微主编:《中华民间文学史》,河北教育出版社2008年版。

钱蔚:《政治、市场与电视制度——中国电视制度变迁研究》,河南人民出版社2002年版。

万建中:《民间文学引论》,北京大学出版社2006年版。

王杰文:《媒介景观与社会戏剧》,中国传媒大学出版社2008年版。

王明珂:《华夏边缘:历史记忆与族群认同》,台北:台湾允晨文化实业股份有限公司1997年版。

王铭铭:《漂泊的洞察》,上海三联书店2003年版。

王宁等编:《旅游社会学》,南开大学出版社2008年版。

王青:《中国神话研究》,中华书局2010年版。

王一川:《兴辞诗学片语》,山东友谊出版社2005年版。

王玉玮:《民族主义话语与中国电视文化》,中国社会科学出版社2011年版。

吴红雨:《解读电视受众:多元化需求与大众化电视》,浙江大学出版社2009年版。

徐赣丽:《民俗旅游与民族文化变迁:桂北壮瑶三村考察》,民族出版社2006年版。

许纪霖主编:《帝国、都市与现代性》,江苏人民出版社2006年版。

杨利慧:《女娲的神话和信仰》,中国社会科学出版社1997年版。

杨利慧:《女娲溯源——女娲信仰起源地的再推测》,北京师范大学出版社

1999 年版。

杨利慧:《神话与神话学》,北京师范大学出版社 2009 年版。

杨利慧、张霞、徐芳、李红武、仝云丽:《现代口承神话的民族志研究——以四个汉族社区为个案》,陕西师范大学出版总社有限公司 2011 年版。

杨利慧、张成福:《中国神话母题索引》,陕西师范大学出版总社有限公司 2013 年版。

杨祥银:《与历史对话——口述史学的理论与实践》,中国社会科学出版社 2004 年版。

叶庆炳:《中国文学史》,台北:台湾学生书局 1982 年版。

袁珂:《中国神话传说词典》,上海辞书出版社 1985 年版。

岳永逸:《灵验·磕头·传说——民众信仰的阴面与阳面》,生活·读书·新知三联书店 2010 年版。

张朝枝:《旅游与遗产保护:基于案例的理论研究》,南开大学出版社 2008 年版。

张晓萍等:《旅游人类学》,南开大学出版社 2008 年版。

赵勇:《大众媒介与文化变迁:中国当代媒介文化的散点透视》,北京大学出版社 2010 年版。

钟敬文主编:《民间文学概论》(修订版),高等教育出版社 2010 年版。

钟敬文:《民俗文化学:梗概与兴起》,中华书局 1996 年版。

钟敬文:《钟敬文文集·民俗学卷》,安徽教育出版社 2002 年版。

祝秀丽:《村落故事讲述活动研究:以辽宁省辽中县徐家屯村为个案》,中国社会科学出版社 2013 年版。

英文专著

Barbara Kirshenblatt-Gimblett, *Destination Culture: Tourism, Museums, and Heritage*, Berkeley: University of California, 1998.

Gregory Schrempp, *The Ancient Mythology of Modern Science: A Mythologist Looks (Seriously) at Popular Science Writing*, Montreal: McGill-Queen's University Press, 2012.

Hermann Bausinger, *Folk Culture in a World of Technology*, Trans. Elke Dettmer, Bloomington and Indianapolis: Indiana University Press, 1990.

Jane S. Becker, *Selling Traditions: Appalachia and the Construction of an American Folk: 1930 – 1940*, Chapel Hill: University of North Carolina Press, 1998.

Janet Murry, *Hamlet on the Holodeck: The Future of Narrative in Cyberspace*, New York: Free Press, 1997.

Kelly Askew and Richard R. Wilk, eds. , *The Anthropology of Media: A Reader*, Hoboken: Blackwell Publishers, 2002.

Linda Dégh, *American Folklore and the Mass Media*, Bloomington: Indiana University Press, 1994.

Linda Dégh, *Narratives in Society: A Performer-Centered Study of Narration*, Bloomington: Indiana University Press, 1995.

Louisa Schein, *Minority Rules: The Miao and the Feminine in China's Cultural Politics*, Durham: Duke University Press, 2000.

Mary Douglas, "*Jokes*", in *Implicit Meanings: Essays in Anthropology*, London, Henlry, Boston: Routledge & Kegan Paul, 1975.

Michael Dylan Foster and Jefrey A. Tolbert, eds. , *The Folkloresque: Reframing Folklore in a Popular Culture World*, Logan: Utah State University Press, 2016.

Michael Silverstein and Greg Urban, eds. , *Natural Histories of Discourse*, Chicago: The University of Chicago Press, 1996.

Regina Bendix, *Backage Domains: Playing "William Tell" in Two Swiss Communities*, New York/Bern: Peter Lang, 1989.

Richard Bauman, *A World of Other's Words: Cross-Cultural Perspectives on Intertextuality*, Blackwell Publishing Ltd. , 2004.

Russell Frank, *Newslore: Contemporary Folklore on the Internet*, Jackson: University Press of Mississipp, 2011.

Simon J. Bronner, *Explaining Traditions: Folk Behavior in Modern Culture*, Lexington: University Press of Kentucky, 2011.

Thomas A. Green, "Folklore", in *An Encyclopedia of Beliefs, Customs, Tales, Music, and Art*, Santa Barbara, California; Denver, Colorado and Oxford: ABC-CLIO, 1997.

Trevor Blank, ed. , *Folklore and the Internet: Vernacular Expression in a Dig-

ital World, Utah: Utah State University Press, 2009.

Trevor Blank, ed., *Folk Culture in the Digital Age: The Emergent Dynamics of Human Interaction*, Utah: Utah State University Press, 2012.

Will Brooker and Deborah Jermyn, eds., *The Audience Studies Reader*, London and New York: Routledge, 2002.

二 期刊论文

中文期刊

［芬兰］劳里·杭柯：《民俗过程中的文化身份和研究伦理》，户晓辉译，《民间文化论坛》2005年第4期。

［美］蒋岚：《壮族歌仙的定位：刘三姐与音乐表演中的空间和性别问题》，陈超颖译、张举文校，《温州大学学报》（社会科学版）2011年第24期。

［美］杰茜卡·安德森·特纳：《旅游景点的文化表演之研究》，杨利慧译，《民族艺术》2004年第1期。

［美］理查德·鲍曼：《民俗界定与研究中的"传统"观》，杨利慧、安德明译，《民族艺术》2006年第2期。

［美］马克·本德尔：《怎样看〈梅葛〉："以传统为取向"的楚雄彝族文学文本》，付卫译，《民俗研究》2002年第4期。

［美］萨拉·迪基：《人类学及其对大众传媒研究的贡献》，《国际社会科学杂志》（中文版）1998年第3期。

［日］西村真志叶、岳永逸：《民俗学主义的兴起、普及以及影响》，《民间文化论坛》2004年第6期。

巴莫曲布嫫：《口头传统·书写传统·电子传媒——兼谈多样性讨论中的民俗学视界》，《广西民族研究》2004年第2期。

巴莫曲布嫫：《叙事语境与演述场域——以诺苏彝族的口头论辩和史诗传统为例》，《文学评论》2004年第1期。

包媛媛：《中国神话在电子游戏中的运用与表现——以国产单机PRG游戏〈古剑奇谭：琴心剑魄今何在〉为例》，《云南师范大学学报》（哲学社会科学版）2014年第4期。

卜玉梅:《虚拟民族志:田野、方法与伦理》,《社会学研究》2012 年第 6 期。

陈舒平:《中国动画片如何走向世界》,《专题研讨》2009 年第 5 期。

杜骏飞、李耕耘、陈晰、王凌霄、钟方亮:《网络游戏中的传统与现代——〈仙剑奇侠传〉的文化解读》,《新闻大学》2009 年第 3 期。

杜明城:《童话的三种叙事:口语的、书写的、影像的》,《台湾图书馆管理季刊》1998 年第 2 期。

方维规:《本雅明"光晕"概念考释》,《社会科学论坛》2008 年第 9 期。

郭于华:《问题引导下的田野调查与研究》,《民间文化论坛》2007 年第 1 期。

康丽:《从传统到传统化实践——对北京现代化村落中民俗文化存续现状的思考》,《民俗研究》2009 年第 2 期。

康丽:《传统化与传统化实践——对中国当代民间文学研究的思考》,《民族文学研究》2010 年第 4 期。

康丽:《电影工业的传统化实践——从迪斯尼动画〈木兰〉说起》,《当代电影》2011 年第 5 期。

李靖:《印象"泼水节":交织于国家、地方、民间仪式中的少数民族节庆旅游》,《民俗研究》2013 年第 1 期。

李诗晓:《从神的世界走来——从〈仙剑〉系列游戏论中国游戏对神话的运用》,《湖北省社会主义学院学报》2009 年第 2 期。

刘铁梁:《村落:民俗传承的生活空间》,《北京师范大学学报》(哲学社会科学版)1996 年第 6 期。

刘铁梁:《村落是民俗传承的生活空间》,《思想战线》1997 年第 2 期。

刘铁梁:《村庄记忆——民俗学参与文化发展的一种学术路径》,《温州大学学报》(社会科学版)2013 年第 5 期。

刘晓春:《从"民俗"到"语境中的民俗"——中国民俗学研究的范式转换》,《民俗研究》2009 年第 2 期。

吕微:《"神话"概念的内容规定性与形式规定性》,《长江大学学报》(社会科学版)2015 年第 11 期。

吕微:《神话信仰—叙事是人的本原的存在(代序)》,载杨利慧、张霞、徐芳、李红武、仝云丽《现代口承神话的民族志研究——以四个汉族社区为个案》,陕西师范大学出版总社有限公司 2011 年版。

倪祥保：《电视剧的艺术性与商业价值》，《中国电视》2000 年第 9 期。

潘知常：《新意识形态与中国传媒——新世纪新闻传播研究的一个前沿课题》，《江苏行政学院学报》2006 年第 4 期。

沈松侨：《我以我血荐轩辕——黄帝神话与晚清的国族建构》，《台湾社会研究季刊》2007 年 12 月号（总第 28 期）。

孙江：《连续性与断裂——清末民初历史教科书中的黄帝叙述》，载王笛编《时间·空间·书写》，浙江人民出版社 2006 年版。

汪代明：《论电子游戏艺术的定义》，《西南民族大学学报》（人文社科版）2005 年第 12 期。

汪代明：《席勒游戏艺术理论视野中的电子游戏》，《西南民族大学学报》（人文社科版）2004 年第 12 期。

王杰文：《"文本化"与"语境化"——〈荷马诸问题〉中的两个问题》，《民族文学研究》2011 年第 3 期。

王铭铭：《神话学与人类学》，《西北民族研究》2010 年第 4 期。

王宁：《旅游、现代性与"好恶交织"——旅游社会学的理论探索》，《社会学研究》1999 年第 6 期。

王葳：《浅谈〈哪吒传奇〉的特效创意与制作》，《电视字幕·特技与动画》2004 年第 1 期。

王志清：《戏剧展演情境中的"神话主义"——以稷山县的蒲剧〈农祖后稷〉为研究对象》，《贵州民族大学学报》（哲学社会科学版）2015 年第 3 期。

吴玲玲、汪代明：《论电子游戏艺术的特征》，《文艺争鸣》2006 年第 3 期。

吴玲玲：《从文学理论到游戏学、艺术哲学——欧美国家电子游戏审美研究历程综述》，《贵州社会科学》2007 年第 8 期。

吴晓东：《"传说"还是"瞎说"，神话剧高收视低评》，《中国青年报》2010 年 9 月 14 日。

吴小玲：《网络游戏对古典作品的重构——以〈吞食天地 oneline〉和〈三国策 oneline〉为例》，《当代传播》2005 年第 2 期。

闫爱华：《为网络游戏正名——主体间性视野中的"第九艺术"》，《中国图书评论》2013 年第 9 期。

杨利慧：《表演理论与民间叙事研究》，《民俗研究》2004 年第 1 期。

杨利慧:《民族志诗学的理论与实践》,《北京师范大学学报》(哲学社会科学版) 2004 年第 6 期。

杨利慧:《民间叙事的传承与表演》,《文学评论》2005 年第 2 期。

杨利慧:《从神话的文本溯源研究到综合研究》,《民间文化论坛》2005 年第 2 期。

杨利慧:《仪式的合法性与神话的解构和重构》,《北京师范大学学报》(哲学社会科学版) 2005 年第 6 期。

杨利慧:《神话一定是"神圣的叙事"吗？——对神话界定的反思》,《民族文学研究》2006 年第 3 期。

杨利慧:《神话的重建——以〈九歌〉、〈风帝国〉和〈哪吒传奇〉为例》,《民族艺术》2006 年第 4 期。

杨利慧:《民间叙事的表演——以兄妹婚神话的口头表演为例,兼谈中国民间叙事研究的方法问题》,载吕微、安德明编《民间叙事的多样性》,学苑出版社 2006 年版。

杨利慧:《"民俗主义"概念的涵义、应用及其对当代中国民俗学建设的意义》,《民间文化论坛》2007 年第 1 期。

杨利慧:《全球化、反全球化与中国民间传统的重构——以大型国产动画片〈哪吒传奇〉为例》,《北京师范大学学报》(哲学社会科学版) 2009 年第 1 期。

杨利慧:《语境、过程、表演者与朝向当下的民俗学——表演理论与中国民俗学的当代转型》,《民俗研究》2011 年第 1 期。

杨利慧:《语境的效度与限度——对三个社区的神话传统研究的总结与反思》,《民俗研究》2012 年第 3 期。

杨利慧:《中国民俗学如何推进"朝向当下"的转向?》,《民俗研究》2014 年第 1 期。

杨利慧:《当代中国电子媒介中的神话主义》,《云南师范大学学报》(哲学社会科学版) 2014 年第 4 期。

杨利慧:《遗产旅游语境中的神话主义——以导游词底本和导游的叙事表演为中心》,《民俗研究》2014 年第 1 期。

杨利慧:《神话主义的再阐释:前因与后果》,《长江大学学报》(社会科学版) 2015 年第 5 期。

叶舒宪:《〈阿凡达〉:新神话主义的启示录》,《文汇读书周报》2010 年 1

月 22 日，第 10 版。

叶舒宪:《再论新神话主义——兼评中国重述神话的学术缺失倾向》,《中国比较文学》2007 年第 4 期。

殷昭玖:《强因果逻辑性——我国电视剧对传统叙事结构特征的借鉴》,《文学界》(理论版) 2010 年第 11 期。

袁珂:《再论广义神话》,《民间文学论坛》1984 年第 3 期。

张碧:《现代神话:从神话主义到新神话主义》,《求索》2010 年第 5 期。

张多:《遗产化与神话主义:红河哈尼梯田遗产地的神话重述》,《民俗研究》2014 年第 1 期。

赵世瑜:《传承与记忆:民俗学的学科本位——关于"民俗学何以安身立命"问题的对话》,《民俗研究》2011 年第 2 期。

朱凌飞、孙信茹:《走进"虚拟田野"——互联网与民族志调查》,《社会》2004 年第 9 期。

祝鹏程:《"神话段子":互联网中的传统重构》,《云南师范大学学报》(哲学社会科学版) 2014 年第 4 期。

祝鹏程:《祛魅型传承:从神话主义看新媒体时代的神话讲述》,《民俗研究》2014 年第 1 期。

英文期刊

D. Hardy, "Historical Geography and Heritage Studies", *Area*, No. 20, 1988, pp. 333–338.

Dell Hymes, "Folklore's Nature and the Sun's Myth", *The Journal of American Folklore*, Vol. 88, No. 350, 1975, pp. 345–369.

John H McDowell, "Rethinking Folklorization in Ecuador: Multivocality in the Expressive Contact Zone", *Western Folklore*, Vol. 69, No. 2, Spring 2010, pp. 181–209.

Babara Kirshenblatt-Gimblett, "Theorizing Heritage", *Ethnomusicology*, Fall 1995, pp. 367–380.

M. Bruner, "Tourism, Creativity, and Authenticity", *Studies in Symbolic Interaction*, No. 10, 1989, pp. 109–141.

Marjorie Kibby, "Email Forwardables: Folklore in the Age of the Internet", *New Media & Society*, Vol. 7, No. 6, 2005, pp. 770–790.

Mikel Koven, "Folklore Studies and Popular Film and Television: A Necessary Critical Survey", *The Journal of American Folklore*, Vol. 116, No. 460, 2003, pp. 176–195.

Regina Bendix, "Tourism and Culture Displays: Inventing Traditions for Whom?" *Journal of American Folklore*, 1989, pp. 131–146.

Regina Bendix, "Capitalizing on Memories Past, Present, and Future: Observations on the Intertwining of Tourism and Narration", *Anthropological Theory*, 2002, No. 4, pp. 469–487.

Regina Bendix, "Fairy Tale Activists: Narrative Imaginaries along German Tourist Route", *Folkloristika Svetur*, 2004 xxi, pp. 187–197.

Richard Handler and Jocelyn Linnekin, "Genuine or Spurious", *The Journal of American Folklore*, Vol. 97, No. 385, 1984, pp. 273–290.

Wang Ning, "Rethinking Authenticity in Tourism Experience", *Annals of Tourism Research*, No. 2, 1999, pp. 349–370.

William Hansen, "Meanings and Boundaries: Reflections on Thompson's Myth and Folktales", in Gregory Schrempp and William Hansen, eds., *Myth: A New Symposium*, Bloomington: Indiana University Press, 2002, pp. 19–28.

三 学位论文

常华：《大众文化对民间文化的整合及结果——以涉及民俗内容较多的电影为例》，硕士学位论文，北京师范大学，2006年。

关萍萍：《互动媒介论——电子游戏多重互动与叙述模式》，博士学位论文，浙江大学，2010年。

孙正国：《媒介形态与故事建构——以〈白蛇传〉为主要研究对象》，博士学位论文，上海大学，2008年。

徐钏：《从网络民间文学看民间文学的发展与回归》，硕士学位论文，暨南大学，2006年。

周明玉：《民间故事的当代传承——以越南灶头故事的变异为考察》，硕士学位论文，北京师范大学，2012年。

四　电子文献

《英雄时代》视频分享：《赵立新涿鹿拍戏　呼唤远古时代血性精神》，2013年9月3日，http：//v. ifeng. com/vblog/others/201309/041ef22c - 16d7 - 4855 - aa01 - 5d4df00c40a4. shtml？ ptag = vsogou，查阅日期：2016年12月23日。

百度百科：《词条·天地传奇》，2016年4月22日，https：//baike. baidu. com/item/% E5% A4% A9% E5% 9C% B0% E4% BC% A0% E5% A5% 87/74630？ fr = aladdin，查阅日期：2016年12月23日。

百度百科：《词条·熊诚》，2015年10月2日，https：//baike. baidu. com/item/% E7% 86% 8A% E8% AF% 9A/4902218，查阅日期：2016年12月23日。

范小天：《关于神话电视剧的反省与思考》，中国新闻网，2003年8月22日，http：//www. chinanews. com/n/2003 - 08 - 22/26/338174. html，查阅日期：2016年12月23日。

寒假没事：《〈天地传奇〉对淮阳的影响到底有多大》，2009年2月4日，http：//tieba. baidu. com/p/534448644？ pid = 5421755469&cid = 0 # 5421755469，查阅日期：2016年12月23日。

互动百科：《传说（电视剧）》，2016年12月23日，http：//www. baike. com/wiki/% E3% 80% 8A% E4% BC% A0% E8% AF% B4% E3% 80% 8B% 5B% E7% 94% B5% E8% A7% 86% E5% 89% A7% 5D，查阅日期：2016年12月23日。

互动百科：《英雄时代·炎黄大帝》，2016年12月23日，http：//www. baike. com/wiki/% E8% 8B% B1% E9% 9B% 84% E6% 97% B6% E4% BB% A3% C2% B7% E7% 82% 8E% E9% BB% 84% E5% A4% A7% E5% B8% 9D&prd = button_doc_entry，查阅日期：2016年12月23日。

黄鋆：《张纪中：像拍大片一样拍〈英雄时代〉》，石家庄新闻网，2013年9月4日，http：//www. sjzdaily. com. cn/newscenter/2013 - 09/04/content_2119534. htm，查阅日期：2016年12月23日。

兰陵：《中国古代神话能构成一个系统吗？如果能，是怎么样的逻辑和联系》,知乎论坛,2016年10月5日,https://www.zhihu.com/question/22223943,查阅日期:2016年12月23日。

李晓静:《〈哪吒传奇〉热播 国产动画不比洋货差》,2003年6月2日,http://ent.news.cn/2003-06/02/content_899475.htm,查阅日期:2016年12月23日。

纳兰惜诺:《〈古剑奇谭〉你是细节党还是剧情党》,2013年1月15日,http://tieba.baidu.com/p/2102096429,查阅日期:2015年8月13日。

牛明领:《〈天地传奇〉幕后的故事》,中华龙都网,2009年2月23日,http://www.zhld.com/zkrb/html/2009-02/23/content_17197.htm,查阅日期:2016年12月23日。

骚大人:《国产剧专注狗血脑残的这些年》,2013年9月2日,http://ent.qq.com/zt2013/hjd/naocanju.htm,查阅日期:2016年12月23日。

上海烛龙:《〈古剑奇谭〉为您展开古韵浓郁的盛世绘卷》,2010年3月19日,http://blog.sina.com.cn/s/blog_4fc1c5da0100h7bx.html,查阅日期:2015年8月13日。

孙佳音:《没有最雷,只有更雷——如今的神话剧少了什么》,中华龙都网,2010年2月26日,http://www.zhld.com/zkwb/html/2010-02/26/content_54920.htm,查阅日期:2016年12月23日。

徐扬:《张纪中〈英雄时代〉聚焦炎黄两帝:我不在乎骂声》,2012年12月21日,http://ent.ifeng.com/tv/news/toutiao/detail_2012_12/21/20386632_0.shtml,查阅日期:2016年12月23日。

佚名:《"曾经以为王母娘娘是玉皇大帝老婆的童鞋请默默转发……"》,新浪微博,2013年5月23日,http://weibo.com/1713926427/yduhJ0xuD,查阅日期:2016年12月23日。

佚名:《〈土地公土地婆〉造型雷人台词穿越神仙爱搞怪》,新华网,2014年1月2日,http://news.xinhuanet.com/ent/2014-01/02/c_125945217.htm,查阅日期:2016年12月23日。

佚名:《广电总局发通知·神话剧不能胡编乱改误导观众》,中国网,2009年7月24日,http://www.china.com.cn/info/movies/2009-07/24/content_18196747.htm,查阅日期:2016年12月23日。

佚名:《张纪中宝鸡曝光〈英雄时代〉片花》,中国青年网,2013年7月25日,http://news.youth.cn/yl/201307/t20130725_3592876.htm,查

阅日期：2016 年 12 月 23 日。
佚名：《中国第一部伏羲神话大剧〈天地传奇〉在央视热播》，中国淮阳，
　　2008 年 3 月 24 日 http：//www.huaiyang.gov.cn/thread－2723－1.html，
　　查阅日期：2016 年 12 月 23 日。
真仙神无情：《〈古剑奇谭〉世界观全面整理 1.1 版》，2012 年 4 月 12 日，
　　http：//aurogon.bbs.gamebar.com/viewthread.php？tid＝111867&highlight＝%E4%B8%96%E7%95%8C%E8%A7%82，查阅日期：2015
　　年 8 月 13 日。
中国互联网络信息中心：《2019 年 2 月第 43 次中国互联网络发展状况统计
　　报告》，http：//www.cac.gov.cn/wxb_pdf/0228043.pdf，2019 年 2 月，
　　查阅日期：2019 年 7 月 13 日。

五　其他文献

国家广播电影电视总局发展研究中心：《中国广播电影电视发展报告
　　（2012）》，社会科学文献出版社 2012 年版。
红河哈尼族彝族自治州人民政府：《哈尼族口传文化译注全集·窝果策尼
　　果》，云南民族出版社 2009 年版。
侯自佳：《陈年旧事》，中国戏剧出版社 2009 年版。
泸溪民委：《盘瓠研究》，保靖内部印行 1999 年版。
泸溪民委：《盘瓠研究与传说》，泸溪内部印行 1988 年版。
（清）陆次云：《峒溪纤志》，台湾广文书局 1968 年版。
上海电视节组委会、央视—索福瑞媒介研究公司：《中国电视剧市场报
　　告——2003—2004》，华夏出版社 2003 年版。
孙建东：《涉县春节黄金周旅游红红火火》，《邯郸日报》2009 年 2 月
　　9 日。
袁珂：《古神话选释》，人民文学出版社 1979 年版。
袁珂：《山海经全译》，贵州人民出版社 1997 年版。
袁珂校注：《山海经校注》（最终修订版），北京联合出版公司·后浪出版
　　公司 2014 年版。
云南省元阳县志编纂委员会：《元阳县志》，贵州民族出版社 1990 年版。

政协云南省红河哈尼族彝族自治州委员会文史资料委员会:《红河州文史资料选辑》1982 年版。

中国少数民族社会历史调查资料丛刊修订编辑委员会:《哈尼族社会历史调查》,民族出版社 2009 年版。

(宋)朱辅:《溪蛮丛笑》,中华书局 1991 年版。

(宋)范晔撰,(唐)李贤等注:《后汉书》,中华书局 1965 年版。

(汉)应劭:《风俗通义》,上海古籍出版社 1990 年版。

附　录

学术评论五则

"神话主义"的应用与"中国民俗学派"的建设

施爱东（中国社会科学院文学研究所研究员）

杨利慧教授建构"神话主义"的理论多年，日臻成熟。几年前大概是在刘魁立老师召开的"亚细亚民间叙事文学学会"年会上，我第一次听到杨利慧关于"神话主义"的理论构想，当时我就表示了非常喜欢的意思，并且建议说，论文应该尽快正式发表，方便同行引证。今天看到这本《神话主义——遗产旅游与电子媒介中的神话挪用和重构》，借此机会，我想再展开谈谈自己对于神话主义，以及对于实践钟敬文先生"建立中国民俗学派"[①]的一些想法。

我对自己的定位是个典型的现实主义者，吕微说我是科学主义，我也欣然接受，还有人给我贴上别的一些标签，比如实用主义、技术主义、操作主义，我都不反对。每次面对新概念、新计划，或者新理论，我的第一反应永远是"有用吗？""可行吗？""谁来执行？""会产生什么效果？"

一　神话主义有用吗？

神话研究，或者说我们的民间文学研究，都是人文科学的一部分。人文科学最根本的目的，就是不断完善我们对于世界的理解方式，以此解决困扰人类的种种问题。那么，神话主义是否有助于我们理解当代社会人的

[①] 钟敬文：《建立中国民俗学派》，黑龙江教育出版社1999年版。

精神世界及其活动规律呢？我倾向于是。

传统的神话研究或者执着于考镜源流，或者执着于土著语境，对于神话在当代社会中，尤其是在文化商品化、民俗旅游化、传播数字化进程中的传承、变异及其意义，鲜有充分的关注和细致的研究。而神话主义正是为了弥补这一缺憾应运而生的。

杨利慧所定义的新"神话主义"，是指20世纪下半叶以来，由于现代文化产业和数字化传播技术的广泛影响而产生的对传统神话的挪用和重新建构，神话被从其原本生存的社区日常生活的传统语境移入新的开放性语境中，为不同的受众而展示，并被赋予了新的功能和意义（参见本书第一章）。

吕微和王娟均认同马林诺夫斯基功能主义神话学的观点，认为"神话是神圣性的信仰叙事"，神话与传统仪式、神圣性之间有着不可分割的关系，而悬置了神圣性的神话主义只能是一种外在于"神话"的文化现象。但是，电子技术、数字传播、全球经济已经彻底改变了我们的知识渠道和生活方式，如果继续执着于这样一种传统神话观的理解模式，当代文化生活中的神话传承和发展变化就被"神圣性"的大墙挡在了既有的神话学学术框架之外，神话研究与当代文化生活的距离也将被越拉越远。

而杨利慧的神话主义恰恰是为了"探究神话传统在当代社会中，特别是由于文化产业和电子媒介技术的广泛影响而产生的对神话的挪用和重新建构，使学者的目光从以往的社区日常生活的语境扩展到在各种公共社会文化空间中被展示和重述的神话，并把该现象自觉地纳入学术研究的范畴之中，从理论上加以具体、深入的研究，从而使神话学这门一直擅长于'向后看'的学问也能直面身边生动鲜活的社会事实，在'向后看'的同时也能'朝当下看'，进而在完整的历史脉络中把握神话的生命力"（本书第一章）。

杨利慧在对神话主义理论资源的追溯中说到，神话主义是对民俗主义的借鉴和发展，是国际学术对话的深化。神话主义既指涉一种新兴的文化现象，也是一种研究视角，它有利于拓宽神话研究的学术视野，将神话研究从原始思维、溯源研究中解放出来，直面当下文化现实，从而打通神话研究的古今隔阂。

从语境与功能的角度来看，神话主义摆脱了旧的社区生活语境，有助于将我们的研究视野引向更广阔的现代神话传承语境，如网络社交平台、虚拟社区、电影电视、网络游戏、旅游服务、市场开发、民族政治等领域。当我们把视角转向这些新的神话语境，神话的意义和功能也会呈现出新的面貌，这有助于加强神话学与大众文化、数字传播、文化产业等学科领域的对话。

从学术政治的角度看，神话主义恰恰是对于习近平倡导的"要按照立足中国、借鉴国外，挖掘历史、把握当代，关怀人类、面向未来的思路，着力构建中国特色哲学社会科学"① 的具体响应。

二 神话主义可行吗？

为了回应神话主义建构的可行性问题，杨利慧带领她的学生们做出了六个案例分析。这六个案例大致可以分成两个板块，每个板块各三例。一个板块是通过不同地域、不同民族、不同神话类型的个案，描述遗产旅游语境中神话主义的具体表现及其变异性特点，对旅游文化给神话传统所造成的冲击和影响进行了分析。另一个板块则聚焦于神话主义在影视和网络传播中的表现、在新媒体视界中所呈现的新形态，以及神话主义与传统神话形态的关联、神话主义在网络群体中的互动形式等。

传统的神话研究会关注文献中的神话、图像中的神话、文物中的神话、仪式中的神话、日常生活中的神话，但很少关注遗产旅游语境下官方主导、企业策划、导游讲述的神话。事实上通过导游的讲述和传播，遗产旅游语境下的神话讲述与神话景观已经成为一种影响巨大的文化现象，它们与旧语境中的神话传统之间有着怎样的继承关系，它们的存在是否会对原有的神话传统形成冲击，各自有什么特点，这些都是值得我们关注的。杨利慧和她的学生分别在河北省涉县娲皇宫景区、云南省元阳县箐口村、湖南省泸溪县辛女村进行了田野调查，细致地探讨了神话主义的发生、发展及其影响，其前期成果发表之后，引起了民间文学研究者的广泛关注，其中的部分论文还被《中国人民大学报刊复印资料·文化研究》等权威刊物全文转载。

数字传播通道繁复，数量巨大，对于我们这些中老年民间文化工作者来说，可谓"海客谈瀛洲，烟涛微茫信难求"，于是许多学者干脆选择放

---

① 习近平：《在哲学社会科学工作座谈会上的讲话》，新华网，http://www.news.cn/，2016年5月18日。

弃、无视，甚至以"没有学术价值"作为逃遁、回避的理由。但是不可否认，电子传媒和数字传播已经成为不可逆转的文化大势，刻意回避只会让我们的民间文化研究更加脱离社会现实，坐失与时俱进的学术良机。

令人欣慰的是，网络文化对于"80后""90后"的年轻学者来说并不陌生，他们中的部分活跃分子，学有余力且能浸淫其中、乐在其中，问题在于如何引导他们将那些日常生活和娱乐中貌似无用的知识积累转化为有用的学术资源。在这一点上，据我所知，杨利慧、田兆元、孙正国是做得最好的老师，比如田兆元指导张海岚撰写的《制造节日："双十一"如何成功收编"光棍节"》就曾给我留下非常深刻的印象。杨利慧以神话主义的前沿学术理念，指导学生大胆探索，祝鹏程的《"神话段子"：互联网中的传统重构》、包媛媛的《中国神话在电子游戏中的运用与表现——以国产单机游戏〈古剑奇谭：琴心剑魄今何在〉为例》、陈汝静的《影视媒介中的神话主义——以〈远古的传说〉〈天地传奇〉〈哪吒传奇〉等为个案》就是其中的试验成果。

杨利慧的引领和示范无疑是卓有成效的，许多年轻学者受此启发，发挥各自的阐释想象，生产出了更多的学术成果。比如，吴新锋"以神话主义的理念为基本视角，以西王母神话的当代呈现为中心，讨论神话主义与当代西王母神话研究的可能性路向，以此讨论神话主义的理论贡献，并通过引入心灵、秩序、记忆等概念丰富神话主义的讨论"①。高健则进一步将神话主义拓展到现代出版业中的"书面神话"领域，认为："书面神话彰显了神话的民族性，神话由原来的内部传承关系转变为外部的传播关系，通过汇编等文本制作手段，神话的叙事性也被进一步增强。在现当代社会语境中，神话主义的现象越来越普遍，从神话到神话主义应当被看作是神话生命的延续，而神话学研究也应适当地聚焦在认同、调适、修辞、权力等问题上。"②

三 谁来执行神话主义？

既然神话主义可行，那么谁来执行呢？也就是说，谁会借用神话主义

---

① 吴新锋：《心灵与秩序："神话主义"与当代西王母神话研究》，《云南师范大学学报》（哲学社会科学版）2016年第6期。

② 高健：《书面神话与神话主义——1949年以来云南少数民族神话书面文本研究》，《云南师范大学学报》（哲学社会科学版）2016年第6期。

的眼光看待问题、使用神话主义的工具分析问题？学生！或者比我们更年轻一辈的青年学者。

我们永远不要指望上一辈的学者会认真阅读你的著作，接受你的理论，更不要指望他们会应用你的理论来分析问题、解决问题。他们中间如果有谁像乌丙安先生那样，间或向更年轻的一辈推介你的理论，或者在某些场合表示对你的欣赏，那已经是非常难能可贵的。我在许多场合说过，乌先生有一颗年轻的心，他常常笑称自己是"80后"，我想，乐于接受新事物、新观念、新理论，或许是乌先生保持年轻的最高秘诀。我乐于借助这篇文章，顺带表达我对乌先生的由衷敬意。那么，同辈学人会接受你的理论吗？也许会，但很难。学者的思维定势在40岁以前已经形成，其理论框架已经基本固定，要想让他接受一种新的理论，尤其是学术地位跟自己半斤八两的同行的新理论，那是非常困难的。就算他接受了，愿意向更多的学者推介，也不等于他会应用你的理论来看待问题、分析问题、解决问题。我因为做学术史，加上经常写写年度学术综述，常常翻阅同行的论文，印象比较深的，最常引证同辈学者论文的民俗学者主要有吕微、户晓辉、张士闪三位。借助这篇笔谈，顺便再表达一下我对这三位学者的敬意。

之所以要表达敬意，是因为大部分学者都做不到这一点。我曾经在一些公开场合指名批评过某些学者的古怪学术心态，同样的学术观点，国内学者早就说过，他们却视而不见，非要去引证一些别人不便查证的国外某出版物上的某些非著名西方学者的佶屈聱牙的平庸的只言片语，好像不如此就不足以证明他学贯中西、旁征博引。甚至我还从不同渠道听说，有个别知名学者居然要求自己的学生，除了钟敬文先生的著作和自己的著作，其他国内同行的著作都不用读、不许引。这真是天方夜谭，我甚至宁愿相信这只是一种学术传说，或者学术玩笑。

我始终认为，关注和引用同行，尤其是同辈或晚辈同行学者的优秀学术成果，不仅是学术上的精进和深入，也是一种相互尊重的学术美德。当然，关注既包括推介和引证，也包括批评。最令人遗憾的其实是对同行成果的漠视乃至无视，彼此漠视的结果，一定是共同湮没。我们写论文读"经典"，却不关注同辈同行的学术成果，那么，大量的重复劳动和"同义创新"就变得不可避免。

民俗学界在译介国外同行的学术成果时，往往也偏向于译介"过去的经典"。我们从译者手中接过的，总是慢了半拍的"海外学术"。东南大学外国语学院陆薇薇教授曾经和我讨论学术成果的译介问题，我建议说："希望你能密切跟进、消化日本中青年民俗学者最前沿、最优秀的学术成果，将它介绍给中国民俗学界，推动中国民俗学的国际交流与发展。不要像有些学者，老盯着别人的旧货市场，译介一些过时的东西。"那些过时的经典有用吗？当然有用，世上没有没用的知识。可是，这些经典在国外本已过时，我们好不容易学了来，你有兴趣向前追，人家没兴趣回头看，跟不上别人的步伐，国际对话就建立不起来。所以说，无论是面对国际同行还是国内同行，我们最该关注的，都应该是学界同行的当代成果、前沿学术。只有彼此关注对方的兴奋点和前沿思考，才能有效地点燃学术对话。

习近平同志说："我国哲学社会科学在国际上的声音还比较小，还处于有理说不出、说了传不开的境地。要善于提炼标识性概念，打造易于为国际社会所理解和接受的新概念、新范畴、新表述，引导国际学术界展开研究和讨论。"① 这段话说得非常精当，学术话语的生产，不仅要"说得出"，还要"传得开"。打造概念当然是第一位的，引导讨论也是必不可少的。如果大家都只顾着各自低头"创新"，不讨论、不呼应学界同人的学术话语，新概念再多又有什么用呢？充其量只是鱼目混珠的杂货铺，所谓"建立中国民俗学派"就永远只能是一句空话。试想，如果连我们自己都不尊重、不重视学界同人的学术创造，不相互支持、引用，有可能让国际同行认识你、理解你、重视你吗？

在这一点上，我特别赞赏吕微、户晓辉、高丙中、王杰文等几位同行互相呼应、反复讨论、不断精进的学术精神，他们的学术对话和互动已经形成了一个良性的"共鸣场"，产生了巨大的学术能量，在学界的影响越来越大。户晓辉生产的"未来民俗学"概念虽然时间不长，但影响不小，这个"标识性概念"连带着概念背后的学理和主张，已经为许多民俗学者所理解。所谓"学派"的形成，不就是一个个"共鸣场"所发出的同声共气的学术声音吗？

在神话主义的学术领域，目前跟进讨论的全都是比我们年轻一辈的民

---

① 习近平：《在哲学社会科学工作座谈会上的讲话》，新华网，http://www.news.cn，2016年5月18日。

俗学者，这种站在前人肩膀上继续攀登的学术风气是我们所乐于看到的。无论跟进、补充、修正还是批评，参与讨论本身就是扩大学术影响的有效途径。仅仅"说得出"并不能自然构成一个学派，只有通过充分的对话和讨论，让那些有意义的学术话语"传得开"，使之成为共同知识，才能在这些共同知识的基础上"建立中国民俗学派"。

四　神话主义会产生什么效果？

这里所说的效果，既包括社会效果，也包括学术效果，还包括其他可能引发的不良"后果"。那么，神话主义可能会引发什么不良的"后果"吗？当然会。

神话主义现象与社区文化传统的分离、语境的转换、对神圣性的悬置，都有可能导致神话"异质性"现象的发生，对于神话的"本真性"和"原生态"无疑是一种冲击。认同了神话主义的合理性、合法性，也就意味着丧失了守卫神话"神圣性"的伦理威力，拆除了保障神话"纯洁性"的防火墙，这将不可避免地导致神话传统的加速腐蚀和式微。

可是我们知道，任何知识都具有不完善性和非终极性，它必须在不断变化的社会条件下受到持续的修正。价值观念也一样，随着社会的变革，对事物认识的深化和反复，我们会不断修正自己对于事物的印象和成见。神话主义赋予当代神话的变异性传承以合法性、正当性，恰恰有助于我们开启一种新的理解模式，打破"本真性"的思维局限，从"真"与"伪"的僵化思维中跳脱出来，进一步深化我们对于神话作为一种变异性民间文化的认识。

一旦打破传统观念的思维窠臼，许多习以为常的文化现象就会呈现不一样的精神面貌。比如，受到西方文明观的影响，我们一直以"不喧哗不吵闹"作为文明观戏的一条标准。有"当代坤生第一人"之誉的王珮瑜却说到一件事："戏中的核心唱腔，是我和我的几位老师精心打磨出来的，我们打磨这些唱腔为什么呀？就是要让观众叫好呀！"可是，她却多次遭遇文明观众的沉默观戏，"唱得那么好，没有人鼓掌"[1]，王佩瑜觉得很伤心，她渴望得到观众的叫好鼓励，她认为没有互动的表演是不中国、

---

[1] 蔡木兰：《王珮瑜：京剧的叫好是一种文化》，澎湃思想，http://www.thepaper.cn，2017年8月20日。

不完整的。经过王珮瑜的重新阐释，"京剧的'叫好'是一种文化"得到观众和读者的一致认可。"观戏叫好"到底是一种文化还是一种恶俗？的确需要我们换一种价值视角进行重新阐释，从民俗学的角度来说，理查德·鲍曼的"表演理论"就可以为此提供一个好的分析视角。

同样，脱离了传统社区生活的原有语境，被改编过的神话还能算神话吗？执着于本真性和原生态的神话学者一定会给出否定的回答，可是，神话主义却可以提供另一种分析视角，给出不一样的回答。祝鹏程通过网络"神话段子"的神话主义分析认为，神话段子是当代网民神话观的特殊表现形式，体现了网民自我表达的诉求，神话段子的创编经历了去语境化与再语境化的过程，重构了神话传统。神话段子既延续了经典神话的部分功能，也生产了新的功能；既使神话题材趋于雷同，又丰富了神话的表现形式①。经过祝鹏程的阐释，神话段子得以从"恶搞"的标签中摆脱尴尬，在神话大家庭中找到一张座位。王志清通过对稷山蒲剧《农祖后稷》的考察，也对神话主义给出了正名的肯定："神话主义在稷山地区的蒲剧《农祖后稷》中呈现出'移位的神话母题'与'凸显的地域名称'两个特质，嵌入性地思考蒲剧《农祖后稷》的知识生产过程，可以发现当地不同利益主体的'组织叙述'活动促生了后稷神话的'第二次生命'，《农祖后稷》营造了戏剧领域内后稷神话特有的艺术光晕，昭示了远古神话生生不息传承的生命力。"②

所谓"第二次生命"，是杨利慧借鉴芬兰民俗学家劳里·杭柯《民俗过程中的文化身份和研究伦理》而提出的概念。杭柯将"民俗过程"划分为22个阶段，认为前12阶段是民俗的第一次生命，后10个阶段是民俗的第二次生命："它意味着民俗从档案馆的深处或者其他某些隐蔽之地的死而复生。曾经从民俗过程中割裂出来并被搁置起来的材料又产生了影响力。它将在通常都远离其最初环境的一个新的语境和环境中被表演。"③杨利慧将这一观念创造性地融入了对神话生命过程的认识，指出神话主义

---

① 祝鹏程：《"神话段子"：互联网中的传统重构》，《云南师范大学学报》（哲学社会科学版）2014年第4期。
② 王志清：《蒲剧展演情境中的"神话主义"——以山西稷山的〈农祖后稷〉为研究对象》，《贵州民族大学学报》2015年第3期。
③ ［芬兰］劳里·杭柯著：《民俗过程中的文化身份和研究伦理》，户晓辉译，《民间文化论坛》2005年第4期。

是神话的第二次生命："神话被从其原本生存的社区日常生活的语境中挪移出去并被整合运用，为广大公共社会文化空间中的一般大众而展现。"不过，与劳里·杭柯梳理"民俗过程"的单向进路不同，杨利慧认为神话第一、第二次生命的划分不应被视作一种单向的过程，在新语境中被挪用和重构的神话，也可能返回社区生活，成为社区内部表达自我的重要交流资源（参见本书第二章第六节）。

最重要的是，杨利慧课题团队的研究指出：神话主义并不是物质变革、技术革命的产物，也不是古老神话在当下时空中的简单再现，"相反，神话主义是由当下中国的社会形势、意识形态、文化策略以及市场经济等因素共同作用而产生的一种社会文化现象……是'一种以过去为资源的当下文化生产模式'"（见本书第一章）。也就是说，神话主义自始至终是以"当代文化"为视角、为目的、为旨归的研究。

一句话，神话主义是一个时代性的前沿学术概念，是国际对话语境中"中国民俗学派"的具体实践和有机组成。

（原文发表于《民间文化论坛》2017年第5期）

"朝向当下"意味着什么？

——简评"神话主义"的学术史价值

王杰文（中国传媒大学艺术研究院教授）

对于"什么是神话"这个问题，不同的学者可能有不同的理解。然而，作为现代社会中普通人的"常识"，"神话"习惯性地被人们理解为某种关于神灵、始祖、文化英雄以及其他种种创始性事件的庄严叙事。那么，这种有关神话的"习惯性理解"是如何形成的呢？

在某种意义上，也许正是现代意义上的"神话学"建构了人们对于神话的习惯性理解。在神话学史上，一方面，以古代文献和考古资料为依托，古典文献学家们努力追溯神话的起源、原始形态与传播轨迹，塑造了神话古老与原始的形象；另一方面，以世界各地土著民族的神话讲述为依据，早期人类学家们考察了神话的存在形态、实践过程与社会功能，描述了神话神秘而实际的功用。上述两种神话学，无论表面上看起来多么不同，却都带有明显的"向后看"的取向（参见本书第一章），都把神话看作人类早期社会的产物。20世纪中期之前，作为主流的学术话语，上述两种神话学被广泛地传播与接受，甚至渐渐地变成了普通人有关神话的常识。

然而，20世纪中期以来，全球社会剧变引发了整个人文学界与社会科学界的革命性反思，各个学术领域中原有的问题意识、基本术语与概念体系、学科使命、学术伦理等都受到了深刻的反思与严肃的检讨。神话学与民俗学也不例外。按照马歇尔·麦克卢汉的说法，"全球化"进程的加速意味着时空的压缩，一方面，地理意义上的距离感被相对化了，国际化的大迁移变得越来越频繁，越来越简便；另一方面，新兴媒介技术日新月异，媒介变革以前所未有的速度、广度与深度影响着社会结构与思维方式。

正像杨利慧教授所注意到的那样，在具体的民俗现象层面上，社会剧变主要体现在媒介的变化与语境的变化两个方面。而"媒介"与"语境"正是人类交流行为整体中最重要的两种要素。

联系到罗曼·雅科布森有关人类交流的一般模型可以知道：在任何理想的人类交流活动中，"信息发送者、语境、信息、联系（媒介）、符码、信息接受者"[①] 六个要素都是最基本的构成单元，其中任何一个构成单元的变化，都会引发其他一系列的问题。比如，仅就神话的讲述活动来说，当A地的一则神话在B地被讲述时，它还是神话吗？原本是由C来讲述的一则神话，现在由D来讲述，那么，D所讲述的这个内容还是神话吗？口头讲述的神话E被翻译成文字版（或者改编成动画版）的F，这个F版本还能算是神话吗？口头讲述的神话G可以被视频化为H吗？一则原本为I地的人们所信仰与维护的神话，在被J地的人们所接受与欣赏后，这个为J地人们所接受与欣赏的内容还是I地的那则神话吗？

杨利慧把上述围绕着"神话"交流活动产生的新现象定义为"神话主义"，她所谓的"神话主义"，不再把关注的焦点狭隘地聚焦于交流活动中的"信息"，而是广泛地涉及所有人类交流活动的六种构成要素以及

[①] Roman Jakobson, "Closing Statement: Linguistics and Poetics", in *Style in Language*, edited by Thomas A. Sebeok. The M. I. T. Press, Massachusetts Institute of Technology, Cambridge, Massachusetts, 1960, p. 353, p. 357.

围绕这些要素而产生的复杂问题。具体言之，她不再仅仅关注"神话"文本，而是关注具体的交流活动中，信息的发送者与接受者在何种语境中、借助于何种媒介渠道与信息代码、交流何种意义的"神话"的问题。在国际民俗学界，对应于从"信息"转向包括"信息发送者、语境、信息、联系（媒介）、符码、信息接受者"的学术范式的转型，习惯上被概括为从"文本"向"语境"的转型，或者是从"朝向过去"向"朝向当下"的转型。

在传统神话学既定的"向后看"的学术格局中，为了直面神话主义的新现象与新问题，杨利慧及其研究团队努力要开拓出一条"朝向当下"的神话学新路径来。那么，她所谓"朝向当下"到底意味着什么？参考近四十年来国际民俗学发展的整体趋势，"朝向当下"如何可能革新中国民俗学（包括神话学）的研究范式？我对此的理解如下。

第一，"朝向当下"意味着拒斥"本质主义"。所谓"本质主义"，就是想当然地、固执地认为存在着某个"本真的"传统，并把考证、界定与维护这种"传统"作为民俗学的学术任务。然而，自历史哲学家埃里克·霍布斯鲍姆与特里斯·兰格的《传统的发明》[①] 以及民俗学家瑞吉纳·本迪克丝的《寻找本真性》[②] 被广泛接受以来，有关民俗传统被"建构"的研究成果已经大量涌现，"传统化"与"民俗过程"等概念及相关理论几乎已经成为国际民俗学界的一般性常识，维护民俗传统之"本真性"的话语受到了国际民俗学界反思性的检视与质疑。目前，民俗学家们质询的问题不再是"传统"本身是什么，而是哪些群体或者个体、基于何种目的、声称某种民俗文化事象是"真正的"传统的问题。正是基于这样的反对本质主义的立场，杨利慧指出："神话主义既指涉现象，也是一种理论视角——它含有这样的意涵和追求：自觉地将相关的神话挪用和重构现象视为神话世界整体的一部分；看到相关现象与神话传统的关联性，而不以异质性为由，对之加以排斥"（参见本书第一章）。

---

① Eric Hobsbawm and Terence Ranger, eds, *The Invention of Tradition*. Cambridge：Cambridge University Press，1983.

② Regina Bendix, *In Search of Authenticity：The Formation of Folklore Studies*. Madison：University of Wisconsin Press，1997.

第二，"朝向当下"意味着强调"实践"以及实践主体的能动性[①]。20 世纪 70 年代晚期，以皮埃尔·布迪厄的《实践理论大纲》[②]、安东尼·吉登斯的《社会理论的核心问题：社会分析中的行动、结构与矛盾》[③]、马歇尔·萨林斯的《历史隐喻与神话现实：桑威奇群岛的早期历史结构》[④] 为代表，讨论了社会、文化中的结构性制约因素与"实践"之间的辩证关系（而非对立关系），由此实现了对二者之间结合点的概念化清理。简而言之，以上研究成果至少在开创"实践理论"方面占有举足轻重的地位，它们为困扰人类社会科学领域的诸多问题提供了真正的解决方法，使"行动者"（实践主体）回归到社会进程之中，同时又不轻忽对制约社会活动的社会结构的认识（正是这些结构使社会活动得以进行）。总之，"实践理论"将文化进程（话语、表现还有人类学所谓"象征体系"）与人类社会的关系联系在了一起。

民俗学的"表演研究"正是上述"实践论"转向中的一种表现，"表演"这一概念的第一含义就是"实践"，它关注的正是"社会生活中的艺术维度"[⑤]，就是考察行动者如何通过艺术性的方式（通过使用文化资源）来处理社会生活的问题。"朝向当下"强调"实践"（表演）主体的能动性，强调主体如何创造性地应用"传统"，而不是把"传统"作为独立于主体的本真性存在。作为口头传统之"表演理论"在中国民俗学界最重要的倡导者与践行者，杨利慧以河北涉县娲皇宫景区导游的叙事表演为个案，深入考察了导游对女娲神话的挪用、整合和重述的现象，生动呈现了导游"以情境和游客为中心"进行叙事表演的创造性过程。通过这一工作，她把神话学研究的重心从"神话"转向了"神话主义"，从"文本"转向了"表演"。这一转变神话学研究范式的创新性工作的理论价值，还远远未被中国神话学与民俗学界的同人意识到。

[①] Sherry B. Ortner, *Anthropology and Social Theory: Culture, Power, and the Acting Subject*, Duke University Press, Durham and London, 2006, pp. 1–18.

[②] Pierre Bourdieu, *Outline of a Theory of Practice*, translated by R. Nice, Cambridge: Cambridge University Press, 1977.

[③] Anthony Giddens, *Central Problems in Social Theory: Action, Structure and Contradiction in Social Ananlysis*, Berkeley: University of California Press, 1979.

[④] Marshall Sahlins, *Historical Metaphors and Mythical Realities: Structure in the Early History of the Sandwich Islands Kingdom*. Ann Arbor: University of Michigan Press, 1981.

[⑤] Richard Bauman, *Verbal Art as Performance*, Waveland Press, Inc. USA, 1977.

第三,"朝向当下"意味着考察"实践(表演)"活动中的权力、历史与文化等重要维度。把"实践"作为重要的理论框架以来,整个人文学科与社会科学领域在如下三个方面进行了重要的反思,在某种意义上,这些反思也是对"实践理论"的基本概念框架的修正和提升。第一个方面是有关权力话语的研究。这与詹姆斯·斯科特的《弱者的武器》[①]、米歇尔·福柯的《性史(第一部)》[②]、雷蒙·威廉斯的《马克思主义与文学》[③] 等研究成果相关,同时也与殖民主义、性别问题、种族矛盾的研究有多种关联。第二个方面是有关历史话语的研究。特伦斯·麦克唐纳等人提出的"历史维度"的问题是一次将社会科学研究历史化的尝试,它试图使"实践理论"超出功能主义的静态框架体系,摆脱传统民族志的调查模式[④]。正是通过强调"历史维度",人类学才渐渐理解文化并非永恒不变的、原始的研究对象,而是随着时间的推移,在内部力量(大多是地方的权力关系)与外部力量(比如资本主义和殖民主义)的推动下不断运动的产物。埃里克·沃尔夫的《欧洲与没有历史的人民》[⑤] 无疑是最具启发性的著作之一。第三个方面是对文化话语的再解读。早期的"实践理论"缺乏清晰的"文化"概念。20世纪初,英国伯明翰大学"文化研究"学派的"文化"观念甚至呈现出两种独特的研究趋势:一方面,"媒介研究"把"文化"看作大众话语的一种类型;另一方面,"古典文化"研究把"文化"的概念局限于大写的"C"的文化(Culture)。上述两种文化观念可以暂时命名为"新—旧文化"的概念。除了这一层面上的区分,针对文化的功能,一方面,有学者强调文化的"制约性",这是旧文化概念的内容,即认为处于特定社会环境中的人会受到文化框架的制约并倾向于在这个给定的文化框架内活动,比如格尔茨在《深层的游戏:

---

① James C. Scott, *Weapons of the Weak: Everyday Forms of Resistance*, New Haven: Yale University Press, 1985.

② Michel Foucault, *History of Sexuality*, Vol. 1. translated by Michael Hurley, New York: Pantheon, 1978.

③ Raymond Williams, *Marxism and Literature*, Oxford: Oxford University Press, 1977.

④ Terrence McDonald, *The Historic Turn in the Human Sciences*, Ann Arbor: University of Michigan Press, 1996.

⑤ Eric Robert Wolf, *Europe and the People Without History*, University of California Press, 1981.

关于巴厘岛斗鸡的记述》①中讨论了"文化发展与思维进化"的问题,他认为没有文化——外部象征体系和意义系统——人们就无法思考。另一方面,还有学者强调文化的"赋权性",强调的是主体如何利用文化体系以满足现实需要的能动性。

正是因为"朝向当下"的"实践论"强调了主体的能动性,"民俗""传统""神话"等先入为主的、本质化的观念被颠覆掉了。套用马克思的一句名言,"一切坚固的东西都烟消云散了"。站在种种"民俗"与"传统"的废墟上,主体傲然屹立着,尽管他(她)无法摆脱脚下的废墟而存在。在"实践论"的引领下,国际民俗学界已经把"民"从"农民"扩展为"一切人";把"俗"从"传统知识"扩展为"民众日常生活的经验",把学科的核心问题从"起源、功能、结构与社会功能"转向"形式—意义—功能",转向了实践主体对于"意义"的创造与交流,转向了"当下民众日常生活实践"的研究。正如杨利慧团队所指出的那样:"无论哪种学术话语,民俗学目前的研究取态为关注'传统'在现代社会'传承'的动态过程,试图解决诸种问题,如建构传统过程中的权力关系,传统化实践与日常生活之间的相互影响等。在对'传统'的重新认识与运用中,'传统'不再是客观陈列的'物','人的主体性'被提上了前台"(本书第八章)。既然强调"人的主体性",那么,"文化(或者传统、民俗)、权力与历史"等维度就自然地蕴含在民俗实践(表演)的过程中,相应地,"朝向当下"的民俗研究也就必然地需要考察特定民俗实践中权力、历史与文化之间的复杂关系。

第四,"朝向当下"意味着民俗学(包括神话学)把"实践(表演)"作为研究的框架。既然民俗学试图直接观察与理解当下民众的日常生活实践,那么,在很大程度上,他们必然要借助于"田野作业"的研究方法。具有高度自反性的民俗学家意识到,"田野关系"本身就是一场"表演"。把民俗学的田野关系看作"表演",直接地更新了传统民俗学的相关概念框架与方法论承诺。试想一下民俗学的研究者与地方民众之间的关系吧。显然,那并不是一种"自然的"关系,而是一种双方自愿中止互不信任的关系,或者说,互相扮演一种"假设是属于同一社群文化"

---

① Clifford Geertz, "Deep Play: Notes on the Balinese Cockfight", in Geertz, *The Interpretation of Culture*, 1973, pp. 412–453.

的角色间的关系。循此观念,田野中的民俗学关注的核心问题应该是"体现"(embodiment)的问题,应该把"身体"本身作为民族志田野研究中意义的源头与处所,应该赋予"表演"以一种合法的、合乎伦理的方法论的特权。总之,民俗学的田野作业无可避免地处于"表演""表征"的政治当中,研究者与被研究者同时参与到创造意义的过程中了。在这里,民俗学者与地方民众之间存在着一场"共同表演的见证"(co-performative witnessing)[1]。

作为一种"共同的表演",一方面,地方民众的文化表演本身具有高度的自觉性,这正是民俗学表演研究关注的焦点。地方民众的日常生活、交流实践以及文化表演,既与权力相勾结又抵制权力,都是被有争议的阐释行为所生产的,又生产了这些有争议的阐释,总之,它们总是纠缠在竞争性的表征、知识与意义之中。"文化占有我们,正好比我们占有文化一样;文化表演、表达我们,正好比我们表演与表现文化易逝的物质一样"[2]。另一方面,民俗学者要对自身的工作前提进行深刻的自我反思,比如,他需要解释研究得以开展、知识得以生产、影响得以产生的环境。因为"任何田野作业中的民族志书写者的文化观,都会决定着他(她)在田野中的'立场'(positionality),从而影响到他(她)搜集、建构以及表征资料的方式"[3]。既然研究者不可能"客观地"开展田野工作,不可能作为疏离的观察者冷静地站在一旁凝视,就只能亲密地参与、介入历史语境中被命名为独特个体(或者群体)的生活中共同活动、共同表演。

承认田野作业中研究者与地方民众之间这一"表演"的虚构性与互为主体的对话关系,而不是顽固地忽视这一"反讽式"的关系,对于"朝向当下"的民俗学与神话学十分重要。首先,民俗学者要承认他(她)的双重身份,要保持双重意识,即一方面要从局内人的视角来理解他者自身,另一方面要保持自己的作为观察者的距离意识,同时也要意识到自身也是在表演。其次,这种"双重意识"有助于批判与反思实证主义的客观认识论及其相应的学术伦理。作为"他者"的地方民众不再是

---

[1] Conquergood, D., "Performing Cultures: Ethnography, Epistemology and Ethics", in Conquergood, D. and Johnson, E. P, *Cultural Struggles: Performance, Ethnography, Praxis*, University of Michigan Press, 2013.

[2] Ibid., p.17.

[3] Ibid., p.16.

沉默的被研究的对象；民俗学者也不再具有冷静地旁观与客观地呈现的特权。相反，"自我与他者"都是在"虚构"的脆弱关系中的"表演者"。在这个意义上，田野作业是一种教育性的经验，是检验一切伦理与道德观念的实验场。意识到田野作业的表演性，使得民俗学者们对自身研究工作的伦理问题、认识论问题保持自觉的反省意识。

显然，杨利慧在走向河北涉县的田野去考察当地导游对女娲神话的叙事表演之时，就是在践行表演理论所奉行的"人的主体性"。这里所谓"人的主体性"，一方面是承认与肯定导游在"表演"神话时的创造性与能动性，另一方面也（理所当然地）意味着作为民俗学家的作者也在"表演"自己的立场与学术伦理，正是双方"共同的表演"即时性地（emergently）建构了田野关系与相应的民俗志文本。所以，当杨利慧在强调导游创造性地融合了口头传统与书写传统，综合考虑了具体的讲述语境与交流对象，能够策略性地进行叙事表演时，我们有理由追问：当导游知道自己面对的是女娲神话研究的专家时，她们难道不会向作者讨教有关女娲神话应该如何"表演"的建议吗？作者当时给出的回答难道不是会直接影响其田野关系的走向吗？既然"朝向当下"的民俗学强调"人的主体性"，杨利慧的"在场"不是已经在导游表演女娲神话的语境当中了吗？既然我们关注的是表演过程中的文化、权力与历史的复杂关系，那么，作为女娲神话研究权威的作者的"权力"因素，不是也不应该被排除在作者考察导游之"叙事表演"的范围之外吗？总之，尽管杨利慧设定的学术任务是描述与解释神话主义的现象，假想的对话群体是民俗学界的同人，但是，既然已经把"表演"作为民俗学研究的框架，这就不只是意味着要阐释地方民众的表演，还需要自我反思地考察自身作为民俗学者的表演。正是在这一意义上，表演的民俗志文本才是开放式的。

第五，"朝向当下"意味着民俗学家有责任"表演"应然的未来。"表演研究"通过强调共同表演的即时性特征，挑战了强大的实证主义传统，赋予了"体现"（Embodied）研究以特权。换句话说，"朝向当下"内含着一种民俗学的学术伦理。

既然民俗学者的研究工作本身不能不是一种表演，那么，具有超现实主义气质的民俗学家们在开展田野作业、撰写民俗志报告、参与地方文化事业的"民俗过程"中，既要设身处地理解与阐释地方文化表演的逻辑，又要能够置身事外，反省与检讨自身学术研究的假设，甚至还可能要参与提供合意的行为方案，比如，提供理想化的神话文本，设计合乎人权、生存权、发展权的日常生活方案等。而这种理想文本与方案的提出，基本上是建立在一种研究者与地方民众协商与讨论的基础之上的协作。在表演研究的学者看来，作为"表演之前"的排练、工作坊的讨论过程，这种协作过程甚至要比表演过程本身还更有意义、更有价值①。

事实上，即使是那些强调"不介入立场"的民俗学家——比如赫尔曼·鲍辛格——也强调要持续地对传统进行批评性的追问，力图以此教会广大民众反思性地对待那些表面上的、理所当然的物品和常规②。用法国艺术社会学家娜塔莉·海因里希的话来说，这是"一种非还原主义的、非批评的、描述性的、多元的、相对主义的、以中立性为目标的社会学：这肯定不是社会学实践的唯一方式，但却可能是突出社会学研究特殊性与中肯性的唯一方式"③。

按照他们的立场，民俗学家不应该是某一民俗现象是不是"传统的"的裁判员，而是民众"传统化"实践的分析师。深度地、客观地、中立地呈现不同群体（或者个体）的观点并予以多元性的并置，使得民俗学家可以摆脱本体论的立场，自由地在多元化的观念世界间穿梭。这样可以避免研究工作的简单化与粗暴化，从而真正践行对研究对象本身的多元性与复杂性的尊重。显然，民俗学家自我定位为"日常生活的启蒙者"，实际上也是在"表演"一种社会责任，其潜在的伦理逻辑也许恰好是康德式的，因为康德说："公众给自己启蒙，这更为可能；甚至，只要让公众有自由，这几乎是不可避免的。"④

正是因为相信公众的能力，所以，德国民俗学家鲍辛格把自身定位为"启蒙者"，只提供专业的知识，把判断、选择与自我启蒙的任务留给公

---

① Richard Schechner, *Performance Studies: An Introduction*, London: Routledge, 2002, pp. 30 – 35.
② [德]赫尔曼·鲍辛格：《日常生活的启蒙者》，吴秀杰译，广西师范大学出版社2014年版，第68页。
③ [法]娜塔莉·海因里希：《艺术为社会学带来什么》，何蒨译，华东师范大学出版社2016年版，第89页。
④ [德]伊曼努尔·康德：《回答这个问题：什么是启蒙？》，李秋零译，载《康德著作全集》（第8卷），中国人民大学出版社2013年版，第41页。

众，他"通过介入消解介入"[①]。在某种意义上，他就是在通过自己的民俗学研究来"表演"学术伦理，预演着某种形式的"未来民俗学"。

简单地说，未来民俗学的学术伦理就是"以人为本"。当神话学研究转向"主体的能动性"（表演），而不是固执地维护"神话文本"的边界时，杨利慧说，"导游无疑是新时代里的职业民间文学讲述人"，"令我感到欣慰的是：这样的觉醒正在导游群体内部出现，正如小李认真地对我说的：'我们这些讲解员也是传播女娲文化的重要力量！'"的确，讲解员也需要获得来自学者的肯定，肯定她们创造性的劳动与创新性的"表演"；反过来，杨利慧也只有在放弃了对"神话"之本真性的维护的前提之下，才有可能真正地尊重神话表演者的创造性劳动。

综上所述，杨利慧教授所界定的"神话主义"现象，表面上似乎只是对"神话"的挪用、整合和重述的问题，实际却指向了普遍性的、复杂化的人际交流模式。这里面隐藏着一个极其重要的、亟待解决的理论难题，即"信息发送者、语境、信息、联系（媒介）、符码、信息接受者"内在地裂变后，高度复杂化的人际交流模式到底会引发什么样的社会问题。现在，那个被假想出来的、"未受污染"的"民"已经不存在了，在可接触到的传播媒介与信息方面，他们与民俗学家们基本上没有什么太大的差异。既然民俗学家已经在理论上把"民"定义为任何个体或者群体，既然"朝向当下"的民俗学强调"人的主体性"与实践（表演）能力，那么，作为当下人际交流活动中的一种现象，神话主义"在目前的学术研究领域遭受着偏见的白眼——常被视为异化的、与社区神话传统相割裂、相疏离的异质性的文化现象，而被排斥在神话学探究的范畴之外"（参见本书第二章"讨论与结论"），这一现状就十分值得反省了，那些持有这一观点的民俗学家们应该对自己的"青白眼"进行自我检讨与反思了。

（原文发表于《民间文化论坛》2017年第5期）

[①] Hermann Bausinger, "Disengagement by Engagement: Volkskunde in the Period of Change", *Journal of Folklore Research*, Vol. 36, No. 2/3, 1999.

研究当代神话可以写在神话学的大旗上

田兆元（华东师范大学社会发展学院教授）

中国神话学诞生以来，一直有两种价值取向。一种是秉承进化论的主张，认为神话不过是前朝遗留物，虽然对现在有影响，但是总体来说是往事，严重地说，那是原始社会的产物。最初在中国历史教科书中，夏曾佑就列出神话时代的标目，说黄帝以上，伏羲神农之类的都是神话，从黄帝开始才是信史。这部历史教科书没有明说，但等于说，到黄帝的时候，神话时代应该就结束了。后来的"古史辨派"似乎发现了新大陆，觉得神话会更晚一些，大禹是一个神，是神话人物不是历史人物。后来甚至觉得汉代的文献里也有很多的神话，神话的流传时代是大大拉长了。但是，在古史辨里，超越汉代的东西并不是很多。这似乎是说，神话毕竟是古代的东西。茅盾的神话观是说历史神话化了，于是就有一种恢复神话本来面目的努力。但是他的那本《中国神话研究ABC》把神话发生的下限，确定在后来所谓的离"原始社会"不远。而鲁迅讲中国小说史，开篇列出一个"神话与传说"，这很了不起，拓展了神话的认知空间，同时也给神话套上了一把大大的枷锁，给人们的感觉就是在人类社会的早期才有神话和传说，后来就不怎么有了，尤其是秦汉以后，大家就觉得神话已经是过往的事情了。

后来搞古典文学的人写中国文学史，也是模仿鲁迅先生，在先秦文学编里，列出来一节，叫什么"远古神话"，或者"古代神话与传说"的名目，讲述"精卫填海""羿射九日"几个神话故事，其主题不外是人与自然的斗争和反抗强权的斗争等。这样形成了一个错误的惯例：神话就是原始社会的产物，所以文学史的讲述就是在先秦文学中搞一点篇幅，象征性地讲一下神话。你要是看看古典文学的研究队伍，做神话研究的没有几个人。所以在古典文学的教学研究视野里，神话的位置是忽略不计的。

这样做的依据在哪里？过去主要是来自马克思在《〈政治经济学批判〉导言》的一段话："大家知道，希腊神话不只是希腊艺术的武库，而且是它的土壤。成为希腊人的幻想的基础、从而成为希腊[艺术]的基础的那种对自然的观点和对社会关系的观点，能够同走锭精纺机、铁道、机车和电报并存吗？在罗伯茨公司面前，武尔坎又在哪里？在避雷针面前，丘必（比）特又在哪里？在动产信用公司面前，海尔梅斯又在哪里？任何神话都是用想象和借助想象以征服自然力，支配自然力，把自然力加以形象化；因而，随着这些自然力实际上被支配，神话也就消失了。"由于马克思举了几个例子，看起来是说神话已经消失了，可是他根本就没有说过神话一定是在原始社会才有。他的那句经典的话"随着这些自然力实际上被支配，神话也就消失了"，我们该怎么理解？人们今天是否已经征服自然力了？我想谁都会说，没有征服自然力，我们好不容易发射一个小的嫦娥号飞船到月球，可是几粒沙子就弄得不能动弹了，这怎么能够说征服和支配了自然力呢？所以，认为神话是古代社会的产物的想法，根本就不符合马克思的观点。

由于对经典的错误理解，神话研究要向前突破一步真是很难的。但是人们还是坚持前进。与茅盾等人的古典神话论不同，大夏大学谢六逸先生早就指出：神话学是与民俗学相辅相成的存在，在有些神话学家的眼里，神话学与民俗学甚至只是名称的不同。这实际上蕴含着神话活在当下的观念。抗战期间，大夏大学的师生西迁贵州，开展贵州苗夷研究，就采集了大量的民间神话文本。吴泽霖先生和陈国钧先生分别论述苗族的祖先的神话传说。可见，20世纪三四十年代，对于民间神话的采集就开始了，除了吴泽霖先生和陈国钧先生，还有那时闻一多先生研究伏羲凭借了大量的民间神话文本。可见，20世纪后期以来的神话学研究，一度是落伍的。袁珂先生倡导"广义神话"研究，面临的阻力是那样大。看起来，学术研究一旦误入歧途，要转回来，那真是一件很困难的事。

后来，张振犁先生带领团队开展中原神话的调查研究，就是面向当下的神话研究的大规模的实践。那时，杨利慧在女娲研究过程中也将视野从单纯的古代文献转到了田野之中，参与扭转神话研究的狭隘的风气。

面向田野、面向当代的研究，是杨利慧神话研究的鲜明特点。后来，她的视野更是直奔当下的神话应用领域，申请到了国家社科基金项目，这种面向当下的开拓便更加深广了。

对于神话的现代应用，杨利慧偏重遗产旅游与神话的网络媒体表现方面，即神话义化资源开发与当代创意经济的部分。这本身是神话学研究的创新拓展，是近年来神话学界朝向现代社会生活探索的继续。

传统神话在旅游中的应用，是新时期以来我国文化经济发展较为突出的现象。旅游开发，神话是重要的资源，这是毫无疑问的事实。神话旅游是遗产旅游的一个组成部分，更是民俗旅游的一部分。在一定程度上，神话旅游是遗产旅游和民俗旅游的焦点问题。我们把神话与民俗的这种紧密关系放到旅游民俗的视野中，就会发现，我们讨论的认同性作为民俗旅游的核心问题，叙事作为民俗旅游的促成手段，都在神话应用中得到了聚焦。神话本身就是由叙事构成的。杨利慧对于神话作为旅游资源的研究中，强调了一个好的叙事本子、一个好的导游讲述的重要性，我觉得这是非常实在的。没有文本，是无本之木，没有好的讲述，那也是一句空话。神话研究对旅游的关注到了这样的程度，也就非常接地气了，我们也就掌握了进入旅游业以传承文化的资本。而不是那种看见别人拿神话作为旅游资本，觉得讲述得不好，却只会抱怨的情况。神话学家找到了服务社会的路径，这是值得大书特书的一件事。

可贵的是，杨利慧关注了口述神话的变迁，这也是神话学术探索的一件大事。神话讲述向何处去，经过了旅游讲述的神话文本，是一次淘洗，也是一次历练，也许出了些问题，也许是更加完善，这都是需要我们回答的问题。提出问题比解决问题更加重要。我们在杨利慧等人所著的这部书里读出来这样一个概念："旅游神话文本"。旅游神话文本是神话与旅游结合的文本，首先它是神话文本本身，但是，它肯定是一个特殊的类型。神话学就在这样的努力中拓展了自己的空间，也延展了文化的社会服务空间。本课题选择了三个遗产旅游个案，比较有代表性，从一个侧面表现出神话文本在当下的讲述与旅游发展的关系。变化是一个主题词，而旅游是催生变化的因素。对于网络等电子媒介的神话文本，作者从段子、影视媒介和游戏入手进行了探讨，体现出信息时代神话文本呈现的新的特征。

总之，课题从不同于传统的神话文本形式入手，探寻了在现代遗产旅游与电子文化生产时代，神话应用的新的特征。

作者将这样一些神话的应用特点，归结为"神话主义"这样一个外来的话语表述之中，体现出了神话研究与外来学术话语的对话，具有文化交流的意义。这也是近年来外部民俗主义论在神话中的表现。我个人觉得，课题研究颇多创新，而这样的创新归结为"神话主义"这样一种话语，是强化了创新意识，还是弱化了课题的创新意识，这是一个值得讨论的问题。

无论是神话主义还是神话应用，可能只是一个说法问题，而强调神话的当下性，强调神话研究的现实性，提升神话研究的理论水准，提升神话研究的社会服务能力和文化建设能力，这是杨利慧等人的著作推进开拓的新的视野，也是整个中国神话学界需要努力的方向。

研究当代神话，可以写在神话学的大旗上。

［原文发表于《长江大学学报》（社会科学版）2017年第5期］

不可或缺的"朝向当下"

谭佳（中国社会科学院文学研究所研究员）

纵观国内外神话学界，多达200余种的"神话"定义令人莫衷一是。与此纷杂现象形成鲜明对比的是——研究视角的基本统一，即朝向"过去"而非"当下"，重点在"古"而非"今"。例如，在1999年出版的《中国神话导论》（*Chinese Mythology: An Introduction*，Johns Hopkins University Press，1999），该书主要供美国大学使用。作者 Anne M. Birrell 提出中国神话研究的任务：①继续闻一多的研究，把古代文献中的神话与民间流行神话做比较。②对主要神话人物进行专题研究。③研究神话母题、形象及其演变。④研究儒、道、佛教怎么利用古代神话。⑤从语言方面研究古代中国各民族以及中国神话中的非汉语因素。⑥用语言学方法研究神话地名、人物名、植物名等，帮助解释古代神话意义。⑦把民族学资料多用于神话研究。⑧要利用西方与日本学者的研究成果。Birrell教授所开的这个"药方"特别强调溯古，在方法上主张回到麦克斯·缪勒的语言学路径，并与民俗材料、民族志结合，这种"朝向过去"的研究视角颇具代表性。在国内学界，刘宗迪教授在2005年曾主持笔谈《多维视野中的中国现代神话研究》[①]，该笔谈集合了中国神话学界的著名学者：叶舒宪、吕微、刘宗迪、钟宗宪、陈连山、杨利慧、吴晓东、刘惠萍等。教授们从不同角度对中国神话学的思想背景和学术范式展开讨论，这也可视为目前对中国神话学反思的高峰性、代表性观点。从总体上讲，这组讨论仍然是"朝向过去"的，即从历史、文化、哲学、民俗的层面梳理"古"如何为"今"，反思"西"何以为"中"。再者，笔者拙著《神话与古史：现代

---

① 参见《民间文化论坛》2005年第4期。

中国学术的建构与认同》①，旨在通过重勘中国神话学的起点与建构特点，来剖析神话学与中国现代学术的建构关系，这同样是通过"朝向过去"来检讨现有研究。十余年的研究让笔者深切感受到神话学的斑驳万象。张光直先生曾感言："我逐渐发现，在我自己有兴趣研究的题目中，只有两个是几乎所有的人文社会科学者都感兴趣、喜欢从事研究的：一个是城市发达史，二是神话。写这两个题目中的任何一个，或是其范围之内的一个小问题，有好处也有坏处。好处是志同道合的人多，可以互相切磋琢磨；坏处是写起来战战兢兢，牵扯不少人的'本行'，挑错的人就多。"② 可能因此缘由，中国神话学界既热闹又颇为谨慎，鲜有"朝向当下"的重量级研究成果。这种重古轻今，或曰"头重脚轻"、不接地气的研究现状，不得不说是中国神话学界的一个遗憾。

在此背景下，杨利慧教授主持的国家社科基金项目《当代中国的神话主义：以遗产旅游和电子媒介的考察为中心》（以下简称"杨著"）就显得意义重大。一方面，这个课题的"当代"视角，以及对"旅游"和"电子媒介"的应景考察皆成为当下中国神话学不可或缺的组成部分。另一方面，除了不可或缺的时代意义，正如课题名称所示，"神话主义"一词也格外重要，颇有讨论空间。

"杨著"给"神话主义"进行了清晰定义："'神话主义'（Mythologism）是指 20 世纪下半叶以来由于现代文化产业和电子媒介技术的广泛影响而产生的对神话的挪用和重新建构，神话被从其原本生存的社区日常生活的语境移入新的语境中，为不同的观众而展现，并被赋予了新的功能和意义。将神话作为地区、族群或者国家的文化象征而对之进行商业性、政治性或文化性的运用与消费，是神话主义的常见形态。我之所以重新界定'神话主义'的概念，是力图探究神话传统在当代社会中被挪用（appropriation）和重述（retelling）的情况，使学者们的探究目光从聚焦于传统社区日常生活的语境扩展到当下社会生活的新语境，进而关注在如今各种新语境中被越来越频繁地展示（display）和重述的神话，并把该现象自觉地纳入学术研究的范畴之中加以具体、深入的研究，从而为神话学这门一直擅长于'向后看'的学问注入新的时代活力。"（参见本书第一章）

---

① 谭佳：《神话与古史：现代中国学术的建构与认同》，社会科学文献出版社 2016 年版。
② 张光直：《中国青铜时代》，生活·读书·新知三联书店 2013 年版，第 372—373 页。

很明显，课题组对"神话主义"赋予了最重要的时空属性——日常性及当代性。在2017年夏该课题组召开的研讨会上，有学者认为中国历朝历代都不乏对"神话"的挪用与重构，也自然都有所谓的"神话主义"。对此，笔者并不认同。正如"杨著"强调的，当代的"商业性"及"消费"是"神话主义"的语境限定。古往今来，没有哪一个时代像20世纪中期以后这样迅猛和深刻地改变着人类生活。随着金融市场、电子技术、数字信息的高度发展，人类财富积累方式、交流手段、主体间性和生存环境皆随之而变。美国社会学家丹尼·贝尔于20世纪70年代提出的"后工业时代"，管理学家德鲁克提出的"后资本主义社会"都是用来阐述这些改变，相对历朝历代同质的农耕文明社会（譬如讨论会上列举的明末清初和清末民初），当代社会的根本性变革使得二者并不具备可比性。不能横向地将性质完全不同的社会进行关联考察。对该课题而言，立足当下社会发展才是最根本的诉求与旨趣。

如果说在当下，"神话主义"可以带来"经济"，神话是商业发展的黄金矿之一，那么，它已然成为当下文化现象的一个典型表征。在可持续发展战略的忧虑和转变经济增长方式的现实逼迫下，无论主流媒体还是资本运作都充斥着有关"文化"的再造与创意。政府评估、市场利益、金融资本、地方话语等多重元素构成当下独具特色的"中国式"文化情境。"神话主义"概念无疑能为这类当下现实提供新的分析视角。这不禁让关注者引发更多追问，比如：中国神话学者提出的"神话主义"能提供一种批判性的阐释维度吗？

这种追问并非空穴来风，而是受西方"新神话主义"风潮的启发。就西方社会而言，针对欧洲中心主义、白人种族主义、男性中心主义和基督教文明优越主义的复合性价值体系，新神话主义的反思与批判锋芒主要集中在历史观、宗教和文明起源诸方面，原来被现代理性压抑的"神话"成为文化反思、文化寻根及认同的镜子。例如"黑色风暴""凯尔特复兴""女神复兴""原始转向"等风向都有神话复兴与神话再造的影子，它们共同体现着20世纪后期西方思想回应资本主义和现代性危机的重要变革趋势[①]。不妨说，西方的"新神话主义"始终建立在以理性为历史、以非理性为神话的二元对立前提下，其"新"是相对根深蒂固的、旧的

---

① 相关介绍参见叶舒宪《现代性危机与文化寻根》，山东教育出版社2009年版。

"神话传统"而言,并以层出不穷、佳作迭起形成风潮而谓之"主义"。结合杨著中屡屡提到的"当代神话传统",这促使我们反思究竟什么是中国的"神话传统"?换言之,中国神话是什么?

美国学者贝奇·鲍登(Betsy Bowden)在《民俗与文学全书》的"神话"词条中提醒大家:"基督教早期时代,人们从希腊语中采用 mythos,当作 fabula('逸事'、'故事')的同义词。学者们应该警惕以欧洲为标准扭曲非西方国家神话的发展情况。"在中国神话学界,近二十年来一直对这类问题有深刻反思。例如吕微教授认为,中国现代神话学者抛弃了今文家的"语境化"研究方法,延续了古文家的"文本间"研究方法。一方面只是证明了西方理论的普遍有效,并因此在中国与世界之间建立材料的同一性关系与文化间的不平等关系;另一方面也使本土材料由此丧失了参与修葺普遍性理论的机会,同时以无语境"纯文本"的建构掩盖了其真正的当代学术语境①。陈连山教授认为需要"走出狭隘的现代西方神话概念,中国古代并非只有神话而没有神话概念,只不过中国古代人把'神话'称为远古历史而已。他们直接把神话当作历史,用'历史'的概念包括了'神话'的概念"②。与此类问题意识很相似,笔者也曾经借助《春秋》这部史书来做神话阐释,其学理根基与旨趣皆在于反思"中国神话"的观念,从"神圣叙事"的角度来重新考量"中国神话"的呈现意义及历史地位,尤其是针对现代学术界"神话历史化"、先秦历史的理论模式与研究话语进行诘问与反思③。

在诸多的研究现状面前,杨著如何体现对"中国神话"——这个基本命题的不断阐释与反思,这也许无法回避。"考镜源流"方能识得庐山真面目。"秘索思"与"逻各斯"、"理性"与"非理性"的对立是西方哲学发展的主核,由此发展出维柯以来的"神话学",才有当代的神话复兴(新神话主义)。这条发展脉络不断提醒我们,需要走进更深厚流长的本土文化大传统来反思中国文化。这时,用"信仰→理性""宗教→理性化""神圣→世俗"的演进过程置换中华文化的渊源与形成之做法值得商榷。从"五四"的新文化运动,到 20 世纪中期以后的文化建设,所谓

---

① 吕微:《多维视野中的中国现代神话研究》,《民间文化论坛》2005 年第 4 期。
② 陈连山:《走出西方神话的阴影》,《长江大学学报》(社会科学版)2006 年第 6 期。
③ 谭佳:《断裂中的神圣重构:〈春秋〉的神话隐喻》,南方日报出版社 2010 年版。

"传统"在经过无数次狂风暴雨般的批判和摧毁后，已经显得凋敝零落。我们不仅对最基础层面的"传统"陌生，即有隔于基本的经史传统；而且，难以在新的知识语境下，超越西人去寻觅自身的文化传统与脉络。回到杨著本身，其难而可贵在于突破中西学界现状，以"朝向当下"的姿态去研究中国神话的当代挪用和再造问题。不过，这种"神话主义"的分析如何更具现实批判性，"神话传统"是否能推进我们对"中国神话"（甚至对"中国文化"）的再认识，则是该课题在现有成就之外，令读者仍有期待的地方。

（原文发表于《民间文化论坛》2017 年第 5 期）

"朝向当下"的神话研究

吴晓东（中国社会科学院民族文学研究所研究员）

杨利慧等著的《神话主义——遗产旅游与电子媒介中的神话挪用和重构》将神话研究的目光瞄准了遗产旅游和电子媒介，考察了遗产旅游与电子媒介中神话的传播和变异等诸多问题。为了突出研究视角的转移，提出了"朝向当下"的口号。

"朝向当下"涉及神话界定的问题，因为传统上学者们多认为神话是原始先民的遗留物，是具有神圣性的故事，当下是否存在"神话"便成了一个问题。在这一问题上，我觉得"朝向当下"的提法没有任何问题。神话概念的形成，需要两种观念完全不同的人群，一群是认为或曾经认为神话是真实、神圣的，而另一群则完全否认其故事的真实性、神圣性。二者缺一不可。如果只有第一个群体，此"神话"则是历史；如果只有第二个群体，此"神话"则是说着玩儿的故事。一个故事，有一部分人信，另一部分人不信，那么，在不信的那部分人眼里，才是神话。以《圣经》中上帝创造世界的故事为例，对于基督徒来说，这个故事是历史，对于不相信此故事的真实性的非基督徒来说，它是神话。如果全世界的人都是基督徒，那么上帝创造世界的故事只是历史；如果全世界没有人相信或曾经相信此故事的真实性，那这个故事就是神话。一些与神灵有关的故事，无论是在遗产旅游语境中讲述，还是在以电子媒介为传播手段的公共空间里传播，它们都可以被认为是神话，因为它们在一部分人眼里是真实的、神圣的，或者曾经神圣过、真实过。

对本书的主题"当代中国的神话主义"，可以从时间维度来理解。"朝向当下"是就时间来说的，但问题是，在哪些方面朝向当下？是材料的运用还是问题意识？在此书之前，杨利慧团队的《现代口承神话的民族志研究》已经将目光锁定在"现代口承神话"，在材料的运用上，已经是朝向当下了，而此书是这一项目的延续。如果仅仅是就材料而言，学者一直没有忽视"当下"的材料，比如孟慧英的《活态神话》也是将目光转向目前依然存活在各民族中的口承神话。所以，"朝向当下"其实主要是就问题意识而言的。以前的研究多是研究神话的起源、原型等历史问题，虽然这种考证也运用了当时从各民族中搜集来的口承材料。现在是要研究当下的问题，即目前的状况怎样，正在发生什么变化，怎样变化，等等。

另外，也可以从空间方面来理解。将遗产旅游和电子媒介中的神话主义摘出来进行研究，给人一种时间转移的感觉。其实这不止是时间问题，也是一个空间问题。遗产旅游中的神话讲述也是在原来社区的讲述，比如涉县娲皇宫的导游讲述，也是发生在原来的社区空间里。

语境问题是朝向当下研究的一个生长点。不过，我们应该意识到，语境不仅仅是物理空间，我们不仅要注意到神话讲述的场景语境，比如居所的火塘边、村边的榕树下，更要注意文化语境、认知语境。语境是在脑海里的，最重要的是讲述者面对什么人来讲述的。遗产旅游中的神话讲述同样还是在原来的空间中讲述，但不再是面对原来的村民，而是来自四面八方的游客，听众变了，这是影响神话发生改变的一个主要因素。

电子媒介目前已经成为传播神话的重要手段，但是，电子媒介是一种媒介而不是语境本身。电子媒介可以把神话快速传播到任何一个角落，神话依赖这种媒介存在于广阔的社会空间。当一个人运用电子媒介来传播神话，或创造神话段子的时候，他很明白自己面对的是整个社会，而不再拘泥于火塘边榕树下的几个小孩子。显然，这种媒介的变化，导致受众的变化，这必然会影响到传播者或创编者的叙事行为。这都是朝向当下的神话研究要考虑的。通过互联网构成的社区不是虚拟的，而是实实在在的。

神话有不同的传播媒介，如口头、文字、图像、影像。不同叙事方式会影响创作者的态度与策略。遗产旅游与电子媒介虽然是近些年才出现的，但它们依然从属于这些传播媒介，比如遗产旅游依然是导游通过口头来讲述，受众依然通过耳朵来接受神话故事。所以，传播介质的研究也会是朝向当下的神话研究之重要组成部分。

与朝向历史相比，朝向当下的研究目前貌似还没有十分重大的问题来吸引学者。朝向历史的研究，由于历史的原因，已经积累了众多目前尚未解决而众人十分关注的问题，比如大禹治水是历史还是神话？涿鹿之战是否真的发生过？伏羲女娲神话的起源地在哪里？盘古神话是诞生于中国还是来自印度？等等。由于研究历史较长，这些问题越来越急需学者去解决。朝向当下的探讨还处于起步阶段，问题尚未全面铺开，研究的学者还不是很多，有的问题还没显示出其"重大"性。但问题的重大与否，不在于问题本身，而是由关注度决定的。相信随着时间的推移，朝向当下的一些问题意识会越来越吸引学者们。

无论是朝向历史还是朝向当下，其目的无非都是为了解决问题，这是研究的性质决定的。两者都可以为社会服务。举例来说，盘瓠神话是苗、瑶、畲等民族非常关心的问题，它的起源问题牵涉民族的来源，所以，这些民族都十分想知道盘瓠神话的起源到底是怎么回事。同时，犬祖的说法又十分敏感，这些民族目前怎样讲述盘瓠神话，我们该回避和注意些什么，无疑也是十分重要的问题，而这些正是朝向当下的神话研究可以和应该解决的。在以前的研究中，因为我们多运用文献记载的材料，很难获得神话讲述的语境，而朝向当下后，我们就能很好地观察神话在实际的语境中发生的变化，这也有助于朝向历史的研究，能更好地理解这些神话在历史的演变中到底被什么因素所左右。

[原文发表于《长江大学学报》（社会科学版）2017年第5期]